首届全国教材建设奖

全国优秀教材二等奖

# 基础旅游学

第四版

谢彦君 著

创于1897

商务印书馆
The Commercial Press

**图书在版编目(CIP)数据**

基础旅游学/谢彦君著.—4版.—北京:商务印书馆,2015(2025.1重印)
ISBN 978-7-100-10896-6

Ⅰ.①基… Ⅱ.①谢… Ⅲ.①旅游学—教材
Ⅳ.①F590

中国版本图书馆CIP数据核字(2014)第273142号



**基础旅游学(第四版)**
谢彦君 著

商 务 印 书 馆 出 版
(北京王府井大街36号 邮政编码100710)
商 务 印 书 馆 发 行
艺堂印刷(天津)有限公司印刷
ISBN 978-7-100-10896-6

2015年1月第1版 开本787×1092 1/16
2025年1月第8次印刷 印张24½
定价:60.00元

# 内容摘要

旅游学至今仍是一门尚未定型的新兴学科。对这门学科的性质、研究对象、研究内容以及研究方法的争论持续至今，而结论却很不统一。本书企图在比较基本的层次上展开对旅游现象的系统考察，努力在一个明晰的框架里建立起旅游学研究的概念和理论系统。从这个思想出发，本书的逻辑思路是：首先用分析的方法探讨旅游现象的本质规定性及其表现在不同层次上的特征，从内核的角度对旅游加以界定。然后，继续用这种方法认识催动旅游活动发生和运动的内在构成因素，从静止的角度对这些因素的内涵和特征予以解剖。在第四章和第五章，分析的维度中加入了时间因素，但仍然仅仅保持在对个体旅游者旅游活动发生及运动过程的关注上。在此后的章节中，试图通过综合的方法对大众旅游现象的运动特点、外部效应进行考察，并自然地引申出对旅游现象加以规范、引导和管理的结论。本书之所以没有对旅游活动构成中的旅游产业活动展开更全面的讨论，是因为作者认为，旅游者活动是旅游活动中所存在的矛盾的主导方面，因此对旅游者活动规律的研究也就构成了旅游学研究的主体和基础，这也是本书名之为《基础旅游学》的原因之一。

下面概要地介绍一下本书的结构和主要内容。

本书的**第一章**，首先回顾了国内外旅游学研究的历史和现状，通过对各种理论观点的评介，为确立作者有关旅游学的研究对象和内容、学科性质和学科体系以及研究方法的个人观点做了铺垫。按照作者的理解，旅游学的研究对象是旅游活动的内在矛盾，旅游学的任务就是要通过研究来认识这种矛盾的性质及其发生原因、形态结构、运动规律和它所产生的各种外部影响。研究对象的规定性决定了旅游学必然地是一门跨学科，并拥有独特的学科构成体系和研究方法。

本书的**第二章**里，作者运用分析的方法来阐释旅游的本质和特征。当认识到旅游的内核是对一种异地的愉悦性休闲体验的追求时，我们就会发现，旅游现象具有悠久的历史。所以，从历史上来看，由于自由时间的客观存在，由于审美意识的产生和完整化（社会审美和自然审美相继出现并分化独立），由于休闲娱乐对任何历史时期的人类的普遍积极意义，我们可以断言，旅游现象应该在很早的时候就已经存在了。这种认识又从另一方面帮助我们建立起认识旅游的本质与特征的综合框架，那就是，旅游现象是一种很复杂的现象，要想全面认识它就需要有全面的视角。作者的观点是，旅游在根本上是一种主要以获得心理快感为目的的审美过程和自娱过程，它是一种消费行为、休闲行为和社会行为，表现为异地和暂时这两个基本特征。当然，如果从旅游者的个体行为来看，由于上述旅游本质和特征所规定，这些行为还可能呈现责任约束松弛和占有意识外显这样的明显倾向。

基于以上分析，作者对旅游的定义是：旅游是个人利用其自由时间并以寻求愉悦为目的而在异地获得的一种短暂的休闲体验。简言之，旅游是个人的异地性休闲体验。

本书的**第三章**是对旅游活动系统的构成要素进行分析的一章，也是对旅游学当中传统的重要概念努力加以统一协调的一章。作为旅游活动的基本要素，旅游者、旅游资源、旅游产品和旅游业以及其他众多的范畴，需要用联系的观点予以解释和界定，这样才能保证旅游学研究不是建立在一些相互矛盾的假设前提之上，也才能保证人们在讨论相关问题时会站在可以沟通的同一世界里。这便是本章努力做的事情。本章最突出的一点，应该是明确了旅游产品与旅游资源、旅游吸引物之间的关系，并在全新的角度上定义了旅游产品的概念，认为各种媒介性产品在本质上仅仅是旅游产品的追加利益成分，它们单独是不能称为旅游产品的。这一点非常重要，甚至是本书立论的基点之一。

**第四章**从发生学的角度考察旅游现象的产生过程。在这一章中，旅游需要、旅游动机、旅游需求和旅游决策过程是最重要的概念。作者的观点是，旅游是社会教给人的，但最终又内化成为个人的心理需要的社会现象，它对应于人类高层次的心理需要，但受到人类自身的社会变量和经济变量的制约，这种制约在旅游者的购买决策过程中表现得十分明显。

本章在阐述上述观点的过程中，大量地介绍并整合了国内外有关旅游者旅游动机和决策过程的研究成果。

**第五章**是本书的主体。旅游的过程是体验的过程，旅游体验的目的是获得异地性的休闲快感，这种为旅游所独有的愉悦体验在这里被进一步分解为审美愉悦和世俗愉悦。为了获得这两种性质有所差异（但不意味着道德层次上有高下之分）的愉悦体验，旅游者会选择不同的体验方式。所以，在这一章中，详细地阐述了旅游体验的概念、内容和特点，分析了旅游体验过程中满足旅游期望的影响因素。应该说，作为旅游体验方式的旅游观赏、旅游交往、旅游模仿甚至旅游消费，这些概念和问题在学术界探讨得还很不充分，因此本章的这部分内容带有某种探索的成分。在这一章中，尽管对各种主要的旅游体验方式是分别阐述的，但这并不意味着作者认为它们在一个旅游者身上会以决然分裂的形式表现出来。实际上，旅游体验常常是通过这些方式的相互结合或相互补充而实现的。

第一种旅游体验方式是旅游观赏。在旅游观赏过程中，感知、情感、联想、想象和理解等心理活动之间的相互联系、相互依赖和相互作用，是形成旅游者美感体验的源泉。当旅游者面对以自然美、社会美和艺术美的形态存在的观赏对象时，审美愉悦便由此而产生。

旅游交往是旅游者在旅游过程中发生的与他人互动的典型形式。作者在这里探讨了旅游交往发生的情境模型和旅游交往在通常情况下的终止水平，同时分析了旅游交往过程中的心理矛盾形式，提出了对待交往的原则。在旅游交往中，角色扮演是旅游者必须面对或刻意追求的东西，所以作者对此做了专门的讨论。

旅游消费也是旅游者的一种体验方式，它还是旅游者进行观赏、交往、模仿等活动时的一个经济支撑维度。正是这种双重性，使旅游消费在功能上时有异化的表现，使其经济意义罩上了非经济的外衣，同时反过来，也使“旅游”这种本质上不属于经济的现象往往给人以经济的表象。所以，在这里我们通过区分旅游消费与旅游者消费两个概念，获得了对旅游消费性质的进一步认识。

**第六章**主要从空间关系的角度研究旅游现象，因此提出了旅游流的概念。本章用较大的篇幅讨论旅游流的定义、特征、形成机制、运动形式，并对世界范围内的国际旅游流和中国入境及国内旅游流进行了实证性分析，这种处理原则体现了作者的一种认识：旅游流是旅游学研究中的最重要概念之一。旅游作为一种人口流动现象，旅游流所具有的集体性特征，旅游流（只有旅游流，而不是个别的偶然的旅游现象）所产生的广泛而深刻的社会经济影响，以及由此而提出的对旅游流和旅游地进行管理的要求，是现代旅游业发展中需要正视的极为重要的课题。

**第七章**和**第八章**就是上述思想的体现。旅游流所产生的效应已经越来越引起人们的关注。这些效应从内容上看有经济效应、环境效应、社会文化效应；从社会价值的角度看，有积极效应，也有消极效应。它们的表现形式也有差异，或显露于外，或隐而不见；或即刻爆发，或迁延滞后。这些都需要我们加以系统地认识，由此构成了第七章的内容。这一章在多数情况下是用一种实证兼规范的观点来讨论旅游效应的表现及其评价的。

**第八章**以旅游容量这个基本概念为基础，讨论的是对旅游活动进行管理的命题。旅游给目的地社会所带来的影响是巨大的，而这种影响可谓喜忧参半。旅游容量这个概念教给我们一个理念：可持续的旅游发展依赖于对一个地区的旅游容量的深刻理解和相应的管理协调。在我国的旅游发展实践中，这实际上构成了今后相当长一个时期内制定我国旅游发展政策必然面对的一个挑战。

从全书的结构来看，作者的思路是从分析到综合、从个体到群体、从旅游者活动到旅游产业活动并主要地围绕旅游者活动而渐次展开的，而所采用的方法则遵循了从概念性思辨到经验性实证的逻辑次序。这种结构特点也体现了作者对旅游学研究对象的理解。

# 第一版序

谢彦君的《基础旅游学》是一本很有价值的书，是一本值得一读的好书。

我认识谢彦君同志是从他的论文开始的。我虽然读书看报总不太注意作者是谁，但同时也有一个习惯，即当读到一篇有价值的文章时，却总要回头再注意一下它的作者。“谢彦君”的名字，便是从一批终审稿中记住的。记忆中，那好像是十年前的事（写完这篇序后，我又查了查审稿记录，那是1990年的冬天）。在那以后的1993年，我又注意到了“谢彦君”，那是他在英国进修时为《旅游学刊》寄来了一篇有关旅游业可持续发展的文章——尽管出席1992年联合国环境与发展大会的182个国家已通过了《里约环境与发展宣言》，即《21世纪议程》，但是与旅游结合的会议还没有开，相关的宣言也未出现（联合国教科文组织、环境规划署、世界旅游组织的“旅游可持续发展世界会议”1995年4月才在西班牙召开，世界旅游理事会、世界旅游组织、地球理事会的《关于旅游业的21世纪议程》也是1995年9月才在伦敦首次向媒体披露的），谢彦君同志凭着他的敏锐和好学，很快便就英国书刊媒体反映出的这一学界的思潮及时为《旅游学刊》撰写了有关这一问题的专稿——该文一发表，便迅速引起了全国旅游学界和业界的注目和反响。

我与谢彦君谋面，是在这以后的1994年秋天，他到北戴河来出席以《旅游学刊》的名义发起召开的第四届“旅游科学理论与实践全国学术研讨会”。除了学识之外，他的真诚、热情和为人的品德又给我留下了深刻的印象。最近一次的会晤，是去年夏天我去大连东北财经大学参加“旅游与经济国际学术会议”，这时他已是颇有成就的了，到了那里我才发现，东北财经大学渤海酒店管理学院爱才的李力院长已把他调到该院去工作了。

我说谢彦君的《基础旅游学》是一本很有价值的书，这话绝不是孤立地阅读这本书打印稿后的一般读后感，而是经过对一些相近相似的同类著作的比较才郑重地说出来的。我手边也有近十本这样的意在诠释旅游学的书，虽然其中不少仍可说是具有阶段性成就或意义或权威性论断的代表作，但却也有不少作者在他们的阐述或解析中，都过多地偏重或过多地强调了旅游的经济活动的那一侧面，个别的著述甚至误将旅游科学简化为旅游业运行的微观环节。由此，也不难发现我国业界、学界和主管方面对旅游科学认识和研究的前进轨迹。

读者手中正捧着的这本《基础旅游学》，其撰著者却在注重挖掘本学科的理论深度。尽管书中也有不少对实践问题的研究和讨论，但是这些研究和讨论却没有忘记它自身的出发点和归宿。正是基于作者植根于自己对旅游和旅游学研究对象的深层理解，如与读者过去所曾见过的某些概论类书籍相比较，显然可以看出，本书构建的框架的确与他书多有颇大的不同。也正因为上述的原因，作者在本书中阐述的观点，就不仅仅反映出他自己的创新性的理解和认识。而且在创新时，却又有着全局的思考和协调，因而本书在论点的确立、概念的界定、理论的阐发……以及全书的结构安排上，都体现着作者追求整体的协和的精神。

我注目于对旅游学的多角度、多层面、多方法的研究，充分肯定这一研究的价值和意义，并不是因为要写这篇序言才故作姿态。我的态度是一贯的。即使在前几天，在《中国旅游报》邀请全国资深专家学者出席的"共和国旅游业 50 年研讨会"上，我仍是这样说的：如从更深一层的意义来观察，当前我国公民旅游活动的大量产生，将使人们对旅游业的发展前景产生更深一层的认识，即旅游业的发展使旅游者的除异地观光、会议、度假、探险等之外的旅游消费将与本地居民在本地的购物消费、健身、娱乐、品尝美食等消费越来越难以作出本质性区分。同时，作为居民的一种生活方式（与居民常住地生活相对应，与居民本地工作劳动相对应），作为居民工余生活的一部分，除其包含的经济内容外，旅游活动与其他休憩活动所共有的功能——放松消遣、个人健康、知识能力补进、审美趣味满足等对于自然人个体的功能和人际交往、价值认同、人权体现、进步推动等社会功能，都更加突出地表现出来。因而就居民的全部社会生活而言，旅游所应研究和考虑的范围将可能不再是作为经济产业所能包容的了。在这种背景下的中国旅游研究，也正在与国外有关旅游研究相汇合，即旅游研究不再局限在对旅游业的经济现象的研究，也不再满足于对旅游服务行业运行的微观研究的原有成就，即使在国内，这一开放眼界的研究，也可望在不久之后汇成一股不小的潮流。尤其不能忽视的是，当前一些省市在把旅游业作为先导产业的同时，在把旅游业作为对旅游需求的供给要素作一产业整合而加以组织的同时，其有关旅游业发展的地方规划正在越来越多地考虑以政府的投入或政府鼓励的投入来满足本地居民工余的休憩的需求。很显然，旅游作为居民生活质量水准的一个标志，作为公民的休憩这一"人权"的体现形式，已越来越受到各级地方政府的更多重视（参阅 1999 年 9 月 3 日《中国旅游报》和 9 月 20 日《江南游报》刊出的发言摘要和发言整理稿）。其实我说的内容还远不止这些。在上述的发言中，我还十分郑重地提到了对谢彦君副教授即将问世的这部新著以及对另一些学人的此类研究成果的肯定与称赞。

如果再将谢彦君的《基础旅游学》放到目前通行的众多的旅游概论的教材中去讨论，那么，读者手中的这本新著肯定可以帮助学校里的学生开阔眼界；如果讲授本学科的教师和旅游行业的从业人员能抽暇浏览一下本书，或者他们也能从书中得到一些启迪。所以我才在序言一开头就说：这是一本值得一读的好书。

是为序。

刘德谦

北京旅游学院

1999 年 9 月

# 第三版序

彦君教授嘱我为其《基础旅游学》(第三版)作序，我欣然答应。“欣然”的原因主要有三：一是与彦君教授相识多年，记忆中，无论是私晤于大连抑或青岛，还是蒙教于各种学术论坛，他总是把话题聚焦于旅游学科理论，尽管神态平和，语言朴实，但透着执着、严谨、智慧和憧憬，这些印象在我脑海里挥之不去，日久便成为鞭策自己和鼓励学生的标准参照；二是《基础旅游学》从1995年酝酿，至1999年初版面世，再至2010年第三版即将付梓，已有15个年头了，如此严谨之学者，在当今社会实在是廖如晨星；三是我认为，国内旅游教育界、学术界乃至产业界，急需《基础旅游学》这样深邃、严密的学理性研究成果。

同彦君教授一样，我也十分看重旅游学科理论问题，并努力体现在自己的教育和研究实践活动中。科学哲学家库恩(T. Kuhn)说过：“一门学科应有自己的范式(paradigm)，即包括定律、理论、规则、方法和一批范例的有内在结构的整体。”判定一门学科是否称得上“成熟”，就是看这门学科是否建立起较为稳定的范畴和系统的范式，或者说是否有足够的“专业基质”(disciplinary matrix)。当我们把旅游(tourism)看作是一门学科(discipline)的时候，意味着我们不仅认定旅游是一个相对独立的研究领域，而且承认旅游具有自在的学科理论体系。旅游学科理论是对旅游学义界的规定、结构的解析、工作体系的阐述和学科外部关系的梳理，是旅游学科获得完全独立资格的依凭，是认识和优化旅游教育的指针，是推动旅游业健康发展的核心动力。从生长机制角度论，旅游学科理论是为旅游研究(脑体)和旅游实践(肢体)供氧的“心”；从圈层结构角度而论，旅游学科理论则可以称为旅游研究与实践的“芯”或“核”。

与那些“悲观论者”不同，我始终认为，即使从严格的科学定义上讲，旅游学也是能够成为一门学科的。因为，旅游需求、旅游消费是独特的，不同于人类的其他任何行为，旅游需求的增长是可持续的，旅游活动是有外在约束和内在法则的，旅游学的研究对象是特别的、明确的、稳定且有结构的。从国内外的研究实践看，旅游学“问题”的集合正在形成，旅游学“技术”的集成可以期待。只是在当下这个时间点上，旅游学的“专业基质”还比较贫乏，范式尚不明确，因此只能算作“前科学”。

面对中国旅游业快速发展的大好形势，面对中国高等旅游教育的持续扩张，尤其是硕士、博士研究生教育规模的日益扩大，旅游学的“不成熟问题”的确令学界有几分尴尬。由于基本学理不足，也就是彦君教授经常所说的“旅游的知识共同体”的匮乏，我们的高等旅游教育尽管增长神速，形色繁杂，但并没有形成科学的逻辑体系，难免有随意、粗放、浅薄之嫌。我们的旅游研究虽然日益繁荣，但感性化、碎片化、扁平化、工匠化的现象依旧十分突出。中国旅游业正处在转型升级的发展阶段，有许多重大问题迫切需要解决，实践对理论有极高的期待，但学界对业界的支持与贡献显然并不令人满意。究其原因，有人指出了学界“对业界的不熟悉”问题。研究者“下不着地”，其成果难免远离主战场，甚至荒诞玄虚，沦为屠龙术之类。旅游不是书斋里的学问，但是走向田野只是科学研究的第一步。旅游学界对业界的贡献不够，除了“不熟悉”的原因外，还有自身理论发育不好的内因。旅游研究的最终目的是要构建能够科学描述、解释、预测旅游现象的体系和方法。可以想见，如果人们操着浓重的方言而非普通话，交流必然是极其低效甚至是混乱的；如果只有棋子没有棋盘和棋盘上的规则，棋子是没有多少意义的。如果没有严谨的概念体系和科学的范式，对复杂事物做出准确的观察、分析和预测是几乎不可能的。旅游研究的核心，无论在中国还是外国，都不会停留在对某一具体旅游现象的描述和分析上，而是要通过具象走向抽象，透过特殊矛盾发现一般真理，构建能够提高人们认识旅游世界的能力、指导人们探索具体旅游问题的理论体系。

旅游活动具有广泛性、多样性和复杂性。现代旅游业在中国只有 30 多年的发展历史，我们不能要求旅游学科理论建设一蹴而就。但是，放眼旅游学术界，我们又不能对四处弥漫的急功近利的风气放松警惕。一门学科的成熟，固然表现为“问题面”和“技术面”的互动式进步，也与学术共同体的文化氛围——构成学科的“传播面”——息息相关。需要指出，在国内旅游界，存在着一种把理论与实践简单对立因而藐视理论的错误思想。这种思想在教育界表现为对“技能”的过度追求，以至于忘记了教育的核心在于常识普及、方法训练和心智开发；在学术界表现为对“应用性”或者说“有用性”的片面理解——不少人士只对“对策”感兴趣，对“对策的爹妈”则不屑一顾。可想而知，如果这种畸形的价值观成为时尚，旅游理论研究就必然受冷落，学科建设的步伐焉能不疲软！因此，有必要强调，理论虽然是一种抽象的、系统的认识，但它来自于经验的实践，能对经验现实做出合理解释。美国社会学家华莱士（W. Wallance）用“科学环”告诉人们，观察和理论是科学研究的两个起点，经验世界和理论世界总在反复互动，螺旋上升。在当下的中国，旅游研究必须经历理论发育的过程，这个过程始于把旅游研究当作一门学科而非一个可肆意跑马的领域。学科理论研究旨在明体，明体方能达用。

有幸提前拜读彦君教授再三修订的《基础旅游学》，读完之后，我重温了美国社会学家默顿（R. Merton）的名言：“我们不欣赏那些只会空谈不会观察，或只会观察不会思想，或只会思想而不能使自己的思想接受系统经验检查的社会学家，而不管他们是什么权威。”彦君教授无疑是一位重观察、善思想、开放式的学者，《基础旅游学》是一部经得起检验的“明体达用”之作。用心的读者会发现，彦君教授在博采众长的基础上，用明快的文字、严谨的概念、清晰的结构、深刻的洞察力和严密的逻辑抽象力，构建了旅游学科的范式。新版《基础旅游学》在内容上有一系列新的调整和充实，需特别提及的是作者对“旅游体验”做了更加细致深入的论述——彦君教授对旅游体验的研究可谓系统，此前已经出版了《旅游体验——一种现象学的视角》(2005)和《旅游体验研究——走向实证科学》(2010)两部大作，他早就指出：旅游体验是旅游基础理论研究的“硬核”，可以用来统御整个旅游学术研究。近年来，国内外关注旅游体验的学者日益增多。如果“旅游体验硬核论”成为学界的共识，那么旅游学就像经济学、社会学、伦理学、政治学等显学一样有了学科基本假定，那是非常了不起的。

附带提及，彦君教授还是散文高手，他的《枯叶集》文字隽永，笔触深刻，意境清远，能够让人读出“淡泊明志，宁静致远”八个字来。以此结尾，或许对读者理解《基础旅游学》有所裨益。

马 波

2010年9月3日

于青岛大学听涛庐

# 目　录

# 第一章　导论

**学过本章之后，你应该能够：**

1. 了解国内外旅游研究的历史，评述旅游研究的状况。
2. 理解旅游研究的对象，阐述旅游研究的基本内容。
3. 认识旅游学的学科性质和特点，理解旅游学作为一个跨学科研究的知识体系构成。
4. 讨论旅游学研究方法的类型和特点。

## 第一节 旅游研究的历史与现状

从世界范围来看，针对旅游现象所展开的科学研究开始于近代社会，整个算起来也不过百年的时间。而作为一个知识体系而言的旅游学科，相对于其他比较成熟的学科而言，更是一个十分年轻的学科。在这段历时不过一个世纪的学科发展史中，旅游研究经历了深刻的演进过程，不管是在研究对象的认定和研究方法的选择与运用上，还是在研究内容的组合或理论与概念的架构上，都逐渐从单纯发展到丰富，从浅薄发展到深刻，从仅关注于对旅游现象的描述发展到对旅游内核的探索及对各种旅游关系的阐释。尽管直到今天我们依然没有充分的把握肯定旅游学已经步入成熟学科之林，但旅游研究的历史进程足以说明，旅游学是一个富有生命力的新兴学科，是一个具有广泛社会应用背景的研究领域。

如上所述，发端于西方世界的旅游研究大体上已历时百余年，而在我国，系统的旅游研究仅仅只有三十多年的历史。这种时间上的悬殊差距注定意味着研究水平的差距。因此，探讨或评介旅游研究的历史和现状，自然要从对国外旅游研究历程的评介开始。

### 一、国外旅游研究

1996 年，南开大学旅游学系申葆嘉教授在《旅游学刊》撰文，系统地考察了国外旅游研究的历史发展过程。这篇文章应该说是我国开展旅游研究以来以全方位的视角审视国外旅游研究的历程和水平的非常重要的文献。在国内旅游研究文献比较匮乏、旅游研究历史很短、旅游研究学术力量薄弱、旅游研究定式化倾向十分严重的情况下，申先生的文章对我国旅游学的学术研究应该说有相当重要的意义，甚至直到今天也依然鲜有超越之作。这篇文章丰富的内容、敏锐的思索和精辟的点评，也自然成了笔者在撰写这一部分内容时的重要的资料来源和思想依据。

“旅游现象作为一种社会科学范围内的研究对象，国外对它的研究通常分别在学术性和业务性两个范围内进行。学术研究一般较多地通过理论途径，在不同角度和层面上对旅游现象的性质、形态、结构、特征、运行机理及其与社会的各种关系和影响做宏观或微观两方面的探讨，以阐明其意义、判明其演变、分析其态势，提出对应的见解”①。一般认为，对旅游现象的这种研究最早在 19 世纪末重要的旅游接待地意大利开始。1899 年意大利政府统计局的鲍迪奥（L. Bodio）发表的《在意大利的外国人的移动及其消费的金钱》一文，据说是可见到的最早的从学术角度研究旅游现象的文献。此后，在意大利、德国、瑞士和奥地利等国家相继出现了一些从事旅游研究的学者，其中马里奥蒂（A. Mariotti）、葛留克斯曼（R. Glücksmann）、鲍尔曼（A. Bormann）

① 申葆嘉：《国外旅游研究进展》（连载），《旅游学刊》，1996 年第 1—5 期。

以及汉泽克尔（W. Hunziker）与克拉普夫（K. Krapf）等人在旅游研究中分别做出了许多开创性工作，形成了不少有意义的成果，对今天的旅游研究也产生了重要的影响。

二战以后，旅游研究的中心开始转向北美，并且在研究路径上表现出明显的多学科渗透的学术特点。在这一时期，一些重要的学科如经济学、地理学、社会学、人类学、心理学、环境科学和生态学等学科的学者们逐渐参与了对旅游现象的研究。这种趋势一方面反映了人们开始注意到旅游现象的复杂内涵，另一方面也是现代学术研究崇尚跨学科方法的一种观念折射。这种研究趋势在 20 世纪 60 年代后已经构成旅游研究的主流，并集中反映在对旅游影响（效应）的研究方面。到 1991 年，国际上最为著名和权威的旅游学术研究刊物《旅游研究年刊》（*Annals of Tourism Research*）在当年第一期刊出了题为“旅游社会科学”（Tourism Social Science）专辑，专辑中包括了经济学、人类学、生态学等 10 个学科分支，并着意体现了多学科综合研究的主题。此后也有学者以“旅游社会科学”为题撰写著作（如 Chris Ryan 在 1992 年出版《休闲旅游：一种社会科学视野》①）。对此申先生的看法是：“‘旅游社会科学’概念的提出意味着什么，现在还很难确切回答这个问题，但是有一点是很明确的，即经过了几十年的曲折探索，旅游研究从当初单一的经济学研究发展到今天的多学科综合研究，表明它已经接近成熟了，虽然独立的旅游学科尚未完整地形成，但是方法论基础已经露出了它的萌芽，学科面貌已露端倪，旅游研究正面临着一个全新的发展时代。”笔者相信这种看法已经把握到了旅游学学科发展的时代脉搏。

综观国外旅游研究的历程，可以发现有这样三个特点：

1. 从单科独进的分散研究向跨学科的综合研究发展，这是旅游研究最重要的一个演化特征。在旅游学的研究历史上，最初的切入点是运用统计方法所进行的比较直观的描述和考察。19 世纪 70 年代以后，英国和欧洲主要国家以及北美的美国，有的已经建立了市场经济体系，有的正在形成和加强这个体系，中产阶层开始出现，并且成为这些国家社会经济发展的主要力量。在这个时期，蒸汽机的应用早已从工业延伸到交通业，火车和汽船已成为当时陆上和水上的主要交通工具，而欧洲、北美诸国在食宿、观光服务方面的质量水平也有了巨大的改进。以上这些因素使欧美两个地区之间的旅游流量迅速增加，游客在接待地逗留时间和支出水平都有大幅度增长，使旅游业开始成为引人注目、容易赚钱的新兴行业。在这种背景下，人们开始了对旅游现象的研究。但是，由于缺乏适当的理论指导，这时的研究大都是从旅游者人数、逗留时间和消费能力等方面进行认知性的考察，所采用的方法主要是统计学方法，而这种研究的目的和意义就主要体现在对旅游现象外部形式（比如空间运动特征和一般数量特征）及其直观的经济效应的认识。当然，也是在这种初步的研究中，开始埋下了人们对旅游现象内涵的某种定式化认识的种子。在这一时期的研究中，意大利的学者如鲍迪奥、贝尼尼（R. Benini）和北美的一些学者所做的工作比较突出。

---

① Chris Ryan. *Recreation Tourism: A Social Science Perspective.* Routledge, 1991.

从20世纪20年代中后期直到60年代，旅游研究在十分功利性的观念指导下进行，因此表现出非常突出的依赖经济学方法的时代特征。尽管在这个阶段的后期出现了其他学科（如地理学、心理学等）的介入，但不管是在规模上还是深度上都相当有限，因此并未能够一改以单一学科的研究方法和理论统治旅游研究的局面。这种状况的发生，也是有其社会背景的。在这40年当中，世界处在近代史上两次大规模战争的恢复阶段上，对于各国来说，经济发展的意义都无疑是非常重大的。人们在为外国旅游者提供服务的同时很快意识到，发展旅游活动可以获得巨大的经济利益。受这种功利性认识的支配，各国政府、企业界就特别关注于旅游所产生的经济价值。这种思想自然也影响到学术研究，甚至使人们产生了旅游的内核具有经济属性这种在当时带有普遍性的认识。罗马大学讲师马里奥蒂在1927年出版的以《旅游经济讲义》为书名的专著中，集中地从经济学角度对旅游活动的形态、结构和活动要素进行了剖析和论证，并得出了一个结论，他认为旅游活动是属于经济性质的一种社会现象。他的这种认识在相当长时期内都发挥着影响。直到20世纪60年代，还很少有人对发展旅游的意义主要在于促进旅游接待地的经济发展这一点表示怀疑。这样，旅游现象就被认为是一种旅游业的经营活动，旅游是一个劳动力密集型的行业。这种思想几乎成了许多人审视旅游现象的一种定式，甚至影响着几代人对旅游现象性质的认识，极大地限制了旅游研究向纵深层次发展的可能。① 但是，在这种潮流当中，也有持不同意见的学者。就在马里奥蒂发表他的著作后不久的几年当中，柏林大学的葛留克斯曼教授就陆续发表了多篇论文并出版了《旅游总论》一书，系统地论证了旅游活动的发生、基础、性质和社会影响。在《旅游总论》一书中，葛留克斯曼把旅游活动定义为“在旅居地短时间旅居的人与当地人之间各种关系的总和”（笔者怀疑他的这个定义是否是旅游研究对象的定义，因无法查对原文，暂且存疑于此）。他运用不同的方法考察旅游现象，得出了与马里奥蒂完全不同的看法。他认为，研究旅游现象，就是研究旅游活动发生的基础、原因、运行机制以及这种活动对社会所产生的影响等问题，涉及非常广泛的范围和领域，因此需要从不同学科去研究而不只从经济学的角度去考察它。不过，葛留克斯曼的观点在当时并未形成影响，还招致一些人的批评。

1942年，瑞士学者汉泽克尔与克拉普夫在《旅游总论概要》一书中，提出了与葛留克斯曼接近的学术观点。他们认为，旅游现象本质上是具有众多相互作用要素和方面的复合体，这个复合体是以旅游活动为中心，与国民保健、经济、政治、社会、文化、技术等社会中的各种要素和方面相互作用的产物。在这个基础上，他们提出了旅游现象多方位、多层面结构的思想，并且认为需要通过多学科进行综合研究。从这一点出发，他们还得出旅游现象不具有经济性质的结论，而认为其更接近于社会学的范畴。与葛留克斯曼的遭遇几乎相同，他们的观点在当时的西方学术界也未能形成应有的影响。

---

① 申葆嘉：《国外旅游研究进展》（连载），《旅游学刊》，1996年第1—5期。

但是，这种情况在20世纪60年代之后却发生了根本性的变化。从这个时期开始直到现在，全球性的大众旅游广泛兴起，由此产生的对旅游接待地的影响也日益复杂化，这种影响在量上的积累也达到了空前的程度，这样，旅游研究就很自然地介入到与旅游活动相关的各个领域，从而形成了空前规模的多学科共同研究旅游现象及其相关问题的学术局面。在这期间，经济学、社会学、心理学、地理学、环境科学、生态学、管理学、符号学、政治学、史学、美学等学科的理论和方法甚至一些概念，都能在旅游研究中找到用武之地，各个学科为旅游学科的发展建设都做出了自己的贡献，积累了丰硕的成果，旅游学实现其理论上的综合的曙光终于露出了端倪。

然而，直到20世纪末，旅游学真正的综合并未实现。究其原因，除了根本上存在学科成果积累不足的原因外，还可能与西方国家旅游学术界多年来在研究实践方面存在研究的高度分散有关。英语国家的学者大都习惯于根据自己的学术兴趣选定研究课题，并根据自己的专业知识以及对旅游现象的理解与认识从事研究工作。这样，就形成了研究课题各不相同、相互之间缺乏联系、研究方法大相径庭、研究结果大异其趣的局面，使旅游研究陷入了一种众说纷纭、莫衷一是的境地，直接影响了旅游研究的发展和旅游学的形成。尽管各个领域的学者也偶尔通过学术团体进行交流和研讨，但未能从根本上改变这种状况。不过，进入21世纪之后，一些西方学者开始认同旅游已经成为一个系统的知识体系并呈现了一个跨学科面貌的基本判断（Jafari, 2001; Jennings, 2002）。

2. 重应用研究轻基础理论研究。一方面由于人们对旅游理论研究兴趣的匮乏，另一方面由于旅游发展实践的迫切需要，使旅游研究在西方学术界形成了一种传统，那就是人们倾向于应用研究而比较不重视理论研究，在基础理论方面的研究就更少有涉足者了。这种状况不仅反映在英语国家出版的旅游研究刊物（如美国的《旅游研究年刊》、英国的《旅游管理》等）上，也反映在旅游研究的博士论文上。在各种旅游研究刊物中，占有较大比例的是各种案例（case study）研究，以及对各种相关学科成型理论的嫁接应用，却缺乏对旅游现象本身的深刻的理论思考，因此直到今日对旅游的本质以及特征等核心问题还不能达成共识。从申葆嘉先生对历年国外博士论文的检索结果来看，在1951年至1987年英语国家199篇与旅游题材有关的博士学位论文中，与基础理论有关的题材仅有9篇，占全部论文的4.52%，充分地反映了在旅游研究中广泛存在的应用导向的研究思路。① 这种状况恐怕是阻碍旅游学科发展的另一个非常重要的因素。近年来，国外不少学者对这种现象深表忧虑。胡里奥·艾罗姆拜瑞（Julio Aramberri）教授曾尖锐地批评了这种现象。他写道，理论探索上所“遭受的这种挫败，也许就是为什么大多数研究人员远离理论研究而钟情于得心应手的案例研究的根源吧。案例研究，那可是好东西！对于始作俑者，他们难以被证伪。几乎没有人能有耐心或有资源或有能力去重复同样的研究，而且，即使他们这样做了，条件却不会完全

① 申葆嘉：《国外旅游研究进展》（连载），《旅游学刊》，1996年第1—5期。

一样了。其次，在这儿分析一下这个案例的特征，在那儿分析一下那个案例的另外一些特征，并且也不理睬批评者的感受，这样，你就可以沉浸在一种幻想当中，以为你能够证明某个半截子假设！最后，案例研究减轻了需要去证明的负担。尽管不能完全使作者免于在某种既定的理论框架中解释事实之累，但他们总可以得到某种解脱。一句“事实就是这样，妈姆”便可以解除对所使用的假设予以解释的责任了。（至于理论研究，那）“不管我的事儿。去问那些玩弄阳春白雪的哲学家、经济学家、社会学家，还有人类学家吧。”瞧，你是下里巴人，所以，你就可以扯个弥天大谎了！①

3. 从研究的领域来看，对国际旅游的研究超过了对国内旅游的研究，对第三世界旅游的研究超过了对发达国家旅游的研究。② 世界旅游组织曾做过估计，国内旅游者人数与国际旅游者人数的比例已经达到 10∶1，国内旅游者支出与国际旅游者支出的比例已经达到 7∶1。与这个事实不相称的是，西方国家的旅游研究却一直将主要目光放在国际旅游上面。这其中的原因可能是，首先，国内旅游研究所遇到的方法论的问题，阻碍了对国内旅游的系统研究。仅就统计资料来看，可靠的、具有国际可比性的国内旅游统计资料的获得就比国际旅游困难。其次，对于从社会科学角度研究旅游现象的人类学和社会学而言，国内旅游似乎比国际旅游更缺少吸引人的课题，因为国际旅游所展示的文化交流问题是这两个学科的热门研究话题。最后，不仅发展中国家由于经济动机的驱动而积极发展和研究入境国际旅游问题，就是发达国家的学者长期以来也往往喜欢以发展中国家的旅游发展作为研究课题，这种状况尤其表现在旅游效应研究领域。

## 二、国内的旅游学基础理论研究

中国的旅游研究历史很短，是伴随着我国的改革开放步伐而蹒跚起步的。在短短的 30 多年当中，我国的旅游研究经历了从无到有、从描述到诠释再到阐释的过程，逐步积累了一些学术成果，当然也积累了一些问题。正是由于有了这些积累，才为我们今天深入地探讨旅游学的诸多问题提供了基本的素材和理论建构的依据。

回顾中国旅游研究的历程，应该结合中国旅游发展的实践历程来进行研究。因为中国的情况相当特殊，在中国的旅游研究起步的时候，既是中国旅游业产生与发展的源头时期，也是旅游教育创立和发展的时期。所以，在旅游研究、旅游产业实践、旅游教育这三个领域，都几乎是同时开始其筚路蓝缕的发展历程的。这种“三位一体”的旅游发展模式，使我们必须从旅游研究与旅游实践的关系、旅游研究与旅游教育的关系两个方面认识中国的旅游研究进展。

中国的旅游教育开始于 20 世纪 70 年代末 80 年代初，与中国的旅游业发展同时起步。在这期间，上海旅游高等专科学校、北京旅游学院率先以独立的旅游院校的形

---

① Julio Aramberri. The Shaky Theoretical Foundations of Tourism Research, *Tourism Recreation Research*, Vol. 27, No. 2, 2002.

② Robert W. Wyllie. *Tourism and Society: A guide to Problems and Issues*. Venture Publishing, Inc., 2002.

式开始了我国的高等旅游教育。同时，南开大学、西北大学和杭州大学等也陆续设立了旅游系（专业）。此后，受蓬勃的旅游产业发展的吸引和国家政策的鼓励，大量院校开始兴办旅游专业。这些专业依托于各院校原有的师资和教学条件，利用各自的专业优势，各有侧重，轰轰烈烈地大办旅游教育。按照国家旅游局的统计，截至 2012 年年底，全国共有高、中等旅游院校（包括完全的旅游院校和开设有旅游系或旅游专业的院校）共计 2236 所，其中高等院校 1097 所，在校生 56.62 万人；中等职业学校 1139 所，在校生 49.72 万人。这个增长速度，在世界范围内亦属少见。如果从整体规模来看，中国已经是旅游教育的大国了。

伴随着旅游教育的迅速发展，旅游专业的教材建设也经历了从无到有、从少到多的过程，其质量也从早期的草创阶段逐步走向成熟和丰富。以“旅游学”这门课程而论，在最初出版的著作中，包括王鸿滨、杨时进等人编写的《旅游概论》等几本教材，这些教材在框架上较多地受到伯卡特与梅特利克撰写的《旅游：过去、现在与未来》（*Tourism: Past, Present and Future*）① 的影响，内容上还比较粗糙。正如这些教材的名称所昭示的那样，当时人们还没有将旅游学这个概念提出来，因为人们清楚在那时提出建立“旅游学”这个学科还是相当不合时宜的，所以这几本拓荒之作都谨慎地用“旅游概论”的字眼来统驭教材的结构和内容。这些教材在我国旅游教育领域发挥了奠基的作用，同时它们在内容、理论和研究方法等方面所形成的模式也几乎成为影响甚至制约我国旅游学学科发展方向的历史渊源。在此后陆续出版的一些旅游学著作中，有的仍以“旅游概论”（曾廷忠，1995；李光坚，1991）名之，有的则自觉或不自觉地称为“旅游学概论”（李天元、王连义，1991；孙文昌，1992、1998；田里，1994；徐明、谢彦君，1995；谢彦君，1998；王鸿滨，1996；马勇，1998），有的甚至就叫做“旅游学”（邓观利，1994）。据陶卫宁（2006）检索华南师大图书馆藏书目录，按同一作者不重复计算，到 2005 年左右，旅游学概论教材已有 22 种之多，教师自费出版发行的数量则难以统计。在这些旅游学教材中，按照发行量统计，以李天元和王洪滨的教材影响最广。② 但通观所有已经出版的这些著作，真正在理论上取得重大突破的地方很少，人们始终还没有摆脱既有框架的束缚。对此，师守祥（2008）的评价是：（1）行政主导致先天不足，教材学理性不强；（2）内容守旧，滞后于旅游业发展与旅游研究进展；（3）科学性缺陷突出；（4）严谨性不够（诸如迷信国际组织、国外专家，数据来源不明、相互矛盾、时效性差，标注不规范等）。③ 这种情况的存在显示出旅游学教材更新还缺乏足够的自觉，在旅游学术界内部和外部都还没有展示出积极求变的压力和活力。

从已经出版的这些旅游学教材来看，在研究内容的选择上主要建立在“三要素”理论的基础上，从旅游业的角度而不是从旅游活动的角度构建学科内部的研究框架，

---

① 该书有中译本，译名为《西方旅游业》，张践等译，同济大学出版社。

② 陶卫宁：《旅游学概论教材体系建设的现状及其合理架构的建立》，《旅游学刊》，2006 年第 1 期。

③ 师守祥：《〈旅游学〉教材建设 30 年回顾与革新建议》，《北京第二外国语学院学报》，2008 年第 11 期。

认识方法上带有浓重的功利性。这一方面是学科发展历史短暂、理论积累不充分的必然结果，另一方面也是旅游学这门学科在一开始就被定位在为旅游产业发展实践提供理论指导的一种应用性学科这种认识的产物。

中国的旅游发展走的是一种发展中国家所共有的模式，表现为旅游发展在目的上以经济利益为导向，在过程上以“先发展国际旅游后发展国内旅游”为选择次序，在战略上采取“适度超前”的发展策略。这种模式所营造的氛围也笼罩着旅游学术领域，并相应地规定了学术研究的目的指向和指导思想，因而也影响着旅游学的理论建设。总的来说，经过 30 多年的发展，旨在解决旅游发展实践中出现的具体问题的各个领域性分支学科都相应取得了比较多的成果，在专业学术刊物上发表的大多数文章也都是集中在这些应用领域，包括旅游业管理、地方旅游业发展、资源开发、市场开发、旅游规划和旅游产品营销等。但是，对应的却没有太多的有关旅游学基础理论方面的高质量研究成果问世。申葆嘉先生对此所做的评价是：“与国外旅游学术活动的趋向相比较，可以看出，国内的科研活动与国外有着很大的不同：其一，从事理论探索、有较高学术水平的作品很少；其二，大部分的论文趋向于微观的、业务性的议题；其三，绝大多数作品是诠释性的论证。”出现这种状况，根源在于两个方面：“一个大问题是我国的旅游学术活动还没有像国外那样形成一个独立的工作系统，表现在：（1）独立的旅游学术团体少；（2）几乎所有的旅游学会都是各级旅游行政机关的附属单位，为行政机关需要服务；（3）研究者之间或地方学会之间缺乏横向联系，全国性的旅游学术团体迄今仍未成立，全国性的学术活动难以展开；（4）旅游高等院校没有成为国内旅游学术活动的主力；（5）缺乏来自专业渠道立项的科研经费。”“另外一个大问题是因为缺乏旅游的学科基础理论和基本概念研究，给旅游的学术发展带来了严重影响。国内的旅游学术界长期以来在‘旅游活动’还是‘旅游业’的基本概念上混淆不清，已经严重影响到旅游学术交流的正常发展，而旅游活动结构的‘经济外壳’和‘文化内涵’被隔离开来，而且发展出了旅游活动性质的‘二元论’理论（甚至是‘多元论’——引者），都会造成理论上的误导而使旅游学术活动的发展走入歧途。”[①] 申先生的看法相当深刻地抓住了我国旅游研究的问题所在，给人以很大的启发。1999 年，学林出版社出版了由申葆嘉先生主编的《旅游学原理》一书。该书在一定程度上体现了申先生多年来对旅游学基本理论问题的一些思考，在理论体系上有很大突破，在援引国外文献方面也相当丰富。该书所提出的一些基本观点，引起了国内学术界的重视和思考。因此，学术界普遍认为，这是一部有全新面孔的高质量的学术著作。[②]

近几年来，中国的旅游研究不管在数量上还是在质量上都有了进一步的积累。然而，与国外的旅游研究相比较，目前中国的旅游研究相对还不够成熟。[③] 这表现在：

（1）中国的旅游研究的主流仍是“应用导向”和“热点导向”的，它表明了旅游

① 申葆嘉：《〈国外旅游研究进展〉撰后记》，《旅游学刊》，1996 年第 5 期。

② 徐菊凤：《1998、1999 年中国旅游研究述评》，《旅游学刊》，2000 年第 3 期。

③ 谢彦君：《旅游与接待业研究：中国与国外的比较》，《旅游学刊》，2003 年第 5 期。

学术队伍的不成熟，也影响到旅游学术研究在结构上的均衡发展，尤其无益于大学教育和深入的科学研究所共同依赖的基础理论的建设。

（2）中国旅游学术研究与国外的旅游学术研究是有差距的，这一点不管从研究成果的数量还是质量上都不可否认。只要通过全面地接触国外相关领域的研究文献，就能真正感受到这种差距。如果国外学者可以声称旅游学科已经走向独立和成熟，那么，中国学者至少目前还不能说中国的旅游学科达到了这个水平。不管从旅游基础学科还是分支学科来看，都还存在一定的差距。

（3）国外的旅游研究日益深入到旅游现象的细部，而我国旅游研究还往往喜欢做大文章，框架宏大，而内容却比较平常，尤其缺乏科学实证的研究态度和方法。另外，一些在国外近年旅游研究中比较受重视的研究领域（如旅游体验），在中国还鲜有问津者；而国外的传统研究领域（如旅游人类学），在国内也没有得到深入展开。

## 第二节　旅游学的研究对象和内容

### 一、旅游学的研究对象

研究对象的确定是学科成立的前提。对此，毛泽东有一句著名论断：“科学研究的区分，就是根据科学对象所具有的特殊的矛盾性。因此，对某一现象的领域所特有的某一矛盾的研究，就构成某一门学科的对象。”[①] 然而，把握一种现象的根本矛盾需要有深刻的认识，而这并不容易。在旅游现象当中，根本的矛盾性体现在何处，至今人们还不能就此取得一致的意见。这种认识上的差异表现在旅游研究对象的陈述上，就有种种不同的说法。应该说，这是当前旅游学学科发展所面临的最严重的问题之一。

在我国旅游学界，比较多的人认为，旅游学的研究对象或者是从活动角度界定的六大要素论（即食、住、行、游、娱、购），或者是从旅游综合体的角度界定的三要素论（即主体、客体、介体），这两种提法可以统称为“要素论”。此外也有个别学者站在不同的角度分别认为旅游学是研究旅游者、旅游业或旅游对目的地影响的科学。[②] 下面我们仅对比较有代表性的要素论这种提法进行分析。

“要素论”的旅游研究对象，大都以过程为主线，以外在的支撑体为着眼点，实际上并未触及核心矛盾。比如，有的学者提出，由于旅游涉及六大要素，这种综合性使“作为全面系统研究这一活动的旅游学的研究对象……可以概括为四个方面，即旅游者、旅游管理者、旅游资源和旅游设施。旅游学就是研究这四个要素的基本特征与相互之间的关联作用及其运行规律的科学”[③]。我们不禁要问，在这四个要素之间，根

① 《毛泽东著作选读》（上册），人民出版社，1986 年版，第 148 页。

② 现在（2003）看来，笔者当初在写作这一章的内容时，遗漏了一篇十分重要的文献：余书炜的《论旅游理论研究内容的框架》（《旅游学刊》，1997 年第 4 期）。今天重读这篇论文，笔者发现，他对旅游研究的理论框架、所应研究的内容、基础概念的认识，都有很独到且很精辟的见解。

③ 马勇主编：《旅游学概论》，高等教育出版社，1998 年版，第 12 页。

本的矛盾性是什么呢？甚至有没有根本性的矛盾呢？如果有，那么作为研究对象的，就应该是这种矛盾，是对这种矛盾的性质、形态、结构、发生、运动和影响的研究，而不是对四个要素做孤立、静止的研究。要素论的倡导者似乎并不能明确这种矛盾的性质和形态。

从三要素角度提出的旅游研究对象，与上述观点没有根本的差异。例如，王德刚解释说，“旅游学是以旅游的三要素（旅游主体、旅游客体、旅游媒介）为核心，研究旅游活动和旅游业发展规律的科学”①。这个表述令人不解的地方是，把旅游的主体、客体和介体定义为旅游研究对象的核心，难免流于一般化，并没有体现旅游现象的特殊性。因为，任何人为的行动，甚至任何生命活动，似乎都离不开行为的主体、客体和介体。以这种方式定义一个学科的研究对象，反映了这个学科的不成熟，对事物的认识停留在简单和表面层次上。

另外，要素论的认识在根源上还是功利性的。就是说，人们是从旅游业的视角来审视旅游现象的。在这种情况下，人们的认识就很自然地停留在现象层面上，关注的是物质构成，理解的是要素的性质及其关系，忘记了把这些要素有意义地联系到一起的旅游内在矛盾规定性。尽管在 20 世纪最后几年当中，中国旅游学术界曾一度特别关注对旅游研究对象的探讨，但就发表的成果来看，还是没有取得根本的突破。

所以，对于“要素论”的旅游研究对象来说，即便在研究的范围上是正确的，恐怕也需要寻找一个能将这些要素统合到一起的矛盾主线。在笔者看来，这个主线就是充满了各种矛盾运动的“旅游活动”。显然，“三要素”是旅游活动的支撑体，而“六要素”是旅游活动的具体内容。所以，在一定程度上说，以旅游活动为旅游学的研究对象，与“要素论”在外延上并无根本的不同。

从根本点上来看，笔者对旅游学的研究对象的理解采取的是立足本体、有限外展的原则，反对过度地泛化旅游学的研究对象的主张。换句话说，笔者主张在构建旅游学的研究对象时，要坚持从旅游的本质规定性出发，依据一个专门知识体系形成的一般规律，有效地限定旅游学的研究对象的范围，使其在围绕旅游知识内核的基础上，适当延伸到合理的范围，达成一个“无过无不及”的知识体系。

本书的结构框架也是在这种认识的基础上建立起来的。对此，有三点需要做一下交代：

首先，旅游学与旅游不是一回事。这个提法听起来似乎很可笑，其实不然。二者的这种混淆是有先例的，甚至是常见的。在英语国家中，对“旅游”（tourism）一词的用法，似乎就有让人误解为“旅游学”（tourism studies）或“旅游业”（tourist industry）的意思。这一点从对旅游的诸多定义及其所暴露的问题中都多少可以看出一些。自从汉泽克尔与克拉普夫给出了综合性的旅游定义以后，似乎这种误解就时有发生，以至于当翻译这些名词到国内时也不好把握其意义。为什么那么多的关于旅游的定义都过

① 王德刚：《试论旅游学的学科性质》，《旅游学刊》，1998 年第 2 期。

于泛化（参阅第二章有关内容）？其中一个原因是人们担心不这样泛化地去定义旅游就可能使一部分旅游现象被排除在旅游研究领域之外。有了这种担心，人们自然就倾向于把旅游解释成包罗万象的范畴。于是，在定义旅游学的研究对象时就已经没有多少回旋余地了，旅游与旅游学的混淆也由此产生。实际上，旅游学不仅仅研究旅游本身，还要研究旅游所引起的现象和各种相关现象之间的关系。

其次，旅游学要以研究旅游现象的基本矛盾及其主导方面为核心，研究这种矛盾发生的基础、原因，研究这种矛盾的性质、形态和结构特征，研究这种矛盾的运动规律，研究这种矛盾所形成的复杂影响。显然，旅游现象的这种基本矛盾存在于旅游活动之中,因此,旅游学要以旅游活动所展示的矛盾为研究对象。这里所使用的“旅游活动”一词，既包括旅游者活动，也包括旅游产业活动，而这两种活动恰好构成了旅游现象基本矛盾的两个方面，由此衍生出旅游期望与旅游感受、旅游动机与旅游体验、旅游需求与旅游供给、旅游流量与旅游容量等等一系列的矛盾形式和矛盾运动。由这些矛盾所展示的立体的、丰富多彩的旅游现象，也是综合性的旅游学科开展研究的对象领域。

最后，本书将旅游定义为出自愉悦目的所做的休闲旅行（严格的表述见第二章），这种求其内核而舍其外象的认识方法，并不就决定了旅游学的研究对象必须限于对旅游内核的研究。而恰恰相反，作为一个学科，其研究对象和内容在核心范畴之外的扩展是必要的，也是必然的。笔者需要交代的是，对于本书而言，即使做了这种扩展，由于研究的对象主要还是以旅游者活动为主，较少涉及旅游产业活动，因此本书实际上主要是围绕旅游活动的核心问题展开研究。在笔者的观念中，不管完整的旅游学的研究范围最终会扩展至多大，但它的研究起点或自始至终的立足点，都是在其核心范畴的基础上。

明确了以上三点，我们可以尝试将旅游学的研究对象做以下界定：旅游学的研究对象是旅游活动的内在矛盾及其表现，旅游学的任务就是要通过研究来认识这种矛盾的性质及其发生原因、形态结构、运动规律和它所产生的各种外部影响。

### 二、旅游学的研究内容

旅游学的研究内容为研究对象所规定。从旅游研究对象的定义来看，旅游活动包含了旅游者活动和旅游产业活动这两个互为前提、相互依存的界面。① 在旅游学的学科体系中，对这两个界面的分别研究既导致了理论与方法的差异，也体现了不同的研究侧重点，而一体化的旅游学的核心立足点必然是这两个界面构成的基本矛盾综合体。

对于旅游者活动的研究，既要研究个体的旅游需要及其满足过程，也要识别群体旅游活动（旅游流）的特征，并关注群体旅游的社会意义以及在满足群体旅游需要时所发生的供需矛盾。这种研究是旅游学的核心组分，本书的逻辑结构便依照这种认识

① 余书炜:《论旅游理论研究内容的框架》,《旅游学刊》，1997 年第 4 期。

加以安排。按照这个思路，旅游学的研究内容就包括：对旅游的本质与特征的认识；旅游需要及其形成机制；旅游需要与旅游需求的关系；旅游活动的构成要素；旅游决策过程；旅游体验过程；旅游流的运动规律及其影响；旅游容量以及旅游容量管理。

对于旅游产业活动的研究，要从旅游企业的个体经济行为着手，并进而探讨整个产业的行为，研究旅游企业经营管理的一般规律性。这一部分研究内容，属于旅游学的扩展部分，由相应的交叉性分支学科予以完成。这些学科包括经济类学科，如旅游产业经济学、旅游消费经济学、旅游环境经济学；管理类学科，如旅游企业管理学（包括旅行社管理、旅游饭店管理、旅游景区管理、旅游交通企业管理等）、旅游企业会计学、旅游营销学和旅游规划学等。通过这些学科的分领域研究，旅游学实现对旅游产业活动的运动规律、形态结构和外部影响等问题的研究和认识。对于这一部分研究内容而言，在近期内能否构筑更高层次的旅游学的学科框架，笔者尚难预料，但有一点需要指出，企图做根本上的综合在现阶段是有一定的困难的，而无视这种困难就很有可能导致人们再一次错误地以“概论”替代真正的“学科”。

正是从旅游者活动和旅游产业活动这两个角度，加拿大学者斯蒂芬·史密斯在其非常著名的著作《旅游分析手册》（*Tourism Analysis: A Handbook*）[①]中对旅游学的研究内容以及所使用的研究方法做了很精彩、很全面的阐述，笔者将其中主要内容引用如下（其中有些表述做了调整）：

**（一）旅游作为一种人类经历**

旅游是人们所从事的从中感受到乐趣的一种活动。要想较深入地了解旅游现象，就必须了解人的行为，即旅游者和潜在旅游者的心理。设计和检验那些帮助解释人类行为的先兆与后果的各种模型是旅游学的优先研究重点。这类信息资料在设计新的旅游产品和制定营销计划上都具有特殊的价值。人们面对各种可供选择的产品如何做出决定、利用何种信息源、如何评价这些信息，以及如何在自己的各种经历之间形成有机关系，有关这些方面的知识可为实际业务和我们对旅游经历的总体理解提供重要的帮助。

人们旅行时往往将各种实物当作其旅行经历的组成部分，诸如照相机、旅游指南、旅游手册和适当的衣着之类等人工制品。这些人工制品作为旅游者与其所游览的景观或访问的社会之间的中介物或过滤器，还是一种不为人们充分了解的现象。

旅游者与旅游目的地之间相互作用的另一个方面是旅游者对“身临其境”的期望，这个问题在某些情形下是十分重要的。从这个意义上说，“身临其境”，是指一个人正在体验另一种自然或人文环境的精华性特质的主观感受。对于创造身临其境感的条件，不仅那些精明的旅游经营商感兴趣，那些寻求从理论上更好地理解人类动机与知觉的学者也会感兴趣。换言之，心理学和社会心理学的各种理论观点在旅游研究方面也定会大有作为。因而，旅游可为社会科学工作者提供一个考察存在于人类日常生

① 此书在南开大学旅游学系翻译出版时，将书名更改为《旅游决策与分析方法》，中国旅游出版社，1991 年版。

活经历形式之外的、特殊而重要的人生体验形式的机会。

（二）旅游作为一种社会行为

尽管旅游是一种属于个人的人类经历，但却时常与他人分享。即使旅游者独自旅行时，也会与其他人和其他社会团体相接触。许多与旅游经历相关的决定既受到个人心理特性的影响，又受到其社会化经历和对自我社会角色的意识的影响。旅游者来到一个新的地方，在那里既与当地居民又与其他旅游者相遇。这类邂逅的方式既有互不知名的最短暂和最偶然的接触，也有情真意切的人际交往。其结果可能产生友谊，也可能发生冲突。如果旅游者大量来到，他们会为当地带来前所未有的收入增长，但他们也会表现出与当地居民所不同的行为方式。这可能会无意中加剧当地社会结构的变化。

旅游者可能会成为犯罪行为的牺牲品，或者可能自己做出为社会所不能接受的行为。了解旅游者互相之间及其与当地居民和当地团体机构之间的社会相互作用，可有助于缓和潜在的冲突，也可增强我们对于社会行为及不同社会的结构和运转状况的理解。

旅游也会造成许多经济问题。比如，个人和家庭根据自己的财力来做出度假的打算；而一个社区则要通过比较公共资金的不同用途，来衡量将更多资金用于旅游发展的价值；旅游经营商则要考虑扩大自己业务有何潜在风险和收益。经济学的研究就是如何在相互竞争的用途之间分配资源的问题。做出这些决策的过程还要涉及个人的心理学问题或行业和政策决策等等。但无论如何这些决策都具有社会意义。

（三）旅游作为一种地理现象

从客源地到旅游目的地的旅行是旅游的一个固有的、突出的特征。各种自然或人文景观，比如海滨的变幻不定的景象、古村落的优美环境、地平线上多姿多彩的城市轮廓以及宁静的山区景致，这些经常见诸各种宣传媒体的有关旅游目的地的描述，都常常是从地理的角度出发的，由此也激发了人们从地理学角度研究旅游的热情。

从历史上看，地理学研究通过若干途径为旅游学做出贡献。这种研究有助于确认和分析旅游功能区域的存在，也可将其进而作为划分或评价某个旅游协作组织的地理覆盖范围的基础。预测客源地和旅游目的地之间的旅游流量同样是地理研究的另一个重要领域。对旅游区域、度假区和旅游走廊进行形态学分析，在旅游规划当中也很重要。从更普遍的意义上说，地理学领域为从事旅游研究工作者提供了一个重要的用武之地。

（四）旅游作为一种财源

许多地区对于本地旅游企业的发展很感兴趣，因为这个行业具有从其他地区吸引货币收入而又对环境产生最小影响的潜力。旅游业也可成为保护当地重要遗址、节庆活动和文化活动的积极力量。美国弗吉尼亚州的历史名城威廉斯堡从游客身上所获得的旅游收入，在很大程度上担负着为不断修整这座殖民时期的弗吉尼亚首府提供资助的责任；中国的一些著名历史文化遗址也同样由于它们同时是重要的旅游景观而使其本身的保护资金有了出处。当游客被当地社会的独有景观所吸引而前来游览时，无论这些景观是属于环境方面、历史方面还是文化方面的，只要措施得当，都可借助旅游业来增进对它们自身的保护。

不幸的是，在世界各地，当一些旅游目的地在成功地吸引旅游者来欣赏当地自然与人文景观的同时，也带来了破坏这种景观的种子。试想，对于一些只有几千名永久居民的旅游地，如果每天有成千上万的游客造访，就可能会很快将这里原先吸引旅游者的那些真正特性淹没掉。所以，如果一个旅游社区想要把旅游业作为一种财源，那么，就必须从实际出发评价旅游业可能产生的收益和可能要付出的代价。只有综合环境效益、社会文化效益以及经济效益三个方面的长远考虑，才能真正发挥旅游业作为一种财源的作用。

**（五）旅游作为一种商业活动**

对于在旅游领域从事工作的大多数人来说，旅游业是他们就业与收入的源泉。因此，这些人常常非常关注这样一些问题：（1）企业结构和管理效率的提高；（2）应付该行业固有的风险和不稳定性的各种策略的改进；（3）为市场推销活动提供理论基础；（4）如何管理雇员、培训新的工作人员和提高老雇员的业务水平。

旅游业对于某些激烈的外部力量的影响而言是特别脆弱的。一个旅游目的地国如果存在政治不稳定和恐怖主义等问题，就会阻碍旅游者到该国的旅行；这同时也会为可替代该国的旅游目的国带来意想不到的收益。流行病、自然灾害、气候问题、货币汇率变化、新的税收立法规定或出入境手续的变化，都可能很快使互相竞争的各个旅游目的国之间的相对吸引力发生戏剧性变化。旅游经营者通常依赖个人的经验和与其他经营商的联系来了解、预计和应付这些问题。然而，只有当他们能够获得专业文献、参加专题讨论会或接触有关的专业咨询人员（不论民间的还是政府的）时，才有可能使其应付问题的机制得以改善。这类信息源的有效性取决于相关的科学知识的实际储备程度。对于旅游经营商所面临的这些问题，既需要进行实用性旅游研究，也需要进一步开展基础性学术研究。

**（六）旅游作为一种行业**

旅游业（这里指广义的旅游业，有关定义见第三章）并不是许许多多各不相干的企业的集合，相反，它自身是一个综合性很强的行业。更确切地说，广义的旅游业是若干相关行业的集合体，包括交通、住宿、餐饮服务、各种吸引物和活动项目，以及零售经营活动等。旅游业的一个重要特点是具有劳动密集性。因此，一定的资本投入水平在旅游业中所维持的就业机会要远比同样规模的资本投入在其他行业中所维持的就业机会多得多。

旅游业也是地区间和国际现金流动的重要来源。很多国家的政府部门都鼓励旅游业的发展，因为它能够带来新的财富和创造新的就业机会。与此同时，各级政府也十分关注旅游业的社会和环境效应。要想使旅游业的整体收益最大而负面效应最小，各级政府在制定各项政策时，就要以实际研究为基础，这样才会使旅游业发挥更大的作用。

为了估计旅游业对各个地区的影响，指导人们如何在互相抵触的需求之间有效地分配资源，就需要对旅游业开展研究。在许多地区旅游业固然具有促进经济发展的潜力，但这种潜力并非总是像那些热心支持者所希望的那样大。只有科学地对旅游开发活动的潜力进行评估，才能真正实现预期的就业和收入目标。

可以看出，斯蒂芬·史密斯对旅游研究内容的描述，从各个侧面诠释了旅游研究领域的宽泛性。同时，由于他与其他人一样未能抓住旅游现象的主要矛盾，而是对各个侧面给予同等的重要性，因此，也自然就削弱了他的观点的学科建构意义。

从旅游学的研究内容来看，不难看出，旅游学便是一门研究旅游需求与供给的相互关系、内在矛盾及其相关影响的学科。

## 第三节 旅游学科的成熟度与学科体系

旅游学作为一个独立的学科在我国至今还没有得到官方的认可，其有限身份主要是借助于“旅游管理”这样一个学科目标中的大类来加以体现的。在1998年之前，我国的旅游专业学科目录中，只有“旅游经济”这个设在经济学门类当中应用经济学一级学科之下属于贸易经济二级学科的一个三级学科，因此，在相当长的时期内，人们都习惯于或赞同用旅游经济来取代旅游学。在1998年之后，旅游经济作为专业在国家教委的本科专业目录中被勉强以二级学科身份予以保留，但专业名称改为“旅游管理”，隶属于管理学学科下面的工商管理一级学科。在2012年教育部本科目录调整中，旅游管理作为专业大类得以与工商管理并列于管理学门下，但其“管理学”色彩依然浓重，而“旅游学”色彩则仍付之阙如。从这种变化的前后我们不难看出，由于旅游学自身的原因以及人们对这门学科性质认识深度的原因，旅游学在学科之林中始终都没有得到一个适当的地位。人们宁愿把旅游研究看作是经济或管理理论的应用领域，也不愿意承认有一个客观的独立的“旅游”研究领域的存在。在笔者看来，只有在旅游管理类下边再增设“旅游学”专业，并相应调整国务院学位办主管的研究生专业目录，这一问题才能得到比较根本的解决。①

然而，通观中国30多年来的旅游研究实践，审视国外旅游研究的历史，我们不能不承认，任何企图借助于原有的学科来引申或涵盖旅游研究的全部领域的努力都不会获得成功。“旅游经济”不能，“旅游管理”不能，“旅游文化”或“旅游地理”也同样不能。旅游研究典型地体现了跨学科研究的特点，而这个特点就是一个新兴的交叉学科孕育的土壤。只有“旅游学”这个似乎可以被重新界定的学科头衔，才能够全面地统辖旅游经济学、旅游企业（或行业）管理学、旅游地理学、旅游文化学、旅游生态学、旅游人类学、旅游社会学、旅游心理学、旅游美学、旅游规划学、旅游史学和旅游营销学等各个交叉性分支学科。这也是旅游研究赋予旅游学的一个必然使命。我们理解旅游学的学科性质和体系，必须建立在这样的认识基点上。

① 谢彦君：《旅游世界探源》，旅游教育出版社，2013年版，第313页。

## 一、旅游学科成熟度

对于旅游学的学科性质、特征和成熟度等问题，在 20 世纪末期的中国旅游学术界曾多有探讨。[①] 然而，对这个问题的回答却始终没有得到被普遍认可的答案。这可能也涉及人们对到底什么是学科（discipline）以及如何定义学科等方法论问题的认识问题。对于这种带有根本性的问题，实际上，即使在最古老的学科那里，人们也会见到对该学科性质的极其不同的表述。究其根源，在于人们定义学科的方式是不同的。有人指出，在定义学科方面，至少有四种不同的方式：用人们意欲研究的课题和研究领域；用人们所做工作的参与者及权限或习惯；用人们探究问题的方法和模式；用人们的探究结果。随着现代科学的发展，科学研究范围的扩大，学科问题的研究也变得异常复杂。在这种情况下，作为学科的界定框架也很难建立起一致的标准。

不过，一般认为，作为学科必须具备以下条件：一是要有专业的组织从事有关的研究工作；二是在学科研究中使用独特的语言系统；三是采取特殊的研究策略；四是要遵从特有的规则，这些规则具有潜在性、公共性、层次性和相对稳定性等基本的特征。换言之，“学科的特征在于它不依赖于其他学科的独立性。这种独立性反映在它的研究对象、语言系统和研究规范上”[②]。

用这样的标准去衡量旅游学学科，我们应该承认，旅游学学科至今还没有最终形成，仅仅处于多学科介入旅游研究并呈现向跨学科转向的阶段。也就是说，尽管目前旅游学作为一个学科的条件在某些方面已经具备（如研究组织和人员的规模），但最为关键的一些条件还没有成熟，作为旅游研究的独特语言系统（概念和范式）还远未达到丰富和规范，作为旅游学体系构架的方法论也远未形成，旅游研究中各抱地势、互不通连的研究倾向还相当明显，总之，旅游学没有实现真正的综合或有效的整合，而没有综合乃至于整合，对于旅游学而言，就不意味着一个成熟学科的形成，就不可能以一个独立学科的面貌出现。但是，人们对旅游研究的步伐一直没有停止，旅游学学科综合的迹象不能不说已经有所呈现。在 20 世纪末期，国外旅游学界曾试图用“旅游社会科学”（Tourism Social Science）实现对旅游研究的综合。尽管想用如此宽泛的学科边界反映旅游研究的学科性质多少有些投机的意味（因为“旅游社会科学”实在很难具有独立学科的含义），同时这个提法还会造成与传统的“自然科学”和“社会科学”在关系上的矛盾，而在我国的专业规范中，这种提法恐怕更是难以找到栖身之地了。但是，“旅游社会科学”这个概念的提出确实“反映了国外旅游学界对旅游现象的多元结构及旅游学作为一个学科具有的跨学科、多学科性质的确认”。“从跨学科、多学科性质来看，这个学科似乎已经具备了成为一个独立学科所应有的形态、结构和特征”[③]。

---

① 王德刚：《试论旅游学的学科性质》，《旅游学刊》，1998 年第 2 期。

② 李光、任定成：《交叉科学导论》，湖北人民出版社，1989 年版，第 37—55 页。

③ 申葆嘉：《论旅游学科建设与高等旅游教育》，《旅游学刊·旅游教育增刊》，1997 年第 8 期。

这里所使用的“跨学科”一词，是从英文inter-disciplinarity翻译过来的，带有交叉学科的含义。最初这个词只是在一般的字面意义上使用，随着研究的深入，它才开始逐渐具有较稳定的为大家所接受的科学意义。与这个词在使用上非常接近的另外两个词是“多学科”（multi-disciplinarity）和超学科（trans-disciplinarity）。尽管三者之间有着诸多相同之处，但瑞士心理学家皮亚杰等人还是坚持认为，多学科是低层次的、利用多门学科进行的相对独立的研究；跨学科是中等层次的、多学科间相互作用与相互补充的合作研究；超学科则是高层次的、不存在学科界限的统一研究。由此可见，从多学科到跨学科直至超学科，都是强调科学研究过程中学科间的协作，强调在解决问题时的各学科的相互补充作用。这既反映了科学研究的一种策略，同时，在旅游研究领域，又恰好反映了旅游作为一种复杂现象的科学研究的历史进程以及相关知识增长、积累的一种独特路径，反映了旅游研究历史的阶段性特点。

进一步来说，旅游学的跨学科研究特征，不仅仅表现在旅游研究的历史进程当中，它实际上植根于旅游研究对象的复杂性和综合性这个根本点上。如果我们承认人生是包含着无限的复杂性——包括内心世界以及个体与环境的复杂关系——的一个连续谱（successive spectrum）的话，那么，在这个谱上面截取的任何片段都可能具有同样的复杂性。各种研究与人生有关的问题的学问（笔者甚至认为所有的学科都是研究人生的或至少是为人生而服务的，是从人的角度出发理解世间万物的各种努力及其成果的汇编）就由此决定了它们的复杂性，这里当然要包括那些研究与人生的某个特殊片段过程有关的问题的学问。旅游就是人生中的这样一个值得特别关注的阶段。由于旅游的本质规定性及其各个层次表现出来的特征（详见第二章），旅游注定是人生中一个有特殊意义和特殊形态的阶段。这个阶段所包含的内容之广，牵涉的关系之复杂，问题的性质之特殊，是决非一般性的和单一的学科可以研究和给予答案的。正是“由于旅游所包含的因素非常多样而复杂，单纯靠一种研究方法就不可能解决所有相关问题。旅游现象的广泛性和复杂性要求对它采取跨学科的研究方法”①。然而，在另一方面，任何学科在谋求自立过程中所具有或依赖的内在逻辑，都必然导致该学科最终将自身的概念、命题、理论和范式有机地、系统地建立在自身独特的研究对象和问题域的基础上，从而形成整体自洽、具有独立特性的成熟学科，旅游学当然也不例外。一旦旅游学成为一个独立的学科，那么，在这个阶段回顾旅游学科发展的历程，则可以清晰地看出，旅游学作为学科的历史发展全貌，是经历了自身知识积累过程中的单一学科进入、多学科交叉渗透和跨学科整合诸阶段，最终以一个成熟学科的面貌立足于学科之林，并不断地通过自身的知识溢出向与旅游相关的其他学科领域证明其独立存在的价值。

所以，结合以上有关学科发展一般规律和旅游研究的特殊实践来看，不难得出这

① Clare A. Gunn. *A perspective on the purpose and nature of tourism research methods, in Travel, tourism, and hospitality research: A handbook for managers and researchers*. J.R. Brent Ritchie and Charles R. Goeldner, Eds, 2nd edition, John Wiley & Sons, Inc. 1994.

样的结论：不管是从一般的知识共同体成长的路径来看，还是从旅游学科自身发展历程来看，具有跨学科性质的旅游学科只是该学科形成的阶段性特征。也就是说，旅游学科在经历其单一学科进入、多学科交叉渗透、跨学科整合诸阶段之后，最终也必将以一个成熟学科的面貌立足于学科之林。正是从这个意义上说，跨学科只是旅游学科发展的一个阶段而已。①

## 二、旅游学的学科体系

在国外的旅游研究中，较少见到有关旅游学学科体系方面的理论探讨。这可能是旅游学本身不够成熟的自然表现，也可能是国外学者一贯的务实精神的反映，还可能是国外宽松的教育管理体制下面所形成的教育路线的自主与开放精神的一种折射。②因为当整个学科在基本概念、方法和理论方面还存在诸多需要探讨和解决的问题时便去研究这个领域中的各个学科的关系，可能往往是劳而无功的。但是，当我们真的企图去建立旅游学这个独立学科时，这个问题就是一个绕不过的问题。

在 1995 年，喻学才、毛桃青撰文呼吁建立旅游学学科体系。③他们从产业地位、旅游经济与旅游学的关系、旅游经济与旅游文化的关系等角度进行探讨，认为传统上把“旅游文化”这些属于其他各种学科的研究领域置于“旅游经济”的框架之下是不合适的，而应该用旅游学来统辖这些学科。这种观点带有很大的普遍性。但是，这种普遍认识在实践中未能得到实施，其原因除了教育主管部门对专业目录的机械性管控之外，恐怕还有旅游学术界自身的原因，那就是旅游学本身没能做出应有的表现——这么多年来旅游学也确实没有形成令人信服的理论体系。

自 1997 年以来，旅游学界曾多次展开对旅游学学科理论的大讨论。人们似乎普遍意识到旅游学学科理论研究的滞后在无形地制约着旅游理论研究的发展。有人甚至相当悲观地认为旅游学理论研究在时间、质量和业绩方面都表现出滞后性。④然而，在各家所提出的旅游学学科体系的意见中，目前表现出的主要是很不统一和很不稳定的纷纭说法。明庆忠、王德刚、陈玉英等人都试图给出明确的旅游学学科体系层次图，确实给人一定的启发。⑤但这些模式似乎有着共同的弱点，那就是它们未能明确旅游学是以怎样的方式、在什么样的地位上实现对各个学科的综合。或者说，未能明确旅

① 谢彦君、李拉扬：《旅游学的逻辑：在有关旅游学科问题的纷纭争论背后》，《旅游学刊》，2013 年第 1 期。

② 在中国，教育部借助于专业目录来实现对大学专业设置及其培养方案设计的严格控制。这种局面导致了一个事实：一旦出现系统性失效的局面，造成的恶果和浪费便一定是全社会性的。在这种情况下，国内学者为学科问题呼吁奔走也就变得顺理成章。好在 2012 年教育部新一轮专业目录调整，将原有的旅游管理专业分离成旅游管理和酒店管理两个专业之后，这种局面得到了很大的改观。

③ 喻学才、毛桃青：《论旅游学学科体系亟待建立》，《江汉论坛》，1995 年第 12 期。

④ 陈玉英、明庆忠：《关于旅游学理论研究的若干思考》，《桂林旅游高等专科学校学报》，1999 年第 1 期。

⑤ 明庆忠：《试讨论旅游学学科体系的构建》，《旅游学刊·旅游教育增刊》，1997 年第 8 期；王德刚：《略论旅游学的理论体系》，《旅游学刊》，1991 年第 1 期。

游学是通过哪些一般性的概念、理论和方法在最基础而不是在最概要的意义上达到了对各门学科的综合。

2008 年刘住曾在所著《旅游学学科体系框架》一书中对国内关于旅游学学科体系的研究成果做了系统的总结梳理，认为“我国关于旅游学学科体系的主流构筑呈现‘旅游经济活动说’与‘旅游社会活动说’的‘二元结构’。此外，当前实用主义异军突起，对旅游业前沿问题的关注胜于对旅游学术前沿的关注，大有形成‘中国实证学派’的气势”。如他所言，国内旅游学术界在理解旅游学科体系这个问题上，基本还存在令相关学者无法回归“家”的问题。

笔者认为，旅游学学科体系的构建是个长期积累的过程，它需要有充分的科研成果的支持和足以支撑一个知识共同体成立的内外部条件。而在其实现路径上，就旅游学科的特殊情况而言，不管是国内还是国外，都存在一个或先或后必须找到的学科内核，并继而以此为基点对相关知识予以综合、整合的过程。与其他学科一样，这种综合将体现在两个层面上：概念与理论（方法）。旅游学学科体系应该是在完成了这种综合的基础上确立起来的。

在概念的层面上，旅游学应该有它自己的概念系统，这个系统植根于对旅游现象的系统认识，也得益于相关学科的成熟概念。这些概念在旅游学理论领域中重新获得了独立的意义，成为构筑旅游学理论的基石。这些概念之间的关系，应该是借助于理论线索建立起来的，而不是简单检索的结果。这些概念包括：旅游、旅游现象、旅游者、旅游活动、旅游需要、旅游动机、旅游决策、旅游行为、旅游需求、旅游者需求、旅游供给、旅游资源、旅游地、旅游商品、旅游业、旅游体验、旅游愉悦、旅游期望、旅游感受、旅游满意度、旅游观赏、旅游角色、旅游交往、旅游模仿、旅游消费、旅游者消费、旅游流、旅游效应、旅游容量、旅游规划和旅游发展等，而在所有这些概念以及其他尚未提及或仍未发展起来的概念当中，最为重要的概念应该是旅游、旅游资源、旅游商品和旅游业。对这些概念应该赋予旅游学的专门意义，这是旅游学完成综合的基础和表现。当然，在这些基本概念下面，自然还会衍生出更为具体而丰富的概念，如旅游者本身就是一个概念系统，旅游商品也可以加以具体的区分；而在这些概念之外，还会有众多的与之相关的概念，如旅游经济、旅游文化、旅游环境和旅游法规等等，但由于这些概念常常是另一个相关或分支学科的基本概念甚至就是一个分支学科领域，因此不宜作为旅游学的核心概念来看待。在上面所列出的概念中，也体现了笔者对旅游研究的内容、方式的某种见解。

在理论（方法）层面上，旅游学也同样应该有自己的理论。作为一门新兴的跨学科性质的学科，旅游学的理论（方法）主要是通过“解决问题”（problem-solving）式的途径逐步从其他相关学科移植、渗透和融合而来的。这些理论进入旅游学领域之后，逐渐与旅游学中特有的概念、特有的研究对象、特有的问题类型相结合，经过一个相当长的过滤、积淀、整合过程，最后成为旅游学的独特的理论系统。不经过这个过程，就不会有旅游学产生。实现了这种理论的积累和养成过程，旅游学就将以一种作为其他所有的旅游相关学科的基础学科——而不是概论性的东西——的面貌出现，它所探讨的是旅游活动的基础、发生原因、运行机理、性质、形态结构和特征以及对社会的影响等范围广泛的问题，它所要解决的问题是这些旅游现象当中最基本、最共性的方面。

这样一门基础理论学科，与它所统驭的分支学科以及相关的交叉学科一起，构成了研究旅游现象的综合学科体系。在这个体系中，包含着有所不同但互相关联的四大模块。一个是作为旅游学核心模块的“旅游学所属的自足性分支学科”模块，之所以称为自足性分支学科，是因为这一模块讨论的是“纯旅游的话题或问题”，是依据不同类型的旅游活动、旅游方式和旅游诉求所划分的旅游学核心知识领域。这些领域的系统知识的积累，意味着独立的旅游学的存在和走向成熟，因此，这是旅游学的核心领域（见图 1-1）。需要指出的是，这一模块中的这些分支学科目前大都还没有出现，因此，这里只是贸然加上了“学”字，其不够严谨之处显而易见，这里仅仅表示一个判断或一种预示，是一个有关旅游学分支学科未来发展方向上的一种推断。

第二个模块是针对旅游者活动所展开的交叉学科研究，由此形成了诸如旅游心理学、旅游人类学、旅游社会学等分支学科。这些分支学科往往是一方面借用传统的学科理论从事旅游研究，另一方面又同时是针对旅游的特殊问题如社会问题、心理问题所进行的专门研究，因此，具有明显的交叉学科及应用性学科的特点。这一模块在方法论上也比较广泛地吸收了诸多人文学科的成果。

第三个模块集中研究旅游产业活动，这是旅游学的扩展领域，在方法论上比较多地吸收了管理学和经济学的成果。此外，还有一个模块是由一些研究旅游者需要（或需求）与旅游产业供给二者之间的关系（即宽泛意义上的旅游供求关系，不单纯指经济意义上的供求关系）的学科构成的。

上述有关旅游学的这个综合学科体系可以用一个框架图来描述（见图 1-1）。

在图 1-1 中，虽然在学科罗列方面，该模型仍然未必是全面的，但这些学科可以认为是最基本的。在有些学科领域，当然存在继续细分的可能和必要，但层次上已在其次。如旅游企业管理学，可以分为旅行社管理、风景区管理、娱乐企业管理、饭店管理、交通运输企业管理等；旅游经济学可以分为旅游消费经济学、旅游生产经济学、旅游环境经济学等（笔者认为王德刚在《略论旅游学的理论体系》一文中关于有些学科的归属关系的观点可能有值得商榷之处，如旅游经济学包括旅游产品设计学、旅游市场营销学、旅游地理学、旅游商品学、旅游统计学、旅游会计学，这种分类和归属关系似有失当之处①）；旅游规划学也可以分为旅游总体规划、旅游概念性规划、旅游详细规划等具体研究领域。有些学者在罗列分支学科科目时所做的扩展很大，给人一些启迪。但这里似乎需要注意几点：一是目前有些学科并不成熟，不宜轻率地以“学”冠之（如旅游资源学等）；二是有些学科即使在将来恐怕也难成立（如所谓“技能旅游学”“过程旅游学”或“交通旅游学”等称谓，笔者是不相信它们的科学性的）；三

① 王德刚：《略论旅游学的理论体系》，《旅游学刊》，1999 年第 1 期。

是有些学科虽然现在还没有出现，但将来成为独立的旅游学分支学科的必然性似乎很显然（比如旅游伦理学①）。

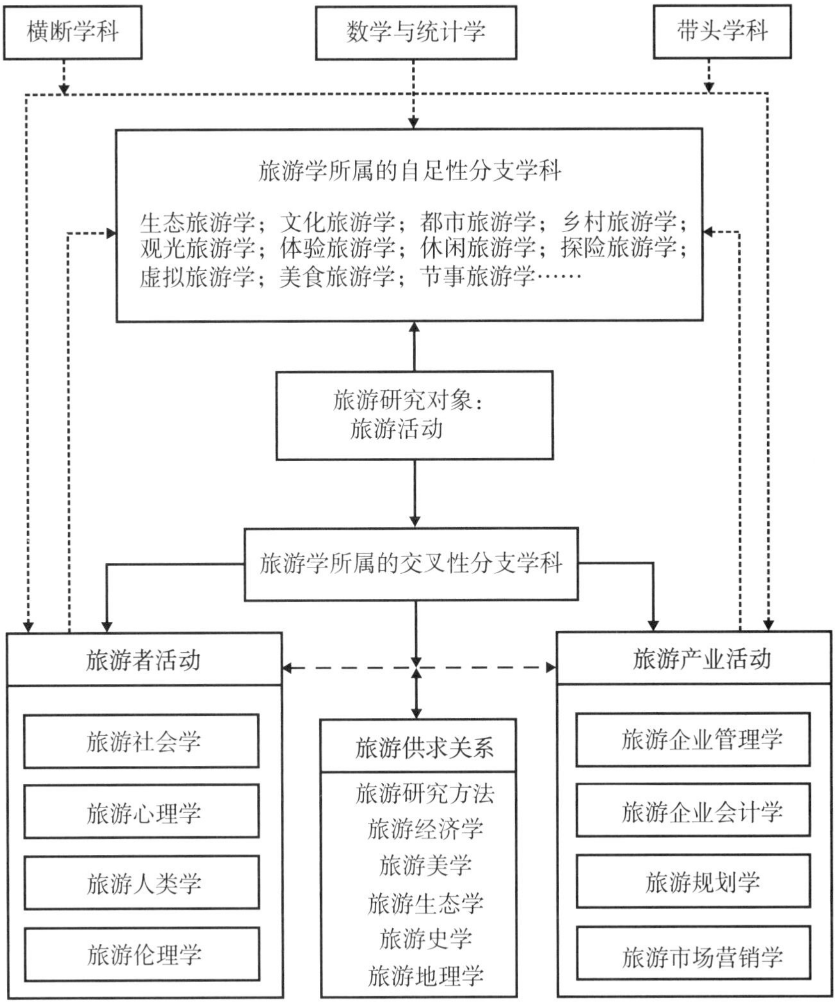


**图 1-1　旅游学学科体系构成模块**

## 三、透视旅游学跨学科体系的旅游体验视角

跨学科不同于多学科，不是相互割裂的分支学科对旅游现象进行分别研究，而是通过寻找具有本质一般性的现象内核而实现的对研究对象的理论整合。在旅游研究领域，国内外的有些学者一直致力于寻找这个具有巨大衍生力的理论范畴，来统辖旅游研究的各个分支学科和整个知识体系。

① 笔者认为，从社会伦理、环境伦理和文化伦理等角度构筑中国的旅游伦理学的时机基本已经到来，因为三十多年来中国旅游发展的实践，已经积累了相当多的实际案例，同时，中外伦理学在基本理论、方法和概念方面的研究成果也可以支撑旅游伦理学这门学科的研究基础。旅游伦理学的研究，将推动旅游角色的社会规范的形成，从而对旅游社会学研究做出贡献。

在笔者目前看来，能够统领旅游学各个分支学科的理论范畴是旅游体验。这是因为，首先，旅游体验研究可以作为旅游学基础理论研究的硬核。目前旅游研究的迫切使命是要为它找到一个可以使其自立的理论内核，用这个内核来统驭整个旅游学术研究，整合旅游学科关系，推动旅游学科建设。[①] 直到今天，这种努力不仅在国内没有达成目的，在国外也没有。笔者曾经在以前的文章中表达过这样的观点：国外旅游学术成果在旅游学各个分支领域的积累已经相当丰富，而问题是，目前还没有一个集大成者，能寻找到最恰当的视角，将这些分隔的知识加以整合，因此，国外的旅游学科体系也照样没有建立起来。[②] 我国旅游教育三十多年来所遭遇的连我们自己都不敢面对的教育质量低下的问题，在很大程度上可以溯源于学科体系上的不自立、不成熟。国内学者对此都有认识，大家也都在孜孜以求地寻找这个突破口。笔者个人认为，在目前阶段，旅游体验研究或者可以作为旅游研究的主体部分，经过大家的努力，使其成为旅游学术研究中的显学，从而起到统领旅游学科体系的作用。

其次，旅游体验研究是最能够体现旅游学作为一个跨学科的体系架构的研究视角。如前所述，按照皮亚杰的说法，跨学科具有学科超越特征，是在一种有效的视角统辖之下的学科有机整合，它不能容忍学科内部的知识体系之间处在一盘散沙的状态，甚至也不满足于那种多学科研究的被动的学科关联方式。所以，在学科融合、分解如此频繁和常见的今天，要想对一些学科进行整合，没有一个恰当的、有效的研究视角，恐怕很难做到这一点。长期以来旅游研究就处在多学科（包括地理学、文化学、经济学、心理学、管理学、环境科学、生态学、伦理学、人类学和美学等）各自为战的研究状态之下，没有一个视角能够统领各个学科，而一旦这些学科呈现各自为战的局面，旅游学科内部的科学沟通就成问题，更不用说在整个科学界会造成旅游研究的小儿科局面。说旅游体验具备这种视角的潜质，是因为，尽管旅游体验已经变成一个相当纯粹的范畴，但它依然是旅游学传统各学科借以表现的重要学术平台，因为很显然，不仅从旅游体验外部关联来看，对它的研究不是单一学科所能胜任，就是从其内部来看，也有各个学科施展的空间。这样，旅游体验这个单纯范畴似乎就具备了两种品质：其单纯性使其可以作为一个理论的硬核，其丰富性以及可拓展性又赋予它可以作为统驭一个跨学科的视角的潜质。它的地位，由此而一点点得以彰显出来。

最后，从旅游的理论研究的角度可以看出，旅游体验研究是一个“富矿”，有广泛探索的空间，有可以深入发掘的魅力。同时，就目前我国旅游研究状况来看，展开旅游体验研究也是解决当前旅游研究理论空洞化的最有效的途径。

旅游体验所具有的巨大的理论衍生能力，可以从旅游现象所涉及的旅游基本矛盾（旅游者需要与旅游产业供给之间的矛盾）这一角度加以判断。在图 1-2 中，笔者尝试解释了旅游体验的这种理论价值。

---

① 陈愉秉：《旅游成学》，《旅游学刊》，2005 年第 2 期。

② 谢彦君：《旅游与接待业研究：中国与国外的比较——兼论中国旅游学科的成熟度》，《旅游学刊》，2003 年第 5 期。

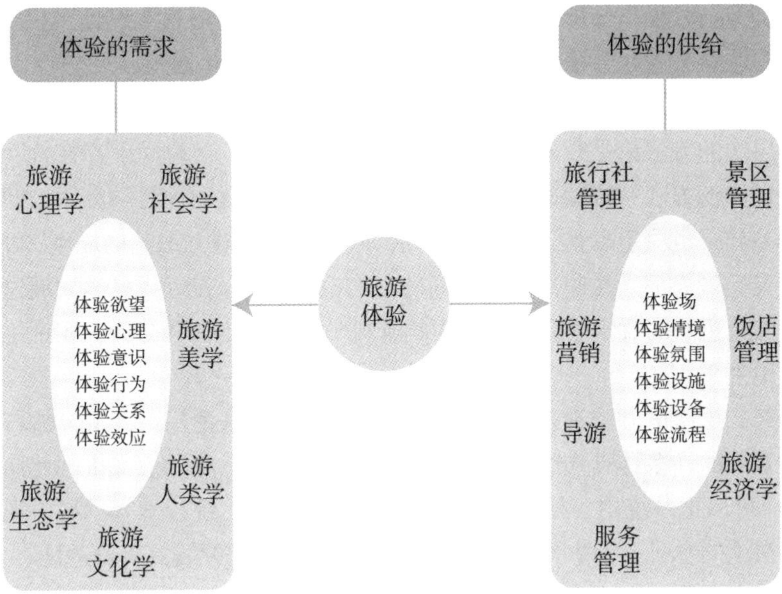


图 1-2 旅游体验的知识衍生能力

## 第四节 旅游学的研究方法

### 一、方法论及其层次

在科学研究领域，存在着三个根本问题：本体论、认识论和方法论。本体论是对世界的看法，讨论的是存在的本质，或者说是对真实性（reality）的看法。比如，在老子那里，他认为世界是一元的，"有物混成，先天地生"，这就是"道"。"道生一，一生二，二生三，三生万物"。这种观点与20世纪60年代流行起来的后现代主义的观点是截然不同的。在后现代主义哲学家看来，世界是破碎的，不存在绝对的真理，也没有必然的联系，是不可预测的。这些以及其他各种各样的带有世界观性质的认识，属于本体论范畴。在社会科学领域所存在的大量范式（比如实证主义范式、冲突理论范式、社会达尔文主义范式、符号互动主义范式等等），都标志着某种特殊的本体论观点。

认识论体现的是科学研究过程中研究主体与研究客体之间的关系。通常，这种关系被归纳为主观的和客观的以及介于两者之间的种种类型。在近代社会科学昌明的时代背景当中，人们普遍推崇的客观的、不受研究者主观意志影响的[即所谓价值中立（value-free）]的科学研究。由于这种取向，自然科学领域的实证主义范式也得以在社会科学研究中被广为采纳。于是，定量的方法成了科学研究的重要方法，而其渊源则要归结为认识论方面对科学研究的客观性的追求。尽管这种认识论在社会科学领域受到越来越多的质疑，但依然是主流的研究取向。

方法论（methodology）不同于研究方法（methods）或研究策略（approaches），它是对各种研究方法或策略的适宜性的研究，是一个学科，一种理论。詹宁斯（Jennings，2001）曾指出，方法论是基于本体论而展开的研究所依赖的补充性指导原则，而方法则是收集和分析数据的具体工具，研究者将使用这些工具在社会领域中收集信息，并建立关于这个社会的“理论”或“知识”。

由于研究问题的不同性质，方法论存在着层次上的差异。

最高层次的方法论是哲学方法论。比如，我们知道，在哲学上存在着两种针锋相对的认识世界的方法：唯物论的方法和唯心论的方法。这两种哲学派别，即标志着本体论上的差异，也决定着认识论上的不同，同时也影响着方法论的原则。可以说，任何科学研究，最终都无法脱离哲学层面的方法论的影响。在近代科学发展过程中，三种具有方法论色彩的哲学思想一直在影响着科学研究的走向和分野：实证主义、规范主义和实用主义。

处于第二层次的方法论是一般科学方法论。这种方法论探讨横贯自然科学和社会科学多个领域的许多具有共性的一般性问题，其方法论的指导意义也因此而具有一般性。通常，可以把系统论、控制论、信息论、复杂理论、统计学等学科，视为研究一般科学方法论的学科。这些领域的成果，在很多科学研究领域具有普适性。

还有一个层次的方法论是具体科学研究领域的方法论，是指针对某个学科或某个知识领域的研究方法的科学性的探索。这种研究，解决的是该学科领域的方法体系和运用规则问题，解决各种具体方法在该学科领域的适用性问题。因此，这种方法论更带有专门性的特点。显然，由于各个学科发育程度、所处发展阶段的不同，其方法论的成熟程度也有很大的区别。比如，在社会科学研究领域，经济学方法论、社会学方法论、人类学方法论以及心理学方法论都有相当可观的积累，与此相比，管理学方法论则几乎处于初级阶段。至于旅游学方法论，还只能说刚刚起步，正处在一个建立在“拿来主义”原则上的方法探索阶段。

## 二、旅游研究方法的形成

旅游学作为一门跨学科，它在研究方法上既有跨学科的一般特征，也有作为一个特殊的研究领域所独有的思路和方法。由于旅游学是一门后起的跨学科，因此，它的研究方法的形成，除了一些独创的研究方法之外，更多地是来自方法的移植、渗透和融合。

在跨学科研究领域，人们普遍注意到的事实是，跨学科的方法论形成，主要是靠方法的移植、渗透和融合来实现的。[①] 方法的移植是指平行学科间一门学科的研究方法（包括概念、原理、思想甚至实验和技术方法）向另一门学科的转移。这种转移可以通过研究对象的转移和综合，通过科学理论或原理的推广、转移和综合，以及通过研究方法的转移和综合而实现，是推动有关学科的建立和发展的重要途径。这种情况在科学研究中相当普遍。德国科学家贡泽尔曾对此做过极有启发性的论述：“各部门科学的快速发展和我们使用的研究工具日益精致，使实验工作者不得不做出两种不同

① 金吾伦：《跨学科研究引论》，中央编译出版社，1997 年版，第 70—108 页。

的选择：或者他使用一种方法，把它应用于不同的科学领域；或者他应用各种方法研究一个固定的领域。”

方法的渗透是指数学方法及系统论、控制论、信息论等横断科学方法和带头学科方法，向所有科学结构层次的横向拓展。数学作为一门十分古老的学科，在研究客观世界空间形式和数量关系方面，已经积累了丰硕的成果。由数学研究的对象和数学的本质属性所决定，数学的研究方法具有最一般的特征。运用数学概念、方法和技巧对所要研究的对象进行量的分析、描述、计算和推导从而找出能以数学形式表达事物的量的规律性的方法，也由此具有一般方法论的特征。正是因为这样，在我们今天蔚为大观的科学园地中，我们几乎可以随处见到数学方法得以应用的场合。

作为横断学科的系统论、信息论和控制论等学科也具有很多共同点和结合点。它们不是以客观世界某一种运动形式或某一种物质结构、物质形态作为研究对象，而是以许多不同的运动形式或是以许多不同的物质结构、物质形态在某些特定方面的共同点作为研究对象，这就决定了横断科学作为理论和方法向各门学科渗透的广泛性。由这些学科所产生的许多新的特有的而且应用范围极其广泛的概念和认识方法，促进了各门学科之间的相互渗透，为各门学科在概念、语言、方法等方面的沟通筑起了桥梁，从而加速了当代科学的整体化过程。

带头学科这个命题的提出是基于对科学发展的不平衡规律的认识。在科学史的不同发展阶段上，总是表现为某一主导学科的带头向前发展并对其他学科甚至整个科学领域的发展产生重大影响。[①] 这也构成了一个科学渗透的途径。

方法的融合是指在跨学科研究中，实现多种知识、多种方法、多种研究手段的交叉与汇流，从而形成超越学科界限的跨学科研究方法。融合是一种高级层次的吸收和消化，它使不同学科的研究方法在新的应用领域中得以重新整合而以新的面貌出现。

## 三、旅游研究方法的类型

在旅游研究对象、内容、学科性质和学科体系等方面所体现的跨学科特点，使旅游学有必要并有条件形成其独特的方法体系。这个体系的建立，对应于旅游现象的复杂性和研究内容的广泛性，因此具有丰富而多样的研究方法。依照不同的标准，这些方法可以分别属于以下不同的类型：

### （一）定性的和定量的研究方法

定性与定量研究是科学研究的两种基本的分类方式。要完全区别两种方法的特性，必须从多个角度加以总结（如表 1-1 所示），但如果简单地来理解的话，可以从两种方法的资料表述形式上来做一个大致的判断：定性研究通常以文字形式来处理资料，而定量研究主要使用数值资料。

---

① 比如，在历史上，天文学、物理学等都曾在不同的时代独领风骚，其理论与方法甚至观念，对其他学科的影响非常大。

表 1-1 定性与定量方法之间的主要区别（Jennings，2001）

| | 定 性 | 定 量 |
|---|---|---|
| 研究方法 | 归纳法 | 演绎法 |
| 本体论观点 | 多元关系 | 因果关系 |
| 真理的本质 | 植根于真实世界 | 假设检验 |
| 认识论观点 | 主观认识论 | 客观认识论 |
| 研究者的地位 | 在位的（局中人） | 出位的（旁观者） |
| 研究设计 | 非结构的、即兴的、个案研究 | 结构的、系统的、可重复的 |
| 研究焦点 | 不同的主题 | 不同的变量 |
| 参与者的选择 | 非随机的 | 随机的 |
| 资料的形式 | 文字的 | 数值的 |
| 分析 | 主题分析、主旨分析 | 统计分析 |
| 结论的表述 | 叙事的 | 统计表格和图表 |
| 研究人员口吻 | 第一人称，主动 | 第三人称，被动 |
| 对真实世界的反映 | 生活片断 | 一般典型 |

在实际的科学研究过程中，经常还存在着一种混合的方法，即对定性方法和定量方法的综合运用。值得注意的是这虽然可以克服定性研究与定量研究各自的缺点，但同时也可能导致一些新的矛盾。

**（二）实证的和规范的研究方法**

实证的方法主要解决“是什么”和“怎么样”的问题，是一种追求价值中立的、通常被标榜为“科学的研究方法”。这种方法最早可以追溯到笛卡儿的归纳法，而在社会科学领域推行实证主义的则是社会学的鼻祖孔德。实证主义哲学坚持只有通过观察（感觉）获得的知识才是可信赖的，“纯”实证主义甚至怀疑推理和理论在获得可靠知识上的有效性。这种思想起源于自然科学，甚至直到今天仍有人将它视为科学哲学。这种哲学强调实证性的知识，它既不承认关于“实在”价值的规则性认识，也不承认关于“实在”价值的描述性知识的可靠性或科学有效性。实证哲学对于事物的可观察性和可测量性的强调，几乎近于走向极端。但是，这种哲学对旅游研究的意义在于，通过更多地强调客观性，强调计量和数量表示，可以使我们更加警惕主观的、个人的意见在形成研究结论时所产生的不良影响。

规范的方法则主要解决“应该怎样”的问题，因此，它无法摆脱价值判断，无法做到价值中立。规范主义的方法认为关于条件、状况、事物和行为的好与坏的知识对于产生规则性知识是有效的，甚至是必要的。这种哲学既存在于社会领域，也存在于经济领域，甚至存在于人类社会的各个角落。实际上，我们可以认为规范哲学是人类在社会发展过程中对社会过程、自然过程所形成的规则性认识的历史积累。在社会学领域，习俗、惯例、伦理、道德、公平等，这些概念即使是动态的，但同时也是规范性的。在经济学领域，效率、福利、收入、生活标准、生活质量等，是人们所强调的有价值的东西。所以，规范主义哲学实际上等于认为，在一定的时空背景下，条件和状况可以有好坏之别，但未必就一定和正确与错误对应。但不管怎么说，规范主义哲学这种思想在对策性研究中总要占有突出的地位，否则对策就无法出笼了。

（三）演绎的和归纳的研究方法

这既是两种逻辑方法，同时也是两种科学研究方法。归纳是从经验观察出发，通过对大量现象的观察概括出具有普遍性或一般性的结论。演绎是从一般原理或理论出发，通过逻辑推理来解释具体的事件或现象。也可以说，归纳是从特殊到一般、从个性到共性、从具体到抽象、从经验到理论，而演绎则相反。

归纳法是人类认识世界的基本方法，通常有完全归纳法和简单枚举法。前者的逻辑是：$S_1$ 是P, $S_2$ 是P……Sn 是P（$S_1\cdots S_n$ 是S类的全部对象），所以，所有S都是P。显然，这种完全归纳法的前提是所研究的对象的有限性和已知性，没有了这个前提条件，归纳法就潜藏着得出错误结论的风险。而实际上，人类对真实世界的有限知识决定了完全归纳法应用的局限性，而这也恰好成就了波普尔的证伪主义哲学。

归纳法中的简单枚举法的逻辑过程虽然与完全归纳法并无实质性区别，但由于 $S_1\cdots S_n$ 并非S类的全部对象，因此，这种归纳法就更容易造成以偏概全的逻辑错误。在旅游研究领域，有关一些基本范畴的本质界定所出现的问题甚至逻辑谬误，常常是由于研究者采用了简单枚举法的缘故。

演绎法与归纳法之间是一种反向的思维逻辑和研究路径。归纳法从具体事实开始，终于逻辑命题，而演绎法从逻辑命题开始，终于利用具体事实对这一命题的验证（证实或证伪）。二者在很大程度上还是相互依赖的，历史地看，甚至很难说清楚谁先谁后。由此在整个科学研究的过程中，就形成了一个所谓的科学环（见图 1-3），它反映了科学研究过程中演绎法和归纳法的相互依赖关系。

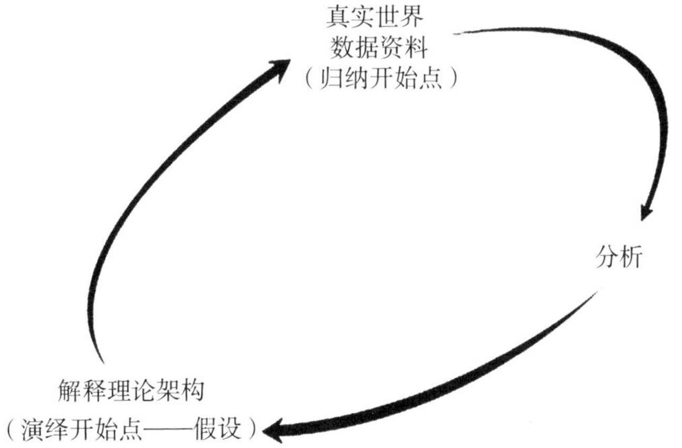


图 1-3 由归纳法和演绎法所构成的统一的科学环

（四）历时的和共时的研究方法

从时间维度认识现象，是人类惯用的手法之一。当我们抽取研究对象某一时点上的状况作为观察和研究的对象，这实际上是在研究事物的内在结构性特征或外在空间性特征，是一种截面研究或横向研究，又称为共时性研究。比如，人口普查的目的，就是描述某个时点的人口状况。这种研究，凸显的总是个体间或空间上的差异，掩盖的则是时间上的变化。

历时研究则是一种跨时段研究的方法。有的历时研究采用的是在一定时期内连续观察的方式以获得有关研究对象的动态信息，而另一些历时研究则可能间断地在不同的时点上进行观察，然后利用合理的逻辑贯通各个时点的数据并形成有关研究对象的动态信息。不管哪一种，其宗旨都是为了建立有关研究对象的时间序列模型，凸显其发展变化的一般趋势。在社会科学研究领域经常采用的趋势研究、世代（或同期群）研究以及小样本多次访问研究等，都属于历时研究的典型方法。

（五）在位的和出位的研究方法

将研究方法划分成在位（emic）和出位（etic）两种，主要出自认识论的角度。在科学研究过程中，研究者与被研究者之间的关系，一直是人们关注的焦点之一，甚至由此判断研究的科学价值。通常，用自然科学的标准来衡量，人们倾向于采取出位的研究方法，即旁观者的角度，借此获得某种“价值中立”的研究成果。在上文提到的实证研究，总体上就属于这种出位的研究方法。它从局外人的角度采用结构性的、系统的方法诠释研究背景，并且将研究的焦点放在局部层面或“分子”层次。而在另一方面，人们又发现，在社会科学研究领域，完全做到出位研究是不可能的，有时甚至是不科学的。比如，当人们要研究一些特殊的领域或问题（如黑社会组织或违法行为）时，出位研究可能仅仅触及问题的皮毛。在这种情况下，在位研究就可能是必要的。这种研究的特点是研究者深入到被研究对象当中，以成员身份观察、解释所研究的问题。显然，在位和出位两种研究方法对于旅游研究而言，都是大有用武之地的。有时，这两种方法还会被结合起来使用，由此也构成了一种混合的视角。

（六）探测性的、描述性的和解释性的研究方法

按照巴比（2005）的观点，探测性研究通常满足三个目的：（1）满足研究者的好奇心和对某事物更加深入了解的欲望；（2）探讨对某议题进行细致研究的可行性；（3）发展后续研究中需要使用的方法。因此，不难想象，探测性研究通常都是在正式研究开始之前所进行的带有试验性质的研究。它一般不寻求对事物的确切结论，主要的作用在于为后续研究甄别可能性。

描述性研究的基本目的是形成对研究对象关键特征的描述。这些描述建立在观察的基础上，并以客观性为原则借助于各种媒介手段（包括数值、文字、图像、声音、符码等）把观察到的事物或现象再现出来。比如人口普查，其目的就是准确地描述调查区域内居民的人口统计特征，包括年龄、性别、种族、受教育程度、职业、收入等。

解释性研究旨在寻找事物发展变化的规律，揭示现象之间的因果关系，发掘事物表象后面的深层原因，从而预测人类的行为。这种研究通常会努力构建可以概括社会

现象一般规律的某种模型，因此是构建理论的基本研究类型。

显然，在很多情况下，人们并非把探测性研究、描述性研究和解释性研究作为单独的研究策略加以使用的，而是将它们结合起来，以便完成一项更加全面的研究任务。比如，对于“驴友”旅游，有的人知之不多。因此，为了了解这种旅游群体的行为特征，就可能需要先进行探测性研究。当研究能够回答诸如组团方式、团队结构、消费特点以及目的地选择等问题时，其实是在进行一种描述性的研究。倘若研究能更深入下去，也即能揭示形成上述状况的原因，那么，这种研究就具有解释性的目的。

### 四、旅游研究中经常采用的几种具体方法

在最基本层次上的旅游研究方法是相当丰富的。这里主要介绍几种比较典型的、常用的研究方法：

#### （一）田野调查（field-work）

田野调查又称为田野工作，是一种实地调查方法，在文化人类学、社会学和环境科学中被广为使用，也是一种实证性的研究方法。对于文化人类学来说，田野调查这种特殊的研究方法在号称美国人类学之父的博厄斯（Franz Boas）那里就已经开始。他和他的弟子们用记音法详细记录歌谣和神话传说，用代写自传的方法记录下重要人物的事迹等等，为科学的田野调查奠定了基础。而在 20 世纪初产生于英国的以马林诺夫斯基为代表的功能学派人类学，虽然理论取向与博厄斯全然不同，但他们同样强调田野调查的重要性，并把田野调查提高到新的水平。马林诺夫斯基以其令人钦佩的学术成果和他在特洛布里安德岛的长期生活的经历证明了田野调查在文化人类学研究中的意义。他之所以这样做，是因为他认为通过在分立的小型社区的长期的直接参与观察，文化人类学者才可能对当地社会进行全面考察，并把当地社会的家庭、经济、法权、政治、巫术、宗教、技术等行为特质放在一个整体里加以分析，解释为什么社会形成一个难以切割的整体，避免像古典人类学家那样切割文化，同时还能够洞悉文化的演变过程。

马林诺夫斯基对田野调查在研究文化整体性方面的强调，被中国本土人类学家所接受。与马氏不同，中国的人类学家将这种方法用于更有时代意义的一般社区——而不是传统人类学所关注的原始部族——的研究上，使人类学的研究方法从简单的“野蛮社会”走向复杂的文明社会。作为典范，费孝通先生的《江村经济》一书是以小型社区窥视中国社会的实验性著作，开创了中国本土人类学社区研究的先河。

田野调查强调直接的观察、访问、记录和测量等方法和手段，因此在旅游研究中有着广泛的应用领域。尤其在对旅游的社会文化影响（效应）方面的研究，这种方法常常是最重要的方法。V. L. 史密斯在 1977 年出版的著作《主人与客人：旅游人类学》中所运用的研究方法，就主要是这样的方法。① 我国学者在这方面的研究虽然极为有

---

① Valene L. Smith. *Hosts and Guests: The Anthropology of Tourism*. The University of Pennsylvania Press, 1977.

限，但多少也在尝试着采用这种方法（如刘振礼、刘赵平等对野三坡的旅游社会影响研究[①]，以及后来一些人类学者对西南少数民族地区旅游社会文化效应的研究等[②]），只是在深度和广度上还有一定的差距，这也意味着在这个领域还有很多工作可以去做。运用田野调查，对我们研究旅游发展与社会文化变迁、环境演变、人民生计来源、传统技艺复兴或衰败、经济发展、社会结构变革、政治与宗教特征、艺术生活等方面的关系都有很大帮助，实际上也是获得这些方面的认识和知识的基本渠道。

（二）模式分析

模式分析是一种描述性分析工具，用于刻画现象的结构、形态、关系和流程，具有很强的表现力和抽象力。对于复杂的现象，模式分析可以通过图像形式加以有意简化描述。一个模式旨在表明某种结构或过程的主要组成部分以及这些部分之间的相互关系。在社会科学中，模式分析至少有这样几个优点：

首先，模式具有构造功能。它能揭示出系统之间的次序及其相互关系，能使我们对事物有一个很难从其他方法中获得的整体的形象。在这一方面，模式能为各种不同的特殊状态提供一个一般的图景。

其次，模式具有解释和启发功能。它能用简洁的方式提供如果改用其他方法则可能相当复杂或含糊的信息。由于模式能引导学生或研究者关注某一过程或系统的核心环节，这又使模式具有启发功能。

最后，模式具有预测功能。利用模式分析，有可能对事件的进程或者结果进行预测，至少，它能够为估算各种不同结局可能发生的概率提供基本依据，研究者因而可以据此建立其假说。

对于旅游现象而言，由于其中所包含的复杂的空间关系、时间运动过程，由于旅游现象本身的复杂结构，由于旅游现象与各种其他社会经济现象存在的复杂的联系方式，不借助于某种概括的方式就很难把握现象的本质，因此，模式分析就有了广泛的应用领域。在斯蒂芬·史密斯的《旅游分析手册》一书中，大量地介绍了一些为旅游研究人员常用的模式，从中可以一窥模式分析在旅游研究领域的潜力。

不过，模式是一种趋向于定式化思维的研究方法，试图用单纯的文字叙述、图像描述、数学公式等形式重构、解释和预测复杂的现象。这种努力由于模式本身的特性而不可避免地带来一些问题。可以说，过分依赖于模式分析方法，会使模式的设计者和使用者的视野局限在相当狭小的范围内，内视有余而外视不足。这种倾向会阻碍一个学科的发展。另一方面，一种模式，甚至是一些更新过的模式，也可能使某些关于一种模式的构成或运行中的假设（这些假设可能是有问题的，但却是基本的）永恒化。

所以，对于模式的运用，客观上同样有一个适宜性的问题。模式不可避免地具有不完整、过分简单以及含有某些未被阐明的假设等缺陷，适用于一切目的和一切分析

① 刘振礼：《旅游对接待地的社会影响及对策》，《旅游学刊》，1992 年第 3 期；刘赵平：《再论旅游对接待地的社会文化影响——野三坡旅游发展跟踪调查》，《旅游学刊》，1998 年第 1 期。

② Tan Chee-Beng, Sidney C. H. Cheung, Yang Hui. *Tourism, Anthropology and China*. White Lotus Press, 2001.

层次的模式无疑是不存在的。重要的是要针对自己的目的去选择或构造正确的模式。这一点在草创时期的旅游学建设过程中尤其应予以注意。

**（三）科学实验**

旅游现象中包含着的因果关系，现象本身的自然或社会规定性，有时是难以直接或马上观察得到的。实验作为一种在精心控制的条件下研究因果关系的传统研究方法，在提供有关因果关系方面的知识上有其独特的优势，因此也构成了旅游研究的一种重要方法。

实验的过程要求在科学的设计和严格的控制条件下进行。实验者必须考虑到三个变量：一个是自变量，即实验者安排的刺激情境或实验情境；另一个是反应变量，即因变量，它是实验者预定要观察、测量和记录的变量，是实验者要研究的真正对象；还有一个变量称为控制变量，即实验变量之外的其他可能影响实验结果的变量，虽然实验者的目的不是研究它们，但为了避免它们对结果发生影响，需设法予以控制。

用实验法研究旅游现象，主要在旅游者心理研究、旅游环境效应研究等领域。虽然其他一些与旅游相关的社会问题也可以在经过精心设计之后采取实验法研究，但在条件控制方面的困难阻碍了这种方法的应用。

**（四）统计分析**

统计分析是借助于统计工具对旅游现象进行研究。一般的统计工具可以解决大部分量化资料的分析处理，包括第一手资料和第二手资料。统计分析可以从取得第一手资料开始，经过构筑分析假设、检验假设、理论分析等过程，最终形成研究结论。由于统计工具不仅可以用于历时性的时间数列分析以预测现象的发展趋势，而且可以用于做共时性分析以研究现象的空间关系，还可以描述现象分布模式与结构，因此，统计分析事实上构成了旅游研究方法的最重要部分。在旅游学的各个分支学科中，统计学也得到最为广泛的应用。

## 本章重要观点

1. 中国的旅游研究历史短、队伍年轻、学科构成不完善，因此与国外的旅游研究水平尚有一定差距。
2. 旅游学的研究对象是旅游活动的内在矛盾及其表现，其任务是揭示这种矛盾的性质及其发生原因、形态结构、运动规律和它所产生的各种外部影响。
3. 当前的旅游学处于跨学科研究阶段，现有的管理学、地理学、经济学等学科对旅游研究都有理论和概念上的贡献，但把旅游学归属到其中任何一门学科当中都有勉强之处。
4. 旅游学实际上就是以旅游体验为基点研究旅游需求与旅游供给及其相互关系的一门学科，只是这种需求与供给并不限于经济学的意义。
5. 旅游学要想成为一门真正的学科，必须在四个方面都达到作为学科所要求的标准：组织机构、概念体系、研究方法（理论）和研究规范。

## 本章内容举要

### 1. 核心概念

- 旅游学：一门研究旅游需求与供给的相互关系、内在矛盾及其相关影响的学科。
- 旅游学研究对象：旅游活动的内在矛盾及其表现，即这种矛盾的性质及其发生原因、形态结构、运动规律和它所产生的各种外部影响。
- 实证研究：一种重在描述事物所处状态并解释因果关系的研究方法。它回答“是什么”“怎么样”以及“为什么”的问题，并强调用经验事实对理论命题加以证明。
- 规范研究：一种重在阐述事物的合理状态的研究方法。它回答“应该怎么样”的问题。
- 田野工作：一种社会学和人类学研究方法，指调查人员到调查对象所在地收集实际资料的过程。
- 模式分析：一种用来刻画现象的结构、形态、关系和流程的描述性分析工具。

### 2. 主要内容

（1）国外旅游研究的历史和现状

- 国外的旅游研究最早可以追溯到19世纪末，代表人物是意大利的鲍迪奥。此后，在意大利、德国、瑞士和奥地利等国家先后出现了一些从事旅游研究的学者。
- 二战以后，旅游研究的中心开始从欧洲转向美洲，而且在研究方法上表现出明显的多学科渗透的学术特点。
- 总之，国外旅游研究表现出三个特点：一是从单科独进的分散研究向跨学科的综合研究发展；二是重应用研究而轻理论研究；三是从研究的领域来看，对国际旅游的研究超过了对国内旅游的研究，对第三世界旅游的研究超过了对发达国家旅游的研究。

（2）国内旅游研究的历史与现状

- 国内旅游研究开始于20世纪80年代初，是与旅游教育、旅游产业实践同时起步的。
- 国内旅游研究的最初阶段主要是借鉴国外的一些研究成果，由于视野和资料所现，当时的切入点主要是经济视角。
- 已经出版的旅游学著作（教材）未能在学科建设上有重大突破。其中在研究对象上受“三要素”观点的制约过深。
- 应用研究成果比较多，但对应的却没有太多的有关旅游学基础理论方面的高质量成果问世，因此，总体上不够成熟。

（3）旅游学的研究对象和内容

- “三要素”和“六要素”的观点都将旅游活动的内部线索抛开，简单罗列各构成要素，其后果是制约了人们寻求理论和方法上的突破的努力。

- 作者的观点是，旅游学的研究对象是旅游活动的内在矛盾及其表现，即这种矛盾的性质及其发生原因、形态结构、运动规律和它所产生的各种外部影响。
- 旅游研究的最基本矛盾是旅游供给与旅游需求的矛盾（不是简单的经济意义上的供求矛盾，参见图1-1）。由这种矛盾还可以生发其他各种层次、各种性质、各种形态的矛盾，它们都是旅游研究的内容。
- 旅游学的研究内容是极其复杂的，因为旅游这种现象具有多面性和综合性。它是一种人类经历、一种社会行为、一种地理现象、一种财源、一种商业活动、一种行业。因此，介入旅游研究的相关学科也必然是多样化的。

（4）旅游学科的成熟度与学科体系

- 目前的旅游学处于一种多学科向跨学科转化的阶段，还不是一个成熟的学科。用衡量是否构成一个学科的标准去考察，目前的旅游学还有不完全具备的地方。它虽然有专业的组织和大量的人员从事有关的研究工作，但还没有形成独特的语言系统（独有的概念），缺乏特殊的研究方法和理论范式，因此在研究过程上也还没有公认的规则。这是需要努力改进的地方。

> 【即问即答】不具备“学科”特点的课程就不能在大学里讲授吗？
> ——也不尽然。大学里有些课程一般介绍某个领域的基本知识，也有不少课程属于技能性的，还有一些以讲座形式开设的课程可以反映某个学术研究领域的最新成果。

- 旅游学是研究旅游活动的（旅游产业活动和旅游者活动），它是旅游专业的最基础性学科，并统率着众多的分支学科，而它的理论、方法和概念大多还是来自一些横断学科、数学与统计学以及带头学科的渗透和移植。
- 旅游体验是能够统领旅游学各个分支学科的理论范畴，原因是：旅游体验可以作为旅游学基础理论研究的硬核；旅游体验是最能体现旅游学作为一个跨学科的体系架构的研究视角；旅游体验具有巨大的研究空间。

（5）旅游学的研究方法

- 科学研究通常都涉及三个基本问题：本体论、认识论和方法论。方法论是有层次区别的，通常分为哲学方法论、一般科学方法论和具体学科方法论。
- 旅游研究方法可以从不同角度加以分类。通常，可以分为实证与规范、定性与定量、归纳与演绎、在位与出位、历时与共时以及探测性、描述性、解释性等方法。
- 旅游学的研究方法既来自自身的科学研究积累和创造，也来自数学方法、系统论、控制论、信息论等横断学科以及一些带头学科的渗透，来自一些平行学科的移植，来自跨学科研究本身的融合过程。
- 旅游研究的几种典型的具体方法有田野工作与社区研究、模式分析、科学实验和统计分析等。

## 本章答疑

【疑问1】我不明白为什么要在旅游研究对象上花费很多笔墨去阐述？在这方面争论有意义吗？

——这个问题是刚刚接触大学专业课程的学生经常提问的，我在读大学时也感到疑惑，尤其是遇到蹩脚的老师照本宣科地讲解这个问题时更是让人感觉不知所云。实际上，这个问题对学某个专业的本科大学生而言，确实未必很重要，但对于研究某个学科并想推动该学科发展的学者而言，就再重要不过了。但有一点，学生从这种阐述中可以学习认识问题的一般思路和思考方法。

——中国的旅游研究还不成熟，争论可以说是其催熟的良药。但争论要引发思考，不要在概念上兜圈子，尤其要有整体性的、系统的思考。

【疑问2】学术界如将旅游学界定为一种跨学科，会不会导致学科内容空泛或浅薄？学生会不会因此学不到一技之长？

——这种担心是可以理解的。实际上，这也是旅游专业教育的巨大挑战。这个问题使旅游学这门专业基础课在学科体系架构、知识整合、教材建设和课堂教学方面都遇到一定的困难。但这不是“跨学科”本身的问题，而是旅游学本身不成熟的问题。由于在上述这些环节上没有突破性的建树，必然导致学科内容的空泛和浅薄。

——至于学生是否会学到一技之长的问题，这涉及对大学教育人才培养目标和规格的理解问题。我个人认为，目前国家推行的大学教育（而不是职业教育）追求“宽口径、厚基础”的教育思想是正确的。试问，大学毕业10年后，还从事所学专业的人有多少呢？从这一点来说，旅游专业大学本科教育在模式上可能是最符合现代教育思想的专业教育之一，而其挑战在于，旅游教育实践的设计者必须在学制的约束下恰当地把握“宽”与“厚”的适当尺度。

【疑问3】旅游学是否有存在的必要？它是否会被其他一些学科（如休闲学）所取代？

——休闲是富裕社会的特征和趋向；旅游是休闲活动的一种，而且是很特殊的一种。休闲研究会有大发展，但休闲行为的更加复杂性以及旅游行为的更加特殊性使休闲研究不可能取代或取消旅游研究。人在旅游过程中，很多休闲行为模式都发生了变化，甚至面目全非。所以，旅游研究也会有大发展。

【疑问4】我没有想到旅游还需要什么理论，也根本没想过会有什么理论。许多人都说，吃喝玩乐，有什么好研究的。对吗？

——恐怕不对。当旅游是个别人的现象时，不研究它不会有什么影响。当旅游是一种社会性的、大众性的现象而且在人类社会中显然越来越重要时，不研究它就会无法疏导它、规范它，无法趋利避害。当这种研究有了积累时，理论便逐步形成了，这些理论对后人将是有价值的。另外，你不能说全世界有那么多人投身于旅游研究是出于无知或无聊。

**【疑问5】旅游与旅游研究对象是什么关系？人们对旅游的定义（比如艾斯特定义）是不是与对旅游研究对象的界定混淆了？**

——后一个问题我也曾想到过，但一直没有得到确切的答案。因为，有些国外的旅游定义我们见到的都是间接的译文，会不会出现翻译上的错误不得而知。但是，至少我们可以肯定，不应该将旅游的定义与旅游研究对象的界定混淆起来。现在的状况是，让人感到对“旅游”定义的泛化界定是不是为了满足对“旅游研究对象”的界定？否则，为什么非得用旅游“所引起的关系和现象的总和”来表述旅游的概念呢（现在有人说这指的是“旅游现象”，可什么是旅游现象呢？它和旅游有什么关系呢）？我想，旅游学既研究旅游（一种个人经历），也研究旅游所引起的各种关系和现象。在以后的章节中，我用“鸡+蛋=？”这样一个模型来表示这种关系。其中“鸡”等价于“旅游”，“蛋”等价于旅游所引起的现象，旅游学既研究鸡也研究蛋，更研究下蛋的过程“+”——旅游的内在矛盾过程。从这里看，“旅游”与“旅游研究对象”是不同的。——关于这个问题，请参阅下一章的有关内容。

**【疑问6】本章涉猎了旅游研究领域的一些方法论、研究规范和学科知识等问题，能否对此给予更加系统的解答？**

——对此问题的解答已经超出了本书的范围。建议阅读旅游教育出版社出版的《旅游学纵横：学界五人对话录》（2013）。该书为保继刚、王宁、马波、肖洪根、谢彦君五人有关旅游学界、旅游学科和旅游学术等方面问题的一次对话实录，对上述疑问以及其他更加广泛的问题均有所涉及。

## 本章补充阅读材料

### 国外主要的旅游相关学术研究期刊

| 旅游期刊（Tourism Journals） |
|---|
| *ACTA Turistica*；ANATOLIA 国际旅游与饭店研究学报；Annals of Tourism Research 旅游研究年刊；Asia Pacific Journal of Tourism Research 亚太旅游研究学报；Current Issues in Tourism 旅游热点问题；Event Tourism 会展旅游；Festival Management & Event Tourism 节庆管理与会展旅游；Information Technology & Tourism 信息技术与旅游；International Journal of Tourism Research 国际旅游研究学报；Journal of Convention & Exhibition Management 会展管理学报；Journal of Eco-tourism 生态旅游学报；Journal of Quality Assurance In Tourism & Hospitality 旅游与饭店业质量保证学报；Journal of Sports Tourism 体育旅游学报；Journal of Sustainable Tourism 可持续旅游学报；Journal of Teaching in Travel & Tourism 旅游教学学报；Journal of Tourism Studies 旅游学报；Journal of Travel Research 旅游研究学报；Journal of Travel & Tourism Marketing 旅游营销学报；Journal of Travel & Tourism Research 旅行与旅游研究学报；Journal of Vacation Marketing 度假营销学报；Meeting News 会议通讯；Meetings &Conventions 会议；Pacific Tourism Review 太平洋旅游评述；Scandinavian Journal of Hospitality and Tourism 斯堪的那维亚饭店与旅游学报；Successful Meetings 成功的会议；Tourism Analysis 旅游分析；TOURISM: An International Interdisciplinary Journal 旅游：国际交叉学科学报；The Tourist Review 旅游述评；Tourism, Culture & Communication 旅游、文化与交流；Tourism Economics 旅 |

| |
|---|
| 游经济学；Tourism Forum: Southern Africa Tourism Forum-Southern Africa 旅游论坛：南非旅游论坛—南非；Tourism Geographies 旅游地理；Tourism and Hospitality Research 旅游与饭店研究；Tourism and Hospitality Review 旅游与饭店述评；Tourism Management 旅游管理；Tourism Recreation Research 旅游休闲研究；Tourism Today 现代旅游；Tourismus Journal 旅游学报；Tourist Studies 旅游者研究；Travel &Tourism Analyst 旅行与旅游分析 |
| 接待业期刊（Hospitality Journals） |
| AAHOA Hospitality 亚美饭店业主协会会刊；Australian Journal of Hospitality Management 澳大利亚饭店管理学报；Brands in Foodservice 食品服务品牌；Club Industry 俱乐部业；Club Management 俱乐部管理；The Consortium Journal: Journal of HBCU 黑人大学联盟学报；Cooking for Profit 烹饪与利润；Cornell Hotel and Restaurant Administration Quarterly 康乃尔饭店与餐馆管理季刊；FIU Hospitality Review FIU 饭店评述；Food Management 食品管理；Foodservice & Hospitality 食品服务与接待；Foodservice Director 食品服务督导；Foodservice Equipment & Supplies 食品服务设备与供应；Foodservice Equipment & Supplies International 国际食品服务设备与供应；Foodservice Research International 国际食品服务研究；H & A（Hospitality & Automation）Report 饭店与自动化报道；Hospitality Design 饭店设计；Hospitality Law 饭店法；Hospitality Research Journal 饭店研究学报；School Foodservice Research Review 学校食品服务研究述评；Hotel & Motel Management 饭店与汽车旅馆管理；Hotel & Resort Industry 饭店与度假村；Hotel Security Report 饭店安全报道；Hotelier 饭店人；Hotels 饭店；Gaming Research & Review Journal 赌博研究与评述学报；HSMAI Marketing Review 接待业国际营销协会述评；International Gaming & Wagering Business 国际赌博业；International Journal of Conte-mporary Hospitality Management 现代国际饭店管理学报；International Journal of Hospitality Informa-tion Technology 国际饭店信息与技术学报；International Journal of Hospitality Management 国际饭店管理学报；International Journal of Hospitality and Tourism Administration 国际饭店与旅游管理学报；Journal of College & University Foodservice 大学食品服务学报；Journal of Gambling Studies 赌博研究学报；Journal of Hospitality & Tourism Research 饭店与旅游研究学报；Journal of International Hospit-ality, Leisure, and Tourism Management 国际饭店、余暇与旅游管理学报；Journal of Hospitality & Leisure Marketing 旅游与余暇营销；Journal of Hospitality Financial Management 饭店财务管理学报；Journal of Hospitality & Tourism Education 饭店与旅游教育学报；Journal of the International Academy of Hospitality Research 国际饭店研究会学报；Journal of Nutrition in Recipe & Menu Development 菜品营养与菜单开发学报；Journal of Restaurant & Foodservice Marketing 餐馆与食品服务营销学报；Journal of the American Dietetic Association 美国饮食协会学报；Lodging 住宿；Lodging Hospitality 住宿接待；NACUFS（National Association of College & University Foodservices）Journal 全国大学食品服务协会学报；Night Club & Bar Magazine 夜总会与酒吧杂志；Nation's Restaurant News 全国餐馆通讯；UNLV Gaming Research and Review Journal 内华达大学赌博研究与评述；Praxis - The Journal of Applied Hospitality Management 实践：饭店应用管理学报；Restaurant Business 餐馆经营；Restaurant Hospitality 餐馆接待；Restaurants & Institutions 餐馆与组织机构；Restaurants & Institutions Marketplace 餐馆与组织机构市场；Restaurants USA 美国餐馆 |
| 休闲、余暇与交通期刊（Recreation, Leisure and Transportation Journals） |
| Annals of Leisure Research 余暇研究年刊；Australian Leisure Management 澳大利亚余暇研究；Journal of Applied Recreation Research 应用休闲研究学报；Journal of Interpretation 解释学报；Journal of Leisurability 余暇学报；Journal of Leisure Research 余暇研究学报；Journal of Park and Recreation Administration 公园与休闲管理学报；Journal of Recreation and Leisure 休闲与余暇学报；Leisure Sciences 余暇科学；Leisure Studies 余暇研究；Loisir et Societe/Society and Leisure 社会与余暇；Managing Leisure 余暇管理；Visions in Leisure and Business 透视余暇与经营；World Leisure & Recreation Association Journal 世界余暇与休闲协会学报；Journal of Air Transport Management 航空交通管理学报；Journal of Transport Geography 交通地理学报；Transport Policy 交通政策；Transportation Law Journal 交通法规学报；Transportation Research 交通研究；World Transport Policy & Practice 世界交通政策与实践 |

## 本章案例分析

【案例 1-1】

### 旅游学的基本概念问题[①]

一个学科不成熟的最明显的表现，就是缺乏自己独立的概念系统。因为每一个概念都可能标志着一个研究领域，所以，没有适当的概念，就意味着在这个学科还没有明确的研究领域。

比如，社会学当中的重要概念可能包括：社会分层、角色、文化采借、社会变迁、社会流动等；心理学当中的重要概念有：动机、行为、知觉、意识、学习、需要层次论、学习曲线等；经济学的重要概念则有：需求、价格、需求曲线、无差异曲线、边际效益、需求弹性、乘数等；营销学也发展起了诸如市场细分、营销组合、目标市场、市场定位、营业推广、SWOT 分析等概念。很多成熟学科都是如此。这些概念，每一个都可以是一个研究领域的线索或标志，人们不仅用这些概念进行沟通和交流，还利用它们跟踪学术界研究的动向（这个作用主要体现在这些概念可以作为学术文献检索的“关键词”）。

旅游学有这样一些概念吗？能否说旅游经济、旅游法规、旅游饭店、旅游地理、旅游规划、旅游心理、旅游文化、旅游卫生……这样一些词汇是旅游的概念呢？

将这些旅游“概念”与上述其他学科的概念进行比较，如果你够聪明，你就会发现，它们有天壤之别！这些旅游“概念”都往往是一个亚（分支）学科的代名词，代表着一个广大的领域！而上述其他各学科的概念却不是这样。虽然它们也可能代表一个领域，但却是一个很基本的领域，是一个小模块，小单位，结构很单纯。它们更像是砖瓦。

由此，我们说，上述旅游诸“概念”，不成其为旅游学的基本概念。

那么，旅游学的基本概念是什么呢？

——本章虽然试图列举了一些，但答案还依然不够清晰。这是旅游学术界必须通过仔细“审读”旅游现象而努力予以开发的基本理论问题。

由于缺乏这种基本概念，旅游学术界的沟通就非常困难。——因为人们仿佛操着不同的方言说话！这种现象反映在学术文献的检索和应用上，就会出现问题甚至笑话。笔者通过在“中国期刊网”上检索旅游文献（2003 年 1 月），进一步发现了这个问题：用“关键词”检索某些研究领域，竟然找不到几篇文献（而当时该数据库收录的旅游相关文献至少 7357 篇）。后来，仔细研究发现，原来根源在于每篇文章所使用的关键

---

① 参阅谢彦君：《旅游与接待业研究：中国与国外的比较》，《旅游学刊》，2003 年第 5 期。

词很不规范！这里原封不动地摘录了一些旅游期刊上学术文献所使用的关键词，请读者仔细分析其得失：

能力、思考、问题、意识、知识、商业行为、现状、对策、本科生、优化、相关性、内涵、重要意义、参与者、地球村、决策过程、高知识量、发展、高附加值、境外游客、生活质量、阈值、产品、转移概率、研究、信息、构想、建设、措施、旅游认识、三结合体系、目标层次、开发系统、经济、旅游大市、实践、开发、竞争现状、考察要素、导入过程、建设经营、分析、限制因素、农村旅游市场的成熟度、破坏、《新民晚报》、真实瞬间、任务、建构、心游之路、比德之旅、利用、概念性、发掘组建、适用性、想要、不想要……

试想一下，有多少人能够想到用这些关键词进行文献检索？作为旅游学科里的关键词，它们的旅游色彩在哪里呢？用这些关键词进行检索又能查到几篇所需要的文献？这种局面反映了旅游这个学科的极不成熟甚至幼稚的现状。在这个学科领域，根本没有建立起科学的规范，没有大家一致接受的语言系统。在这种情况下，学术交流注定要存在不可逾越的人际或群际障碍。

你对旅游研究当中竟然使用这样一些词汇作为关键词做何感想呢？

〖案例提示〗

1. 搜罗各种旅游学教材或旅游研究刊物上列举的基本概念，进行总结、比较、评价。
2. 思考旅游研究领域应该包含哪些基本概念，这些概念应该各自处于什么层次，如何界定这些概念的内涵与外延。
3. 讨论建立旅游学基本概念体系的紧迫性。

## 本章问题讨论

1. 目前的旅游学术研究，涉猎了众多的学科。你能分别以实例说明不同学科在旅游研究当中的作用吗？由此你能否更好地理解旅游是一个跨学科性质的学科？
2. 为什么本章特别强调旅游学的研究对象不能被割裂为三要素或六要素呢？你对这种观点怎么看？
3. 找几本典型的旅游学教材（包括国内学者的和国外学者的），对各个版本的教材内容做一番比较，总结其异同，尝试说明这些异同的原因，给予适当的评价。
4. 与同学们分成几个小组，各自设计一个旅游情景（比如，复述你个人的一次有趣的旅游经历），这个情景当中应包括时间、地点、人物、事件经过等基本成分。然后，根据这个情景，总结以下几个问题（提出问题并予以回答）：

   a）这次旅游在开始发生的初期，是一种个人现象、群体现象还是广泛的社会现象？

在旅游结束呢?

b)旅游过程中经历了什么?哪些是不可避免的?哪些是可以在方式上变换的?哪些是不必要的?

c)旅游之后你得到了什么?物质的?精神的?还是别的什么?

d)旅游之后你给别人带去了什么?物质的?精神的?还是别的什么?

e)你的旅游与别人的旅游相似吗?在哪些方面相似?在哪些方面不同?相似的地方是否可以归结为旅游最基本的东西?

f)你觉得,如果要对你这次旅游进行研究的话,有哪些方面是值得去做这种研究的?这些方面最终能否用旅游的研究领域或相关概念加以归纳?

当你完成了这个作业之后,你也许已经对旅游的很多内容有所体会了。这对于后面的学习是很重要的。

5. 举例说明不同的旅游研究方法的适用范围。

6. 对旅游学这样的跨学科,应该用什么逻辑主线来构筑学科体系的框架?

7. 你在学习旅游学这门课之前,对它的预期是什么样的?学完了这一章,你的感受如何?你期望以后的内容是什么样的?

# 第二章　旅游的本质、特征与起源

**学过本章之后，你应该能够：**

1. 理解旅游的本质规定性，能用逻辑和史实证明旅游的本质属性。
2. 能多层次、全方位地认识旅游现象的全貌，懂得其中的方法论基础。
3. 理解旅游所具有的社会属性、休闲属性和消费属性。
4. 理解旅游的特征以及旅游者的行为特征。
5. 掌握旅游的定义，并且讨论不同学者对旅游定义的差异和得失。
6. 能清晰地勾画出旅游与几个相关范畴的关系（如旅行、迁徙和旅游业）。
7. 了解在历史上导致旅游现象出现的社会、经济和文化背景。
8. 了解旅游在历史上存在的大致时间，把握旅游与自由时间、休闲行为、审美意识之间的关系。

# 第一节 旅游的本质与特征

## 一、旅游现象的复杂性及其本质

在当代社会，旅游作为人们的一种高品质生活的组成部分，已经越来越司空见惯。旅游现象在今天已是深入人心并为普通大众触手可及。2009 年，国务院 41 号文件明确提出，要“把旅游业培育成国民经济的战略性支柱产业和人民群众更加满意的现代服务业”，这一定位，凸显了旅游对于国计民生的重要意义。因此，旅游学的使命就是要对旅游现象的规律性运动有切实的把握，对旅游产品的消费者有更深层次的理解。然而，在我国，把旅游现象作为一个研究领域，却还仅仅是最近几十年的事情，并且这种研究一直以来主要还是限于对旅游世界进行的某种直观的描述和单一视角的审视。直到今天，关于什么是旅游的问题我们还未能获得一致而满意的答案，而由此所造成的旅游知识共同体（学科）不能够有效建立、理论研究不能够解决实际问题等影响，也似乎始终没有得到解决。有关旅游内涵的一些功利性的、泛化论的学术观点仍弥漫在学术丛林之中，影响了人们对旅游本质的科学判断。

作为一种极其复杂的社会现象，旅游的本质规定性会表现在不同的层次上。从作为内核的本质性规定，到它所展示的一般属性，直到其外部可见的种种特征，甚至由这些综合因素所决定的旅游者的行为取向和特点，都在不同的层面上诠释着旅游的本质。因此，对旅游本质的把握，需要借助于一个高度整合的框架，这样才能认识旅游的全貌。图 2-1 是描述这一观点的示意图。在图中由上至下各层级之间具有规定或统辖关系，而由下至上则具有解释关系。

从图 2-1 所表示的关系来看，在旅游者的旅游目的与旅游者的实际行为之间，存在着层次众多、构成复杂的干涉因素。由于这些因素的复杂作用，使旅游行为最终会以极不相同的外部形式体现出来，形形色色，不一而足。然而，在这些复杂的因素之中，却有主次之分，彼此存在着决定与被决定的关系，由此也使得我们能够在认识旅游现象的时候抓住主要矛盾以及矛盾的主导方面，从而正确地认识旅游现象的本质，确立旅游知识共同体的内核。从图中可以看出，处于最末端的旅游者行为倾向与旅游本质之间可能存在着某种矛盾，但在理解这种矛盾时必须将基点建立在旅游的本质规定性的基础上。因为，在现实当中，这些矛盾往往会化解于旅游本质的主导力量之下，甚至旅游本质这种带有根本性的主导力量会为某种看似有悖于旅游本质的异常行为规范出一个适当的阈值，从而使旅游者在旅游世界中的各种行为都可以在旅游的理性框架中予以解释。

由此可见，旅游的本质从根本上说是由某种统一的旅游目的决定的，而这种目的最终会弥漫到整个旅游过程中，体现在旅游者的具体行为上，成为决定旅游者行为的根本力量。旅游的外部特征（暂时和异地）是区别具有相同目的（即愉悦或休闲体

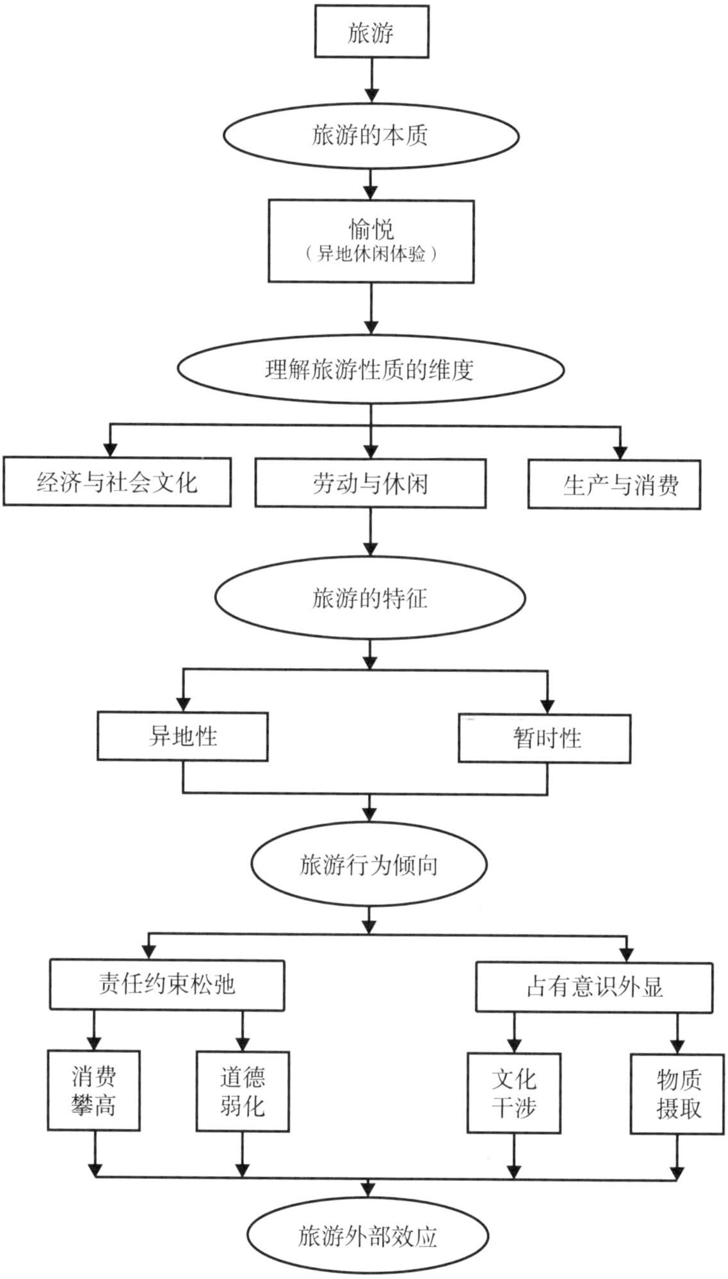


**图 2-1　旅游本质的认识框架**

验）的行为的基本尺度，恰恰是它们才使旅游成其为旅游。从整体上来说，决定旅游者的行为特征的根本要素就来自旅游目的的规定性以及旅游的两个外部特征。或者说，旅游的目的和特征是孕育旅游行为取向的温床，也是理解纷繁复杂的旅游现象最有效的理论视角。由此我们可以做出这样的判断，旅游在根本上是一种主要以获得愉悦为目的的审美过程和自娱过程，它发生在人们的余暇时间，也发生在有别于人们日常生活所在的空间。这样的一种行为只能是人类社会发展到一定阶段时才产生的一种活动。随着社会的不断发展，这种行为有可能构成人类最基本的活动之一，甚至体现着人类存在的根本意义。

从古至今，人所能体会到的快感有两种：生理快感与心理快感。生理快感的存在常常为动物界所共有，而心理快感只对于高等动物才存在。作为旅游者，在其旅游活动的目的、表现和结果上，因受多种因素的影响而往往呈现出多姿多彩的外象。但大致来说，各种类型的旅游者的整个活动过程不外表现为三种情况：一种是纯以审美为目的并在旅游过程中始终以审美为唯一活动内容并最终获得了审美享受的唯美旅游者；另一种是纯以获得生理上的愉快为目的并在旅游过程（如果这时也算得上是旅游过程的话）中始终谋求生理愉悦的纯功利性旅游者；还有一种就是上述两极之间的所有复杂的组合，表现为既有明显的审美倾向，又不完全排斥对立的快感形式。这种概括的分类实际上很容易造成一种假象，似乎上述第二种纯以获得生理愉悦为目的的旅游者在现实中确实存在。换言之，对于一些旅游者来说，审美的成分并不是肯定地存在于其旅游过程之中。甚至人们毫不费力地就可以举出许多生活中的例子来证明上述论点，例如，某些纯以休闲、娱乐为目的的旅游者在走出家门时可能根本就未曾想过此行要获得关于自然或现实生活的某种美感体验。遇到这种情况，我们认为，即使旅游者根本不以审美为初衷，但在他做出旅游决策时，客观对象或环境中的美的信息早已蕴含于其休闲与娱乐活动的背景抉择过程中并影响着决策。正是这些美的信息的提示，才使所谓的纯生理快感逐求者（其实可能并不存在）选择了此时此地作为他活动的时空背景。这充其量只是问题的一个方面，而在另一方面，旅游作为一种高度社会化的行为，已经不可能完全受某种纯化的生理追求所左右。即使旅游者在目的上为自己确定的目标是纯生理快感，这种快感在实现过程中必然要受种种社会审美意识的影响。就旅游的视角而言，沉湎于口感享受的美食家不会只钟情于食物的色与味，还会在意食物的造型，讲究就餐的环境，挑剔服务人员的服务艺术，这些本就是社会美的范畴。甚至连一些追求某种不健康的生理快感的游客，恐怕也逃不脱“情人眼里出西施”的社会审美规律的影响。而作为旅游者，对这些社会美的追求常常表现得比对物质所能带来的直接快感更加现实。

所以，那种纯而又纯，似乎审美的要求既不存在于目的中又不见其表现在活动或其背景上，在整个过程中始终唯以获得生理快感为目标的行为主体，事实上是不存在的。纵使存在，我们也将把他排斥在旅游者行列之外，哪怕他为了这种纯生理快感体验也曾跨越了千山万水。另外，旅游这种异地活动方式，决定了（或显示了）不管旅游者在初衷上是否以审美体验为目的，他选择这种异地活动方式本身就肯定了他自觉或不自觉地在追求新的环境带给他的审美愉悦，即使他到异地纯粹是为了休闲。

关于旅游目的中所包含的审美属性，在学术界曾有过论述。一些文化论者和社会论者，一直强调旅游所具有的这种本质属性，从而形成了与经济论者几乎针锋相对的看法。

从渊源上看，主张旅游主要是一种经济活动的看法恐怕与把“旅游业”与“旅游”相互混淆这种学术界的历史性错误有关[①]。但更深刻的原因可能是人们起初出自对旅游业在国民经济发展中的重要意义的功利性认识。为了早日确立旅游业在国民经济中的产业地位，人们颇具倾向性地关注旅游所产生的经济贡献，并由这种贡献反推旅游的性质。今天已经没有人否认，旅游业不是一种事业而是一个产业。但旅游是什么的问题，反倒更加众口不一了。不过，近几年来从总的趋势上可以看出，人们已经注意到旅游现象的非经济属性。叶朗在 1988 年 1 月 20 日的《中国旅游报》上曾撰文说：“旅游,从本质上说,就是一种审美活动。离开了审美,还谈什么旅游？”[②] 虽论焉不详，但语属率直，令人警醒。而在沈祖祥看来，旅游“是一种文化现象，一个系统，是人类物质文化生活和精神的一个最基本的组成部分，是旅游者这一旅游主体借助旅游媒介等外部条件，通过对旅游客体的能动的活动，为实现自身某种需要而作的非定居的旅行的一个动态过程的复合体”，“旅游属于文化范畴，是文化的一个内容”。[③] 冯乃康先生则更加明确地认为，“旅游的基本出发点、整个过程和最终效应都是以获取精神享受为指向”，因此，“旅游不是一种经济活动而是一种精神活动，这种精神生活是通过美感享受而获得的，因此，旅游又是一种审美活动，一种综合性的审美活动”[④]。王柯平也认为“旅游是一种综合性的审美实践”[⑤]，而俞孔坚则指出，“观光旅游是景观信息的探索和景观知觉过程，是一种景观审美活动”[⑥]。

持上述观点的人并不限于所列的几位文化论学者。在 1995 年 10 月份由《旅游学刊》编辑部主持召开的“国外旅游学研究进展研讨会”上，南开大学的申葆嘉教授基于对国外旅游学研究状况的系统考察，曾提出，对旅游现象的研究，应从经济中进去，从文化上出来，并建议广泛地使用文化人类学和社会学的方法研究旅游。申先生的看法，实际上注意到了旅游的文化属性，这是一个经济学者难能可贵的自我扬弃。虽然申先生的见解当时未引起学界足够的注意，但笔者今天的立论，在很大程度上是得益于申先生的看法。

---

① 在张践等人所翻译的曾对我国旅游学术界产生较大影响的伯卡特与梅特利克的著作《西方旅游业》（原名 *Tourism: Past, Present and Future*）中，就把其中的“旅游”（tourism）一词译成了“旅游业”，见该书第 36 页。实际上，在英语当中，甚至在西方旅游学术界，很多人也是这样使用Tourism 一词的。由此甚至形成了有关“tourism”起源的混乱认识。因为有的人说“tourism”是近代社会的产物甚至是一种现代社会的现象，他很可能指的是“旅游业”（虽然不完全是如此，但很多人确实是这个意思）；而有人说“tourism”自古就有，他可能指个人的旅游行为。王宁在他的英文著作 *Tourism and Modernity: A Sociological Analysis* 一书中也对此有过详细的阐述（Elsivier Science Ltd., 2000）。

② 转引自冯乃康：《中国旅游文学论稿》，旅游教育出版社，1995 年版，第 4 页。

③ 沈祖祥：《观乎人文以化天下——旅游与中国文化论纲》,《旅游与中国文化》，旅游教育出版社，1996 年版。

④ 冯乃康：《中国旅游文学论稿》，旅游教育出版社，1995 年版，第 2 页。

⑤ 王柯平：《旅游审美活动论》，旅游教育出版社，1990 年版，第 1 页。

⑥ 俞孔坚：《观光旅游资源美学评价信息方法探讨》,《地理学与国土研究》，1989 年第 4 期。

总而言之，从旅游发生和运行过程上看，由于愉悦性休闲体验是旅游的内核，因此，旅游就表现为一种个人的行为，并且是在个人的意愿、志趣支配下受个人支付能力及其他能力的影响而发生的行为，不管是以散客还是以组团的形式旅游，均是如此。这种目的性行为，是旅游主体在寻求愉悦的意识的支配下与客体之间建立的一种关系，并借助某种审美或自娱的渠道表现出来。单就旅游的主客体而言，他们各自都不能独立构成旅游，只是旅游发生的条件。当旅游主体高度社会化并成为集体现象，而旅游客体同时高度产业化时，旅游便被纳入到旅游业的总体框架之下而成为这个框架中最核心的成分，并仍始终保持着自身的这种能满足旅游者寻求愉悦目的的特性。一言以蔽之，愉悦性休闲体验构成了旅游这个范畴的基本硬核。任何被称为“旅游”的现象，都不能离开这个硬核而存在。当然，这并不是说，任何出自愉悦性休闲体验目的而发生的个人行为都是旅游。只有那些暂时的、异地的以追求愉悦为目的的休闲行为才可以被称为旅游。这在讨论完旅游的特征之后会更加明了。

## 二、理解旅游基本属性的几个维度

旅游的上述本质，也可以进一步通过与其他相关范畴的比较而予以明确。以往人们在判断旅游的属性时，常常不能明辨旅游与生产、消费、劳作、休闲、经济、文化等范畴的关系，原因就在于，旅游这只大象的身上，可以摸出以上各种现象的味道。实际上，旅游与这些范畴所指代的现象的关系，是可以说清楚的。

### （一）从生产与消费维度看旅游

人生的活动包括两个基本领域：生产领域和消费领域。生产领域肩负着物质生活资料和精神生活资料的生产的使命，而消费活动是出于维持个体生存、保证劳动能力的再生产乃至实现个人社会发展等目的而对生产活动的成果的耗用（在这里，不能因为旅游具有恢复或生产一个人的劳动能力的功能而把旅游看作生产行为，错误地置换生产和消费的真实内涵）。旅游在其全过程中不向社会也不为旅游者个人创造任何外在的可供消费的资料，相反，却吞噬着旅游者以往的积蓄和他人的劳动成果。即使在比较极端的情况下，如仅限于个人的流连山水，陶醉于大自然（而非人化）的美的恩赐，他也是在消磨本可以用来创造财富的生产时间。所以，旅游无疑是消费行为，不是生产行为。

由于旅游是从人的生命波谱中截取的一个波段，因此旅游消费不会完全超脱于一般的日常消费，但又有别于一般的日常消费。这就好比圣人和小人都要吸入和排出，而圣人即使在做最神圣的事业时也照样要吸入与排出一样。然而，从消费的导向和构成以及各部分的意义上看，旅游消费确有大不同于日常消费之处，突出地表现在重视精神内容、追求愉悦体验，甚至在某些方面表现出对日常生活消费的畸变，而这些均决定于旅游的本质规定性以及旅游所具有的外部特征。

### （二）从劳动与休闲维度看旅游

如果把旅游置放到劳动与休闲的框架当中衡量的话，那么，旅游是一种休闲，而不是工作，不是劳动。旅游所具有的休闲属性是由以下几个方面决定的：

1. 旅游的目的表现为借助各种可以娱情悦性的活动达到愉悦体验。这显然区别于为谋生而进行的劳动，也不同于为维持生存而必须从事的活动，如睡眠、吃饭、操持家务等，与出于社交目的而进行的应景往来也有区别。在旅游的全过程中，总是自然天放的随意性和畅神自娱的目的性占据着主导地位，表现出与一切休闲行为相一致的基本品性。

2. 旅游是发生于自由时间或余暇当中的行为。虽然在自由时间中人可以从事任何乐于从事的事情，如劳动、睡大觉、沉迷于冥思苦想，但通常人们都利用自由时间从事一些积极的休闲活动，如文化学习、体育锻炼、消遣娱乐、业余爱好、社会交往、旅游等。这些休闲行为从功能上看，显然与劳动有所不同，甚至在分享人生时间上还存在着矛盾。但二者在个人或集体生活中实际上具有同样性质的意义，发挥着互为前提的功能，是人类生活不可缺少的相互对应的两个方面。法国著名建筑师勒科尔西比埃说过："休闲这个词绝不仅反映一种不应提倡的惰性，而是一种付出劳动的巨大努力，一种发挥个人主动性、想象力和创造性的劳动；一种既不能出售也不能盈利的忘我的劳动。休闲是走出机器化这座地狱的大门，它能为每个家庭带来幸福，挣脱陋室的羁绊。"① 自由时间的规定性是厘定旅游与其他一些旅行现象之间的界线的一个关键性的尺度。

与其他休闲方式相比，旅游在使用自由时间时有一个明显的特点，即要求用于旅游的自由时间的相对完整性。

自由时间有四种存在状态，即每日余暇、周末公休日、公共假日和带薪假期。每日余暇虽可用于娱乐和休息，但因其过于短暂和零散而不可用于旅游。周末公休日是现代社会经常的、稳定的短期休假日，适合于近距离旅游。尤其是目前大多数工业化国家都实行每周五天工作制（我国从 1993 年 5 月开始实行），两天的自由时间对于拥有发达的交通系统的社会来说，足可以使旅游者到相当远的距离之外去旅游了。公共假日即人们通常所说的节假日，分布在一年中的几个时期，一般为时较短，而且又多有传统活动内容的约束，因此限制了人们外出旅游，但随着人们生活观念的变化，公共假日用于旅游的趋势也在明显增加。带薪假期是大规模推动度假旅游的基本自由时间形式。随着各国陆续颁布有关的法律，公民享有的法定带薪假期不断增多，带薪假期也就成了人们外出旅游的绝好时机。

3. 从旅游的活动构成上看，旅游这种休闲行为实际上又是众多的休闲活动的再组合。换言之，旅游是生活的休闲阶段。旅游者在目的地停留期间，除了吃喝拉撒睡这些满足生理需要的活动之外（实际上这些活动也都有"闲极无奈"的色彩），所有其他活动都几乎是休闲行为，包括观光、游览、与人交往、看电视、听广播和音乐、阅读书报、聊天、室内消遣、体育锻炼、观看节目演出、参加俱乐部活动等等。与日常休闲行为相比，旅游过程中所发生的休闲行为的特殊性就体现在旅游的异地性当中。

① [瑞士] 若泽·塞依杜：《旅游接待的今天与明天》，旅游教育出版社，1990 年版，第 28 页。

换言之，旅游这种休闲活动与日常休闲活动的差异在于，旅游休闲被嵌入一种完全新奇、异样甚至陌生的美好环境当中，这种异地性的嵌入，使某种休闲活动变成了旅游，获得了不同于日常休闲的品质，即旅游的品质。

### （三）从经济与社会文化维度看旅游

以往人们在分析旅游的性质时，主要强调它具有经济属性，或充其量认为旅游是一种“社会经济现象”。这种判断的依据是旅游全过程中所离不开的消费（支付）行为。这在表面上看似乎没有错，但实际上颇值得讨论。

判断一种现象所具有的性质，必先认识现象本质的规定。旅游在本质上是否是经济的东西，对此我们是持否定意见的。我们认为，经济对于旅游这种本质上属于个人愉悦体验范畴的现象只是一种外部支持条件，却不是内在本质构成。也就是说，没有这种经济上的外部支持，仍可以有旅游，否则就无法解释古人靠两腿的推动而旅游，今人靠自制的或早先购入以备他用的交通工具外出旅游的情形。如果认定旅游本质上具有经济的属性，那么它就必须是旅游须臾不可或缺的东西，而事实上却不是。

相比之下，旅游在社会文化层面则更能显示其本质特性。因为旅游的存在不仅因为审美和休闲意识作为旅游的前提条件而社会性地存在，而且，在不同的社会条件下，人们的旅游需要还表现为受时代和文化的强烈社会影响所具有的特征。例如，“中国古代的旅游就好像是中国文化的一面折光镜，在这面镜子里，或隐或显地反映出时代文化的影子，或强或弱地袒露着中国文化的灵魂。先秦的朦胧，魏晋的颓废，隋唐的高昂，明清的恬静”①，以至于 20 世纪 60 年代在西方兴起的追逐三 S 和今天普遍倡导的生态旅游，无不反映了不同时代、不同社会在旅游价值观方面的变化。这种变化的根源当然不是经济的，而是社会的和文化的。

## 三、旅游的特征以及旅游者的行为倾向

旅游的两个突出特征是异地性和暂时性。

旅游的异地性特征是指旅游活动的发生要以行为主体的空间移动为前提。然而，在理论上表述“异地”的含义并不难，而在实践中却有大量难以认定的现象。其原因在于人们难于对所谓“常住地”的空间区划给以清楚地界定。这里的困难在于，对于不同的人（决定于其年龄、身份、经历、期望等）而言，“异地”具有完全不同的含义；另外，客观上难以武断地划定一个标尺或界线，作为截然区别“异地”与“本地”的标准，勉强这样做的结果，会明显有失科学。因此，在讨论旅游这个概念时，到底出行多远才算得上是异地很难界定，这确实是实践中遇到的最棘手的问题。解决这个难题的唯一出路是，在界定旅游时，同时给出其概念性定义和技术性定义。这一原则也适合于有关旅游的暂时性的解释。

---

① 沈祖祥：《观乎人文以化天下——旅游与中国文化论纲》，《旅游与中国文化》，旅游教育出版社，1996 年版，第 9 页。

旅游的暂时性特征是指旅游仅是发生在旅游者人生时间波谱中某一时段上的行为。旅游者按计划出游，也要按计划返回。所以，这段时间也往往被看作是对正常生活时间的一种逸出。另一方面，笔者更想强调的是，旅游的暂时性其实更主要对应于旅游者的余暇时间。也就是说，旅游的暂时性是必然的，原因就在于旅游者使用的是其人生时间中的余暇。用余暇来理解暂时性，不仅会使暂时性的概念性规定获得技术性的解释，同时也使旅游与很多旅行现象的区别昭然若揭。

当然，与“异地性”一样，确定空间界限的难题在确定“暂时性”这种时间界限时也依然存在。这种困难最终导致对旅游的界定不得不采用“概念性”和“技术性”两种定义形式，后者无疑是一种无奈的退让的结果（具体讨论见后文）。

旅游所具有的这两个特征，加上旅游在本质上对愉悦的追求，往往诱发旅游者行为表现出明显的异乎寻常的倾向性。正像马尔科姆·克里克（Malcolm Crick）在其著名的综述文章中所描述的那样：“旅游世界是由许多倒逆现象构成的：从工作到玩耍，从常规道德准则到道德失常，从节俭到挥霍，从约束到自由，以及从有责任感到自我放纵。对某些人而言，旅游是从现实生活枷锁中的一种挣脱；它可以不承担义务，可以随心所欲，可以不受限制。”[①] “在旅游过程中，旅游者离开了工厂、办公室或其他日常环境，在这些地方，内在欲望的冲动为理性所约束、监视和控制。所以，在旅游空间当中，旅游者的行为在很大程度上依从情感原则而不是理性原则。”[②]

在这种原则支配下，旅游者外化的行为取向就可能呈现某些不同于日常生活的特征，其中比较突出的倾向，就表现为责任约束松弛和占有意识外显。它们具体表现在以下几方面：

1. 消费攀高。几乎所有的研究都证实，旅游者在旅游过程中的消费具有明显的挥霍倾向。哪怕是一生节俭的人，一旦身在旅途，就表现得一反常态地慷慨大方。这其中的原因，有的可能是群体旅游情况下相互谦让而最后哄抬了消费水平，有的可能是受其他旅游者消费行为示范作用的影响，还有可能是出于旅游目的的审美和愉悦的约束，不愿因消费这一环节的窘相而玷污了整个旅程。但不管哪种原因，都是个人对自身责任约束松弛在消费领域的表现。

2. 道德感弱化。这是旅游特征所引发的更为严重的社会问题。当一个人以旅游者身份“远在异乡为异客”时，他在倾向上往往想摆脱日常生活的清规戒律，道德的约束力量远不及他在日常生活圈子中那样强大。所以，人性中潜在的恶的东西总在自觉地或不自觉地流露，致使我们看到很多怪现象：衣冠楚楚的曾对三尺门里的卫生至为关注的人此时却毫无环境道德，所到之处一片狼藉；一派君子相的人在异域灯红酒绿的幻影中也时常会动着偷吃禁果的念头。显然，在人类社会中，像这种责任约束松弛

---

① Malcolm Crick. Representations of International Tourism in the Social Sciences, *The Sociology of Tourism*, edited by Yiorgos Apostolopoulos, etc, Routledge, 1996.

② Ning Wang. *Tourism and Modernity: A Sociological Analysis*. Pergamon, 2000.

只能暂时地存在，而且最好在熟人看不见的地方发生。旅游所具有的外部特征与这种需要可谓一拍即合。

3. 文化干涉。旅游者以异乡（国）人的身份前往旅游目的地，他浑身上下散发的不同文化的气味会与当地文化形成反差。一般认为，在旅游地发展的不同生命周期段上，旅游者对这种文化反差会采取不同的态度，从顺应到漠视直到干涉①。旅游者对当地文化的干涉表现为两种情况，而且是两种相互矛盾的情况：一种是旅游者对当地文化的古老、陈旧甚至落后表示蔑视，并极力张扬自身的文化，通过各种活动在当地人中间（尤其是青少年）施展示范效应；另一种是旅游者出于好奇的心理，以商业的态度对待当地文化中已经垂死的因素，如迷恋于表演性的土著居民的原始舞蹈和习俗。这两种情况，都是旅游者本能的占有意识在旅游文化上的体现。

4. 物质摄取。旅游者客居异地，在旅游过程中除了眼看、耳闻、鼻嗅、口感之外，还忍不住有手拿的倾向。好古者可能偷偷掀下古庙的一片瓦当，恋花者不免要拈花惹草，奇石癖好者不惜重金买下珊瑚石，而宠物爱好者竟以求得一只考拉熊为乐。搬不动的就动手摸摸，用刀刻刻，像动物圈定势力范围一样，告他人“我曾到此一游”。或者文明一点，摄下影像回家后自得其乐。凡此种种，都暴露了旅游者固有的占有欲。

从旅游者的追求愉悦性休闲体验动机到旅游者旅游期间形形色色的外在表现，这之间决定因素各异，影响因素复杂。但可以看出，旅游过程中的活动内容和行为倾向，都是由旅游的本质以及特征所决定的。与生活在常规环境中的情况不同，行走在旅游世界中的个体旅游者行为的畸变只不过是旅游特征与这种畸变的心理有某种契合，从而导致旅游者行为的这种倾向性。与此同时，旅游者行为也会因其处于某种社会文化的比较框架中而凸显出自尊、检点和觉醒。旅游行为的这种多样化表现，正是旅游世界丰富性和旅游功能及价值的多元化的反映。

## 第二节　旅游的定义与类型

### 一、旅游的几种典型定义

以上对旅游所进行的综合分析，为描述旅游的本质属性和特征奠定了基础。然而，在国内外旅游学术界，对于旅游乃至旅游者的定义却一直没有统一过，甚至还表现为众说纷纭的状态。因此，最好的办法恐怕还是追溯这些定义或描述的历史渊源。所以，逐一检视旅游定义的演变过程，可能会逐步揭示出那些出自功利性的目的对旅游所做的泛化的解释，弄清在今天其面临挑战的原因。

#### （一）早期的旅游定义

“旅游”一词在我国最早出现于南朝梁诗人沈约的《悲哉行》一诗：“旅游媚年春，年春媚游人。徐光旦垂彩，和露晓凝津。时嘤起稚叶，蕙气动初频。一朝阻旧国，

① 谢彦君：《旅游地生命周期的控制与调整》，《旅游学刊》，1995 年第 2 期。

万里隔良辰。”从沈诗看，旅游一词在当时就已含有外出游览的意思了。而在这之前，汉语中表现旅游活动和旅游现象的词主要是用独立的“旅”和“游”字。按照唐孔颖达《周易正义》释“旅”字云：“旅者，客寄之名，羁旅之称；失其本居，而寄他方，谓之为旅。”而“中国古代的‘游’，就是指由旅游审美而达到的那种自由自在、逍遥无为的精神境界和由此而来的对待世界的审美态度”①。

然而，中国语言中从古至今对旅游的这种理解，却在“旅游”一词以学术的面目自海外舶来中国时而被泛化了。

在《韦伯斯特大字典》中，旅游（tour）一词被解释成“是一个人回到其出发地所经历的旅程；是一次出自商务、娱乐或教育的目的所做的旅行，旅行期间通常按计划的线路访问不同的地方”。正如伯卡特与梅特利克所指出的，这个在 19 世纪才出现于英语中的旅游一词，与远航、漫游或圈游的意思很相近，这和个人暂时离家外出寻求娱乐的含义显然有所不同，而寻求娱乐恰是今天旅游者所具有的重要特征。显然，就连西方学者也承认，西语“旅游”一词存在着内涵不清和外延泛化的倾向。

**（二）被经济化了的旅游定义**

从学术的角度对旅游进行系统地观察和思考，最早恐怕是经济学家所为，而且这还是当旅游成为较普遍的现象，甚至成为人类的一种颇有发展潜力的生活方式的时候。在经济学家看来，“旅游的功能是从国外向国内输入资金，其意义在于旅游支出对该经济体中的各部门尤其是饭店经营者所产生的影响”②。显然，在这里经济学家把旅游活动视为与社会领域以及产业和贸易相互联系的一种综合现象。正是基于这种认识才产生了种种泛泛而论的经济化了的旅游定义。其中比较典型的是奥地利经济学家赫尔曼·苏拉德（Herman Von Schullard）所阐述的观点，在他看来“旅游是外国或外地人口进入非定居地并在其中逗留和移动所引起的经济活动的总和”。此后所有以经济眼光审视旅游现象的学者在表白其观点时都未能出其左右。

在旅游定义上出现的这种轻率地把旅游与旅游所牵动的相关现象混淆起来，试图用单一的词汇负载产业和不同类型的旅游这样复杂的含义的事实，是导致我们直到今天也无法发现旅游本质的重要原因之一。出于进行经济分析的需要或其他功利性目的而把旅游说成是一种经济活动甚至是一个产业，一个经济部门，显然在逻辑上是混乱的，在学术上也是不严肃的。③

**（三）文化论者的旅游定义**

随着旅游学术研究的深入以及学术队伍构成的多元化，一些人越来越注意到旅游的文化属性，甚至力主旅游是一种社会文化行为，是众多休闲行为中的一种。这些学者的研究在一定程度上揭开了罩在旅游之上的经济外套，深入到了旅游的本质，为旅

① 沈祖祥：《观乎人文以化天下——旅游与中国文化论纲》，载于《旅游与中国文化》，旅游教育出版社，1996 年版，第 9 页。

② Wahab. An Introduction to Tourism Theory, *Travel Research Journal*, No.1, 1977.

③ 美国著名旅游专家托马斯·戴维逊的《旅游真是产业吗？》一文，认为“旅游是一种社会现象，而不是一种生产活动；所有旅游者支出的总和并不是这一组相似企业的收入所得；旅游是一种经历或过程，不是一种产品——这种经历又是相差悬殊的”。见《旅游学刊》1996 年第 1 期。

游的研究提供了一个更有说服力的切入点。

法国学者让·梅特森认为，“旅游是一种休闲的活动，它包括旅行或在离开定居地点较远的地方逗留。其目的在于消遣、休息或为了丰富他的经历和文化教育”。这个定义虽然偏重于描述，但还是触及到了旅游的实质，注意到了旅游的文化内涵及其休闲特征。

在英语国家中，也有越来越多的学者在其著作中阐释了类似的观点。N·雷坡尔指出，“所有的休闲都带有某种逃逸的意思”，但“旅游却因其包含有空间的逃逸而不同于一般的休闲行为。旅游者向一个或几个休闲目的地的旅行过程就是这种逃逸的表现”①。这里所指的逃逸（escape），是指对日常工作及生活环境的躲避。道格拉斯·皮尔斯也认为，“从一个更为技术性的意义上来说，可以把旅游看作是人们出自休闲和娱乐的目的而旅行以及暂时居留而引起的关系与现象”②。因主编《主人与客人：旅游人类学》一书而闻名的瓦雷娜·史密斯对旅游（者）的定义则是：一般来说，旅游者是出自体验变化的目的而自愿地访问异地而暂时休闲的人。③

事实上，就是为人们所普遍接受的由瑞士学者汉泽克尔与克拉普夫在1942年他们合著的《普通旅游学纲要》一书中的旅游定义，也特别强调了旅游者在出行目的上的非经济性。该定义指出，“旅游是非定居者的旅行和暂时居留所引起的现象和关系的总和。这些人不会导致永久定居，并且不从事任何赚钱的活动”④。显然，这一定义引入了旅游的社会属性，但是，它在强调旅游目的的非经济性的同时，也把旅游看作是一种由旅游者的活动以及旅游者与目的地居民的关系所构成的综合现象，正是这种“关系论”和“综合论”思想，使此后的旅游定义总是受其束缚。从某种意义上说，这个较早且又较权威的旅游定义，也是后来衍生出的种种泛化的旅游定义的渊薮之一。

对于旅游的非经济性特征，一些中国学者也有所觉悟。范能船先生在其为章必功所著《中国旅游史》写的序言中，对旅游作了如下界定：“（1）旅游是一种广义的审美（人类求取与外部世界的和谐）形式，是人类最基本的活动之一；（2）旅游是一项广义的文化活动，它既是文化的创造过程，又是文化的消费过程；（3）旅游具有跨越空间的特点，往往超越地区、国家和洲的界限，并正在向太空发展；（4）旅游的历史与人类的历史相始终。”⑤ 严格说来这种表述还缺乏定义的严谨性，并且其中个别论点还颇值得商榷甚至近于荒谬[如第（4）点]，但他对旅游的文化内涵的注意却是十分明确的。与此相比，一向从事旅游文学研究的冯乃康先生却直截了当地声称：旅游“是

---

① D. Pearce. *Tourism Today: A Geographical Analysis*. Longman Scientific & Technical Press, 1987, p. 22.

② 同上书，p. 1.

③ Valene L. Smith. *Hosts and Guests: The Anthropology of Tourism*. University of Pennsylvania Press, 1989. 但奇怪的是，在2001年出版的依然由Valene L. Smith主编的*Hosts and Guests Revisited: Tourism Issues of the 21 Century*一书中，Smith在行文当中却没有始终一贯地坚持其上述界定，竟然把因纽特人（Inuit）到老远处进行的渔猎活动称作“商务旅游”（第3页）。由此可见半个世纪以来旅游学基础理论研究的肤浅和下意识的自薄。

④ [英]A. J. 伯卡特，S. 梅特利克著；张践等译：《西方旅游业》，同济大学出版社，1990年版，个别文字有改动。

⑤ 章必功：《中国旅游史》，云南人民出版社，1992年版，序一。

以去异地寻求审美享受为主要内容的一种短期生活方式”[①]。把旅游概括为个人的，从而离不开吃喝拉撒睡的一种生活方式，并且在冠以审美的目的以后又使一些常规生活内容不同于往常，再结合观光与娱乐活动，就使旅游真的不同于一般的生活方式了。因此，这一定义有诸多可取之处。这一定义使我们对平常所说的旅游活动中的“吃、住、行、游、娱、购”都有了更为合理的解释。

**（四）官方或半官方的定义**

从官方或半官方的角度对旅游予以概念性地界定，至今还不多见。官方机构往往关注旅游业的发展，关注对构成旅游业主导要素的旅游者的统计性研究，因此，今天所见的与旅游有关的官方定义往往是出于功利性的目的针对旅游者而给出的，较少有针对旅游的定义。但也有例外，在此仅举几例。

1979年，英国旅游协会（BTS）给出了一个旅游定义：“旅游是指与人们离开其日常生活和工作地点向目的地作暂时的移动以及在这些目的地作短期逗留有关的任何活动。”从这个定义可以看出，旅游不仅包含出自任何原因而向目的地的移动和在目的地的活动，而且该定义也没有坚持区别过夜与否以及是否超越国境，因此可以说这是一个宽泛到了极点的定义。

还有一个颇为著名的旅游定义来自1981年“旅游专家国际联合会（International Association of Scientific Experts in Tourism）”。专家们认为，旅游是“由人们向既非永久定居地亦非工作地旅行并在该处逗留所引起的相互关系和现象的总和”[②]。这便是人们常说的AIEST定义。它实际上并没有超出汉泽克尔与克拉普夫的定义，只是缺少了对旅游目的的严格限制，而这正是其重要的缺陷。在探讨与人的行为有关的任何现象时，放弃对人的行为的目的、表现与结果这本属三位一体的任何一部分的注意，都不会真正把握行为的本质。从这一点看，上述诸多定义或多或少地都存在着这种认识论上的不足之处。

世界旅游组织（World Tourism Organization，简称WTO）在1993年给出的有关旅游的定义为大多数国家的旅游行业管理部门所采用。该定义的立足点主要还是建立在对旅游产业的考虑，注重定义在技术上的可行性和对旅游产业规模的功利性意义上。该定义的表述是这样的：“旅游是人们出自获取报酬以外的任何目的而向其日常环境以外的地方旅行并在该地停留不超过一年所产生的活动。”[③] 显然，这也是一个相当泛化的定义解释。这个定义不仅没能真正区分获得报酬的具体方式（比如求职和经商之

① 冯乃康：《中国旅游文学论稿》，旅游教育出版社，1995年版，第4页。

② C.Kaspar. *Leisure—Recreation Tourism–An Introduction to the General Topic of the 31st. AIEST Congress*. AIEST editions, 1981.

③ 应该说，理解并接受这个定义的唯一理由是它从旅游产业角度出发来定义旅游。在探讨产业的集合现象时，旅游者个体的某些行为特征已经被旅游流的整体运动规律所涵盖。但是，仍然有问题的是，这个定义还夸大了旅游业的真实规模，自然也扭曲了旅游业的真实结构。相反，从旅游者单纯的愉悦目的来定义旅游，对于从微观层次考察旅游者行为特点和规律、旅游者角色特征、旅游者行为的外在影响的根源，尤其有特殊重要的意义。本书实际上更倾向于采取后一种视角来看待旅游。从宏观上看，它也会避免上述问题。

间）的差别，而且还将旅游泛化到以获得经济报酬为目的之外的一切行为上，引起了现实生活当中旅游统计中的一些近乎荒唐的结论（比如，奔丧的人成了探亲访友旅游者；宗教朝圣的信徒成了宗教旅游者；异地诊治疾病的患者成了健身旅游者，等等）。由于世界旅游组织的权威性，这样的定义很少有人怀疑过。

## 二、对旅游定义的进一步探讨

### （一）作进一步探讨的必要

上述有关旅游的定义，大都存在着泛化的倾向，[①] 尤其是占统治地位的被经济化了的定义。这种泛化表现在三个方面：一是对旅游者的界定泛化了，从而使不宜划归到旅游者之列的旅行人员也成了旅游者，如商务与会议旅行人员以及探亲访友的旅行者（在今天，商务人员在其商旅生涯中走马灯一样往返于几个点之间，已经是稀松平常之事。而且，只要做一点点实证分析就可以发现，商务人员在出差旅行过程中进行旅游的频率和时间，与出差频率是严格的负相关）；二是对旅游活动的界定泛化了，这实际上与上一点互为因果。试想，一个探亲访友的人如果一到目的地就沉湎于与亲友团聚的乐趣甚或悲哀之中，直到他回归故里之前一直足不出户，我们若把他深居简出的所有似是而非的活动冠以“旅游”的名头，这在逻辑上不是荒谬的吗？但在实践中我们却天天重复着这种荒谬；三是对旅游实际持续时间的界定也泛化了。这个问题在实践中是一个难题，但在理论上加以澄清并不难，而且很必要。由于旅游定义在内涵和外延上的泛化，使我们把一些旅游只占其停留期间极小一个时段（甚至没有旅游）的旅行者的旅游时间大大地夸张了。例如，商务、会议、探亲访友的旅行者也有在逗留期间主动或被动地外出一游的可能（而且往往如此，也正是这个原因，人们才把他们列入旅游者之列），但是，这种旅游不仅在最初的出行目的中往往未被列入计划或属于远在其次的目的，而且相对于其在目的地逗留的总时间来看也是微末的。从逻辑上说，这些旅行者若欲跻身旅游者之列，只能从其真正从事旅游的时间算起。当然，谁都知道这样的界定在实践中有难于处理的一面，但在学术问题上我们不能犯削足适履的错误（何况只要理论上能够全面理顺的话，实践上也就总会找到解决问题的办法）。

上述旅游概念内涵的泛化在旅游学科建设以及旅游发展实践中都产生了深刻但未必积极的影响。这些影响至少包括以下几点：

1. 概念内涵的泛化是导致实践中概念混乱的直接原因。从实用的、表象的，仅重视因果关系而忽略对其内在规定性的审视的角度认识旅游，自然会使人们首先看到旅游充满活力的经济的一面。由于对规模庞大、效益可观的商务与会议旅行者的依恋，

---

① 在克里斯·罗杰克（Chris Rojec）和约翰·厄里（John Urry）所主编的《学习文化：旅行及其理论转型》（*Learning Culture: Transformations of Travel and Theory*）一书第一章中，作者就明确提出，该书的基本观点建立在“旅游是一个需要重新加以解析的词汇。或者，它还是一个十分含混的概念，包含着太多完全不同的现象。它涵盖如此不同的观念，以至于很难把它作为一个社会科学的基本概念加以使用，而这与当前旅游学研究迅速被作为一种制度化的学术活动的现状是不协调的”。见该书第 1 页。

人们始终不能厘清旅游者的成分。其结果是，在概念性的旅游定义中强调的休闲、娱乐的旅游主导目的，却在技术性的旅游者定义中几乎荡然无存。另外，在英语中对旅游、旅行和旅游者等范畴的用语也极其混乱（从 tour、trip、tourism、travel 到 visitor、tourist、day visitor、excursionist、traveler），而且这些词语在翻译到国内时就更混乱，找不到适当而稳定的对应关系（从观光、旅游、旅行到观光客、游客、旅游者、当日往返旅游者、不过夜旅游者、短途旅游者甚至郊游者），更不能清楚地给出各个词的准确含义，尤其是彼此间的关系。这些恐怕都要归罪于旅游概念的泛化。

2. 在旅游学中处于核心地位的旅游一词所存在的概念内涵泛化问题，直接误导了旅游学科建设的方向，使旅游学的学科体系不能及时地建立起来。如前所述，在历次教育部学科目录调整过程中，旅游始终处在经济学或管理学门类下。在这种学科分类上，明显地把旅游视作一种单纯的经济现象或管理对象，而本应作为旅游学科体系中最基础学科的“旅游学”却迟迟不能确立，现有的著作即使勉强冠以“旅游学”之名，实际上也因对旅游定义的泛化理解而成了一个大杂烩式的“概论”性的东西，其实颇有“旅行学”的味道。

3. 旅游概念内涵的泛化也导致人们在从事旅游研究时过分倾向于综合的方法而忽视分析的方法。分析与综合是科学研究的两种基本方法。不借助于适当的分析，就无法认识现象最本质的东西。但毫无限制地深入下去的分析，又会割裂作为一种现象的完整性质。正如黑格尔所说的那样：“用分析方法来研究对象就好像剥葱一样，将葱皮一层又一层地剥掉，但原葱已不存在了。”① 化学家眼中可怕地看到了作为肉的分子、原子、原子核，甚至电子，但那已不是我们俗人所说所指的“肉”这种东西了。所以，分析方法的运用有一个客观的尺度的问题。同样，综合也并非可以毫无限度地滥用。综合的方法对我们系统地全面地认识现象的完整品质是不可缺少的，但无限制地向上综合，将一些似是而非的东西作为研究对象的本质构成，其危害也是不言而喻的。笔者认为，目前旅游学术界存在的普遍倾向，就是受旅游定义泛化影响而产生的“关系论”“总和论”，它在一定程度上使学术界沾染上一种侈尚空谈、不务实际的学术风气，影响着旅游学科的建设和发展。只有准确地把握旅游的内核与本质，才能使旅游学的研究有效地揭示“旅游活动的基础、发生原因、运行机理、性质、形态结构和特征以及对社会的影响等问题”②。

4. 旅游概念内涵泛化所产生的影响在旅游业发展实践中也有所反映。把商务、会议旅行者视为旅游者，使人们对其需求动机和决策过程缺乏特殊的认识，没有注意到这些人在选择目的地、确定活动日程方面的被动地位，只看到他们鼓胀的钱袋和近于挥霍的消费行为，并以此推断真正的旅游者的需求倾向和支付能力，结果在发展旅游供给时一味攀高求洋，完全忽略了真正的旅游者与商务、会议参加者在进行真正的旅

① 黑格尔：《小逻辑》，商务印书馆，1980 年版，第 41 页。

② 申葆嘉：《论旅游学科建设与高旅游教育》，《旅游学刊——旅游教育增刊》，1993 年。

游决策时的那种独特的心态。这极不利于旅游学研究真正深入到旅游现象的本质层面上进行剖析，并提出有指导意义的理论来。

毋庸讳言，上述对旅游概念内涵的泛化界定的批判态度是直截了当的。然而，毁坏一件成品要比构思并制作一件新东西容易得多。笔者在撰写本书时也仅仅是尝试着做出一种努力，但对其结果绝不敢敝帚自珍。不过有一点看法笔者还是要坚持的，那就是，对目前存在的这种学科体系不完善、概念混乱或缺乏、研究成果积累有限的情况，采取头痛医头、脚痛医脚的办法是不能解决问题的，必须有一种系统的观点和气度。纵使不成，只要能对后来人有所启发、能做个铺垫也是好的。这便是笔者斗胆立论的心态。所以，笔者认为，在建立旅游学的概念体系时，有三条原则应该考虑：

第一，要严格区分迁徙、旅行和旅游三个概念系统。从外部特征上看，这三个概念（以及由它们所衍生的次级概念）都与人的空间移动有关，但它们彼此却存在着多方面的甚至本质上的差异，因此必须加以区别。

第二，对于旅游范畴的定义，可以区分为概念性定义和技术性定义两个层次。概念性定义旨在提供一种观念性的理论框架，用以认识旅游的本质特征，而技术性定义主要解决实践中的统计问题，满足法律上以及行业管理上的需要。但有一点必须明确，这种层次上的划分必须统一在旅游的本质属性上，不能出现矛盾的情况。

分别给旅游以概念性和技术性定义这种提法，在伯卡特与梅特利克的著作中最先做了归纳。他们写道："由于各种原因，需要对旅游确定一个更清楚的概念，需要下一个更确切的定义。第一，为了研究的目的：为了有系统地考察任何一种现象，有必要规定它的内涵。第二，为了统计的目的：对某种现象进行衡量时，必须规定界限；实际上，现有度量技术经常决定某事物衡量的可能性。第三，为了法律和行政的目的：法律适用于某些活动而不适用于其他活动。第四，为了生产的目的：特定的经济活动产生特定的市场研究并为建立生产的各种组织提供基础。"①

第三，对旅游的定义应能在本质、属性和特征三个层次上给出旅游的规定性。旅游的本质是寻求愉悦，古今中外的旅游莫不如此，是所有旅游都必须具备的硬核，否则就不成其为旅游。当然，从相反的方向进行推论是错误的，就是说，并不是所有出自愉悦目的的行为都是旅游。旅游所具有的社会属性、休闲属性和消费属性，把一般意义上的愉悦进一步专门化，而当再以"暂时"和"异地"这两个外部特征来进一步规范或衡量一般的愉悦时，中矩者便是旅游了。所以，可以用一个简单的公式来描述这个概念的实质：旅游＝愉悦＋异地＋暂时。至于旅游的丰富多彩的外在形式，并不足以作为定义旅游的依据。

### （二）旅游及相关范畴的定义

基于以上对旅游的全面分析，我们在此尝试给出旅游以及相关范畴的定义。

① ［英］A. J. 伯卡特，S. 梅特利克著；张践等译：《西方旅游业》，同济大学出版社，1990年版，第36页，个别文字有改动。

1. 旅游的概念性定义

旅游是个人利用其自由时间并以寻求愉悦为目的而在异地获得的一种短暂的休闲体验。这个定义强调了以下几方面内容：

（1）旅游的根本目的在于寻求愉悦体验，这是旅游最本质的规定性，是所有旅游都具备的统一内核。旅游体验不仅仅是一种时间流程，更主要的是一种精神追求、价值实现和情感洗礼。

（2）旅游是一种个人的行为，至少在某个环节上表现为个人有目的、有计划、能加以决策的主动行为。“因为按通常的情况，旅游属于个人自由、自主范围，作为非固定性安排而进行”①。

（3）旅游是一种休闲，或者说，旅游是休闲行为的一种，休闲是比旅游更大的范畴。但是，旅游却是一种十分独特的休闲方式，这种独特性体现在旅游这种活动总是嵌入到一个完全不同的环境背景当中。这是旅游的独特魅力所在。

（4）旅游的两个最突出的外部特征是异地性和暂时性。旅游的异地性使旅游区别于一般的日常休闲，而旅游的暂时性则使旅游与某些毕生性以及职业性的幸福追求有所区别。

（5）定义旅游的关键词是愉悦、余暇（自由时间）、异地、暂时、休闲和体验。愉悦属于目的性范畴；休闲与体验有时就是目的本身，有时则表现为工具或途径；而余暇（它同时限定了旅游的暂时性和休闲性特征）和异地是旅游的两个外部特征。

这样定义旅游，显然把以往习惯上被认定为旅游的大量现象（如纯粹的探亲访友、商务旅行、会议旅行、体育比赛旅行，等等，不一而足）都拒之门外了。现在，只有对旅游以及与之相关的诸范畴给予系统地解释和界说，才能使上面的定义为大家所理解并接受。

2. 旅游与迁徙、旅行的关系

人类历史上曾有过的典型的人口流动现象归纳起来主要就是这三种：迁徙、旅行和旅游。迁徙是个人出自生活或生存的目的而移居异地的经历。而旅行是个人出自迁徙以外的任何目的前往异地并在该地做短暂停留所度过的经历。它们分别产生于不同的历史条件下，并出于不同的目的而发生。迁徙是最古老的人口流动现象，可以追溯到人类的初期，如果愿意，甚至可以上溯到人类祖先的生活时期。当人类的生存完全受制于自然力的束缚时，为了摆脱饥饿和自然灾害的威胁，人们总是不得不从一个地方迁移到另一个地方，逐水草而居，以求获得一个更好的生存环境。显然，迁徙最大的特点是离开定居地，并不计划再回来。现代的移民实际上与迁徙没有本质的差别。所以，处于迁徙（或移民）过程中的人，不是旅游者。

旅行也是与人类生活紧密相随的一种现象，并且随着社会生产力的不断发展以及人类对外部世界的知识的不断积累而拓展其空间尺度。早在人类培养出审美意识之

① ［法］罗伯特·朗卡尔：《旅游及旅行社会学》，旅游教育出版社，1989 年版，第 38 页。

前，人们就可能经常发生离开其常住地到异地作暂时停留并按计划返回的行为，这便是旅行。但旅行可以是出于迁徙以外的任何目的而发生，包括古代的政治游说、经商、出使、皇帝巡行等等（当然也包括出自审美和休闲目的而到异地逗留的情况）。所以，尽管旅行与旅游在外部特征上完全一致，都具有异地性和暂时性，但在出行目的这一核心点上却是不同的，由此决定了旅行与旅游的关系是统属关系，所有的旅游都要经过旅行过程，但不是所有的旅行都是旅游。

**（三）判定旅游与其他范畴之间关系的一个方法**

长期以来，人们在界定旅游时之所以不能抓住其本质，就是因为旅游与其他一些旅行范畴存在着似是而非的品质。旅游与商务旅行、政治游说、外交出使、探亲访友、宗教朝觐、会议旅行、赛事旅行、结婚旅行、医疗旅行等等现象都有一个共同的表象，那就是空间移动。很多人误把这些现象纳入到旅游范畴当中，盖由于这种空间移动的共同性。甚至有人荒谬地将旅游文化追溯到 800 万年前（须知人类社会才存在 300 万年），其理由就是人类祖先（当然是猿猴了）也有跨越空间的行为。这种舍本逐末的认识方法，是导致旅游概念混淆的渊源。

笔者在前文已经试图说清楚什么是旅游了。但是，为了更有效地辨析旅游与其他相关范畴的关系，这里再提供一个分析的方法。这种方法即孔子所谓“叩其两端而竭焉”的求知方法。在辨析一个事物的本质特征时，这种方法被证明是有效的。

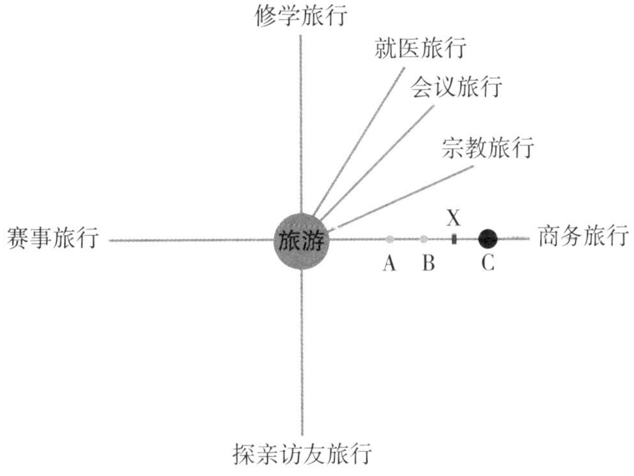


**图 2-2 区别旅游与其他范畴的方法**

在图 2-2 中，各种与旅游相关的范畴都被置于一个比较框架中，仿佛一个坐标系中的矢量，形成了各自对应的旅游相关现象谱系。比如，旅游与商务旅行之间（旅游与其他范畴之间的关系可以做类似推演），两端分别是纯粹的旅游和商务旅行。这两种现象在理论上都是存在的，但在现实中，纯而又纯的旅游或商务旅行却往往难以找到，大多数情况都位于这个连续谱当中的某一点上，比如 A、B 或 C 点。处于 C 点的人，其活动内容构成以商务活动为主，但也有一点点旅游行为；处于 A 点的人，其活动内容以旅游为主，但可能也沾一点商务的边儿；该连续谱系当中的X点是分割旅游与商务旅行的中间点，处于该点上的人，就其性质而言，在旅游与商务旅行之间已经难分伯仲。在现实生活当中，大量的现象都处于这A、B、C、X点上，也由此带来了性质判断的困难。有时，我们需要给A、B、C、X点上的人的身份一个说法，在这种情况下，解决的办法只能是一种技术性的权宜之计：我们不得不用类似于51%的原则来确定该人的统计身份，这就是技术性定义的天然欠缺。

但是，这种技术上的困难并不应阻止我们探求旅游本质的脚步。研究旅游，就必须假定有研究纯粹的旅游的可能性和必要性。旅游学不是研究修庙建医院的学问，也不是研究商店网点布局或工业企业产品定位的学问，更不是研究伦理道德乃至政治关系的学问。旅游学的研究目的是解决那些要获得休闲体验的外地游客的需要及其满足的问题。因此，旅游学研究一定要建立在清晰地区别旅游与相关范畴的关系的基础上，容不得那种过度综合的方法或变幻不定的视角所形成的大杂烩式地定义旅游的方法。要想得到有关旅游的精确知识，就必须科学地对待“谁是旅游者”这个问题。

### 三、旅游的类型

根据上面的定义，可以对旅游进行类型的划分，以便更加深入地理解旅游。这里采用的分类标准，有些是传统的，有些则是根据新的旅游定义提出来的。

1. 根据旅游成分的纯粹程度，可以分为完全型旅游和嵌入型旅游。完全型旅游是指旅游者的出行目的完全是休闲体验，这种旅游发生在完整的自由时间当中，不受任何其他非休闲因素的制约和影响。与此相反，嵌入型旅游是指那种不完全的或不纯粹的旅游，旅游者的出行目的原本并非旅游，在整个旅行过程中发生的旅游行为仅仅是其旅行过程的一个阶段，而且这种旅游还在很大程度上受制于各种非休闲因素。那些以会议参加者、竞赛观看者、商务旅行者、宗教朝觐者等身份前往某地旅行的人，当他们在旅行途中也会游览当地风光或进行有计划的休闲体验，他们就是这种嵌入型旅游者。如果上述这些人在旅行期间不进行任何意义上的旅游，那么，他们既不是完全型旅游者，也不是嵌入型旅游者，而是非旅游者。对非旅游者的需要及其满足的研究，不是旅游学的使命。因此，相关范畴也就不必纳入旅游学的视野。

上述从旅游成分的纯粹程度来划分旅游的类型，有助于重新审视一些传统的旅游范畴的真正内涵。以往经常言及的观光旅游、度假旅游、商务旅游、公务旅游、会议旅游、探亲访友旅游、宗教旅游和探险旅游等，其实可以分别归属于上述完全型旅游和嵌入型旅游。其中，接近完全型旅游的包括观光旅游、度假旅游。观光旅游专指以观赏游览活动为主要内容的旅游，度假旅游主要是以日常休闲活动为主要内容的旅游，二者的主要区别通常在于访问的目的地的类型有所不同，活动形式前者可能以“走起来看”为主，后者则以“留下来住”为主。至于其他各种旅游类型，均为嵌入型旅游，旅游成分只占整个活动的一部分，有时甚至仅占一小部分。但无论旅游成分多寡，它们成为嵌入型旅游的一个基本前提是一定要有旅游的内容，否则，这些人就转而成为旅行者，他们的活动也就不属于旅游活动了。当然，在实际工作中，尤其是在有关旅游者的统计工作中，往往很难确切区别并剔除那些不属于嵌入型旅游者的旅行者，而从了解一般接待需求（主要是餐饮、住宿）的角度看，旅游者与旅行者的区分已经不很重要了。不过，这已经是另外一个问题了，在此存而不论。

区别完全型旅游和嵌入型旅游，是寻求旅游理论突破的途径之一。旅游理论研究需要建立在对纯粹的旅游者行为规律的考察的基础上，或者说，系统的旅游理论的起点是针对完全型旅游的研究，而不是建立在对那些嵌入型旅游者甚至完全的旅行者行为规律的研究的基础上。这一点非常重要，值得我们认真思考。

2. 根据旅游的组织方式，可以分为散客旅游和团体包价旅游。散客旅游又称自助或半自助旅游，在国外称为自主旅游（Independent Tour）。它是由旅游者自行安排旅游行程，并采取零星现付各项旅游费用的旅游形式。有时，散客旅游也会通过旅行社购买机票、预订旅馆和雇请导游，但此时旅行社的作用仅仅是辅助性的，只介入旅游者行程当中的个别环节，或仅提供某种专项服务。相反，团体包价旅游（Group Inclusive Tour，简称GIT）是旅游者从旅游批发商购买的一种组合旅游产品。这种旅游产品在旅游日程、线路、所住旅馆、参观项目等方面通常都按事先排定的计划进行。由于这种产品是面向某个特定市场销售，因此具有批发的性质，有可能比较便宜。需要注意的是，散客旅游也可能采取自行组团的形式，但由于整个行程由旅游者自行安排，因此依然属于散客旅游。

3. 根据旅游是否跨越国境，可分为国际旅游（International Tourism）和国内旅游（Domestic Tourism）。国际旅游是指旅游者在不同国家之间进行的旅游，它又包括出境旅游（Outbound Tourism）和入境旅游（Inbound Tourism）两类，前者是本国居民到境外旅游，后者是境外居民到国内旅游。国内旅游是指本国居民在本国内进行的旅游。有时，人们也根据旅游出行距离的远近把旅游分成远程旅游和中近程旅游。通常，国际旅游尤其洲际旅游往往属于远程旅游。当然，在欧洲内部所发生的一些国际旅游，也可能属于中近程旅游。

4. 根据旅游所经历的时间长度，可以分为过夜旅游和不过夜旅游。前者指旅游者外出旅游的时间超过 24 小时，后者则在 24 小时之内。在一些官方或半官方公布的有关旅游的一些技术性定义中，往往将那些在异地逗留时间不足 24 小时的旅行不作为旅游进行统计，这在概念上是不妥的。从本质上讲，旅游的内涵并非由逗留时间决定。因为，23 小时的旅游与 24 小时的旅游相比，其实并没有截然的区别。旅游的本质规定来自一种异地性的愉悦。

对于旅游的分类事实上存在着非常多的可能性，上述分类只是最基本最常见的分类方法。在整个旅游世界，还存在大量旅游活动类型，诸如文化旅游、生态旅游、绿色旅游、红色旅游、黑色旅游、工业旅游、种族旅游、城市旅游、乡村旅游、房车旅游、购物旅游，等等。人们约定俗成，知其意、言其事，但很难统一其分类的维度，因此，本书将不对这些旅游类型进行分类学上的探讨。

## 第三节　旅游现象的历史考察

现在，我们可以利用上述有关旅游的定义，对历史上的旅游现象进行一番考察了。

正像罗伯特·朗卡尔在他的《旅游及旅行社会学》一书中所说，“自有人类就有旅行”。人受惠于自然的造化而获得行动的能力，是因为他被赋予活动的双腿。而正是由于这双腿的推动，才使人类的时空观得以不断地发展，这就像善于劳动的双手对人类整体智力的发展的贡献一样①。所以，旅行是人类生命存在的一个部分，是一个生命系统的开放与拓展。从这个意义上说，旅行的历史和人类的历史相始终②。然而，旅行不就是旅游，尽管二者有种种交叉和联系。任何目的都可能导致旅行，但旅游必须与追求愉悦的目的相联系，并且以拥有自由时间为条件。因此，探讨旅游的起源，不能不了解人类的休闲行为，不能不探讨审美意识的起源，也不能不分析自由时间存在的历史及其在人类生存时间中的全部意义。

传统上，对于旅游起源的探索，在研究方法上可以有两条途径：

一条途径是对现有文献进行检索，这需要在浩如烟海的历史典籍中去寻章摘句，以便发现可以证实旅游起源的蛛丝马迹。这种方法的风险是，有可能因对文献的把握不全面，或因文献本身就很片面，从而使得出的结论失实，以偏概全。③

另一条途径是人类学的研究方法。也就是说，通过观察现存原始的或接近原始的人类生活群体的生活来了解旅游的起源。这种方法虽然不完全可靠，但却能给人以各种启发，使人在检验一些最基本的假定方面得到有效的答案。

① 恩格斯：《自然辩证法》《家庭、私有制与国家的起源》，《马克思恩格斯选集》（第四卷），人民出版社，第 18、373 页。

② 章必功：《中国旅游史》，云南人民出版社，1992 年版，第 4 页。“原始人迫于生计的山间流浪自然算不得旅游……但是，原始人在崇山峻岭中的奔波是人类开发空间、认识世界的最初途径，也是人类创造具有审美意味的旅行活动即旅游的必经之路”。笔者在这里引用章先生的部分观点，并不意味着同意他将旅游等价于“旅行”，甚至“走路”的一般观点。

③ 在认识旅游现象的发展史过程中，存在一个方法论上的选择问题。很多学者习惯于从已有的文献中探索旅游的起源。尤其是当没有事先对旅游的本质有清晰认识的情况下便贸然检索文献，其结果必然误入歧途。尤其重要的一点是，几乎所有国家的早期文字历史都是以帝王将相为描述对象，近代社会的严肃的学术研究也倾向于对一些重要课题的探讨（如社会结构、政治制度、家庭演变、文化发展等），很少积累有关于古代普通人娱乐行为的资料。人类学在这方面亦付阙如。所以，用简单的历史学方法实际上难以考证出旅游起源的确切历史时期，但这绝不应该阻碍我们得出基本的认识上的结论。

实际上，我们今天有关古人生活的大部分知识都借助于以上这两条途径来获得。然而，不幸的是，由于休闲乃至旅游行为在人类生活中一直被看作是不重要的内容，因此也就从来没有得到历史学家、考古学家、人类学家的重视，于是，利用这两种途径研究旅游的起源都难免遭遇到很大的困难。

除了上述两条途径之外，我们还可以利用已有的知识和逻辑对我们所不知道的东西进行推理。历史是有继承性的，事物发展也是有规律的，这种规律来自事物本身的性质和结构。人类历史发展到今天，人们对某些事物的认识已经积累了大量的知识，这些知识可以帮助我们去对未知做出推断，去理解过去社会的生活全貌，去把握远古人类生活的真实结构，了解其社会生活的内容尤其是闲暇与休闲行为的分布及其意义。这是一种逻辑的方法。这种方法的不足之处就是不能提供有效的史实作为佐证。

在下面的讨论中，我们试图找到能够兼顾二者的方法——既注重史料的价值，也尽量发挥逻辑的力量。

## 一、自由时间的历史分布与结构特征

自由时间又称闲暇或余暇，与谋生活动时间相对而言，是指个人在扣除用于劳动、满足生理需要、参加必要的社会交往活动等之后剩下的可由自己自由支配的时间。换句话说，自由时间是指个人拥有的不受其他条件限制，完全可以根据自己的意愿去利用或消磨的人生时间。从社会角度来看，自由时间是以时间形态存在的宝贵的社会财富。

在现代社会中，我们已经习惯于存在于生活中的丰富的自由时间。如每日余暇、每周余暇、公共假日，甚至带薪假期。然而，在人类社会的早期，甚至包括人类文明时代的早期，由于生存条件的恶劣和生产力水平的极端低下，先人们并不像我们这样幸运。在那时，更为重要的概念恐怕是劳动时间。原始人为了获得最基本的生活资料，为了维持生存需要，利用极其简单的工具，终日辛苦地劳作着，闲暇很少①。然而，同是作为社会个体，将全部人生时间都用于劳动和满足必要的生理需要，似乎是不可想象的。因此，可以相信，自由时间由于可供人们休闲消遣、起到恢复身心疲劳以及促进身心发展的作用而与劳动时间同源、同在。据美国学者约翰·麦克哈勒于 1972 年出版的《世界的事实和趋势》一书中所提供的资料，原始人一生中的自由时间仅为整个生命时间的 16.6%，旧式农民一生中的自由时间占 22.9%，发达工业部门的工人一生中的自由时间占 38.6%②。在西方国家，尤其是美国，二战以后人们的余暇明显增加，

① 在秋道智弥等人所著的《生态人类学》中，通过对采集狩猎生活的观察发现，“依存于野生动植物的采集狩猎社会，实际上用于获取食物的时间比人们想象的要少得多，他们确实是过着一种具有充裕的闲暇时间的生活”（见该书第 20 页，2006 年版）。

② 吴铎:《社会学》，高等教育出版社，1992 年版，第 233 页。

每周的工作时间从原来的 60 小时减至 48 小时，再到 40 小时。在有些行业，周工作时间甚至减少到 24 小时[①]。可见，虽然我们还缺乏充分的资料以确切描述人类社会早期的生存时间的结构，但考虑到当时生产力的发展水平，不难给出这种时间结构的粗略模式。随着人类社会的发展，自由时间对人类的意义已经发生了深刻的变化，在社会生活中占有完全不同于古代社会的地位。下面给出的模式，就是考虑这种因生产力发展水平的影响以及由于社会阶级的演化而导致的人生时间结构的历史性变化（见图 2-3，该模式略去了其他人生时间，如社会交往时间）。

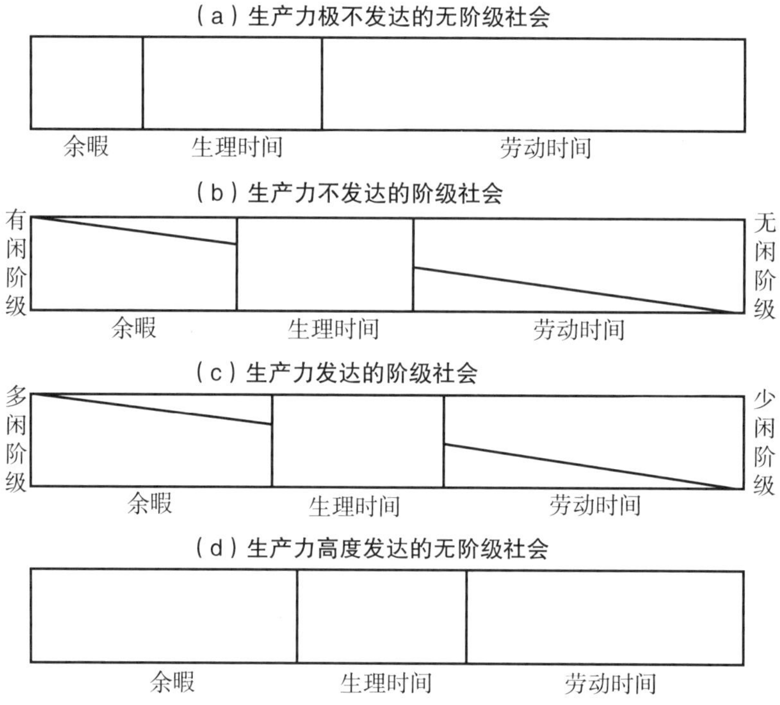


**图 2-3　不同社会状态下人生时间的结构**

自由时间在人类发展史的各个阶段上不仅存在量上的差异，而且也有不同的分布模式。与今天较为制度化地、均匀地分布于我们生活的时间序列上的情况不同，在古代社会，自由时间与生产的节律性有很大的关系。古希腊继荷马之后的最早的诗人赫西俄德在他的长诗《工作与时日》中，曾生动地描述了早期希腊（大约 3000 多年前）的农村经济生活，同时也记录了当时达到的关于气象、植物生长和动物活动规律等方面自然科学的经验知识，谆谆告诫人们注意应在什么季节从事耕耘、播种和收获，“因为各种作物都只能在一定的季节里生长”。甚至“在冷得无法下田干活的冬季”，也“别贪图铁匠铺子和人多的旅店暖和而待在那些去处，以免严寒的冬天使你贫穷而无助”。人在一年四季里都要勤于劳作，“否则，你日后一旦匮乏，就不得不乞求于别人的家门，而结果往往徒费口舌”。但是，一年里也有可以闲下来享受一下的时候。“在

① Valene L. Smith. *Hosts and Guests: The Anthropology of Tourism*. University of Pennsylvania Press, 1989.

菊芋开花时节（在公历 6 月份），在令人困倦的夏季里，蝉坐在树上不停地振动翅膀尖声嘶叫。这时候，山羊最肥，葡萄酒最甜；妇女最放荡，男人最虚弱。那时天狼星烤晒着人的脑袋和膝盖，皮肤热得干燥。在这时节，我但愿有一块岩石遮成的荫凉处，一杯毕布利诺斯的美酒，一块乳酪以及老山羊的奶，未生产过小牛的放在林间吃草的小母牛的肉和初生山羊的肉。我愿坐在荫凉下喝着美酒，面对这些美馔佳肴心满意足；同样，我愿面对清新的西风，用常流不息的洁净泉水三次奠水，第四次奠酒”①。这活脱脱就是一个现代旅游者郊游野餐的行为和心态！

可见，在这种社会里所存在的自由时间，实际上是季节更替的结果，是自然节律的反映，是因为农业劳动无法进行才出现的，换言之，“这个‘空闲的’时间不如说是受限制的时间，因为是接受而不是选择不劳作。这种强迫的不劳作是当作不幸度过而不是可能的休闲源泉”②。

不过，这种在定居农业社会中对应于自然节律变化而出现的人生时间的分化，一直随着历史进程的发展而深化并成为自由时间的一种自然基础。到了 19 世纪，随着第一批产业社会的出现，劳动的性质变了。对于历史的无闲或少闲的劳动者阶级来说，虽然在近代工业化初期曾因工业机器的噬人的欲望而使自由时间的增长一度受到扼制，但不久就因两个事实而使情况发生了变化：“一是自 1866 年世界劳工协会第一届代表大会之后，在工人们的各项要求中，八小时工作日是首要目标；另一是，一部分老板意识到，如果在劳动的合理安排中顾及间歇和休息，这对劳动者的生理和心理都是必要的，效益就会更好。”③1841 年，有了第一部限制儿童工作时间的法律（限制 13—18 岁的孩子每天工作不超过 12 小时，13 岁以下不超过 8 小时）；1884 年，瓦尔德克——卢梭法的颁布，便有了建立工会的自由。这之后，随着周劳动 40 小时制和带薪休假制的实施，劳动者真正成为自由时间领域中的拥有者。

20 世纪 60 年代以后，世界各国在解放劳动力、增加自由时间方面都有了不小的发展。④在西欧国家中，就业人员全年平均约有 25%—30% 的天数为非工作时间。在发达的资本主义国家，还出现了“弹性工作制”“半工制”和“在宅工作制”等新型的劳动制度，使人们的自由时间的分布出现新的形式。表 2-1 给出了美国社会不同时期用于某些日常休闲活动的时间分布资料。⑤从该资料可以看出，在美国，从 1970 年到 1995 年，人们用于日常休闲活动的时间不仅在总量上有明显的增加（成人从每天 7.2 小时到 9.3 小时，增加了 2 个小时），而且在结构上也发生了一些变化。

---

① [古希腊]赫西俄德：《工作与时日·神谱》，商务印书馆，1996 年版，第 18 页。

② [法]罗歇·苏：《休闲》，商务印书馆，1996 年版，第 10 页。

③ [法]罗伯特·朗卡尔：《旅游及旅行社会学》，旅游教育出版社，1989 年版，第 16 页。

④ 20 世纪 90 年代初，在发达国家当中，日本是工作时间最长的国家之一——日本每年工作 2190 小时，美国 1920 小时，英国 1890 小时，法国 1683 小时，德国 1598 小时。据 Kazuo Nishiyama. *Welcoming the Japanese Visitor*. University of Hawai' I Press, 1996, p. 5.

⑤ Harold L. Vogel. *Travel Industry Economics*. Cambridge University Press, 2001. 注意，该资料没有包含旅游这种休闲活动。

表 2-1 美国成人休闲活动所用时间的估计(1970 年与 1995 年)

| 休闲活动 | 每人每年小时数[a] | | 每种休闲活动占总数% | |
|---|---|---|---|---|
| | 1970 年 | 1995 年 | 1970 年 | 1995 年 |
| 观看电视 | 1,226 | 1,575 | 46.5 | 46.2 |
| 收听广播 | 872 | 1,091 | 33.1 | 32.0 |
| 阅读报纸 | 218 | 165 | 8.3 | 4.8 |
| 听录音机磁带 | 68 | 289 | 2.6 | 8.5 |
| 阅读杂志 | 170 | 84 | 6.5 | 2.5 |
| 阅读休闲书籍 | 65 | 99 | 2.5 | 2.9 |
| 看电影 | | | | |
| 在电影院 | 10 | 12 | 0.4 | 0.4 |
| 在家里观看录像 | | 45 | | 1.3 |
| 观看各种赛事 | 3 | 14 | 0.1 | 0.4 |
| 打游戏 | | | | |
| 游戏厅 | | 4 | | 0.1 |
| 家里 | | 24 | | 0.7 |
| 参加文化活动 | 3 | 5 | 0.1 | 0.1 |
| 总计 | 2,635 | 3,407 | 100.0[b] | 100.0[b] |
| 成人每周小时数 | 50.7 | 65.5 | | |
| 成人每天小时数 | 7.2 | 9.3 | | |

[a] 参与者与非参与者的平均数。

[b] 由于小数圆整的关系，稍有出入。

由此可见，从历史上自由时间的分布和变化趋势上看，人类社会所走过的历程就是一个解放生产力、增加自由时间、改变自由时间分布模式的历程。这个历程在今天看来，对旅游的意义至关重要，是使旅游现象经历从无到有、从近而远、从个别人的特权到大众人权这一社会演进过程的最基本的保证。因为就自由时间而言，作为硬币的一面，它的另一面一定对应着经济财富的积累。

## 二、人类的休闲行为与娱乐方式

自由时间的存在，使人的生活内容得以丰富多彩。在自由时间之内，人们可以依个性的偏好而从事其喜欢的活动。这些活动虽然在直接的功能上不同于人的生产劳动，但“生产事业真是所谓一切文化形式的命根”，它从来直接或间接地决定着人类的行为方式。与生产方式这种最基本的文化现象比较起来，一切其他文化现象都是派生性的、次要的。① 因此，在远古时代人们于自由时间所从事的活动，无不呈现着当时的生产方式的罩影。人类学与考古学的发现证明，古人类的休闲行为，不管在对象上还是在行为模式上，都比今人的休闲行为更贴近生产劳动，甚至直接就是生产劳动的某种复写。

① [德]格罗塞:《艺术的起源》，商务印书馆，1984 年版，第 210 页。

但是，尽管早期人类在其自由时间内所从事的享乐活动的形式不会如今人之丰富，但要准确完整地罗列还是有困难的，因为以往的考古学、历史学和人类学都没有把普通人的娱乐行为及其结构和特征作为主要的研究课题。现在可以推知的形式可能有诸如散步、远足、跳跃、角力、装饰、舞蹈、奏乐、绘画、作歌、静观，甚至思考等。这些享乐活动既有出自寻求体力刺激的目的，也有出自精神享受的愿望。

> 在南宋临安城里，当时有所谓“瓦子”（又称瓦舍、瓦市或瓦肆），就是一种大型的游艺场所。在瓦舍中人们可以听人讲史、说经，还可以观赏一些表演，如相扑、乔相扑、杖头傀儡、悬丝傀儡、水傀儡、影戏、杂剧、杂班、嘌唱、唱赚、说唱诸宫调、舞番乐、使棒、打硬、踢弄、散耍、装秀才、谈诨话、学乡谈、背商迷、教飞禽、装鬼神，等等，使人目不暇接。据记载，当时临安有瓦舍24座，其中最大的众安桥的北瓦最大，有勾栏十三座，几乎终日不闲，围得水泄不通，足见当时人们休闲娱乐风习之盛。[①]

应该指出的是，在中国古代广泛流行的一种非生产性活动——社日祭祀，不应完全看作是发生在自由时间中的一种休闲活动。虽然在今天仍然有“庙会”“赛会”“社日”等休闲活动，但在古代，尤其是远古时代，这种活动明显是一种仪式化的原始宗教活动，参加者往往带有被强迫（或者是自愿皈依）的色彩，很难展示个人的自由意志，因此在这期间几乎不存在一个保留给个人娱乐的相应的自由时间。今天的类似的民间节日性活动已经是这种宗教活动的某种蜕变，与往昔的情况是不同的。

站在现代人的角度，罗歇·苏把休闲实践活动分成四大类：身体娱乐、实用娱乐、文化娱乐和社会娱乐[②]。身体娱乐是为了放松身体、恢复体力，从人人可为的散步到较为技巧性的体育休闲，都属于这个范畴。实用娱乐是一种出自实用目的而又明显地带有娱乐休闲色彩的体力劳动，像临时修理、家庭园艺、油漆工作、钓鱼等。这些“体力劳动”虽然多少带有生产性，但发生在休闲时间，而且不是强迫的，因此，它们是一种休闲活动，而且方兴未艾。文化娱乐可理解为在个性的发展和解放中所从事的基本的文化实践。在现代社会中最典型的大众性文化娱乐形式是由大众传播媒体所支撑的，比如看电视和听广播。阅读和观赏演出应该是两种重要的文化娱乐形式，但并不属于所有社会阶层。社会娱乐包括所有以关系性活动占主导地位的娱乐，这种娱乐是整个个人社会关系的润滑剂，也是个人社会化的重要渠道。

有趣的是，在上面罗歇·苏的分类中，我们无法把旅游置放到这个框架中的适当位置。到后面我们会看到，旅游是一种更复杂的休闲现象。从功能上看，它可能属于

---

① 文史知识编辑部编：《古代礼制风俗漫谈（一）》，《南宋临安的“大世界”——瓦子》，中华书局，1992年版。

② [法]罗歇·苏：《休闲》，商务印书馆，1996年版，第73页。

（或包含）上面的任何一类，只是采取了另外一种形式——异地的和暂时的。这正是旅游的魅力所在！

那么，人类在其为自己设计的这些娱乐形式当中获得了什么呢？是某种愉悦。在各种休闲方式中，人们寻找到了使自己身心得到愉悦的途径。我们可以看到，在古人所从事的各种娱乐活动中，有些可以给人以直接的、单纯的生理和心理快感，而有些会产生复杂的精神影响。无疑，前者在人类发展史当中一定会产生很早，而后者只有到人类文明达到一定程度时才能来临。人类美感（即审美意识）的产生，应该属于后者。

### 三、审美意识的起源

在上面所提到的古人的休闲娱乐活动中，虽还不能肯定哪些是完全出自审美的动机，但它们都能给人以愉快。"原始民族的大半艺术作品都不是纯粹从审美的动机出发，而是同时想使它在实际的目的上是有用的，而且后者往往还是主要的动机，审美的要求只是满足次要的欲望而已"①。事实上也确是如此。对于原始人类来说，由于当时审美对象尚未独立，萌芽状态的审美意识与其他意识也未得以分化。人们感知客观事物和客观对象中美的成分，是因为这些事物、对象中包含着与人的社会生活、社会实践活动的某种联系和关系，具有某种价值和意义。这使感知的主体在对象上可以直观自己本身，从而感到愉快喜悦，即获得审美感受。但这种审美感受还不能摆脱对对象的直接的实用关系和欲念要求，还不能通过对象感知较广阔的生活内容和社会意义，还束缚在感觉本身而缺乏想象、理解的自由活动。因此，审美意识就常常与生理欲念满足后的快感交织在一起，缺乏独立的社会意义，从而也极难辨识。

随着劳动经验的积累，随着人与自然交往的深入以及由自然所获得的报酬的增加，随着社会生活的进步以及人的语言、思维的发达，人的审美感受便逐渐由经验发展出理性，获得自己独特的本质，不断从生理快感中区别分化出来。分化出来的审美意识转而成为一种社会需要，反过来要求以特定的方式或渠道加以满足，使人再获当初的快感和愉悦。审美意识就这样独立并发展起来了。原始艺术史所提供的材料，充分证明了人类的审美意识与生产劳动的这种关系。例如，在原始狩猎民族那里，"各种艺术除出音乐当初就有一种特殊地位的而外，在最低文化阶段里，都是在内容上和形式上明白地显出直接或间接受着那些简陋无定的狩猎生活的断然影响……那些狩猎民族所特有的种种人和兽的神似的绘画和雕刻，很明白地对我们显出来，那是特别在狩猎民族中发展到了十分完全的生存竞争的能力在审美上的成功"②。正因为如此，即使（往往）狩猎民族生活在花草极为繁盛的地方，他们也偏偏以动物作为艺术表现的题材，而全然不去理睬这些美丽的植物。我们今天能见到的最古老的绘画、雕刻、装潢和装

① ［德］格罗塞：《艺术的起源》，商务印书馆，1984 年版，第 235 页。

② 同上书，第 239 页。

饰作品，几乎全部以动物（通常是一些与狩猎民族生活密切相关的动物）为表现对象。就是在狩猎民族中发现的动作艺术——舞蹈，作为原始的审美感情的最直率、最完美、最有力的表现方式，也常常是模拟鸟兽的滑稽形态和动作。只是以后，随着社会的发展，尤其是人类进入定居农业社会以后，人的审美对象才日益丰富起来，一些与人类新的生产方式直接相关的事物，如土地、河流、庄稼、植物以及花鸟等，才开始进入人类的审美领域，从而逐渐产生了对自然美的审美意识。

由此可见，审美意识是人类所特有的一种精神现象，是人类在欣赏美、创造美的活动中所形成的思想、观念。它的产生与发展，是与生产实践分不开的，并受生产方式的影响和制约。随着生产实践的发展，审美意识得以同其他意识形态相分离，并进而分化出不同的类型。从审美意识产生的历史过程看，对社会美的审美意识先于对自然美的审美意识而存在，而最原始的社会审美意识几乎就与某种生理快感体验交织在一起。至于对山水花鸟等自然风景的独立审美欣赏，则更是在社会形态发展到较高阶段才出现的。①

## 四、旅游的产生

上述对自由时间、休闲活动和审美意识这三个与旅游最密切相关的范畴的历史考察，为我们描述了这三种构成旅游内外部条件的现象在历史上的发展脉络。但是，对于它们在历史上任何对旅游而言的有意义的突变，我们都不能给出确切的时间上与结构上的答案。这使我们在探讨旅游的起源时依旧面临着困难。且不说我们还不能把握旅游与自由时间、休闲活动及审美意识在久远的历史时期所存在的明确的时间和结构上的对应关系，就是旅游现象本身，恐怕也与审美意识一样，在最初是掺杂于其他活动之中，不管从动机上还是从外部行为特征上，都难以从其他的功利性活动中加以辨识。也许正是由于这个原因，才导致今天的学者在追溯旅游的渊源时，可以有“诸子百家”之说②。

旅游一词在我国之所以出现在魏晋南北朝时期恐非偶然。这一时期社会上对于自然山水的审美欣赏较之以前任何一个时期都更加蔚然成风。与此相比，此前的旅游行为往往在目的上缺乏这种超功利的特性，在规模上又往往是个别社会成员的偶然行为，而有些在背景上又常常与人生的境遇与追求长久地甚至毕生地安乐联系在一起。大量的典籍通过“旅”或“游”字，记载了这些事实。如《尚书·大禹谟》“罔游于逸”；《诗经》“驾言出游，以写我忧”；《楚辞·远游》“悲时俗之迫厄兮，愿轻举而远游”；《史记·太史公自序》“二十而南游江淮”，等等。至于庄子更是在其著作中频繁描述

① 范能船：《体因有革，山水方滋——山水诗、山水文、山水画与旅游》，《旅游与中国文化》，旅游教育出版社，1996年版，第191—203页。

② 陈才在讨论这个问题时，将各种观点概括为人类形迹说和迁徙说、原始探险说、商贸起源说、游览起源说和市场起源说。见其著作《旅游学理论前沿》，吉林人民出版社，2002年版，第64—67页。

这种所谓的旅游活动，如“孔子西游于卫”“孔子观于梁”“庄子游于雕陵之樊”等（据统计，“游”字在《庄子》中竟出现 100 次以上[①]）。

从这些史实中，我们可以看出，像屈原、孔子、庄子等人的所谓“游”，或者出自政治的需要（游说），或者由于际遇的无奈，或者因为耽于哲学的思考，总似乎缺少愉悦的主动性和一贯性，因此很难说具有同今天的“旅游”相同的意义[②]。与此相反，我们能够想象，但却可能没有历史文献作为佐证的——那些帝王、臣民出自休闲的目的而或远或近的旅行，才是真正意义上的“游”。所以，有一点可以推定，个别的旅游行为在历史上一定发生得很早。因为人类学家的研究业已证明，即使是文化阶段十分低下的原始民族，其生活中也存在着相当复杂的需要系统。人作为生物体同时又是社会成员，他在日常生活中的一些基本生理需要（如睡眠、衣食、性行为、休息）和不断发展的心理需要（如娱乐、交往、审美等）都必然要获得满足，以此释解生理与心理上的矛盾状态。旅游是人类心理状态与环境状态相矛盾并在试图追求调和的过程中产生的一种行为[③]，早在原始社会就有可能出现，因为那时的人类同样会遇到这种矛盾。事实上，远古时代人们在很大程度上怀有远方崇拜心理，这种对异地的憧憬，会成为驱动人们跨出旅游第一步的巨大内力。《山海经》所呈现的奇幻境界，对今人尚充满魅力，很难想象它不对古人的思想产生影响，或者说，它就是古人思想与活动的一种奇特的记录。

对于旅游产生的历史时期问题，不少学者在看法上存在很大分歧。申葆嘉先生认为，旅游只有在工业革命的大背景中才能产生。换言之，在托马斯·库克之前不存在真正意义的旅游。[④] 王宁虽然承认在前现代社会也存在旅游，但那是少数精英阶层的特权，因此，他基本上还是认为，“旅游者或大众旅游（注意这里的大众两个字——引者注）只能在现代社会尤其是现代社会的后期背景下面加以理解”[⑤]。国外也有一些学者，尽管在具体表达上有所差异，但基本观点也是认为，旅游者是现代社会的产物。[⑥]

在这里，笔者的观点与前有着根本的差异。按照上述看法，将旅游看作是近现代社会的产物，这似乎仅仅是从表面上看待旅游现象，同时也存在一个认识的方法论问题。这样的观点无疑意味着，在探讨旅游发生的根源方面，已经不必将前现代社会的漫长历史纳入比较的框架了；同时也意味着，事物之间只要在外部形态上（如规模或

---

① 沈祖祥：《道家情思——庄子与旅游》，《旅游与中国文化》，旅游教育出版社，1996 年版，第 25 页。

② 至于很多旅游史著作中把穆天子列为旅游者，有的作者把女娲与其兄在昆仑山上就婚说成是“结婚旅游”，已经是学术笑话了。

③ 谢彦君：《论旅游的现代化和原始化》，《旅游学刊》，1990 年第 4 期。

④ 申葆嘉：《旅游学原理》，学林出版社，1999 年版。对此，笔者曾与申先生交流过不同的看法。笔者的观点是，如果把“旅游”换成“旅游流”或者“大众旅游”，就完全同意申先生的看法了。因为旅游流的产生，确实是近代社会发展的结果，也是旅游现象发展史当中的一个里程碑。另外，说旅游业是市场经济的产物也是可以接受的。

⑤ Ning Wang. *Tourism and Modernity: A Sociological Analysis*. Pergamon, 2000, p. 43.

⑥ 比如 Dumazedier、Boyer、MacCannell、Urry 和 Leiper 等人。见 Dennison Nash. *Anthropology of Tourism*. Pergamon, 1996.

制约条件等）存在不同，就要当作完全不同的事物来看待：古代的那些“旅游”似是而非。但令人疑惑不解的是，承认古代和近代旅游并将它们纳入研究框架，不仅不会损害旅游研究的理论发展，相反，更有利于我们从各种视角（不仅是横截面的，还有纵剖面的）认识旅游现象并实现知识在更高层次上的整合。不难想象，研究马的身体特征和进化史的人，不会只研究现代马，更不会认为“白马非马”。

对此，国外的一些学者也表达了不同的见解。纳什（Nash）认为：“对于那些对人类怀有广泛兴趣的人类学家而言，这样狭隘地看待旅游者和旅游的产生是不应该的。你只要简单地回顾一下前现代社会，比如中世纪的英格兰、古罗马、古希腊，甚至是以狩猎和采集为生的桑部落，就可以找到答案。在这些社会中，我们会发现有那种人，与我们今天所了解的旅游者非常相像。”纳什接着引用了鲍斯顿（Balsdon）在其《古罗马人的生活与休闲》一书中所做的如下描述：

> 人们从罗马出发，并没有什么明确的观赏目标。他们流连于海岸边。他们无目的地在海上飘荡，在陆地上信步而行，却始终希望做一点别的什么事情。“咱们去坎帕尼亚吧。”“不。那些精致的度假地没意思。应该看看淳朴的乡村风光。咱们去布路提慕，去看看鲁卡尼亚的大牧场吧。”

所以，纳什认为，把旅游者界定为“出自休闲目的的旅行者”就可能涵盖社会文化发展史上各个阶段（包括现代和前现代）的旅游者和旅游。[①]当然他认为这才是正确的。

约翰·厄里在提到现代人几乎离不开旅游时，最后也强调说，这并不意味着在前现代社会当中就不存在有组织的旅游，只是那个时候更多的属于精英阶层的特权而已。[②]他提到在罗马帝国时期就曾经有很广泛地流行于上流社会的休闲和文化旅行。在15世纪和16世纪，流行于英国贵族阶层的教育旅游（Grand Tour）到17世纪时已经是非常普遍了。[③]教育旅游的内容，主要以观光为主。

归纳上述对旅游现象的历史考察，我们可以得出以下两点结论：

第一，个别的旅游现象出现得很早，可以远溯到原始社会中人们已初具自由时间和审美意识并能够自主地利用自由时间进行休闲娱乐的历史阶段。所谓个别，有两层含义。一是指个人的偶然的行为。在无阶级生产力极不发达的原始社会，主要表现为这种形式。社会所有成员的余暇近乎相等，也没有人有更多的经济上的剩余足以支持其远行，人人如此，所以，如果旅游行为存在或发生，对谁都只能是极偶然的事情。二是指个别人的不经常的行为。这决定于几个因素：（1）审美情趣的差异导致旅游注

---

① Dennison Nash. *Anthropology of Tourism*. Elsevier Science Ltd, 1996.

② John Urry. *The Tourist Gaze: Leisure and Travel in Contemporary Societies*. SAGE Publication Ltd., 1990.

③ Geoffrey Trease 给教育旅游者下的定义是：教育旅游者是一个通过游历法国、意大利等国家而达到受教育的目的的一个年轻人（或其他的较年长的陪同）。见该作者所著 *The Grand Tour*, 1967.

定是个别人的事；（2）当社会的发展使阶级得以分化时，财富和余暇的积聚只发生在个别人身上，只有他们（如部落的酋长）拥有比别人更优越的旅游条件；（3）即使对这些相对富裕和有闲的人来说，休闲在那个社会里也可能是一种违反道德或背离本性的奢侈。因此，对他们来说，旅游也就只能是偶尔为之了，至于那些以游为乐、逍遥自在的诗家哲人，直至先秦时期也还是佼佼者，孰堪与比！

第二，在我国“旅游”一词出现在南朝时期，当时正值旅游实践蓬勃发展、对自然美的审美意识迅速分化独立的时期，现存的山水诗文和山水画就突出地表现了这一点。因此，可以说，完整意义的旅游现象实际上肇始于此时。因为这时在旅游的审美动机上，已可以证明地存在着两分的社会审美和自然审美意识，而在此前，审美的主要对象是社会美，这意味着旅游审美意识已达到完整。在此之前的旅游，可能更多的是娱乐性质的旅游（即第五章将讨论的出自世俗愉悦目的的旅游），只有到这时，普通大众的旅游当中才增加了审美的成分，从而使旅游者企图借助旅游而获得的愉悦在结构上也趋于完整，既有审美愉悦，也有世俗愉悦。可以说，此时的旅游行为及其背景，存在着与今天的旅游几乎完全同一的性质，有限的差异仅仅表现在形式上或方式上。这时的旅游较之以前任何时期的旅游，都更为经常、自觉，内涵也更为丰富。所以，笔者认为，在此前发生的个别的旅行行为以及此后发生的出自非休闲、非娱乐或非审美目的的旅行（如帝王的巡行、使节的出行、以疆域扩张为企图的探险旅行、商贸旅行，甚至登山采药等），都不是旅游，充其量只能称作“准旅游”。违背了这个基本判断而修撰的“旅游史”，很可能沦为“旅行史”乃至“走路史”。

## 本章重要观点

1. 旅游是一种休闲行为，是在自由时间里完成的，因此，理解旅游的起源要首先了解自由时间对人类的意义以及它在历史上的分布。
2. 旅游的目的是获取某种愉悦性休闲体验。审美是获取愉悦的重要渠道（但不是唯一渠道），了解审美意识的起源有助于理解旅游的起源。
3. 旅游的本质是由旅游的目的性规定的，而不是由它的外在形式规定的。
4. 从时间上看，旅游不是市场经济的产物，但旅游流（大众旅游现象）却是近代社会市场经济的产物。
5. 从属性上看，旅游不是经济现象而是社会现象；不是生产过程而是消费过程；不是劳动行为而是休闲行为。
6. 要想全面认识旅游现象，必须从旅游的本质规定性、基本属性、基本特征和旅游者的行为特征诸多层面和角度加以认识。
7. 学术界对旅游的定义多数存在泛化的倾向。这是一种过度综合的研究方法所造成的结果。
8. 给旅游下定义，可以分别给出一个概念性定义和技术性定义，技术性定义是一种权宜之计，有时可能并不科学。

## 本章内容举要

### 1. 核心概念

- 旅游（概念性定义）：个人利用其自由时间并以寻求愉悦为目的而在异地获得的一种短暂的休闲体验。
- 旅行：个人出自迁徙以外的任何目的前往异地并在该地做短暂停留所度过的经历。
- 余暇：又称自由时间，是指个人在扣除用于劳动、满足生理需要、参加必要的社会交往活动等之后剩下的可由自己自由支配的时间。
- 审美意识：人类所特有的一种精神现象，是人类在欣赏美、创造美的活动中所形成的思想、观念。
- 迁徙：个人出自生活或生存的目的而移居异地的经历。

### 2. 主要内容

（1）旅游的本质规定性

- 旅游的本质规定性取决于旅游的目的。所以，旅游在根本上是一种主要以获得心理快感为目的的审美过程和自娱过程，是为了寻求愉悦性休闲体验而在异地发生的行为。

（2）旅游本质的认识框架

- 旅游是一种复杂的现象。要想全面认识它，需要从多层次、全方位的角度，所以，旅游是由其本质规定性、基本属性、外部特征以及旅游者的行为特征等诸多方面共同界定的。如果在这个基本点上能对旅游有正确的理论认识，对于其他分支学科的建设将有非常重要的意义——目前我们很多分支学科是其他平行学科的简单移植，根源在于没有将对旅游的本质和特征性的认识融会到这些学科当中去。

（3）认识旅游基本属性的维度和特征

- 旅游的本质属性可以通过其与经济、社会文化、劳动、休闲、生产与消费诸范畴的关系加以认识。
- 旅游的两个突出特征是异地性和暂时性。
- 旅游者外化的行为取向往往呈现为责任约束松弛和占有意识外显。具体表现为消费攀高、道德感弱化、文化干涉和物质摄取。

（4）旅游的定义

- 对旅游的定义人们曾做了许多探索，典型的定义包括早期的旅游定义、被经济化了的旅游定义、文化论者的旅游定义以及官方和半官方的定义。这些定义大都存在着概念泛化的倾向。这种泛化遗留了大量的问题，造成概念不统一，对旅游学科发展十分不利。

> 【即问即答】怎样理解概念泛化及其影响?
> ——比如，典型的AIEST定义是：“旅游是非定居者的旅行和暂时居留而引起的现象和关系的总和，这些人不会导致长期定居，并且不从事任何赚钱的活动。”从这个定义你至少能看出：旅游并非某种活动过程，而是过程所引起的什么东西，但事实上，我们又不能排除过程。这样，就等于我们得到这样一个未知等式：**鸡（旅游活动过程）＋蛋（旅游效应之类）**=？你认为等号后边是什么东西（有人称“旅游现象”,但旅游和旅游现象一样吗）？是不是有人把旅游学的研究对象与旅游概念的界定扯到一起了呢？总之，泛化的方法论就是无节制地运用综合方法。

- 旅游与旅游业是完全不同的概念（但在英文当中，tourism一词却时常有不同的用法，时而指旅游，时而指旅游业。在国内的有些教材中也常常混淆)。旅游是旅游者的行为，它形成旅游需求；旅游业是旅游企业的集合，它形成旅游供给。旅游学对这两种行为及其相互关系以及种种影响都要研究。

（5）旅游的类型

- 旅游的类型可以按照很多标准划分。其中主要的分类标准有旅游成分的纯粹程度、组织方式、是否跨越国境、所经历的时间长度等。

（6）自由时间的历史分布和结构特征

- 自由时间有四种存在状态，即每日余暇、周末公休日、公共假日和带薪假期，总量占人生时间的1/3以上。相反，在古代尤其是远古时代，自由时间的形式没有这么多，总量也比较少。原始人的自由时间约占其人生时间的1/6。
- 不同社会状态下人生时间的结构性变化是有规律的：生理时间基本维持不变，劳动时间越来越短，而休闲时间越来越长。在这些不同社会中，阶级的存在也使自由时间的分配出现了差异，富有的人往往有更多的自由时间。

（7）人类的休闲行为与娱乐方式

- 人类学与考古学的发现证明，古人类的休闲行为，不管在对象上还是在行为模式上，都比今人的休闲行为更贴近生产劳动，甚至直接就是生产劳动的某种复写。现在可以推知的形式可能有诸如散步、远足、跳跃、角力、装饰、舞蹈、奏乐、绘画、作歌、静观，甚至思考等。这些享乐活动既有出自寻求体力刺激的目的，也有出自精神享受的愿望。

（8）审美意识的起源

- 人类在其早期阶段并没有审美意识，审美意识是人类社会发展演化的结果。考古发现，人类最早的审美意识与当时的社会生活紧密地结合在一起，甚至也与某种生理快感体验交织在一起。
- 最早的审美意识是对社会美的欣赏,其后才逐渐分离出对自然美的欣赏。今天，人类已经能战胜几乎所有自然力，或远离某种不可战胜的自然力的威胁，因此，今天的人类能欣赏各种自然美。

（9）旅游的产生

- 旅游是发生在自由时间当中的一种休闲行为。在所有休闲行为当中，审美活动是最高层次的休闲活动。旅游的产生时间，最迟也要在异地性审美活动发生的时候。如果考虑出自其他愉悦性（休闲）目的而出行，旅游产生的时间将更早。
- 旅游一词在我国之所以出现在魏晋南北朝时期恐非偶然。这一时期社会上对于自然山水的审美欣赏较之以前任何一个时期都更加蔚然成风。这导致了全社会的审美意识当中对自然美审美意识的分化和独立，标志着审美意识的完整化。由此可以认为，比较大众性的山水旅游最迟也在这个时期就已经发生了。
- 结论：首先，个别的旅游现象可以追溯到原始社会中人们已初具审美意识的历史阶段，或者更早（出自其他非审美目的的休闲行为）；其次，完整意义（即大众性，不仅有社会审美还有自然审美）的旅游现象在中国最迟出现在魏晋南北朝时期。

## 本章答疑

【疑问1】这一章很难读，我有些不得要领。

——是的。这一部分是孕育理论争端的地方，也是制约旅游研究能否长足发展并进而成为独立学科的地方。这一章的学习重在掌握对旅游本质的认识方法，培养一种观点——即旅游的本质在于个人对于愉悦的追求——这种观点将是理解贯穿全书各种内容的钥匙。在认识旅游现象时，也同时存在一个方法的问题：要有一个结构性的认识方法，从其内核到外在特征，因为它们决定了旅游是什么，什么是旅游，什么不是旅游。本书在这一点上可以概括为：旅游＝愉悦＋（异地性＋暂时性）。[①] 这样，不管是古代旅游、现代旅游、前现代旅游还是后现代旅游，不管是中国的旅游、美国的旅游还是马尔代夫的旅游，都具有这个共同的基本属性。这样，我们也不会犯前人所犯的“白马非马”的逻辑错误。总之，旅游学应该研究各种旅游。

【疑问2】很多教材在谈到旅游的特征时，表述一般有很大差别，而本书仅仅列出两个特征，为什么？

——对旅游的特征认识不清、不一致，是旅游学研究最大的悲哀。因为这些特征（连同旅游的本质规定性）是使旅游现象区别于其他现象的标志，是指导各个分支学科研究旅游问题时的基点，它如果含糊不清甚至有错误，定是贻害无穷。对于旅游资源、旅游产品等范畴的特点的认识和表述也是这样。

---

① 为了更好地理解这个核心问题，读者也可以先参考本书最后一章的概括性图表，即图 8-2。

有将旅游的特点归纳为“目的性、综合性、暂时性和异地性”的，我剔除目的性的理由是它不特殊，任何人类行为都有目的；我不接受综合性的理由是它引起了“鸡+蛋=？”的逻辑困惑。

有人将旅游的特点归纳为“休闲娱乐性、异地流动性、大众普及性、季节变动性和地理集中性”。我认为休闲娱乐是旅游的本质，大众普及性只看到了现代旅游和国外的旅游，季节变动并不必然，地理集中性不知所云。尤其在具体解释时，有时指的是个体旅游，有时指的是宏观旅游现象，有的是指旅游业的特点，逻辑十分混乱。……还有很多。

我认为，凡是“暂时”地到“异地”去寻求“愉悦”性“休闲体验”的行为，都是旅游。反过来说，只有这些行为才是旅游。“非暂时”的“异地”“愉悦”行为，那可能是旅游家（或旅行家）所为，他们赖此以为生（如徐霞客，就几乎不是旅游者，如果他一辈子靠写游记赚钱糊口的话）；“暂时”的“非异地”“愉悦”行为，是类似于坐在家里炕头上欣赏达·芬奇的绘画的行为，是普通的休闲；“暂时”的“异地”“非愉悦”行为，那可能出自“奔丧”（一种探亲访友，现在我们普遍列为旅游，不觉得奇怪吗）、“经商”“比赛”或“还愿”的目的，因此通通不是旅游。

【疑问3】国外的旅游研究对这些基本理论问题也认识不清吗？

——基本上是这样。国外的旅游研究一直不太重视这一类的理论探索。旅游学科的发展基本上是大量的移植性、应用性研究成果的简单堆砌。旅游学教材容量越来越大，信息增加，但逻辑体系无法建立，对分支学科的指导作用无法发挥。这是旅游学研究值得注意的一个问题。例如，现在被很多学校用作教材的麦金托什所著《旅游学：原理、实践和哲学》（*Tourism: Principles, Practices, Philosophies*）第八版，也没有反映这方面的研究进展。以前出版的一些其他著作，同样在这些问题上没有一致的结论。

不过，近年来越来越多的著作正试图通过提出不同的范式来解决这些理论问题。

## 本章案例分析

【案例2-1】

### 托马斯·库克的旅游事业

人们通常认为，真正意义的现代形式的旅游首先出现在19世纪中叶的英国，在很大程度上要归功于托马斯·库克的努力。库克的职业是印刷工，还兼任浸信会教堂的传教士。他也是一位坚定的禁酒运动的支持者，这个运动反对酒精饮料的消费及其不良后果，尤其是对穷人的影响。库克认为，休闲旅游是比酒吧和赛马场更健康更有意义的娱乐形式。这种信念伴随着库克漫长的旅游创业生涯，从 1845 年直到他去世的 1892 年。

库克无疑是一个充满活力并具有惊人的组织才能的思想活跃的人，他在旅游发展史中的地位毋庸置疑。但是，应该注意到，在 19 世纪中叶的英国，有一系列因素使大众休闲旅游的发展瓜熟蒂落，并促成了库克的事业。工业化给社会中下层阶级（如职员、店主以及独立的工匠等）带来了更多的收入，同时也唤起了人们暂时逃离大工业城市的欲望。这也是一些社会改革者们强调要追求“理性的”和“建设性的”休闲行为的时代，至少对于那些下层社会和工人阶级是这样。全国性的铁路系统的发展也使库克的大众旅游美梦成真。还有，在此前广泛流行于英国上流社会的欧洲大陆“教育旅游”也促进了一些基础设施、接待设施的发展，并使旅游深入人心（尤其是认为休闲旅游是很有价值的活动，而不是浪费时间的轻佻之举）。库克的事业正是建立在这些因素的基础之上。

库克声称，组织一次集体旅行的想法，是在他从东米德兰镇（East Midland）的家里前往在莱斯特附近召开的禁酒协会的会议的路上偶然想到的。他决定组织一次特殊的铁路旅行，将禁酒协会的会员拉到北部 15 英里远的拉夫巴罗（Loughborough）。他设法从米德兰郡铁路公司那里协商到了很低的票价，还有一定数额的促销经费，而他的这个想法也得到了禁酒协会会员的热情支持。大约有 3000 人想参加这次旅行，但火车只能容纳 600 人。在目的地，共接待有 1000 多人，许多是自行安排去的。接下来，库克又组织禁酒协会的会员到米德兰郡的一些著名景点观光，并于 1843 年成功地组织了一次为数 3000 名在校儿童的不过夜旅行，从莱斯特到德贝。任何曾试图筹划或成功地实施一次仅有 30 名在校儿童的不过夜旅行的人都会为库克的组织技巧感到惊叹！

在 1845 年，库克开始全力从事商业性旅游经营，组织旅游团到利物浦和北威尔士，启用导游，并出版其个人编撰的导游书籍。这些举措一时间得到很大反响，竟至于参加旅游团的票证在黑市上价格飙升。到 1851 年，库克的事业主要是旅游促销和组织者，并拥有与此相关的印刷业务。他创办了第一份旅游报纸：旅游者与展览广告商（*Excursionist and Exhibition Advertiser*），发行对象主要是工人及其雇主。在这份报纸当中，库克从各种角度鼓吹让工人参观当年将在伦敦水晶宫举办的大型展览的益处。为了接待大约 16.5 万名工人参观该展览，库克安排了交通、食物和住宿等事项。住一个晚上含早餐的价格是 1 先令，往返交通费是 5 先令。在当时，一周的平均工资是 20 先令，而通常这么远距离的往返路费是 15 先令。库克利用在 1851 年所取得的宝贵经验，在 1862 年又成功地组织了一批旅游者参加同样在伦敦举办的国际展览会。他向大约 2 万人提供餐饮，这些人当中既有禁酒协会的会员，也有来自法国、意大利和德国的观光客。

库克早期组织的大陆旅行并不尽如人意。1855 年，他试图组织前往法国参加巴黎博览会的旅行，但由于未能从法国和比利时铁路当局获得满意的条件，结果只能将游客沿着法国海岸送到加来。同年晚些时候，他组织了两次大陆巡回旅游，途经安特卫普、布鲁塞尔、科隆、美因兹、曼海姆、海德尔堡、斯特拉斯堡和巴黎。这两次旅行在游客看来非常成功，但库克在这两次旅行当中却赔了。在 19 世纪 60 年代，库克重整旗鼓，推出了一个 6 天的旅游线路，所有细节全部事先安排妥当，并采用通用券（Universal Coupon）供顾客在饭店住宿和就餐等方面使用。1864 年托马斯 · 库克父子公司成立后，全面开展旅游业务，成为全欧洲最大的旅游企业，它在美洲、非洲和亚洲设有分公司。1872 年库克组织了由 9 名不同国籍旅游者参加的环球旅行，同年，他创办了最早的旅行支票，可在世界各大城市通用。由于托马斯 · 库克在旅行业方面所做出的杰出贡献，他被称为近代旅游业的创始人，而托马斯 · 库克旅行社的问世，标志着近代旅游业的诞生。

〖案例提示〗

（1）在探讨旅游发展史的过程中，是将库克作为一个在一定社会背景中浮现出的标志性人物看待合适？还是将其个人业绩作为旅游发展的原动力合适？谈谈你的看法和理由。

（2）库克的名字主要是与旅游、旅游者、旅游业、旅游企业这几个范畴中的哪一个更紧密地联系在一起的？从中能否得出库克是“旅游出现的标志”这样的结论？

（3）库克的很多业绩都带有开创性，请列举其中重要的。

【案例 2-2】

## 行走的历史

[行走] 从哪儿开始呢？——从肌肉紧张开始。一条腿像根柱子，将身体托起在天地之间；另一条腿则像一个钟摆，从后边摇晃到前边。脚后跟着地，身体的重量就前倾到脚趾上；大脚趾伸展开，自动平衡的身体再接着前移。就这样，两条腿不停地交换着位置。从一步开始，然后是另一步，再后来，就像是有节奏的鼓点，构成了行走的韵律。行走，这个世界上再明显不过也再神奇不过的东西，竟然与宗教、哲学、风景、市政、解剖、寓言还有感伤，有着天然的默契！

行走的历史是一部神秘的、没有用文字记载的历史，你只能在一些书籍当中发现片言只语的描述，或者，在歌曲当中、街头巷尾以及几乎每个人的历险故事中寻找到它们的踪迹。有关身体运动的历史只是那些两足动物演化以及人类解剖学的历史。在很多时候，行走只是一种练习，是两地之间习惯性的运动工具……

——节译自 Rebecca Solnit: *Wanderlust: A History of Walking*.

〖案例提示〗

1. 旅游与“行走”是什么关系？

2. “很多‘旅游史’著作实际上是‘旅行史’著作，甚至是‘走路史’著作。”——这个观点你同意吗？请搜集几本旅游史方面的著作，进行分析，并举例说明你赞同或反对的理由。

3. 结合本章的知识，请考虑，如果把旅游与旅行甚至走路等同起来，会造成什么后果？旅游史应该这样编写吗？

## 本章问题讨论

1. 在对待和利用旅游所具有的复杂性、多面性这个问题上，学术界有两种取向：一种是站在某一学科的侧面角度看旅游，由此形成了旅游地理、旅游经济、旅游生态、旅游文化这类复合性范畴，如果仔细体会这种复合形式，更多地具有并列而立的性质；另一种是站在旅游自身的角度看旅游现象的某一面，这很可能衍生出诸如文化旅游、生态旅游、探险旅游等复合性范畴，而审视这些范畴的复合形式，更多的似乎是一种偏正结构。你觉得这两种角度在国内旅游学者群中是如何体现的？强调哪一种角度才更有利于（或有害于）旅游学科的自立？
2. 有人提出，在先秦时期，“结婚旅游”就已经“广泛存在，蔚然成风”[①]，理由是在“宇宙初开之时”就有女娲兄妹二人因结婚而走了挺远的路（妹妹女娲来到昆仑山上与兄完婚）。这一走，就是旅游，是结婚旅游。此后，这种结婚旅游当然就“蔚然成风”了。你怎样看待这种观点？你认同与否的理由是什么？
3. 用追求“愉悦”能否全面概括旅游者的动机？如果由于人们对“愉悦”的理解已经有一定成见，可否试图通过重新定义“旅游愉悦”的内涵来使这个概念成为旅游学的核心概念？
4. 你认为在考察旅游的本质时，动机（愉悦）、金钱和余暇这三个范畴哪个更带有根本性？由此能否理解对旅游的基本属性的三种界定的逻辑基础？
5. 为什么本章将古代休闲行为与审美意识的起源作为考察旅游起源的主线？从别的方面考察不可以吗？试加以讨论。
6. 泰国在提供“性旅游”时，一方面吸引了一部分游客，另一方面，也排斥了一部分游客。据材料介绍，被排斥的游客中，主要成分之一就是“家庭旅游”市场。从这个简单事实看，旅游者的行为特征具有怎样的倾向？遏止这种倾向的社会力量是什么？
7. 从旅游者行为倾向的角度看，“旅游伦理”应该包括哪些基本内容？
8. 尝试用不同的标准对旅游进行分类，并与本章的分类进行比较。在分类过程中，体会分类对认识不同形式的旅游的特征具有什么作用？——分类是认识现象特征的重要手段。
9. “盲人摸象”的故事对理解旅游现象有什么启发？如何理解“旅游现象是复杂的，旅游的本质是单纯的”这个命题？本章在理解旅游现象时提出了怎样的思考框架？
10. 有人说，广州作为一个“旅游城市”（意思是说，广州是旅游城市这已经是人人皆知、不可辩驳的前提性结论），它的旅游资源就是商务机会。由此难道不可以说旅游的本质也包含着商务现象吗？你如何从逻辑、事理和常识几个方面对这种表达予以批判？

---

① 见范能船发表于《旅游与中国文化》一书中的文章。沈祖祥主编，旅游教育出版社，1996年版。也参见胡幸福：《先秦“结婚旅游”质疑》，《旅游学刊》，2001年第5期。

# 第三章　旅游活动的构成要素

**学过本章之后，你应该能够：**

1. 了解旅游活动的基本构成要素是旅游主体、旅游客体和旅游媒体。
2. 能够区别什么人是旅游者，什么人不是。
3. 理解旅游资源的含义和特点。
4. 理解旅游产品的含义和特点。
5. 理解旅游资源、旅游产品与旅游吸引物之间的关系，能够清楚地予以区别。
6. 理解旅游业的含义和特点，懂得旅游资源和旅游产品在发展旅游业中的意义。
7. 能综合地评价旅游活动各要素在旅游发展中的意义。

## 第一节　旅游者

旅游是由人发动的行为，因此，在研究旅游时最受人关注的莫过于作为旅游活动主体的旅游者这个特殊群体了。在现实生活中甚至在学术界，用以指代这个群体的名词可谓五花八门，如旅游者、游客、观光客、旅行者，甚至有些从接待角度给予的称呼也杂于其中，如宾客、旅客、顾客、住客等。这些词语很少有人给予严肃地区别，也未在学术上给出能为大家接受的定义，因此在客观上造成了概念的极度混乱，非常不利于旅游学科的理论建设，也不利于在实践中进行准确的统计和比较。目前在旅游学术界用得较多的词汇是“旅游者”（tourist）。但时至今日，由于对旅游的本质的认识莫衷一是，因此，对于“谁是旅游者”或“旅游者是谁”这样的问题，可见到的回答也很不一致。而且，与上一章探讨的旅游定义不同的是，对旅游者的定义，目前占统治地位的不是学者们的界说，而是官方的定义。这些定义因多产生于各国或地方政府部门进行的旅游统计的实际需要，所以颇具技术性。有趣的是，在当前的中国旅游学术界，这些技术性定义往往反过来影响人们对旅游以及旅游者本身的判断，从而导致对旅游和旅游者这两个核心概念本质规定性理解上的舍本逐末。①

本书在上一章已经对旅游这一概念的内涵作了详细的讨论，这意味着在讨论旅游者的定义时将不存在根本性的困难。不过，为了理解旅游者内涵在历史上的一些变化，探寻概念演化的路径，本书在讨论旅游者的内涵时，先历史地回顾“旅游者”的诸多定义，并评价其得失，然后推出本书的定义。

### 一、旅游者的传统定义

虽然有时我们可以按照常识去判断一个人是否是旅游者，但这种常识并不总是可靠的，也不是很严密，如果过于依赖它很容易出错。比如，一个利用整个下午驱车到20公里以外的景点观光的人，是不是旅游者？一个到英国跟客户谈生意的人是不是旅游者？一个坐在轮船上一路白天观光而晚上回船睡觉的人，当他上岸观光时，有关的国家应该不应该把他统计成该国的入境旅游者？显然，一个乍看上去似乎很明显的问题，倘若认真思考起来就可能并不简单。所以，有关“谁是旅游者”“旅游者是什么样的人”这样的问题，在整个旅游学术史上还是经历过很多演变的。

对旅游者所做的官方定义一开始就特别注意旅游是否跨越国境的问题，由此形成了对旅游者的最基本的分类，即国际旅游者与国内旅游者。

#### （一）国际旅游者的定义

最早的有关国际旅游者的半官方定义是在1937年由临时国际联盟统计专家委员

① 谢彦君：《旅游的本质及其认识方法》，《旅游学刊》，2010年第1期。

会（the Committee of Statistics Experts of the Short-lived League of Nations）提出的。该委员会把国际旅游者定义为“离开定居国到其他国家访问旅行超过 24 小时的人”，并确认以下几种人是国际旅游者：（1）为娱乐、家庭或健康原因而旅行的人；（2）参加国际会议的人；（3）为商业原因而旅行的人；（4）在海上巡游途中停靠某国，即使逗留时间不足 24 小时的人。

同时，该委员会还规定下列几种人不属于国际旅游者：（1）为到另一国家谋求职业或长期居住的人；（2）寄宿在校的学生；（3）居住在边境地区而跨越国界到邻国工作的人；（4）途经一个国家但不作法律意义上的停留的人，不管其停留时间多长。

显然，这个定义是一种操作性的技术定义，与今天的许多官方定义都有差别。其中最主要的区别是，该定义将乘船巡游而且逗留时间不足 24 小时的人，也算作（过夜）旅游者。

1950 年，国际官方旅游组织联盟（the International Union of Office Travel Organizations，略为IUOTO）对上述定义做了修改，包括将以修学形式旅游的学生视为旅游者，以及界定了一个新的旅游者类型“International Excursionist”（通常译为“短途国际旅游者”或“当日往返国际旅游者”）。短途国际旅游者是在另一个国家访问不超过 24 小时的人。另外，IUOTO 还定义了过境旅行者，他们是路过一个国家但不作法律意义上的停留的人，不管他们在该国逗留多久。

1963 年，联合国在罗马举行的国际旅行与旅游会议（又称罗马会议），又对逗留时间超过 24 小时的旅游者（tourist）与逗留时间不足 24 小时的游客（visitor）加以区别。这种划分实际上对应于IUOTO 在 1950 年所做的旅游者（tourist）与不过夜旅游者（excursionist）的划分方法，只是用词有所不同罢了。1967 年，下设在联合国统计委员会（United Nations Statistical Commission）的统计专家组对这种区分做了进一步明确，建议分为tourist 和excursionist，并将二者统一于visitor 一词，把visitor 定义为“除为获得一个有报酬的职业外，基于任何原因到一个非定居国访问的人”。这个定义清晰明了，除了存在出行目的上过于宽泛从而会使大量普通旅行者被纳入到旅游者范畴这一缺点之外，这是一个比较具有可操作性的定义。在 1976 年，联合国统计委员会召开的由世界旅游组织以及其他国际组织代表参加的会议上，进一步明确了visitor、tourist 和excursionist 的技术性定义。这些定义成为大多数国家在进行旅游者统计时所依循的主要蓝本。具体内容是：

（1）国际游客（international visitor）不包括下列人等：为移民或就业而进入目的地国家的人；以外交官或军事人员身份访问该国的人；上述人员的随从；避难者、流民以及边境工作人员；逗留时间超过一年的人。但下列人员是或可以是国际游客：出于休闲、医疗、宗教、探亲、体育运动、会议、学习或过境的目的而访问他国的人；中途停留在该国的外国轮船或飞机的乘务人员；逗留时间不到一年的外国商业或企业人员，包括安装机器设备的技术人员；国际团体雇用的任职不超过一年或回国作短暂停留的侨民。

（2）国际游客又分为国际过夜旅游者和国际不过夜旅游者（interna-tional tourist and international excursionist）两类，前者指在目的地国家的接待设施中度过至少一夜的国际游客，后者指利用目的地国家的设施少于一夜的国际游客，包括那些居留在巡游船上只在白天上岸游览的乘客。不过夜旅游者中不包括那些虽落脚于他国但未在法律意义上进入该国的过境旅客（如乘飞机在某国中转的乘客）。

**（二）国内旅游者的定义**

对于国内旅游者的定义目前尚不完全统一。这种不统一不仅表现在技术性方面，而且表现在界定的基本依据方面。总体上说，欧洲的各个国家主要参照世界旅游组织的技术性标准（逗留时间）并根据本国的具体情况构建了自己的国内旅游者定义；然而，北美国家的定义则建立在与此不同的出行距离的基础上。

1. 世界旅游组织的定义

与对国际游客所做的划分类似，国内游客也被区别为过夜国内旅游者（domestic tourist）和不过夜国内旅游者（domestic excursionist）。国内过夜旅游者是指在本国某一目的地旅行超过 24 小时而少于一年的人，其目的是休闲、度假、运动、商务、会议、学习、探亲访友、健康或宗教。国内不过夜旅游者是指基于以上任一目的并在目的地逗留不足 24 小时的人。

2. 北美国家的定义

北美的加拿大和美国是以出行距离为标准来区别是否属于国内旅游者的。例如美国有些机构如美国国家旅游资源评价委员会（the National Tourism Resources Review Commission）用至少 80 公里（单程）作为衡量是否为国内旅游者的临界尺度，而美国人口普查局（the US Census Bureau）则坚持用至少 160 公里的标准。加拿大统计局和加拿大旅游委员会（Statistics Canada and Canadian Tourism Commission）在他们所进行的加拿大旅游调查中使用了最小距离为 80 公里的标准，而一些省份也在使用自己确定的标准（如安大略省用 40 公里），其混乱情况由此可见。另外，所有这些定义多数都不问逗留时间的长短。

3. 欧洲国家的定义

与北美国家的风格不同，以英国为代表的一些欧洲国家在判断是否属于国内旅游者时所采用的标准不是出行距离，而是在异地逗留的时间长度。例如，英格兰旅游局在每年一度的英国旅游调查中对国内旅游者的定义是：基于上下班以外的任何原因，离开居住地外出旅行过夜至少一次的人。而法国旅游总署的定义则是：凡以下列原因离开自己的主要居所，外出旅行超过 24 小时，但不超过 4 个月的人均可视为国内旅游者。这些出行原因是：（1）消遣（周末度假或假期）；（2）健康（温泉浴或海水浴治疗）；（3）出差或参加各种形式的会议（体育比赛活动、讨论会、朝圣或代表大会等）；（4）商务旅行；（5）改变课堂教学的修学旅行（如海上课程或滑雪课程）。但下列人员不属于旅游者：（1）外出活动不超过 24 小时的人；（2）不论是否订有劳动合同，凡前往某地是为了就职、就业或从事职业活动的人员；（3）到某地区定居的人员；（4）在寄宿学校或一般学校读书的学生或年轻人及现役军人；（5）到某一医疗单位治疗或疗养的人员；（6）在各自应享有的规定假期内，为家庭事务（疾病或死亡）而探亲访友的人员。可以看出，法国的这一定义为了将“临时户口”（如外国留学生和长期在该国旅行的人）排除在国内旅游者之外，还规定了一个最长的期限。

各国在定义国内旅游者时存在的标准不一、外延各异的情况，给国际的统计比较和分析造成了很大的障碍。再加上用语的差异，使国内旅游者的整个概念体系更加混乱。

## 二、本书对旅游者的定义

经过对旅游定义的探讨以及回顾了世界各国对旅游者定义的五花八门的情况之后，现在需要给定旅游者一个系统而完整并尽可能科学的定义了。根据本书对旅游的定义，这里很自然地就可以导出旅游者的定义。不过，要想清楚地建立起有关旅游者及其相关范畴的协调的概念体系，目前我们在这个问题上至少面临三个难题：一是因历来对旅游的内涵不明确而未能清楚地区分旅行者与旅游者（现在这已为本书的逻辑所不允许）；二是在对国内旅游者的定义上各国所依据的尺度不同造成的混乱；三是在我国还存在一个将世界其他国家的几种旅游定义翻译至汉语时的规范化的困难。要想使旅游者这一概念内涵准确外延清晰，必须综合以上几个问题做统一处理。基于这种认识，笔者是这样定义旅游者及其相关概念的：

一般地，旅游者的概念性定义是：旅游者是指利用其自由时间并以寻求愉悦为目的而在异地获得短暂的休闲体验的人。

在这个定义中，强调了以下几个内容：

1. 旅游者的出行目的非常清楚，是为了体验旅游愉悦。这种愉悦既有精神领域的审美愉悦，也有所谓的世俗愉悦。

2. 旅游愉悦的获得是一个短暂的过程，并且这个过程主要发生在异地。这是使旅游者与一般娱乐追求者相区别的两个重要的外部特征。

3. 旅游者的旅游决策一般是个人的行为，有充分的自主权利，可以决定旅游的时间、方式、目的地、消费水平等一系列重要项目。这一点也十分重要。

4. 旅游者的旅游活动发生在其自由时间，是一种休闲活动。

很显然，按照上面的定义，结合第二章我们对旅游及其相关范畴之间关系的辨析，我们很容易得出结论：纯粹的商务、会议、探亲访友等人员就不再是旅游者了，因为他们在出行目的上缺乏体验愉悦的规定性，也不具有休闲的性质。应该肯定，在出行目的上的自娱性决定着旅游者在选择目的地时的自决性，这一点是旅游者不容忽视的特征之一。基于这样的认识，上述人员就将被划归到比“旅游”更大的范畴“旅行”中去。也就是说，这些人可以算是旅行者而不应算做旅游者。如果他们在整个旅行期间确曾有过一段旅游经历（实践中往往如此），那么，他们只在这一时段内是旅游者。

这样我们又有了关于旅行者的定义：旅行者是指出于迁徙以外的任何目的而前往异地并在该地做短暂停留的人。

在现实生活当中，人们为了统计上的可行与方便，将旅游者和旅行者都做了技术上的规定和分类，从而衍生出了这两个范畴的技术性定义。需要提醒的是，相对于概念性来说，技术性定义是一种权宜性的定义，是概念性定义对现实需要的一种让步或折中。只有概念性定义才能刻画相关范畴的本质，而技术性定义却可能是不完整的、偏颇的，甚至是错误的。在旅游学术界目前所存在的诸多理论命题上的牵强甚至谬误，大多可以追溯到人们没有意识到概念性定义和技术性定义在功能上的这种差异这一点上。

## 三、旅游者与旅行者的分类

### （一）旅游者的类型

从技术角度定义旅游者，最重要的和最可行的办法是考虑空间和时间两个尺度——因为旅游的两个最重要的外部特征也体现在这两个尺度上。

首先，旅游者按照其旅游是否跨越国境，可以分为国际旅游者和国内旅游者两种。对一个国家而言，国际旅游者既包括入境旅游者，也包括出境旅游者。从全世界的角度来说，国际旅游者是指所有出自寻求愉悦性休闲体验的目的而前往异国并在该国做短暂停留的人。国内旅游者是指在一个国家内部，所有出自寻求愉悦性休闲体验的目的而前往异地并在该地做短暂停留的人。国内旅游者的旅行范围局限在国内。

在这种分类中，容易产生的一种误解就是只要是跨越国境，就肯定是旅游者了。其实不是，这里不仅仅因为旅游目的的限制，仅就空间距离这一个尺度而言，也不能说国境是重要的衡量标准，因为住在国境附近的人跨越国境观光，也同样可以是普通的日常休闲。所以，单纯的概念性的距离界定，不足以给出清晰的技术尺度。在这个问题上，即使给出出行距离的限制，随着交通手段的发展，这种限制也会逐渐暴露其不合理的方面。这确实是企图给旅游者加以技术界定的难处所在。

不过，如果把人的生理活动周期看作与时间密不可分的话，从时间的角度来解决这个问题也许是可行的。倘若按照旅游者旅游时间的长短划分，就可以把旅游者分为过夜旅游者和不过夜的日常休闲人员两种。过夜旅游者指所有出自寻求愉悦的目的而利用其自由时间前往异地并在该地进行休闲体验超过 24 小时的个人。这些人要使用当地的住宿设施，因此对当地的经济影响远远超过日常休闲人员。从很多方面看，日常休闲人员不能算作旅游者。

这样，从严格的技术定义的角度，我们可以给旅游者下这样一个定义：旅游者是指利用其自由时间并以寻求愉悦为目的而在异地进行短暂的休闲体验不短于 24 小时、不超过一年的人。

在这里，从技术的角度提出 24 小时的限制，在于努力把旅游与日常休闲相区别；而提出一年以下这个技术性尺度，目的是使旅游在形式上又区别于迁徙者。不过，在出行目的都是为了体验愉悦的情况下，这种时间上的限定显然是牵强的，在一定程度上，有点背离旅游者的概念性定义，尤其在当今社会交通工具极其发达甚至整个世界正步入高速时代的情况下。正是在这个意义上我们说技术性定义是对概念性定义的一种无奈的让步。

（二）旅行者的类型

参照对旅游者所进行的分类，可将旅行者按其在目的地停留时间的长短再分为过夜旅行者和不过夜旅行者。前者指在目的地逗留 24 小时以上或利用目的地接待设施至少一夜的旅客，而后者指在目的地逗留少于 24 小时并在当日返回常住地的旅客。

比较旅游者与旅行者的定义，二者在概念上的差别集中体现在出行目的上。旅游者的出行目的在于获得旅游体验，而旅行者的出行目的可以是迁徙以外的任何原因，所以也包括获得旅游体验。从这个角度理解，旅游者只是旅行者的一种，旅行者与旅游者具有统属关系。

同样，旅行者也可以视其是否跨越国境而再分为国际旅行者和国内旅行者两种，二者都可以再进一步按其逗留时间之长短分为国际过夜旅行者和国际不过夜旅行者、国内过夜旅行者和国内不过夜旅行者。由于不过夜旅行者在很多方面都不像过夜旅行者那样对旅行目的地有特别重要的经济意义，因此，通常所说的旅行者都不把这部分人计算在内。

此外，在人口流动大军中，除了旅行者、旅游者之外，还有一类人，即迁徙者（migrant），他们是计划至少在一年内不返回原居住地的移民或准移民。凡在目的地就业、任职、长期避难、执行勤务、读书或定居超过一年以上的人，均可列入此类。

可以看出，在上面对旅游者、旅行者和迁徙者的概念探讨之中，我们是用出行目的区别旅游者和旅行者的（当然我们假定目的与行动是一致的），而用统一的时间尺度界定过夜旅游者或过夜旅行者，以使之与不过夜的休闲人员（为了迎合现实统计的需要，对这一部分人后文将依从学术界和实践部门的习惯，统一称之为“不过夜旅游者”）或不过夜旅行者相区别。这样做的依据是，一方面空间在随着交通工具的发展而缩短，它是一个相对有弹性的变量，因此不足为据；另一方面，恰是时间这个人类生物钟无法抗拒的尺度决定了游客或旅客是否必须在外过夜并利用当地各种接待设施。

最后，为了清晰地阐述旅游者、旅行者和迁徙者之间的关系，我们用图的形式对三者进行系统地分类（见图 3-1）。图 3-1 是参照联合国世界旅游组织关于国际旅行人员的分类，并按本书给定的有关定义做了相应的调整。在本书以后的章节中，笔者在使用旅游者、旅行者、过夜旅游者和过夜旅行者诸词汇时，均依据前文建立的概念体系。在现实中，关于旅游者及诸多概念的系统界定还有必要通过行政管理部门统一指标体系与核算口径，并对实践中常常会遇到的旅行者或旅游者出行目的不唯一的情况做出统计技术上的规定（否则此时我们就会面临模棱两可的窘境）。根据这样的概念体系，自然有必要对旅行者和旅游者进行分别统计。这也将对今后的旅游学研究产生重要的影响，有着积极的推动意义。

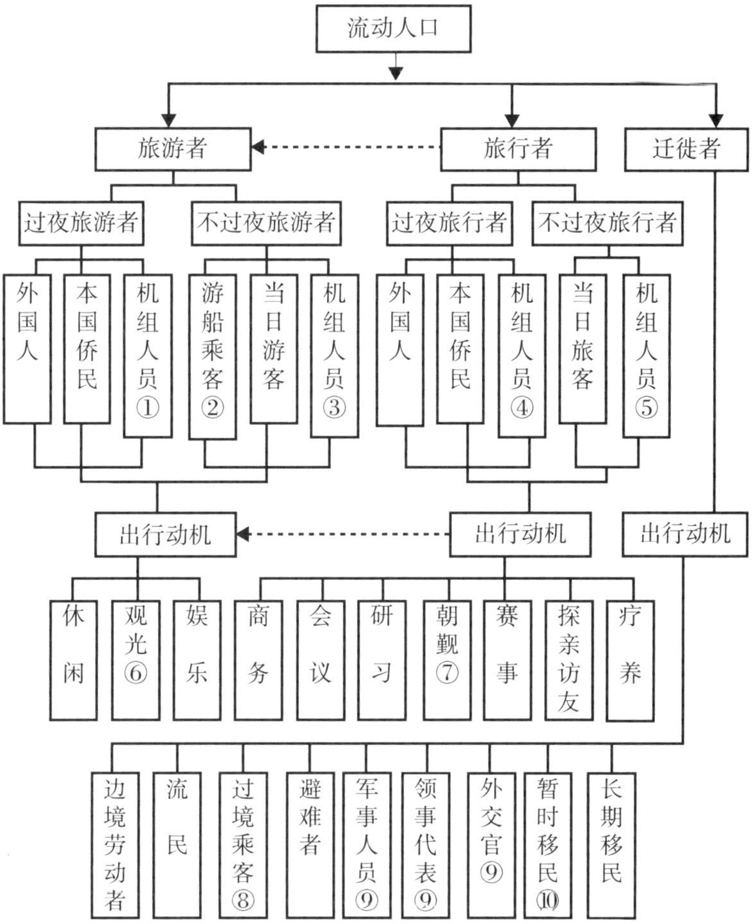


**图 3-1 旅游者、旅行者和迁徙者之间的关系图解**

**说明：**

①要进行游览观光，使用住宿设施；

②到岸上游览，在船上过夜；

③要进行游览观光，但不使用住宿设施，逗留时间不超过 24 小时；

④不进行游览观光，但使用住宿设施；

⑤不进行游览观光，亦不使用住宿设施；

⑥出于对文化、社会和自然的爱好的所有动机；

⑦以欣赏宗教文化为目的的人不在此列，他们属于游客；

⑧不离开机场或港口的过境区域，不做法律上的进入；

⑨在异国上班（任职或执行勤务），或异国人在本国上班（任职或执行勤务）；

⑩逗留时间超过一年，但不计划长期居留的其他人。

## 四、旅游者特征的描述

根据上文的定义，我们已经明确，旅游者和旅行者是两个不同的概念系统（尽管它们有那样多的联系）。并且，从旅游学的性质上来说，有关旅行者的各种问题（其发生、运动、形态结构以及影响等）也将不再可能是旅游学的研究对象（尽管谁都知道这些问题对许多领域——如饭店业、交通运输业——都有重要的意义）。因此，在定义了这几个概念之后，我们就只限于进一步探讨旅游者的某些特征。

考察某一现象或某一群体的特征，关键是确定出与研究目的相一致的衡量标准，这些标准就是能够对现象或群体加以刻画的基本变量。对于旅游者来说，这些变量既可以是社会的、经济的，也可以是心理的。借助于这些变量，可以把过夜旅游者或不过夜旅游者再细分为若干亚类，从而在不同层面上描述其特征。很显然，通过这一途径获得的有关旅游者的资料，对于旅游经营决策是十分有价值的。

### （一）根据旅游者的人口统计特征划分类型

旅游者的人口统计特征是较为直观、确定、重要的描述项目，每一个项目对旅游者的活动都有明显的解释力。大量的实际调查结果已经得到证实，在性别、年龄、受教育程度、职业、家庭收入和家庭构成等方面有所不同的旅游者，在旅游的活动方式和消费水平上均有明显的倾向性。所以，人口统计特征在许多情况下就成为人们预测一个地区发送旅游者人次以及旅游者旅游取向的重要依据。

### （二）根据旅游者的个性心理特征划分类型

个性又称人格，“是个体内在的在行为上的倾向性，它表现一个人在不断变化中的全体和综合，是具有动力一致性和连续性的持久的自我，是人在社会化过程中形成的给予人特色的身心组织”①。不难想象，如果我们已经认识一个人的个性特征，那么，就可以预测此人在一定环境下的行为趋向。

按旅游者的个性心理特征进行分类，需要借助于有关人格的理论研究成果。在这个领域中美国心理学家斯坦利·普劳格（S. Plog）所做的研究影响较大。普劳格在其研究中试图发现人的个性差异，并用“自我中心型”（psychocentric，或译为“内向型”“安乐小康型”）与“多中心型”（allocentric，或译为“外向型”“追新猎奇型”）来分别描述两种对立性格的人。按照他的解释，“自我中心型”的人表现为自律、神经质、缺乏冒险意识，而“多中心型”的人则表现为自信、追求新奇和冒险、富有探索精神。在对这个由 4000 人构成的样本进行的分析中，普劳格发现，估计在总人口中个人的个性特征可能接近于正态分布，而且还发现，个人收入与个性并不相关，但在两个极端却又表现出例外，即“多中心型”的人对应于较高的收入，低收入者中有很大比例的是“自我中心型”的人。普劳格转而将这一发现应用于旅游者个性研究，从而观察到两组具有不同旅游特征的旅游者：“自我中心型”旅游者喜欢到熟悉的目的地旅游，

① 陈仲庚、张雨新：《人格心理学》，辽宁人民出版社，1986 年版，第 50 页。

活动项目较少，喜欢开车前往，喜欢沉浸于熟悉的氛围之中，倾向团体旅游方式。与此相反，"多中心型"旅游者喜欢独立的旅游安排，更喜欢飞往目的地。普劳格还发现，"多中心型"个性的人常常是一个旅游目的地的第一批拓荒者，而"自我中心型"个性的人却往往成为旅游目的地最后一批恋恋不舍的客人。①

普劳格的个性心理模式可以用图 3-2 予以解释：

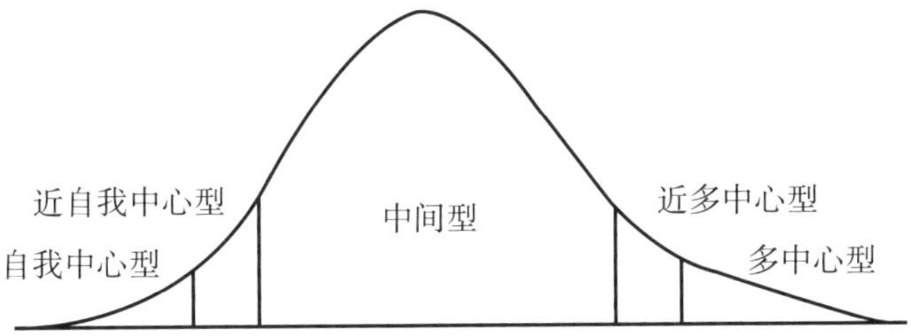


**图 3-2 普劳格的旅游者个性心理模式**

可以看出，普劳格的模式尽管在理论上有重要的价值，但在实际应用中仍会遇到许多障碍，这也是目前在心理学的研究中尚不够成熟的情况下企图从个人心理角度揭示旅游者特征所共同面临的问题。但是，普劳格的模式与其他喜用描述性语言将旅游者硬性划分成若干似是而非的类别的做法最大的不同在于，他肯定了人在心理上存在着某种连续谱（表现在行为上就是明显的弹性或灵活性），也肯定了人与人之间心理上的交叉与对比。例如，美国有人将旅游者几乎均等地分成多虑型、文静型、多话型、不拘礼节型、深思熟虑型、性情急躁型、友好型和无所不知型②，显然在分类依据上有不统一的逻辑问题，同时也忽略了人在性格上的不稳定性和不显著性这样的事实。因为不管从理论上推测还是寻求统计上的事实证明，都能肯定人类的众数是"平均人"（比利时统计学家奎特勒提出的这个名词曾受到马克思的批判），而不是极端分子（否则也不成其为极端了）。普劳格的模式恰当地反映了这一事实。

**（三）按旅游者的旅游特征分类**

旅游者的旅游特征体现十分复杂，包括旅游的组织方式（散客还是团体、包价还是支付基本价）、旅游时间长短、旅游线路选择、旅行交通方式、住宿的类型等。这些特点对了解旅游者的需求偏好从而制定适当的营销策略至为关键。限于篇幅以及人们在这方面已经做的大量工作，本书在这方面不做进一步展开。

## 第二节 旅游资源

直到目前为止，在旅游学术界，由于对旅游这一核心概念的泛化理解，使人们始

① S. Plog. *Why destination areas rise and fall in popularity*. Cornell Hotel Restaurant and Administration Quarterly, 1974.

② 若泽·塞依杜：《旅游接待的今天和明天》，旅游教育出版社，1990 年版，第 47 页。

终不能统一对旅游资源的认识。到底什么是旅游资源？旅游资源与旅游产品之间到底是一种什么样的关系？旅游资源具有何种基本特征？对于这些根本性的问题，人们虽努力加以解释，但总体上仍然矛盾百出。从一些学者所做的综述来看，[①] 在这方面的学术观点真可谓“各抱地势，钩心斗角”，差异甚大。

## 一、旅游资源的定义

理解旅游资源这一概念（当然也包括其他一系列与旅游相关的概念），必须在核心点上谋求与旅游概念的内涵达到统一。只有这样，才能避免泛化和偏颇的结论，才能抓住旅游资源最本质的规定性。基于这种认识，就不难看出，传统上人们对旅游资源的各种诠释，都或多或少失之于认识上的功利性、片面性和宽泛性。

保继刚、楚义芳和彭华在其合著的《旅游地理学》一书中，提出“旅游资源是指对旅游者具有吸引力的自然存在和历史文化遗产，以及直接用于旅游目的的人工创造物”[②]。这是一个比较好的定义，但在笔者看来，仍由于将“直接用于旅游目的的人工创造物”纳入资源范畴而存在泛化倾向，并因此会造成人们对旅游资源、旅游产品和旅游吸引物三个概念的外延认识不清（当然，保继刚等人在此书中也曾对旅游资源与旅游吸引物的区别加以解释）。

郭来喜先生在这一方向上走得比较远一些。他认为，“凡是能为人们提供旅游观赏、知识乐趣、度假疗养、娱乐休息、探险猎奇、考察研究以及人民友好往来和消磨闲暇时间的客体和劳务，都可称为旅游资源，是发展旅游业的物质基础”[③]。且不说定义中有矛盾的地方（如“劳务”与“物质”），单就其所指的现象的范围而言，几乎可以说什么都是旅游资源（唯独可能排斥了像非物质文化遗产这样的资源）。比如把旅游企业的劳务——这一概念具有明确的经济学意义——也视为旅游资源，而且在定义中还缺乏像保继刚等人所做的进一步的规定性，如地域性这种带根本性的规定。

受这种认识的影响以及可能对笔者在一篇文章中[④] 对旅游吸引物（在下文我们将看到它本不同于旅游资源）内涵的扩展的误解，杨振之进一步发展了他的旅游资源定义，“对于旅游者来说，（旅游资源）就是旅游目的地及有关旅游的一切服务和设施；对于旅游地来说，（旅游资源）就是客观存在着的客源市场”[⑤]。这种认识显然是接受了李涛提出的双向吸引模式[⑥]。这种提法在20世纪90年代末期的中国旅游学术界似乎受

① 李新建、张辉、秦宇：《旅游资源的深层思考》，《桂林旅游高等专科学校学报》，2003年第3期。
② 保继刚、楚义芳、彭华：《旅游地理学》，高等教育出版社，1993年版，第52页。
③ 郭来喜：《人文地理学概论》，科学出版社，1985年版。
④ 谢彦君：《旅游地生命周期的控制与调整》，《旅游学刊》，1995年第2期。
⑤ 杨振之：《旅游资源开发》，四川人民出版社，1996年版，第29、33页。
⑥ 李涛：《论旅游者与旅游资源的双向吸引模式》，《旅游学刊》，1993年第1期。

到一定的认可，例如，原本将旅游资源定义为“凡能激发旅游者旅游动机的，能为旅游业所利用的,并由此而产生经济效益和社会效益的自然和社会的实在物”① 的孙文昌先生，在他后来出版的《旅游资源学》一书中也放弃了原来的观点，认为“旅游资源是指自然界或人类社会中凡能对旅游者产生吸引向性、有可能被用来规划开发成旅游消费对象的各种事与物（因素）的总合。简单地说，旅游资源是能够诱发旅游动机和实施旅游行为的诸多因素的总合。它不仅是作为一定地理空间范围内的旅游目的地，也包括旅游者和各种能传达旅游地相关信息的事与物”②。

从表面上看，这种基于“双向吸引模式”所引起的对旅游资源的泛化理解似乎体现了一种全新的“系统的旅游资源观”，使旅游资源成为由旅游地、旅游服务及旅游服务设施和旅游客源市场诸要素综合构成的复合体。但这种观点忽略了一个根本性的问题，那就是，当旅游资源真的能像一般消费品那样被旅游者吸引到旅游者所在地时（也即旅游资源具有可移动的特性），那么这时已经不存在旅游资源了，因为此时旅游以及旅游者先已不存在了（人们不再需要离开常住地便可利用该种资源了，这时，供人们使用的这种资源实际上是一种普通的日常休闲资源）。这样一个简单而明了的事实，足以从根本上推翻上述观点。

那么，到底应如何界定旅游资源呢？笔者认为，把握并承认以下事实至为关键：

首先，旅游资源因可以向旅游者提供休闲体验的凭借而对旅游者具有某种吸引力，不具有这种吸引力的任何资源形式都不是也不会成为旅游资源。因为，从旅游的定义我们已经看出，旅游的本质的规定性就是旅游者对愉悦性休闲体验的追求。

其次，作为一种资源形态，旅游资源主要存在于一种潜在的待开发的状态，同时也包括已开发但尚未得到完全开发的那一部分资源。旅游资源的存在形态因其被开发的程度而大体上表现为两种：一种是处于原始状态的旅游资源，虽具有旅游吸引力，但由于未经过人类的大规模、产业化开发，尚不能成为多数旅游者的旅游对象（在这里我们要特别强调的是，旅游资源的开发并不是一个将非旅游资源的资源转变成旅游资源的过程，而是一个将潜在旅游资源转变成现实旅游产品的过程；不是一个创造和仿制过程，而是一个利用或深度利用的过程；是一个经济过程，一个明确或变更资源产权关系的过程）；另一种则是已经被部分地开发利用了的旅游资源，而且，这些旅游资源的某些部分已经被当作旅游产品的一部分——比如长城的八达岭部分——而可以将其使用权转卖出去（在富裕社会也许是被无偿出让出去）。至于那些虽曾有过旅游价值或虽曾被开发利用过，但目前已经丧失其价值并已被旅游者所抛弃的旅游资源，便不再是旅游资源了。

再次，旅游资源完全因他目的而生成或存在，只是由于人们价值观的缘故而在一

① 孙文昌、陈元泰：《应用旅游地理学》，东北师范大学出版社，1990 年版，第 24 页。

② 苏文才、孙文昌：《旅游资源学》，高等教育出版社，1998 年版，第 2 页。

定历史时期成为旅游资源。任何作为旅游资源的自然存在、历史文化遗产和社会现象，都不是造物主或人类出自满足旅游者需要的缘故而将它们生产出来并准备出卖出去。它们之所以存在，完全是自然的无意志造化或人类因其他功利性目的而创造的成果，是先旅游而客观地存在着的自然或人文因素。相对于旅游而言，它们是自在之物或独立之象，当人类的审美意识或旅游价值观不能接纳这些物象时，它们仍为原来的功用而存在；当人们的旅游意识垂青于它们时，它们遂成为旅游资源（当然，这里要肯定的事实是可以成为旅游资源的某种资源客观地具有某种可供进行旅游体验的元素）。① 从这一点看，旅游资源存在着本体和其符号象征之间的复杂关系。一个先旅游而存在的客观实体之所以成为旅游资源，在于其符号意义的旅游价值。

最后，旅游资源不管是以单体或复合体的形式存在，都依托于一定的地域空间，是绝对不能移动的。这一点既决定于旅游资源本身的内涵，也根源于作为前提的旅游这一概念所具有的特征。因为，在现实中发生的诸多似是而非的"旅游资源移动"，不外两种基本情况（刘振礼先生列举了五种，其中有一部分已经可以被毫无异议地排除在旅游资源之外了②）：一种是人们模拟旅游资源而在异地所做的开发，而旅游资源的本体在原地并未消失。因此，这根本算不上是移动，仅仅是旅游产品在异地的创制与生产（以出卖为目的），并且，这种产品与旅游资源本体相比在价值上一般都要大打折扣，这是由模仿的性质和能力所决定的。另一种是所谓的人们将原始旅游资源全盘迁往异地（即移向一些人所谓的客源地，至于一些小尺度的搬迁则不在此列）。原地不再有原来的旅游资源本体（这通常仅对于不依赖于环境而存在的单体旅游资源适用），这种情况虽属真正意义上的资源迁移而非产品生产，但旅游资源一经如此迁移之后，便不再是旅游资源了——因为这时已在根本上消灭了旅游和旅游者，人们不需离开常住地便可以日常休闲的形式享受这些资源，于是，原来的旅游资源成了普通的休闲资源。只有当它有朝一日再构成一种对外地（即第三地）旅游者有吸引力的因素时，它才重新再成为旅游资源，而这时，对这种第三地的新的旅游者而言，它又是不可移动的。

在这里似乎引发了一个新的问题，像第一种情况，是否意味着旅游产品就是可移动的？我们的结论是否定的。在后文将看到，旅游产品也和旅游资源一样，具有不可移动性。这在逻辑上也很容易理解，只有旅游的对象物是不可移动的，旅游者才必须是要移动的。对此我们将在第三节探讨旅游资源与旅游产品、旅游吸引物的区别时进一步论述。

---

① 比如，山川大泽是自然的造化，故宫是昔日皇帝行政之所，长城有御敌之用，大学校园是教育场所。所有这些，只要有旅游者欣赏的话，都可以成为旅游资源。

② 刘振礼：《创造性，旅游开发的灵魂》，《旅游学刊》，1995 年第 4 期。在这篇文章中，作者阐述了他对旅游资源双向吸引模式的异议，以及对旅游资源不可移动性的坚持。可惜他在论及"移动"与"仿造"的差别时，仍有捉襟见肘之感，仔细分析，原因似乎盖出于他企图用旅游资源去涵盖那些本属于旅游产品的范畴。

按照这样的认识，我们可以对旅游资源下这样的定义：

旅游资源是指先于旅游而客观地存在于一定地域空间并因其对潜在旅游者所具有的休闲体验价值而可供旅游产业加以开发的潜在财富形态。

按照这一定义，旅游资源可以是有具体物质形态的单体或复合体，如风景、文物，也可以是综合地利用着复杂的物质形态而呈现的社会文化现象了，如民情风俗等非物质文化遗产。具体地说，这个定义包括以下一些命题：

第一，相对于旅游者而言，旅游资源始终存在于旅游目的地，不存在将旅游资源移到旅游客源地的可能性；

第二，"资源"的概念本身即含着"有用"之意，因而，旅游资源应是对形成从客源地到目的地的客流恒起作用的促进因素，是一种"拉力"；对旅游业来说，旅游资源则是一种可以利用而且在数量上稀缺的经济资源。从这两方面看，旅游资源实际上是一种潜在的财富形态。

第三，旅游资源应该是直接用于欣赏、消遣等的因素，能满足旅游者休闲体验的目的，而不包括为了达到这些目的所必须使用的纯粹接待因素（所以，类似于饭店等媒介性因素，就不构成旅游资源，除非在其基本功能已经发生异化的情况下）；

第四，旅游资源的本体并不能独立决定其旅游价值或旅游开发价值，它还需要人类旅游价值观的赋予。因此，是否属于旅游资源以及这种旅游资源的价值到底有多大，在不同的文化、历史、社会条件下，会有不同的结论。比如，在一个地方纯粹属于接待的因素，在另一个地方却可能异化为旅游资源①；

第五，旅游资源的本体是一种先旅游而存在的物象，它可以按旅游的目的加以开发利用，但不能创制，脱离于这种本体而创制、仿造、移植的旅游对象物，不是旅游资源而是旅游产品，而且是所谓资源脱离型旅游产品（参阅旅游产品一节）；

第六，旅游资源可以成为旅游产品，即所谓资源依托型旅游产品（参阅旅游产品一节）。在这种情况下一般构成旅游产品的核心成分，并应成为产品价值的主体和定价的主要依据。②

## 二、旅游资源的特征

从上面的定义可以看出，旅游资源是一种特殊的资源。它除了具有一般资源所共同拥有的诸如稀缺性、有用性之外，还具有以下独立的特征：

1. 可体验性

任何资源都要对人类有用，而旅游资源主要是对旅游者有用，从而对旅游产业有用。这种效用的基点体现在使旅游者可以凭借它获得愉悦的心理体验。通过这种体验

---

① 保继刚、楚义芳、彭华：《旅游地理学》，高等教育出版社，1993年版，第52页。

② 谢彦君：《观光旅游产品的价值构成及其补偿问题初探》，《旅游经济》，1995年第4期。

过程，不同的旅游者得以分别或同时满足不同层次的心理需要，即在美感陶醉中获得精神愉悦，在广闻博见中得到充实自我的精神满足，在移情、寄情中满足释放情感的欲望。不管是哪一种旅游资源，无论是名山大川、奇石异洞、海湖泉瀑、风花雪月，还是文物古迹、民族风情，都应该具备这样的基本功能。一般而言，旅游资源的美学特征越突出，观赏性越强，对旅游者的吸引力越大，它的体验功能也就越强。

在传统上，人们论及旅游资源时，总是将旅游资源看作是具备多种功能的复合体，而且这些功能有时还可以变换它们的主次关系。例如，人们常常罗列旅游资源的价值为观赏价值、科学价值和历史文化价值。人们一直没有注意到，这种价值分类方法掩盖了作为旅游资源核心价值成分的愉悦性体验价值的地位，也混淆了其间相互关系的性质。实际上，观赏或体验价值是旅游资源的核心成分，而科学价值与历史文化价值是旅游资源价值系统中的附加成分，因为，并非每一种旅游资源都拥有科学价值和历史文化价值，但任何一种旅游资源都必须能唤起旅游者的审美和愉悦感受，旅游者面前的旅游资源不是一部艰深的科学论著或文化读本（它们对科学家或学者是很有吸引力的，但纯粹的科学考察或社会研究已算不上旅游），而是获得愉悦性休闲体验的凭借（当然，寓教于旅的现象也是非常普遍的，但这并不改变问题的本质）。

2. 自在性

旅游资源的自在性是指旅游资源的本体存在与旅游、与旅游业是不相干的，它们是先于旅游和旅游业而存在的。比如，北京故宫的原始功能是皇帝行政的地方，万里长城的原始功能是抵御外敌的屏障，而黄山则是天造地设之物，它们与旅游本无关系。在我们前文的定义中，旅游资源是指那些客观上已经自然地或社会地存在着的或因其他功用而被创制出来的事与物（其中有的已经被开发为旅游产品，有的还仅仅具有潜在的旅游价值），[①] 并不包括那些不依赖既有旅游资源而仅凭生产企业的人财物力便可无中生有地创制出来的一些人造景观（这些人造景观属于另一种旅游产品，见后文）。因此，旅游资源是一种不以旅游产品生产企业的意志为转移的自在的或先在的物象，旅游企业只能对它加以开发利用，而不能生产。根据旅游资源本体所做的任何仿制，都只能生产出没有同等价值的赝品（它们是旅游产品），这和仿制艺术品是同样的道理。经过开发而成为旅游产品的旅游资源，构成了该种旅游产品价值的核心和主体成分，是在旅游产品定价时应该予以充分考虑的重要因素。

---

① Davydd J. Greenwood 为了强调不应该把“本地文化”作为商品来对待，特别指出要看某种文化活动是为谁举办的。他以西班牙原始的Alarde仪式为例，说：“最重要的一点就是Alarde是为谁举办的。显然，它不是为外来人举办的。它是一种仪式。其重要性和意义在于全城人民的参与和凝聚力，而所有参与者和旁观者对于其中的主要象征意义都能真正理解。……它是一种为参与者举办的活动，不是一种演出（当然，让Greenwood耿耿于怀的是，这种原始的仪式后来真的被以演出的形式出卖了。而且一天表演两次！结果是，仪式成了赚钱的演出，文化意义完全丧失）。”参见Valene L. Smith. *Hosts and Guests: The Anthropology of Tourism*. University Pennsylvania Press, 1989。读者在这里，结合后边的旅游产品，可以思考一下旅游产品与旅游资源的关系。

旅游资源体（如山水树木、亭台院落等）本身作为独立于旅游之外而存在的物象，它能否真正成为旅游资源，受各种因素的影响。其中，时间、空间、人类偏好等因素是最重要的因素，在这些因素上所表现的不确定性会使该资源体在不同时代、不同地域、不同人群或社会当中的旅游价值大相径庭。具体表现在：

（1）时代差异使同样的资源体具有完全不同的旅游价值。旅游资源的本原在于它具有的可以满足人们旅游体验需要的功能。尽管这种功能的存在有其客观性，但从历史上看，人类的审美能力和体验要求确实是随着社会实践的发展而逐步形成、发展和丰富起来的。因此，在不同的时代，人们对自然和社会的存在是否可以构成旅游资源的价值判断，就会表现出极大的差异。这种差异概括起来有四点：一是旅游资源随时代的需求而产生、发展，品种数量正在成倍增加；二是随着时代的发展，古代部分旅游资源已走向淘汰、消失；三是旅游资源因时代的差异而评价不同；四是因时代不同，旅游资源的功能也不同。①

（2）旅游者的民族或文化差异也使同样的资源体的旅游价值有所不同。旅游资源的价值在于满足旅游者的心理需要。由于旅游者生活于不同的文化背景之下，因此，其旅游需要自然要受到文化因素的影响，从而也影响生活于不同文化背景之下的旅游者对旅游资源的价值判断。毫无疑问，对于都市居民来说，大山里的古木怪石、松涛月色足可以唤起他们强烈的心灵震撼和审美愉悦，而对长期蜗居于此的山民来说，面对这一切却可能麻木不仁，或者产生一种由衷的恐惧和厌恶，因为长期的甚至尚在继续的生活斗争使他们对这一切只有畏却心理，而没有审美要求。都市风光在城市居民和原始人群的眼中也肯定具有完全不同的理解。以此类推，生活在东西方不同文化背景之下的人们，既可能创造不同的文化旅游资源，也可能拥有不同的旅游资源观。由此可见，一个民族在理解一种资源的旅游价值时，因受其文化特殊性的影响，必然产生明显不同于另一民族的判断。换言之，一种自然存在或社会现象是否会成为旅游资源，也会因民族或文化的差异而不同。

（3）地域差异导致有些旅游资源在宏观尺度上形成了明显的区域分异规律。这种区域分异性是从区域总体上看而得出的旅游资源的基本特征，而不是单就某个个体旅游资源元素而言的。实际上，这种区域分异是造成人们以旅游形式达到愉悦性休闲体验目的的根本原因。正是由于旅游资源在区域上的差异分布，才形成了旅游者的大尺度空间流动。

旅游资源的区域分异，是由自然地理和人类社会活动的一般规律所决定的②，并由此形成了在不同纬度和经度上旅游资源的地带性分布特性，以及在相同经纬度上可能表现出的垂直地带性分布特性。例如，在气候湿热的热带和亚热带，除了繁茂而绚丽多彩的植物以外，地表和地下的岩溶也十分丰富，从而在地表形成大量孤峰、石林、石芽等峰林地貌，在地下形成繁杂多样的溶洞、地下河、石笋、石柱、石灰华、钟乳石，

① 吴昭谦：《旅游资源的时代变异和开发趋势》，《徽州社会科学》，1991年第4期。

② 李永文：《中国旅游资源地域分异规律及其开发研究》，《旅游学刊》，1995年第2期。

在这里生活的人们也积累了独特的文化，有着浓郁的热带风情。而在气候寒冷的寒带和极地，主要是针叶林和冰原景观，生物种类匮乏，一派肃杀气氛，这些与在此生活的人（如因纽特人和他们的猎狗、雪橇等）一道构成了另一种生动而独特的社会景象。

由于旅游资源的区域性特征产生于宏观尺度的背景之下，使得旅游资源嵌生于一种无法脱离的宏观环境之中。且不说一些单体的自然旅游资源往往离不开其生成的环境，勉强移植异地也会出现“南桔北枳”的尴尬，就是那些与人相关的社会因素，也难以与原来存在的背景相剥离。拿可以作为旅游资源的社会风情来说，这就是一种十分综合的现象，不仅具有时间上的长期性和文化上的遗传性，更具有空间上的相对封闭性，这使我们无法把构成一地独特社会风情的综合因素加以分解，勉强分解的结果也只能使之成为失去了旅游价值的一般社会现象。比如，傣家的泼水节如果没有西双版纳美丽的热带风光的烘托，没有傣家竹楼的点缀，可能是很滑稽的一种事情；要看达·芬奇的蒙娜丽莎画像，我们可能会说：这幅画像最好是在遥远的欧洲看，在别具情调的法国看，在浪漫的巴黎看，在大师作品琳琅满目的罗浮宫看。这就是旅游的魅力，也是旅游的真谛所在。旅游资源的这种区域性特征，赋予一国或一地区对该种旅游资源的垄断，使简单的仿制无法与本体旅游资源相比拟。正如苏文才与孙文昌所言：“尽管许多有关民族风情的主题园仿制了逼真的诸如竹楼、蒙古包等兄弟民族的村寨或居室，但它缺乏地域背景、周边环境与民族习俗的依托，在游客的视域中，真假泾渭分明，无法替代。那些历史感强的资源，更无法离开特定地理环境的历史背景，否则将失去其本身的历史价值和观赏价值。长江三峡、桂林山水、壶口飞瀑等资源的特定地理环境，更是无法用人工力量来搬迁或异地再现。”①

3. 潜在性

旅游资源的存在形态是潜在的。换言之，任何旅游资源，对旅游产业而言，都具有潜在的开发和利用价值。虽然对于个别旅游者来说，一些旅游资源即使没有经过开发，其旅游价值有时也可以直接加以利用，但从现代的旅游意义上来说，真正对大众旅游者有价值的旅游资源必须经过一定的开发过程才能为大众旅游者大规模利用。也就是说，旅游资源要经过旅游产业的加工，经过追加一定量的为旅游而投入的劳动，这种旅游资源才能为旅游者所利用。但是，需要注意的是，旅游资源一旦经过这个加工过程，就立刻转化为旅游产品（参阅旅游产品一节）。所以，在概念层面来说，旅游资源的存在形态总是潜在的。

4. 不可转移性

正是由于旅游资源所具有的地域性、自在性特征，决定了旅游这种特殊的人类活动现象必须表现出暂时的和异地的特征，来解决旅游资源不可移动性的矛盾。由此可见，旅游资源的不可移动性与旅游的异地性，双方互为前提，缺一不可。这一事实虽然显而易见，但却基本上完全被人们忽略了。

旅游资源的不可移动性包含三方面的内容：一是旅游资源的本体不能朝向旅游

① 苏文才、孙文昌：《旅游资源学》，高等教育出版社，1998 年版，第 4 页。

者移动，否则就将在根本上消灭了旅游者，该种资源也不成其为旅游资源，而成为可以为当地人所利用的普通休闲资源。这里需要提醒的是，有人以被真实地移动了的旅游资源或旅游产品（如嘉年华旅游项目）来证实资源的可移动性，并再以该资源依然可以吸引第三地游客前来游览证实该资源依然是旅游资源。这本身存在着逻辑上偷换概念的区位谬误，是在不知不觉间转换了言语的语境。二是当旅游资源被开发成旅游产品并被出售时，资源乃至产品的所有权不能转移。三是旅游资源个体的小尺度搬迁（如塔、庙等的近距离迁移）并没有在根本上改变旅游资源的不可转移性。因为没有改变旅游者依然要跨越空间前往旅游资源所处的异地进行旅游的事实。根据这一特点，认为将旅游地划分为客源型旅游地、资源型旅游地和客源资源兼有型旅游地在理论上有颇多不妥之处[①]。

## 三、旅游资源的分类

在旅游学、旅游地理学和区域旅游资源的调查研究与开发方案的编制过程中，都要涉及旅游资源的分类问题。一般来说，比较普遍的分类法是将旅游资源划分成自然旅游资源和人文旅游资源两大类。所谓自然旅游资源即是依照自然发展规律天然形成的旅游资源，是可供人类旅游享用的自然景观与自然环境，它寓于自然界的一定空间位置、特定的形成条件和历史演变阶段。所谓人文旅游资源则是在人类历史发展和社会进程中由人类社会行为促使形成的具有人类社会文化属性的悦人事物，其形成和分布不仅受历史、民族和意识形态等因素的制约，而且还受自然环境的深刻影响。

**表 3-1　自然旅游资源分类**

<table>
<tr><th>大组</th><th>类</th><th>旅游景观</th><th>举　例</th></tr>
<tr><td rowspan="12">岩石圈旅游资源</td><td rowspan="5">地质旅游资源</td><td>地层旅游景观</td><td>层型地层剖面</td></tr>
<tr><td>古生物旅游景观</td><td>古人类古脊椎化石产地</td></tr>
<tr><td>内动力地质作用旅游景观</td><td>典型构造、火山、地震</td></tr>
<tr><td>外动力地质作用旅游景观</td><td>古冰川遗迹</td></tr>
<tr><td>矿产地质旅游景观</td><td>现代矿山、古矿遗迹</td></tr>
<tr><td rowspan="4">地貌旅游资源</td><td>剥蚀构造地貌旅游景观</td><td>断块山地</td></tr>
<tr><td>构造剥蚀地貌旅游景观</td><td>侵入体地貌、丹霞地貌</td></tr>
<tr><td>剥蚀地貌旅游景观</td><td>岩溶峰林、雅丹地貌</td></tr>
<tr><td>堆积地貌旅游景观</td><td>沙丘、鸣沙山</td></tr>
<tr><td rowspan="3">洞穴旅游资源</td><td>岩溶洞穴旅游景观</td><td>石灰岩溶洞</td></tr>
<tr><td>火山熔岩洞穴旅游景观</td><td>玄武岩岩洞</td></tr>
<tr><td>其他洞穴旅游景观</td><td>砂岩潜蚀洞</td></tr>
</table>

① 梁明珠：《客源型旅游地旅游资源开发刍议》，《旅游学刊》，1995 年第 4 期。

续表

| 大组 | 类 | 旅游景观 | 举　例 |
|---|---|---|---|
| 水圈旅游资源 | 海洋旅游资源 | 海滨海滩旅游景观 | 海滨浴场 |
| | | 海岛旅游景观 | 大陆岛、大洋岛 |
| | | 珊瑚礁旅游景观 | 大堡礁海洋公园 |
| | | 海潮海浪旅游景观 | 钱塘江潮 |
| | 河流旅游资源 | 湍急涧溪旅游景观 | 秀姑峦溪 |
| | | 瀑布旅游景观 | 岩溶瀑布、断层瀑布 |
| | | 峡谷旅游景观 | 长江三峡 |
| | | 人工河道旅游景观 | 南北大运河 |
| | | 河流三角洲旅游景观 | 多瑙河三角洲 |
| | 湖泊旅游资源 | 构造断层湖旅游景观 | 青海湖、死海 |
| | | 泻湖旅游景观 | 太湖、七里海 |
| | | 河迹湖旅游景观 | 江汉平原、洪湖 |
| | | 冰川湖旅游景观 | 新疆天池、四川新路海 |
| | | 风蚀湖旅游景观 | 居延海、月牙湖 |
| | | 岩溶湖旅游景观 | 贵州草海、云南剑池 |
| | | 堰塞湖旅游景观 | 四川迭溪湖 |
| | | 人工湖旅游景观 | 浙江千岛湖 |
| | | 火山湖旅游景观 | 白头山天池 |
| | 冰川旅游资源 | 极地和亚极地冰川旅游景观 | 冰岛、阿拉斯加冰川 |
| | | 温带和热带高山旅游景观 | 沃尔顿冰川公园 |
| | 地下水旅游资源 | 泉水旅游景观 | 泉城济南 |
| | | 热气泉旅游景观 | 美国黄石公园 |
| | | 地下河旅游景观 | 贵州龙宫地下河 |
| | | 泥火山和泥泉旅游景观 | 台北高雄泥火山 |
| | | 坎儿井旅游景观 | 新疆吐鲁番盆地 |
| | | 龙眼旅游景观 | 辽宁金县东海岸 |
| | | 泉华旅游景观 | 西藏钙华石林 |
| | | 古井旅游景观 | 故宫珍妃井 |
| 生物圈旅游资源 | 植物旅游资源 | 森林景观与森林公园 | 莫斯科伊兹麦尔森林公园 |
| | | 植物自然保护区 | 浙江天目山、广东鼎湖山 |
| | | 植物园 | 英国皇家植物园 |
| | | 花会旅游景观 | 羊城花会、牡丹花会 |
| | | 旅游区中的植物景点 | 古柏、大树王、奇花异草 |

续表

| 大组 | 类 | 旅游景观 | 举 例 |
|---|---|---|---|
| | 动物旅游资源 | 特殊动物群落旅游区 | 蛇岛、鸟岛 |
| | | 野生动物自然保护区 | 四川卧龙大熊猫自然保护区 |
| | | 动物园（馆） | 综合动物园、水族馆 |
| | | 玩赏型动物旅游资源 | 娱乐、休憩、体育动物 |
| 大气圈旅游资源 | 气象旅游资源 | 极光旅游景观 | 北欧、北美、阿拉斯加 |
| | | 佛光旅游景观 | 峨眉山、德国阿尔兹山 |
| | | 海市蜃楼旅游景观 | 山东蓬莱 |
| | | 云雾旅游景观 | 黄山云海 |
| | | 烟雨旅游景观 | 嘉兴南湖 |
| | | 雪霰旅游景观 | 雪景、雪凇、冰挂 |
| | | 云霞旅游景观 | 朝霞、晚霞 |
| | 气候旅游资源 | 避暑型气候 | 庐山、北戴河、冰岛 |
| | | 避寒型气候 | 海南岛 |
| | | 阳光旅游资源 | 滨海阳光与极地白夜 |
| | 空气旅游资源 | 绝对洁净空气 | 青藏高原、极地 |
| | | 相对洁净空气 | 人烟稀少的高山、海滨 |
| | | 森林型洁净空气 | 原始森林、森林公园 |
| 宇宙太空天文旅游资源 | | 星体旅游景观 | 月球、星球 |
| | | 天文观测旅游景观 | 日食、月食、宇宙尘 |

1. 自然旅游资源

自然旅游资源的形成有其一定的地学条件。从宏观的角度来看，它是地球表层所有自然要素之间相互联系、相互制约以及规律运动的结果。例如黄山自然旅游景观的“四绝”——奇松、怪石、云海、温泉，即决定于垂直构造节理发育的花岗岩山岳地貌，温暖的气候，茂盛的植被以及特定的涌泉条件。

对自然旅游资源的分类，历来有不同的原则和角度。通常是有五种不同类型的分类方法：[①]

（1）以旅游资源形成的自然要素为依据的分类方案。将所有自然旅游资源划分为地质旅游资源、地貌旅游资源、水文旅游资源、气候旅游资源、植物旅游资源、动物旅游资源和天文旅游资源等，或分为风景地质、风景山岳、风景水和风景生物等。

（2）以旅游资源的自然地理环境为主的分类方案。将所有自然旅游资源划分为山岳型旅游资源、高原型旅游资源、冰川型旅游资源、草原型旅游资源、平原型旅游资源、沙漠型旅游资源、海岛型旅游资源、滨海型旅游资源、湖沼型旅游资源和江河型旅游资源等。

① 邹统钎：《旅游开发与规划》，旅游教育出版社，1993 年版，第 15 页。

（3）以旅游资源的旅游功能为主的分类方案。将自然旅游资源划分为观光型旅游资源、避暑型旅游资源、避寒型旅游资源、疗养型旅游资源、度假娱乐型旅游资源、探险寻幽型旅游资源和科学考察型旅游资源等。显然，这种分类将旅游需要剥离为几种不同的单纯类型，既不符合事实，也与我们对旅游以及旅游资源的定义相悖。因为，若仅仅为了避暑、避寒，足不出户也可以做到，何需旅游？而纯粹的科学考察绝非旅游者的事情。在一般情况下，这种分类适合于企业界的最初投资决策和产品组合决策。

（4）以自然旅游区内景点分布格局与组合形式为分类原则的划分方案。将以自然旅游资源为主的旅游区划分为会聚型、辐射型、散点型、单线型、环型、复环型等。这种分类实际上是对作为旅游产品的旅游区的分类，而不是对旅游资源的分类。

（5）以自然旅游资源在自然界分布或出现的频率的高低为依据的划分方案。将所有自然旅游资源划分为常见型、普通型、特殊型和奇异型等。

在各种旅游资源的分类方案中，将旅游资源的成因以及综合环境因素作为分类原则的方法比较具有根本性。表 3-1 的分类可以说是这种分类的代表。

2. 人文旅游资源

人文旅游资源是古今人类各种社会文化活动的结果，其形成与分布不仅受历史、民族、意识形态等方面因素的制约，还受到自然环境的深刻影响，并形成了明显的地域特征。这种特征使一地区的人文因素成为吸引旅游者前来观光的旅游资源。

对人文旅游资源的分类，历来也有不同的方法。在 1986 年由中国科学院遥感应用研究所阎守邕等人起草的旅游资源分类编码体系中，曾将人文景观分成文物古迹、近代史迹、园林艺术、社会风情、文化艺术、城乡风貌、现代工程、科学技术、旅游设施、交通设施、游乐场所、运动场地等亚类（该分类把旅游资源分成自然风光、人文景观和人文产品）[①]。由于这种分类将一些作为支持物或媒介体的因素都归入旅游资源，因此存在明显的不足。此后，包括 1992 年的《中国旅游资源普查规范》在内的许多分类，虽然在旅游资源中剔除了媒介物因素，但还是将购物品（这并非一个准确的概念）视为旅游资源而保留下来了。实际上，按照本书的逻辑，只要是能够脱离地域环境而存在、能通过运输工具而被运往市场所在地的产品，就不是旅游资源。

在苏文才、孙文昌所编的《旅游资源学》一书中，将人文旅游资源划分为七大类：历史遗迹类、古建筑类、古代陵墓类、城镇类、古典园林类、宗教文化类、社会风情类，比较完整而准确地反映了人文旅游资源的结构，但似乎也未能完全避免交叉或遗漏。

现在我们将人文旅游资源划分为五大类：遗址遗迹类、建筑与居落类、陵墓类、园林类、社会风情类（见表 3-2）。

---

① 陈安泽、卢云亭：《旅游地学概论》，北京大学出版社，1991 年版，第 45 页。

表 3-2　人文旅游资源分类表

| 类　型 | 旅游景观 | 举　例 |
|---|---|---|
| 遗址遗迹类 | 古人类遗址 | 北京周口店、安徽和县猿人遗址 |
| | 古战场遗址 | 赤壁古战场、五丈原遗址 |
| | 古城遗址 | 楼兰古城、唐长安城遗址 |
| | 古冶窑遗址 | 钧窑遗址 |
| | 石窟、碑碣、壁画、造像 | 莫高窟、杭州飞来峰摩崖造像 |
| | 名人故居 | 杜甫草堂、韶山冲毛泽东故居 |
| | 近现代遗址遗迹 | 井冈山革命遗址、黄埔军校旧址 |
| 建筑与居落类 | 宫殿、坛庙、寺院 | 北京故宫、北京天坛、承德外八庙 |
| | 长城、关隘 | 八达岭长城、山海关城楼、兴城古城墙 |
| | 亭、台、楼、阁 | 颐和园知春亭、青岛胶南琅琊台、岳阳楼 |
| | 厅、堂、榭、舫、廊 | 颐和园长廊、江南园林的四面厅、花厅 |
| | 桥、堰、堤、塘 | 河北赵州桥、都江堰、荆江大堤 |
| | 坊、表、阙、经幢 | 安徽歙县棠樾牌坊群、四川梓潼李业阙 |
| | 古塔 | 大雁塔、杭州六和塔、应县木塔 |
| | 城镇、村落、民居 | 云南丽江城、蒙古包、藏族的碉房 |
| 陵墓类 | 帝王陵墓 | 明孝陵、清东陵、秦始皇陵 |
| | 纪念性陵墓 | 烈士陵园、湖北秭归县乐平里的屈原墓 |
| | 风俗性墓葬 | 乐山崖墓、三峡悬棺葬 |
| 园林类 | 帝王苑囿 | 承德避暑山庄、北京颐和园 |
| | 私家园林 | 苏州园林 |
| | 公园 | 城市公园、绿地 |
| 社会风情类 | 生养婚娶 | 走婚习俗、摩梭人母系氏族家庭 |
| | 饮食起居 | 白族待客三道茶、中国烹饪 |
| | 服饰冠履 | 惠安女装束、彝族服饰、黎族服饰 |
| | 岁时节令 | 汉族重阳节、傣族泼水节、大连服装节 |
| | 游艺竞技 | 踩高跷、跑旱船、跳芦笙、蒙古摔跤 |
| | 宗教信仰 | 佛教、基督教 |
| | 文化艺术 | 京剧、中国画、天津泥人张 |

## 四、旅游资源的开发及其原则

旅游资源开发是人类出自旅游发展的目的通过向旅游资源追加物化劳动和活劳动而使之成为可以被大批量旅游者所利用或享用的对象的技术经济过程。当这种开发的目的是商业性的时候，旅游资源由此而成为旅游产品；当这种开发出自非商业的目的时，旅游资源则由潜在形态转变为现实形态，可以供大众旅游者无偿享用。

显而易见，在这里旅游资源是被当作本身就对旅游者有愉悦性休闲体验价值的客体来看待的，而不是必须要借助于开发才赋予其旅游价值。开发的过程仅仅改变旅游资源的可接近性或可进入性，而并不从根本上改变该资源的旅游价值（这里所说的旅游价值不是指经济学上的价值即物化劳动和活劳动，而是指它所具有的能满足旅游者的愉悦性休闲体验等需要的价值）结构。在现实的旅游资源开发实践中，正是由于缺乏这种认识，才出现一边不惜重金在旅游资源分布区内搞所谓景观建设，做一些画蛇添足、似是而非、弄巧成拙等等令人颇感遗憾的事情，一边同时也在破坏着旅游资源。因此，在旅游资源开发过程中，一定要坚持正确的原则。

1. 保护性开发原则

基于我们对旅游资源性质、特征的认识，在确立旅游资源开发原则时，已经不允许我们像以往那样，摇摆于开发与保护之间，羞羞答答，仿佛这两者是难以割舍而又对立的两极，不可调和。事实上，当我们认识到旅游资源的价值是客观的、自在的，我们就会自觉地在开发过程中去刻意保护这种价值，这样，开发与保护就是统一的。

旅游资源的保护性开发，既体现在开发的工程建设阶段，也体现在后期的运行阶段。在工程建设阶段，要通过严格的环境效应评估（EIA），从可持续发展的高度对项目的环境、经济、社会文化效应进行评价①，以避免项目运行带来的环境破坏、资源耗竭、社会震荡和文化颓败。

在建设内容上，旅游资源的保护性开发原则要求：一方面不能过多地增加足以改变资源价值结构的景观项目，应仅仅在附属设施（包括道路、通信设施、住宿设施等）上进行投资，以改变旅游资源的可进入性，并且，这些功能性设施的建设，也要以不破坏旅游资源的愉悦性体验价值为前提；另一方面，在有限地增加一些景观时，也要谋求其内涵和形式与资源的原有整体风格相协调。

保护性开发并不是把保护绝对化。开发依然是目的，但保护是前提。不管是自然旅游资源还是人文旅游资源，如果不善加保护，最终都将丧失开发和经营赖以存在的基础。30 多年来中国旅游开发实践所走过的曲折历程以及当今在发展的幌子下愈演愈烈的破坏性开发，已经足以令人警醒了②。

2. 社会营销导向原则

对于旅游资源的开发，在我国向来有资源导向和市场导向两种观点。所谓资源导向指是否开发旅游资源的根本依据是当地是否拥有旅游资源，而基本不考虑是否有旅游需求、旅游市场。也就是说，有什么旅游资源，就可以开发什么旅游资源。在这种导向模式下，研究者与开发者对各类旅游资源的特征和价值都研究得非常细致详尽，而他们的主要工作着眼点就在于充分地阐释资源的地貌类型、动植物分科、群落生态、喀斯特作用、环境质量参数、历史和科学意义等特征，最后取得有关旅游资源技术性很强的研究成果报告，并以此为基础决定应开发出什么样的旅游产品。这种思路在总体上曾盛行于我国改革开放之初旅游业刚刚起步的十年左右时间里，但这并不意味着今天各地已经杜绝这种显然不够合理、充满一厢情愿色彩的旅游资源

① 谢彦君：《永续旅游：新观念、新课题、新挑战》，《旅游学刊》，1994 年第 1 期。

② 陆地：《中国旅游景点开发警示录》，《文化报》（武汉），1994—5—20。

开发哲学。

进入20世纪90年代以后，我国旅游资源开发开始更加注重市场的意义，于是出现了所谓的市场或消费者导向。这种导向强调市场的存在与否及其规模和结构特征是决定旅游资源开发规模、指向和层次定位的基本依据。这一思想的现实性恐怕来自这样三个方面的考虑：第一，在多数情况下旅游资源可以且仅仅构成其开发的基础；第二，良好的资源可能因为可进入性差（存在空间障碍和文化障碍等）而不具有开发价值；第三，在没有资源的地方，如果市场需求强劲，也可以生产出某种旅游产品，这说明资源在旅游业经营中不是唯一的决定性因素（参阅旅游业内容）。因此，在现阶段，更多的人坚持在开发旅游资源时，要考虑的第一位因素就是市场是否存在。

然而，旅游资源一般都是十分脆弱的资源，再生能力差，一旦失去，很难恢复。旅游活动既有毁坏自然生态环境的能力，也有摧毁传统文化的倾向，而这两点对旅游本身都可能是致命的。所以，在开发旅游资源时，仅仅秉奉顾客是上帝而不顾及其他的思想已经不符合当代尤其是未来社会发展的需要了。把旅游资源视为一种人类共有的极其稀缺的资源，把旅游企业经营理解成足以影响社会各个集团和阶层利益的社会活动，把企业的利益置于社会大家庭的总体利益之中，旅游企业才有持续发展的可能。这就是社会营销导向的基本思想。在当今时代的中国社会，政府拥有巨大的权力，而扭曲的政绩观背景之下有些政府部门所做出的轻率和功利性决策，恰恰更加紧迫地呼唤着社会营销导向而不是市场导向的旅游资源开发观的推行和实施。

3. 总体规划原则

开发旅游资源的目的是促成旅游资源向旅游产品的转变，使旅游资源成为能够推动地方经济发展和社会进步的一个重要因素。但是，从旅游资源向旅游产品的转化过程，实际上是社会（当然通常是社会的一部分成员）将不属于个别人的自在之物转化为个别人可以从中获得资本增值的一个渠道的过程。在这个过程中，既有收益的空间分配问题，也有代际分配问题；既有局部利益分割的问题，也有对社会利益的关注问题。同时，旅游资源开发还要涉及多种利益集团的得失，还要牵涉复杂的社会、经济、技术因素。因此，应把旅游资源开发工作视为一项系统的工程，对于涉及的各个方面进行统筹考虑，切实地制定出对社会全体利益、长远利益有通盘考虑的发展规划。换言之，旅游开发必须以总体规划为依据，规划先行，这样才能确保旅游资源的可持续开发和利用。当然，目前在相关问题上所存在的规划“纸上画画、墙上挂挂”的普遍现象，则是一个社会问题、政治问题的表现，对这类问题的讨论已经超出了本书的范围。

## 第三节　旅游产品

历来对旅游产品的定义都存在着极大的分歧。在这方面，人们或者用同一个名词指代不同的事物，或者用不同的名词指代相同的东西，从而就出现了像旅游产品、旅游商品、旅游品、旅游购物品、旅游购品等一大堆含义不清的名词，造成很大的混乱。另外，有很多人将旅游产品与旅游资源混为一谈，从而使人们在研究这些问题时常常一头雾水。

## 一、旅游产品的定义与构成

### （一）旅游产品的定义

林南枝、陶汉军在其合著的《旅游经济学》一书中，从不同的角度对旅游产品予以定义。“从旅游目的地的角度出发，旅游产品是指旅游经营者凭借着旅游吸引物、交通和旅游设施，向旅游者提供的用以满足其旅游活动需求的全部服务”，而“从旅游者的角度出发，旅游产品就是指旅游者花费了一定的时间、费用和精力所换取的一项经历”。① 以这种方式定义旅游产品，显然是一种相当宽泛的视角，甚至可以看出这是一种多视角的定义。这个向来被旅游学术界所认可的定义同时也意味着，旅游产品是一个“超大”行业的产物，而不是一个企业的产物。也就是说，在现实生活中，我们很可能无法或无须辨别出“旅游产品”是由哪“一个”具体“企业”生产出来的。在分工日趋细化的现代社会中，个别企业的产出物竟然算不得一种产品（充其量只能算是单项产品），这种逻辑在其他行业很难行得通，在笔者看来也显然说不过去。试想，汽车工业是一个综合产业，但有谁声称橡胶产品不是产品，发动机产品不是产品呢？我们倒是很少听说橡胶厂家直呼其产品为汽车产品。因为他们很清楚，他们的产品将来不一定用于何种产业。而我们旅游行业中的有些人却不这样想。比如，搞饭店的或学习饭店管理专业的在自报家门时都自称是做旅游的，搞交通的亦然。我们恰好忘了我们接待的客人很可能就不是旅游者！若从本书对旅游所做的定义来看，把旅游产品的外延无前提地扩及本属于旅游活动支持层次的诸范畴，在理论上就更是站不住脚。

所以，笔者认为，定义旅游产品首先宜取狭义而且单一的视角。这并不会影响国家对旅游业的全行业管理，反倒可以提高相关企业各自的责任心，不至于出现三个和尚没水喝的局面（当然，这并非我们立论的主要依据）。只有狭义的视角，才能与旅游的定义相吻合。

基于以上认识，笔者对旅游产品的定义是：旅游产品是指为满足旅游者的愉悦性休闲体验需要，而在一定地域上被生产或开发出来以供销售的物象与劳务的总和。

这一定义所包含的命题有：

（1）旅游产品是专门为出卖给旅游者而被生产或开发出来的，是商品，所以，旅游产品与旅游商品同义②；

---

① 林南枝、陶汉军：《旅游经济学》，南开大学出版社，1994 年版，第 35—36 页。

② 中国的旅游学术界向来用“旅游商品”这一术语指涉旅游购物品。这是一个历史性的重大错误，流毒至深而误导巨大，因为这等于否认了景区类的旅游产品是商品，背离了经济学关于产品与商品之间关系的常识性界定，限制了旅游学乃至旅游经济学对旅游产品（商品）展开研究的科学路径（在笔者看来，旅游经济学研究的产品，核心是那些不能移动的旅游吸引物，这是旅游经济学立论的基点，

（2）旅游产品的生产有两种方式，一种是依赖于旅游资源所做的开发，从而生产出一种资源依托型旅游产品（resource-based tourist product）；另一种是凭借拥有的人、财、物力资源而仿造或创造的旅游产品，从而生产出一种所谓资源脱离型旅游产品（resource-freed tourist product）；

（3）旅游产品主要供旅游者购买（但不完全排斥非旅游者购买和使用），功能上具有可观赏性或可体验性，空间上具有地域性；

（4）旅游产品可以有物质实体，也可以仅仅是某种现象；

（5）旅游产品都或多或少地含有人类专门为旅游目的而投入的劳动，但绝不能没有人类的这种劳动投入，否则，就不成其为旅游产品；①

（6）各种媒介要素（包括饭店、交通设施等各种接待性产业要素）不是独立的旅游产品，但当它们被组合到以景区为核心的旅游产品上去从而构成组合旅游产品（package tourist product）的一部分的时候，它们就构成了旅游产品利益的追加组成部分；

（7）旅游产品不包括旅游购物品。事实上，旅游购物品（旅游者在旅游过程中所购买的可以携带回家或在旅游途中消费掉的物品，典型的如旅游纪念品）在经济学意义上与一般消费品没有本质的区别，但与真正的旅游产品却有很大不同（那些一旦脱离了旅游环境便失去原来意义的购物品除外。这些购物品已经与旅游产品浑然一体、无法剥离了，因此构成了旅游产品的一部分）。

**（二）旅游产品的构成**

1. 核心旅游产品与组合旅游产品

根据上述旅游产品的狭义定义，旅游产品就是一种纯粹的可供旅游者从事愉悦性休闲体验的凭借物。按照这一定义，最典型、最核心的旅游产品形式就是已经被开发出来的旅游地或旅游景区，它是指出于交换的目的而被开发出来的能够向旅游者提供愉悦性休闲体验的客观凭借的空间单元。从最本质的意义上看，上述旅游产品的定义与一般商品的定义所共通的地方是旅游产品也是由企业所生产的，直接出售旅游产品——如旅游地——的企业就是旅游地的开发者和经营者，他们所生产、制造或开发的旅游产品，可以称为核心旅游产品。这类产品是最能体现旅游特性、最具有旅游意义的产品形态，它们的功能在于满足旅游者的愉悦性休闲体验需求，其属性更为纯粹，其目标市场也更为单一、明确。

不过，在旅游业还存在另一类生产可以直接卖给旅游者的旅游产品的企业，他们

是旅游经济学区别于一般经济学、其他应用经济学的核心点所在），在逻辑上造成了长期的纠缠不休的混淆。因此，在旅游学术界必须抛弃“旅游产品”与“旅游商品”属于并列的两种不同产品的认识，而回归“旅游商品是用于交换的旅游产品”这一常识性、传统性的定义。正是从这个意义上说，本书的“旅游产品”概念，均等同于“旅游商品”概念。

① 长城在2000年前就包含有人类的劳动投入，但只有当人们投入新的劳动而将其开发为可为旅游者所利用的产品时，长城才是旅游产品。

是一些以旅游批发商或旅游零售商的身份转销旅游产品生产者产品的企业，旅行社的经营业务就属于这种性质。虽然这类企业本质上是一种中间商，其业务似乎是中介性质的，但由于其产品的独立性很明显，其业务能力对原有产品的价值增值作用很大，其销售过程具有自身的独立性以及法人责任，因此，旅游业中的这类企业也是一种兼具旅游产品批发、零售，尤其是生产职能的企业。这类企业所生产的旅游产品，是一种依托于上述核心旅游产品所进行的综合利益追加。

由此看来，旅游产品的价值并非单纯到仅仅拥有愉悦性休闲体验的成分。利益的复合性不仅是产品价值构成的属性使然，也是现代社会激烈的商业竞争的必然结果。所以，以扩展的利益组成为基础，将旅游产品作为一种整体产品来看待，就得到如下的利益构成模型（见图 3-3）。

图 3-3 所表达的概念是一种组合旅游产品概念。它所反映的事实是，旅游产品能向消费者提供的利益，不局限于核心成分。作为一种竞争品，体现在追加利益与展现利益上的差异，是导致旅游者最终选择某一旅游产品的根本原因。这也提出了一个问题，当旅游产品的多种利益（主要是追加利益）分别由不同的企业所提供时，尤其当旅游产品本身就是以这种多家联合的整体形象呈现给消费者时，如何确保企业间的协调以及产品质量上的协调，就成为十分重要并且也相当难于处理的问题。作为中间商的旅行社在经营过程中所遇到的问题主要就是这种问题。

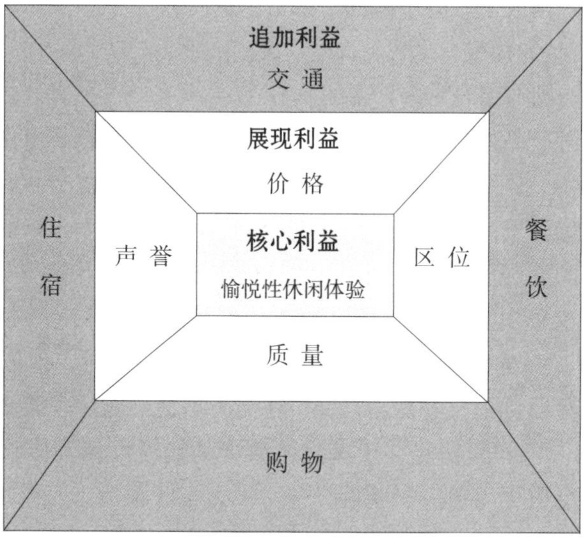


**图 3-3 旅游产品的利益构成**

就组合旅游产品的生产者而言，其实可以有两种类型：景区和旅行社。景区通过在一个有限的物理空间提供完备的、可以综合满足旅游者游、娱、购、吃、住、行各种需要的产品形式，向旅游者提供了一种实体型组合旅游产品，可称之为刚性组合旅游产品。比如，一个旅游地的经营者可以同时向前来观光的旅游者提供餐饮和住宿服务，甚至包括其他相关服务，但只有规模较大、实力雄厚、实行多种经营的旅游生产商才能做到这一点。相反，作为旅游批发商或旅游零售商的旅行社，他们在销售旅游产品时却可以通过将其他服务品围绕旅游产品进行适当组合而大幅度地增加旅游产品的利益成分，甚至使旅游产品扩展为对应于旅游者旅游全过程的一种整体产品。这种产品可以称为柔性组合旅游产品。这是由旅行社根据旅游地的区位、特点而综合设计的旅游线路，是一种被大大扩展了价值成分的旅游产品。这一点与商业企业通过运输、储存、分拣、包装等发生在流通领域的生产行为来改变工业产品的价值是同样的道理，也具有相同的性质。显然，刚性组合旅游产品与柔性组合旅游产品的生产与经营需要不同类型的知识和经验，因此这一分类法对旅游学科知识的构建，甚至旅游学科门类的划分也有着很大的启发。

从上面的分析不难得出这样的结论：旅游产品从构成上看可以分为两种，一种是核心旅游产品（core tourist product），另一种是组合旅游产品（package tourist product）。前者是旅游产品的原初形态，具有能满足旅游者愉悦性休闲体验需要的效用和价值；而后者是旅游产品的扩展形态，是旅游企业或旅游相关企业围绕旅游产品的核心价值而做的多重价值追加，这种追加既可以发生在生产领域，也可以发生在流通领域；既可以由旅游产品的生产企业来完成，也可以由旅游产品的销售企业来完成。通过这种追加，有的旅游产品甚至具有几乎可以满足旅游者旅游期间一切需要的效用与价值。

从旅游产品所包含的利益组分来考察旅游产品的类型，还会遇到一种情况：某些由中介机构所组合生产的柔性旅游产品，事实上可能并未包含需要付费的核心旅游产品的存在（很多旅行社投机性地利用公共资源、旅游资源和其他无须付费的项目来作为组合旅游产品中的吸引物成分，就是现实中这方面的实际例证）。换言之，这种情况下旅行社的柔性旅游产品并无核心旅游产品作为支撑。那么，很自然地，有人就会问："按照前文一直以来的逻辑，此时该产品还能算作旅游产品了吗？如果由旅游公司编配的包价旅游根本不包括需要付费的观光对象物，这时如何解释作为旅游产品概念基石的'核心成分'存在的必然性呢？"在笔者看来，这一问题有两个答案：一个答案是，组合旅游产品（不管是柔性的还是刚性的）既可以凭借旅游产品的核心成分来组合，也可以凭借旅游资源来组合。在这种情况下，旅行社的组合产品即使不包括旅游产品的核心成分，但由于包含了旅游资源或可作为旅游资源的社会公共资源，因此，该产品就是旅游产品，即组合旅游产品。另一个答案是，如果旅行社的组合产品中不包含任何在旅游者看来属于能够提供愉悦性休闲体验的产品成分，仅仅是诸多涉及吃、住、行、购内容的服务组合，那么，旅游者购买的就根本不是旅游产品。旅行社所出卖的自然也不是旅游产品，此时他们成了纯粹的媒介体，提供的是与旅游概念无关的一般性纯中介服务。尽管现实生活中很难找到这种纯粹的例子，但对这种极端情况的分析使我们在理论上认识到，旅游产品不能脱离其核心成分（核心旅游产品或尚未开发的旅游资源）而存在，但旅游却不必与旅游产品密不可分（因为旅游的对象物既可以是旅游资源，也可以是旅游产品），而旅游产品的各种追加利益倒是既可以独立存在（这时不能将它们视为旅游产品），也可以依附于旅游产品的核心成分而存在（这时它们是组合旅游产品的一部分）。当旅游者仅仅以旅游资源为旅游对象物时（比如，个别旅游者自助游览一些未开发的旅游资源，或大众旅游者随团游览一些未开发因此也无须付费的旅游资源），他一般是不需要为使用这种资源付费的（随团旅游的时候他所支付的是其他服务性费用）。与此相反，在任何时候使用旅游产品都需要付费。

对旅游产品除了可以考察上述利益上的构成以外，还可以考察其物质上的构成。从这一点看，旅游产品既有物质形态的成分，也有非物质形态的成分。这主要决定于构成旅游产品的资源体的属性，同时也取决于构成旅游产品基本要素的旅游服务的属性。有不少旅游产品是由各种非物质的、弥漫于一定空间却没有可感知的实物形态的人文或社会要素构成的，还有一些旅游产品完全由物质要素构成，而大多数旅游产品则是由物质的和非物质的要素共同构成的。旅游产品这种构成上的复杂性以及它所具有的其他特征，给旅游产品的生产和经营都带来了极大的挑战。

2. 资源依托型旅游产品和资源脱离型旅游产品

对旅游产品还可以从它与旅游资源之间的关系上加以分类，这种分类的结果便是前文提到过的资源依托型旅游产品和资源脱离型旅游产品。也就是说，在现实当中所有的旅游产品不外乎两大类，一类是自旅游资源开发而产生的，另一类是借助于对可获得的人力、物力和财力资源的重新组合并经过加工过程而生产创制出来的。像黄山、泰山、曲阜孔庙、故宫、长城、秦陵兵马俑等，属于前者；而深圳锦绣中华与民俗村、大连圣亚海洋世界、北京世界之窗、美国迪士尼乐园等，则属于后者。这种分类有着十分重要的理论意义和现实意义。从理论上说，这种分类解决了人们长期以来面临的旅游资源与旅游产品混淆不清的困扰。而在实践上，区别资源依托型旅游产品与资源脱离型旅游产品在性质和特征上的差别有助于对它们采取不同的宏观政策和经营对策。从性质上来看，资源依托型旅游产品更多地保留了旅游资源的性质和特征。比如，对应于旅游资源的自在性特点，资源依托型旅游产品一般是不可更新的，是不能加以创造的，它仅仅是开发的产物。相反，资源脱离型旅游产品由于其生成与旅游资源无关，是人类出自旅游目的而将巧思与财力、物力加以结合的产物，因此是可以更新、仿建的（需要特别指出的是，这里的仿建不是移动，尤其不是旅游产品向旅游者的移动，仿建的结果依然不改变旅游产品不可移动性的特点）。国家的有关政策（如关于资源依托型旅游产品的产权、经营权政策，可否允许经营这类产品的股份公司上市，等等）均可以根据旅游产品的这种不同性质进行区别对待。[①]

① 在我国始于新千年的风景区租赁和承包及其引发的问题，在一定程度上反映了以前理论界没能对旅游产品的这种类型上的差异给予足够的重视。

## 二、旅游产品的特征

尽管旅游产品也是一种为出卖而生产的产品，但它与别的一般消费品相比，有明显的不同。具体表现在：

1. 功能上的可体验性

产品能被生产出来并被人买去，是因为它有效用，有使用价值。旅游产品的效用就是满足人们的愉悦型休闲体验需要。旅游产品的这一功能，除了由异地性所规定的特殊性，其实与音乐、绘画、影视节目等并没有什么不同。旅游者购买旅游产品，也是通过愉悦感官求得心理的美感享受，陶冶性情。旅游者面对真山、真水、真人所产生的审美愉悦，与他幽居家中读名人书画、观看风光影视节目时的感受，除了强度、深度和广度有所差异外，恐怕不会有本质的不同。当然，仅就这种程度上的差异，也足可以催促人们离家远行了。

2. 空间上的不可转移性

旅游产品，不管是资源依托型旅游产品还是资源脱离型旅游产品，都离不开一定的空间条件，这一点与旅游资源的地域性以及不可转移性特点是对应的和一致的，因此也是判断其是否为旅游产品的最基本标准。正是由于这一特点，才使旅游与居家休闲有了根本的不同。

旅游产品由于依附于一定的空间，而且往往是远离旅游者的某个空间位置。在这种情况下，旅游企业就不可能像其他企业那样将旅游产品通过运输手段而异地销售。这样，旅游产品吸引力的大小就成为旅游企业经营成败的关键，而这种吸引力又往往随着空间距离的延伸而受到限制。也就是说，空间差距越大，旅游者购买该旅游产品的“阻抗”就越大，因为，信息可能沟通不畅，交通费用可能过高，两地间的文化差异可能太大而使旅游者望而却步。当然，就旅游与日常休闲的根本区别而言，空间距离其实也构成了旅游的某种吸引力或其来源。

3. 生产与消费的不可分割性

旅游产品的生产（经营）和消费常常发生在同一个时空背景条件下，密不可分，往往是一个过程的两个方面：旅游产品在生产开始的同时消费也即刻启动，消费结束时生产也不再进行。这不管对核心旅游产品还是对组合旅游产品都是如此。这个特性使旅游产品与一般消费品相比表现出巨大的差异，并深刻地影响着旅游企业管理原则的建立和管理方式的选择。

一般消费品从生产到消费往往要经过一系列的中间环节，包括储存与运输。由于生产与消费在时空上可能存在的差异，就允许企业在生产过程结束后动员各种技术手段对产品的质量进行检验。为确保企业的长期声誉，凡不合格的产品，企业都会将其剔除，杜绝劣质商品进入市场。然而，旅游产品的生产与消费过程几乎同时在同一空间进行，生产者与消费者直接发生关系，旅游者（顾客）只有而且必须加入到生产的过程中去才能最终消费到旅游产品。这无疑给旅游企业的管理人员提出了更为严峻的挑战。

首先，在旅游产品的生产过程中，由于旅游者参与旅游产品生产过程的事实，迫使旅游企业的管理人员正视如何有效地引导顾客正确地扮演他们的角色，如何鼓励和支持他们参与旅游产品的生产过程（即旅游的体验过程），如何确保他们获得足够的旅游知识以达成生产与消费过程的和谐进行。事实上，旅游企业所提供的追加利益越多，就越需要关注旅游者的参与过程。

其次，旅游企业服务人员与顾客的互动行为也严重地影响着旅游产品中所包含的服务的质量以及旅游企业与顾客的关系。一方面，由于旅游服务要按照旅游者的要求即时生产出来，这就使一般在生产车间进行质量管理的办法变得不适用了。而另一方面，客人的需要存在着自然的差异，所谓"情人眼里出西施"，对旅游产品的质量评价因人、因时、因地而异。这样，提供旅游服务的员工是否有足够的应变能力以确保旅游服务能达到每一个旅游者所期望的质量水平就非常重要。服务员与顾客在沟通中出现的任何误会，所提供的服务有任何不可接受的缺陷，都可能影响客人对旅游产品的评价，甚至使企业就此失去这位顾客。

4. 时间上的不可储存性

旅游产品被生产出来的另一个原因，是生产者希望借以获得更多的交换价值。与一般产品不同的是，旅游产品的交换价值体现为时间的累积函数。也就是说，旅游产品不能像一般商品那样被有效地储存起来，以备将来出售。随着时间的流逝，旅游产品如果没有实现对应时间上的交换价值，那么，此期间为生产该种旅游产品所付出的人、财、物力资源就都是一种浪费，并且损失的价值永远也得不到补偿，因为机会已经丧失，折旧已经发生，人力已经闲置，资金已经占用。认识到这一点，对旅游企业的经营管理人员有非常重要的意义。

5. 所有权的不可转让性

旅游企业在出卖旅游产品时，转让的仅仅是旅游产品在一定时间内的使用权，而不是像销售一般消费品那样同时转让所有权。客人在购买这种使用权的同时，不仅不能将旅游产品的基本部分带走，而且要承诺在使用期间保持旅游产品物质和非物质构成的完好无损。旅游产品的这一特点，往往造成旅游产品促销和销售的困难，因为消费者对购买某一旅游产品可能怀有较高的风险预期。事实上，许多以服务为主体成分的产品在销售时都多少面临着这样的问题，所以，如何使顾客克服消极的心理预期，促进销售，是服务企业共同面临的一个营销难题。目前，在西方一些国家，很多服务企业开始推行"会员制度"，以此巩固顾客与企业的关系。

## 三、旅游吸引物及其与旅游产品、旅游资源的关系

在西方旅游学术界经常使用的一个词语是"旅游吸引物"（Tourist Attraction）。有人将旅游吸引物定义为"在本质上是由所有足以将每个旅游者从家中吸引过来的要素构成的。这些要素通常包括可供观赏的风景，可参与的活动，可追忆的经历"①。

① Alan Lew. A Framework of Tourist Attractions Research. *Annals of Tourism Research*, 1987, Vol.14.

而尼尔·利珀（Neil Leiper，1990）在他的《旅游吸引物系统》一文中，进一步将旅游吸引物定义为一个综合系统，由三个要素所组成："旅游者或人的要素，核心的或中心的要素，标识或信息的要素。当这三种要素合而为一时，便构成旅游吸引物。"[①]在利珀看来，"如果没有旅游者造访伦敦塔，伦敦塔就不会被看作一个旅游吸引物"。沃尔特也说："如果只一个人呆在布莱顿（Brighton）或莱姆·里吉斯（Lyme Regis）海滨，即使是在阳光明媚的日子，也会是一种阴森可怕的体验。"[②]所以，旅游者成了旅游吸引物的必不可少的部分。约翰·厄里认为这是一种集体性的旅游需求（collective tourist gaze），[③]各种标识物、媒介体也一样，它们都成为对旅游者有吸引力的东西。

利珀的观点在1995年笔者撰写的一篇文章中曾有所披露[④]，从而引发了一场争论。此前是李涛的"旅游者与旅游资源的双向吸引模式"[⑤]引来了刘振礼的"商榷"[⑥]，之后是杨振之的"系统旅游资源观"[⑦]受到林红、王湘的"再分析"[⑧]，大家似乎都有一定的道理，同时也有彼此误解的地方，其缘由盖出于视点的不同。大家在努力将分析的对象"系统化"的时候，似乎忘记了方法论上的系统化。

实际上，旅游吸引物与旅游产品、旅游资源本属不同的概念。旅游产品是一个经济学上的概念，用于交换是它存在的前提。旅游资源不同于旅游产品，它的本体的存在不以个别人的意志为转移，人的意志只能决定这种资源何时可作为或可视为旅游资源。旅游资源在经济上的价值总是潜在的。而旅游吸引物是一个更为松弛、宽泛的概念，缺乏经济学上的规定性，也较少有语意学上的严格限制。所以，不应该把旅游吸引物毫无区别地与旅游产品或旅游资源加以混合使用——上面提到的几位作者都或多或少存在这种倾向。

我们可以用一个图形描述三者之间的关系（见图3-4）。从图中所表现的关系来看，对旅游吸引物是可以采用系统的观点来加以认识的。整个旅游吸引物系统包括一个核心圈层和两个支持层次。旅游产品和旅游资源构成旅游吸引物系统核心圈层的主体，成为吸引旅游者的最根本因素；旅游目的地的各种旅游支持系统（如住宿设施和各种基础设施等）以及由旅游目的地所传达出的各种信息，甚至逗留在旅游目的地的旅游者本身，无疑也都构成了对旅游者有吸引力的成分，但这二者既不是旅游资源，也不是旅游产品。我们必须注意到这种区别。

---

① Neil Leiper. Tourist Attraction Systems. *Annals of Tourism Research*, Vol.17, 1990.

② J. Walter. *Social Limits to Tourism, Leisure Studies*. 1982, pp. 295–340.

③ John Urry. *The Tourist Gaze: Leisure and Travel in Contemporary Societies*. Newbury Park, CA: Sage, 1991.

④ 谢彦君：《旅游地生命周期的控制与调整》，《旅游学刊》，1995年第2期。

⑤ 李涛：《论旅游者与旅游资源的双向吸引模式》，《旅游学刊》，1993年第1期。

⑥ 刘振礼：《创造性，旅游开发的灵魂》，《旅游学刊》，1994年第4期。

⑦ 杨振之：《旅游资源的系统论分析》，《旅游学刊》，1997年第3期。

⑧ 林红、王湘：《旅游吸引物的系统论再分析》，《旅游学刊》，1998年第2期。

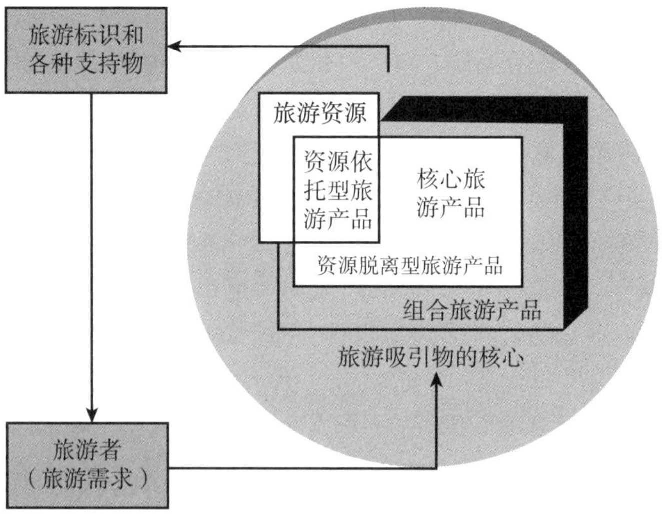


图 3-4 旅游吸引物系统

这样，我们就基本可以明确，以往在现实中人们在各种场合经常提到的“旅游资源”这个范畴，实际上指的大多数是旅游产品，有时还包括其他旅游吸引物。这势必造成混乱。按照现在的概念系统，我们认为，以下几点在实践中应该予以明确：所有已经被开发出来并用来作为商业性旅游观赏地的旅游资源，它们已经成为旅游产品，成为资源依托型旅游产品（但是值得注意的是，在现实中很多被用来开发旅游产品的旅游资源，其当前被开发和利用的深度和广度都是有限的，可能还留有进一步开发的潜力，在这种情况下，它们还可以称为旅游资源）①；所有为人类的灵感所驱使或为人类喜好模仿的天性所驱使而被商业化地制造出来的旅游观赏地或观赏设施也已经成为旅游产品，而它们是资源脱离型旅游产品，由于产权明晰，其保护完全可以建立在市场机制的基础上；旅游吸引物是一个更大的概念，它由作为核心的旅游资源、旅游产品（资源依托型和资源脱离型）、组合旅游产品（对核心旅游产品进行价值追加的产品层次，包括各种媒介产品如饭店、旅行社、交通通信等）和处于支持层次的旅游者及旅游标识物构成，是一个大的旅游系统。②

① 注意，由于这种产品离开了资源本体就会在价值上大打折扣，因此，对资源本体的保护本应是经营主体的内在要求。不过，现实当中，由于资源本体在产权上不够清晰，而人们对资源的价值的认识存在偏颇，加上一些政治因素的主导，因此，中国一直面临着这类产品的保护问题。

② 国家旅游局在《中华人民共和国国家标准 GB/T 17775—1999：旅游区（点）质量等级的划分与评定》中，将旅游区（点）视同旅游吸引物，并定义为：“经县级以上（含县级）行政管理部门批准成立，有统一管理机构，范围明确，具有参观、游览、度假、康乐、求知等功能，并提供相应旅游服务设施的独立单位。包括旅游景区、景点、主题公园、度假区、保护区、风景区、森林公园、动物园、植物园、博物馆、美术馆等。”显然，在这里，旅游吸引物比旅游资源、旅游产品两个概念更加宽泛。这与本书的观点基本是接近的。不同的是，出于评定的操作性目的，这里加上了“行政批准和管理”方面的限制。而本书对旅游吸引物并不做这种限制。

## 四、旅游产品价值量的确定

关于旅游产品价值量[①]的确定问题，笔者在1995年曾撰文[②]做过初步的探讨。虽然现在看来当时未能明晰地认识旅游资源与旅游产品的关系，但该文提出的旅游产品价值量的确定的问题直到今天仍有研讨的必要。这是一个必须在理论上予以澄清的重要的现实问题。

按照上面建立的旅游产品的概念，旅游产品可以分为两大类：资源依托型旅游产品和资源脱离型旅游产品。毫无疑问，资源脱离型旅游产品的价值完全取决于产品生产过程中的全部劳动投入，包括物化劳动和活劳动。类似于深圳的锦绣中华、泛滥于全国各地的建造性的神话宫、方兴未艾的海洋世界等，这些完全为旅游者而创制且与旅游资源没有依赖关系的人工产品，其劳动投入是可以清晰地加以核算的，其内含的价值量也不难确定。

相反，资源依托型旅游产品是由既有的旅游资源开发而形成的，构成这种旅游产品的价值主体成分的不是追加的劳动，而是自然或社会的既有赋存。换言之，这些旅游产品今天所拥有的经济价值并不完全取决于为生产它而投入的经济资源的多少，相反，它在旅游意义上的稀缺性才是决定其经济价值的依据。在这种旅游产品中有三种主要的形式，而它们的价值构成情况是几乎完全不同的，衡量的方法也应该有所差异。

首先，对于依赖自然旅游资源而开发出的旅游产品来说，如果按照开发时的实际劳动投入来计算旅游产品的价值量，并依照这种认识进行产品经营，势必要导致掠夺性的旅游开发。社会一方面对来自经营者靠野蛮、粗放的方式掠夺资源形成的虚假效益进行虚假分配，另一方面却由于大量的资源赤字、价值补偿不足，导致生态环境急剧恶化，造成总体上的经济、社会和生态效益的惊人损失。这种忽视从整个社会的角度考察研究旅游资源价值补偿问题的做法，势必造成旅游产品价值构成不完整，使作为补偿消耗部分的价值C和新创造的价值V+M之间缺乏合理的比例关系和清晰的数量界限，结果，使旅游产品的社会再生产和价值运动就像一个偏心轮一样做不规则运转。在这种情况下，由于作为生产要素之一的旅游资源的耗费被人为地排斥在旅游产品价值构成要素之外，不参与生产价值的运动，致使旅游产品市场上价格信号扭曲，并从而很难对市场上的总需求与总供给做出精确的计算和比较。

其次，以人文旅游资源为基础开发出来的旅游产品，也同样存在着价值量的确定问题。在上一节的分析中我们已经看到，人文旅游资源或者是人类劳动的产物，如各种工程建筑，或者是社会历史过程的结果，如社会风情和习俗。对于前者，无疑它们都凝结着人类的智慧和汗水，是有价值之物。但是，这种人文景观的原始价值与现在价值相比，不管在量上还是在性质和指向上都存在着巨大的差异，现存价值越来越不

---

① 这里所说的价值和价值量概念，是指经济学尤其是马克思政治经济学意义上的价值和价值量，它们是定价的基础。不要把它们与通常所说的旅游产品的科学价值、历史价值和观赏价值混淆，也不要与前文的核心价值等概念相混淆。

② 谢彦君：《观光旅游产品的价值构成及其补偿问题初探》，《辽宁商专学报》，1995年第2期；人大复印资料《旅游经济》1995年第4期。

局限于经济方面（事实上许多古代文物本身并不具有真正意义上的经济价值，其现在价值仅仅是其他多种价值的表现而已），而是表现为时间变量的函数，两者间存在着明显的正相关关系。随着时间的推移，特定的人文景观的价值会因其替代景观的泯灭和其自身濒临生命的末日而日渐珍贵，因此，该人文景观在人们心目中的地位也便与日俱增。在这里，我们再一次看到了由于稀缺性和市场供求关系的影响而对人文景观的价值的影响。人文景观旅游产品的价值构成，虽然在原始意义上是人类劳动的凝结，但其现在价值却远远地摆脱了这种约束。

最后，对于社会风情来说，它是旅游对象物中极为特殊的一部分，对它的理解也显得十分困难。在上面提到的那篇文章中，作者曾经用这样的文字表达了困惑："人们甚至有理由首先问'社会风情是不是商品'这样的问题。这里既有哲学和经济学上的认识论问题，也有伦理学上的价值观问题。但是，既然'社会风情'已经频繁地被纳入到旅游产品销售者的产品组合之中，再固执地坚持社会风情不是产品，恐怕也不好自圆其说。然而，商品是以出卖为目的而生产的产品。我们又能肯定哪一种社会风情是为'出卖'而生产出来的呢？"在这篇文章中，作者未能给出一个明确的答案。

实际上，当我们能把社会风情这种旅游资源置于旅游资源和旅游产品的整体概念框架中加以理解时，这种困惑是可以消除的。前面的讨论一再证明，我们总在遇到旅游者利用旅游资源但却不是以购买的方式利用的问题。这也就是说，旅游产品与旅游资源虽然都是旅游的对象物，但二者是可以分离的。有些旅游资源虽然也为旅游者所利用，但依然停留在资源状态，比如旅游者在完全以社会风情为旅游目的时，一般旅游者并不需要为旅游（仅指观赏社会风情的过程）付费，那么，这时的社会风情就不是旅游产品（商品）。[①] 在生活中，真实的社会风情既不是为出卖而生产出来的，也不能指定其生产者和所有者——甚至国家也不会充当收费人，因为社会风情这种资源不像自然资源那样为国家所有——从而也就不太可能成为旅游产品。旅行社若把这种资源纳入到其产品组合之中并作为唯一的旅游目的物，那么，它卖出的也仅是服务，不是旅游产品。当然，我们也看到人们在"生产"着"社会风情"：某些民俗文化村就干着这种营生！这时，别具一格的社会风情就真的成为旅游产品了，但它们是一种资源脱离型旅游产品，而不是真正意义上的风俗或文化。这种资源脱离型旅游产品的价值量的构成便是开发和"演示"这种旅游产品的全部物化劳动和活劳动的投入量。

通过上面的分析，我们可以得出这样的结论：旅游产品的价值量的构成取决于旅

① Davydd J. Greewood 在谈到这个问题时曾说：经济学家和规划人员把当地文化看作商品这种观点是不合适的（他举了很多将文化商品化之后而毁掉了文化的例子）。当地文化与那种招之即来的"现场演出"是不同的。像经济学教科书中为人熟知的交响乐演奏的例子一样，由本地人现场提供的"演出服务"会得到酬赏。但作为一种真正的东道文化，在被旅游者观赏时，却并不是这样能得到清晰的回报（这种文化也不是为旅游者提供的一种"服务"）。"在这种情况下，东道社会的文化活动被人利用了去赚钱，但对文化本身却没有什么好处。那些观众还常常曲解这些文化活动的意义。在这些场合，当地文化实际上是被利用了，当地人民则被剥削了"。参见 Valene L. Smith. *Hosts and Guests: The Anthropology of Tourism*. University Pennsylvania Press, 1989。按照我们的分类，Greewood 所说的"现场演出"，就是我们定义的资源脱离型旅游产品。

游产品的类型。凡是资源脱离型旅游产品，其价值量决定于全部劳动投入量，不涉及旅游资源价值的计量问题；而凡是资源依托型旅游产品，都应该充分考虑旅游资源的价值。自然旅游资源是有限的、稀缺的，人文旅游资源是历史的，因此也同样是稀缺的。在确定由这些旅游资源开发出的旅游产品的价值量时，只有充分考虑这一点，才能合理地补偿资源的价值；对于一些以旅游资源状态存在但还不是旅游产品的旅游对象物（如社会风情、城市风貌等）而言，如果考虑到文化、社会风情等旅游资源也会随着旅游的发展而泯灭或崩溃，那么，即使它们目前不是旅游产品，是否也应考虑予以补偿呢？答案很可能是肯定的。因为，文化多样性的意义今天已经不亚于生物多样性了。当然，这主要是一种伦理的、社会的或政策的问题，已经超出了本学科当前讨论的范围。

上面的探讨是就核心旅游产品而言的。如果把我们的问题扩展到组合旅游产品上去的话，其价值量的确定又有所不同。这时，除了构成核心旅游产品的那一部分价值量以外，各种提供旅游追加价值的企业的劳动投入也自然都要构成旅游产品价值的一部分。这一点经过上面的讨论现在已经不存在理论上的问题，不再赘述。

### 五、旅游产品的生命周期

旅游产品一经开发出来之后，便要进入市场以供销售，接受消费者的选择和消费。尽管旅游产品因其具有不可转移性而明显区别于一般消费品产品，但它也同样会经历一个从产生到衰亡的生命过程。这一过程所经历的时间可能很短，也可能很长，其具体情况随旅游产品而异。但是所有旅游产品都必然要经历某种历时性的演变过程，这就是旅游产品的生命周期。因此。旅游产品的生命周期是指产品经开发进入市场后，直到被市场淘汰从而再无生产的可能和必要为止的全部持续时间。

对旅游产品存在生命周期这一点，自从加拿大学者Butler在1980年将生命周期概念引入旅游地（旅游地是旅游产品最典型的一种形式，但旅游地往往还提供旅游产品核心利益之外的其他追加利益）研究之后[①]，基本上是得到普遍认可了的，而有些质疑倒似乎颇有值得商榷之处[②]。因为，从逻辑上说，不存在某种永恒不灭的东西。另外，生命周期理论也并不意味着它主张某种规范的模式。下面讨论的模式只是诸多模式当中的典型形式而已。

1. 旅游产品生命周期模型

Butler在建立旅游地生命周期模型时认为，旅游地的生命周期由早期探险、地方参与、发展（开发）、巩固、停滞和衰退几个阶段构成。也就是说，旅游地的生命周期始于一小部分具有冒险精神、不喜欢商业化旅游地的旅游者的早期探险（exploration）。在参与（involvement）阶段，由于当地人们积极参与向消费者提供休闲设施以及随后的广告宣传，使旅游者数量进一步增加。在发展（development）阶段，旅游者数量增加很快，而且对旅游经营实施控制的权力也大部分从当地人手中转到外

---

① R. W Butler. The Concept of the Tourist Area Cycle of Evolution: Implication for Management of Resources. *Canadian Geographer*, 1980, 124（1）.

② 杨森林：《"旅游产品生命周期论"质疑》，《旅游学刊》，1996年第1期。

来公司的手中。在巩固（consolidation）阶段，尽管旅游者总人数仍在增长，但增长的速度已经放慢。至于停滞（stagnation）阶段，旅游者人数已经达到高峰，旅游地本身也不再让旅游者感到是一个特别时髦的去处了。而到了衰退（recession）阶段，因旅游者被新的旅游目的地所吸引，致使这一行将衰亡的旅游地只有依赖那些为数很少的、持有怀旧情结的人，或短距离的当日往返旅游者和周末旅游者的造访来维持其生计。可以看出，Butler在从外部的视角去观察旅游地发展的生命历程时，所得出的有关旅游者消费心理的结论（虽然没有明确），同普劳格运用心理分析所得到的结论，有着微妙的契合。这说明他们的研究注意到了旅游的某些基本特征。

不同的旅游产品的生命周期所表现的时间模型自然是不一样的，有的可能是昙花一现，有的可能始终在苟延残喘。但从一般的模式上来看，旅游产品的生命周期具有较明显的阶段性，可划分为四个相互接续的阶段，即介绍期、成长期、成熟期和衰退期（见图3-5）。在各个阶段上旅游产品所表现出的显著特征，是旅游产品经营企业进行旅游市场营销策划的基本依据。这些特征一般会通过销售额水平及其增长率特征、利润水平、成本水平与结构（如固定成本与变动成本的相对关系）、市场竞争结构状况、旅游消费者的类型构成和数量以及进行价格控制的可能性等指标表现出来。因此，这些指标一般也成为判断旅游产品所处的生命周期阶段的依据。

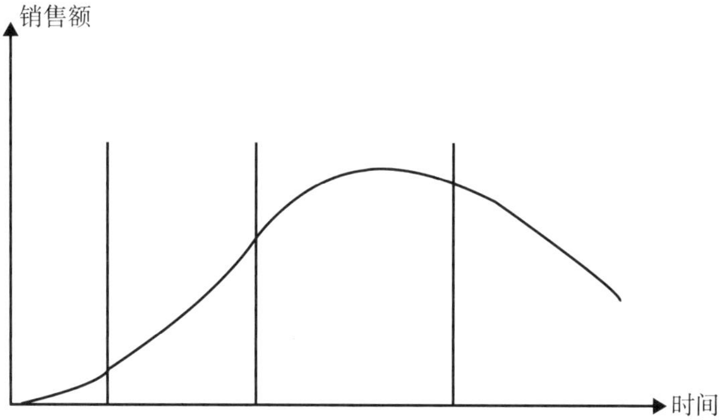


**图3-5　旅游产品的生命周期**

2. 影响旅游产品生命周期的因素

对于一个旅游产品经营者来说，无疑要努力延长其产品的生命周期，尤其是其中的成熟期阶段，以便从中获得尽可能多的收益。要达到这一目的，应该首先明确影响旅游产品生命周期的基本因素。

归纳起来，影响旅游产品生命周期的基本因素有需求因素、效应因素和环境因素三种（如图3-6所示）。从图中可以看出，直接影响旅游产品生命周期的因素，是以不同的方式、不同的作用强度和不同的作用时间，对某一种旅游产品施加影响的。

需求因素，作为消费者或潜在消费者的行为结果，是决定旅游产品产生、发展和消亡的最重要的客观因素之一。尤其在开发论证阶段，需求论证是决定旅游产品开发可行性的直接的决定性因素。然而由于需求本身的复杂性和难以测量性，常常使需求研究难于取得准确而全面的结论。从逻辑上看，一个旅游产品的形成总是或应该是由需求刺激而产生的。然而，不仅实际情况不尽然（例如，当对需求做出错误的判断时），而且即使是确由实际需求引发的旅游产品开发项目，也不一定会在开发的后续阶段上始终能满足顾客的需求。在生命周期的各个阶段上，需求的变化对旅游产品的影响都是不同的。在开发的最初阶段，不管是实际需求还是潜在需求，都表现出其巨大的诱惑力，否则开发本身就不会实现。然而，在旅游产品被开发出来之后，相应的需求反应却可能完全出乎开发者的意料，这也许是由于最初对旅游需求的性质和潜在数量的理解和评估本来就不正确或不准确；也许是由于旅游产品的实际开发者并没有完全理解产品规划设计的意图从而导致"产品形态"与"预期模式"的错位；还可能是由于在旅游产品的开发过程中已有强有力的竞争对手出现等等。这些变故都可以导致预期的需求水平无法实现，需求很快出现萎缩和转移。如果这种情况出现在旅游产品开发后的短暂时间内，那么，旅游产品的经营就将面临重重困难。在旅游产品还未充分经历一个稳定的发展、巩固和停滞之前就出现需求萎缩和转移，这注定意味着该产品要迅速走向衰亡。因此，在旅游产品开发之前，从旅游产品的生命周期角度出发，要特别重视对需求这一关键因素的分析与评估。

效应因素相对于需求因素而言，是一种继发性影响因素。它对旅游产品生命周期的影响，主要表现在三个侧面：即由旅游产品的生产、销售和消费所引起的对经济、社会和环境的影响。这种影响可能是积极的，也可是消极的；既可能是显露在外、直观可见的，也可能是隐含于某种现象的内部而无法直观地看到；既可能是随着旅游产品的生产与销售而马上发生的，也可能要滞后一段时间。但不管其表现形式如何，都必须在开发的初始阶段给予充分的注意，并运用科学的方法予以评估。常见用于评估旅游产品开发效应的方法有成本—效益分析法、环境效应评估法等（有关内容我们在以后的章节中还会深入讨论）。

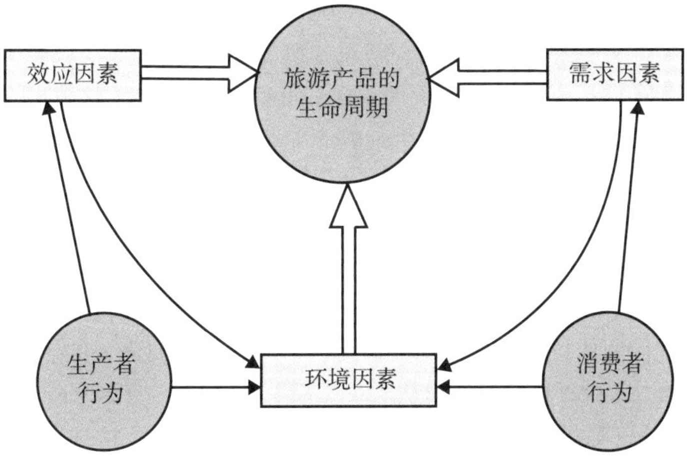


**图 3-6　旅游产品生命周期与各种相关因素的作用关系**

在图 3-6 所概括的影响因素中，除了需求和效应两种因素外，还有环境因素也对旅游产品生命周期产生直接或间接的影响。然而，不同的是环境因素（由旅游产品经营者的内部组织环境、外部经营环境和外部大环境组成）对旅游产品生命周期的影响，除了来自于环境系统本身的作用力之外，还来自于效应和需求因素的某种注入。因此，旅游产品的经营者在开发销售其旅游产品的过程中对外部大环境的积极适应能力，与外部经营环境的协作关系的性质，以及自身在组织结构、企业文化的资源获得方面的组合情况（由此构成了企业的内部环境），就共同构成了多元环境因子而不断渗入到旅游产品经营过程中，成为能决定旅游产品生命周期的重要因素。

## 第四节 旅游业

### 一、旅游业的定义与特点

怎样界定旅游业（tourist industry）这一概念，学术界也存在着争议。在我国改革开放初期的旅游发展历程中，曾经历了对旅游业的性质、范畴的广泛讨论，这种讨论的背景实际上是当时正处于我国计划经济体制的转轨时期。当时讨论的焦点是旅游业是不是产业、是个什么样的产业的问题。今天，对于旅游业是不是产业这个问题我们几乎可以取得一致而且肯定的答案了。但是，注意一下人们对旅游业的概念的表述就还会发现，人们对旅游业的性质的认识实际上依然是模糊的。诸如“旅游业是文化性的经济事业；旅游业的性质具有经济和文化两重性”这样的“双元论”表述还十分流行。这里既有把产业表述为事业的不恰当之处，也有对旅游业性质认识存在表面化的倾向，有必要进行澄清。

首先，必须认识到，任何一种产业，其特征都突出地表现在经济维度上，通过产业运行实现产品交换是其最根本的特性。工业、农业如此，采掘业、林业如此，电影、电视业也是如此，试问，旅游业怎能不如此？产业的特性在于某种同质性产品的生产和交换，而不在于为谁生产和交换具有什么属性的产品。所以，认为旅游业具有文化特性这种说法，似乎是认识上的舍本逐末的必然结果。如果依然随便地用“事业”等等这样的字眼来定义旅游业，势必要蒙蔽对旅游业性质的认识。

其次，作为产业，它所依赖的资源基础，必然有与其他产业相同的根本点存在，这就是人、财、物力资源。可以说，所有的产业都离不开这三种资源项目，而各产业对资源项目的具体依赖在程度上的差异，反映的是产业指向的不同，而不是“产业”与“事业”的根本性质上的差异。对于有些产业来说，所依赖的资源项目的主体是缺乏专门意义的资源项目，比如银行业依赖的是以“财”的形式存在的货币资源；而对于另一些产业来说，它们所依赖的资源具有突出的专门指向和行业垄断，比如煤炭工业和林业等，它们所依赖的是为其他产业无法进入也不需要进入的资源类型（当然这些产业也会需要人力和财力资源）。从这一点看，旅游业的资源基础是否为旅游资源（注意这里的旅游资源是按照本书所定义的资源加以使用的）这一点，实际上是可以发生疑问的。换言之，旅游业对旅游资源的依赖程度并不像有些产业对某种特殊资源有近乎绝对的依赖。在需求存在的情况下，旅游业可以摆脱旅游资源的瓶颈限制而依靠对其他资源的充分掌握，生产前文所界定的资源脱离型旅游产品而求得发展。这已经有大量的成功先例可以证明。当然，如果一个地区拥有了得天独厚的旅游资源，那么，该地的旅游业一定会因为资源的垄断性而获得超额利润的。这也是很多地方致力于发掘其旅游资源的经济动力。

还有一点，旅游业的行业范围的确定，与旅游产品的定义有关。按照核心旅游产品定义旅游业，旅游业就是由各个提供核心旅游产品以满足旅游者的旅游需求[①]的旅游企业所构成的集合；[②]如果按照组合旅游产品（它所包含的种种追加价值由各种旅游相关企业提供）的概念定义旅游业，旅游业就是一种十分综合的产业，是由各种提供组合旅游产品以满足旅游者的所有需求的旅游企业及旅游相关企业所构成的集合。后者所指，其实就是现实当中通常所说的旅游业的含义。但是按照本书的逻辑，笔者特别将旅游业区别为狭义旅游业和广义旅游业。这两个概念将分别对应于核心旅游产品与组合旅游产品、旅游需求与旅游者需求、旅游消费和旅游者消费等系统的概念丛。本节以下内容大多是从广义旅游业的角度进行考察的。

从国内外学者的研究成果看，大家对旅游业所进行的定义多有不同。较早的一个旅游业定义是由联合国有关旅游的一次会议提出的（联合国贸易与发展会议，1971）："旅游部门或旅游业……从广义上可表达为生产全部或主要由外国旅游者或国内旅游者消费的产品或服务的工业和商业活动总合的体现。"日本旅游学者前田勇先生在《观光概论》一书中所下的定义是："旅游业就是为适应旅游者的需要，由许多不同的独立的旅游部门开展的多种多样的经营活动。"美国旅游学者唐纳德·兰德伯格在《旅游业》一书中则认为："旅游业是为国内外旅游者服务的一系列相互关联的行业。"而墨西哥学者在《旅游业是人类交往的媒介》一书中所阐述的旅游业定义为："旅游业可以看作是因向旅游者提供服务和其他方便而形成的各种关系的总合。"利珀的观点也与此相类似："旅游业是由旨在满足旅游者特定需求与愿望的所有企业、组织机构和设施组成的行业。"[③]

通观这些定义就会发现，它们具有以下几个共同的特点：第一，它们都属于从需求的角度下的定义。也就是说，这些定义都侧重于人们生产这些产品的目的或目标，而不是侧重于这些产品是否具有同质性。这种方法同其他行业为自己下定义时所使用的方法恰好是不同的。第二，这些定义中所提到的需求这个范畴，强调的也是旅游者需求，而不是旅游需求，而这两者是有很大区别的，旅游者需求所涵盖的内容要更为广泛。第三，

---

① 本书把旅游需求、旅游者需求与旅游消费、旅游者消费看作两对不同的概念。这一点非常重要。旅游需求与旅游消费都是针对愉悦这个根本规定性而言的，旅游者需求与旅游者消费则是指旅游者的全部需求或消费。所以，前两个概念在外延上包含于后两个概念。

② 这样来定义旅游业，能够更吻合人们在界定产业时通常必须遵守的几个条件：（1）必须生产一种相对同质的产品；（2）在根本上使用相同的技术生产该产品；（3）企业的数量及其产出的经济价值的规模必须达到足以作为一个独立部门来对待和加以统计的程度。广义旅游业常常只能满足第三个条件，而不能满足前两个条件。所以，从理论上说，广义旅游业的存在是比较牵强的。

③ Neil Leiper. The Framework of Tourism: Towards a Definition of Tourism and the Tourist Industry. *Annals of Tourism Research*, Vol. 6, No. 4, 1979.

由于以上两点，这些定义也都有共同的欠缺，即每种提法中都将既满足旅游者需求又满足当地居民需求的一些企业（如某些餐馆、商店）包括在旅游业的组成部分之内，这当然极大地扩大了旅游业的实际界限。对此斯蒂芬·史密斯认为，任何实用性定义都应包含对如下事实的某种认识：有些企业在实质上是属于“纯粹的”旅游业，而另外一些企业则只在部分程度上具有旅游业的性质。如果未能进行这种区分，则会导致始终过高估计旅游业作为一种经济因素的重要性，从而使这一行业领域缺乏可靠性的情形不断加剧。[①] 史密斯的这种认识虽然与我们这里划分狭义旅游业和广义旅游业的认识不完全相同，但对问题的关注焦点有一致之处。实际上，由于广义旅游业内部各部门间以及和部门外的复杂交融状况，企图完全清晰地界定广义旅游业的技术定义（即分清满足旅游者消费和满足当地居民消费）几乎是不可能的。这一点甚至在狭义旅游业那里也会遇到，因为在操作的层次上我们也照样不能也不应该完全排斥当地居民对旅游观赏物的消费。

## 二、旅游业的决定因素

法国学者弗朗索瓦·韦拉在其著作《国际旅游经济与政策》中，系统地阐述了旅游业尤其是国际旅游业发展所依赖的因素。他说：“国际旅游业的决定因素是指那些对国际旅游业发展有着经常性影响的因素。在对国际旅游流量的变化进行经验分析的基础上便可以对这些因素进行研究。这项研究之成果，对于认识和了解国际旅游业的机制是十分有用的，从中可以看出哪些因素对旅游流量尤其有影响。”[②] 他认为，国际旅游业同国际贸易和其他无形贸易以及资本运动一样，已成为各国国际分工的一个基本部分。在这种情况下，对国际旅游业的基本决定因素进行分析就有着十分重要的意义。为此，韦拉列举了三个可以决定国际旅游业发展状况的因素：资源禀赋、比较成本和旅游需求。实际上，这三个因素在国内旅游业分析时也是最基本的指标，因此具有普遍意义。

### （一）资源禀赋[③]

旅游业所依赖的资源包括三大类：物力资源、人力资源和财力资源。物力资源是旅游业发展的物质基础，通常可以定义为由旅游资源和基础设施资源构成的集合，二者是一定地域空间上所拥有的旅游业发展的先决条件之一。旅游资源是资源依托型旅游产品开发的基础条件，没有这个基础，就没有资源依托型旅游产品，从而就会影响旅游业的发展（但是，需要强调的是，旅游资源对于旅游业发展的意义并不是决定性的，这一点是资源依托型和资源脱离型旅游产品分类的一个自然而然的逻辑延伸）。基础设施条件

① 斯蒂芬·L.J. 史密斯著，南开大学旅游学系译：《旅游决策与分析方法》，中国旅游出版社，1991年版，第41页。

② 弗朗索瓦·韦拉著，罗结珍等译：《国际旅游经济与政策》，旅游教育出版社，1989年版。

③ 注意，这里所说的资源是一般意义上的资源，是一个产业谋求发展时所必须依赖的生产要素，而不是旅游资源（可以包含旅游资源）。从旅游业的角度来看，一切可用于旅游开发的条件和因素，都可以视为旅游业的资源，包括通常所说的人力、物力和财力。也就是说，“旅游资源”与“旅游业资源”是不同的范畴，不能混淆。

是影响旅游产品可进入性的重要因素，如果没有适当的基础设施，再好的旅游资源也不能为旅游业所利用，这时的旅游资源仅仅停留在潜在状态，还不是一种现实的经济资源。

人力资源也是旅游业发展的一个决定因素，因为它是旅游业整个运行过程中不可缺少的动力和智慧组分。它在两个方面影响着旅游业的规模和进程。一方面，旅游业作为劳动密集型产业，需要大量的劳动力来支撑。一个国家人口的规模和结构特点决定了该国劳动力人口的可得性。韦拉举例说，法国的蓝色海岸和意大利海滨地区的旅游业发展固然与其自然资源有关，但同时也与人口密度有关，较高的人口密度使这些地区拥有发展国际旅游业所需要的劳动力资源。如果将科西嘉岛和巴利阿里群岛的人口潜力做一比较，就可以看出，前者发展旅游业的潜力是有限的，因为那里的人力资源有限。另一方面，劳动力的素质状况自然也构成了影响旅游业发展的重要因素。旅游业虽然以提供基本服务为主，但作为一种外向型产业，客观上要求其服务标准和水平要向国际标准看齐，这一点在发展中国家和落后地区实际上构成了一种挑战。由于这些国家或地区的经济一般比较落后，旅游业发展水平较低，缺乏旅游业方面的管理和服务人才，在这种情况下，有时不得不依赖外国或外地管理人员参与管理。由此所产生的结果当然是旅游业收入的一部分，甚至很大一部分会流入国外或本地区之外，从而导致人们对旅游业的消极看法，也削弱了旅游业自身的发展能力。

财力资源是旅游业发展的又一个决定因素。旅游业作为新兴的产业，需要大量的投资，因此对资本的需求量往往很大。很多拥有优美旅游资源的地区一时不能通过发展旅游业来改善地区经济状况，根本原因除了基础设施（尤其是道路）的障碍以外，就是资本的缺乏。相反，一些资本雄厚、市场旺盛的地区却在缺乏旅游资源的基础上实现了旅游业的快速发展（如深圳）。

对旅游业发展所依赖的资源的分析，使我们更进一步理解了旅游业的内涵以及旅游业与旅游资源、一般资源的关系。也就是说，旅游业作为开发或创造旅游产品的企业的集合，与旅游资源的关系不是绝对的、命中注定的。当拥有旅游资源时，旅游产业大发展便可能有了先天的优势和基础。但如果没有旅游资源，并不意味着不能发展旅游业，只要旅游企业能根据市场需求开发出有吸引力的资源脱离型旅游产品，旅游业也会蓬勃地发展起来。

**（二）比较成本**

运用比较成本理论可以对大量的国际旅游贸易做出解释（这种理论由李嘉图在1817年发表的《政治经济学及赋税原理》中首先运用于国际贸易）。根据这一理论，即使一个国家能够生产它所消费的全部产品与服务，并且其相对成本比其他国家要低，但该国仍有必要对其生产施加限制并进行选择。进一步来说，该理论认为，每个国家不一定要生产各种产品和服务，而应该集中力量生产那些利益较大或不利较小的产品和服务，然后通过国际交换，用其中未消费的部分去交换外国生产的成本较高的产品或服务。这样，在资本和劳动力不变的情况下，生产总量会增加，如此形成的国际分工对贸易各国都有利。这一理论意味着各国在生产和出口他们最强项的产品和服务中会实行国际专业化分工。然而，这种专业化分工很少是全面的。对国际商业贸易进行分析只能看出依据比较成本而产生的专业化分工的倾向。在国际旅游业中也是如此，尽管各国间成本有很大差别，但是仅仅依据价格的差异很难决定国家间通过不同的旅游产品来进行专业化分工。不过，比较价格却可以看作是国际旅游发展变化与分布的决定因素之一。但是，在国际旅游业中，由于各国所提供的旅游产品多种多样，差别很大，独特性以及由此所决定的垄断性较强，所以，在类似产品之间进行比较是困难的，甚至是不可能的。此外，旅游产品大都是服务性产品，这种服务产品的生产是不能以同样的方式来重复进行的，这就要求对比较成本所产生的影响的研究必须适合国际旅游业的特殊性。所以，这种研究不能仅限于对构成成本的各种要件进行分析，而重点首先要放在对产品质量价格比、技术革新与进步上。

1. 产品质量价格比

对国家之间旅游产品的“质量—价格关系”进行比较，便可以在很大程度上明白国际旅游流量分布和变化的原因。一方面，在旅游产品的核心部分上，质量的概念体现在旅游产品所能给予旅游者的愉悦性休闲体验的程度和品位上。另一方面，在旅游产品所提供的种种追加利益上，质量的意义往往以服务的形式体现出来。旅游产品在这两方面所表现出来的质量特征，决定了对该旅游产品在国际上的竞争或垄断地位，并由此也决定了对该产品实施差别定价策略的可能性。由旅游产品的质量和对应价格所表现出来的供给特征，就成为影响着一个国家旅游业发展的潜力的重要因素。

2. 技术革新与技术进步

在国际贸易中刻意追求的旨在强化一国已经拥有的比较优势的差别政策，还需要借助技术革新和技术进步来加以推动。旅游部门的技术革新主要涉及的是基础设施、信息、促销、产品和销售。Auliana Poon 在其著作《旅游、技术和竞争战略》中对此有过深入的阐述。[①] 她认为，在供给方面，技术是促进旅游变革的非常重要的因素。旅游业中的技术应用使旅游产品的生产者可以在更低的成本水平上提供比批量地、标准化地生产的组合产品更为新颖，能够提供更有弹性的服务。在信息领域的技术变革，更使得旅游业在接受预订、开展促销、市场分销、经营管理等方面变得更有效率、质量更优异、服务更有灵活性、更能促进先进经验的传播和扩散。目前基于互联网所发展起来的越来越方便于自助旅游的产业趋势，就是这一点的有力体现。由此可见，技术因素既可以改变成本水平和结构特点，也可以对产品和服务的质量发生影响，而且本身还能创造新的产品。

3. 成本项目

各种成本项目对旅游业也会产生影响。这些项目包括运输成本、膳宿成本和旅游服务成本等。如果一国或一地区在发展旅游业时面临着高成本的挑战，旅游业的发展自然就受到威胁。因为成本居高不下的结果会导致产品价格竞争力降低。

4. 汇率

汇率变化对国际旅游业的比较成本的变化有决定性的影响，并因此影响到旅游流

---

① Auliana Poon. *Tourism, Technology and Competitive Strategy*. ABC International, 1993.

量的分布和变化。如果一国的旅游业始终处于汇率不利的条件下（即本国货币汇率上扬，而竞争国家汇率下跌），本国的旅游业就要遭受客源减少的威胁。

**（三）旅游需求**

旅游需求是制约旅游业发展的最为关键的因素。没有需求就不可能形成旅游产业。这一点是再清楚不过的。关于旅游需求的有关内容，我们将在第四章做更深入的讨论。

## 三、广义旅游业的行业构成

广义的旅游业的行业构成直接决定于旅游活动延伸的程度。从旅游的本质规定性来看，作为旅游产业核心部分的是向旅游者提供愉悦性休闲体验凭借的企业集合，即通常所说的旅游观赏娱乐业。以此为轴心，各种与满足旅游者消费有关的企业由于致力于向旅游者提供各种追加利益而构成了广义旅游业的组成部分。一般说来这些提供追加价值的企业在功能上主要是三种类型：一种是有关旅游“准备”的行业，主要为即将出行的旅游者办理各种预备性服务，如办理旅游问讯和预订业务的旅行社（当我们谈到旅行社所提供的是产品组合服务，也即销售组合旅游产品时，就应该将其划归到有关旅游“逗留”的行业）以及出售旅游用品的商业企业；另一种是有关旅游“移动”的行业，负责实现旅游者和旅游信息的空间转移，如运输业和通信业；还有一种是与旅游“逗留”有关的行业，它们负责旅游者在旅游目的地的一切消费的满足。旅游观赏娱乐业实际上可以归入此列，另外还包括饮食业、住宿业、旅游购物品经营业等。旅游业构成上的这种复杂性使人们注意到了旅游业的特殊性在于它是一个复合型的产业。

我们可以用图 3-7 来刻画广义旅游业以及旅游业与餐饮业、旅行业（交通运输业）、住宿业和休闲业的关系。

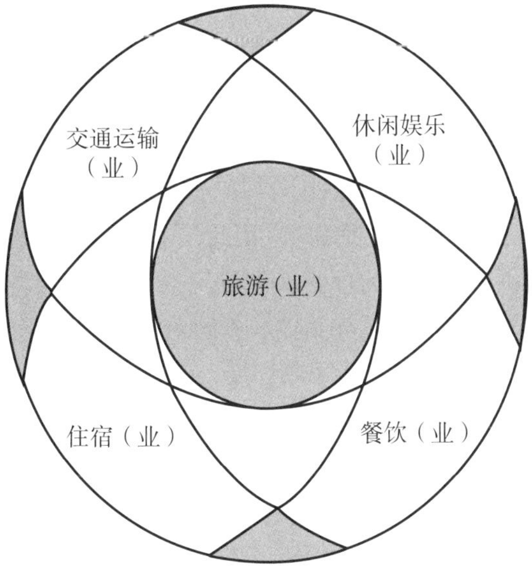


**图 3-7　旅游（业）与相关产业的关系**

这样，从旅游者需求角度来定义的广义的旅游业就由以下产业综合而成：

### （一）旅游观赏娱乐业

旅游观赏娱乐业是旅游业的核心成分，以向旅游者提供观赏娱乐产品（核心旅游产品）为其基本产业职能，其典型的企业形式是风景区（点）和有突出的特色吸引力的娱乐场所。可以说，旅游观赏娱乐业是吸引旅游者从居住地来到旅游目的地的根本性因素。当然，在有的情况下，旅游者前往某一旅游目的地，并不是受这些产业化或商业化的旅游景区（点）或娱乐场所的吸引，而是受非商业性的因素（如社会风貌、民俗风情）的吸引，在他们的观赏过程中也不发生付费行为，这时，对于该旅游者而言，他等于没有与目的地的纯粹旅游业发生关系，但他注定会无法完全避开其他旅游相关企业（注意，这里笔者没有用“相关旅游企业”的表达方式）为他提供的各种服务。

在人们以往的认识中，并没有把观赏娱乐业置于足够重要的地位，甚至在某些旅游经济学教材[①]中根本未对这一产业予以探讨。这在研究旅游问题时显然是本末倒置的。这种认识给人们造成极大的错觉，那就是旅游业的主体部分是住宿、餐饮，是旅行社，是交通部门。殊不知没有了旅游观赏娱乐业，上述各个产业的存在意义仅在于为其他旅行者或本地居民服务，或者就根本不可能存在（如旅行社）。所以，这种认识不仅有理论上的问题，而且给实践带来的直接影响恐怕就是阻碍了旅游景区（点）的产业化进程以及对这种产业所依赖的资源的认识和重视。因此，笔者在此愿意再次强调，相对于旅游观赏娱乐业而言，其他产业都是提供旅游产品追加价值的产业，从旅游的角度说，它们都处于附属的地位。

### （二）餐饮住宿业

饮食和住宿是旅游者在旅行和逗留过程中必须满足的基本需要。这种需要与日常的食宿需要并无本质的不同，但由于旅游的性质和特征所决定，旅游者的食宿需要的满足可能（但不绝对）会超脱于日常生活的标准，而这也正是旅游饮食和住宿业经营的困难和魅力所在。

向旅游者提供餐饮和住宿服务的企业一般是餐馆和饭店。在现实当中这些设施有各式各样的称谓，如酒店、饭馆、旅社、旅馆、宾馆、客栈和招待所等，但它们在功能上主要服务于旅游者的餐饮和住宿需求。因此，规范地说，餐馆是指单纯向旅游者、旅行者或当地居民提供餐饮服务的企业，而饭店是指主要向旅游者、旅行者甚至当地居民提供住宿服务并同时提供餐饮和其他服务的企业。随着旅游者和旅行者需求趋势的发展和变化，现代的饭店在功能上不断扩展，已经能够在很大的范围里提供旅游者所需要的综合性服务。但是，不管饭店功能如何复杂化，饭店最本质的特征在于它始终不能脱离住宿服务，否则它就不成其为饭店了。由于功能的拓展以及各种功能在饭店中所处的地位不同（由此形成了饭店服务的倾向性），现代饭店出现了多种多样的类型，如商务饭店、度假饭店、会议饭店、公寓饭店、汽车饭店、赌场饭店等。这些

① 王大悟、魏小安主编：《旅游经济学》，上海人民出版社，1998 年版，第 166—190 页。

饭店又往往根据服务档次和质量被评定为不同的级别（一般采取星级制）。饭店的这些发展，体现着现代饭店重视人的因素并针对不同的细分市场提供高品质服务的特点。

**（三）旅行社业**

旅行社业是一个典型的中介服务型产业，它由各个向旅游者和旅行者提供产品组合、信息、导游、陪同和预订等服务的企业组织构成，也是旅游业的重要组成部分。

旅行社的职能包括以下几个方面：

1. 组合旅游产品的设计和销售职能

组合旅游产品（package of tourist product）是旅行社或其他旅游企业根据旅游者需求的综合性、连带性特点而以旅游景区（点）为节点，以交通路线为线索，为旅游者设计、串联或组合而成的旅游过程的具体走向和连带服务的集合。在提供这种旅游产品的过程中，旅行社实际上起到连接旅游业各个组成部分的纽带作用，是运用自身对旅游者需求的理解对各种服务要素进行的加工和再组合。这种旅游产品常常以包价或半包价的形式出售给旅游者。旅行社担负着这种组合过程中诸多项目的安排、协调和应急事务的处理，也接受旅游者的投诉。在这种产品的销售过程中，旅行社往往还负责向旅游者提供导游和陪同服务。

2. 中介职能

旅行社实际上是旅游产品进入流通领域后的经营商。它的作用在于为旅游产品价值的实现提供便利，因此它实际上在旅游产品的供应者和旅游产品消费者之间发挥着一种媒介的作用。由于旅行社的存在，旅游者在申办护照、办理签证、兑换外汇、海关查验、办理旅行和住宿预订手续等等方面都会更加方便。

3. 信息咨询和反馈职能

旅行社是联结生产者和消费者的桥梁和纽带。处于这样一个位置上的企业，意味着处于信息交流的中枢地位，各种信息都可能汇聚于此再由此辐射出去。因此，旅行社在向旅游者提供旅游信息咨询、向旅游产品生产企业提供需求信息反馈方面，具有得天独厚的优势。

**（四）交通通信业**

交通和通信两大产业是旅游业实现旅游者和旅游信息的空间位移的基本凭借。由于这两大产业在世界范围内的发展，使地球空间变得相对小了，人们相互往来的机会和愿望更加强烈，也更加现实了。可以说，现代旅游业的发展，在根本上是交通和通信业发生革命性变化的结果。

**（五）旅游购物品经营业**

旅游购物品是旅游者在旅游目的地国家或地区的旅游过程中所购买的各种物品，主要包括旅游工艺品、旅游纪念品、文物古玩及其复制品、土特产品、日用品和其他商品。这种商品在经济特性上与一般消费品没有根本的区别，也不像旅游产品那样具有自身的明显特点，因此在经营上除了需要强调产品设计中的独特性、文化性、纪念性和艺术性以外，并没有其他的特殊要求。

## 本章重要观点

1. 出自非愉悦性休闲体验的目的出行的人不是旅游者。
2. 没有旅游资源也照样可以发展旅游业。
3. 旅游资源、旅游产品与旅游吸引物是不同的范畴。
4. 旅游资源和旅游产品虽然是不同的范畴（因此有很多不同的特点），但它们都是不可移动的。
5. 就旅游资源的特点而言（比如自在性），保护旅游资源就意味着可以对旅游资源永续利用，保护与开发的关系是辩证的。
6. 旅游产品的价值量是定价的基础。不同类型的旅游产品的价值量差异很大。
7. 旅游产品具有其生命周期模式，但这种模式的具体形态因受多种因素影响而不同。
8. 旅游产品也就是旅游商品，它不包括旅游购物品。
9. 纯粹的旅游业的概念应该采取狭义的视角。换言之，应该从旅游产品供给的角度而不是从旅游者需求的角度来界定旅游业。
10. 从旅游者的角度界定旅游业，形成了广义旅游业的概念。这一概念可以综合地界定旅游者的消费支出情况，也是旅游卫星账户建立的理论基础。
11. 将旅游产品划分为资源脱离型与资源依托型，对于国家制定相应的管理策略、理顺目前旅游经营中暴露的利益冲突、保证旅游的可持续发展，具有重要意义。

## 本章内容举要

**1. 核心概念**

- 旅游者的概念性定义：利用其自由时间并以寻求愉悦为目的而在异地获得短暂的休闲体验的人。
- 旅游者的技术性定义：利用其自由时间并以寻求愉悦为目的而在异地进行短暂的休闲体验不短于24小时、不超过一年的人。
  - 过夜旅游者：所有出自寻求愉悦的目的而利用其自由时间前往异地并在该地进行休闲体验超过24小时，但不超过12个月的人。
  - 不过夜旅游者：所有出自寻求愉悦性休闲体验的目的而前往异地并在该地停留24小时以下的人。
  - 国际旅游者：所有出自寻求愉悦性休闲体验的目的而前往异国并在该国作短暂停留不超过12个月的人。
  - 国内旅游者：所有出自寻求愉悦性休闲体验的目的而前往国内其他地方并在该地作短暂停留不超过12个月的人。
- 旅行者：出于迁徙以外的任何目的而前往异地并在该地作短暂停留不超过12个月的人。

  - 过夜旅行者：出自迁徙以外的任何目的而前往异地并在该地停留24小时以上，但不超过12个月的人。
  - 不过夜旅行者：出自迁徙以外的任何目的而前往异地并在该地停留不超过24小时的人。
  - 国际旅行者：出自迁徙以外的任何的目的而前往异国并在该国作短暂停留不超过12个月的人。
  - 国内旅行者：出自迁徙以外的任何的目的而前往国内其他地方并在该地作短暂停留不超过12个月的人。
- 旅游资源：先于旅游而客观地存在于一定地域空间并因其对潜在旅游者所具有的休闲体验价值而可供旅游产业加以开发的潜在财富形态。
  - 自然旅游资源：依照自然发展规律天然形成的旅游资源，是可供人类旅游享用的自然景观与自然环境，它寓于自然界的一定空间位置、特定的形成条件和历史演变阶段。
  - 人文旅游资源：在人类历史发展和社会进程中由人类社会行为促使形成的具有人类社会文化属性的悦人事物，其形成和分布不仅受历史、民族和意识形态等因素的制约，而且还受自然环境的深刻影响。
- 旅游产品：为满足旅游者的愉悦性休闲体验需要，而在一定地域上被生产或开发出来以供销售的物象与劳务。最典型的旅游产品形式是旅游地或旅游景区。
  - 资源依托型旅游产品：在旅游资源的基础上开发出来的旅游产品。
  - 资源脱离型旅游产品：不依赖于旅游资源，仅借助于可获得的人力、物力和财力资源的重新组合并经过加工过程而生产或创制出来的旅游产品。
  - 核心旅游产品：主要以景观或娱乐设施形式存在的供旅游者观赏愉悦的旅游产品。这种产品能满足旅游者的愉悦性休闲体验需求。
  - 组合旅游产品：围绕核心产品做多重价值追加后而形成的一种整体性产品，这种产品能满足旅游者的各种需求。这种旅游产品的生产者一般是旅行社或其他大型旅游供应商。在这种产品中，饭店、餐馆、交通工具等产品和劳务成为旅游产品的一部分，是旅游产品价值的追加成分。
- 旅游吸引物：任何能够对旅游者的旅游活动产生吸引功能的物象和/或劳务形式的总和。它由作为核心的旅游资源、旅游产品、组合旅游产品和处于支持层次的旅游者及旅游标识物构成，是一个大的旅游系统。
- 旅游企业：生产或销售核心旅游产品的组织机构。
- 旅游相关企业：生产或销售组合旅游产品当中非核心旅游产品部分的各种组织机构。
- 狭义旅游业：由各个提供核心旅游产品以满足旅游者的旅游需求的旅游企业所构成的集合。
- 广义旅游业：由各种提供组合旅游产品以满足旅游者的所有需求的旅游企业及旅游相关企业所构成的集合。

2. 主要内容

（1）旅游者的定义

- 关于**国际旅游者**的定义：最早的有关国际旅游者的半官方定义是在 1937 年由临时国际联盟统计专家委员会提出的，此后，国际官方旅游组织联盟对该定义做了修改。1963 年的罗马会议，更提出了对游客（visitor）的划分，建议将其分为过夜旅游者（tourist）和不过夜旅游者（excursionist）。所有这些定义对旅游者的出行目的都规定得相当宽泛。
- 关于**国内旅游者**的定义：对国内旅游者的定义目前尚不完全统一。其中典型的有世界旅游组织的定义、北美国家的定义和欧洲国家的定义。其中北美国家的定义看重出行距离这个尺度，而欧洲国家主要用逗留时间来衡量。世界旅游组织的定义注意到了国内旅游者定义与国际旅游者定义相协调的必要性。

（2）旅游者特征的描述

- 旅游者的特征可以借助于人口统计变量加以描述。这些变量包括性别、年龄、受教育程度、职业、家庭收入和家庭构成等方面。
- 旅游者的特征也可以借助于一些心理学研究成果来加以描述。典型的个性心理模式是美国心理学家普劳格的心理类型模式，他将旅游者划分为五种类型：自我中心型、近自我中心型、中间型、近多中心型和多中心型。
- 旅游者最重要和最值得关注的特征还是旅游者旅游行为本身。在这方面，可以通过旅游组织方式、旅游时间长短、旅游线路选择、旅行交通方式和住宿类型的选择等进行刻画。

（3）旅游资源的特征

- 旅游资源在功能上是旅游者观赏和体验的凭借，因此具有**可体验性**。
- 旅游资源的生成最初并不依旅游的目的而转移，而是自然的造化或人类出自其他目的而创造的成果；所有这些表明，旅游资源具有**自在性**。
- 旅游资源相对于旅游产业和旅游产品而言，是潜在的，未经开发的，不包含为旅游而专门投入的劳动，因此具有**潜在性**。
- 旅游资源因为依托于一定的地域条件，以及旅游资源之所以成为“旅游”资源在于它引起旅游，这两点决定了旅游资源具有**不可移动性**。

> 【即问即答】下面所提供的小资料，是笔者在课堂上向同学提问“大连的旅游资源有哪些”而得到的答案的一种，你赞同这位同学的意见吗？下面是这位同学的回答：
>
> 圣亚海洋世界、碧海山庄（人造景观）、老虎滩公园、滨海路、大连的城市风貌、星海公园、日俄战犯监狱。

（4）旅游资源的分类

- 旅游资源主要可以分为自然旅游资源和人文旅游资源两大类。具体的分类方法历来有不同的原则和角度，但一个典型的错误是把旅游产品和旅游地基础设施当作了旅游资源。前一个错误无视资源和产品在产权上的显著差异，而后一个错误是泛化地认识问题的结果。

（5）旅游资源的开发及其原则

- 旅游资源开发是人类通过向旅游资源追加物化劳动和活劳动而使之成为可以被旅游者所利用或享用的对象的技术经济过程。旅游资源开发将改变旅游资源的可进入性。
- 开发旅游资源应该坚持保护性开发、社会营销导向和总体规划的原则。这些原则的提出依据是旅游资源本身的特点以及它在旅游发展中的地位。

（6）旅游产品的分类

- 按照与旅游资源的关系分，旅游产品可以分为资源依托型旅游产品和资源脱离型旅游产品。这种分类对区别旅游产品的性质以及国家的管理政策很有意义。
- 按照产品内含的价值成分来分，旅游产品可以分为核心旅游产品和组合旅游产品。这种分类有利于认识旅游产品在旅游者消费中的地位，也有利于区别不同类型的企业性质。

（7）旅游产品的特征

- 旅游产品在功能上能为旅游者提供愉悦性休闲体验的可能性，因此具有**可体验性**。
- 旅游产品在空间上是无法移动的，因此具有**不可转移性**。
- 旅游产品的生产和消费往往在同一时空中进行，因此具有**不可分割性**。
- 旅游产品的价值是时间的函数，不能像有形产品那样可以保存，因此具有**不可储存性**。
- 旅游产品的销售只是产品使用权的暂时转移，而不发生所有权的转移，因此具有**所有权的不可转让性**。

（8）旅游产品价值量的衡量

- 旅游产品价值量的衡量问题，既是一个重要的理论问题，也是一个迫切的现实问题。在理论上，衡量旅游产品价值量的一个挑战是劳动价值理论，因为资源无价是该理论的一个缺陷，而资源依托型旅游产品恰恰是从一些被认为“无价值”的原始性资源开发出来的。因此，本书的观点是用效用理论作为立论的基础。

> 【即问即答】现实当中，你认为旅游产品定价存在什么问题？
> ——突出问题是一些资源依托型旅游产品的定价过低，比如2000年黄果树的核心景点的门票收费很低；而资源脱离型旅游产品的定价偏高，比如很多主题公园的收费都很高。

- 衡量旅游产品内含的价值量的高低，以及国家相应的财政税收政策，要根据旅游产品的类型来区别对待。对于资源依托型旅游产品的价值量的衡量，要充分考虑到稀缺的环境资源的价值，在此基础上再加上追加的劳动投入的价值；

对于资源脱离型旅游产品，只需要计算劳动投入的价值就可以了。

【即问即答】如果对资源依托型旅游产品的价值量给予充分的考虑并予以补偿（定以高价），那么，收益应如何分配呢？举个例子说好吗？
——无论如何要让经营该种旅游产品的单位只得到平均利润。国家可以通过税收和利润上缴的形式进行合理分配。在理论上，这类产品所依托的资源都是国家的，人类的，子孙后代的。
——比如，像黄山、故宫、长城这样的旅游产品，国家可以既收高税，又收利润；而像深圳锦绣中华、大连圣亚海洋世界这样的旅游产品，就没有理由这样做。当然，由此引出了企业或个人对旅游资源进行仿制的专利权保护问题，这就很复杂了。

【即问即答】社会风情是旅游资源呢？还是旅游产品？
——这是个复杂问题。真正的社会风情只能是旅游资源，不是旅游产品。因为它不是为出卖而生产的。异地仿建的“民俗文化村”里的表演性社会风情是旅游产品，而且是资源脱离型旅游产品。比如深圳锦绣中华中的民俗文化村就有表演云南、贵州的社会风情。这种产品的价值量也容易核算，不涉及资源的计价问题。

（9）旅游吸引物与旅游资源、旅游产品的关系

- 旅游吸引物是最宽泛的范畴，可以理解为一切对旅游者有吸引力的物质和非物质因素，它包括旅游资源和旅游产品（这是其最核心的成分）以及其他各种支持条件。
- 旅游资源是潜在的可供观赏或提供愉悦的物质和非物质形态的因素，它本身存在的最初动因是非旅游的。
- 旅游产品（即旅游商品）是为出售而生产或加工的物质和非物质形态的因素，它本身存在的最初动因是旅游的。

【即问即答】饭店是旅游吸引物，还是旅游资源或旅游产品？
——首先，它不是旅游资源（除非一些功能异化了的标志性饭店）；其次，当旅游存在时（这是前提），它可能构成旅游吸引物（或相反，构成旅游排斥物）；最后，当旅游存在时，它可以从广义的角度构成旅游产品的追加价值成分，是组合旅游产品的一部分。

（10）旅游产品的生命周期

- 任何一种旅游产品都会经历一个生命周期过程，但这个周期的具体模式却千差万别。

- 旅游产品生命周期可以划分为介绍期、成长期、成熟期和衰退期几个阶段。
- 影响旅游产品生命周期的具体模式和各个阶段的长短的因素有三大类：需求因素、效应因素和环境因素。需求因素在根本上决定了产品生命周期的长短，是可以预测的，但难以控制；效应因素是产品经营者的经营活动对各种利益集团产生的环境与生态、经济以及社会与文化方面的影响，是可以控制的；环境因素是产品经营者所处的经营环境的性质，包括外部大环境、外部经营环境和内部组织环境，其中外部大环境只能顺应或加以利用，外部经营环境可以改善，内部组织环境可以完全控制。

（11）旅游业的含义

- 一般地说，旅游业就是生产旅游产品的企业构成的集合。
- 根据旅游产品的类型不同，旅游业有狭义和广义的区别。狭义旅游业是指生产核心旅游产品的企业所构成的集合；广义旅游业是指生产组合旅游产品的企业所构成的集合。狭义旅游业是严格意义上的旅游业的概念，符合有关产业定义的基本原则或条件。
- 旅游业在一个地区能否取得发展，决定因素是：资源禀赋、比较成本和旅游需求。这里所指的资源，包括人、财、物各种资源（旅游资源是其中一部分）。资源越丰富、比较成本越低、旅游需求越旺盛，旅游业越能得到快速发展。

> 【即问即答】最初，深圳的旅游业是在旅游资源的基础上发展起来的吗？
> ——基本上不是。它是靠大量生产资源脱离型旅游产品而发展起来的。

> 【即问即答】现在的深圳有旅游资源吗？
> ——现在有了。如果你要去观赏这座现代城市的风貌，利用的就是旅游资源。一些旅游企业也可以利用这些资源做文章（开发旅游产品）了。

（12）广义旅游业的行业构成

- 广义旅游业包括旅游观赏娱乐业、餐饮住宿业、旅行社业、交通通信业和旅游购物品经营业。旅游观赏娱乐业生产的产品通常是核心旅游产品，而其他各种行业生产的产品往往是围绕核心旅游产品所做的价值追加，因此构成了组合旅游产品的非核心成分。广义旅游业是一个地区经济发展的重要途径之一。

## 本章答疑

**【疑问1】**关于旅游者和旅游资源的定义那么多，我应该掌握哪一个？

——轻松一点说的话，随你喜欢了。但你要设法抓住各种定义的相同和不同之处。为了学习好本书以后的章节，你当然需要掌握本书的观点。至于罗列的定义较多,主要还是一种研究方法上的需要,以及旅游相关定义尚需进一步探讨的缘故。

国家旅游局在《中华人民共和国国家标准GB/T17775—1999：旅游区（点）质量等级的划分与评定》（新标准为GB/T17775—2003）中对旅游资源的定义，可以作为目前比较规范的定义，但未必是最科学的定义。

【疑问2】对旅游业的定义，有的人从供给的角度，有的人从需求的角度。两者的差异到底在哪里?

——从供给（产品）的角度定义旅游业，会认为只有生产同种类型的旅游产品的企业才能构成真正的旅游业。按照这种定义，旅游业的范围会窄很多。

从需求的角度定义旅游业，会认为只要是生产能满足旅游者需求的产品的企业，就可以构成旅游业。按照这种定义，旅游业的范围会宽很多。

从本书的观点上看，由于将旅游做了狭义的界定，因此比较倾向于从供给的角度定义旅游业。而这与WTO的观点、国家旅游局的观点就不同了。如果真正想考察旅游业的直接和间接的经济效益，从需求的角度定义还是可以的。但应该注意到，有时这种定义带有比较浓厚的政治动机。另外，从需求的角度定义旅游业，也是旅游卫星账户产生的一个根本原因。

【疑问3】怎样才能比较好地理解本书在定义本章各个主要概念时的特色呢?

——只要时刻不忘记本书最初对旅游的定义就可以了。旅游就是为了寻求愉悦型休闲体验，所以，旅游者、旅游资源、旅游产品、旅游吸引物以及旅游业，都必须统一在这个基本框架当中，否则，逻辑上就有问题了。

## 本章补充阅读材料

【补充阅读材料3-1】

### 旅游卫星账户（TSA）

1999年6月15日至18日，世界旅游组织（WTO）在法国尼斯召开了以“旅游经济效应的衡量”为主题的国际会议。会议吸引了120个国家的650位代表，其中包括25位旅游或经济部长以及12个国际金融机构的代表。会议的目的是谋求国际社会对“旅游卫星账户”的支持，该账户用于衡量旅游产业对国民经济以及世界经济的真实贡献。在这个账户体系当中，设立了一系列国际标准和定义，用以衡量旅游业对GDP、就业、资本投资、税收等的贡献值，并评估旅游业在平衡国际收支方面的作用。根据联合国的建议，该账户配合国家账户，提供各国统计机构自己收集的可以进行国际相互比较的资料。在建立旅游卫星账户方面，加拿大做出了突出的贡献。旅游卫星账户的基本体系和很多指标都以加拿大原来的旅游核算体系为蓝本。

【补充阅读材料 3-2】

## 外国人眼中的东南亚主题公园开发

新加坡一直被人称为是被资本所惩罚的迪士尼乐园。这说法虽然陈腐，但却不失其贴切。我时常琢磨，最近 20 多年来如雨后春笋般涌现出来的主题公园到底意味着什么，尤其是在日本、中国南部沿海和新加坡。与此同时，那些仅存的历史性建筑物却被纷纷铲平，就仿佛它们是一些陈旧的垃圾，原因只是为了追求更加繁荣的景象。也许这两种现象是密切相关的：破旧和立新。那些主题公园——中国历史遗址和“传统”的日本城市的微缩景观，以及想象出来的外国土著居民，还有无数的埃菲尔铁塔和小不点儿的巴伐利亚城堡——成了有形历史缺失的某种补偿。

或者，也许人们会这样解释：那是对过去（或者国外的目的地）的一种健康的翻版，既安全又干净，还有供孩子们娱乐的木马，不像那些乱糟糟的古董，也不必冒着风险到国外旅行。数千年以来，中国人一直在对他们的历史遗址进行修建、摧毁、再修建的循环。一处建筑物的实际年龄已经不重要，重要的是建在什么地方。一幢水泥堆砌的庙宇，只要建在一个古代的遗址上，就被人认为是“古代的”，或至少是有历史的。

对于新加坡来说，问题是，它的过去是如此单薄。几乎每个人都来自别处。不过，这也是它的魅力所在。像洛杉矶或迈阿密一样，新加坡标志着所有新近的发明。它是一个亚洲新世界。

像武吉士街（Bugis Street）这样的新加坡老城区多半已经毁弃。但还保留了几小块历史遗址——这儿一排 19 世纪的中国式店铺，那儿一条印度街道。几乎没有人住在那一带了，但这些地方都被粉饰一新，布置了各种玩偶，用以招徕游客，也吸引新加坡人，至少给他们一点有关最近的过去的某种印象，其做作、矫饰和规矩的程度，正如圣淘沙岛上的“亚洲村”那样。这种情况非但新加坡有，你同样可以在中国和日本见到，更不用说美国。

【补充阅读材料 3-3】

## 旅游业是一个产业吗？[①]

能否把旅游描述为一个产业呢？现有文献对这个问题的回应并不一致。这个结论很难下。有人把旅游描述成“一种人的流动，一种需求力量，而不是一个单一的产业”。有人认为，比较准确的说法应该是把旅游描述为“若干相关产业的集合”。

争论的焦点在于，与旅游相关的供给部门并非单纯从事旅游经营。比如交通部门，

① 节译自 Les Lumsdon. *Tourism Marketing*. International Thomson Press, 1997.

就同时还提供货物运输和通勤服务。在很多场合，餐馆主要向当地居民和企业提供餐饮服务，旅游者只是在旺季里增加了餐馆的利润而已。所以，尽管以上这些机构都承认旅游对其经营的贡献，但它们存在的根本目的并非为旅游者服务。因此，旅游常常被描述为一个由供给因素构成的集合，其中有些产业部门完全为旅游而存在，而另一些则不尽然。

引起争议的还有另外一个重要的因素。旅游目的地必然要具备一些自然和人文资源，比如美丽的风景、历史遗址和地方文化，通常这是与其他相竞争的地方形成差异的根源。在某种程度上，旅游目的地也需要有为当地居民和旅游者提供的基础设施，如道路和排污系统。在这方面，旅游对“公共物品”的利用几乎是不可避免的。在全世界，不论政治制度如何，旅游发展都同时依赖于政府和私人两个部门的参与。政府作为旅游发展的一个重要的机构这一事实，使我们很难将旅游界定为一个传统意义上的产业。“旅游的复合性不容许在技术层面上将它定义为一个产业。它不具有单一的生产特征，也不存在明确的操作参数。如果没有社会的、文化的和环境的投入，旅游的经济作用就得不到发挥”①。

不过，在旅游者、旅游媒体以及旅游供给部门之间，越来越多的人认为，他们正在一个日益发展的产业集合当中消费或提供各种服务，这个集合产业是伴随着过去十多年来全球性的集中过程而出现的。

## 本章案例分析

【案例 3-1】

### 《世界旅游组织（WTO）指南》中对旅游者的定义及其讨论②

对旅游的最概括或最泛化——一种比社会学家和人类学家所采取的观点更宽泛——的观点来自世界旅游组织编写的指南上。这些定义旨在统一各个成员国家旅游管理机构收集旅游信息的标准：

- 游客（visitor）——任何出自获得报酬的目的而访问其定居国以外的某个国家并在该国停留 12 个月以内的人。
- 过夜旅游者（tourist）——在所访问的国家的集体或私人住宿设施中停留一夜以上的任何游客。
- 不过夜旅游者（same-day visitor）—— 不在所访问的国家的集体或私人住宿设施中过夜的任何游客。

---

① C. L. Jeckens. Tourism in Developing Countries: The Privatization Issues. *Tourism: The State of Art*（eds A. V. Seaton et al）, Wiley, 1994.

② 节译自 Robert W. Wyllie. *Tourism and Society: A guide to Problems and Issues*. Venture Publishing, Inc., 2002.

这些定义后来被修正用来作为国内旅游者的定义的依据（将国家改换成地区）。显然，这个定义宽泛得让人感觉不舒服。它既适用于到东京洽谈业务的纽约商人，也适合于普林斯顿大学一位到拉斯维加斯参加为期三天会议的教授，还适用于到夏威夷逐求娱乐和放松的西雅图度假者。尽管这些“游客”都在其定居国以外的地方停留一夜以上，并且也没有在该地从事能获得报酬的活动，但他们之间在行为和动机上的差异是十分显著的。从“一般意义”上来说，去夏威夷的游客比另外的商人和大学教授更像是一位旅游者。

用在目的地停留的时间长短作为标准来区别过夜旅游者和不过夜旅游者，对于主要对旅游者的行为方面感兴趣的研究者来说也没有多少价值。试想，一个只在阿卡普尔科（墨西哥南部港口城市）度过几个小时的游船乘客就是一个不过夜旅游者，而他的行为与那些在这个墨西哥度假地度过两周的过夜旅游者有什么区别呢？我们很可能从前者那里观察到更集中的观光、购物等行为模式，但这些根本不能说明他们与别的旅游者不一样。如果我们考虑乘客在游船上度过的情形时，这种区分就更成问题。游船既是一个漂浮的饭店和娱乐中心，又是一个交通工具。确实，像有人会认为的那样，乘游船旅行是一种特殊的逃逸型大众旅游。在游船上，乘客被包裹在豪华的设施当中，与目的地的文化相隔绝，并在一个匆忙的行程当中上岸与当地的人们邂逅，并做一点肤浅的交流。

所以，我们看到，世界旅游组织的定义对研究旅游的人类学家和社会学家来说并没有多大用处。不过，对于类似于地理学这样的学科而言，世界旅游组织的这种宽泛的定义不会有什么问题。

〖案例提示〗

（1）本书将旅游界定为是个人出自愉悦性休闲体验目的的旅行，你认为其主要视野是从旅游者行为的角度出发的，还是从别的什么角度出发的？

（2）这篇小短文也许还告诉我们，对某种现象的认识之所以不同，主要还是看问题的角度。你看旅游是从什么角度？

（3）WTO 是权威旅游组织，各国的国家旅游局是权威旅游管理部门。对这些机构提出的学术性问题，是否就应该一概遵从，不加异议？

【案例 3-2】

## 圆明园：保护？修复？重建？

一、风波再起：利益·情感·责任

一代名园圆明园，历遭侵略者的焚烧劫掠。139 年后的今天，面对这片历史废墟，我们该怎么办？是还其本来面貌，大兴土木加以修复？还是尊重历史留给我们的建筑

"化石"? 这个问题在最近一段时间以来，引起了国内外专家学者的激烈争论。

事实上，圆明园热已经持续了好几年。深圳的锦绣中华缩微景观中有被英法联军破坏后的圆明园景区，珠海建成了圆明新园，北京香河天下第一城和中央党校园区内也建有圆明园景观。此外，北京、海南也曾有过建圆明园实景或微缩景区的动议。这股仿建圆明园的热潮，似乎预示着重建圆明园将被提到议事日程。

2002 年"两会"过后，"圆明园该不该重建"又成为京城的一个热点话题。期间，以叶廷芳和梁从诫等为代表的 49 位全国政协委员，针对前不久有关人士向北京市政协提出重修圆明园的建议呈交了一份提案，表示坚决反对。有学者认为："圆明园该不该重建，实质上是一个在现代化的过程中，如何保护古代建筑遗迹的问题。"提案由中国社会科学院外国文学研究所研究员叶廷芳领衔。

叶廷芳极力反对重修圆明园。他说："废墟也是一种美！"他发起的这份提案认为：重修圆明园是对历史的严重破坏，必须保护该园的遗址原貌。理由主要有：第一，它是世世代代进行爱国主义教育的活教材。第二，现在的遗址具有真正的文物价值。第三，进行修复是对历史文物的彻底破坏，与现行的国家文物保护法相背。第四，修复圆明园无论在建筑质量上还是规模上，都无法达到原有的水平，至多只可能是增加一处新的人造景观，而且会变得不伦不类。

而主张重建圆明园的呼声则主要来自一些企业界代表。在北京市政协第九届委员会第一次会议上，一位企业界人士提交了一份名为《以企业行为重修圆明园景观》的提案。其重修的理由是：珠海复制的圆明新园第一年收入就达 1.6 亿元。该人士建议，以股份制的形式重建、管理圆明园，建立以国家、企业、投资人组成的股份制上市公司，以企业行为完成策划、宣传、启动、集资到管理的全过程。他还多次在公开场合表示，愿把今后 5 年的大部分收益投入到启动重建圆明园的事业中。关于资金的来源，另一位竭力主张重建的人士说，他可以联系大约四五亿美元的资金投资重修圆明园，此举不仅可以圆"圆明园的梦"，还可以解决 2000 下岗职工就业问题。有一些文物专家也主张修，以恢复圆明园的"无与伦比"的园林艺术。

梁从诫非常激动地说："不能再毁圆明园了！二战结束以后，世界各国的著名建筑设计师曾云集意大利首都罗马，确立了在现代化进程中保护古建筑的若干原则。这套国际原则，成为建筑设计界著名的《罗马宪章》。在世界各国文化古都都在维护这些原则的时候，北京的古迹却在 50 年代的建设中破坏殆尽，这是梁思成一生中最大的悲哀！"①

此前，一些主张重建圆明园的人士，还就重建圆明园的意义、资金来源、可行性等问题进行过研讨，也得到一些专家、学者和圆明园爱好者的支持。有些人提出，目前圆明园破坏严重，大片土地荒置，不开发利用实在可惜，适当的开发利用，可以有效阻止圆明园继续被破坏。有观点认为，依我们现有的国力和建筑造园水平，完全可

① 梁从诫的父亲梁思成曾为保护北京城的各种古迹倾尽心力。但十分滑稽的是，在前几年北京修复古城墙段落时，积极搬砖头的人当中，有些竟是当年积极反对梁思成的古城保护倡议的（据《中国旅游报》报道）。在这方面，中国的历史几乎总是用巨大代价交学费。

以把圆明园重建起来，而且比原来建得更好，让“万园之园”光辉重现，以此来弘扬中国传统文化，进行爱国主义教育。还有人建议，全部重建如有困难，可选择具有代表性的景观部分重建；也有人想利用这片地建设与圆明园无关的其他项目。曾有两位年轻人把几位教授拉到圆明园看西边的荒地，表示愿在这里投入20年光阴，建造一所“东方大学”，与北大、清华形成三足鼎立之势。

二、正反交锋，其理已明：历史不能重建

圆明园该不该重建？如何保护才能尊重历史？

1999年6月23日—26日，被誉为“国际建筑奥林匹克盛会”的“国际建协第20届世界建筑师大会”在北京举行，会议期间各种展览、报告会、研讨会等学术交流活动遍布京城。在刚刚投入使用的中国建筑文化中心，就举办了4个展览，由法国华夏建筑研究会、法国凡尔赛建筑学院展示的“圆明园遗址保护与利用”的展板，引起了专家学者的极大关注。以此为议题，清华大学建筑学院和北京林业大学联合举行了有关圆明园遗址保护的学术研讨会，圆明园的保护问题再次成为社会焦点。

6月24日，清华大学建筑学院组织了参加第20届世界建筑师大会的部分国内外著名专家及圆明园爱好者，专题研讨如何保护圆明园遗址。

清华大学建筑学院院长秦佑国教授认为，圆明园遗址记录的是历史，圆明园被英法联军焚烧的史实，在中国历史上的地位和重要性，要远远超过圆明园本身。如果圆明园没有被侵略者焚毁，在写中国近代史时，圆明园至多作为清代建筑文化和文化史中的一个皇家园林被提及，而不会有现在这样的历史地位。圆明园遗址是文物，对文物的保护不是重修重建，而是要继续保护下去。文物建筑的历史价值不仅仅在于它当初是什么样子，也包括它经历的历史沧桑。如埃及金字塔、希腊帕第农神庙、罗马大斗兽场在战争中被毁后，都没有重修或恢复原样。狮身人面像的鼻子被入侵者的大炮轰去了一块，至今也没有人去补。

与会专家学者认为，如果在遗址上重建圆明园，就必然破坏遗址。中国传统古建筑园林不同于西方砖石建筑，西方的砖石建筑火烧后，基本构架还在、建筑还在，而中国的木构建筑经过焚烧，就只剩下建筑基础了。在原基础上重建，新建筑就会掩盖文物遗址，造成更严重的破坏。

从美学价值讲，经历了重大历史变故的遗址，给人以苍凉、悲怆之感，一种肃穆的凭吊感，一种沉重的历史感，这是美学的意境和价值。面对残柱断壁，遗址给人留下丰富的想象空间。巴黎罗浮宫的维纳斯雕像手臂断失了，许多人想给她重塑，但都不能使人满意，没有手臂的雕像，给参观者留下了足够的想象空间。

清华大学建筑学院建筑史学专家郭黛姮教授认为，圆明园文物保护的争论中，存在着对文物保护的错误认识。圆明园遗址早已被定为文物，就应按《文物法》进行保护，不存在讨论重不重建的前提。

圆明园是清代盛期的皇家园林，它继承了中国传统园林的文化精髓，仿写国内外不同园林景观，集当时园林艺术之大成，代表了中国传统园林的最高水准。同时，它的建筑及保存在其中的难以计数的工艺品、艺术品，也反映了清代盛期的建筑技术、工艺水准、审美趣味。事实上它作为一个整体，反映了整个中国封建社会末期的社会文化、社会生产力水平等各方面的内容，所有这些内容都是无法复制、无法再现的。圆明园的特殊之处，就在于它是被帝国主义破坏的，它所经历的盛衰变化正是中国近代历史的写照，是这段历史的记录，是极其珍贵和不容篡改的。作为重点文物保护单位，历史的价值是圆明园遗址的基本价值，相关的保护措施必须从保护这种历史价值出发，而不能损坏这种价值。圆明园代表的是一种历史的信息，今天是无法复制和重现的，即使能够重建整个圆明园，现在所表现的也绝非历史上真实的圆明园，它只不过是清代园林建筑的当代仿制品，是件赝品。试图利用“复原”建筑来解决管理问题，也是不可行的。

显然，历史不能重建。但是，圆明园到底是否重建，一句话：就看谁说了算！

三、想挣钱？——换个地方建新园，随便！

珠海建园明新园时，没有人争议。

圆明新园坐落于珠海市九洲大道石林山下，占地 1.39 平方公里，东西北三面环山，南面平坦开阔，其中福海湖水域 8 万平方米，首期投资总额为 6 亿多人民币。

圆明新园是以北京圆明园焚烧前的建筑为原稿按 1:1 的比例恢复当年圆明园中部分景观的建筑风貌，并结合现代旅游景点的特色，赋予了新的内容。在建设中，有近 2000 多位全国各地的能工巧匠、国内文史专家、艺术家、雕塑家为新园的建设付出了辛勤的劳动。园内的所有建筑、装饰、艺术表演汇集了全国 20 多个省市的地方精华。有曲阳的石雕、内蒙古的马队、大连的青铜器、武汉的垂柳、福建的琉璃瓦、云南的柳木、大理的云杉。该园规模为北京圆明园的 1/6。

圆明园为清代御苑，其基址为明代皇亲国戚的故园遗址。1709 年，康熙开始修建旧园，后又赐予皇太子允祯（即雍正），并题名为“圆明园”。1725 年，雍正继位第三年，开始扩建圆明园，增建殿堂和楼阁，作为听政之所。乾隆继位，六次巡游江南，喜江南湖山之水，将所见名胜绘制成图，仿置园中。嘉庆、道光、咸丰三朝代代增修，益发辉煌。整个园区占地 5200 亩，建筑面积 16 万平方米，相当于故宫的全部建筑，前后经历了 150 年，先后建起了“圆明园”“长春园”“万春园”三个主要部分。因“圆明园”建置最早、规模最大，又是外朝内寝区，所以习惯上将三园统称为“圆明园”。

“圆明园”造景的意境，多采取神话传说中的仙宫幻境，或仿历代著名山水画中的深山幽谷，或采江南绮丽多姿的名园胜景，还兼取了国外古典宫廷建筑的特点，成为当世罕见的园林建筑集大成者，被誉称为“万园之园”。

〖案例提示〗

1. 分析不同的人对圆明园的态度及其心理动机。

2. 根据教材中所提出的“针对资源依托型旅游产品和资源脱离型旅游产品，国家应该采取不同的宏观管理政策”的观点，你认为国家对圆明园问题的政策有理论基础吗？应该是一种什么样的政策？

3. 真正的原始的圆明园、在圆明园基础上重建的“圆明园”以及珠海的园明新园，各属于旅游产品中的哪种类型？如何看待它们的价值？
4. 试讨论这样一个命题的正确性及其启发意义：圆明园重建的核心矛盾在于地点的选择。——换言之，在遗址上重建是反对者从文物保护角度出发最为反对的做法，同时也是倡议者从牟利角度出发最为看重的做法。你能否通过实地勘察，提出一个可以协调二者矛盾的办法？
5. 请从互联网上查找进一步的有关材料，并总结你自己的观点，设法向社会或有关部门阐述你的观点。——在对待这样重大的问题上，你也应该尽一份心力！

## 本章问题讨论

1. 你能否指出那些出自愉悦的目的旅行的人（旅游者）与出自商务、会议的目的旅行的人（旅行者）在旅行目的地决策、旅游时间决策和旅游活动安排决策等方面的区别？这些区别如何影响我们在提供产品和服务、对他们的行为进行研究等方面的差异？
2. 一个旅游地经营者想了解来此旅游的人的各种特征，以便改善企业的经营管理。你能设计一张调查表，用于了解旅游者的相关特征吗？
3. 请分别列举你家乡所在的城市或地区的旅游资源和旅游产品。你认为这些旅游资源属于什么类型的旅游资源，它们有什么开发潜力？这些旅游产品开发的利弊得失如何？
4. 今天的故宫、长城、秦陵兵马俑、黄山、泰山、曲阜孔庙、深圳锦绣中华和民俗文化村等旅游景点，都分别属于哪一类旅游产品？国家对这些产品的经营者中的哪一些应该既征收税金又征收利润，这样做有什么理论依据吗？
5. 请举例说明什么是核心旅游产品，什么是组合旅游产品？生产组合旅游产品的典型企业是什么企业？
6. 通常，当炒股的人在买卖股票时，价格的涨落是获利的基本渠道。现在假设你手里有一只股票，它今天的市价是每股 50 元。如果今天你没有把它卖出，到了明天，市价意外地涨到 80 元，你一定会因为今天没有卖出这笔股票而庆幸。但假如你经营的是旅游产品（而不是股票），恰好价格（比如门票）与股票的价格一样今天是 50 元，并且有同样的遭遇（今天没有卖出，而明天上涨了 30 元）。请问，你明天是否会为今天没有卖出这个旅游产品（门票）而庆幸？为什么？
7. 一直到现在，学术界仍然沿用“旅游商品”专指旅游购物品、纪念品等这样一种概念，其潜台词是：旅游产品不是旅游商品，即不是商品。这样一种界定，产生了理论上的混乱。你如何看待这个问题？
8. 深圳是一个在小渔村基础上发展起来的现代城市。它在发展旅游业方面尤其留给人们很多启示。学过本章内容后，你能否联系本章所提出的一些理论观点对深圳旅游发展的一些现象进行解释（提示：考虑旅游资源与旅游业的关系、旅游产品生命周期与开发策略等理论）？

9. 目前我国的许多风景区和文物古迹都还属于事业单位（与主题公园这种人造景观不同），并且归不同的部门主管。你认为将来这些单位有没有可能转变成为企业，甚至成为上市公司？这种转制的利与弊是什么？
10. 从理论上看，旅游资源是提供资源依托型旅游产品的企业的财源，因此保护旅游资源的永续利用应该是企业的长远利益所在。但现实中，一些企业（如索道公司——当然单纯的索道公司不生产资源依托型旅游产品）并没有这种动力，却对旅游资源进行掠夺性开发利用。这种现象的根源是什么？
11. 怎样看待科学考察价值、历史价值等在旅游资源中的地位？单纯具有这两种价值而不具有观赏价值的物象，能否成为旅游资源？
12. 想象一下，西双版纳风光与因纽特部落景色的风格差异。这些差异都是由哪些可感知的因素构成的，你能列举一些这样的特色因素吗（当这些因素属于人文的因素时，人们一般称之为文化特质）？
13. 你能否举出几个例子，来说明人们在不同的时代对什么是美的或丑的有不同的看法？你是否相信，人们对旅游资源的价值判断也会有这种时代差异，从而使这种价值本身打上时代的烙印？
14. 2002 年，震动全国的“建水古城保卫战”再次向旅游资源的保护与开发提出挑战。建水是与昆明、丽江、大理齐名的云南四大古城之一，是明清两代滇南文化、宗教、政治、经济、军事和教育中心。这座古城中的清末文士风格古民居具有极高的历史和文化价值。然而，它们正在被建水县政府有计划地拆除，改造成“清式风貌街”，以促进旅游业的发展。你是如何看待这个问题的？通过收集相关资料，请进一步阐述中国的法、权、理关系在旅游资源开发与保护实践中存在的问题。另外，为什么在这个问题上普通老百姓的目光比地方政府还长远？各色人等在这个问题上的根本动机是什么？
15. 举例说明北京故宫、大连圣亚海洋世界在确定其产品价值时的依据。如果有人还想组织一批游客到云南丽江古城观光，一睹当地的风俗民情，这时你从旅游资源和旅游产品的角度如何看待这些风俗民情？它们何时是资源，何时是产品？当是产品时又该如何计算其价值量？
16. 你认为将旅游产品按照其与旅游资源的关系分为资源依托型和资源脱离型两种有什么理论和现实意义？
17. 请举例说明，哪一种企业可以生产像图 3-3 所定义的那种组合旅游产品？又有哪一种企业会专门致力于生产单纯的（核心的）旅游产品？
18. 煤炭是煤炭产业的资源。当我们说“中国的煤炭资源十分丰富”时，指的是地下未开发的煤炭储量大，不包括已经被煤矿企业开采出来的煤炭。同样，说“中国的水资源匮乏”，是指地下水和地表径流水比较缺乏，并不包括自来水公司（它是一个企业）管道中的水。按照这个道理，应该如何理解旅游资源和旅游产品的关系呢？

旅游资源对于旅游产业来说，像煤炭之于煤炭产业那样必不可少吗？为什么？

19. 当你想开办一家旅游企业时，你要考虑什么问题？当你想把企业长久地运行下去时，又该考虑什么问题？你在考虑这些问题时，运用了学过的什么知识？
20. 通常，我们会听到有人说"旅游业是一个具有牵动效应的产业"，"旅游业的关联带动功能很强"。你认为这种说法当中所提到的旅游业，指的是狭义旅游业还是广义旅游业？应该指哪一种概念？为什么？
21. 如果真的不存在狭义旅游业，你认为广义旅游业当中的其他产业部门以及别的可能与旅游者消费有关的产业部门（如饭店、餐馆、旅行社、旅游纪念品商店、银行与保险公司、理发店、美容院、歌舞厅、工厂、农场、批发商以及自来水公司等）哪个能消失？通过这种判断，你对狭义旅游业的意义有什么新的认识？反过来说，我们能否因为所有上述产业部门曾为旅游者提供过服务就把它们列为旅游业或其一部分？
22. 有不少人认为，对于类似"旅游业是不是一个产业"这样的问题进行争论，除了有语义学上的意义之外，恐怕对于确立其正统地位、使之成为一个严肃的话题、赢得公众的认可和重视以及增加得到政府支持的理由等都没有什么好处。你怎样看待这个问题？你能否从学科发展的角度、从建立知识体系的角度、从引导人们正确研究旅游现象的角度阐述你的见解？
23. 一个地方要发展旅游业，你认为是否该地必须有充分的有吸引力的旅游资源？是否存在没有旅游资源却发展了旅游业的事实？请举例说明。

# 第四章　旅游动机与旅游需求

**学过本章之后，你应该能够：**

1. 理解导致旅游发生的心理动因，能掌握旅游需要与旅游动机之间的关系。
2. 了解各国学者在研究旅游动机方面所提出的一些观点。
3. 掌握影响旅游需求的因素，并能解释这些因素与旅游需求的关系。
4. 讨论旅游需求的特点。
5. 了解旅游决策过程中的各种影响因素，能区别个体旅游者和群体旅游者决策的差异。

## 第一节　旅游发生的心理动因

旅游作为一种社会活动或现象，其发生既有旅游者内在心理因素的推动，同时又受到外在因素的影响。但是，“事物发展的根本原因，不是在事物的外部而是在事物的内部，在于事物内部的矛盾性。任何事物内部都有这种矛盾性，因此引起了事物的运动和发展。事物内部的这种矛盾性是事物发展的根本原因，一事物和他事物的互相联系和互相影响则是事物发展的第二位的原因”①。所以，只有找到旅游活动发生的内在矛盾根源，才有助于我们理解旅游发生的真正心理过程。

早在1990年，笔者就曾撰文表达了旅游发生的矛盾论观点，“旅游是在一定条件下发生、发展的一种社会经济活动，受许多社会因素的影响和制约。其中诱发旅游行为的最根本因素，便是个人心理状态与其所处的自然及社会环境之间存在的差异。因此，旅游实质上是一种矛盾现象，是人类矛盾需求心理的突出产物。从古代的吟游诗人到现代的旅游者，不管是流连于山川秀色，还是沉迷于古老文化，都是在寻求与其个人当时处境相悖的某种补偿”。“也就是说，作为旅游者，促使其旅游行为发生的关键因素是旅游者的心态（很大程度上是在知识的基础上逐渐形成的一种欲望）与其现实经验之间的差异”。②这里所指的内在化矛盾，实际上就是一种不平衡，一种缺乏或匮乏，从而也就是一种推动旅游发生的第一动力，即内驱力。概括地说，内驱力是心理学的概念，指因为生理或心理出现失衡而推动人做出行为以恢复平衡的力量。旅游内驱力产生于潜在旅游者心理上出现的旅游价值与感知环境之间的不协调。

推动一个人进行活动的内驱力既可以来自于生理方面，也可以来自心理方面。生理上的内驱力是人体维持和恢复生理平衡状态的产物，比如，当人的血液中的血糖含量不足时，就会感到饥肠辘辘，想吃东西；而当血糖含量充足时，则不思进食，不觉饥饿。这种调节和维持平衡的机制是受人的自主神经系统的支配和控制的。当体内的生理平衡被破坏或失去时就会导致生理性紧张，并由此产生一种驱使个体进行活动以恢复体内原有的生理平衡、消除生理性紧张的动力。平衡被破坏或失去的时间越长，这种生理性紧张就越强，所引发的动力也就越大。这种由机体内部的生理不平衡所引起的驱动力，就是心理学家所说的生理内驱力。像食、饮、眠和性等行为就是由某种生理内驱力推动促发的。显然，这种内驱力是先天的、不学而能的、靠遗传获得的，它所引起的需要很难通过其他方式间接地得到满足。

然而，作为社会成员的个人，并不是所有的行为都是以生理内驱力为其动力源泉。同人的机体内部的生理活动状态需要保持平衡一样，社会的人的心理状态也要维持一定的平衡。这种平衡既包括认知上的平衡，也包括情感上的平衡。只有心理上获得了平衡，人才会平和知足；心理上若不平衡，人就会食无味，居不安，就会感到焦虑烦躁，由此就会产生驱使人去进行活动以恢复心理平衡的动力，这就是心理内驱力。除了遗传

① 《毛泽东著作选读》（上册），人民出版社，1986年版，第140页。

② 谢彦君：《论旅游的现代化和原始化》，《旅游学刊》，1990年第4期。

性的因素外，心理内驱力主要是人在社会生活中学习的产物，是后天的，是“以知识为基础”的，因而是可以改变的，并且在不同社会生活环境中，它所引起的可能是不同的，甚至截然相反的心理需要。就是说，正是由于个人生活在一定的社会环境之中才导致其心理的某种不平衡。由于心理内驱力所建立的基础是社会性的，因此，它所引发的需要的满足也不像生理内驱力所引发的需要那样在满足时有相当严格的个体排他性，也就是说，心理内驱力所引起的需要可以通过补偿或替代的方式获得间接的满足。

就旅游而言，在某种程度上，它既是潜在旅游者生理内驱力的结果，更是其心理内驱力的结果。或者更准确地说，它是以心理内驱力为主导的两种力量混合推动的行为。这里我们强调旅游作为心理内驱力的一种行为选择，是基于我们对旅游的社会属性的判断。换言之，旅游既不是个人与生俱来的需要（我们不能想象一个婴儿会向母亲提出“旅游”的要求），也远非与历史同在的现象（我们的猿人祖先也不懂得“旅游”，甚至今天的偏僻地区的乡民如果不外出旅游，他们也许并不会觉得有所缺憾），它是社会发展到一定阶段的产物。也就是说，用历史的观点去考察这种现象，并不能发现在人类发展史中促发旅游行为的内在矛盾存在的普遍性，而在任何一个时间断面上，这种矛盾对所有社会成员来说也不具有现实的普适性。① 这足以证明，旅游所满足的需要是一种心理需要。旅游是一种社会现象，是一种习得的行为，是一定的社会环境培育出来的旨在满足某种特殊人类社会需要的活动，这些社会需要可能包括像群属、交际、沟通、学习、自我补充和自我扩张、自理和自立、自尊和他尊、自我实现、利他、奉献等范畴。在生产力不发达、人类还需为生存而疲于奔命的早期社会，能促发上述需要形成的内在心理矛盾在人类个体心理中是不存在的，或充其量仅仅是偶然的、微弱的和个别的信号。这些心理需要因生理矛盾解决的艰难而被掩蔽起来，或者更准确地说，社会的发展未能给予足够的机会来培育这些心理需要，人类个体的生活几乎完全被饮食、男女、居用和安全等问题所困扰，生理需要的满足成了生活中第一位的事情甚至是全部的内容。只有在社会进入较为富裕的阶段，并能赋予个人以一定的自由时间，尤其是步入信息与信息技术为标志的工业社会里，旅游的需要才内化于整个人类的需要系统，旅游由此也成为困扰现代人、创造现代人心理匮乏的新的机会，并促成了一种新的生活方式。

在某种程度上，对于社会个体来说，旅游是一种自我重构的行为。借助于这种行为，人们企图表达他们自身在心理上、社会意义上以及经济层面挣脱日常行为框架的束缚并进而重新认识和调整自我的努力。作为一种植根于旅游世界的空间、时间、社会和经济等多维框架中的个体经验过程，旅游是个人对自身潜在需要和内在价值的一种唤起和满足。一旦这些潜在需要和内在价值被激活并被置放到度假的意图和情境当

① 申葆嘉先生在其所著《旅游学原理》一书中，曾提出旅游的产生有三个条件：一是社会化大生产；二是社会意识发生巨大改变，促使旅游动机的形成；三是社会达到充分的开放性。接下来申先生认为，只有市场经济才具备这些条件，从而认为旅游是市场经济的产物。这个命题似乎值得商榷。见《旅游学原理》，学林出版社，1999 年版，第 48—49 页。

中，旅游动机便产生了，它也同时构成了影响旅游期望的最主要的内生变量。接着，旅游期望则构成了对各种旅游产品和旅游体验过程的感知的先决性因素。所以，动机对于旅游的满意程度也构成了直接或间接的影响。从这一点看，要认识旅游体验的功能，理解旅游体验的意义，首先要理解旅游动机的形成过程，以及它与旅游期望、旅游满足之间的关系。就目前的知识而言，这几个范畴就分别是旅游内驱力、旅游需要、旅游动机和旅游行为。从行为动力学的角度看，这四个范畴之间的关系是，越是贴近旅游行为的范畴，其本身可能越是以分裂的、工具性的、具体的形式规定行为的方向、力度和方式，相反，远离行为的心理内驱力，却可能是某种非常原始的、根本的、统合的和恒久的力量。图 4-1 反映了四个范畴之间的大致关系。

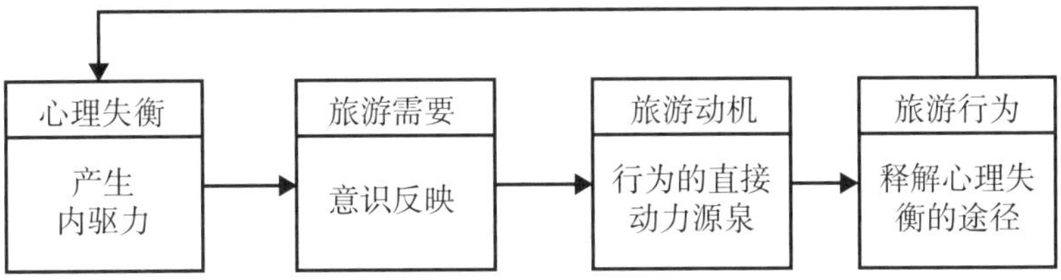


**图 4-1　与旅游动机相关的几个范畴间的关系**

## 一、旅游行为的原动力：补偿匮缺与自我实现

在各种流行的旅游心理学教科书或著作当中，当谈及人们为什么旅游时，作者们几乎无例外地都纷纷采取罗列旅游动机的方式对这个问题加以求证。这种态度也逐渐培育了旅游动机研究的方法论基础，那就是，人们不惜牺牲对旅游体验的整体解释而采取各种具有解构倾向的类型或层次分析方法。比如，格雷（H. P. Gray）曾在 1970 年提出了两分法的旅游驱动力概念，即所谓的漫游癖（wonderlust）和恋物癖（sunlust）①；麦金托什等人则提出了健康动机、文化动机、社会关系动机、地位与声望动机这样的动机四分法。② 类似这样的观点不仅广泛地被人引用，同时也启发了不少学者沿着同样的思路探讨旅游的动机问题。克朗普顿（J. L. Crompton）在有限的样本容量中识别出七种旅游动机：逃避所感知的世俗环境；自我发现和自我评估；放松；显示个人声望；回归；密切家族亲属关系；增进社会交往。③ 此后，艾泽欧—阿荷拉也提出了一个带有一定理论化色彩的模式，其中包括了逃逸因子和逐求因子两个维度。④

但是，对旅游行为根本动力的这种解构式的分析，最终不可避免地要在解释旅游

① H. P. Gray. *International Travel—International Trade*. Health Lexington, 1970. 笔者在这里首次将这两个词做了这样的翻译，不同于以往翻译成“追逐阳光”“追逐漫游”。仔细揣摩着两个词，格雷的本意或许在此。

② 麦金托什等著，蒲红等译：《旅游学——要素 · 实践 · 基本原理》，上海文化出版社，1985 年版，第 98 页。

③ J. L. Crompton. Motivations for Pleasure Vocation. *Annals of Tourism Research*, Vol.6, No.4,1979.

④ S.E.ISO-Ahola. Toward a Social Psychological Theory of Tourism Motivation: A Rejoinder. *Annals of Tourism Research*, Vol.9, No.2, 1982.

原动力方面陷入多元论的困境。甚至更为严重的是，直到今日，在旅游研究领域和旅游市场分析实践当中，人们只要是想了解旅游动机问题，都可以不假思索地对旅游行为的动力因素进行非常琐屑的细分，直到罗列一个漫长得令人茫然的解释清单。比如，在德国所进行的一次被克雷潘多夫（Krippendorf）比较看好的游客动机调查中，就包含了这样 28 项旅游动机："摆脱、放松"，"远离日常生活、变换生活环境"，"恢复体力"，"体验自然"，"与他人厮混"，"享受阳光、避开坏天气"，"与人交往、结伴"，"口福"，"娱乐、享受"，"随心所欲、寻求自由"，"增加体验、感受变化"，"猎奇、寻求未受污染的环境"，"锻炼、参与运动或游戏"，"体验外国文化、观察世界"，"彻底休息、一事不做、坐享其成"，"纵欲、狂欢、享乐"，"结交新朋友"，"美化自己、将皮肤晒成健康的褐色"，"马不停蹄、四处游逛"，"增长闻见、接受教育或洗礼"，"追求个人兴趣"，"疗养"，"温故"，"探亲访友"，"借机内省、反思"，"参加体育项目、健身"，"探险"，"实现个人癖好"。① 显然，这样的动机罗列方式，不说它在使旅游体验"碎片化"方面做出了多么巨大的贡献，仅就其技术方面来看，也失之不够规范，甚至还存在大量的相互重叠的情况。

实际上，为了找到旅游行为的原动力，我们必须先对与旅游行为相关的几个心理学范畴做一下区分，给每个范畴以一个清晰的定位，这样才能顺藤摸瓜，最终找到那种在最基本的层次上存在的影响旅游行为的动力因素。而就在这一点上，心理学界多年来培育了众多的理论派别，涌现了很多风云人物，其中最主要的、在笔者看来与解释旅游动机最密切相关的两个流派，就是精神分析学派和人本主义心理学派。

对于精神分析学家们来说，从弗洛伊德到阿德勒再到荣格，由于他们对人类行为根本驱动力的解释建立在补偿匮缺的基础上，这使我们发现，他们对人类行为根本动机的透视，向我们展示了解释一部分旅游者旅游动机的一缕曙光。不可否认，那些潜在的旅游者，即使他们不是天生的有缺欠者（如果他们是这样，那么，弗洛伊德和阿德勒都能解释他们的旅游行为），也属于那种在个人生活圈当中对自身环境抱有某种程度的不满的人。外出旅游，成了一种恰当的补偿方式，就像阿德勒所描述的那样。对旅游动机的很多经验性的研究证明了这个结论的真实性。然而，我们无法确信，所有的人都适合用精神分析的这种缺失补偿理论来加以解释，所有的人都是一个需要补偿的病态人格，所有的人都处在一个自身的本我与社会文明充满矛盾和冲突的状态。正如作为新精神分析学派的另一位代表人物的荷妮所阐述的那样，人性的发展是一种进化的过程，"发展自我"乃是进化的动力。人类为了满足自己的心理需要，为了解决内心的冲突，于是在理想与现实间不断挣扎，企图建立起自己的价值体系。② 从荷妮的这种明显地带有反叛性质的阐述中我们看到，弗洛伊德过分夸大了本能在文明发展中的地位与作用，并且将本能与文明的对立有些过分绝对化了，而阿德勒认为人类

① J. Krippendorf: *The Holiday Makers*. Heinemann, 1987.

② 荷妮著，李明滨译：《自我的挣扎》，中国民间文艺出版社，1986 年版，第 14 页。

的行为完全受自卑的驱使也未免过于偏下。至于荣格，他在重新界定力比多的内涵的情况下，倒是非常富有见地地将自己的思想与人本主义心理学的思想拉近了一步。从这个意义上说，荣格的理论，连同狄尔泰（Wilhelm Dilthey）、施普兰格尔（Edward Spranger）和阿德勒等人的理论中的人道或人本成分，在一定程度上已经构成了人本主义心理学的早期理论，由此昭示了精神分析理论与人本主义心理学的内在亲缘关系或沟通的可能性。

让我们来看看马斯洛的人本主义心理学是如何解释人的行为的内在动力的。整个人本主义心理学的理论体系，始终强调这样五个要点：（1）人本主义是现象学的或依据经验的，其出发点是意识经验（conscious experience）；（2）它坚持人的整体性和不可分割性；（3）承认人的有限存在，但坚持人保留着基本的自由和主动；（4）它的倾向是反对还原论的，不主张像心理分析那样把意识经验还原为基本驱力或防御机制，也不像行为主义那样把意识看作一种副现象；（5）认为人性不可能完全限定，人格的发展是无限的。[①] 基于这样的本体论和方法论，人本心理学家往往对弗洛伊德和阿德勒等人的缓解或补偿理论持否定意见。他们的理由是，这种以缓解倾向支配行为的情况原本是一种病理现象，是机体功能缺损的一种表现。他们认为，缓解动机理论的基本错误在于它试图用决定变态生命的法则来解释正常的生命现象，而没有考虑到这些法则来自病理现象。这种动力是一种保守的自我保存倾向的反映，是建立在对不完全的人群（包括机能缺损的病人、实验条件下的儿童）甚至动物的观察基础上而得到的结论。因此，这种理论是片面的。在人本心理学家看来，正常机体的目的不是维持现状，正常生命的倾向指向行动和前进。在马斯洛的心理学中，有一个非常重要的概念。马斯洛认为，驱使人类行动的，是若干始终不变的、遗传的、本能的需要，这种需要是心理的，而不仅仅是生理的。它们是人类真正的内在本质，但它们都很脆弱，很容易被扭曲，并被不正确地学习、习惯及传统所征服。马斯洛说："它们是人类天性中固有的东西，文化不能扼杀它们，只能抑制它们。"这显然不同于弗洛伊德的观点，因为后者认为本能是强有力的、无法改变的和邪恶的。马斯洛认为这些需要极易受到无视和压抑，它们"不是丑恶的，而是中性的或者是良好的"。

马斯洛认为，一个特性如果符合下述情况就可视为一种基本需要：[②] 缺少它引起疾病；有了它免于疾病；恢复它治愈疾病；在某种非常复杂的、自由选择的情况下，丧失它的人宁愿寻求它，而不是寻求其他的满足；在一个健康人身上，它处于静止的、低潮的或不起作用的状态中。

以这样的基本认识为基础，人本心理学家们为此而构筑了一个精致的、令人鼓舞的需要模型，即马斯洛的需要层次模型。这个模型将人类的特殊的价值需要嵌入到人类心理需要的内在体系当中，从而肯定了作为人的积极意义，反映了人本质层面的规定性。用人本心理学家的话来说，那就是，机体的基本倾向在于尽量实现自身能力、

① J. B. Shaffer. *Humanistic Psychology*. Englewood Cliffs, Prentice Hall, 1978, pp. 10–18.

② 弗兰克·戈布尔著，吕明等译：《第三思潮——马斯洛心理学》，上海译文出版社，1987 年版，第 40 页。

自身人格，即自我实现的倾向。在这里，马斯洛等人全力肯定了人格的积极倾向，而马斯洛本人则认为人的需要是有层次的，并且是以高层次的需要为导向的。在他的需要层次结构当中，从基本的生理需要到最高层次的自我实现的需要，存在着阶梯式的过渡关系（见图 4-2）。高级需要的出现有赖于低级需要的满足，但只有高级需要的满足才能产生更令人满意的主观效果或更深刻的幸福感和丰富感。高级需要比低级需要有更大的人生价值。

**图 4-2　马斯洛的需要层次理论**

用人本主义心理学的模型来考察旅游者的行为动力来源，我们就会发现，从需要层次当中，不难判断，旅游者的行为动力，一般会超越基本的生理需要和安全需要这两个基本层次。通过旅游，人们获得某种归属和认同，如种族旅游，以探亲访友为主要形式的旅游，等等；通过旅游，人们会赢得别人的尊重和认可，这在旅游过程中通过与目的地社区的接触以及在旅游过程结束之后与个人生活环境中的其他人的接触中都能有所体现；旅游不仅是获得审美享受和增长见识的机会和途径，也是发现自我、认识自我、表现自我和实现自我的一种方式。所以，总体来说，马斯洛的需要层次理论，为解释旅游的动机提供了一个结构性的框架。

实际上，历史地审视社会发展对人的需要系统进化过程的影响，也是我们能够接受马斯洛的“需要层次论”的基础。从历史上看，存在着以下几种事实：（1）经济的发展为旅游需要的形成提供作为旅游外部条件的经济能力和自由时间的支持；（2）社会的发展使上述种种社会需要已经内化于整个人类需要系统，从而出现因需要未能满足而导致的心理上的失衡或匮乏；（3）信息社会改变了人类的宇宙观和价值观，世界正在相对地变小，而人类谋求时空扩张的认知欲望却在膨胀。这些事实使人类社会转而寻求充分发展的感情关系（与自己和与他人的），而旅游和娱乐就仿佛是这个世界里的最佳去处。正如法国社会学家埃德加·莫兰说的那样，“价值的空白造就了空白日（假期）的价值”。当旅游的价值被社会自动地嵌入其成员的价值系统中时，旅游的发生就有了社会的基础。正像菲佛尔（Feifer）所描述的那样，在现代的北美和欧洲地区，“成为一个旅游者是作为一个现代人个人经验的特征，而‘哪也不去’就像没有一辆汽车和一处像样的房子一样说不过去。旅游是现代社会的一个标志，同时也是满足健康要求所必需的一种活动”[①]。没有社会的充分发展，马斯洛的需要层次中的非生理性需要就成了空中楼阁。在马斯洛看来，每个人自身内部都具有一定的内在需要，并且呈现一定的结构，排列成为不同的层级，从生理需要、安全需要、社交需要、尊重需要直到自我实现的需要，展示了人类随着个体的生物进化的阶梯的上升而逐渐弱化的本能欲求。[②] 这个模式对现实社会人类需要的结构特征很有解释力。不管在何种社会，由于马斯洛在他的需要层次论框架中嵌入了历史过程，因此，都能用这一模式去认识社会成员需要的总体的或个体的特征。就总体而言，在富裕程度不同的社会或经济体中，需要结构会呈现相反的倾向性。比如说，在贫穷的国度，大多数人需要为生存而奔波，而在发达国家，人们不再为衣食所累，就有机会发展更高层次的需要，甚至往昔的本能也被更多地注入了社会性因素，于是，在两种社会的全体成员中，我们就发现了需要结构的两种倾向性：生理趋向和社会（心理）趋向。图 4-3 中的实线A 和B能形象地刻画这种差异。

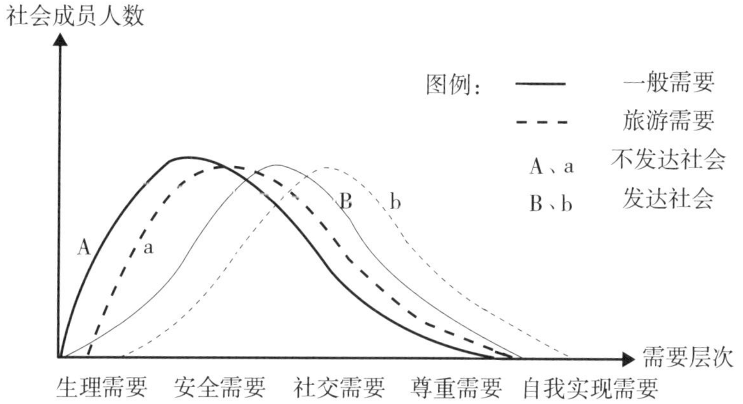


**图 4-3 社会成员在不同社会中的需要分布模式**

那么，借助于马斯洛的需要层次论框架，我们如何识别出旅游发生的心理基础呢？也就是说，如何在马斯洛的需要层次论中判断旅游所对应的层次的位置呢？至今这还是一个未经深入研究的领域，因此也难以确切地予以描述。但可以肯定，旅游所具有的审美规定性以及休闲、消费和社会属性，决定了它绝不是一种以生理需要为驱动力的行为。但是，旅游过程的复杂性以及根本上它是人生的一个时段这一特点，决

① M. Feifer. *Going Places*. MacMillan, 1985.

② 林方主编：《人的潜能和价值》，华夏出版社，1987 年版，第 162 页。

定了旅游又离不开生理需要的满足。这种认识使我们得到了图 4-3 中的两条虚线，它们描述了不同社会成员的人数及其需要的层次结构。这两条曲线假定，若将社会成员中参与旅游的人数曲线按比例放大到社会成员的一般需要曲线的水平上，那么就会发现，不同社会的旅游曲线（a 和 b）会处在原对应曲线（A 和 B，用以刻画社会成员的一般需要）的右边某个位置上，并且看上去几乎就是 A 和 B 曲线向右的平移。这个结论说明什么？它说明旅游作为人生波谱的一个时段，其需要的构成是与日常生活中的一般需要的构成同型的，但又整体地处于更高的层次。当然，我们谁也不能否认，在这个一般的模式中，存在着未能涵盖的某些特殊的情况。比如，现实中有不少这样的人，生活上（物质上）的困窘，并不能遏止他对精神世界的追求，于是就有所谓“穷旅游”。当前的中国人之旅游，比之发达国家人们的旅游，就更具有这样的色彩。当出现这种情况时，图 4-3 中的曲线 a 或 b 就不仅仅在位置上有变化，其形状也会有所改变，从而不是 A 或 B 的整体性平移。

总而言之，在上面对弗洛伊德精神分析理论的简单讨论中，我们可以窥视到其中能够启发我们认识旅游行为动力的因素。即使我们不一定赞成弗洛伊德将人类行为的根本内驱力归结为性的冲动，但是，他对意识、潜意识和下意识的分析，对本我、自我和超我的解释，尤其是对人类内在需要与文明之间关系的阐述，都给我们留下了一个强有力的印象：人类行为的动力，是在寻求某种补偿，弥合某种缺失，以便能使人回归或张扬自己本性里边的东西。即使后来阿德勒在归因人类行为的根本动力时不同意弗洛伊德的“性”，但他所推衍出来的“自卑”，也还是一种缺陷，对于这种缺陷的治疗，也还是一种补偿。甚至荷妮的思想，也只不过是更多地融入或承认文化的力量（而不是过于突出性力的作用）。所以，不管是弗洛伊德的精神分析，还是他的弟子们转向了的新精神分析，在思想脉络上，它们都有一个共同的特征，那就是由于关注点、研究方法、样本特性等因素所共同形成的一般性结论：人的本质是残破的，人类行为的动力在于补偿缺欠。

如果再回到人本主义心理学，我们就会发现，它与精神分析之间的最大鸿沟，也就是产生自其理论的关注点、研究方法以及样本特性诸方面与精神分析理论的差异而形成的近乎“人性本善”的结论。这种性本善情结，使马斯洛、罗杰斯（Carl Rogers）甚至奇克森特米哈伊（Mikhail Csikszentmihali）共同地把自我实现、自我发展、高峰体验作为人类行为动力的终极目的和内在动力。在人本主义心理学看来，人类在本性上不像精神分析学派所描述的那样消极、黑暗和残缺，人是有追求的，并且这种追求是积极向上的。

这两种理论分歧如此之大，但却能够共存于同一个世界这样一个事实，说明它们对现象都有相当的解释力。在现实生活当中，很多时候我们都能找到对这种理论或那种理论给予支持的证据，也能发现大量为某种理论难以自圆其说的事实。当我们还没有能力寻找到对现象的一元论的解释时，将所描述的对象停止在一定的层面或层次，便有可能使我们的理论具有了历史性的解释力。从这个基点出发，我们对旅游行为的原动力的分析，也希望能够落脚在一个适当的层次或层面上。从旅游行为的内驱力的角度看，这个层次或层面应该体现在精神分析的补偿匮缺和人本主义心理学的实现自我的辩证统一。就目前的知识而言，笔者认为，可以用愉悦性休闲体验作为旅游行为的根本内驱力在需要层面的表现。人们通过旅游所获得的心理满足，实际上体现了人作为一种社会存在的意义和价值。这一点，通过对旅游现象的一番考察和思索，就可以明显地看出来。

## 二、一个用以解释旅游行为动力结构的理论模型

以上分析，所要回答的问题，可以进一步明确为这样的问题："你为什么旅游而不留在家里？"我们期望旅游者或潜在旅游者对这个问题的回答，接近于这样一些答案："找乐，没别的。""在家里憋闷得慌，不如出来走走。""在家待久了，觉得有些无聊，出来换换空气，调节一下。""外面的世界很精彩！"等等。这个问题，既可以在旅游者的旅游过程中询问，也可以在旅游结束之后询问，更可以在旅游之前询问；既可以问已经计划好要出行的旅游者，也可以与那些近期没有旅游计划的潜在旅游者甚至普通人进行探讨。这一点非常重要。只有当这个问题在以上几种情境中都可以进行询问的时候，才意味着这是一个一般性的问题，是一个涉及旅游行为的根本动力的问题，而不是另外一个什么问题。

这另外一个什么问题，并非没有被人提过，甚至说，很多研究旅游动机、旅游决策问题的学者，都曾经向旅游者问过这样的问题。伦德伯格（Lundberg）就曾经有感于人们对旅游动机的研究的贫乏而提出了"人们为什么旅游"这样一个最基本的问题。① 他发现，对这个问题的回答由于两个原因而显得十分困难：首先，每个人以及个人的文化特性决定了人们对这个问题会有不同的理解；其次，被询问的旅游者所说出的所谓旅游动机，很可能只是某种深层需要的反映，而这种需要其本人也可能并不理解，也从没有想过要清楚明白地表达出来。这说明，伦德伯格也已经注意到了在研究旅游行为的推动力的时候，既有一个情境的问题，也有一个对这种动力的层次有所认识的问题；这里既有如何定义旅游动机的问题，也有认识论和方法论的问题。

但实际上，很多学者在做这种研究的时候，往往并没有注意到这些问题。他们常常不自觉地将自己的研究置放在一个具体情境当中：具体的旅游目的地，具体的时间，具体的在该时间到达该旅游目的地的旅游者。由于这种具体规定性，他们的问题会被设计成或者被误解成具体的有关旅游者为什么在这个时间到这个旅游目的地的问题。发生这种情况在旅游学界是经常的，但其结果并不像它经常发生那样轻松。纵观目前流行的各种有关旅游动机的解释，看一看学者们各自主张的旅游动机类型，我们就会一头雾水：为什么人们在这个问题上如此难以达成"一致意见"呢？对此，笔者的解

① D. Lundberg. *The Tourist Business*. Institutions/Volume Feeding Management Magazine. 1972.

释是，恰恰就因为人们都以旅游动机研究的名义，却没有注意到这种研究的科学性取决于研究者在采取所谓问卷调查或访谈形式询问旅游者的动机时，存在着“具体情境”的根本差异以及认识论和方法论的问题。他们将来自具体情境的研究结论，不加限制地予以一般化（generalization），于是出现了过度概化或区位谬误。

举个例子来说明我们的观点吧。假如，当“你为什么旅游”这个问题是向一个正在旅游过程中的旅游者提出来的时候，他可能会把这个问题理解成一个关涉他这一次具体旅游过程或情境的问题。于是，他的回答可能是这样：“我想来看看这里非常不同的文化（或者，一直想看看‘人妖’是什么样子；或者，这里的温泉很有名，就来了；或者，这是我母亲曾经游览过的地方，等等）。”显然，这些回答，更集中地是指向这个旅游目的地的，指向这个目的地的独特性的。这样一来，人们的回答已经不是在探寻旅游最本质的规定性以及决定旅游行为的最根本的动力，而是把问题滞留在有关旅游根本需要的各种工具性实现层面了。正是因为这样，很多旅游动机研究陷入了误区，或者，许多本属于不同层面的关于旅游驱动力的研究结果，被人们草率地拿到一起相提并论了。这就是我们今天看到的旅游学术界在旅游动机研究问题上的景象：格雷的模型本来是比较接近根本的，丹恩（Dann）的模型也是如此，他们要解决的，应该是靠近旅游内驱力的概念范畴（或许他们本人还没有清晰地认识到这一点），但人们却很武断地要把这种比较根本的模型与诸如麦金托什（麦氏的分类里边奇怪地没有给自然观光留下一个位置）、田中喜一（他将旅游动机分为心理动机、精神动机、身体动机和经济动机）、奥德曼（他的分类是八种：健康、好奇、体育、寻找乐趣、精神寄托和宗教信仰、专业或商业、探亲访友和自我尊重）等人的模型①当作同类的东西来看待，其消极影响亦可谓深远。

为了清晰地说明旅游内驱力、旅游需要、旅游动机和旅游行为之间的关系，我们借助图 4-4 来逐项加以说明。针对国内外旅游学术界目前在这个研究领域所存在的因混乱而造成的沟通困难，笔者尝试给一些影响比较大的旅游动机理论努力在这个图中找到相应的位置，并期望今后的旅游行为动力研究能够循着这样的逻辑思路明确地针对不同问题的性质展开研究。

在图 4-4 中，我们置旅游内驱力于最上端，用以表示它对以下各个范畴的统领、制约作用。这种内驱力是旅游最根本的动力来源，在旅游需要、旅游动机和旅游行为各个层面都能找到它的影子，发现它的作用。但是，越是远离它的范畴，它所能发挥的影响作用越是微弱，它越是不得不将这种影响力让位给具体的环境或情境因素。换言之，如果我们想从操作层面了解影响旅游行为的内在心理动力，那最先引起我们注意的一定是旅游者的动机。

① 还有一些旅游动机分类更加琐细，往往是针对具体情境的。如约翰·托马斯在《是什么促使人们旅游》一文中，提出了驱使人们旅游的 18 种重要的旅游动机。其间的分类标准十分混乱，几乎没有什么解释力。参见孙喜林、荣晓华编著：《旅游心理学》，东北财经大学出版社，1999 年版，第 81 页。

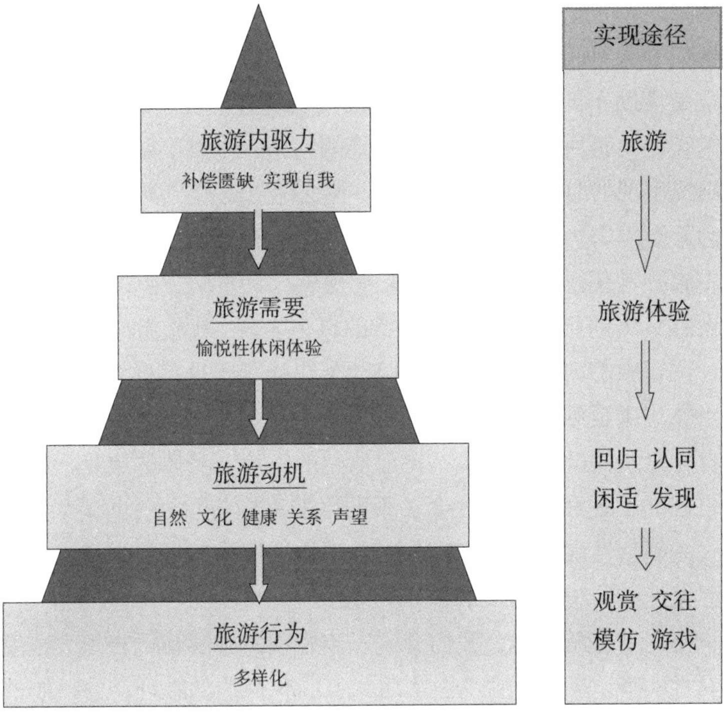


**图 4-4　旅游动机相关范畴之间的关系：旅游行为的动力学模型**

如果要严格地给这几个范畴以一个清晰的定义，目前还是有困难的。但是，用描述性的语言对它们之间的关系给以说明还是可能和必要的。从图中来看，旅游内驱力是旅游行为的最根本的动力，它是由于旅游者的生理和心理（尤其是心理）失衡所引起的行为动力。旅游需要实际上是这种失衡在意识当中的反映，是当人处于缺乏旅游状态时而出现的个体对旅游愉悦性休闲体验行为的自动平衡倾向和择取倾向。如果要给出一个定义的话，我们不妨说，旅游需要是指当人处于缺乏旅游状态时而出现的个体对愉悦性休闲体验行为的自动平衡倾向和择取倾向，是心理内驱力在潜在旅游者头脑中的意识反映。按照前文引用的马斯洛对于需要的一般性刻画，我们不难推测，对于一个社会个体来说，当他不能旅游的时候，如果这个人产生了某种病态感，那么，他就是有旅游需要了。真正的旅游过程会治愈他的“旅游匮乏症”。人类社会进入到现代社会，充足的经济收入、丰富的自由时间以及不断膨胀的了解世界的欲望，使得旅游需要已经逐渐内化到人类的基本需要系统当中。倘若这种需要没有满足的渠道，人们就会出现心理上的不适。与旅游需要相比，旅游动机更直接地影响旅游行为的范畴。它是由旅游需要所催发、受社会观念和规范准则所影响、直接规定具体旅游行为的内在心理动力源泉。综合地看，各个范畴对旅游行为的影响力大小不一，性质不同。可以说，旅游内驱力对旅游行为的影响，基本上是遥远的、微弱的、散漫的（即不定向的，因为补偿匮缺以及自我实现的途径并非唯有旅游才行）和恒久的，而旅游动机对旅游行为的影响则基本上与此相反，是切近的、强势的、定向的和即时的。

在这个模型中同时还意味着，不同层次的旅游行为动力机制，具有不同的内涵和特征，同时也是借助不同层次的工具性手段来实现这种机制的目的的。对于旅游内驱力来说，它的存在与否所要解决的或者回答的问题，是要不要旅游的问题，所以，当这种内驱力已经出现的时候，要想回应或体现这种内驱力的要求，就必须借助于旅游。旅游需要作为旅游内驱力的一种意识反映，是以一种直截了当的形式展示出来的，它的目的就是使旅游者获得愉悦性休闲体验的快感，而它的实现要借助于旅游体验过程，借助于旅游者在具体的旅游情境中的独特的行为表现。就旅游内驱力和旅游需要之间的关系而言，不管旅游内驱力是来自消极的匮缺补偿还是来自积极的自我实现，在旅游者的意识形态当中反映出来的，都应该是一种统一的内容或形式：追求快乐。这种快乐可能来自完全不同的旅游体验，比如情感的陶冶、身体的康复，精神的洗礼和提升，人性与自我的发现和回归，社会关系网络的重构与发展，等等。可以说，旅游体验内容和方式的复杂性和复合性，充分展示了旅游体验的现象学意义：这是一个借助各种情境过程而达成的统一的快乐和升华过程。

如果再审视一下旅游动机，我们会进一步发现，旅游动机在很大程度上是旅游需要的某种工具性实现。旅游者愉悦性休闲体验的获得，从心理动力机制的角度看，要靠更具动力性质和动力强度的旅游动机来落实，所以，旅游动机是旅游需要在内容上（比如自然、文化、健康、关系或声望等）的实践性分解；从实现途径上看，在旅游体验过程所产生的愉悦感，需要具体化地借助于回归、认同、闲适和发现等方式来实现。至于旅游行为与旅游动机的关系，则可以看作是旅游者心理和行为的高度统一过程的表现。旅游行为就具体类型而言是非常多样化的，可以从各种标准进行分类和分析，在这个模型中已经不能也没有必要予以详细罗列。如果从旅游行为的实现途径的角度来看，可以概括为观赏、交往、模仿和游戏等多种形式。这种分类可以作为我们研究旅游行为的基本的结构性理论框架。

以上我们努力构建的一个模型，其价值不仅仅在于对旅游行为的动力机制进行描述。笔者的意图还在于，面对目前国内外在这个问题的研究方面所暴露的理论混乱，我们想借助于这个模型进行一番梳理。下文通过系统地回顾国内外学者在旅游动机研究方面所积累的成果，力图把这些成果置放到我们这里所建立的模型的适当位置，从而起到厘清性质、指出方向的作用。

### 三、依据新框架对传统旅游行为动力研究成果的评述

从 20 世纪 60 年代末开始，直到现在，国外学者发表了大量有关旅游行为动力研究的学术成果。20 世纪 80 年代初，丹恩在他的文章里就曾经列举了将近 40 种直接研究或间接论及旅游动机的学术文献[①]，而此后的研究就更为繁荣。但是，从总体上看，

① G. Dann. *Tourist Motivations: An Appraisal*. Annals of Tourism Research, Vol.8（2）. pp. 187–219, 1982.

这些成果由于理论依据纷乱，研究方法各异，尤其是，它们其中的某一些并非建立在承认愉悦性休闲体验是旅游行为的主要动力的基础上①，因此，这种研究成果积累得越多，给人的感觉就会是越杂乱，越难以相互沟通。所以，从这个意义上来说，现在是到了对它们进行系统梳理的时候了。通过利用新的视角加以梳理，我们还可以探寻各种观点之间的内在关联性。

抛开旅游的内驱力是补偿匮缺、实现自我不论，如果我们承认愉悦性休闲体验是推动旅游行为的根本动力的话，那么，在旅游行为和旅游需要之间，就存在着可以直接规定旅游行为指向的各种旅游动机。经过上面的讨论，我们得出的结论是，对于潜在旅游者来说，促使他动身旅游的根本动力是对愉悦性休闲体验的期望和追求。但是，愉悦性休闲体验来自什么样的具体旅游体验过程和内容，将取决于旅游动机的指向。

从国外的旅游动机研究的历史及其成果来看，人们一直没有自觉地对旅游行为的动力机制做一个系统的归纳。总体上看，人们的研究尽管都自我标榜为对旅游动机的研究，但实际上，它们往往分别属于我们所构建的行为动力模型当中的不同层次。这一点，从这些研究对旅游行为动力的内容划分以及实现途径等方面，都可以看得很清楚。

下面我们分别对这些研究成果做一番考察。

**（一）旅游内驱力研究**

对旅游内驱力的研究是一般性的基础理论研究。这种研究的结果，要回答的问题是“人为什么会去旅游”的问题。这个问题不是针对个别人的，也不是针对个别情境的，而是带有一般性和根本性。因此，对这个问题的回答，往往会上升到有关人生的意义、存在的价值等哲学层面，其结论是对所有的人（那些曾经或打算旅游的人）都适用的。

在学术界做这种努力的已经不乏其人。在这些作者当中，影响比较大的有格雷、丹恩和艾泽欧—阿荷拉等人。这几位学者所做出的努力，都旨在探寻发动旅游行为的一般内在驱力，解释旅游行为的深层原因。因此，他们的模型较少含有操作的成分，却具有较多的解释色彩。

格雷在他1970年出版的《国际旅行——国际贸易》②一书中，提出了休闲旅行（即旅游）的两种驱动力：漫游癖（wanderlust）和恋物癖（sunlust）。按照他的解释，漫游癖是人类的一种内在的本质特征，它催发着人们离开熟悉的环境和事物而前往异域他乡去观赏令人激动的异域文化和事物的欲望。相反，恋物癖这种欲望的满足有赖于客观存在的、能符合特殊意愿的、优美的异域风光（例如，大批游客为“追逐阳光”

---

① 笔者这里所指是国内外旅游学界广泛存在的对旅游内涵理解上的泛化倾向：按照这种理解，旅游成了包容商务、探亲访友、宗教、购物等各种内容的一个大杂烩。这种泛化理解造成了很多问题，其中最重要的，莫过于对旅游学科建设的不利影响。

② H. P. Gray. *International Travel–International Trade*. Health Lexington, 1970.

而涌向加勒比和地中海地区)。在这里，格雷把漫游癖解释成一种内在的“推动因素”(push factor)，而把恋物癖解释成是对存在于异地的“拉动因素”(pull factor)做出的反应。这种认识的价值似乎主要在于解释导致游客心理失衡从而形成旅游行为的内驱力的内在机制，而不在于明确旅游的动机是什么。另外，格雷的模型还能明白地揭示，游客的旅游行为是由内外两种因素的相互作用引起的，尤其是由二者彼此间的矛盾状态催发的。

格雷的动机模型，引来了众多的追随者。丹恩在1977年对旅游动机的划分，进一步明确了“推力”和“拉力”两个概念，并将失范(anomie)、自我提高(ego-enhancement)和白日梦(fantasy)共同作为旅游的推力。① 在他看来，推力构成了旅游动机的本质，是旅游的内驱力，而拉力则代表着旅游目的地的具体吸引物。正是这些吸引物的存在，将那些已经决定外出旅游的人引诱到了这里。丹恩认为，从理论上来说，这两种内驱力的区分是很有意义的，因为它体现了逻辑上和时间上的先后顺序。从方法论上来看，这也使得我们能够构建因果关系模型，并运用诸如路径分析(path analysis)等技术。沿着丹恩的分类法，诺斯(Gnoth)对“推力”和“拉力”的区分采取的是这样的方式：推力是内在生成的各种动力，它们推动旅游者去寻找那些能够解除当前压力的物体、情形和事件中的各种符号，而拉力是由旅游者所拥有的有关目标属性的知识所诱发的一种力量。② 这种观点与笔者在1990年发表的文章中所提出的观点非常接近，在这篇文章中，笔者强调了旅游动力的矛盾论观点，并指出了知识在诱发这种矛盾中所发挥的作用。③

与格雷以及丹恩的模型非常相近的是艾泽欧—阿荷拉的模型(见图4-5)④。格雷所注意到的构成“推”和“拉”两个动力的漫游癖和恋物癖，在阿荷拉那里被直接表达成逐求和逃避两种力量。逐求的力量来自个人的内部，由人本质所规定。在阿荷拉看来，那种天生的、遗传的、本能的扩张能力和欲望，是促发旅游行为的根本动力来源。另一种力量，来自外部世界的压力、招引和呼唤，外部世界的存在之所以能转化成人类的行为动力，这是社会化过程的目的和结果，因此对个体而言，这种动力的产生也

① 失范是社会学当中的一个重要概念，最先由著名的社会学家涂尔干在研究自杀问题时提出。在这里，丹恩用以指社会个体在社会中感受到的无意义和无规范状态；自我提高通常与个体地位的相对缺失有关。他同时还将白日梦进一步做了分类，包括名誉、肤色、声音、性别、政党、宗教、教育、家族、体能和金钱。换言之，人们在这些问题上，都可以想入非非，做白日梦。而实现这种白日梦的方式之一，可能就有旅游。G. Dann. Anomie, Ego-Enhancement and Tourism. *Annals of Tourism Research*, Vol. 4(4),1977, pp. 184–194.

② Juergen Gnoth. Tourism Motivation and Expectation Formation. *Annals of Tourism Research*, Vol. 24(2),1997, pp. 283–304.

③ 谢彦君:《论旅游的原始化与现代化》,《旅游学刊》，1990年第4期。

④ S.E.Iso-Ahola. Toward a Social Psychological Theory of Tourism Motivation: A Rejoinder. *Annals of Tourism Research*, Vol.9(2), 1982, pp. 256–262.

同样是必然的。所以，在格雷、丹恩和阿荷拉等人看来，旅游者为什么出游，可以说是由两个最基本的原因共同决定的：内力的推动和外力的吸引。在阿荷拉的模型中，内在动力和外在动力的表现都表现十分强烈，呈现的是探寻未知世界的心理倾向，这非常接近于中国人所谓的远方崇拜现象。只有那些没有遭遇到任何环境压力从而也不会对环境外的吸引有所感动的人，同时在内心深处对新奇永远麻木不仁的人，才不会有旅游的任何动力。

<table>
<tr><td colspan="2" rowspan="2"></td><td colspan="2">规避外在环境的欲望</td></tr>
<tr><td>强烈</td><td>微弱</td></tr>
<tr><td rowspan="2">寻求内在满足的欲望（体验新奇）</td><td>强烈</td><td>探寻未知世界的心理倾向</td><td>非常愿意在一些熟悉的地方获得强烈的体验感受——缺乏旅游的动力</td></tr>
<tr><td>微弱</td><td>寻求在熟悉的旅游环境中放松身心——前往大众性旅游目的地</td><td>对任何地点和活动都缺乏兴趣——惰性很强</td></tr>
</table>

**图 4-5　艾泽欧—阿荷拉的模型（1982）**

以上这几个人对旅游内驱力的分析，是比较有代表性的，而它们给我们留下的最深的印象，恐怕就是它们彼此都有很大的相似性。它们或者表现为逃逸，或者表现为追求，但都不外是内心世界与环境世界存在矛盾冲突的表现。逃避环境压力从表面上看是为了躲避什么，但实质上是想谋求补偿别的什么；寻求内在欲望的满足，其实也是因为本能或本性受到了压抑。因此，这些模型总是在向我们展示着同一个硬币的两面，它们是分不开的，它们是彼此互为存在的。正是在这一点上，我们可以比较明确地将这几种理论共同归入对旅游内驱力研究的理论。它们具有一般性和基础性。

**（二）旅游需要研究**

如果说旅游内驱力研究由于它本身所关注的问题的一般性以及这种研究同时能反映出一些本体论、认识论和方法论上的问题，那么，对旅游需要的研究就可能由于它更贴近旅游行为而被不自觉地与旅游动机相混淆。这是一个普遍的问题，而且并没有被人们注意到。另外，在旅游需要或旅游动机研究中，我们也经常发现，人们会把旅游的目的（它构成旅游需要或旅游动机）和旅游的手段相混淆。

从前面对旅游内驱力、旅游需要、旅游动机以及旅游行为诸范畴的关系表述上我们可以看到，旅游需要仅仅是旅游内驱力在人们头脑当中的意识反映。在某种程度上，它是一种尚未分化、不尽清晰的意识状态，它的表现只能是源自某种痛感或病态的一种欲望，或者这种感觉所诱导的能够对这种状态予以疗治的期望。所以，尽管有时我们可以从旅游者的旅游体验结果上逆向地分析出或归纳出旅游者各种各样旅游需要的满足或不满足，但在旅游之前，旅游需要是没有分化出类型来的。再者，由于有旅游动机的存在以及旅游动机的性质使然，旅游需要在这个阶段也不必分化为具体的类型。这就像我们多日没有进食，由此出现血糖下降的生理反应，内驱力强烈地推动着我们做出行为来，而对于“需要”而言，我们只有一个愿望：“想吃。”这种通过意识直接反映内驱力的现象，就是我们所定义的需要的内涵。需要的不满足，会导致病态的生理或心理，所以，当饿了的时候，只有吃才能防止病态的出现。显然，“要吃”是解决需要的问题，“要吃什么”是解决动机的问题。所以，针对具体行为而言的需要，总是处在一种未分化的状态，是一种整体意识。当然，如果我们探讨的是一般的行为规律，尤其是在不针对任何具体行为而谈论需要的时候，或者我们是在总结不同类型的人为什么表现出不同类型的行为时，我们还是可以对旅游需要做出带有通则性的一般解释和分类的。马斯洛的需要层次论，实际上就是这种归纳法的结果。但是，你并不能拿它来解释一个具体的行为：一个具体的行为通常只具有这个层次模型当中的某一个层次的属性或特征，并不涉及该模型的全部层次。当然，如果我们把旅游者整个旅途过程中的所有行为视为一个具体行为时，情况自当别论，因为这种情况下，旅游者的行为可能涉及马斯洛需要层次模型当中的各个方面。

正是由于这个道理，我们认为，对于一次具体的旅游行为而言，旅游需要其实很单纯，那就是对愉悦性休闲体验的追求。这种体验需要的根源来自旅游者通过旅游而补偿了匮缺或实现了自我，而获得这种体验感受的渠道却是多种多样的。从图 4-4 我们看到，要满足旅游需要，直接的通道是将旅游需要落实到或分化为具体的旅游动机并通过旅游体验而实现的，这样，旅游动机暂时地成了旅游需要的工具性实现。因此，在我们这个模型当中，基本没有给旅游需要研究留下一个可以施展的空间。这等于说，我们认为，旅游需要永远是愉悦性休闲体验。这也同样意味着，旅游需要这个范畴，在理论框架当中是一个过渡范畴，在实践当中，是一个基本没有操作意义的概念（它的操作空间可以被旅游动机所取代）。这一点通过对目前流行的几种旅游需要研究成果的进一步评价，便可以更加明确起来。

明确地以旅游需要（而不是旅游动机）作为探讨对象的理论研究，要数菲利普·皮尔斯（F. L. Pearce）的模型影响最大。[①] 皮尔斯所提出的旅游需要层次（travel needs ladder）基本上是马斯洛需要层次论的翻版，是从旅游的角度对马斯洛的模型进行的重新注解。在这个模型当中，包含了五个层次的旅游需要：放松需要、刺激需要、关系需要、自尊与发展需要和自我实现需要。除了在最基本的生理需要和安全需要方面作了一些调整之外（实际上，皮尔斯在另一篇文章中几乎就没有什么改变[②]），皮尔斯所做的工作主要是筛选各种旅游现象并将它们置放到这个模型中的适当位置，于是产生了他的旅游需要层次模型（见图 4-6）。

---

① P. L. Pearce. *The Ulysses Factor: Evaluating Visitors in Tourist Settings*. Springer Verlag, 1988.

② 参见 Charles R. Goeldner, J. R. Brent Ritchie & Robert W. McIntosh. *Tourism: Principles, Practices, Philosophies*. John Wiley & Sons, Inc. 2000. p. 263.

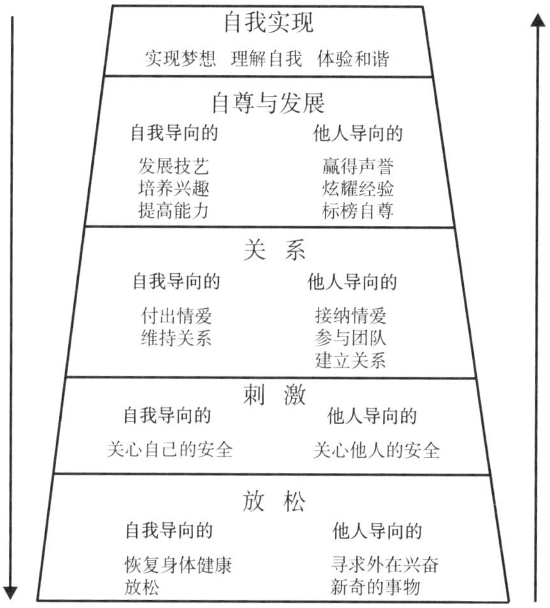


**图 4-6 皮尔斯的旅游需要层次模型**

皮尔斯的模型没有将马斯洛的所有需要层次（比如生理和安全）照单全收，说明他还是注意到了旅游需要的特殊性问题。因为即使在旅游过程中实际存在着生理的需要，但那不是主导方面的，这一点在本文前面有关部分已经论及。但是，仔细思考一下之后，我们仍然会发现，这个需要层次模型并没有多少操作价值。因为，当我们企图了解旅游者出行的目的时，通常很难直接从旅游者那里得到对这些不同层次的需要的清晰认可。这些需要可能隐藏在各种行为和动机的后面，甚至不会浮现为一种意识形态，因此就不具备概念上的规定性：需要是一种意识反映。因为，当我们向旅游者询问“你为什么旅游”时，不管他是从旅游内驱力的角度，还是从旅游动机的角度思考这个问题，他都不大可能回答说“我要实现自我”“我要确立自尊”“我要构建关系”，这说明，这些目的在旅游者心中，已经退回到某个角落或者幕帐的后面去了，它们离旅游内驱力已经很近，几乎就可以用它来取代或解释了。当然，旅游者或许会回答说“我要刺激一下”“我要放松一下”，但这样两个回答是对应需要层次当中最低级的需要，它们难以构成对旅游本质的规定性的真正呼应。退一步讲，如果皮尔斯模型当中的这些需要确属于需要，那么，通常它们也会借助于极其丰富和复杂的途径加以实现。或者，对旅游者而言它们永远是难以梳理清楚并用语言明确表达出来的东西。正是在这个意义上，我们认为旅游需要是一个过渡性的范畴，它没有多少操作价值。

学术界基本上没有从这个角度对皮尔斯以及其他做类似研究的人的成果发生过质疑。瑞安（Ryan）只是从比较技术的层面提出了皮尔斯模型所存在的不足。① 他指出，皮尔斯主张刺激需要可以沿着一个风险和安全的维度加以理解（皮尔斯将其表达为对

① Chris Ryan: *The Tourist Experience: A New Introduction*. Wellington House, 1997, pp. 38-39.

自我和他人安全的关注),这是值得商讨的。因为,在关注他人的安全和关注自己的安全这两种动机之间,存在着实在的和明显的区别,甚至为了实现对他人安全的关心,很有可能会使自我的安全受到威胁,因此二者是矛盾的,难以两全的。

除了皮尔斯的模型之外,也还有一些关于旅游需要的探讨。但这些探讨不是同样地误将旅游动机或旅游内驱力表达为旅游需要或相反,就是缺乏某种系统性或可靠性,因此没有多大影响。这里值得一提的,恐怕是瑞安根据比尔德和瑞伯(Beard and Ragheb)的观点对旅游需要的归纳。尽管瑞安用的是旅游动机(motivation)这个术语,但笔者认为,他的分类实在属于旅游需要的范畴,而且直接导源于马斯洛的需要层次论,因此我们也将他所用的动机一词改换成需要(need)。瑞安的旅游需要分类是:

(1)智力需要(intellectual need)。这种需要能够反映旅游者个体在多大程度上被激发而参与到各种精神性的休闲活动中,比如学习、探险、发现、思想或想象等。

(2)社会需要(social need)。这种需要能够反映旅游者个体在多大程度上被激发而参与到一些社会休闲活动上。这方面包含两种具体的需要:对友谊和人际关系的需要,以及对自尊和他尊的需要。

(3)能力需要(need for competence and mastery)。这种需要能够反映旅游者个体在多大程度上被激发而参与到一些旨在培养能力或技艺的休闲活动上。这些活动可以给人以成就、掌握、挑战以及竞争等感受,通常在性质上属于一些身体方面的活动。

(4)规避刺激需要(need for stimulus-avoidance)。这种需要能够反映旅游者个体在多大程度上被激发而从各种包含着过度刺激的生活环境中逃逸出去的企图。对于某些人来说,这是一种规避与他人联系的需要,是一种追求孤独和平静的需要。对于另一些人来说,可能是一种求得休息和自我放松的需要。

将瑞安的这个旅游需要模型放在我们的分析框架当中进行评价的话,它和皮尔斯的模型一样,有类似的优点,揭示了类似的问题,但同时也存在类似的缺欠。这是由于人们对作为旅游需要本身所应具有的性质以及旅游需要与旅游动机之间的关系缺乏认识决定的。

### (三)旅游动机研究

在有关旅游行为的动力学研究中,最显性的研究就是旅游动机研究了。在这方面,国外旅游学术界积累了大量文献,在国内虽然还没有十分系统的研究成果,但初步的探索也还是有的。

大量的旅游动机研究,都以最终提供一个旅游动机的分类框架为目标。这些分类框架常常各有侧重,不尽规范。形成这种局面的原因是,致力于对旅游动机的通则性研究的人,往往期望给出一个周全的而又足够概括的旅游动机分类模型,而这种期望不断破灭的原因是那些从事旅游动机的个案性研究的人总是能提出一些不同于以往的具体的旅游动机,因为他们的研究对象是指向具体旅游目的地、具体旅游者、具体旅游情境的。不过,在现阶段,我们还是能够举出几种比较典型的旅游动机模型,作为我们理解旅游行为动力学的一些基本常识。

应该说，麦金托什的有关旅游行为动力的研究，其实属于旅游动机研究的范畴。他认为，旅游的基本动机可以分为四种，具体包括：[①]（1）健康动机者。其中包括体力休整、体育运动、海滨娱乐、陪同客人消遣和其他与健康有益的动机者。此外，有些人可能受医生嘱托或推荐，采用矿泉浴疗法、浴室疗法、体检和其他有益于健康的活动。以上旅游动机者都有一个共同特点，即通过体育运动来放松情绪。（2）文化动机者。主要包括那些希望了解异国文化风情的人，这些文化形式包括音乐、艺术、民俗、舞蹈、绘画、宗教等。（3）社会关系动机者。主要包括那些希望结交新伙伴、想拜访朋友和亲属、想逃避日常琐事、家庭生活和邻居，或是向往广交新朋友的人。（4）地位或声望动机者。这类人主要关心个人利益和前途。他们的旅游与其工作、会议、研究课题、爱好以及教育有关。他们希望通过旅游受到赏识、引起注意、得到称赞或达到圆满的竞争目的。

现在看来，麦金托什的这个备受推崇（尤其在旅游知识贫乏的中国旅游学术界）的旅游动机模型，实在太老旧了，也实在有太多的漏洞了。最令人疑惑的是，在这个模型当中竟找不到自然观光旅游者的位置！不过，这个旅游动机分类模型在方法上展示了旅游动机研究的有用思路：旅游动机研究可以着眼于对行动内容的关注。从这个角度出发研究旅游动机，可以在保有甚至突出旅游动机研究的可操作性上拓展足够的空间。

另外，日本学者田中喜一和金井省吾对旅游动机的分类，也基本上沿用这样的思路。田中喜一将旅游动机划分为精神动机、身体动机和经济动机，与麦金托什的分类几乎一脉相承，只是更完备了一些，因为精神和身体两个方面几乎涵盖了旅游动机的全部内容。金井省吾的旅游动机类型是通过因子分析从现象内部识别出来的结构类型，其内容见表 4-1：

**表 4-1 金井省吾的旅游动机分类[②]**

| 动机类型 | 动机的例子 |
| --- | --- |
| I. 解除紧张的动机 | 转换心情<br>逃避麻烦的现实<br>接触自然 |
| II. 充实和发现自我的成就动机 | 对未知事物的崇敬<br>接触自然 |
| III. 社会的存在动机 | 与朋友亲密和睦地相处<br>从众心理<br>为了了解常识<br>为了家庭团圆 |

通过因子分析识别旅游动机是一个常用的方法。当某一项研究处于草创时期，有关这项研究的对象的内部结构的知识又非常贫乏，而这种结构又是一种可以借助于人

① 麦金托什等著，蒲红等译：《旅游学——要素·实践·基本原理》，上海文化出版社，1985 年版，第 98 页。

② 吕明、郝春东编著：《旅游心理学》，广东旅游出版社，2000 年版，第 29 页。

们的基本判断来识别出来的时候，因子分析对于认识这种事物的结构特点就非常有用。笔者曾于 1994 年在英国与道格拉斯・杰弗里（Douglas Jeffrey）博士一起，运用因子分析的方法，首次识别出了英国赴华度假旅游者的动机类型。这项研究的最后结论是：英国赴华度假旅游者在来华动机上，呈现出明显的倾向性，是一个有特殊结构的动机组合，其中比较突出的旅游动机可以包括这样一些类型（8 个因子）：山水风光游、健身旅游、文化艺术旅游、城市购物观光娱乐、访古旅游、社会旅游、美食旅游和探寻城市生活旅游。①

除了上述一些研究旅游动机的模型之外，瑞士学者史密德豪哲（H. Schmidhauser）于 1989 年公布了他与同事进行的调查结果。指出单凭一次旅行是不能满足一个人的全部旅游需要的，每次旅行只能满足这些需要的一部分。他们研究了 4331 名瑞士人的旅游行为模式，发现其中有 90.1% 的成年人曾有旅游经历，而他们在 1973 年—1982 年的十年间平均做过 3.5 次不同类型的旅游。史密德豪哲并以此作为解释瑞士人喜好旅游的原因。② 这一结果，也可以从另一角度证明游客旅游动机的复杂性。但是，即使是史密德豪哲，也未曾放弃对旅游动机进行分类的努力。他列举的旅游的四种社会功能，为我们提供了窥见旅游动机的新的视角。他的模式是，借助旅游，人们可以达到以下目的：（1）弥补日常工作和生活环境所带来的种种匮缺，比如：社会匮缺或人际与友谊的匮缺；气候的匮缺（迫使人们追逐阳光与温暖的动力）；运动与行动的匮缺；接近自然、欣赏美景、户外休闲的匮缺；经验、变化、发现的匮缺；享乐、奢华和声望的匮缺；自由的匮缺。（2）消除生理和心理紧张、行为压力和单调生活桎梏，恢复身心健康。（3）增长见闻，满足好奇心，实现自我价值。（4）自我回报；自我沉溺。显然，史密德豪哲的模式全神贯注于旅游能给人以愉悦这种社会功能，对旅游所具有的审美规定性颇有解释力。

实际上，20 世纪后期在西方的动机研究领域，已经陆续提出了一些比较复杂的人际互动模型，这些模型建立在个人的和情境的构成因素的基础上，而这些因素往往以认知的和情感的术语加以表达，因此这些模型的视角显得更为宽阔，解释力更强。③ 到如今，由于计算机的使用，动机研究已经成为近乎高深莫测的研究领域。在这种情况下，由于大肆利用路径分析和因子分析等技术，旅游动机研究也出现了被误导的可能性。为此，帕兰罗（Giuli Liebman Parrinello）提醒人们，此时尤其要特别小心技术陷阱，要注意各种技术的假定局限，同时要记住动机研究过程中所涉及的语言的文化特性问题。④ 这个提示对于以旅游体验为研究对象的我们来说，尤其具有警醒的意义。

① D. Jeffrey, Y. Xie. The UK Tourism Market for China. *Annals of Tourism Research*, Vol.22, No.4, 1995.

② H. Schmidhauser. Tourist Needs and Motivations. *Tourism Marketing and Management Handbook*, edited by S. F. Witt and L. Moutinho, Hempstead, Prentice Hall.

③ C. F. Graumann. *Motivation*. Wiesbaden: Akad.Verlagsges, 1981.

④ Giuli Liebman Parrinello. Motivation and Anticipation in Post-Industrial Tourism. *Annals of Tourism Research*, Vol. 20, 1993, pp. 233–249.

因为，在实证主义十分盛行的学术环境当中，如何做到在研究旅游体验的时候不把它敲碎，从而让我们能理解旅游体验的完整意义，是一件十分重要的事情。在上面的分析过程中，我们力图通过构建一个解释旅游行为的动力学模型来维持旅游需要的整体性，仅仅在要求具有可操作性的旅游动机层面才做出适当的拆解，其初衷就在于此。

## 第二节　旅游需求

需要或动机是心理学的范畴。如果再加上欲望这个社会学范畴，便可以较全面地建立起描述人受自然力和社会力的支配而发生的行为的心理和生理基础。然而，旅游既然是社会的人的一种社会行为，那么，不仅从需要或欲望上看旅游是社会遗传的产物，或者说是内化了的社会需要的一种实现形式，而且，旅游也是各种社会变量的函数。从古至今，任何人的任何形式的旅游，都不会发生在真空世界，以纯粹的、绝对自主的形式实现。因此，从旅游需要到旅游实现，这之间是存在着障碍的。只有克服这些障碍，才能使潜在的旅游需要转而表现为对旅游者和旅游商品经营者都有现实意义的旅游需求。所以说，旅游需求已经是一个经济化了的概念，而且是一个在旅游者旅游购买决策系统中以相当清晰的特征表现出来的概念。要说明需要（need）与需求（demand）、欲求（desire）三个概念之间的差别，可以举一个未必准确但却很形象的例子。比如，当一个人感到饥饿时，也就有“吃”的“需要”；如果这时你使他面对可满足果腹需要的两种食物——粗面窝头和细面馒头，那么，经验会告诉他，馒头会比窝头好吃，于是他有了对馒头的“欲求”；然而，可能很不幸，他囊中羞涩，只有能买下窝头的支付能力，于是，他的“需求”就只能是窝头。这个例子可能多少揭示了社会的残酷性，但实际上，这种依条件而转移的社会选择过程从没有停止过它的脚步。人如果要旅游，也免不了要面临这种经济上的约束。

### 一、影响旅游需求的因素

按照一般经济学的观点，需求是指在一定时期内，某种商品的各种可能的价格与在这些价格水平上，消费者愿意并能够购买的数量之间的关系。显然，这里的需求不等于需求量，而是指价格与需求量之间的关系。需求量是指按照某种给定的价格，人们愿意并能够购买某种商品的数量。在需求一定的情况下，需求量可以随着价格的变化而变化，相反，有时即使价格固定不变，只要其他因素变化，也会引起需求的变化，并进而引起需求量的变化。所以，一般地，由于某种商品自身价格变动而影响的需求量的变动（称为需求量的变动），与由于其他因素而影响的需求量的变动（称为需求的变动），在经济学上是不同的。显然，需求是一个经济学上的概念，它是现代社会中人类需要的经济计量。支付能力是需求概念中的最基本的支点。尤其是在现代社会，离开了这个支点或强或弱的支持，几乎没有人能真正实现他的需求梦想。

类似地，我们也可以导出旅游需求的定义。但在此之前，我们需要考虑的一个问题是，由于旅游产品可以划分为核心旅游产品与组合旅游产品两种类型，因此，有关旅游需求的定义就自然要发生某种分化。在上一章中，当我们探讨旅游产品的这种分类时，应该已经认识到，核心旅游产品可以满足的主要是旅游者对愉悦性休闲体验的追求，而组合旅游产品常常可以满足旅游者的全部需要。从这一点看，我们可以建立两个有关需求的概念：旅游需求与旅游者需求。前者是对核心旅游产品的需求，是狭义的；后者则是对组合旅游产品的需求，是广义的。

所以，旅游需求是指在一定时期内，核心旅游产品的各种可能的价格与在这些价格水平上，潜在旅游者愿意并能够购买的数量之间的关系。而旅游需求量是指人们在一定时间内愿意按照一定价格而购买某一种核心旅游产品的数量。与此相对，旅游者需求是指在一定时期内，组合旅游产品的各种可能的价格与在这些价格水平上，潜在旅游者愿意并能够购买的数量之间的关系。而旅游者需求量是指人们在一定时间内愿意按照一定价格购买某一种组合旅游产品的数量。

我们作上述划分的目的，一方面是本书逻辑的需要，另一方面，也为深入的科学研究奠定了统计的理论基础。不过，在通常情况下，从经济学角度看，做这种划分的意义并不大。因为，一般的经济学理论，既适用于旅游需求分析，也同时适用于旅游者需求分析，所以，在本书的后续章节中（尤其是进行经济学意义上的阐述时），除非必要，我们往往用“旅游需求”这个词语指代两种含义：旅游需求和旅游者需求。而当涉及从统计的角度或旅游学概念体系的角度论及这两个概念时，则需要明确地加以区别。

不难想象，旅游需求是多种复杂因素交互作用的结果。这一点可以通过下面的函数关系来加以表示：

$$D_t=f(P_t, P_i, Y, T, L)$$

其中，$D_t$ 为旅游需求；$P_t$ 为旅游产品价格；$P_i$ 为其他物品价格（$i=1, 2\cdots n$）；$Y$ 为个人收入；$T$ 为个人兴趣（偏好）；$L$ 为余暇。这个用以反映各种因素变化引起的旅游需求量变化的数学表达式即为旅游需求函数。

在影响旅游需求的诸多因素中（其实不限于这些因素，后文将进一步讨论），个人收入与旅游产品价格是两个非常重要的因素。一般来说，随着个人收入的增长，旅游需求很可能相应增长；随着旅游产品价格的上涨，旅游需求会相应减少。不过，在现实生活中，旅游需求与旅游产品价格以及个人收入之间的关系实际上相当复杂，需要做深入的分析才能正确地理解这种关系。比如，单纯就需求弹性而言，价格弹性和收入弹性就表现出不同的倾向。越来越多的研究都似乎表明，旅游需求的增长实际上要快于国民收入的增长。例如，西方国家的旅游支出在20世纪70年代石油危机之后的萧条中却明显坚挺。这似乎表明，在上涨方向上，旅游需求相对地说来具有收入弹性和价格刚性；也就是说，收入作任何比例的增长，旅游需求都会作更快的增长，而价格的上涨却没有足够比例的需求减少与之对应。而在下落方向上，旅游需求似乎呈现收入刚性和价格弹性；也即，如果收入减少，旅游需求并不相应疲软，而价格稍作下降，便会有更多的增长的旅游需求与之呼应。下面我们对于这两个因素作进一步的讨论。

### （一）旅游需求与个人收入的关系

个人收入是社会劳动者个人通过向社会提供劳务和智能而换取的经济报酬。就个人而言，其收入水平的高低既决定于宏观的背景条件，也取决于其自身的劳动质量和数量。从宏观的角度来看，一国国民的个人收入水平，取决于以下几个变量：国民生产总值、国民收入和分配制度等。一般来说，个人收入与国民生产总值或国民收入成正比，但这最终要由分配制度来决定。而且，国民的实际收入还受流通领域的通货膨胀的影响。

表 4-2 是 1996 年和 2009 年世界上人均国内生产总值最高的 15 个国家和地区的排序情况。

**表 4-2　1996 年和 2009 年世界上人均国内生产总值最高的 15 个国家和地区**

| 排序 | 1996 年 | | 2009 年 | |
|---|---|---|---|---|
| | 国家和地区 | 人均 GDP（美元） | 国家和地区 | 人均 GDP（美元） |
| 1 | 美 国 | 27,329 | 卢森堡 | 104,511 |
| 2 | 中国香港特别行政区 | 26,121 | 挪 威 | 79,085 |
| 3 | 新加坡 | 24,674 | 卡塔尔 | 68,871 |
| 4 | 瑞 士 | 23,651 | 瑞 士 | 67,559 |
| 5 | 日 本 | 22,628 | 丹 麦 | 56,115 |
| 6 | 挪 威 | 22,608 | 爱尔兰 | 51,356 |
| 7 | 法 国 | 22,575 | 荷 兰 | 48,222 |
| 8 | 加拿大 | 21,905 | 阿联酋 | 46,856 |
| 9 | 丹 麦 | 21,414 | 美 国 | 46,380 |
| 10 | 澳大利亚 | 20,687 | 奥地利 | 45,989 |
| 11 | 意大利 | 20,493 | 澳大利亚 | 45,586 |
| 12 | 比利时 | 20,285 | 芬 兰 | 44,491 |
| 13 | 德 国 | 20,207 | 瑞 典 | 43,986 |
| 14 | 荷 兰 | 20,172 | 比利时 | 43,533 |
| 15 | 冰 岛 | 20,016 | 法 国 | 42,747 |

注：2009 年世界人均 GDP 排名中，中国排名第 99，人均 3677.86 美元；中国香港特别行政区排名第 25，人均 29825.55 美元；中国台湾地区排名第 39，人均 16391.56 美元。俄罗斯、巴西排名第 60、61，人均 8693.80 和 8220.36 美元。

在个人收入水平的宏观影响因素既定的情况下，个人收入与旅游需求的关系，基本上可以认定为是正相关的关系。而旅游需求量相对于收入变动所产生的变化幅度，即经济学意义上的旅游需求的收入弹性。用图形表示，就是图 4-7 所表示的样子[其中 $D_t$=f(I) 为旅游需求函数，I 表示个人总收入]。然而，若从动态的角度来看待这个问题，我们不免要问，当个人的收入由低水平增长到某种高水平时，那么这时将如何影响支付方式？人们是花掉所增加的全部收入吗？他们何时开始增加或减少储蓄？他们到底把多大比例的收入增长用于旅游？这里是否存在某个阈限或临界点？显然，回答上面的每个问题都不容易，在这方面还需要做大量的实证性的研究工作。不过，如果要预见旅游需求的规模从而推断旅游消费支出的水平，必须明确这一点，即旅游需求或旅游支出与个人总收入的关系在一定程度上还是间接的关系，只有可任意支配收入才与旅游花费有更为贴切的关系。因为，可任意支配收入是由总收入减去纳税等项目后形成的个人可支配收入决定的。而事实上，每个家庭都必须有一定的日常开支项目，如支付在食物、取暖、照明、上下班交通费以及家庭财产抵押金等项目上的费用。只有在扣除这些项目的开支之后，剩下的钱才可用于储蓄或休闲娱乐，而这部分收入则构成可任意支配收入。

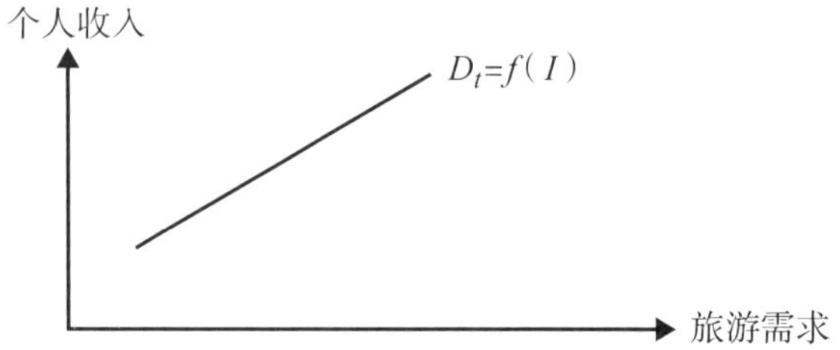


**图 4-7　旅游需求与个人收入的关系（1）**

这种关系可以按下列方式予以定义：

$$E_t=f(Y_{dis})=f[(Y_d)-(E_b),\ S]$$

其中，$E_t$ 为旅游支出；$Y_{dis}$ 为可任意支配收入；$Y_d$ 为可支配收入；$E_b$ 为支付于非休闲活动的费用；$S$ 为储蓄。

而且

$$Y_d=f(Y-T)$$
$$E_b=f(P_1\cdots P_n,\ i)$$

其中，$Y$ 为总收入；$T$ 为纳税额；$P_1\cdots P_n$ 为非休闲品价格；$i$ 为利息率。

一般来说，个人收入对于旅游的意义，可能是最为重要的项目。而且，可能在客观上存在着足以支持旅游的某一临界收入水平。收入的增长不仅仅意味着国民的富裕化，它还有更深刻的社会意义，是可以用来作为间接解释国民的文化素质、期望寿命、消费观念等的重要指标。一些研究也证实，当一个家庭的收入不足于购买基本生活必需品时，该家庭成员就很少会外出旅游；而一旦这个家庭的收入水平超过某个临界点，该家庭用于旅游的支出便会以更快的速度增长。当然，这个临界点在各国和各时期，甚至对每个家庭或个人都是不同的。这种事实符合德国统计学家恩斯特·恩格尔在 19 世纪中期所做的预言：随着收入的增加，食物开支所占百分比将下降，住房及服装开支所占百分比基本保持不变，其他物品开支所占百分比将增加。加拿大统计局 1978 年进行的一项家庭开支调查表明，用于食品方面的开支随着收入的增加而明显降低。当家庭年收入低于 6000 美元时，食物支出（即恩格尔系数）占 26.5%，而家庭年收入高于 35000 美元时，食物支出仅占 13.5%，与此同时，用于娱乐方面的支出却在增长。① 在 20 世纪 80 年代初的美国，当家庭年收入达到 15000 美元时，该家庭成员的出游次数比年收入在 5000 美元以下的家庭外出旅游的次数高出 2 倍，所以，一般认为当时美国国民的支持旅游的临界收入水平约为 15000 美元。

① 斯蒂芬·史密斯：《旅游决策与分析方法》，中国旅游出版社，1991 年版，第 122 页。

因此，当考虑到诸如恩格尔系数或生活必需品支出这类因素的时候，旅游需求与个人总收入之间的关系，就会呈现阶梯式的形态，伴随着若干临界点的存在（如图 4-8 所示）。对这些临界点在不同社会、经济、国情和文化条件的具体表现的实证研究，是旅游经济学应予以考虑的一个研究课题。

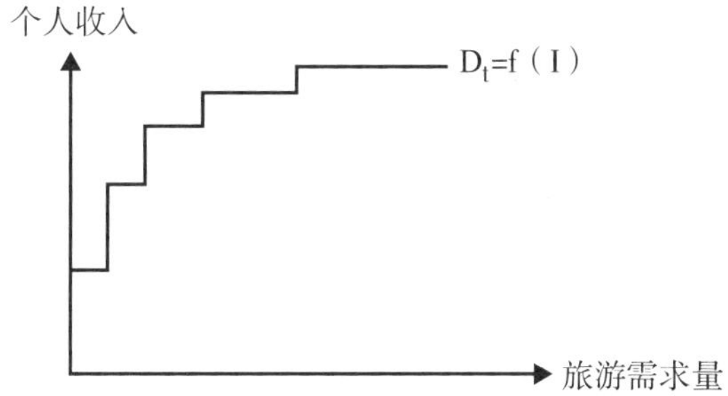


**图 4-8 旅游需求与个人收入的关系（2）**

个人收入对于旅游支付能力的影响，还要间接地受到相关经济因素的干涉。在前面的两个公式中，我们能清晰看到的几个经济项目是储蓄、利息率、纳税额和非休闲品消费开支（此外还应包括像汇率这样的重要项目）。储蓄一般会扼制当期购买力而增加远期购买力（前提是不存在高通货膨胀），而这一行为通常由高利息率所诱导。纳税一般与收入水平成正比，它是旅游支付能力的绝对扣除。非休闲品消费支出是与旅游支出在一个钱罐中争夺占有空间的项目，它既取决于总收入达到的水平，也取决于个人的消费偏好。正如R. 巴雷热所指出的："有了收入，必然要涉及经济活动的选择。从整体上看，各种花钱的愿望与可能之间是有一个过程的。只有经过这种过程，每一个人才能对其需要满足的愿望做一个轻重缓急的选择，直至他在一定时间内可支配的收入数目达到为止。长期以来旅游被看成是'高级消费'，但现在已渐渐普及，已有可能属于大众消费之列了。"①

**（二）旅游需求与旅游产品价格的关系**

价格是商品价值的货币表现，也是消费者借以做出购买决策的最重要的依据。在潜在消费者眼中，价格是一个指示器，既意味着商品的潜在效用，也同时诠释着顾客的购买能力。所以，价格对旅游需求的影响是直截了当而且也同样至关重要的。也就是说，在其他因素不变的情况下，人们在某一特定时期内愿意并且有能力购买某种商品的数量会随着商品的价格的变化而变化。用以衡量旅游需求量相对于价格变动所产生的变化幅度的指标，即为旅游需求的价格弹性。

按照一般的经济学理论，普通商品的需求量与价格之间存在着反方向变动的关系。这就是需求规律或需求法则。对于旅游商品来说，总体上这个规律仍然适用，这是因为：第一，旅游商品与其他某些休闲项目之间有某种替代关系；第二，人们收入的增长总是有限的，从而使价格的提高成为制约旅游的因素。但是，旅游商品毕竟是一种

① 引自弗朗索瓦·韦拉：《国际旅游经济与政策》，旅游教育出版社，1989 年版，第 55 页。

特殊的商品，在一定历史时期内，当它还不构成为人们的必需品时，价格对旅游需求的影响就不会以这样单一且明显的规律表现出来。因为，在商品流通领域，总会存在一些用于表示人们社会身份的炫耀性消费（如珠宝等奢侈品或装饰品），还有一些主要靠价格暗示其社会价值的商品（如古玩、文物之类），加上人们在理解商品质量与价格的关系时存在的定式化倾向，就会使上述一般规律出现悖反的情况。旅游在现时对于大多数国家的公民来说还是奢侈品（尤其出国旅游），所以，在有些时候因其有昭示地位与身份的炫耀功能而出现违背一般需求规律的情况。如果把旅游商品的概念进一步分化成具体的提供不同利益的旅游商品，则更会出现这种旅游需求的分异性表现：一部分属于旅游过程中购买的追加利益，其需求规律可能与上述一般需求规律相吻合。另一部分属于满足旅游者核心旅游需求的项目，其需求规律在一定的情况下可能表现出与上述一般规律的悖反。图 4-9（a）和（b）分别描述了这两个事实。图 4-9（a）反映的是旅游商品中的追加项目（如交通、食宿等）与价格的关系。从该图的需求曲线D的变化规律可知，当商品价格为$P_0$时，相应的需求量为$Q_0$；当价格上升至$P_1$或下降为$P_2$时，人们对该商品的需求量则相应下降到$Q_1$或上升至$Q_2$。而对于旅游过程中的一些核心旅游需求项目（如对观赏对象物的需求）的开支，呈现的可能是另一种变化特征（如图 4-9（b）所示），即当价格为$P_0$时，相应的需求量为$Q_0$；而当价格上升至$P_1$或下降至$P_2$时，可能同时都会导致需求量的减少。当价格成为旅游者购买核心旅游产品的主要决策依据时，这种情况更容易发生。这种规律的事实依据是，一方面，核心旅游产品所提供的利益客观性较差，对这种利益的判断常常因人而异；另一方面，核心旅游产品垄断性较强，缺乏更多的可替代的竞争品，其刚性需求特点逐步培育了人们对这种产品的刚性认识，并习惯于运用价格作为主要的衡量其价值的指标。因此，当这种产品的价格过低时，人们会怀疑其价值，而当价格过高时，人们会无钱支付，这样，只有适中的价格才会带来最大量的需求。当然，如果这个核心旅游产品属于高知名度、有口皆碑的产品（如黄山、张家界或故宫），情况自当别论。换言之，图 4-9（b）所阐释的规律，实际上只有在价格成为唯一可以判断产品价值（包括真实价值和社会价值）的信息时，才会真正发生。

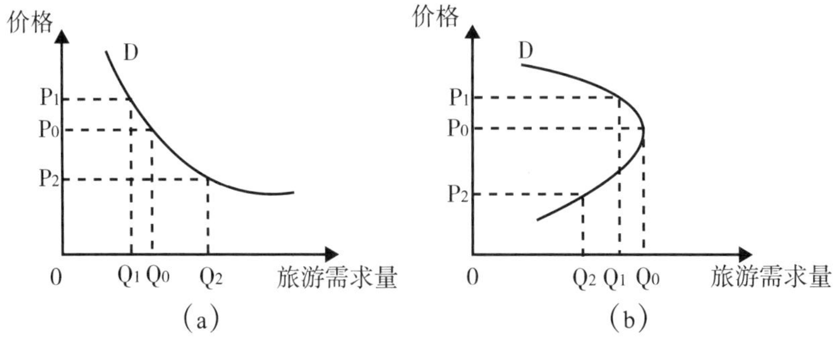


**图 4-9　追加/核心旅游需求与价格的关系**

上面在分析旅游需求与价格的关系时，我们再次特别地把旅游商品拆解为两种类型：核心旅游商品和组合旅游商品的价值追加部分。实际上，在旅游者的具体旅游决策过程中，由于决策的性质和决策时所处的环境情况不同，价格对于旅游需求也会起到不同的作用。在旅游者还未成行的旅游决策阶段，旅游者对于是否购买与购买何种旅游商品这个问题，是整体地加以考虑的。也就是说，他往往把他所购买的旅游商品视为综合性的组合商品。这时，旅游者在旅游过程中所要支付的所有类型的费用都将作为整体加以预算。也是在这时，通常所说的旅游作为一种高弹性的产品的特点才会充分表现出来。但是，在旅游者的旅游过程中，情况就有所不同，这时会不断地出现新的决策问题，甚至原来被纳入到一揽子旅游预算决策中的每一个开支项目，都要面临重新决策的问题。显然，这时的决策具有明显的逐项决策的特点。由于这时的决策存在更多的先在条件（如交通费用已经部分甚至几乎全部发生，为旅游做种种准备的心血已经付出，等等），价格的作用就更其微妙，不能一概而论。对于提供核心利益的旅游产品而言，需求可能明显呈现价格刚性——既然到了北京，还有不看故宫、长城之理？——而对于提供追加利益的各种追加产品来说，情况就往往比较复杂。有些项目成为刚性支出，如景区（点）之间的交通费支出，另一些项目则变为弹性支出，如餐饮、住宿和购物等（它们的弹性程度会有很大差异）。在这些不同的情况下，上述两种需求量与价格关系的模式也仍然具有解释能力。在不同的历史时期、不同的国度甚至不同的个人身上，就需要用这两个不同的模式去描述旅游需求与价格的关系，因为，旅游在这些不同的场合具有不同的意义。

在上文的旅游需求函数的公式所列出的各种影响因素中，还包括其他物品的价格和个人偏好这比较重要的两项。

其他物品可以分为三大类，一类是非旅游商品，一类是竞争性（替代性）旅游商品，另一类是互补性旅游商品。

非旅游商品不具有可以满足旅游者愉悦性休闲体验需要的功能，因此一般与旅游商品具有不可替代性，其价格变化本不应该影响旅游商品的需求量。但深入地分析以后，我们会发现，这种商品还有两种类型。一种是生活必需品，另一种是奢侈品。对于生活必需品而言，当其价格上涨以后，由于对这些商品的消费要在潜在旅游者的收入总额中列支，这就可能减少对旅游商品的需求量；而对于奢侈品来说，当其价格上升时，有可能增加对旅游商品的需求量，具体情况取决于该种奢侈品的性质和功能。

竞争性旅游商品是指与该种旅游商品具有相同或类似功能，从而会产生替代效应的旅游商品。例如黄山与泰山都属于山岳型旅游目的地，它们之间的价格关系可以相互有所影响。一般来说，竞争性旅游商品的价格提高时，会使本旅游商品的需求量增加。

互补性旅游商品是指能满足旅游者其他需要的产品项目。比如，旅游者在旅行过程中，对吃、住、行、购物等均有所需求，而这些项目的价格将影响对本种旅游商品的需求量。当互补品的价格上升时，对本种旅游商品的需求量就会下降。因为旅游者所做的旅游费用预算是一揽子的。

旅游偏好也是直接地规定或影响旅游行为的心理因素。与旅游动机一样，旅游偏好既反映着人的内化的旅游需要，也是自社会习得的一种心理品质，反映着以前旅游的经验和信息。影响一个人的偏好结构的因素很多，其中主要有个性、生活方式、预期的社会角色、经济地位等，还有动机。偏好规定着人们满足其需要的行动方式。例如，一个人的社会心理失衡状态可以借助于参与任何形式的度假活动而得以恢复常态，但个人的偏好会促使某些人选择水上活动项目而不是跑马兜风或登山旅行。所以，在预测或分析旅游需求时，这个可以反映旅游者心理倾向的指标就特别有用。

对于一般商品需求而言，余暇的存在与否也许并没有太大的意义，但是，对于旅游商品需求来说，余暇就几乎是一个决定性的制约条件。实际上，余暇表面上虽然好像没有经济学意义，但实际上它是以另一种形态存在的社会或个人财富，从这一点看，研究旅游需求就不能不研究余暇在社会成员间的分布特征和数量水平。由于这个问题在第二章已经有所论述，加之余暇在一定程度上也是一个约束变量，故我们把它放到下一个问题里略做讨论。

## 二、旅游需求实现的客观障碍

当我们谈到旅游需求时，一般都是指现实的有效需求，它是充分的旅游购买力和明确的购买倾向（旅游偏好）的现实结合。如果不存在什么客观的其他障碍，这种结合立即就能导致旅游商品的购买。然而，看一看我们身边的人当中，有钱又向往旅游但最终未能成行的情况却大有人在。为什么会这样？答案很显然，就是因为他们不具备从事旅游这种特殊活动所必需的其他条件：闲暇、健康、无拖累以及对某种旅游所能给予的东西的接受程度，等等。这些条件虽然在具备时也未必能构成旅游的动力，但倘若不具备却可能构成旅游的阻力，正是基于这种认识，我们才从消极的角度去理解他们对旅游的意义。当然，事物都有两面性，这里所探讨的以障碍的姿态出现的各个因素，在有时也构成旅游的经济促导因素；而前文谈到的经济、偏好等因素，也同样可以构成限制因素。

1. 空间隔障

旅游是一种异地性行为。从居住地到旅游目的地之间的空间跨距，尽管在根本上可能是形成目的地旅游吸引物价值的源泉（差异与特色是吸引旅游者的重要因素），但在启程前的旅游者面前，它却也可能以实实在在的障碍的形式出现。空间跨距越大，两地之间的自然与文化差异越大，会使旅游者产生不安心理；较大的空间跨距也意味着旅游者必须实现较大尺度的空间移动，这势必造成旅行时间过长、旅行费用过高，因此很多人难以承受。现代交通手段的发展虽然在这方面提供了新的机会，但旅游者面对的空间障碍是永远不会完全消除的。

2. 时间约束

在第二章我们已经详细追述了自由时间在人类发展史，尤其是旅游发展史中的地位。从中可以看到，旅游的发生依赖于人们在日常生活中可以自由使用的时间板块，如每周余暇、公共假日和带薪假期。在任何社会中，自由时间这种财富的分配都不会是相等的。因此，对某些人来说，时间上的无余裕成了他们旅游的拦路虎。另外，作为社会个体，每个人所拥有的自由时间的分布模式不是自主地决定的，于是，这种模式如果出现与某种形式的旅游所要求的时间不同构的情况，那么，这种自由时间对该种旅游而言也就没有什么意义。因此，只有当自由时间较多并均匀地分布在全年之中，才可以有效地利用旅游这种休闲方式缓解人们的疲倦之感，同时也减轻旅游对目的地社区的压力，提高目的地旅游产业的效率和经济效益。

在现代社会，人们迫切要求增加自由时间，社会也努力提供这种机会，这说明，人们不再把自由时间看作是劳动时间的扣除（即增值财富时间的扣除），而把它理解成具有多种功能的时间概念，是一个教育时间，一个休息时间，一个聚会和交流的时间，一个恢复劳动生产力的时间，一个发展自我的时间。社会发展的历史告诉我们，个人的时间在将来不会仅仅是生产的一种变量，而是可以根据生产需要加以调节并使之成为改变生活色彩和旋律的变量。这种乐观的前景使我们看到每个人在未来都可能拥有卸去时间枷锁的机会。但是，在任何时候，自由时间对社会的每个成员来说都不会是均等的，同时也意味着不同的东西，在多数情况下，也都是稀缺的资源。因此，对于旅游而言，时间的约束总会存在，变化的仅是程度而已。

3. 文化差异

英国的著名人类学家B.J. 马林诺夫斯基说过，“文化是指那一群传统的器物、货品、技术、思想、习惯及价值而言的”。也就是说，文化是由精神要素、语言和符号、规范体系、社会关系和社会组织、物质产品诸要素构成的一种集合体，是为某一群体或社会所共有的现象，并常常表现出与其他群体或社会的明显差异，从而形成所谓文化丛、文化群或文化圈。在不同的文化圈之间，文化形成过程中产生的文化分异，在后来的不同文化圈的交往中成为两种矛盾的力量，影响着人的交往企图。一方面，文化差异构成可以满足人类好奇心的一种推力；另一方面，这种差异又成为滋生人们不安和恐惧心理的渊薮。心理学的研究结果表明，趋同的文化对人缺乏魅力，而反差过大的文化也使人望而却步，对于旅游者来说，前往异国他乡去旅游，在很大程度上就是冲着某种文化差异而来的（单纯的乐山好水之流在此勿论），但倘若两种文化在语言、社会规范、社会制度等方面有着难以调和的对立或沟通障碍，则那种趋向于文化的旅游就难以发生，旅游者的旅游需求就会受到遏止，想了解异域文化或观赏异域人文景观的欲望只好转而求助于其他渠道（如读书、看电视等）予以满足。在现实生活中，因人们生活于不同文化圈之中而产生的这种文化隔阂是客观存在的，从而在某种情况下就构成了旅游的阻力。

4. 社会责任

人生存于社会之中，就要对社会承担一定的责任。人在社会中扮演多少种角色，就有多少种责任与之对应。《礼记》上说：君仁、臣忠、父慈、子孝、兄良、弟悌、夫义、妇听、长惠、幼顺，这种在封建社会中为人们厘定的行为规范，同时也等于明确了一个人的社会责任。在现代社会，一个人对工作、家庭所负有的责任，可能使他即使有充裕的时间和足够的金钱也难遂旅游的心愿，因为旅游毕竟是对日常工作生活环境的一种逃逸，是对日常责任的摆脱。日本人近乎疯狂的工作态度（当然现在的年轻一代已有所不同），中国人笃实的孝悌之心，就足可以从价值观的层面上规定着人们的旅游态度，从而使之成为制约旅游的一个因素。这种情况的严重程度与社会发展的水平、开放程度、家庭结构及成员间关系、社会的伦理道德和习俗特征等因素有着密切的关系。

5. 身心障碍

旅游可以使人怡情悦性，获得生理和心理机能的恢复和发展。但不幸的是，它又往往反过来以旅游者具有健全的体魄和良好的心智为前提。身体孱弱的人行之不远，心智空茫的人悟之不深，旅游对这些人难以构成实在的魅力。不少研究都表明，旅游者的受教育程度直接影响着他的旅游能力和取向。越是受教育程度高的人，由于收入水平也相应较高，因此，具有较强的旅游能力，同时，还表现出对社会性和文化性旅游的较大兴趣。这同时意味着，受教育不足所导致的理解力低下反过来也成为参与社会性旅游的障碍。即使对于自然观光型的旅游，审美能力的高低也是影响旅游需求的十分关键的因素。

在法国、西班牙和日本所进行的专门调查对人们为什么不外出旅游做了解释。尽管这些调查在所列的项目上不尽相同，而且有些项目的设计也不符合本书的论点，但从这些调查中还是可以窥见阻碍人们外出旅游的因素在各国有极大的相似性。表 4-3 列出了人们不外出度假旅游的原因。①

**表 4-3　限制人们外出旅游度假的因素②**

| 法国（1964） | | 西班牙（1979） | | 日本（1976） | |
|---|---|---|---|---|---|
| 项　目 | % | 项　目 | % | 项　目 | % |
| 缺少钱 | 39 | 缺少钱 | 39 | 缺少自由时间 | 39.9 |
| 工作离不开 | 29 | 家庭或个人健康原因 | 23 | 健康所限 | 22.9 |
| 喜欢待在家里 | 16 | 工作或学习脱离不开 | 16 | 离不开家 | 21.9 |
| 年龄太大 | 12 | 喜欢待在家里 | 10 | 缺少钱 | 11.5 |
| 家庭或个人健康所限 | 11 | 个人经济无保障 | 5 | 找不到旅伴 | 3.5 |
| 工作以外负担太多 | 7 | 感到不安全 | 1 | 买不到车（机）票 | 3.5 |
| 孩子太小 | 4 | 其他及无回答 | 6 | 订不到住处 | 2.4 |
| 钱要用到别处 | 4 | | | 选不出一个目的地 | 1.4 |
| 不知去哪儿 | 1 | | | 家里不支持 | 1.4 |
| 其他 | 1 | | | | |
| 未做回答 | 5 | | | | |

## 三、旅游需求、旅游者需求的特点

不仅旅游需求与旅游者需求之间存在着一定的区别和联系，而且二者与一般需求相比也有明显的不同，下面略作分析。

首先，旅游需求和旅游者需求都属于一种弹性比较大的需求。旅游需求主要是一种精神性需求，以追求愉悦性休闲体验为目的，以获得这种体验为满足；旅游者需求是旅游者全部需求的总和，其中既包括精神层面的需求，也包括物质层面的需求，既有生理的，也有心理的，而且，大部分旅游者需求都是作为旅游需求的支持成分而存在的。相对于人的一般消费品需求，这两种需求基本上属于奢侈性需求，因此，总体上来说，都具有较大的弹性。也就是说，它们一般会随着个人收入、旅游商品价格的

① D. Pearce. *Tourism Today: A Geographical Analysis*. Longman Scientific & Technical, 1987, p. 25.

② 因存在重复选择的项目，故总数超过 100%。

变化而敏感地波动，甚至旅游商品的质量变化、社会环境（如政局的稳定性）的性质也都能极大地影响需求量。

对于旅游需求量相对于价格变动所产生的变化，经济学中用旅游需求价格弹性来反映，公式为：

$$E_P=\frac{\frac{Q_2-Q_1}{Q_1}}{\frac{P_2-P_1}{P_1}}$$

其中，$E_P$ 为旅游需求价格弹性系数；$Q_2$ 为报告期旅游需求量；$Q_1$ 为基期旅游需求量；$P_2$ 为报告期旅游商品价格；$P_1$ 为基期旅游商品价格。

这是一个十分有价值的指标。借助于弹性系数，就可以正确地制定某一种旅游商品的价格策略——提价、降价或维持价格水平不变。比如，在正常情况下（即旅游需求与旅游商品价格成反比），对于 $|E_p|>1$ 的情况（称为富有弹性），一般只能采取降价策略来谋取总利润最高；对于 $0<|E_p|<1$ 的情况（称为缺乏弹性），就只能采取提价策略；而对于 $|E_p|=1$（称为单元弹性）的情况，降价和提价从获利角度看均无意义，所以最好是保持原价位不变。

旅游需求量随个人可自由支配收入变化而变化的关系，通常用旅游需求收入弹性来描述，其公式是：

$$E_i=\frac{\frac{Q_2-Q_1}{Q_1}}{\frac{I_2-I_1}{I_1}}$$

其中，$E_i$ 为旅游需求收入弹性系数；$Q_2$ 为报告期旅游需求量；$Q_1$ 为基期旅游需求量；$I_2$ 为报告期个人可自由支配收入；$I_1$ 为基期个人可自由支配收入。

对于收入弹性系数的解释，类似于价格弹性系数。不少研究都证明，旅游需求的收入弹性系数明显大于 1。

但是，应该特别强调的是，以往那种笼统地用“旅游需求”来涵盖各种实际上性质不同，并且需要在旅游过程的不同阶段做出购买决策的具体旅游需求的研究方法，不仅在理论上容易以偏概全，而且对实践也毫无指导意义，甚至产生诱导或误导。实际上，旅游需求的弹性特点，需要在更微观、更具体、更务实的层次上加以认识，既要区别产品的类别（核心旅游产品与组合旅游产品）乃至品种，还要看具体购买决策的环境特点（旅游前和旅游中）。这是认识旅游需求弹性特点的关键，也是原则。因此，这里对于旅游需求弹性的探讨，目的只是提供弹性分析的技术思路，并不企图武断地给出关于旅游需求弹性的一般性结论。

其次，旅游需求与旅游者需求都存在明显的季节性波动。季节性波动是指现象的发生在时间规律性上的强弱反差。旅游需求之所以会呈现这样的模式，是由旅游吸引物和旅游者双方面的原因造成的。就旅游吸引物而言，除了一些人文的景观（尤其是一些建筑物）一般不会因季节或时令而改变其审美娱乐价值外（当然不同的时令会极大地改变这些景观的背景从而改变其可感受的形象特征），大部分的自然景观和一部分人文景观都会因时而异。比如，山地风景在四时会有不同的林相，钱塘江潮只在中秋月夜才尤为壮观，傣家的泼水节每年只在农历清明前后的傣历新年举行，而要看吉林的雪凇、树挂就只好等到冬天……如果游客不能应时而至，就不能满足其旅游期望。另一方面，就旅游者而言，由于工作和学习的限制，自由时间的数量和分布都是有限的。例如，农民在农闲时节才可能挂锄一游，学生出游要到寒暑假期，而较近距离的旅游可在周末进行，等等。正是因为这两方面原因，使旅游需求呈现出明显的季节性特点。

另外，旅游需求是一种关联性很强的需求。尽管旅游需求在狭义上是指对可供旅游者作审美欣赏和愉悦性休闲体验的旅游产品的需求，但通过对旅游产品的结构分析就已经可以看出，当旅游产品的利益成分被大量地、频繁地追加以其他利益时，旅游需求的内涵和外延都在扩展。另外，由于旅游过程必然是旅游者人生的一个时段，因此，某些日常性的需求（如吃喝拉撒睡和行诸问题）在这个时段中自然要连带发生，这样，旅游需求实际上也就被旅游者需求所涵盖。正是由于这个原因，旅游需求是一种具有内在扩张性的需求，它的实现总是以各种连带性需求的满足为前提或结果，因此连带性很强，牵动力很大。

## 第三节 旅游决策过程

旅游，尤其是远距离和长时间的旅游，对于任何人而言都应该是一项重要的决策。如果从过程的角度去认识旅游决策（而不是像前文那样把旅游者主要地视为具有经济理性的人——意即旅游者在选择旅游目的地时要理性地对可支配的时间和金钱的约束条件予以充分的考虑），就会发现，影响旅游决策的因素，绝不仅仅是前面所探讨过的那些，更多的复杂的因素交互地影响着旅游决策，使旅游决策要在很不确定的诸多条件中进行抉择。诸如目的地的天气和气候状况、目的地实际服务水平和住宿设施的实际质量、目的地居民的好客程度，等等，这些因素在决策时往往并不确定或明朗。对某一旅游目的地的现有的旅游信息资源只能有助于旅游者在某种不完整甚至不正确的模式化期望的基础上描绘出可能借以获得某种利益的粗略而或然的图景。旅游决策过程实际上需要采取有效的方法减少由于这些不确定因素带来的或然性，通过对各种可能的方案进行筛选，以寻求旅游需要的最大满足。因此，对旅游决策过程进行分析，实际上也是认识旅游发生的机理、把握旅游发生的过程机制的一个很好的切入点。

### 一、旅游决策的机会组合模型

旅游决策过程实际上是旅游者对自己所面临的众多旅游机会进行抉择的过程。这就是说，旅游者需要收集和加工大量的有关潜在旅游目的地的信息并最终做出相关选择。在整个的机会决策过程中，旅游者所运用的基本评判规则有两个：机会的价值和机会实现的可能性。当旅游者意识到自己的旅游需要时，他所积淀的知识和信息使之感受到各种旅游机会，而他对这些机会的客观评价则构成了一个逐渐的过滤过程，最终形成可以促成旅游决策的机会组合。图 4-10 反映了这一点，同时它也是一个旅游决策机会组合模型，用于描述旅游决策是在众多机会中进行选择的过程，选择的标准包括价值的大小和实现的可能性等。从图中可以看到，旅游者的所有旅游机会构成了全体旅游机会组合，而这种组合实际上是由感知建立起来的。对这些机会进行分析，依据机会所具有的价值和实现的可能性，就形成两个次组合：可考虑的（有价值的）机会组合与可获得的机会组合。当然，对于旅游者而言，只有现实的有价值的机会组合才具有选择的意义，这便是二者相互交叉所构成的各种备选机会组合。对这些机会组合的深入分析、评价和筛选，最终形成了旅游者的决策机会组合，这便是图中的核心部分（见图 4-10）。

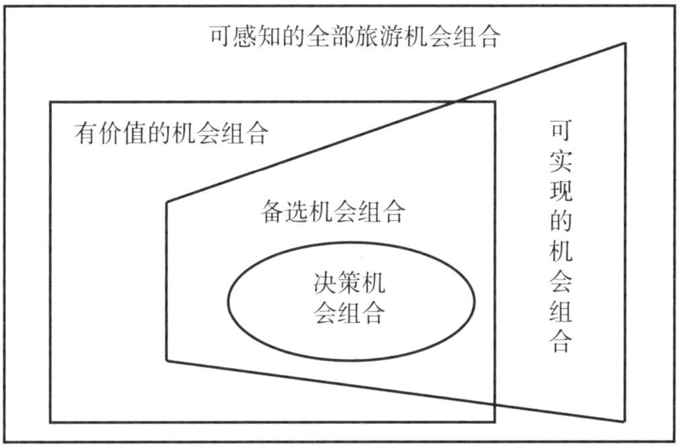


**图 4-10　旅游决策机会组合模型**

在西方旅游学术界，人们比较接受的旅游决策概念就是这种选择机会组合（choice set）的概念。人们认为，旅游决策是一个包含了三个基本阶段的过滤过程（funneling process）：最初目的地组合的形成，一般称为早期感知组合；对大部分旅游目的地的剔除过程，由此形成一个较小的后期备选组合，也称为激励组合（evoked set）；从后期备选组合遴选出最终旅游目的地决策组合。而且，当出现以下两个条件时，机会组合选择这一概念尤其具有应用价值：旅游者的购买是一个新的不同于以往的过程，旅游者在这个过程中需要收集信息，对备选方案进行评估；这种购买带有某种风险并意味着旅游者的高度参与水平。显然，许多旅游度假的选择过程都基本符合这两个条件。因此，机会组合选择模型这个概念受到旅游研究人员的普遍认可，并应用于对个体和群体旅游者的旅游度假决策分析。

## 二、个体旅游者旅游决策过程

从上面所探讨的旅游决策机会模型可以看出，每一个旅游者在独立地为自己选择旅游目的地时都要面对众多的来自各个旅游目的地的“拉”（pull）的因素，并对这些因素进行评估筛选。霍奇森（P. Hodgson）曾提出，旅游者对于旅游目的地的选择是由一系列不同层次的问题构成的：第一层次的问题（如是否去旅游度假）和第二层次的问题（如选择何种旅游度假方式）的答案，大部分都已经由旅游的动机决定了。这些问题一经回答，旅游者则转向第三层次的问题，这包括到哪里去、使用何种类型的住宿设施、向哪家旅游经营商预订等。由于许多目的地都可以满足在第一层次和第二层次中所规定的旅游需要，真正的旅游度假决策主要在第三层次和第四层次（如预订时间和外汇兑换的方便性等）。[①] 霍奇森的这种思想，实际上触摸到了作为旅游者购买对象的旅游产品在结构上的利益区别及其在市场竞争中的作用（参阅第三章有关旅游产品利益构成部分的内容）。

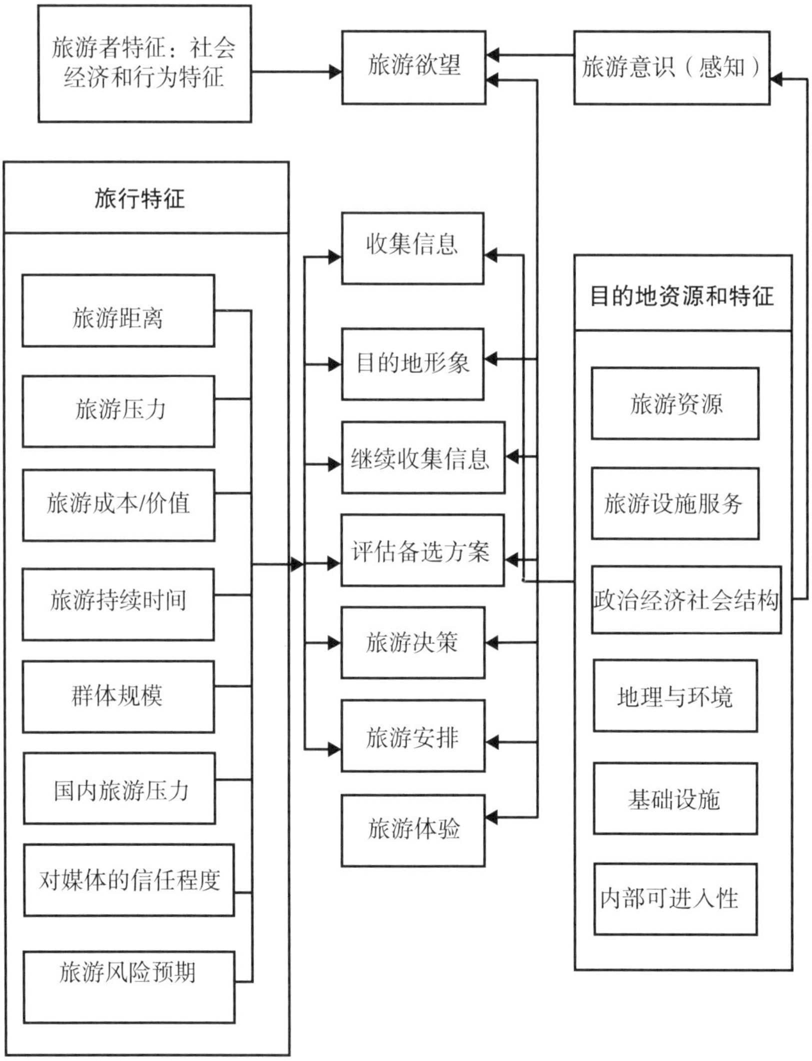


图 4-11 个体旅游者旅游决策过程

① P. Hodgson. Research into the Nature of Holiday Choice Process. *Proceedings of the Seminar on the Importance of Research in the Tourist Industry*, Helsingki, 1983.

对个体旅游者旅游决策过程的研究，实际上已经积累了比较丰富的成果。亚里斯特·马西森（Alister Mathieson）与杰弗里·沃尔（Geoffrey Wall）在其著作中较全面地概括了个体旅游者的旅游决策过程。① 在他们的模型中，描述了从旅游动机到旅游行为这一过程中所包含的决策因素和步骤（见图 4-11）。

古多尔（B.Goodall）在 1991 年的一篇题为《度假选择过程研究》② 的文章中，提出旅游度假决策过程由五个基本环节构成：度假动机、信息收集、旅游度假方案评价、购买决策和旅游体验，并且认为旅游体验实际上构成了一个回馈环，影响着下一次旅游动机的形成。尽管他所概括的旅游决策过程模型与马西森的模型本质上没有根本的不同，但对于旅游决策的过程特征描述得更为清晰，较为一般性地解释了个体旅游者决策过程的特点（见图 4-12）。

按照古多尔对他的模型的解释，旅游者不仅在个人旅游经验和可获得的旅游度假机会方面各不相同，而且在选择旅游度假地时所依循的过程的系统化程度也有所差异。所以，对旅游决策过程的考察，必须用行为研究的方法代替规范经济学分析的方法，这样才能理解旅游者的旅游决策是如何形成的。这种方法正如图 4-12 所描述的那样，旨在研究度假旅游者的信息收集过程和方案评估过程，识别他们获得和使用旅游度假信息的能力差别。在这个模型中，潜在度假旅游者与日常环境之间的互动关系不仅决定着该旅游者可获得的度假机会，也决定着他的动机和偏好。一旦决定要外出旅游度假并选择了度假的类型，度假旅游者的目标就必须予以进一步明确。这些目标既有一般性的（如令人向往的景色），也有非常具体的（如白天飞行的组合度假旅游）。

接着，度假旅游者开始收集信息，以确定可以最好地满足其度假目标的度假方案。收集信息是一个连续的过程，但每个度假旅游者在做这一工作时的性质和程度却大不相同。那些冲动型购买者（impulse buyer）与谨慎计划者（meticulous planner）之间就有很大的区别。前者容易为一时一地的打折让利和方便条件所打动，笃信既有的知识；而后者却刻意从旅游经营商和其他机构收集有关信息，细心比较，左右权衡，决不轻易做出决策。

信息收集上来之后，旅游者要通过它们对各种备选的旅游目的地进行过滤和筛选。在这个评估过程中，度假旅游者要选择的自然是能够最大限度地满足其旅游目标的度假方案。如果在这个阶段旅游者发现没有可以满足其需要的目的地，他就必须修改其旅游目标，或重新组织调查，或放弃调查（这时旅游似乎也就泡汤了）。一旦进行了预订，下一步就是做各种准备，并深入了解有关目的地的一些细节性信息，如景点的游览线路、开放时间、外汇兑换、办理签证等。

---

① Alister Mathieson, Geoffrey Wall. *Tourism: Economic, Physical and Social Impacts*. Longman, 1982, p. 27.

② B. Goodall. Understanding Holiday Choice. *Progress in Tourism, Recreation and Hospitality Management*, edited by L.P.Cooper，Vol.3，1991.

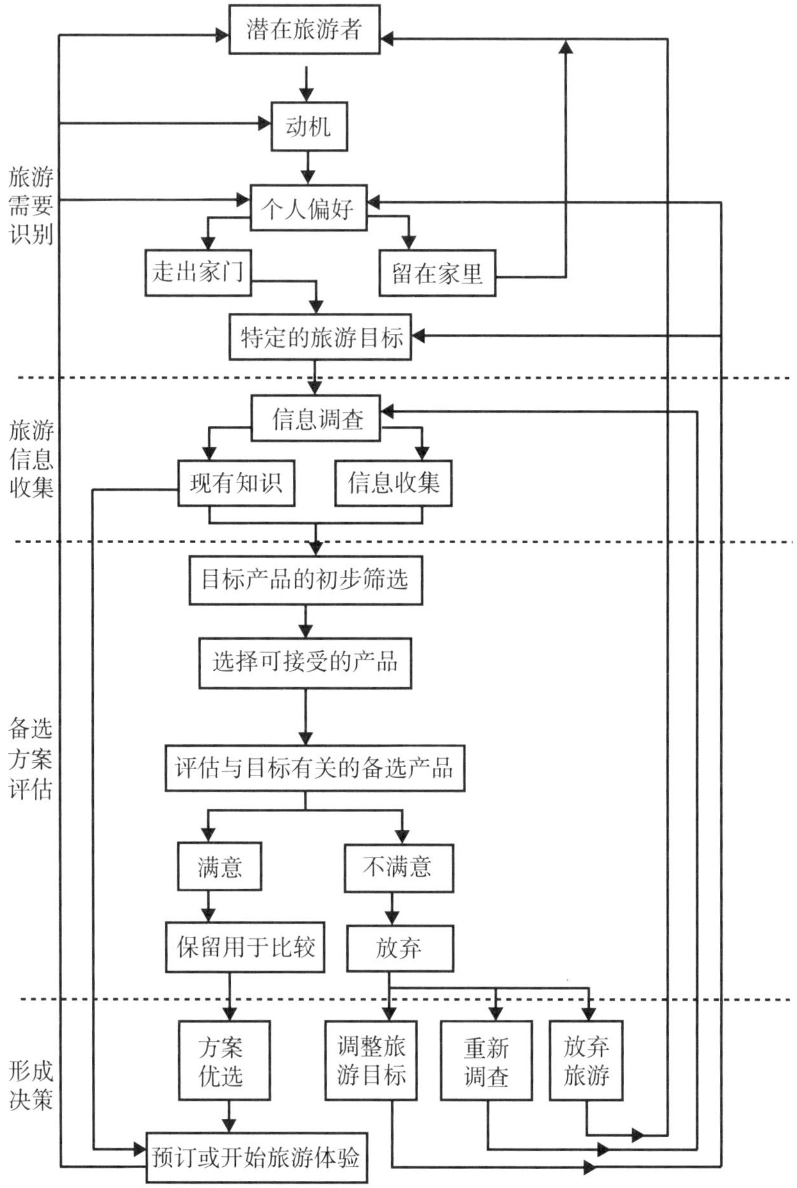


**图 4-12　个体旅游者决策模型**

实际的旅游过程提供了一个反馈机制：如果旅游者对体验过程十分满意，这势必会强化旅游者对目的地的认知；如果旅游对体验过程很不满意，就会导致旅游者改变其看法并调整其未来的旅游目标。因此，反馈过程实际上是一个学习过程，它在很大程度上重塑着旅游者对旅游目的地的认知，甚至会对其旅游价值观的形成产生根本性的影响。

## 三、群体旅游者的旅游决策过程

虽然个人旅游度假决策揭示了购买旅游度假活动的一般过程，但是个人单独出游的形式在人性社会化的现实中已远远不是唯一的形式。人们更倾向于与家人、朋友或同一组织、阶层的人共同行动。共同的行为必定朝向共同的目标，这要求同样的旅游度假产品必须能最大化地满足所有群体成员的需求。然而，尽管群体中的不同成员可能有最基本的、一致的内在需要，有相似的兴趣和态度等（这使他们有可能走到具有持续一致行动的团体中来），但其个体的旅游偏好毕竟不可能完全一样，并且他们对自己的需要和欲望的判断在不同的环境和时间上有着不同的结论。其原因可能是当时没有触及自己的深层动机，在实际选择过程中有可能会受到影响后而改变了主意。那么，如何才能达到群体旅游者的共同的旅游目标呢？我们可以先从区别群体旅游的类型开始，分析各自的特点，再总结出群体决策过程的一般性特征。

**（一）群体旅游者的类型**

如果按照群体内部成员的关系来划分，群体旅游者可以分为以下几种：

1. 家庭型。家庭属于社会群体最基本的范畴之一。由于家庭成员的互动关系具有面对面直接交往与合作的特点，因而家庭被称为初级群体的典型，它是建立在婚姻和血缘关系基础之上的先赋群体。以往的研究表明，这种最重要的消费单位按成员在决策过程中所起的作用不同又可分为：丈夫支配型；妻子支配型；共同影响、各自做主型；共同影响、共同决策型。在具体决策项目上这些不同类型又会有不同的情况。在中国的社会环境下，妻子大多有独立的工作，与丈夫有平等的决策地位，况且度假属于贵重商品和服务的购买，决策应更慎重，因此大多为共同支配型，而有经验的成员更有影响力。孩子在中国家庭中的地位上升，这决定了其意见不可忽略。

2. 社会组织型。社会组织在社会学中被称为次级群体。它是执行一定社会职能、完成特定社会目的、构成一个独立单位的社会群体。有时这种社会群体的规模较大，甚至有相当的一部分人不认识，互动关系也是间接的。组织中的成员走到一处共同外出旅游度假，既是群体凝聚力的反映，也可能或多或少反映了某种“群体压力”的存在，即群体的普遍意识对个人观念施加压力。

3. 社会阶层型。社会阶层是社会中按文化水平、职业、收入等分级排列的具有相对同质性和持久性的群体。每一阶层都有类似的价值观、态度和自我意识。相同阶层里的个人在同阶层的生活圈内，在交往过程中有可能由其相似的兴趣、性格、经济状况而导致共同的行为取向，所以这些人比较易于被组织起来。当这些人以群体的形式外出旅游时，他们的决策和旅游活动取向比较容易达到一致。

若按团队的组织形式划分，群体旅游者主要有以下两种类型：

1. 自组织的临时性群体。通常是指群体内的成员是自发组织起来的，可能原来就存在一定关系，例如家庭关系、社会组织关系、社会阶层归属等，这些都可能使人们自发组织起来，这样由原来的日常性的复杂的社会关系转化为临时的、角色变更了的新型旅伴关系。这种关系会在旅游过程中孕育成员的谅解、互助情感，使人们增进了解，加深感情，密切关系。与个体旅游者的决策过程相比较，这种群体旅游者的旅游决策不管是在旅游前还是在旅游过程中，都有很大的不同。下文所探讨的群体旅游者决策过程主要是就这种群体而言的。

2. 他组织的临时性群体。这种旅游群体通常是指群体内的成员是由外部组织（例如旅行社）组织起来的，很多成员原来很可能不认识，处于不同的社会组织、社会阶层,他们能够被某一旅游组织汇集到一起,原因是他们对某种先定的旅游活动过程（如旅行社出售的旅游线路）达到了一致的认可。所以，这种旅游群体的旅游决策过程的关键是识别并评价由各个不同的外部组织提供的整体旅游活动方案的价值，一旦符合个人的旅游目标，个体便主动参与到群体当中并成为其一员。显然，这种群体的成员在决策时彼此间并不需要互动。这样，群体旅游决策过程与每个旅游者个体的独立旅游决策过程已经没有根本的不同。

**（二）群体旅游者的决策过程**

群体度假旅游者的旅游决策过程同样也是在内外因素作用下完成的。与个体旅游者不同的是，群体旅游者形成决策的时候，存在着两个特殊环节，一是群体成员间个别旅游需要的协调过程，二是个别旅游方案的比较和同化的过程。这两个环节在本质上是嵌入到个体旅游决策过程当中的，是由群体旅游的特点所决定的。这种特点表现为：

第一，群体旅游决策过程的影响因素更复杂。由于群体旅游者的成员构成具有复合性，必然导致影响因素的多样性和复杂性。在这里，不仅在个体旅游决策的情况下构成影响势力的因素依然独立地发挥作用，而且这些以不同方式、朝着不同方向施加影响的因素之间还存在着交互作用，这无疑使统一的旅游决策过程变得更加困难。第二，群体旅游决策过程中突出地表现为群体成员的互动关系。旅游群体是人们通过一定的社会互动关系结合起来的共同行动群体，在这个群体中，确认了具有共同旅游需求的每一个群体成员从个体旅游需求的意识反映阶段开始，就需要不断以各种方式与他人进行沟通。他们对外界刺激的反应，对来自外部世界的信息的处理与评价，都是在与他人的直接或间接、自觉或不自觉的交流中进行的，并且受某种趋向一致的作用力的影响，使之最终能在目标上达成共识。这种互动性在个人旅游决策过程当中基本上是不存在的。第三，群体旅游决策的结果具有临时的规范意义，从而使决策具有相对的稳定性。群体活动的一个突出特点就是存在某种群体规范，它是保证群体目标得以实现的基础。群体旅游决策一旦制定形成，每个群体成员都有义务遵从群体的共同规范，即使当个人利益与这种规范发生矛盾冲突时，个体也应该屈从于这种规范。这样，群体旅游决策就不像个体旅游决策那样，在各个阶段上（旅游前和旅游中）和任何内容上都潜伏着变化的可能性，而是相对稳定下来，在规范的约束下具有明显的可预期的行为结果。

从图 4-13 中可以看出，群体旅游决策过程包含以下步骤：

第一步：个体旅游需要的萌发。行为的产生开始于动机，需要则是动机的基础。当旅游者对自己的现状有不满足感，出现心理失衡并在心理上意识到某种期望时，需要就从此产生。每个个体都有产生旅游需要的可能。

第二步：共同旅游动机的确认。当旅游者意识到自己的旅游期望需要通过与他人结伴或成为由他人组织的旅游团队中的一员才能获得满足时，群体旅游这种方式就基本确定下来了。这时，就出现了众多个体对各自旅游需要在群体中的可实现性的评价问题，这个过程的结果应该是共同的、一致的旅游动机得到确认，这种动机支持着每个个体进而去以各自的方式进行相关信息的收集。

第三步：旅游信息的收集。信息收集是在文化、社会、个人等综合因素的影响下，由个体分别进行的工作。一般的信息来源包括：个人的知识积累和旅游体验形成的反馈、亲朋和邻居同事的意见、相关团体的信息以及商业性信息等。

第四步：方案的共同评价。每个旅游者在收集信息时可能已经不自觉地对信息进行了初步的筛选，然后，当把这些信息加以汇总时，个别旅游者都会竭力主张对自己有利的旅游方案，而调协的结果自然是能够最大化地满足群体大多数成员需要的一种比较折中的方案，这是群体旅游共同决策形成的基础。

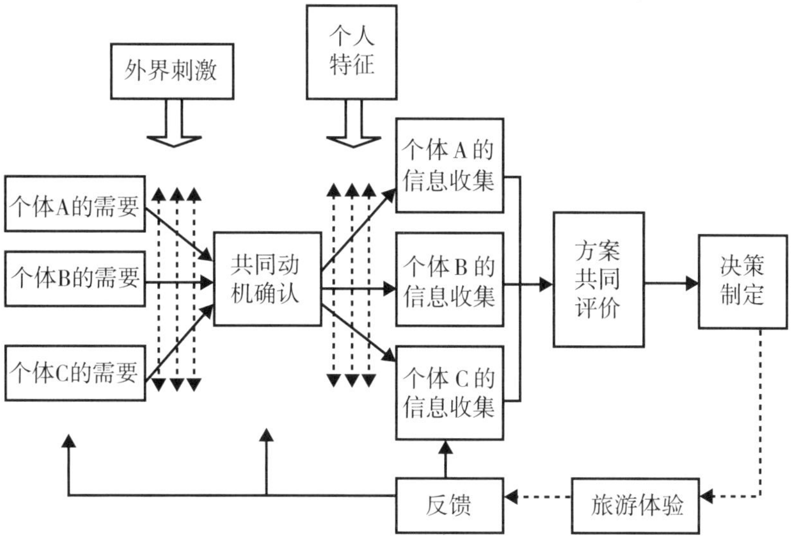


图 4-13 群体旅游决策过程模型

第五步：旅游决策的形成。尽管最终的旅游决策方案有可能对个别旅游者的某种需要（往往是次要的需要）不能给予所期望的满足，但在主要的方面和对绝大多数成员而言，是具有充分的凝聚力的。这样，群体旅游决策就形成了，它是群体旅游者出行的最后一个环节。

## 本章重要观点

1. 旅游需要是在社会进入相对富裕的阶段才开始成为一种较为普遍性的存在。这是酝酿旅游流的基础。
2. 旅游需求作为一种心理需求、奢侈性需求、声望性需求，与价格之间的关系不同于一般消费品。在一定价格临界点上下，二者关系呈反向运动。在临界点之下，价格上升需求量会随之增加；而在临界点之上，价格继续上升需求量则会减少。

3. 在旅游者的不同决策阶段，不同类型的旅游产品（核心旅游产品和组合旅游产品的非核心部分）的需求弹性是有差异的。在旅游前，组合旅游产品（其中包含核心旅游产品）是作为整体而存在的，因此对这种旅游产品的需求往往是高弹性的；在旅游过程中，组合旅游产品中的非核心成分的需求弹性较大，而核心旅游产品的需求呈相对刚性。

## 本章内容举要

**1. 核心概念**

- 内驱力是心理学的概念，指因为生理或心理出现失衡而推动人做出行为以恢复平衡的力量。旅游内驱力产生于潜在旅游者心理上出现的旅游价值与感知环境之间的不协调。
- 旅游需要是指当人处于缺乏旅游状态时而出现的个体对愉悦性休闲体验行为的自动平衡倾向和择取倾向，是心理内驱力在潜在旅游者头脑中的意识反映。
- 旅游动机是由旅游需要所催发、受社会观念和规范准则所影响、直接规定具体旅游行为的内在心理动力源泉。
- 旅游需求是指在一定时期内，核心旅游产品的各种可能的价格与在这些价格水平上，潜在旅游者愿意并能够购买的数量之间的关系。
- 旅游需求量是指人们在一定时间内愿意按照一定价格而购买某一种核心旅游产品的数量。
- 旅游者需求是指在一定时期内，组合旅游产品的各种可能的价格与在这些价格水平上，潜在旅游者愿意并能够购买的数量之间的关系。
- 旅游者需求量是指人们在一定时间内愿意按照一定价格购买某一种组合旅游产品的数量。
- 旅游需求函数：用以反映各种因素变化引起旅游需求量变化的数学表达式。
- 旅游需求的价格弹性：旅游需求量相对于价格变动所产生的变化幅度。
- 旅游需求的收入弹性：旅游需求量相对于收入变动所产生的变化幅度。
- 旅游决策机会组合模型：一种描述旅游决策过程的模型，认为旅游决策是在众多机会中进行选择的过程，选择的标准包括价值的大小和实现的可能性等。

**2. 主要内容**

（1）旅游需要

- 推动旅游活动发生的第一动力，是潜在旅游者心理上出现的旅游价值与感知环境之间的不协调，这种矛盾状态会诱发旅游的内驱力。
- 对于个人来说，旅游需要不是与生俱来的；对于人类来说，它也是社会发展到一定历史阶段的产物。现代社会的某些特征（如信息化和价值匮缺）则使旅游需要的形成更加容易和普遍——旅游的需要才内化于整个人类的需要系统。

【即问即答】信息化社会到底对旅游需要的形成有什么影响？
——想象一下，如果是在一个“鸡犬相闻，老死不相往来”的小社会中，邻居去旅游之后回来，没有任何传播和炫耀，你会有不平衡的感觉吗？没有失衡的感觉，就没有旅游需要。而在信息沟通比较通畅的社会当中，情形恰好相反。

- 参考马斯洛的需要层次论，我们可以得出这样的结论：（1）旅游需要是一种层次比较高的需要；（2）旅游需要在较发达的社会中会更为普遍一些。

【即问即答】旅游属于马斯洛需要层次理论当中的哪个层次？
——总体上说，属于社交需要、尊重需要和自我实现需要的层次，但由于旅游是人生的一个截面或一个阶段，因此也就摆脱不了安全和生理需要，只是对这些需要有了更高的要求。

（2）旅游动机

- 与旅游需要相比，旅游动机是一种更具体地指导旅游行为的内在动力源泉。
- 国内外的很多学者对旅游动机做了一些经验性的研究。格雷提出的两种驱动力是漫游癖（wanderlust）和恋物癖（sunlust）；麦金托什的结论是身体健康、文化、人际、地位与声望的动机；克朗普顿识别出七种旅游动机，与丹恩的划分颇多类似；而艾泽欧—阿荷拉逃避因子和逐求因子模型，认为内力的推动和外力的吸引这两个因素影响着旅游行为；瑞士学者史密德豪哲对各家之言的归纳比较恰当地反映了旅游动机研究的一般性观点。此外，一些国外的政府机构也组织了一些相关调查，但对动机的描述都比较琐细。

（3）旅游需求

- 作为经济学的一个概念，旅游需求受很多因素的影响。一个简单的函数表达式是：$D_t=f(P_t, P_i, Y, T, L)$。
- 旅游需求与个人收入的关系：在一般情况下，个人收入越多，旅游需求量越大；但个人收入实际上受很多因素影响，包括国民生产总值、国民收入和分配制度以及个人消费方式等。

【即问即答】从家庭的角度看（或者说以家庭为单位），是否会存在某个能形成旅游需求的收入临界点，从而使临界点之上的收入增加额当中会有加速的比例用于旅游支出，在临界点之下的收入增加额中用于旅游支出的比例没有明显的增加？
——肯定有。这可以从人类需要的层次论及其规定性方面来理解。但这个临界点在不同的国家或文化中会有很大差别。中国旅游学术界对此的实证研究还远远不足。

- 旅游需求与旅游产品价格的关系
  - 一般情况下，普通商品的需求量与价格之间存在着反方向变动的关系。对于旅游商品来说，总体上这个规则还依然适用。
  - 旅游商品由于并非生活必需品，这种规律性有时会被打破。主要是满足旅游者精神需求的核心旅游产品和声望型旅游商品，其需求曲线是向右凸起的弓形曲线；而一般的主要是满足旅游者各种追加利益需求的组合旅游商品的非核心部分，其需求曲线才呈现向右下方倾斜的形式。

> 【即问即答】像故宫这样的旅游景区，全世界闻名，如果定价很低(尤其是比以前下降很多)，需求量会怎么样?
> ——可能会下降，因为人们会怀疑它的价值是否一如既往。如果你能设法证明其价值并未改变，那么会有两种情况，比较贫穷的人大量涌入(增加了需求量)，而那些以能够游览故宫为荣耀的人将不再光顾(故宫不再是声望型产品)，最终，需求量到底增加或减少，要看各种力量均衡的结果。

  - 核心旅游商品与组合旅游商品的非核心部分的需求弹性在不同的环境状态下(如旅游前的购买决策阶段和旅游中的决策调整阶段)也是不同的。

> 【即问即答】旅游者在出行之后为什么会对核心旅游产品的需求变得缺乏弹性呢?
> ——主要是由旅游产品消费的异地性和预支性特征决定的。这使得旅游者变更决策很困难，形成了许多“消费退出障碍”。

- 旅游需求与潜在旅游者的个人偏好、余暇、与目的地的空间距离和文化差异、个人的社会责任(社会角色)、身心健康状况等因素都有关系。这些因素对旅游需求的影响并非简单的单向的影响，而是错综复杂的。
- 旅游需求与旅游者需求的特点可以粗略地概括为：(1)存在明显的季节变动；(2)具有较大的弹性；(3)关联性很强。但需要注意的是，不管是旅游需求还是旅游者需求，它们都是比较大的范畴，因此对其特点的归纳容易出偏。因为，具体的、不同的旅游商品的需求模式是有很大差异的。一定要记住，旅游商品是一个大家族。

(4)旅游决策过程

- 旅游决策实际上是在众多旅游机会中进行抉择的过程。这个过程可以用旅游决策机会组合模型来加以描述。
- 个体旅游者的旅游决策过程主要由旅游需要识别、旅游信息收集、备选方案评估和形成决策这几个环节构成。

- 群体旅游者的旅游决策过程包括个体旅游需要的萌发、共同旅游动机的确认、旅游信息的收集、方案的共同评价和旅游决策的形成这几个环节。在这个过程中，群体成员间个别旅游需要的协调和个别旅游方案的比较与同化是两个比较特殊的环节。
  - 群体旅游者的类型包括家庭型、社会组织型、社会阶层型（按照旅游群体内部成员的关系划分）；或者自组织的临时性群体、他组织的临时性群体（按照旅游群体的团队组织形式划分）。
  - 群体旅游决策过程的特点：（1）群体旅游决策过程的影响因素更复杂；（2）群体旅游决策过程中突出地表现为群体成员的互动关系；（3）群体旅游决策的结果具有临时的规范意义，从而使决策具有相对的稳定性。

## 本章答疑

【疑问 1】有人认为旅游是市场经济的产物，这个观点对不对？

——如果你接受旅游是一种追求愉悦性休闲体验的行为；旅游是个人的行为；个别的旅游现象虽不同于大众旅游现象，但它照样是旅游现象；旅游学既要研究大众旅游现象（旅游流），也要研究旅游最本质的规定性（这种规定性具有历史上的恒久性）等这样一些观点，就不会接受“旅游是市场经济的产物”的观点。

【疑问 2】我不知道在实践中如何判断旅游需求的多少。请解释一下。

——在实践中，这既是一个重要的问题，也是一个困难的问题。通常，这要借助于统计调查、分析和预测手段。时间序列分析、相关与回归分析都是常用的方法。可以参考有关的统计学著作。

【疑问 3】教材中罗列了大量的旅游动机的研究成果，它们是那么不同，我不知道该接受谁的观点。

——学习知识关键在于获得方法，不要拘泥于结论，因为有些结论可能是错误的（连牛顿的经典力学理论在爱因斯坦看来还是错误的呢！）。旅游动机研究依然没有得出在各方面都令人满意的结论。教材中的各种模型仅供你参考，我们期待看到你的研究成果。

## 本章案例分析

【案例 4-1】

### 不同国家旅游需求的比较

下表给出的资料是 1996 年世界前 15 位旅游客源国出境旅游者人数的资料。

| 排序 | 国家 | 出境旅游总人数（千人） | 国家总人口（千人） | 每100人<br>出境旅游次数 |
|---|---|---|---|---|
| 1 | 德　国 | 77,358 | 82,021 | 94.3 |
| 2 | 美　国 | 52,311 | 265,453 | 19.7 |
| 3 | 波　兰 | 44,713 | 38,611 | 115.8 |
| 4 | 英　国 | 42,569 | 58,658 | 72.6 |
| 5 | 马来西亚 | 22,685 | 20,052 | 113.1 |
| 6 | 加拿大 | 18,973 | 29,992 | 63.3 |
| 7 | 法　国 | 18,151 | 58,391 | 31.1 |
| 8 | 意大利 | 16,983 | 56,878 | 29.9 |
| 9 | 日　本 | 16,695 | 125,455 | 13.3 |
| 10 | 奥地利 | 13,230 | 13,230 | 162.8 |
| 11 | 俄联邦 | 12,261 | 147,746 | 8.3 |
| 12 | 匈牙利 | 12,064 | 10,259 | 117.6 |
| 13 | 瑞　士 | 12,006 | 7,213 | 166.4 |
| 14 | 西班牙 | 11,927 | 39,090 | 30.5 |
| 15 | 荷　兰 | 10,200 | 15,561 | 65.5 |
| Source: World Tourism Organization, International Monetary Fund, United Nations, World Bank | | | | |

〖案例提示〗

1. 在该表中，每100人中出境旅游次数高于50的有哪些国家？美国为什么不在此范围？从中你可以看出的问题是什么（请就此展开广泛讨论）？
2. 请你再收集一下近年来中国出境旅游人数的资料，并尝试在这样几个方面寻求答案：（1）中国在20年后，出境旅游总人数可能达到什么水平和序位？（2）在20年后，中国每100人出境旅游次数可能达到什么序位？（3）哪些因素影响以上两个结论？
3. 进行以上分析之后，归纳影响旅游需求的因素。

## 本章问题讨论

1. 为什么说人际沟通、信息互动对于一个社会形成旅游需要十分重要？请举例说明。
2. 旅游需要是在生理匮乏，还是在心理匮乏的情况下出现的？
3. 当人“饿了”的时候，满足其“吃”的需要的途径只有给他食物；但当人“无聊了”的时候，满足他“快乐”或“兴奋”的需要的途径却有很多。你获得快乐的途径有哪些？
4. 在奴隶社会，是否有旅游需要（能否用逻辑和史实来证明你的观点）？如果有，会在什么样的人群中有？
5. 当城里人到乡下去“旅游”时，当地人往往奇怪地问：“我们这儿有什么好看的呀？”这种情况在一个刚刚或尚未开发的旅游地经常出现。城里人到底去看什么呢？从中你能体会到旅游为什么会发生吗？
6. 你是否同意将旅游动机概括为“逐求心理回报和逃避日常环境”？
7. 想象一下，如果你身边的同事或同学都在上一个假期到国外去旅游一番，而唯独你没有，那么，当他们津津有味甚至神采飞扬地谈论他们旅途中的见闻和愉悦时，你将是什么滋味？这是一种什么心理现象？与封闭的社会相比，开放的信息社会又会怎样强化这种滋味？旅游需要就是这样形成的吗？

8. 在你熟悉的人（家庭）当中，你能否判断出他们有旅游需求时其家庭收入是在什么水平上？这当中有没有一个大致接近的临界点？是多少？再观察一下，那些收入高出此临界点的家庭，每年旅游几次？那些低于此临界点的家庭，多少年旅游一次？
9. 从图 4-1 我们看到两点启发性的结论：发达社会的旅游需要多于不发达社会的旅游需要；不管在哪一种社会里，旅游需要比日常一般生活需要都更倾向于心理需要的层次，或者即使是涉及生理需要，也会更多地具有心理色彩。请你比较一下你所知道的来自不同发达程度的社会的两种旅游者的需要差异。
10. 某种旅游产品（如大连圣亚海洋世界）的需求在遇到以下几种相关因素的变化时会呈现什么样的情况：（1）本身价格提高；（2）替代品价格提高；（3）互补品价格降低；（4）本期银行储蓄利率上升；（5）预期通货膨胀率上升；（6）美元对人民币的汇率降低；（7）生活必需品的价格下降；（8）客源市场结构中远程顾客增加（**提示**：如果不可能得出一个概括的、一致性的结论，就请分别针对每一种情况加以考察）。
11. 以你与同学（尤其是同寝室的同学）的一次旅游为例，说明群体旅游决策的过程以及期间遇到的问题和解决的办法、旅游的最终结果（感受）。下一次旅游你是一个人出行还是再和同学结伴出游？
12. 文化差异对旅游需要的形成会起什么作用？请举例说明。
13. 旅游需求呈现季节性的周期变化，原因是什么？
14. 人们在为发展旅游业寻找理由时，说得比较多的是“旅游业具有牵动效应”，这是为什么呢？
15. 20 年前，中国旅游产业发展道路是一种典型的发展中国家的模式：先入境旅游，后国内旅游，再后是出境旅游。你怎样从旅游需要和旅游需求的角度阐述这种战略选择的正确性。而到了今天和将来，这种策略是否具有可行性？为什么？
16. 假设中国的人均国民生产总值是 1000 美元，美国的人均国民生产总值是 40000 美元。你认为这样大的生活水平差距会在多大程度上影响中国旅游者的出游能力？你又怎样解释在 1999 年十一、2000 年五一、十一等几个假日期间出现的空前的国内旅游潮的原因？将来会怎样？
17. 张三和李四的月收入都差不多，但李四几年没有旅游，而张三却旅游了数次。你能推断其中的原因吗？
18. 如果你经营一个风景旅游地，你会对哪些相关企业的开办表示欢迎，对哪些相关企业的开办表示担心和忧虑？当这些不同的企业都开张营业时，你想通过什么手段扩大自己产品的销售规模，提高利润水平？
19. 中国在向西方发达国家的旅游者提供旅游产品时，应主要提供什么类型的产品？为什么？

20. 如果你是大连市旅游局的海外营销策划人员，面对现有的旅游产品组合，你认为对日本、欧美或南亚诸国市场，是应该编制不同语种相同内容的宣传小册子，还是编制相同语种不同内容的小册子，还是编制不同语种不同内容的小册子？请评价各种方案的利弊，并找出一种适当的策略应用到你求职自荐书的设计中去。
21. 做一项小调查，了解同学当中在假期曾旅游过的人是出自什么动机。那里是否可以给你提供将来从事经营的商机？
22. 如果你经营一处类似像北京故宫或贵州黄果树瀑布那样的景点，你认为随着价格（门票）的变化，需求量会怎样变化？为什么？
23. 中国和美国相距甚远，如果中国把主要国际旅游的目标市场选定为美国，你认为是否可行？请说明原因。
24. 根据旅游需求连带性强的事实，你认为将苏州园林迁移到美国，这种做法是聪明还是愚蠢？这种做法的受益方都有哪些？受损方都有哪些？你认为国家应该对传统遗产资源采取类似专利权保护的措施吗？

# 第五章　旅游体验

**学过本章之后，你应该能够：**

1. 了解旅游体验的方式、内容和特点，理解旅游体验过程中旅游满足的产生过程和机制。
2. 了解旅游观赏的特点，把握旅游观赏的心理过程，体会旅游观赏对象中三种美的形态及特征，并懂得如何改善旅游观赏的效果。
3. 认识旅游交往的特殊性，构建旅游交往的情境模型，把握旅游交往中的矛盾的一般类型和解决办法，理解旅游角色的特点。
4. 理解旅游消费和旅游者消费这两个范畴的差异和联系，了解旅游者消费的构成内容，讨论旅游者消费的变化趋势。

## 第一节　旅游体验的意义

### 一、旅游体验的定义

当一个旅游者经过一番周详的计划而最终举步离家前往异地开始其旅游观光时，他其实是在开始一段人生经验过程，也就是说，旅游是他人生经历的一部分。在这个过程中，他经过不断地与外部世界发生联系和互动，从而取得有关外部世界的知识，并因此而获得愉悦感，满足其内心的需要。在笔者看来，就个体而言，这样的旅游体验过程是旅游者活动的首要目的和主体内容，其满意程度决定了旅游的质量感知水平。而就总体而言，每个旅游者旅游体验的内容、时空特点和结构特性，是旅游行业规划和管理的基本依据。这一基本事实决定了旅游体验作为旅游学研究的一个基本范畴的重要性。然而，有关旅游体验的研究，尽管在国外有些学者早在 20 世纪 70 年代末就提出过旅游体验（tourist experience）这一概念，并进行过比较深入的探讨。① 但此后有十多年的时间整个旅游学术界并没有做出积极的回应。尽管有个别相关研究成果问世，但人们对旅游体验的关注程度远远不够，缺乏深层次和系统性的理论分析。不过，从 20 世纪末至今，国外关于旅游体验的研究有明显的增长的趋势。② 而在国内旅游学术界，旅游体验研究也已经从早期被学术界完全忽视而逐渐成为旅游学理论体系中最厚重的模块和最有力的支撑，被当作构建旅游知识共同体的核心成分加以广泛而深入的研究。③ 如今，国内有关旅游体验研究的文献已经相当丰富了。

在人的一生当中，总会经历种种事情。但比较起来，旅游体验颇有其独特之处。概而言之，旅游体验是一种综合性的体验，并以超功利性体验为主，兼及各种形式和内容的功利性体验。前者构成了后文将要论及的审美体验，而后者则属于所谓的世俗体验。我们已经不止一次地指出，旅游是人生日常工作和生活状态的一种“逸出”，是人生波谱当中的一个特殊时段。在这个时段中，由于生命现象本身的复杂性、生命所赖以存在和发展的条件的复杂性、旅游者个体心理的复杂性、旅游所追求的目标的多重性或不可分解性，等等，使旅游体验成为一种综合体验。在这种体验过程中，旅游者可以在风景观赏中获得审美愉悦，可以在与人交往中品味多彩人生，可以在积极模仿他种角色的过程中发现和发展自我，也可以在旅游消费过程中享受世俗之乐。但是，可以认为，这些体验在总体上都附着了某种超功利的色彩，或者说，旅游体验的各种具体过程最终都可能统合于旅游的非功利属性，被或多或少地赋予审美的色彩。这种整体性的“审美附着”现象，使得旅游者在旅游过程中的诸多行为可能由于被重新定义为一种所谓的旅游行为而被大大地美化或“旅游化”。

---

① Erik Cohen. A phenomenology of Tourist Experiences, *Sociology*. B.S.A. Publication Ltd, 1979.

② Chris Ryan. *The Tourist Experience: A New Introduction*. Cassell, 1997.

③ 谢彦君：《旅游体验研究：一种现象学的视角》，南开大学出版社，2005 年版；谢彦君等：《旅游体验研究：走向实证科学》，中国旅游出版社，2010 年版。

那么，应该如何定义旅游体验呢？

说到体验，首先需要把这个词与经验加以区别。经验属于表层的、日常消息性的，可以为普通心理学把握的感官印象；而体验则是深层的、高强度的或难以言说的瞬间性生命直觉。一般来说，我们可以把经验看作是行为的叠加以及由此获得的知识的积累，而体验一定是融入过程当中并且与外物达到契合的内心世界的直接感受和顿悟。从这一点来看（这一点也至为关键），我们不能轻易将日常经验过程与体验混为一谈。

为了避免将旅游体验仅仅理解成为一种时间流程意义上的“经验”，我们首先来回顾一下历代哲人眼中所理解的“体验”的内涵。

体验这个概念，在历史上可以溯源到西方的古希腊哲学。除了神话中的“回忆”论以及关于“酒神”的说法之外，西方最早的有关体验或类似概念的阐述，可能就是柏拉图的“迷狂”论了。这位先哲对原始诸神世界的消隐、雅典社会理性的沦丧以及道德的颓败深感忧虑，因而把解救的希望寄托在对“迷狂”的体验上，渴望通过体验使人超越尘世的束缚而复归于理性的天国：雅典人失掉了神（理性），只有体验才能把它召唤回来。之后，经过中世纪的漫漫长夜，体验这个美学范畴在德国古典美学那里又进入了复苏期。这时，被长久禁锢的希腊人性精神苏醒了。继卢梭之后，席勒再次看到了现代社会的科学技术、工业文明对人的本性的摧残，痛感人的“完整体”正在被“分裂”为“断片”，对此，席勒提出了一个意义深远的思想：通过体验（游戏）这一绝对中介使人的被分裂的感性本能与理性本能重新融合为完整体。可以说，席勒远远超过柏拉图、超过他的同时代人，他把体验高扬到空前高度，试图用它来解决最根本的人生问题和社会问题。

19世纪中叶以后，在叔本华、尼采、狄尔泰、柏格森等人那里，西方美学和哲学有关体验的论述可以说进入了高峰期。当历史进展到这一时期，西方世界的生存危机、虚无感、荒诞感不仅没有缓解，反而愈益尖锐了。叔本华首创的感性生命本体论正是当时人们普遍感到生命面临严重危机的社会现实的哲学反映。对此，叔本华为生命的亢奋与不可遏止而“痛苦”万分，他用“静观”这个概念表达一种体验，借以突出寂灭生命之意，遏制永不满足的生命意志；尼采则由于生命的匮乏与颓废而焦灼不安，因而用酒神状态呈现了一个可以体验的目标，用“沉醉”去享受生命力的充盈和丰满。正是基于对生命的本体地位的反思，叔本华和尼采都把解救的希望交给体验；狄尔泰感叹生命是神秘之“谜”，他直接就用“体验”这个术语，主张艺术的本体是个人的亲身“体验”；海德格尔以及马塞尔则复活了希腊神话，把艺术视为“回忆”；弗洛伊德首创“升华”概念来表明它是原欲的“移置”；而人本主义心理学家马斯洛则把它归结为“高峰体验”，由此构成了当今有关体验的最直截了当和容易为人理解的体验的内涵，并在美国米哈里·契克森米哈（Mihaly Csiksentmilhalyi）那里演化为大家熟知的畅爽（flow）。

但是，要想给体验下一个一般性的定义还是很难做到的。如前所述，即使是历史上的那些大哲学家，在谈到这个问题时也是各取所需，将体验内涵阐发得五花八门。不过，历史上的大多数先哲，都强调体验这种心理现象在终极价值上是对平庸的超越，是对生命的礼赞，是对人性的回归。这样一种思想，在我们研究旅游体验的时候，是完全可以借鉴的。

旅游学者麦肯奈尔（Mac Cannell）在研究旅游体验的时候，也曾试图对体验做一些基本的考察和界定，虽然特色不多，甚至还多少有些肤浅，但作为一种过渡，我们不妨介绍一下。按照麦肯奈尔（1976）的说法，一个挺有意思的事实是“体验”（experience）或多或少与科学有些渊源，因为在英语的词根上这个词是与实验（experiment）同源的，但是，却很少有人能给这个词赋予一个科学的定义。从日常生活的角度去理解体验这个词，显然这个词暗含着一个特定的时空关系。也就是说，体验具有一个时间边界和空间边界[①]。如果从外部形态上来看，体验作为一个过程，就是发生在这个时空边界之内的行为的总和。当然，理解体验的本质，不能仅仅从外部形态的角度。实际上，体验是一个心理过程甚至思想过程，是一个对生活、生命和生存意义的建构和解构过程。在体验过程中，饱含着“一种由原初的疑惑感或空虚感而转换成的某种信念或超越,这种转换借助的是一个对直接的、第一手的资料的领悟过程”。从这个意义上说，麦肯奈尔说，体验这个词，除了本身所具有的苍白的科学和职业含义之外，还具有某种时髦的、逐臭的，甚至可能关联到性（sex）的内涵。就是从这个关节点上，麦肯奈尔这位一向有点“忧郁”的老一辈旅游学者，将体验拉到了旅游体验上来。

在国外旅游学术界，研究旅游体验的渊源并非起自麦肯奈尔。早在 20 世纪 60 年代，布尔斯廷（Boorstin, 1964）就将旅游体验定义为一种流行的消费行为，是大众旅游那种做作的、刻板的体验。他甚至哀叹，那些旧式的旅游者已经没有了，而恰是这些人的旅游才是出自追寻某种真实的体验。布尔斯廷看不起那些“浅薄的”现代大众旅游者，认为这些人只知道对一些伪事件（pseudo-events）趋之若鹜。特纳和阿什（Turner and Ash，1975）也都认为，旅游在本质上就是偏离常态的行为（aberration），甚或一种时代的病症（malaise）。相反，麦肯奈尔则认为，旅游体验是人们对现代生活困窘的一种积极回应，旅游者为了克服这些困窘而追求的是一种对“本真”（authentic）的体验。虽然有这种明显的观点上的差异，但布尔斯廷和麦肯奈尔等人在定义旅游体验的时候，都体现了这样的思想：旅游体验对社会个体和整个社会都具有重要的意义。由此，他们的定义也成为引发人们对现代休闲旅游的积极效应和消极效应的争论。在这种争论当中，有些学者认为，如果旅游者的需要是一样的或接近的，那么，不管构成旅游者这种需要的社会文化背景有多大差异，所有的旅游者都将获得某种类似的体验。

与此不同，科恩（Cohen, 1979）认为，不同的人需要不同的体验，不同的体验对不同的旅游者和不同的社会具有不同的意义。为此，科恩将旅游体验定义为个人与各种“中心”（centres，我们也可以把这个词用类似“家园”这样的术语来间接地予以解释）之间的关系，认为体验的意义来自个人的世界观（worldview），取决于个

① 在笔者的另一部著作中，我们已经把这个时空边界定义为旅游世界。见谢彦君：《旅游体验研究：一种现象学的视角》，南开大学出版社，2005 年版。

人是否依附于某个“中心”。这里，所谓“中心”并不一定是个人生活世界的地理中心。它是每个个体的精神家园，它象征着某种终极意义。因此，科恩相信，这种体验反映着各种动机的某些稳定的模式，既有别于旅游者的各种行为方式，又是对这些行为方式的特征化。这些模式与“私下”构筑的旅游世界相联系，代表着满足个人各种需要——从追求愉悦到寻求意义——的不同方式。[①]此后，汉密尔顿—史密斯（Hamilton Smith，1987）、纳什（Nash, 1996）、佩奇（Page, 1997）、皮尔斯（Pearce, 1982）、瑞安（Ryan, 1993, 1997）、史密斯（Smith, 1989）、厄里（Urry, 1990）和晏纳吉斯和吉布森（Yiannakis and Gibson, 1992）等在他们的研究中都提到了科恩的旅游体验范式。从这些研究中，可以得出有关旅游体验的一些共性的东西，那就是，对个体而言，旅游体验是一种多功能的休闲活动，既包含着娱乐成分，也有求知的成分。

借助于笔者在其他著作中所构建起来的几个基本概念，这里我们尝试给旅游体验下一个定义：旅游体验是指处于旅游世界中的旅游者在与其当下情境深度融合时所获得的一种身心一体的畅爽感受。这种感受是旅游者的内在心理活动与旅游客体所呈现的表面形态和深刻含义之间相互交流或相互作用后的结果，是借助于观赏、交往、模仿和消费等活动方式实现的一个序时过程。

在上述定义中，有几点需要特别地予以强调：

1. 旅游体验是一种心理现象，是体验个体集中地以情感或情绪表现出来的快感（愉悦）经验；

2. 旅游体验与当下的旅游情境有关，通常不包括脱离了旅游世界的预期和回忆等范畴；

3. 旅游体验过程中旅游者在与外部世界取得暂时性联系的过程当中，会产生改变其心理水平并调整其心理结构的效果，这通常是旅游体验的更为积极的人生意义之所在；

4. 旅游体验是一个互动过程，体验深度与旅游者的融入程度相关，从而会形成深度体验和浅度体验的差异。

## 二、旅游体验的内容与特点

从内容上看，旅游体验可以分为两种：审美体验和世俗体验[②]。它们都是旅游者在旅游过程中通过观赏、交往、模仿和消费等方式所体验到的放松、变化、经验、新奇和实在等心理快感，但二者又有区别，呈现出各自不同的特点和意义。

---

① E. Cohen. *A Phenomenology of Tourist Experiences*. The Journal of the British Sociological Association, 1979:179–201.

② Erik Cohen 把旅游体验从内容上划分为五个模块：休闲模块、变化模块、经验模块、尝试模块和实体模块（A phenomenology of Tourist Experiences, *Sociology,* B.S.A. Publication Ltd, 1979）。笔者认为，这些模块虽然成立，但最终还是可以归结为对于两种愉悦的追求。不过，在Erik Cohen 的分类中所呈现的旅游体验中由低到高的“真实性体验”的层次划分，以及这种体验由易到难的实现程度，却是很有启发意义的。

所谓旅游审美体验，是旅游者在欣赏美的自然、艺术品和其他人类产品时所产生的一种心理体验，是一种在没有利害感的观照中所得到的享受。按照王柯平的说法，这种体验在本质上“是一项集自然美、艺术美和社会生活美之大成的综合性审美实践活动”①。这种体验，像一般审美体验一样，给予人的快乐近乎一种天国的而非人间所有的快乐。

对于这种超功利性的审美体验，亚里士多德在其《伦理学》(*Eudenmean Ethics*)中做了较为详细的论述。他认为，审美体验大致有六个特征：

(1)这是一种在观看和倾听中获得的极其愉快的体验。这种愉快是如此强烈，以至于使人忘却一切忧虑而专注于眼前的对象；

(2)这种经验可以使意志中断，不起作用，人似乎觉得自己像是在海妖的美色中陶醉了；

(3)这种经验有种种不同的强烈程度，即使它过于强烈或过量，也不会使人感觉到厌烦(其他的愉快过多时，人会厌烦)；

(4)这种愉快的经验是人独有的。虽然其他生物也有自己的快乐，但那些快乐是来自于气味的嗅觉或味觉。而人的审美快乐则是源自于视觉和听觉感受到的和谐；

(5)虽然这种经验源自于感官，但不能仅归因于感官的敏锐。动物的感官也许比人敏锐得多，但动物却不具有这种经验；

(6)这种愉快直接来自于对对象的感觉本身，而不是来自它引起的联想(对此亚里士多德解释说，感觉，有的可以因自身而愉快，有的是因为它使人联想到其他东西而愉快。如食物和饮料的气味就是因为它使人联想到吃喝的愉快而变得愉快，看和听到的愉快大都是因为其自身而得)。

亚里士多德对审美体验的描述，使我们看到通过审美所获得的心理愉悦与一般的生理快感是有区别的。审美过程是一种高级的精神现象，而不是一种动物性的快感；是人在满足了基本的生物性需要之后向更高的精神境界的追求，而不是一种低级趣味；是一种涉及多种高级心理功能的复杂心理状态，而不是一种单一的“刺激—反应”过程。这种经验过程在旅游活动中经常发生，是造成旅游者心理愉悦和精神满足的重要途径。

在旅游审美体验过程中，最重要的一点是审美主体面对审美对象的超功利性的认识。比如，面对一座雄险的山峰，旅游者的审美体验过程来自对山峰的险峻的直接感受以及用旅游者的全部情感和理智对它进行的无意识的瞬间分析、判断和评价，这个理性过程不含有功利性的认识，不带有因果关系的推断。也就是说，旅游者不应该联想到山峰是否适宜于开垦成耕地，是否难于攀登或是否可作为性命攸关的游戏场所，因为这些意识或联想都是功利性的。由这些意识或联想所产生的心理变化，不是美感，不是旅游审美愉悦的体验。只有当旅游者面对山峰而感受到其壮美，当他直观感受山

① 王柯平：《旅游美学纲要》，旅游教育出版社，1997年版，第84页。

峰之险峻并神思激荡而飞扬，这时，他才体会到了美。由此可以看出，审美体验（包括旅游审美体验）是一种外向活动与内向活动同时进行的活动，先对事物外部形态和特性予以注意并感知，然后又转回到人类内部心理世界，外部与内部在多次回返中达到同形，最后使内在情感达到调整、梳理、和谐，产生出愉快的情感感受。这就是审美愉悦的体验过程。

然而，尽管审美体验是旅游者的基本目标，但并非所有旅游者都能自觉地追求这种体验，也并非每一个旅游者都把这种体验视做旅游体验的唯一内容。一方面，我们见到众多旅游者面对美景依然可能视而不见、茫然若失甚至懊恼抱怨；另一方面，也有不少旅游者一旦身在旅途，便大开“八戒”，以体验感官快乐为满足。这些现象说明，即使是以追逐审美体验为目的的旅游者，其实际审美效果也要受到其个人审美能力的影响；同时，旅游者对美感以外的愉悦体验并不决然排斥，甚至宁愿把它们也当做旅游体验的部分甚至主要目标。这就是旅游体验的另一部分内容：旅游世俗体验。

我们把旅游者在旅游过程中所获得的审美体验以外的一切体验都称为旅游世俗体验。相对而言，这种体验通常建立在对感知对象的某种功利性认识的基础上，因此一般以伦理意义上的“善”和认知意义上的“真”的形式表现出来，也是人生体验的重要内容和愉悦形式。例如，亲人团聚时的那种天伦之乐，情人拥抱时的那种性感之乐，品味美食时的那种感官之乐，获得知识时的那种顿悟之乐，以及观看体育赛事时的那种激奋之乐，等等，都是与世俗人生相伴随的愉悦情感。当这些快感通过旅游的形式、在旅游世界中获得，它们就成了旅游者的世俗体验。

一些西方哲学美学家曾对审美体验与世俗体验进行了比较。首先，按照康德和屈尔佩所主张的，艺术或自然中的审美欣赏——借助于这个过程获得审美愉悦——主要是一种观照的欣赏。这就意味着在自我与观照的对象之间存在着一定的距离，这种距离是产生美感的决定性因素。例如，旅游过程中从事某种游戏和运动所产生的快感，不同于观赏自然美景时产生的快感，是直接来自我们自身的活动和努力，因此，应当严格地从旅游审美体验的领域中排除出去。其次，如果我们观照的愉悦真正是审美的，我们就必须以具有全部感性特征的、具体的对象整体作为欣赏的对象。这样，就排除了我们从对象任何一个孤立的方面——政治的、宗教的、道德的方面——所得到的满足。最后，按照康德与叔本华的看法，我们在整个具体的对象中所得到的观照的愉悦完全是没有利害感的。这样，就使我们在审美愉悦中进一步排除了有用的、娱乐的和色情的东西。

由此我们可以归纳出旅游世俗体验所具有的特点：

（1）从内容上看，与旅游审美体验所追求的“美”的目标不同，旅游世俗体验的功利性决定了它所追求的往往是伦理意义上的“善”和认知意义上的“真”，满足身心的直接快乐是这种体验的主体目标。因此，快乐原则也就成了这种追求的支配性原则。

（2）世俗体验所产生的愉悦往往来自对禁锢的突破和对规诫的背离，是在制度性稀缺中寻找到的某种补偿性质的快感，而不像审美体验那样是一种对更高的精神境界的自主追求。由于这个原因，审美体验总是在新的世界中进行，而某些世俗体验可能会在类似的时空框架当中间断性地重复发生，并总是停留在基本相同的水平上。

（3）在审美体验中也会出现审美疲劳现象，其根源基本都源自新奇性的丧失和新鲜度的降低；而在世俗体验中出现的愉悦度降低的情况，有的来自社会规制的消弭，从而导致愉悦主体与客体之间的张力消失，而有的则来自客体的过度丰裕而对主体形成了过量的刺激。

（4）世俗体验的很大一部分可以在非人的动物界中得到验证。换言之，旅游世界中的世俗愉悦可能在很大程度上源自人作为动物这一根本的规定性，其本质实际上是人对于环境的那种不可摆脱的依赖，这也是功利性在人类社会和其他动物世界都存在的一个表现。

从上面对旅游审美体验和旅游世俗体验的分析可以看出，旅游体验是一种内容丰富的体验。既有天伦之乐，也有人伦之乐；既有精神享受，也有肉体欢娱；既有依附于事物表面的观察，也有沉湎于理性世界的深思。旅游体验的这种复杂性，表明在旅游体验过程中，实际上涉及旅游者对旅游对象意义的不同层次的把握。我们可以把这种把握层次再做如下的划分：对基本意义的把握；对习俗意义的把握和对内在意义的把握。

构成旅游对象的自然界的现象和事物以及人类社会的一切人文现象和事物向旅游者所展示的基本意义通常是借助于它们所赋有的概念性形式传达出来的。所谓概念性形式，是指人类给外部世界的现象或事物的纯形式要素赋予的可以普遍理解的意义，从而使这些形式逐步有了惯常的含义。这些含义很容易把握，而把握这些含义通常就成了理解现象世界的深层意义的基础。比如，按照经验，我们不难在自然界中辨别出山石树木和飞禽走兽，因为它们都在某些纯形式方面符合我们心理的某种认知图式，它们在线条、色彩、形状、体量等等方面符合我们的先入之见。我们是从这些形式来把握现象的基本意义的，通过这些形式我们才辨别出了动物、植物以及人间万象，甚至通过它们之间的各种力度关系我们还可以看出它们所昭示的悲哀的或欢乐的感情。很显然，在我们的旅游过程中，有大量的情况就是属于这种对基本意义的直观把握的。

然而，人类在其漫长的历史当中所做的事情，还不仅仅是学会了简单地直观地去认识事物，还学会了赋予事物以象征的意义，或给予事物以一定的寓意。普通的松树被我们用来代表坚强和长寿，一块无生命的石头被我们赋予了感情，一种行为或姿势有其特定的文化意义，一张脸谱使我们想到了一类人的特征。这些都是世俗社会给那些与其相关的世界和事物赋予的特指的意义，它将有助于或有碍于我们对现象的理解。当我们把握了这些世俗的意义时，就不难进入现象世界的更深的层次，而当我们对这种意义不甚了了时，我们走遍天涯海角也要碰壁。①

除了世俗给予现象的约定意义之外，现象本身当然存在着能解释其本质意义的内在的东西，这就是它的内在意义。在旅游过程中，许多旅游者渴望理解面对的世界的这种意义，以便使其审美体验得以升华。虽然大自然在几百万年中可能并没有什么改变，但人们对待大自然的态度在几年的时间就足以被改变。至于旅游者面对人类自己创造的艺术品、旅游景观时，他更要努力去理解这些艺术品和旅游景观的创造者在作品中所传达出的可以体现一个民族、一个时代、一种宗教或一种哲学信仰等基本态度的东西。这便是旅游者对现象世界内在意义的把握。

可以说，当旅游者能够从不同的层次甚至能够从整体上理解旅游对象的这种复杂的意义规定时，就会很容易获得旅游愉悦体验，否则，只能面对对象而一脸茫然。当旅游者与其体验的对象物处于不同的文化圈当中时，这种情况会经常发生。

## 三、旅游体验的质量

不管是对于旅游者，还是对于向旅游者提供服务和产品的旅游企业经营管理人员而言，旅游体验的质量都可以说是他们从事旅游及相关活动的生命线。高质量的旅游体验给旅游者以预期甚至超过预期的旅游满足，也从而奠定了旅游企业获得经济效益的长久基础。相反，低劣的旅游体验使旅游者美好的愿望破灭，也注定要使旅游企业进一步牟利的梦想破灭。尽管对这样的命题不管是学术界还是实业界都不否认，但对旅游体验质量的深入研究还相当匮乏，因此值得关注。

### （一）旅游体验质量的衡量

这里，我们首先遇到的问题是关于旅游体验质量的测量问题。尽管在涉及质量概念时我们可以像在工业和商业部门那样采用一系列的客观标准或指标对质量进行测量，但国外的许多旅游研究发现，对于旅游体验这种直接涉及旅游者主观判断、受旅游者主观价值认识深刻影响的心理学范畴的问题，采用主观变量予以测量可能也是可行的。

在最粗略或最概括的层次上，我们可用以下几个主观指标来衡量旅游者旅游体验的质量，即满足感、淡漠感、失望感。但是，为了提供既可以用来衡量旅游者旅游体验质量的客观指标，又可以作为旅游企业经营者经营管理决策参考的信息，国外有些学者在探讨人们对服务产品质量体验的感受时，往往进一步提出一些比较容易测量的具体指标。诸如可感受性、可靠性、保险程度、快捷程度、专注程度和形象等。根据萨里大学克塞尔·叶根吉（Yuksel Ekinci）博士在《确认质量变量》一文中的观点，他将人们对饭店质量的评估变量确定为有形因素、可接近性、员工行为与态度、可靠性、出品质量、快捷程度②。这种分类对确定旅游体验质量的测量虽然有一定启发，但

① 克利福德·格尔兹著，纳日碧力戈等译：《文化的解释》，上海人民出版社，1999年版，第10页。

② Yuksel Ekinci. Validating Quality Dimensions. *Annals of Tourism Research*, Vol.28, No.1, 2001.

旅游者旅游体验的特殊性也限制了这些指标的有用性。从旅游者的旅游需要出发，考虑到旅游者观赏、交往、消费和模仿的对象物的特点，我们可以看出，旅游者所获得的体验，不一定完全来自企业的服务，还来自某些外在的自然和社会因素的状况。而旅游审美体验又是一种十分复杂的情感过程。因此，就难以用上述可以衡量企业一般服务及供给质量的指标衡量旅游体验的质量。

**（二）旅游满足的产生过程**

由此可见，一个旅游者会不会满怀愉悦回到家中，这不单纯取决于旅游者本人的努力，也不完全靠旅游企业接待人员极度小心谨慎、热情周到的服务，这里有许多错综复杂的因素，在不同的时间和场合以及在不同的人身上可能会以完全不同的方式发生着作用。这使我们很难预测旅游者旅游体验的性质和方向。但是，这样说并不意味着旅游体验是不可认识的。不少人在这方面做了一些有益的尝试，可以给我们很大的启发。在有些情况下，经过对旅游体验进行必要的项目分类，明确问题的性质，还是可以使用瑟斯顿量表（Thurston scale）或李科特量表（Likert scale）对旅游者旅游体验的质量进行心理测量[①]。所得结果可以在一定程度上反映旅游者对旅游体验的满意程度。当然，上述满足感、淡漠感和失望感这三个指标实际上也可以分解，以便更有解释力地描述旅游者的心理状态。比如，满意的表现可能是具体而多样的，引起旅游者兴奋、欣慰、惊奇、爱好等等心理反应的，恐怕都会令旅游者有满足感；而疲累、乏味、过于熟悉、不安、严重偏离预期目标等等，则会使旅游者产生淡漠甚至失望的感觉。旅游者的这种旅游感受与其旅游期望之间的对应关系，构成了旅游满意度测量的核心依据。

著名学者克里斯·瑞安在其著作《休闲旅游：社会科学的透视》中，将影响旅游体验的因素划分为先在因素、干涉变量、行为和结果几个因素，并且认为旅游体验的质量是这些因素相互作用的结果。在他的这个分析模型中，先在因子由个性、社会等级、生活方式、家庭生命周期阶段、目的地的营销和形象定位、过去的知识和经验、期望以及动机所构成，并且动机受其他因素的影响而对各个干涉变量施加影响。这些干涉变量包括旅游过程中的延误、舒适、便利和目的地的可进入性，目的地的性质，住宿的质量，景点的数目和活动内容的多少，以及目的地的种族特性。在旅游行为过程中，旅游者感知到的期望与实在的偏差的大小、他们与目的地居民以及同行的旅游者之间的相互作用的性质，要受到诸如旅游者本身辨别事件的真实性和虚幻性的能力，对一些随时可能要发生的情况的积极适应能力，建立可以使自己获得归属感的人际关系的能力以及旅游者的活动方式等因素的综合影响，并最终决定着旅游体验的满意程度。瑞安用下面这样的模型图来说明他的观点[②]（见图 5-1）。在这一模型中，除了我们比较熟知的那些因素之外，旅游期望在这里扮演着十分重要且微妙的角色，深刻地影响着旅游体验的质量。所以，我们在此特别对旅游期望做进一步的探讨。

---

① Douglas Jeffrey, Yanjun Xie. The UK Market for Tourism in China. *Annals of Tourism Research*, Vol.22, No. 4, 1995.

② Chris Ryan. *Recreation Tourism—A Social Science Perspective*. Routledge, 1991.

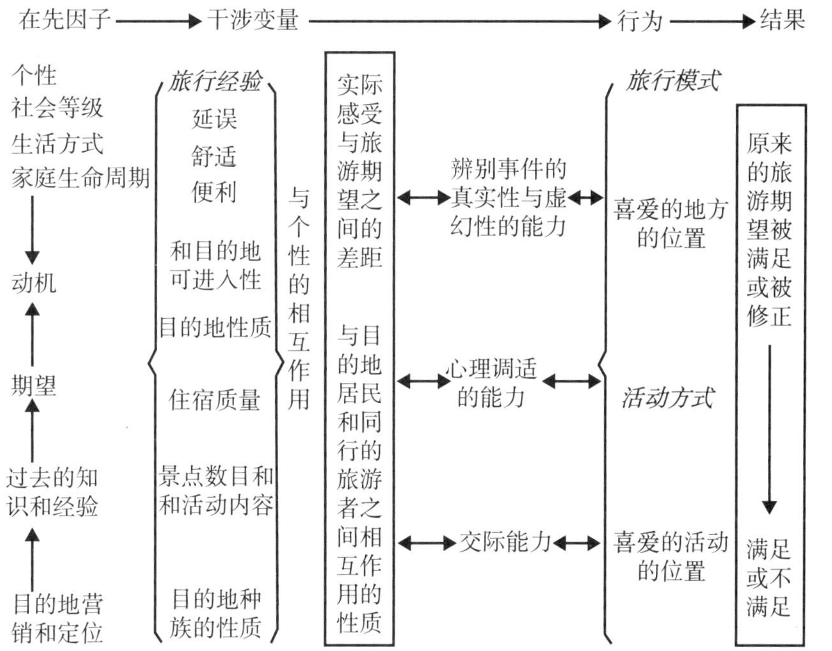


**图 5-1　旅游期望与旅游体验满足之间的关系**

说得极端一点的话，旅游者旅游体验的质量恐怕在他还没有走出家门时就可能已经差不多有了结果。仔细考虑一下，这个命题是有道理的。

现代的旅游，尤其是出国旅游，一般都是家庭或个人的一项重要的经济决策。人们通过旅游所要获得的满足，往往是一个经过长期酝酿、精心预算的目标体系。当这些目标被列入行动计划之中时，就会进一步成为人们的心理预期，这便是旅游期望，即旅游者对旅游所能获得的愉悦性休闲体验的心理预期。它的产生过程通常是旅游主体对有关旅游客体和部分旅游媒介的知识获取过程，是由于潜在的旅游者因其心理状态与实际所处的环境之间的矛盾而萌生的调协的欲望。

由于旅游期望在形成过程中受信息的丰度、准确度以及传播质量的影响，致使旅游期望明显地具有以下特点：

1. 总体上的片面性和模糊性

潜在旅游者的旅游期望是通过以不同形式的载体（如印刷图片、电视画面、语言等）传播的信息的影响而建立起来的，由于这些信息通常属于重塑形式，就必然包含着提供者的思想观念、功利意识和思维局限，从而带有极大的倾向性甚至片面性。当这些信息再传播到旅游者大脑中时，注入的还不仅仅是这种倾向性，而且由于信息的概念化或图式化而使信息接受者（潜在旅游者）只能在大脑中维持抽象的、模糊的有关旅游目的地状况的认知与期望。这种不是依靠身临其境而是依靠各种间接信息影响而建立起来的旅游期望，自然会难免片面和模糊，哪怕仅以个人的标准来衡量，也是如此。如果考虑到信息在时间上的滞后性，这一点会更为突出。这势必要先在地构成与旅游体验发生矛盾的基础，因为旅游体验总是现实而具体的过程，它与期望相契合只能是偶然的。

2. 指向上的可转移性或可替代性

旅游期望是对旅游的综合供给条件的预期，它会与实际状况存在或大或小的差异，导致期望与现实之间的对接困难，这一点已如上述。由于旅游体验的开始意味着部分费用支出业已发生（旅游者需要克服空间和时间的障碍先期到达旅游目的地），这种沉默成本的发生就为旅游者适时调整旅游期望提出了内在的要求。因为很显然，一个已经到达旅游目的地的旅游者，不会因为目的地的供给条件与既有期望大相径庭就干脆放弃旅游。他必须调整旅游期望以谋求满意的旅游效果，必须以积极的态度和行动去捕捉本不属于他已建立的旅游期望范围之内，但却可以为他提供旅游乐趣的种种其他机会。这就是说，当旅游者固有的旅游期望不能获得满足时，就可能产生期望转移或被替代的情况。这一特征说明了作为旅游产品的提供者的各种旅游企业在争取满足顾客旅游期望方面的主动性和回旋余地有多么大。如果这一判断成立的话，我们就有理由怀疑人们喜欢把旅游企业极为个别的、偶然的失误夸大到会影响整个企业长久声誉甚至经营生命这种说法（所谓“$100-1 \neq 99$”定律）的科学依据。我们本不必神经过敏，只要在出现问题时能及时、妥善地予以纠正和补救，就可能换得旅游者的体谅，就可能不会破坏旅游者的期望，甚至还可能在这种补救过程中由于高水平的个性化服务表现而一改那种标准化服务所形成的刻板效果，从而留住客人。

旅游期望的转移也不仅仅发生在旅游的对象物令旅游者失望的情况下。既然旅游期望的建立是抽象的、模糊的，它就同样有可能是有缺陷的，它未必能预料到对象物全部的美的实在和效用。因此，旅游者在旅游目的地获得意外的惊喜这种情况也是有的，甚至是经常的。虽然我们对此一时刻旅游者如何调整其旅游期望尚无很透彻的理解，但我们相信，此时旅游者固有的期望是不会静止不变的。

3. 在旅游体验过程中逐步外化并成为度量旅游体验质量的标尺

旅游期望在建立过程中只是抽象化的概念，而在实现的过程中却总是要面临与具象相对接的考验。由于旅游的过程是与物质世界相接触而求得畅神怡性的审美感受和快感愉悦。因此，旅游期望，哪怕不是以其独立的具体内容，也要以可以作为其表征的客观世界的物质形式，间接地被明朗化、清晰化、具体化。这个过程可以是协调的，这就是当期望的结构与水平同外部世界相契合时；这个过程也可能是矛盾的，这就是当期望的结构和水平与外部世界相参差时。前一种情况会使旅游者获得满足，而后一种情况却可能转化为激发各种实际矛盾的促导因子。在这一过程中，旅游期望实际上是在履行着一个可借以评价旅游价值的标尺的职能。旅游期望的这一特点，事实上也向旅游企业的宣传促销工作提出了挑战，因为旅游企业可能常常要处于在强调旅游产品魅力以便吸引更多的顾客的同时会过分使旅游期望膨胀从而引发种种矛盾的两难境地。

由此可见，虽然旅游期望是在旅游行为发生之前产生的，但可以想象它将会对旅游行为及其效果产生相当积极的影响。一些西方学者在观察客人对饭店产品质量的感知时也注意到，客人期望的现实性和可操作性对体验的满意程度是至关重要的，离开了这种现实性和可操作性,就会在服务质量上表现出明显的差距。就是说，旅游期望会在最初的层面上以主观的力量影响旅游体验的质量。

按照美国心理学家弗鲁姆所提出的期望理论，期望值是激发人采取行动的主观动力。这种动力决定于两个因素，一是对目标价值的认识，即对所谓效价的估量，二是目标实现的概率。由于目标实现的概率不得不先期估算，实际上也就成了期望概率。这个关系可以用下式表示：

$$\text{期望值（行为激发力量）} = \text{目标价值} \times \text{期望概率}$$

当旅游者在计划出游时，他会通过各种渠道弄清旅游可以获得的价值，并能形成对这些价值的判断。旅游产品的提供者所做的促销努力，亲朋好友的口碑荐介，从其他途径获得的有关知识，以及对自身需求的认识，等等，都将成为旅游者形成判断的依据。一方面，旅游在西方国家已经成为一种基本的生活需要，因此，对旅游所做出的估价在一般的西方旅游者那里会显得更为重要。当然，一次具体的旅游会涉及不同的旅游者个体，因此，不同的旅游经历对他而言自然也就有不同的意义。另一方面，目标价值实现的可能性，或者说，目标的可操作性则构成行为激发力量的另一个因素。一个再好的目标，倘若不具有实现的可能性，也不会成为激发行为的动力。

前面提到，旅游期望形成之后，不会一成不变。这里客观上存在着旅游者积极调整其期望以求得适应的可能性与必要性。当旅游者开始其旅游体验时，他的期望可能会马上遭遇到意想不到的挫折：刚步入候机大厅就可能被告知航班延迟；一路风尘住进旅馆，恰遇停水停电；期盼已久的山光水色因游人如织而暗淡无光。这些都会发生，也经常发生。相对于旅游期望的先验性、片面性、概括性、模糊性和虚拟性而言，旅游感受所具有的延迟性、具体性和真实性注定要形成二者间的反差。这种反差从而也将成为旅游失望感的源泉。如果旅游者在旅游体验过程中以消极的态度对待这种反差，甚至任由懊恼的情绪左右其行为，其结果自然要萌生挫败感、失望感。显然这不是一个理智的旅游者愿意采取的态度。事实上，当我们能够认识我们的需求所具有的巨大的弹性这一特点时，就会有信心去对原来的期望做调整了。最初的调整可能发生在对目的地选择上的有意或无意的变更，然后的调整则发生在旅游体验过程中。这些调整要通过一系列的行为表现出来，而行为则受到对满足的追求的导引。显然，存在于旅游者个体方面的个性特点、行为特征、旅游者对目的地的认知状况以及进行判断的内在过程方面的差异，将极大地影响着旅游者怀有的期望的性质及其调整期望的能力。

关于旅游期望与旅游体验的这种差异及其影响，不少西方学者做了研究。普拉苏拉姆（Parasuramam）等人把这种差异当作旅游者对体验感到满意或不满意的源泉。他的模型建立在服务的物质内容、可靠性、反应性、保证性和移情作用几个变量的基础上，在解释旅游者满意或不满意的原因方面有一定的应用价值。而米哈里·契克森米哈与I. S. 契克森米哈（Isabella selega Csikszentmihalyi）等人则提出了另一种方法①。他们认为在追求休闲的人们当中，所获得的满意度取决于他们面临的挑战的性质和应付挑战的技能。如果前者超过了后者，就会出现不满，参与的积极性可能也由此而降低；如果后者超过了前者，则产生枯燥厌倦之感。这个模型已被人们扩展为一个“八径模型”（eight-channel model）（见图 5-2）。这一模型不仅对那些出于特殊癖好度假的活动适用，也可以用来描述某些旅游体验过程。例如，在空港被耽搁的旅客实际上就经历了一个从唤起到焦虑再到担心直至淡漠的过程。他们最终因无力控制局面而沮丧，这就是技能无法应付挑战的例子。像这样的模型确实为旅游体验的研究开阔了视野。

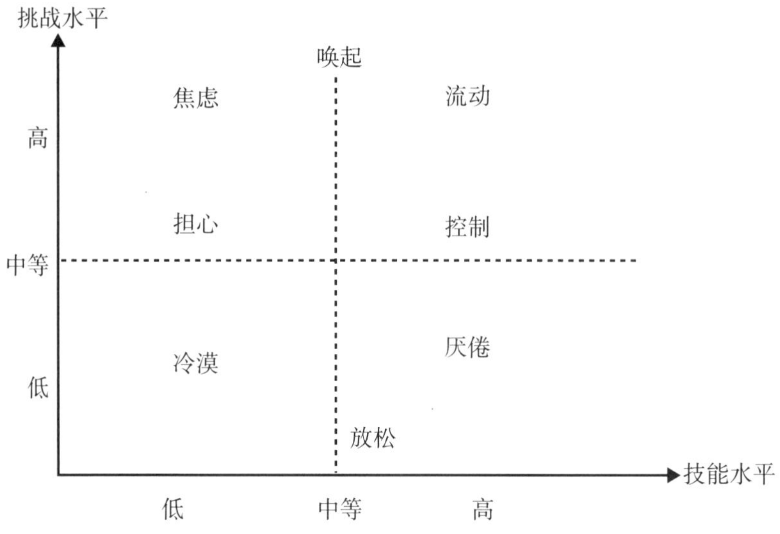


**图 5-2　旅游体验的“挑战—技能”模型**

当笔者将上述模型在课堂上向学生介绍时，引起了一些同学的讨论。课后，他们以短文的形式提出了另外一种可以反映旅游者在挑战水平和技能水平这个框架下获得旅游体验满足的模式。令人高兴的是，他们的模式显然更为完善。笔者略做改动，引用如下（见图 5-3）。

在这个改进模型中，重新界定了若干特征值和特征域。图中的OR线（45°）可以称之为“一般满足线”，它来自于期望与感受的均衡、旅游者所面临的挑战水平与自身所拥有的技能水平的均衡。由于这种均衡在理论上意义比较严格，在实践上又是动态的、具有个体差异的和偶然的，所以，用一条45°直线来表示是极为恰当的。与此相对的是典型的两个扇形区域和两个矩形区域，即分别由OPR与OQR构成的两个扇区和由Oprq与OPRQ－Oprq构成的两个矩形域。这个模式的重要价值在于，它可以同

① M. Csikszentmihalyi & I. S. Csikszentmihalyi. *Optimal Experiences: Psychological Studies of Flows of Consciousness*. Cambridge University Press, 1988.

时用这大小不同（同时位置也不同）的两个矩形域和相对位置不同的两个扇形域来对旅游者的满足程度和实现机制进行刻画。两个矩形被用来描述因挑战水平和技能水平的均衡差异而形成的满足水平差异。换言之，矩形Oprq所代表的满足从社会角度看是一种低水平的满足，而OPRQ－Oprq所代表的满足从社会角度看却是一种高水平的满足，但对于旅游者自己而言，只要处在“一般满足线”的状态上，就是一种高水平的满足，不管线上的点是在哪个矩形域内。但是，对于不同的旅游者来说，“满足”能否获得或如何获得，还决定于挑战水平与技能水平的相互关系。在OPR扇形域之内，挑战水平高于技能水平。在这种情况下，旅游者在形成期望的过程中，畏却、不安、恐惧的心理在发挥作用，因此往往影响其期望值定位有趋低的倾向，而恰恰在这种情况下，旅游者会有较多的获得意外惊喜的机会，满足度由此而大大提高。这种提高的程度与技能水平和挑战水平的差异程度有关。反映在模型中，就是在整个OPR区域中的OPA小扇区所潜藏的意外满足的机会多于OAR区域，当然能获得这种满足的可能性在两个区域中恰好相反。在OQR扇区之内，技能水平高于挑战水平，这时旅游者的反应往往是乏味、没有激情、没有行为动力。这种情况的严重程度反映在模型中，就是在整个ORQ扇区内，OBQ要比ORB更具有这种性质。

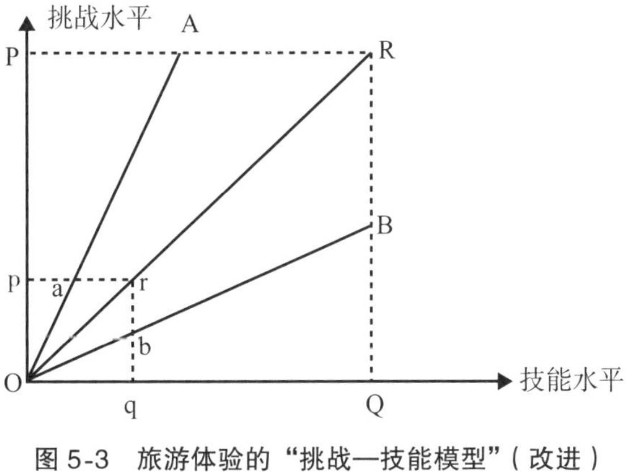


**图5-3 旅游体验的“挑战—技能模型”（改进）**

**（据吴凯、侯学明的短文，1999）**

这里有一个对旅游业经营实践很有启发的思想：当旅游企业通过促销等手段过度地渲染了某种旅游体验的挑战水平时，旅游体验的结果就可能是因真实的挑战水平偏低而使旅游者失望。所以，因失望而造成的不满足感既可能因旅游者自身期望过高而产生，也可能归咎于旅游企业的不恰当宣传。而另一方面，旅游企业在提供服务的过程中，如果能创造性地针对每一个旅游者的特殊要求提供一些其意想不到的服务，则会改变旅游者的满足程度。也就是说，在上述模型的两个扇区（OPR与OQR）中，都有改变旅游者满足度的机会和潜力，但旅游者从中所获得的满足在形成机制上是不同的，甚至是相悖的。

最后，若将图5-3的坐标轴分别改成期望水平与体验水平的话，就可以直接用来解释旅游期望与旅游体验之间的这种关系了。可以设想，在旅游期望与旅游体验之间，存在矛盾是经常的现象。这些矛盾的形式大致就是表 5-1 中的三种情况。结合图 5-3，可以找到表 5-1 中的旅游期望与旅游体验之间的关系在图 5-3 中的对应位置。显然，旅游体验等于旅游期望这种状态所产生的满足感较多地发生在“一般满足线”上，而旅游体验大于旅游期望所产生的满足感可以发生在两个扇区当中，而这种满足可能是出于意外惊喜（在ORQ 中），也可能是因“战胜”而满足（在ORP 中）。因旅游体验小于旅游期望而产生的失望感，一般会发生在ORP 这个扇区中。

表 5-1　旅游体验与旅游期望的关系

| 旅游期望与体验的关系 | 旅游体验大于旅游期望 | 旅游体验等于旅游期望 | 旅游体验小于旅游期望 |
|---|---|---|---|
| 心理感受 | 兴奋感（高满足感） | 镇定感（一般满足感） | 失望感（挫败感） |

## 第二节　旅游观赏

### 一、旅游观赏的含义和特点

旅游者在投身于美的自然和人文物象所进行的旅游体验过程中，不断地与所接触的外部世界进行各种形式的交流。作为对旅游景观所包含的美的要素的具体感受和把握过程，旅游观赏是旅游审美活动的主要形态之一，也是使旅游景观的社会功能得以被人认识并发挥其美育功能的重要环节。因此，我们可以对旅游观赏做这样的定义：旅游观赏是指旅游者在远离其常住地的地方主要通过视听感官对外部世界中所展示的美的形态和意味进行欣赏体验的过程，旨在从中获得愉悦的感受。

从这个定义看，旅游观赏不同于一般的观赏的特征体现在以下几个方面：

（1）旅游观赏的目的是获得审美体验。旅游观赏是旅游体验的一种方式，借助于这种方式，旅游者要获得的利益不是对世俗愉悦的体验，而是追求旅游审美愉悦。旅游观赏的过程总是指抛开了对象中的功利性内容而进行的那个过程，如欣赏山川胜景和人间万象，也包括对美食这样的主要在于取悦于人的味觉和嗅觉感官的事物所具有的形式美的观赏，如对食物的色香味及其铺陈环境的观赏①。

在旅游观赏过程中旅游者所体验到的审美愉快有两种类型：优美体验与壮美体验。优美和壮美（又称崇高）是两种不同类型的美。“优美作为美的一般形态，侧重于展示客体与主体在实践中经由矛盾对立达到统一、平衡、和谐的状态。壮美则不同，它主要体现实践主体的巨大力量，更多地展示着主体和客体在现阶段相冲突和对立的状态；并且在这一对立的冲突中，显示出客体和主体相统一的历史必然性”②。优美在形式上的特征表现为柔媚、和谐、安静与秀雅。对这种美的体验会使人感到轻松、愉快

① 需要提醒的是，面对美食而食欲顿生、口角流涎，这样的体验并非审美体验。美食的审美体验是指“食物之美让人不忍或忘了下箸”的现象，而前者完全是旅游的世俗体验。

② 王朝闻：《美学概论》，人民出版社，1981 年版，第 50 页。

和心旷神怡。例如，当旅游者置身于春风和煦、鸟语花香的季节，满目青山秀水、杨柳依依，或是细雨池塘、渔舟唱晚，这些境界都是优美的。旅游者置身其间，不免要沉醉忘我，飘飘欲仙。游览峨眉山、荡舟洞庭湖，都会产生这种优美体验。

壮美在形式上往往表现为一种粗犷、激荡、刚健、雄伟的特征，给人以惊心动魄的审美感受。例如，仰泰山而叹其雄，临华山而惊其险，给人的都是这样一种震撼。这种震撼从心理不适开始，却以激情得以释放、心理得以满足而告终，从而成为旅游审美的另一种体验。这个过程实际上是与人类认识自然、征服自然的历史过程相一致的：恐惧、惊叹、崇敬、理解、愉悦。换言之，审美体验中的壮美感受始于痛感而终于美感。

（2）旅游观赏的形式是异地性观赏。在人的日常生活圈之中，有众多的可供赏玩的物象。当人投身于其中时，获得的愉悦与旅游观赏相比除了在程度上能有差异外，并无本质上的不同。而恰恰就在异地观赏这一点上，使旅游观赏有了特殊的意义。

（3）旅游观赏的对象来源具有多样性。旅游观赏不局限于某种单一现象，实际上包罗很广，既有造化之功，又有人文之象，既有自然自在之物，也有斧凿的艺术作品。只要这些物象能愉悦旅游者的耳目，都可以成为观赏对象。

（4）旅游观赏的感官渠道主要是视听感官。在人的各种感觉中，具有审美作用并成为审美感受的基础的，主要是视觉和听觉。因此视、听两种感觉器官就被称为审美的器官。这一点在上一节中我们已经接触到一些美学家的观点。实际上，除了亚里士多德之外，柏拉图也有过“美是由视觉和听觉产生的快感”的说法。后来，新柏拉图派创始人普罗提诺（Plotinus）又指出：“美主要是通过视觉来接受的。就文辞和各种音乐来说，美也可以通过听觉来接受，因为乐调和节奏也是美的。”① 到了中世纪，托马斯·阿奎那（St.Thomas Aquinas）肯定审美涉及认识功能，并且明确指出视觉和听觉是专门的审美器官。他说：“美与善一致，但仍有区别。善是‘一切事物对它起欲念的对象’……但是根据美的定义，见到美或认识美，这见到或认识本身就可以使人满足。因此，与美关系最密切的感官是视觉和听觉，都是与认识关系最密切的，为理智服务的器官。我们只说景象美或声音美，却不把美这个形容词加在其他感官（例如味觉和嗅觉）的对象上去。”② 这一看法的值得重视之处是，它在肯定视觉和听觉为审美感官的同时，还提出了视、听觉之所以成为审美感官的原因在于这两种感觉具有认识功能，是“为理智服务的”，而其他感官如味觉、嗅觉则不具有这种功能特性。黑格尔也肯定了视听两种感觉是“认识性的感觉”，只有这两种感觉才与艺术和审美有关。他说：“艺术的感性事物只涉及视听两个认识性的感觉，至于嗅觉、味觉和触觉则完全与艺术欣赏无关。因为嗅觉、味觉和触觉只涉及单纯的物质和它的可直接用感官接触的性质，例如嗅觉只涉及空气中飞扬的物质，味觉只涉及溶解的物质，触觉只涉及冷热平滑等等性质。”③ 正是由于视听感官在反映外物的性质方面的优越性以及它们与理性认识的密切联系，才使二者成为审美欣赏的最直接的和最基本的工具。当我们读到杜甫的“两

① 北京大学哲学系美学教研室编：《西方美学家论美和美感》，商务印书馆，1982 年版，第 53 页。

② 同上书，第 67 页。

③ 黑格尔：《美学》（第一卷），商务印书馆，1979 年版，第 48、49 页。

个黄鹂鸣翠柳，一行白鹭上青天。窗含西岭千秋雪，门泊东吴万里船”这样的美丽诗句时，闪现眼前和萦绕耳畔的，就是这种视觉可见的斑斓色彩和听觉可闻的奥妙音韵。

然而，视听感官在旅游观赏的审美体验中的这种作用，也不是绝对的、唯一的。其他感官总会以不同的形式、强度、方式通过某种微妙的机制不自觉地、间接地加入到对审美体验发挥作用的队伍中，成为审美体验的一个条件和因素，因为这些感官作为人的感官毕竟都经历了不同程度的社会化过程。在欣赏雕塑时触觉不仅直接就有用处，而且人的触觉也绝不同于动物的触觉；在欣赏自然美景时花香使人沉醉，虽是嗅觉的作用，这中间人化的成分也是存在的。但这些感官发挥的作用相当有限，而且也很难像视听感受那样可以独立地构成审美体验的基础。

## 二、旅游观赏的心理要素

旅游审美作为一种意识活动，首先是一种对美的认识的过程，主要是一个形象思维过程。与美的认识相伴随，又有情绪和情感的心理活动，这样形成美的感受和感动，突出的是美感的愉快。这些心理因素在美感中以一定的结构方式互相联系，彼此渗透，构成完整而统一的美感心理过程。所以，在分析旅游观赏所形成的美感体验时，不能把其中任何一个心理构成因素孤立起来或抽离出来，否则就无法认识旅游审美体验的完整面貌和实际本质。从人们所做的大量研究中可以看出，构成旅游审美体验的最主要的基石就是我们常说的感知、情感、联想和想象、理解等活动，它们之间的相互联系、相互依赖和相互作用是形成美感体验的源泉。

### （一）感知

感觉和知觉合称为感知，它们都是一种感性认识过程，是对客观世界的直观把握。就感觉而言，它属于较简单的层次，是人脑对客观事物的个别属性的主观反映。感觉按照它的性质可以分为视觉、听觉、嗅觉、味觉、肤觉（包括触觉、温度觉、痛觉等）、运动觉、平衡觉和机体觉等。感觉是认识过程的开端，属于认识的感性阶段，是知识的源泉，是各种心理活动的基础。

感觉与审美体验的关系，是一种先后、表里、个别与整合、简单与升华的关系。在生活中我们都可能有过这样的体验，抚摸光洁的肌肤，关注某种亮丽的色彩，聆听某个单纯的音调，都可能直接就产生某种快感。这种快感并不是来自对各种色彩、质地、音色等组成的某种统合的形式的感受，更不是来自这些形式所表达的意味和思想，而是来自对这些个别的色彩、质地和乐音本身的感受，因为大自然的许多造化的单纯形式本身就足以悦人耳目了。虽然这些单纯的愉悦感觉是生理上的，但却构成审美体验的基础和出发点。正如桑塔耶纳（C.Santayana）所说：“假如希腊巴特农神庙不是大理石的，皇冠不是金的，星星不发光，大海无声息，那还有什么美呢？”[①]

正是借助于这种来自感官所产生的初级的生理感受，才使更高级的情感和想象活动有了基础。

① 桑塔耶纳：《美感》，中国社会科学出版社，1982年版。

感觉过程在旅游者的观赏过程中也发挥同样的功能。旅游者在谋求旅游愉悦的过程中，不管是审美体验还是世俗体验，都要借助于感官来达到目的。就在这个层次上旅游者感官的功能开始分化。视听感官使旅游者在一定的时空距离上感受到了外物的形、声、色和时空关系，而其他感官为旅游者实现切身的体会创造了条件。前者是旅游审美体验的源泉，而后者却是旅游世俗体验的全部内容。通过低级感官感觉到的世俗愉悦必将停留在当前的水平上不再发展，而通过视听感官获得的愉悦还会进一步通过与情感、联想和理解相会合而升华为旅游审美体验。这一点是区别旅游审美体验和旅游世俗体验的关键。尽管在实践中旅游体验的外在过程并未分化，但体验的内容肯定具有不同的意义，因此，做这样的区分就极为必要。在现实生活中，不少人认为旅游者享受"美食"就是审美体验，其根源除了受名称上的浅表影响以外，均在于没有注意到旅游体验的这种层次差别。

知觉是巴甫洛夫所谓的分析器对外界物体或现象的整体所进行的直接反映，是大脑形成整体性映像的认识过程，它的反映结果叫作知觉映象。知觉与感觉虽同属于感性认识过程，但知觉具有整体性、选择性、相对性和恒常性等特点。

知觉具有的整体性特点是指知觉在感受外物时是对事物的各个不同的特征——形状、色彩、光线、空间、张力等要素组成的完整形象的整体性把握，甚至还包含着对这一完整形象所具有的种种含义和情感表现性的把握，不像感觉仅是对事物的个别特性的反映。知觉的这种特点，使它成为旅游审美体验中格外重要的一个心理因素。因为，在人类感知外部世界的过程中，不会停留在对事物的个别性质的感觉的层次上，实际上也并不以这样的方式认识世界。旅游者对陌生世界所含有的美的认识依赖于对美的对象的整体形式的把握。虽然任何美的对象都是感性具体的，但对它的认识又必须是完整统一的，所以，这种认识就只能是知觉而不是感觉。没有对审美对象的知觉，就不可能把握对象的美的形象。这与泰戈尔所说的"采着花瓣时，得不到花的美丽"是一样的道理。可以说，格式塔心理学的整个理论依据差不多就是知觉的这种整体性，这种完整性不能割裂为简单的元素，它的特性也不包含在任何元素之内。从这一点来说，知觉是一种统觉。

知觉的另一个重要特征是它的选择性。客观事物是多种多样的，人对同时作用于感觉器官的各种刺激并不都发生等价的反应，而总是选择其中少数对象做进一步加工，这是人类知觉的基本特性。在旅游过程中我们常常遇到这样的情况：我们为之陶醉的旅游景观，却在我们拍摄的照片中黯然失色，为什么呢？原因就在于照片上摄入了那么多本身不具有美感或与整体缺乏协调的东西，包括电线杆、垃圾堆、不相称的前景或背景……而这些在我们拍照时根本未予以注意（但我们的某些感官一定感受到了这些东西，只是没有注意而已）！

知觉的选择性与它的整体性并不是矛盾的。说知觉具有选择性，是指在总体层次上和根本意义上的选择，是为了突出整体而做出的选择。认识在从感觉上升到知觉的过程中，就在其整合的过程里已经发生了选择，因为作为感觉来说它因过于具体而带有的那些非本质的细节最终必须被舍弃。

（二）联想

联想是在审美感受中的一种常见的心理现象。审美感受中的所谓见景生情，就是指曾被一定对象引起过情感反应的审美主体，在类似的或相关的条件刺激下，而回忆起过去有关的生活经验和思想感情，这种由当前所感知的事物而回忆起有关的另一事物，或由想起的一件事物而又连带地想起另一件事物的心理活动，就是联想。

尽管人们对联想与审美感受的关系的存在与否见解不一，但我们认为在旅游审美体验中联想的存在及其作用是显而易见的，在这里它甚至要比想象——一种创造性的、脱离开眼前的知觉对象而进行的形象思维活动——更为活跃和重要。旅游观赏的对象世界的复杂性，不仅仅表现在多种多样的形式美上面，还表现在这些形式与其内容的联系上。对于事物内容的理解，对于事物之间联系的把握，不仅能使审美对象呈现于感知中的形象更加鲜明、生动，而且能使所感知的形象中的内容更加丰富、深刻，这便是联想的功能。在人所能感知的事物的外部形式之中，包括色彩、形体、声音等感性形式，之所以能给人以不同的审美感受和情绪体验，是因为联想在其中发挥作用。车尔尼雪夫斯基说："赤与黄刺激眼睛，青与绿慰藉它。然而，它们的美感作用是因它们肖似什么物象而异。赤色是血的颜色，当血液全涌上脸上时的狂热的颜色，也是愤怒的颜色——它有刺激性，同时也是可怕的；绿色是植物的颜色，丰茂草地的颜色，叶满繁枝的颜色——它使人想起植物界的宁静而茂盛的生活。淡青是明朗天空的颜色，它给人以宁静而愉快的印象。"① 正是这种联想，使旅游者在自然景物面前看到了附丽于其上的种种虚幻的形象，从而加深了对自然美感的体验。当苏轼把西湖比为西子，当游客把昆明石林中的一块石柱比作阿诗玛，这本身就是联想，同时也在引导着别人的联想。一般来说，当事物之间在时间或空间上比较接近，或事物之间有本质上的类似性，或事物之间存在可直接对比反衬的机会，就会引起联想。人类社会化的进程越是发展，联想在人类的生活中乃至审美体验中就越是起着重要的作用。

（三）情感

人的审美体验的一个显著特点是它带有浓厚的情感意味。这就是说，除了认识活动以外，人在面对客观事物时还会常常将这些事物与自己的需要建立某种关系，并以相应的心理做出反应。凡与人的需要有密切关系的，人就会对它产生一定的情感。跟认识活动不同，情感不是对客观对象本身的反映，而是对客观对象与主体之间的某种关系的反映。所以它表现为对待客观对象的一定的主观态度。

审美中的情感活动，以对审美对象的感知为基础。一般来说，主体的情感活动与对象的感性形式是密切联系着的。在审美中，审美对象引起的感觉、知觉、表象本身就带有一定的情感因素，而在知觉、表象的基础上进行的想象活动，更推进情感活动的自由地扩展和抒发。所谓"物色相召，人谁获安？是以献岁发春，悦豫之情畅；滔滔孟夏，郁陶之心凝；天高气清，阴沉之志远；霰雪无垠，矜肃之虑深。岁有其物，物有其容；情以物迁，辞以情发。一叶且或迎意，虫声有足引心；况清风与明月同夜，

① 车尔尼雪夫斯基：《美学论文选》，人民文学出版社，1958 年版，第 121 页。

白日与春林共朝哉？”[①] 正是审美对象的形式中所包含的这种情感因素，才使观赏者受到感染，从而在情绪和情感上产生各种各样的反应。那么，情感在旅游审美过程中是如何发挥作用的？旅游审美的愉悦情感又是如何产生的？这些问题在探讨旅游观赏的一般特征时是应该给予回答的。

旅游者在旅游过程中对景物所产生的审美情感，直接关系到旅游者对旅游效果的判断。我们都有这样的经验，当我们能为眼前的景象所打动，并随着景物的变化而为之心旌摇荡时，我们会觉得从旅游中获得了极大的愉悦。我们可以为外物的形态所打动，并由此而再赋予外物以情感之衣，于是就有了“春花为我而含怨，秋夜缘我而藏愁”的现象和说法。这种情感产生的根源众说不一，但多数理论都能从某个侧面对这种现象做一些解释。比如，有人认为它来自对对象的直接感受，就是说，旅游者观赏的对象世界所具有的单纯结构或其要素形式如线条、色彩、形状、质感等都具有情感性质，因为舒缓曲折的线条和粗粝急促的线条所引起的情感反应直接就是不同的。所以，当我们看到突兀耸峙的山峰时所产生的情感，不是来自别的，而是来自对构成这一形象特征的客观要素的性质的直接感受。这就是所谓“客观性质说”。前文所提及的美学家桑塔耶纳就是这种观点的倡议者。

另有一种所谓“移情说”，认为审美体验中愉悦情感的产生缘自审美主体在审美过程中积极地把自己的人格和感情投射到对象当中并与对象融为一体的心理过程。事物本身无所谓情感表现性，审美的愉悦情感也不是由联想和回忆而引起，而是自我在面对外物时采取的一种态度。当一个人用这种态度去注视、观察、谛听和解释外物时，自我就冲破了自己的生理躯壳与外界的“非自我”（外观形象或空间意象）结合，在对象中充分而又没有混杂地体验到自己的感情和向往。在这种情形下，光线和颜色，看起来不是欢乐的，就是悲哀的。这便是所谓的移情作用。当移情作用完成时，审美主体的人格就与对象完全融合一致了。产生这种移情现象的原因，按照移情论的杰出的代表人物利普斯的说法，来自两个因素：一方面，在我们自己的心灵里，在我们内心的自我活动中，有一种如像骄傲、忧郁或者期望之类的感情；另一方面，把这种感情外射到一种表现了我们精神生活的对象中去。在这一对象中，精神生活正确无误地找到了它安顿的地方。[②] 由于审美主体的社会生活环境和条件不同，会引起不同的心境，从而赋予对象以不同的感情、性格和情调。在利普斯那里，移情是指一种审美现象，即人的审美体验不是来自客观景物具有的美的属性，而是人在观照景物时将自身的情感投射到景物之上时形成的体验。所谓“乐而观之，其景可乐；悲而观之，其景堪悲”，指的就是这种情况。比如，“徘徊枝上月，空度可怜宵”是一种移情，“落月摇情满江树”又是一种移情；“数峰清苦，商略黄昏雨”是一种情调，“青山意气峥嵘，似为我归来妩媚生”又是一种情调。从这里我们看到，利普斯否认在外物的形式中存在足可以引起人的情感反应的结构的甚至本质的特征，将审美主体的能动性绝对化，从而导致了

① 刘勰：《文心雕龙・物色》，齐鲁书社，1995 年版，第 548 页。

② 参考李斯托威尔：《近代美学史述评》，上海译文出版社，1980 年版，第 55 页。

它的理论的主要缺陷。因为我们实在难以想象完全不择对象的移情会是什么样子。

也有人认为，在对象的可感受形式与感受主体的内心世界之间存在着某种形式上的契合，这种契合提供了获得审美情感的机会，因为这种契合意味着能使外部世界与人类情感之间的界限模糊，从而使外部世界看上去有了人的情感性质。这就是著名的“结构同形说”。按照这种说法，旅游者在感受观赏对象时实际上是在感受一种力场，当这个最终反映在大脑中的力场的结构与伴随某种情感生活的力的结构达到同形时，观赏对象看上去就具有了这种情感性质。对此著名美学家李泽厚先生曾有过一段形象的分析：“本来，自然有昼夜交替季节循环，人体有心脏节奏生老病死，心灵有喜怒哀乐七情六欲，难道它们之间（对象与情感之间，人与自然之间……）就没有某种相映对相呼应的形式、结构、秩序、规律、活力、生命吗？……欢快愉悦的心情与宽厚柔和的兰叶，激愤强劲的情绪与直硬折角的树节，树木葱茏一片生意的春山与你欢快的情绪，木叶飘零的秋山与你萧瑟的心境……这里边不都有对象与情感相对应的形式感么？”① 恰恰就是对象与感情在自然素质和形式感上的这种映对呼应、同形同构，造成了美的和谐，从而产生美感体验。

**（四）理解**

理解作为一种思维活动，是否存在于审美体验之中，人们的看法大不相同。一些片面强调形式要素在审美中的作用的美学家往往排斥理解在审美中的作用。康德明确提出科学、审美、道德三种意识活动分别属于知、情、意三种不同的心理功能，片面强调它们之间的区别，否认它们之间的联系，从而将审美判断和理智的认识活动对立起来。在其后又有很多人在这条路上走下去，提出了审美远离理性（桑塔耶纳）、审美是直觉（克罗齐）等论调，从而割裂了审美体验作为一种高度统一的意识活动对感觉、知觉、联想、想象、理解和形象思维这些心理活动的全面依赖关系。实际上，审美体验中的一切感性认识都是受理性认识制约的，而其中的理性认识也不能脱离感性形象而做纯逻辑性的思维。二者的高度融合是使人进入审美境界并踏上其最高殿堂的必不可少的条件。恰如今道友信所言：“即便是在纯粹的鉴赏中，在美的体验内部也具有几个层次，美的体验是多层次的构造。为了攀登那些阶层，理性能力是必要的。”“在伟大的作品中（我想也包括自然的伟大作品——引者），在感觉光辉的彼岸，还隐藏着一层更深邃的内涵。对于它一般只能通过作为理性操作的解释，才能使它展示出来。基于这样一个普通的事实，我们不得不承认那不是由感觉，而是由理性的呼应发现的更广阔的美的层次的存在。”②

理解在不同层次的审美体验中所发挥的作用，概括起来有三种。③ 最基本层次的理解是对于不同于“实用”状态的“虚幻”状态的理解。也就是说，在进行审美体验的过程中，要能够把真实生活中的事件、情节和感情与审美对象中包含的事件、情节

① 李泽厚：《审美与形式感》，《文艺报》，1981年第6期，第42页。

② 今道友信：《美的相位与艺术》，中国文联出版公司，1988年版，第68、72页。

③ 滕守尧：《审美心理描述》，中国社会科学出版社，1985年版，第73页。

和感情区别开来，使自我对对象的认识达到似是而非的境界，从而为步入审美境界做好铺垫。这里所说的区别开来，是指不要完全以幻为真。做不到这一点，就不能把握对眼前的虚幻情势的理解，就不能在热情中保持冷静，在直观反应中保持体验和回味。这在欣赏艺术作品（它们都是虚幻的）时尤其重要，在观赏为旅游者专门举办的某种仪式（如模拟朝觐、拜谒、民间祭祀等活动）时也很重要。不能做这种简单层次的理解和把握，不管是旅游者还是其他观赏者，甚至包括艺术作品的创作者，都会闹出令人啼笑皆非的结局。

第二层次的理解是对于审美对象的象征意义、题材、典故、技法、技巧和程式等项目的理解。比如，在欣赏中国园林艺术时，如果能对园林的造景技法（如框景、借景、障景、对景和隔景等）有所了解，就会大大提高对园林艺术的欣赏效果。在读到洛宾王“此地别燕丹，壮士发冲冠。昔时人已没，今日水犹寒”的诗句时，若不理解荆轲刺秦王的典故并进而联想起“风萧萧兮易水寒，壮士一去兮不复还”的悲壮情景，就不会真正体验到诗中所蕴含的审美意味。一些西方旅游者在中国旅游期间因不能理解中国文化涵盖之下的各种人文景观的象征意义和美学特点，从而生发出“到中国旅游不过是到处看庙”这样的感叹，其原因概出于此。显然，这会极大地影响他们的旅游审美体验。

第三层次的理解是对融合在形式中的意味的直观性把握。意味之于形式，正如盐溶解于水，虽已不露痕迹，但味道还在。尽管水中的盐味不能借助水之形去把握，但审美对象中美的意味却可以或需要借助对象的形式去感悟。这里的形式是一种符号，是一种不同于推理性符号的特殊符号，是一种能以其结构特征表现人类情感特征的符号。就音乐而言，“我们叫作‘音乐’的音调结构，与人类的情感形式——增强与减弱，流动与休止，冲突与解决，以及加速、抑制、极度兴奋、平缓和微妙的激发，梦的消失等等形式——在逻辑上有着惊人的一致。这种一致恐怕不是单纯的喜悦与悲哀，而是与二者或其中一者在深刻程度上，在生命感受到的一切事物的强度、简洁和永恒流动中的一致。这是一种感觉的样式或逻辑形式。音乐的样式正是用纯粹的、精确的声音和寂静组成的相同形式。音乐是情感生活的音调摹写。这种形式的相似或逻辑结构的一致，对于符号与其所意味的东西之间的关系来说，是首先不可缺少的。符号与其象征事物之间必须具有某种共同的逻辑形式”①。审美中的这种逻辑形式的存在，说明了概念在审美中的作用。尽管我们不用概念去做逻辑推理，但却借助于概念的潜移默化的作用深化我们的审美体验。试想，旅游者面对泰山而生发出的审美感受，难道不是来自他对泰山的形式结构的符号意义的体味？在齐鲁平原上拔地而起的泰山用它自己突兀的轮廓线条、嶙峋的岩石和种种其他外在形式以及人文内涵向人呈现一种雄奇、宏伟、神秀的风范，让人体会到“一览众山小”的崇高的审美境界。对审美对象的这种审美理解，无疑是一种浸透着情感、想象和意志在内的高级心理活动。

① 苏珊·郎格：《情感与形式》，中国社会科学出版社，1986 年版，第 36 页。

以上对旅游审美过程中涉及的几个主要心理要素进行了探讨。在实际审美实践活动中，这几种要素是相互渗透和相互融合的，而不是各自独立、互不相干的。应该说，感知因素是导向审美体验的出发点，理解为它指明了方向，情感是它的动力，联想和想象为它添加了翅膀。当这四种要素以一定的比例和方式结合起来，并达到自由协调的状态时，愉快的审美体验就产生了。

## 三、旅游观赏的过程

对旅游观赏过程中所涉及的审美心理要素的分析，使我们对旅游审美体验的心理结构模块有了一定的认识。但这种认识还不是整体性的，也忽视了审美体验所具有的动态特征，因此还不够全面。旅游者一旦面临可作为其观赏对象的旅游景观，其审美体验在时间上将是一个怎样的过程，在各个心理要素之间是如何建立其联系并发挥各自的作用的？如果不能回答这些问题，我们还不能理解旅游审美体验的全貌。

一般来说，旅游观赏过程中的审美体验大体要经历三个主要阶段：[①] 初始阶段、高潮阶段和效果延续阶段。这三个阶段不仅有时间上的先后顺序，还存在着逻辑上的因果关系。换言之，没有初始阶段所准备的先决条件，高潮阶段上获得的审美体验便不能发生，或根本不能发生，而一旦内心产生过某种审美体验，整个心灵就必定会因此而受到影响甚至改造，从而发生种种明显的或微妙的变化，变得更加丰富和充实。

滕守尧先生用下面的图示来解释这个过程（见图 5-4）。

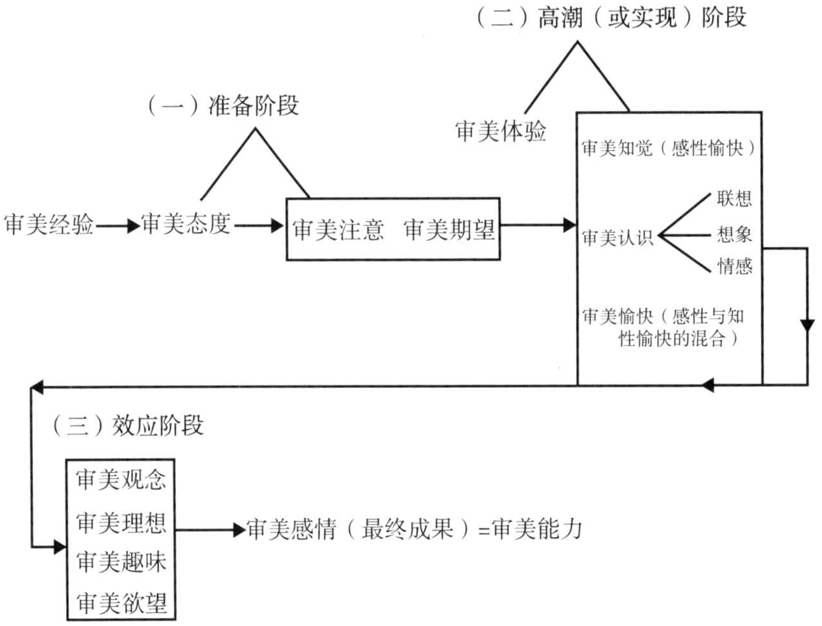


**图 5-4 审美体验的过程描述（滕守尧）**

① 滕守尧：《审美心理描述》，中国社会科学出版社，1985 年版，第 81 页。

如果说旅游者旅游伊始便意味着日常生活中某些内容的中断，那么，在旅游审美的初始阶段，便是旅游者日常意识状态的中断。所谓日常意识，是一种受功利性的有限目的遥控的意识。旅游观赏作为一种审美活动，必须摆脱这种功利意识的束缚，才能进入审美境界。这种摆脱由于在初始目的上的积极性，使旅游者会在旅途的各个时刻都对映入眼帘的美景和飘来耳畔的妙音格外敏感，从而使旅游者的意识活动转向一定的方位——所谓“美的相位”①。这是一种注意的过程，此时意识指向某一种外部对象，并随之产生出某种新的希冀和期望。这种积极的非功利性的期望，是引导旅游者进入审美的高潮阶段的阶梯。

旅游审美的高潮阶段是旅游者形成旅游审美知觉和感性愉快并进而获得审美认识和审美快乐的阶段。在这个过程中，旅游者因为首次发现了自己前所未见的物象并捕捉到了其中的美的层次，从而享受到了审美的快乐。值得注意的是，在旅游审美观赏过程中展现在旅游者面前的景物，并不是以其全部的物象来吸引旅游者的，有一些因素已经消退为背景的层次。也就是说，旅游者在看到一处足可令其产生美感的景物时，只有当他将对于对象普通性质的第一意识予以超越（扬弃并使之退为背景）时，旅游者才能体验到忘我的美感愉悦。对此，今道友信是这样说的：“当那个作为对象对极的自身由纯粹的分析性移至忘我的享受时，对象只在最底层残留下它的规定性，在最表层残留下感觉的余晖，其他一切中间项都融汇到在两者之间迅速转移的自我状态之中了，这样，质变便发生了。在质变过程完成之时确立起的美的层次中，在处于那个层次变了质的内容的本质界限和感觉特色浑然一体的个体显示的形式中，我们会发现对象物投射过来的实在的影。当我们眺望沐浴在夕阳中的由山（日本一山名）时，如果用专门科学的或平常的眼光去看待它，重要的则是那些中间项，比如那座山是不是火山，那座山的地理位置和高度等。而当我们沉浸在漫步的畅想中时，那些中间项便在趋向于美感的转位塑形现象过程中消失了，经过种种扬弃，实在的复杂结构便质变为晚霞中山峰的美了。”②这实际上反映了旅游观赏过程中的审美要经过一系列复杂而不自觉的组织、同构、感应活动，实现意识的超越，将对象中的功利性成分予以扬弃，专注于对象中那些与人的生存相距遥远的因素，这样才能在旅游的对象物中汲取美的汁液。

在旅游审美的知觉阶段之后，审美认识是与之相继承（或者相伴随）的过程。不管是从审美认识的过程还是从参与认识过程的要素及其相互作用关系来看，审美认识过程都是一种不同于一般认识的特殊认识方式。在这个过程中，认识不是靠对概念的串联，而毋宁说是对形象的感悟。审美快乐能够产生是因为在这个认识过程中，审美主体的情感经历了与理智之间微妙的换位过程。面对观赏的景物，审美主体头脑中先在的清晰概念或者被扬弃，或者幻化为形象的注解，理智从而呈现一种愚呆的状态，任由情感在经过恐惧、顺应、同化之后转而成为快乐的源泉。

---

① 今道友信：《美的相位与艺术》，中国文联出版公司，1988年版。

② 同上书，第13页。

审美的快乐如果可以进行层次上的划分的话，李泽厚先生的意见有可借鉴之处。李先生认为："审美有不同层次，最普遍的是悦耳悦目，其上是悦心悦意，最上是悦志悦神。悦耳悦目并不等于快感，悦志悦神也并不同于宗教神秘体验。"[①] 通常，审美快乐的这三个层次在具体的审美主体身上或具体的审美对象上，都不好截然地加以区分，因为更多的时候它们是以不同的方式、强度同时存在的，有时它们还彼此互为阶梯或目标。"'悦耳悦目'的审美体验，犹如在'物境'之中，主体全然身受，'了然境象，故得形似'，美感顿生，耳目即悦；而'悦心悦意'的审美体验犹如在'情境'之中，主体弛思兴会，'深得其情'，由外及内，心满意足；最后，'悦志悦神'的审美体验犹如在'意境'之中，主体以心照物，妙悟天开，得其真旨，超以物外，'感发志意'，升华精神"[②]。当然，从总体上看，在大众旅游风行世界的时候，希望每个人或每次对每个旅游对象物的审美体验都以获得悦志悦神的审美快乐而告终，显然是不现实的。

在旅游审美体验的最后一个阶段是形成审美效应的阶段。由审美体验所产生的效应既有理性方面的审美判断，也有情感方面的审美欲望。除了这两方面直接的效应外，与二者相对应的是，审美体验对人的心理结构也有着长期的影响，可以提高人对于美的鉴赏力，可以丰富人的精神境界。这便是"行万里路"之后旅游者从美的自然和社会所获得的长久意义上的回报。

### 四、旅游观赏对象中美的存在形态

旅游者在旅游审美体验中所体验到的美的形态是多种多样的。产生于自然事物之上的美我们称之为自然美，存在于社会事物之中的美我们称之为社会美，而由人类对自然美和社会美进行加工并使之成为真、善、美的统一表现的，我们称之为艺术美。旅游者在旅游观赏过程中，对这三种美的形态都会表现出浓厚的兴趣，它们由此而构成了旅游对象物中最具魅力的成分。

1. 自然美

对于自然物与美的关系的问题，人们的认识一直是有所不同的。有人认为自然物本身存在着与人类无关的美的形式要素（如美的线条、色彩、形状、质地等），也有人认为自然的美只是人类主观意识投射的结果。正如我们在第二章已经论述过的那样，这个问题如果历史地加以理解，可以看出人类对于自然物中包含的美的"材料"的认识呈现出明显的从无到有、由少而多、由粗糙而细腻、由单纯而丰富、由功利而超功利这样一个历史过程。在人类社会的幼年时期，人类看到的美的世界之所以狭小粗糙，并非人类对自然物中的美的领会能力因为无知而蛰伏起来，而是人类的社会实践还未能将人类自身充分解放出来，人类的生存还笼罩在令人恐惧的自然力量之下。这样，人类在以自身的力量改造自然（即李泽厚先生所指的"狭义的人化的自然"）

① 李泽厚：《中国美学及其它》，《美学述林》（第一辑），武汉大学出版社，1983 年版，第 27 页。

② 王柯平：《旅游美学纲要》，旅游教育出版社，1997 年版，第 137 页。

的过程中不管是对力量和效果的评价上，还是由这个过程所培育的人类的整体意识上，都不具备整体地或人类的赋予自然以美的意味的条件，这时，自然的美就不存在。李泽厚先生把这个阶段称为“神秘恐惧的神话阶段”①是有道理的。因为，“在环绕着我们并且仇视着我们的自然界中是没有美的”（高尔基）。此后，当人类进入到可以“寄托幸福生活和长生幻想的世界”，那已经是积累了大量的人化的自然的时期。在这些人化的自然上面，人类开始对自身的力量有了自信，这种自信甚至可能使人类有了藐视尚远离其生活视野的自然的倾向。等到人类的足迹已经几乎无所不至，等到自然不再是神话的摇篮，不再是生活的背景，不再主要地作为寓意和象征的凭借，这时，自然就成了人类手中把玩的器物，自然本身的色彩、形体、线条、质地、姿态这些美的像素就独立地成为审美的对象了。这种变化不仅仅发生在“狭义的人化自然”上面，也扩及所有的自然物上面，这些自然物现在呈现着某种共同的类型的美，于是就有了“广义的人化自然”。由于有了这种广义的人化自然的过程，所以在今天，日月星辰、山色湖光、花鸟虫鱼、莽林旷野、高山流水、蓝天白云、猛禽野兽等才都纷纷成了人们观赏的对象。

所以我们认为，如果从整个人类社会的角度来说，自然美是人类社会整体发展的结果，不是先人类而存在的东西。是人类社会的发展或人类的社会化过程才赋予了自然以美的意味，而且，这种美的意味仅仅对于人类才有意义，并且代代相因，渐有所积，最终成为在一定社会状态下为多数人所接受的类型的美。但是从另一方面来说，对于个体的人而言，自然美却是一种客观的存在，甚至成为人们认识美的源泉、临摹美的范本。由于每个人的社会化过程的差异，这种美又会有不同的形式和意义。这就是说，每个人在欣赏自然风物时，不仅不会全然抛弃（或脱离）社会的，或民族的，或文化的规则去发现或创造自然美，而且只有当个人心理与自然外物达到同形同构时才能体会到自然美的存在并欣赏它，并从这种体验中获得快乐。这个过程应该说是已经为审美发展史所证明了的。从这一点来说，今天的我们在谈论自然美时，总是肯定其客观性的。这种客观性虽然本意是指相对于个体的人类而言的，但也已经带有一般性。

现代旅游作为人类社会高度文明阶段的大众现象，就是主要以这种由人类所发展而又反过来外化于人类个体而存在的自然美为观赏对象的。对于旅游者来说，自然美是现代社会文化过程和城市化过程中难得保留下来的一片净土，因此也倍受青睐。在后工业化社会中生活的人们极力想投身于尚未开发的地区度过一段与自然亲近的时光，其心理根源就在于对自然美的追求。在这种情况下，非洲草原、西藏雪域、热带雨林都成了现代人的趋之若鹜之地。本书第六章中的旅游流运动模型对此有所解释。

自然山水作为旅游者观赏的对象，其内容是丰富多彩的。有展示生命力和丰富性的动植物之美，有能够表现造物主的造化之功的山川崖石之类形成的非生物之美，还有变幻不定的天象奇观。即使是同一旅游景观，在不同的时间里也会呈现不同的景象，

① 李泽厚：《美学四讲》，生活·读书·新知三联书店，1989年版，第92页。

这一点在我们阅读范仲淹的《岳阳楼记》之后，就有了至为深切的体会。

2. 社会美

社会美是存在于人类社会生活中的美，是由社会生活的多层次、多侧面和复杂的内容结构所决定的美的形态。它首先表现在人类改造自然和社会的实践过程中，其次表现在实践活动的产品中，而人本身所体现的美更是社会美的核心。

从美的发展历程来看，社会美总是自然美形成和发展的基础或前奏。就是在社会美的形成过程中，自然得以直接或间接地人化（间接地人化自然的过程是通过类型自然的人化实现的），从而产生出自然美。与自然美相同的是，社会美也不直接是一种人类有目的的“美的作品”（这是二者与艺术美相区别的关键）。自然美与真相连，而社会美与善相关，二者相对于个体的人而言，均具有客观性、外在性。自然美以其真的形式令人愉悦，而社会美则以其善的形式令人愉悦。因此，社会美实际上是一定历史阶段人类一定的功利意识的集中表现。但对于个体的人而言，由于社会美的相对客观性和外在性，他对于社会美的欣赏也必然是一个超功利的过程。现代社会丰富多彩的社会生活，就是人们欣赏社会美的最好的画廊。尽管具有不同文化背景的人在欣赏不同社会状态下的社会美时会有不同程度甚至不同性质的愉悦体验，但异民族或异文化的奇特的社会美形态确已成为催动当今世界不同地域的人们走出家门的动力。这也是社会美成为当今旅游者重要的旅游目的的原因所在。中国社会作为拥有五千年文明史的伟大国度，在吸引西方旅游者的众多资源当中，能体现社会美的旅游资源几乎被列在首选的项目中。①

3. 艺术美

自然美和社会美都是现实的美，是客观存在的美的形态。它们虽然广阔、生动和丰富，但它们还不是依人所愿能达到集中、精粹和典型的程度，不能充分满足人们的审美的需要。因此，艺术美就为满足这种特殊的需要而历史地、必然地产生出来了。它是人类对现实美的全部感受、体验、理解的加工、提炼、熔铸和结晶，是人类对现实审美关系的集中表现，是艺术家创造性劳动的成果。由于这些原因，艺术美便成为满足人类审美需要的重要的审美对象，也是旅游者周游四方刻意追寻的对象。

艺术美的形式多种多样。绘画、雕塑、舞蹈、音乐、戏曲、诗歌等直接就是最典型的艺术形式，而园林、建筑、工程、器物、服饰等等也是艺术美的习见的载体。这些艺术形式在世界各地的标志性景观景点之中都有集中的体现。法国罗浮宫、美国大都会艺术博物馆、梵蒂冈博物馆、北京故宫博物院等，都是世界著名的汇集了艺术天地美的精华的殿堂，因此也是各国旅游者纷纷前往之所。

## 五、影响旅游观赏效果的因素

旅游观赏作为一种审美体验，其效果受到许多因素的影响。其中最重要的几项可

---

① 道格拉斯·杰弗里、谢彦君：《按需求特征细分英国赴华度假旅游市场》，《旅游学刊》1994 年第 5 期。

能是以下几方面：

1. 观赏时机

旅游者所观赏的对象，不管是自然景物还是社会事物，如果考虑到它们所处的环境因素，它们就都不是静止不变的。作为环境的自然界有春夏秋冬之季相，有阴晴雨雪之情态，有冷热温湿之差异，也有朝晖夕阴之变化；而就人类社会而言，工作休闲有其节律，甚至喜怒哀乐也有一定的周期（各种节日是人们狂欢的巅峰）。这些因时而异的变化，赋予旅游景观以不同的外部特征，于是就有了“朝看如此，暮看又是如此”、“春夏看如此，秋冬看又是如此”的不同视觉效果。所以，有经验的旅游者在动身之前总是要先通过各种渠道弄清楚所要观赏的景观的季节特性，否则贸然前往，就很有可能扫兴而归。例如，游燕京八景中的“琼岛春荫”，需值桃红柳绿风和日暖之际；看“西山红叶”，要在秋高气爽的深秋季节。至于一些稍纵即逝的气象景观，更需要弄清楚其出现的确切时间，把握时机，一睹为快。所以，观赏的时机是能够直接影响旅游观赏效果和审美体验的重要因素。

2. 观赏位置

对景物进行观赏的位置如果不同，就会形成不同的视点，从而影响到旅游者观赏的效果。在中国画中所采用的散点透视法，为扩展画家的表现空间提供了很好的工具，使画家在方寸之中可以表现大千世界的丰富形态。我们在读五代后梁期间荆浩所做的《匡庐图》时，其构图上的高远与平远相融合的技法，使我们在一幅图中既可仰观巍然耸立令人景仰的高峰，又可平视绝磴悬崖、流云瀑布，甚至还可以俯瞰山脚村舍、寒汀野水。广阔的视野和多变的视角，增加了这幅画的艺术魅力，使人感到境界幽深而又缥缈。在现实的旅游世界之中，旅游者的观赏实践也同样有步换景移的机会，关键在于旅游者要自觉地、主动地去创造观赏景观的不同位置。因为一座庐山着实使人百看不厌的根源就在于它有不胜枚举的极佳的观赏位置，所谓“横看成岭侧成峰，远近高低各不同”就是这个道理。所以，旅游观赏中位置变化所造成的俯、仰、远、近、侧、正、内、外等各不相同的视角，是改变或影响旅游者观赏效果的极其重要的空间要素。

3. 观赏态度

观赏的态度可以体现在这样两个对立的方面：全身心投入的观赏与走马观花式的观赏。前者是一种积极的观赏态度，而后者则是一种相对消极的观赏态度。在旅游者凝神观照旅游景观的过程中，如果能在审美知觉和理解的基础上，展开想象的翅膀，并将自己的思情意趣投射到外在的景观上面，使景观成为感情的载体甚至达到情景交融的境界，那无疑会极大地提高旅游观赏过程的质量，获得预期的审美快乐。因此，这种观赏就是一种十分积极、投入的观赏方式。另有一种观赏态度，是一种走马观花、不求甚解的观赏。做这样观赏的人或者是本来缺乏审美的能力或意趣，只是为了附庸风雅才动身旅游，或者是为拖沓的旅程所累，对景观中的美已经视而不见，麻木不仁。显然，这样的观赏已经与审美观赏相去甚远，很难令旅游者从中感受到审美的愉悦。

# 第三节 旅游交往

## 一、旅游交往的形式与特点

交往是人类社会的一种普遍现象。在日常生活当中，人们通过交往沟通感情，互通有无，并从交往当中获得个人心智的发展。交往在人类生活中的价值是如此重要，因此它也就成了许多学科研究的课题。由于研究的视角不同，便出现了对交往及其功能的不同理解。在人类学家看来，交往是神奇的生命世界的基本存在方式。作为“适者生存”原则的体现，交往伴随着生命进化的历程，通过植物性、振奋、相对、信号、符号、语言等六个层次的递升，最终在劳动交往和语言交往中导致了人类社会的形成。文化学则认为，人类历史上各种文化价值系统和其他信息形态是在多民族、多区域之间的文化交流、激荡和契合中形成的，又是通过交往渠道得以蔓延、扩散和协同。而在社会学家看来，纷繁复杂的人类社会是由各种社会关系耦合的网络系统，而交往正是联结社会之网中的个人与个人、个人与群体、群体与群体之间关系的桥梁，是促进人际关系和谐、保持社会稳定发展的强有力的纽带。

可见，交往对于人类来说如同布帛菽粟，不可或缺，甚至对于个体的人而言也是如此。离开了交往，人就没有机会参与社会化过程，这对于新生儿的智力发展将形成致命的障碍，[①] 而对于成人来说，也会导致智力退化和心理变态。所以，人类在其发展过程中总是自觉或不自觉地寻找着交往的机会，发展着交往的能力。在现代社会中，旅游就成了一种十分重要的交往方式。

从形式上看，旅游交往是旅游者与他人之间发生的一种暂时性的个人间的非正式平行交往。也就是说，旅游交往在时间上起始于旅游过程的开始，终止于旅游过程的结束，一般不会向这两极之外延伸，即使延伸，那也不属于旅游交往，只能看作是旅游的准备或旅游交往的效应。在旅游交往期间，由于对象一般是脱离了原社会系统职能约束的平等的旅伴、交易者或东道国居民，所以彼此的沟通多为平行的方式，并以感情上的沟通或物品交易为主要内容，当然也就没有组织规范的严格约束。这些形式上的特点是我们理解旅游交往的钥匙，同时也构成了我们预测旅游者行为的重要依据。

交往是有水平差异的，旅游交往也一样。交往的水平反映着旅游者与他人相互作用的强弱程度，一般可分为六个水平等级，即隔离、潜交、示意、互动、互助和竞争。

隔离属于否定性的交往，是交往处于零水平的状态。处于严格隔离状态下的人不仅人身活动自由受到制约，而且也可能失去与他人进行交流、联络的权利，甚至个人的成员归属资格也被剥夺。由于旅游活动是以旅游者个人人身自由为前提条件，因此在旅游者身上一般不会发生隔离性的交往（旅游者在旅游过程中发生的非自愿性隔离不在此列）。但是我们也确实能够发现个别的旅游者在旅游过程中极力避开与人接触，

① 戴维·波普诺：《社会学》（上册），辽宁人民出版社，1988 年版，第 232 页。

独来独往。这种情况可以说仅仅是部分内容上的隔离，因为他总要与他人发生交换、信息沟通，在现代社会他要想不食人间烟火而周游天下是不可能的。

潜交就是一种潜在性的交往。这种交往虽然没有发生现实的接触，但已经是一种存在。旅游者在未动身之前，凭借旅游企业的小册子或耳闻目睹的其他物质媒介，便已经在揣摩旅游企业的经营者的服务特征和旅游目的地居民的接待态度了。只要一个人有朝一日心血来潮想外出到某地旅游，他与该旅游目的地的居民、旅游企业的经营者便已经产生一种潜在的交往关系了。

潜交是形成旅游期望时的一个重要因素。在潜交阶段，旅游者要充分了解交往对象的文化特点，了解其社会经济方面的背景，这样才能使潜交成为调谐旅游期望与旅游偏差的积极先导因子。

示意以向交往伙伴做出某种姿态而不介入对方的活动为特征。动物已有示意之行为,可以归纳为三类:第一类是基于生存性需要的制约性示意,如天敌相遇时的示威等;第二类是基于生理性需要的交换性示意，如性选择过程中在异性面前的炫耀以及寻求生活资料过程中为幼兽所做的觅食示范；第三类是基于信息性需要的交流性示意，如蜜蜂以自身的舞蹈向同类传递关于蜜源的信号等。人类也有上述三种类型的示意，但人类的示意不是本能的行为，而是在一定目标引导之下、受意志调节并伴有高级社会性情感的行为，远非其他动物所能比拟。

旅游者的示意比较集中地表现在两个方面。一方面，对于意欲结伴出游的人而言，示意意味着向可能同行的人进行的启发、鼓吹或探讨行为。这种示意的特点是向交往对象传达先行经验，但不介入对方的活动。另一方面，示意也发生在旅游者向旅游经营商提出的各种旅游信息咨询上，这种咨询尽管还不是旅游决策，但极有可能转化为旅游决策，因此，聪明的旅游经营商不会对这种示意淡然处之。由于旅游本身的异地性特点，在未出行阶段，还不会发生旅游者与目的地居民的示意性交往，但在旅游过程中却会有大量的这种交往发生。

示意与隔离、潜交相比，其特点是已经有了现实的交往对象。但是，示意只能是现实的交往——互动的前奏，示意对象的被动性质决定了示意还不构成真正意义上的交往。

互动是人与人之间的直接的社会交往活动，主要体现为人的心理交感和行为交往过程。典型的互动方式就是我们平时所说的交际，它在旅游者的旅游过程中占据着重要的地位，具有不可忽视的意义（在下文我们还要展开论述）。在世界旅游组织每年提出的旅游主题中可以看出，从交往的角度理解旅游和发展旅游是十分重要的主题，曾被多次提出。例如，1980 年的主题是“旅游为保存文化遗产、为和平及相互了解做贡献”，1984 年为“旅游为国际谅解、和平与合作服务”，1986 年是“旅游——世界和平的促进力量”，等等。这说明通过旅游交往，可以沟通不同地区、不同国家、不同民族、不同文化背景下的人们的思想感情，增进相互理解，促进世界和平。对旅游者个人而言，愉快有效地交往也是获得期望的旅游体验的前提。

互助是集体当中的一种常见现象。虽然我们不能像俄国无政府主义的主要活动家和理论家克鲁泡特金那样把“互助”视为决定一切生物（包括人类在内）进化的真正因素①——这一点恰与达尔文的“物竞天择、适者生存”的竞争论相对立，但生物之间的互助表现确实是经常可以见到的。动物为了求得生存而共同抵御敌害；为了物种繁衍，彼此协作觅食、繁殖及哺育后代；为了适应环境，互相传递信息；为了巩固群体成员之间的联系，彼此进行抚慰，等等，这些都是某种形式的互助。这种情况不仅在社会性很强的蜜蜂、蚂蚁的社会中常见，在与人类近缘的灵长类动物中常见，甚至在食物链的顶端的狮子的群体生活中也常见。而在人类社会之中，互助成了道德和价值观所认可的行为方式，在几乎所有的文化中都能得到验证。

旅游过程是需要互助的，尤其是现代社会的旅游。这种互助不仅体现在旅游者的很多活动要依赖于他人提供的以物质设施或设备的形式存在的产品，而且体现在旅游过程中很多直接的旅游者与旅游者之间、旅游者与目的地居民之间、旅游者与旅游服务企业员工之间的相互理解、支持和帮助。在同行的旅游者之间，他们是共同目标的追逐者，因此常常需要同舟共济；旅游者与旅游企业的经营者之间由于经济利益而拴到了一起，没有互助旅游过程可以在任何环节中断；旅游者与目的地居民对目的地的资源越来越负有相同的责任，因此相互的理解与支持是不可少的。

竞争是最高水平的交往。与互助一样，它也广泛见诸各种生物个体或种群之间，它是生物进化的普遍规律。就人类社会而言，人为了生存、繁衍和发展，不仅要与其他生物竞争，还要与同类竞争。这看似残酷的事实在现代社会里得到了淋漓尽致地发挥。

竞争的发生要有三个基本条件：一是必须有一个共同争夺的目标，二是双方争夺的必须是同一个具体对象，三是竞争双方中一方的成功必然会使另一方失败。不符合这三个条件就不能算作竞争。②

在旅游过程中，竞争现象大量地存在着。旅游者之间对于某种旅游产品的竞争会最终影响到该产品的可得性及为之付出的代价，也会影响到旅游体验的质量；旅游群体内部对于利益或权利的竞争可能导致群体结构的变化；旅游者与旅游目的地居民之间的竞争最终有可能引发暴力事件；而旅游者与旅游企业经营者之间的恶性竞争可能断送彼此进一步交往的基础。当然，竞争也可能会对有关各方产生某种推动或约束力量，从而规范各种关系并改善旅游环境。所以，竞争在旅游过程当中是一种伴生现象，甚至也许可以说是一种必然现象。对这些不同形式和性质的旅游竞争的深入研究，有可能是旅游学今后的重要课题。

## 二、旅游交往发生的情境模型与终止水平

上面对旅游交往的基本形式和特点做了粗略的探讨。为了进一步把握旅游交往的

---

① 克鲁泡特金：《互助论》，商务印书馆，1963 年版。

② 周晓虹：《现代社会心理学——多维视野中的社会行为研究》，上海人民出版社，1997 年版，第 315 页。

性质，我们需要对上面提到的旅游互动这种现实性的交往做进一步的分析。首先让我们来建立一个试图概括旅游交往发生过程及其特点的情境模型（见图 5-5）。

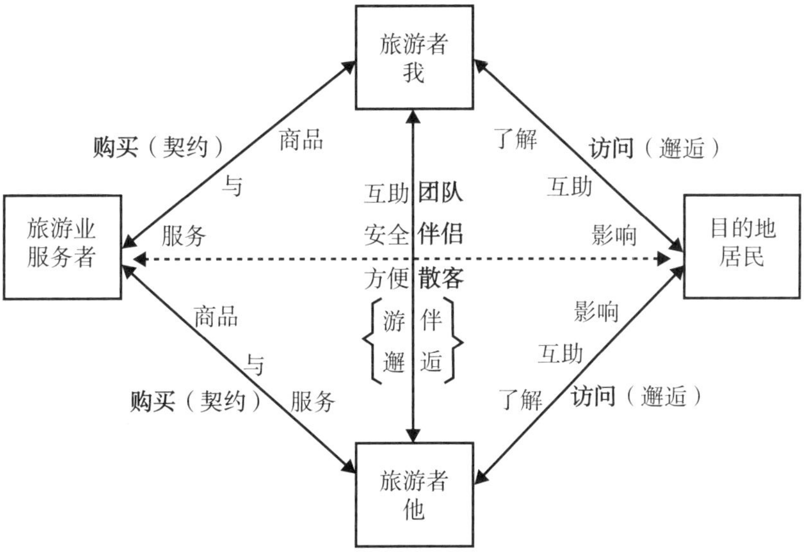


**图 5-5　旅游交往发生的情境模型**

在这个模型中概括的内容和关系可以描述如下：

这个模型包含了旅游交往的目的（在图中沿各个箭头内侧所排的文字）、旅游交往的途径（箭头外侧黑体的文字）、旅游交往关系的性质（黑体字后面的括号内文字）以及交往的参与者等内容。在旅游过程中参与交往的人主要有三类。一类是旅游者，一类是目的地居民，还有一类是旅游服务者。旅游者从旅游方式上看有散客与结伴（包括团队和家庭）两种，不管哪一种都可能与他人发生交往行为。一种交往对象就是旅游企业的服务者（包括目的地的旅游企业和出发地的旅游企业）。旅游者与这些人的交往在性质上是一种契约关系，一般通过金钱、商品、服务的交换得以建立，因此这种交往在目的上总是体现为一方想卖出而另一方想买进商品和服务。旅游者与目的地居民的交往是通过旅游者对旅游目的地的访问而实现的，其性质多数属于邂逅，目的在于相互之间增进了解、相互寻求对彼此文化的理解，有时也会有想要影响对方的生活方式或情愿接受影响的情况。还有一种交往发生在旅游者之间。如果交往是在同行的团队或伙伴之间进行的，那么这种交往关系就属于“游伴”的性质，如果交往发生在两个素昧平生的散客旅游者之间或在目的地遇到的任何其他旅游者之间，那么这种交往也自然属于“邂逅”的性质。

在现实的旅游过程中，旅游交往发生的情境模型并不如此单纯。但是，不管实际情况如何复杂，旅游交往都是在一个统一的框架之下发生的，这个框架就是旅游的时空特点，它决定了旅游交往的时空特点：那就是交往的暂时性和异地性。旅游交往在时空性质上的这两个特点使旅游交往行为变得更为复杂、难以预测，甚至传统的旅游者心理研究成果在这方面也会显得苍白乏力。也正是由于这个特点，旅游交往在一个人的全部交往生活中会较早地显现出其终止水平。由于在多数情况下旅游交往属于邂逅式交往（亲友结伴同行的情况除外），彼此缺乏相互理解的基础，更少有进一步交往的机会。所以，旅游交往多数情况下都在较早的阶段、较短的时间内宣告终止，有时这对于交往双方来说只不过是心照不宣的事情而已。当然，旅游交往关系还有其他的结果（正是这些结果才使旅游交往变得更有意义），其中包括中断、维系和发展几种典型形式。中断是因为客观环境的限制而使交往无法再像原来那样进行，只好待将来有机会再重叙旧谊。这种情况可谓不乏其人，甚至整个人类社会中有一半的故事讲的就是这种情况！交往关系的维系和发展是旅游交往的成果，由于这种关系的建立使每一个交往的参与者都扩展了自身世界的范围，丰富了生活的内容，增进了对外部世界的理解，因此，它也常常成为现代旅游者出行时确立的一个旅游收获目标。

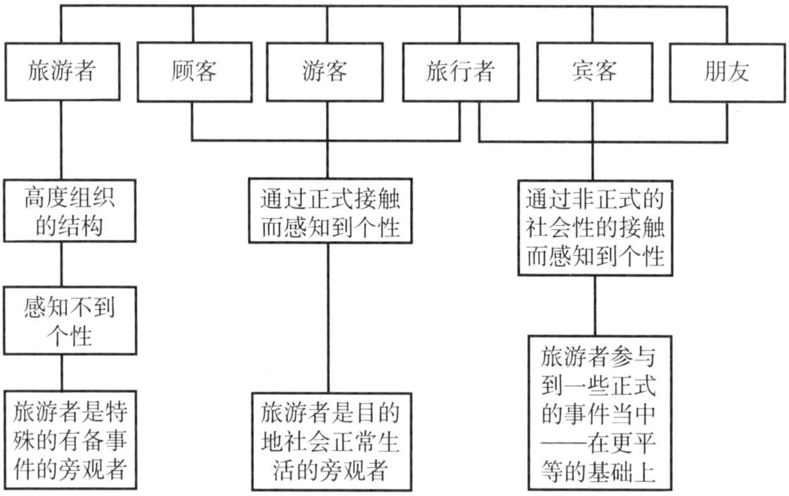


**图 5-6　旅游者—朋友模型**

克里斯·瑞安曾从旅游者与目的地居民的交往关系的角度分析过旅游交往的终止水平。[①] 他提出了一个“旅游者—朋友模型”（the Tourist-friend Continuum），用以说明旅游者与目的地居民关系发展的过程。他认为这个过程是一个谱状结构，经历了从“旅游者”而“宾客”而“朋友”的过程（见图 5-6）。在这里，他所指的“旅游者”不是别的，是一群与长途客车结伴的人，是住在饭店里的人。这些旅游者起初试图通过与那些在他们饭桌边服务的侍者建立某种关系来证明其身份，但殊不知侍者在整个夏天的每一周里都目睹这样的企图。这样，旅游者的身份通常就只好由度假群体的其他成员来加以证明，而获得满足的渠道就只能是通过与一起度假的人进行沟通，而不能从目的地社区成员那里获得满足。从那些为旅游者提供服务的人的观点来看，旅游者只不过是一个没有个性特征的无序群体。但是，当旅游者真的着手证明其身份时，

① Chris Ryan. *Recreational Tourism: A Social Science Perspective*. Routledge，1991.

这种情况会有所好转。在旅游者变成一位常客的过程当中，尽管仍是以相当正式的方式，但毕竟旅游者的个性得到了一定程度的感知。在这种情况下，饭店的侍者能够认识他所服务的客人，迎宾员能认出饭店的客人并叫出他们的名字。那些在当地商店中做店员的人也能认出他们的客人。与此同时，当旅游者外出购物、使用当地的交通工具、去剧院或电影院、到餐馆就餐时，他们实际上从事着几乎与当地人相同的活动。这样，那些提供有关服务的企业雇员要想区别对待旅游者与当地居民已经很困难了，因为旅游者与当地居民已经难以区分，他们在共享同一空间和设施。

对于许多旅游者来说，他们不断地返回某个既定的旅游目的地的一个原因是他们已经与当地居民建立起一种关系，发展起一种友谊。他们日益成为当地社区的组成部分，哪怕为时很短。也许可以说，他们尽管不是来自目的地社区，但他们构成了社区的一部分。对于许多旅游者来说，最为惬意的事情就是与“当地人”谈天说地。在这种情况下，不难想象旅游者已经成为当地居民的朋友，这意味着他们可以在更为平等的基础上正式地参与到社区的某些事件中去。这就是克里斯·瑞安的“旅游者—朋友模式”中的最高境界。

### 三、旅游交往过程中的心理矛盾及对待交往的原则

交往涉及认识过程、情感过程和意志过程，由此所引起的心理反应表现为理解与误解、喜爱与厌恶、同调与异调，它们构成了交往的核心问题，因此也就需要正确地对待它们。

在交往这种认识过程中，理解与误解是这个过程的内在矛盾。尤其旅游交往在很多情况下属于建立在邂逅的基础上，产生这种矛盾几乎是普遍的现象。而且，旅游者在其整个游程当中，实际上不仅仅局限于一种角色——观光客的角色。随着游程的进展，他的角色在不断变换，其复杂程度依旅游内容的丰富程度而定。在这种情况下，交往的机会很多，频率很高，潜伏的认识上的矛盾也就越多。由于这种矛盾最终可能影响到旅游体验的质量，因此需要旅游者以正确的态度积极对待这种矛盾。

旅游过程中发生的理解与误解的矛盾由于交往的对象差异而有不同特点，从而需要以不同的原则来对待。旅游者之间的理解与误解常常表现为对旅游目标和旅游利益的追求上。比如，结伴出游的旅游者可能由于兴趣差异而在选择游览对象或旅游路线时相互不能达成谅解；邂逅于旅游目的地的旅游者可能因为某种妨碍而彼此发生争执，等等。出现这种情况，相互间的尊重和涵容是必不可少的。在通常情况下，旅游者之间认识上的矛盾不是旅游交往矛盾的重要方面。较为严重的问题一般出现在旅游者与旅游服务企业之间、旅游者与旅游目的地居民之间。前者多起因于服务和产品的质量问题，表现为旅游者比较正式的投诉或旅游服务的终止。这种契约关系的支撑点应该是公平性。后一种矛盾是现代旅游发展中的一种较为严重的社会性问题。旅游者与旅游目的地居民之间的认识上的理解与误解（尤其是误解），是旅游社会学家十分关注

的事情。这方面的矛盾一般是文化性的，但也越来越掺入更多的其他成分，如经济的、政治的和历史的。对待这种矛盾，需要旅游者具有发自内心地对他种文化的尊重、理解，甚至热爱，并努力成为促进旅游目的地发展的积极力量。这在当今的旅游世界中不应是一种空谈。

在旅游交往过程中也涉及情感的问题，即对人的喜爱与厌恶的问题。一个人能否成为吸引人的对象，可能与很多因素有关。相似性、有能力、姣好的外貌，甚至那种易于喜欢和赞美他人的个性，都可能成为讨人喜欢的特征。[①] 虽然一个人的内在品质可能影响着别人与他进行深入交往的愿望和价值预期，但在类似于旅游交往这种往往浅尝辄止的交往过程中，一个人被喜爱的程度可能更倾向于受一些外在的特征、表面化的行为的影响。也就是说，你能给他人以怎样的印象，他人能给你以怎样的印象，这足以在很大程度上影响你对别人或别人对你的看法，影响交往双方对事物的看法，从而进一步影响交往发展的可能性。因此，卡耐基就几乎不顾一切地向人们建议，如果你希望某人喜欢你，就要露出笑脸，装出你很喜欢他的样子，对他所感兴趣的事，你要装出也感兴趣，"慷慨地赞扬他"，并且总是欣然同意他的意见。其要诀当然是"如欲采蜜，勿蹴蜂房"。[②] 尽管我们可以肯定在有的情况下缺乏善意和诚恳的赞誉并不一定讨人喜欢（因为被赞扬者可能怀疑赞扬者是不是要从阿谀奉承中获益，是不是要操纵被赞扬者），但旅游过程中责任约束松弛的特点确实有可能使人对溢美之词更容易受之坦然。这也正是促使人们刻意进行印象整饰[③] 的现实基础。

最后，旅游交往作为一种意志过程，也会引起同调与异调的矛盾，这一点在群体旅游者之间最容易发生，因为这种矛盾的实质就是交往的一方是否在遇到与其他人意见相左的情况时服从对方的意愿。因此，交往中的同调就是指由于承受他人或群体所施加的压力而改变自己的观点或行为，在社会心理学中，同调也即通常所说的遵从（或从众）现象。E·阿伦森对遵从所下的定义就是"受到他人或团体给予的现实的或想象中的压力的结果，人的行为或意见发生变化的事实"[④]。而抗拒上述压力并坚持初衷、矢志不渝，则为异调。异调的表现形式往往是对他人或组织的脱离。

为什么会出现遵从现象？心理学家在这个问题上做过一些很有启发的实验。所罗门·阿希所做的著名实验揭示了来自一致性的压力。[⑤] 由于团体具有趋向一致性的压力，所以就产生了团体规范，这样又使趋向一致性的压力进一步增强，迫使个人更趋向规范的方向。[⑥] 这个规范是团体成员的共同的行为标准，遵守这个标准就是正确的，

---

① E·阿伦森：《社会心理学入门》，群众出版社，1985 年版，第 271—288 页。

② 代尔·卡耐基：《人性的弱点》，中国民间文艺出版社，1986 年版，第 22 页。

③ 对于印象整饰的系统阐述来自欧文·戈夫曼，参见其享誉学界的著作《日常生活中的自我表演》，云南人民出版社，1988 年版。

④ E·阿伦森：《社会心理学入门》，群众出版社，1985 年版，第 22 页。

⑤ Solomon. Asch. *Social Psychology*. New York: Prentice-Hall，1952，p. 468.

⑥ 古畑和孝：《人际关系社会心理学》，南开大学出版社，1986 年版，第 107 页。

由此会受到团体的赞赏、奖励，而脱离这个标准就是错误的，势必招致惩罚。可见，对于团体而言，这个判断是非的标准发挥着维护团体利益的重要效能。

不过，团体的形式是多种多样的。松散的团体不会具有很强的凝聚力，因此对成员所形成的一致性压力不会很大；组织型的团体不仅有严格的规章，有等级分明的机构和人事关系，还有共同的组织目标，共同的价值观念（至少团体在努力形成这样一种状态），这样，对充满人性的个体而言，趋向一致性的压力就有可能非常大。在这样的组织中，会较多地存在自我忍受甚至表面服从的情况，如果组织的目标实际上存在着道义上的缺陷，或潜在地长远地不利于团体成员个人，那么这种组织早晚要分崩离析。

旅游者在交往中所形成的团体几乎很少有真正意义上的组织型的团体。比较紧密型的旅游团体是熟识的亲友自愿组合而成的临时性旅游团队以及由旅行社组织的旅游团队，但即使他们也彼此少有严格的约束，只是在相当基本的层面上他们需要较为严格的统一步调（如动身时间、选择住处和交通工具与线路等），更多的情况是他们一路上可以随兴之所至选择具体的观赏对象，因为没有外在的压力要求他们达到什么样的观赏效果。尤其是，在风景区内部所做的游览，常见的是大的旅游团队不知从何时起已经分化为若干小的群体，这时，来自团队的一致性压力已经被有意无意地通过群体的分化和重组得以化解。

## 四、旅游交往中的角色扮演

### （一）角色的概念

“角色”原是戏剧中的名词，指演员扮演的剧中人物。在戏剧、电影中的“角色”，是独立于个人而存在的，它有两层含义：第一，不管是谁，只要他担当某一特定角色，他就要按照这个角色的行为规范来行事；第二，扮演某一角色的演员会消失，但这个角色却一直存在，它可以由别的演员来扮演。角色的这个意义，也被人们借用于对人类生活的比喻。比如在威廉·莎士比亚的《皆大欢喜》中，就有一句著名的台词：

> 全世界是一个大舞台，
> 所有的男男女女不过是一些演员；
> 他们都有下场的时候，
> 也都有上场的时候，
> 一个人一生中扮演着好几种角色。[①]

有趣的是，角色的这种比喻用法几乎被社会心理学家毫无条件地接受了。在社会学家看来，人类社会就好比是一个大舞台，每时每刻都在上演着人类的生活剧，或喜

① 《莎士比亚全集》（第3卷），人民文学出版社，第139页。

或悲，或诙谑，或雅正，而每个人都是剧中的一个扮演者。这便是中国人所谓的“人生如戏”。

然而，词汇的借用虽然不难，但赋予它以清晰、严格、一致的意义却远非易事。这种情况尤其会发生在企图将一个在生活中被频繁使用的熟语（恰如角色一词）当作严谨的学术语汇使用的情况下。角色一词在社会学领域使用已经半个多世纪，至今尚难统一其概念，原因可能概出于此。但是，从学者们的探索性论述中我们还是能够看出，社会学和社会心理学领域中所用的角色一词包含着两种主要成分：社会的客观期望和个体的主观表演。综合这两种成分，“角色可被定义为处于一定社会地位的个体，依据社会客观期望，借助自己的主观能力适应社会环境所表现出的行为模式”①。

实际上，对于一个人来说，角色既不是单一的，也不是静止不变的。这一点美国的未来学家阿尔温·托夫勒曾有过很精彩的表述。当有人问托夫勒，“你认为你自己本质上是作家？社会批评家？还是未来学家？”托夫勒的回答是：“这是一个不太好回答的问题，因为说我是‘作家’、‘社会批评家’或‘未来学家’的这种概念只是从一个方面来谈的。也可以说我是一个幸福的丈夫，自豪的父亲，一个身长六尺的男子汉，一个飞行员，儿子，兄弟，电影观众，纳税人，一个知识分子，一个美国人。”“如果三十年前你问我是何许人，我会说我是焊接工人，铸造厂工人，印刷工人，铁匠的下手。但更深一层，你会发现我又是大学生，有抱负的诗人、小说家，政治上的激进派，浪漫主义者。”“我的哪些方面适用于你的提问呢？这个问题又是在哪个具体时间里提出的呢？”托夫勒的回答体现了他所提出的“系列自我”的概念。在社会学中，这被称为“角色丛”。对于现代人来说，在一生的时空边界中，拥有或履行过多种角色，已经不是稀罕事情了。甚至可以说，现代人还可能以所扮演的角色的结构密度来判断其社会地位。美国研究系统论的著名哲学家拉兹洛曾说：“谁具有的身份和扮演的角色越是加倍地多，谁就越被认为是杰出人物。”所以，我们可以毫不惊讶地看到当今的人类不仅在职业生涯中刻意寻求角色丛集于一身，而且还看到人们也努力在非职业生活中通过五花八门的休闲活动寻求丰富的角色体验。旅游这种休闲活动就是人们暂时放弃其常规角色而扮演新的角色的过程。

### （二）旅游角色的特点

旅游者在旅游交往过程中所扮演的角色，是其人生中一个短暂阶段的特殊体验。严格地说，旅游角色是旅游者在旅游过程中根据社会期望和他自身的主观能力和愿望，为适应旅游环境、满足旅游目的所表现出的相对稳定的行为模式。由于旅游交往的暂时性和异地性的特点，决定了旅游角色有其自己的特殊性。

1. 旅游角色以自致性角色为主

美国社会心理学家蒂博特和H. 凯利曾将角色按其所占据的社会地位是否经过角色扮演者的主观努力而取得为标准，划分为先赋性角色与自致性角色两种。先赋性角色是指那些不必经过角色扮演者的努力而由先天因素决定或由社会所规定的角色。由

① 周晓虹：《现代社会心理学——多维视野中的社会行为研究》，上海人民出版社，1997年版，第361页。

遗传、血缘、承袭等所获得的角色基本属于此类。人们在扮演这种先赋性角色时，由于对角色规范已经有了传统的认识和持续的习练过程，因此会较少遇到矛盾冲突。自致性角色又称获得性或成就性角色，是指社会个体通过自己的主观努力进入某一社会位置后所扮演的角色。毫无疑问，如果从总体上来看待这个问题，旅游期间旅游者所扮演的角色几乎全部属于自致性角色，因为旅游活动本身就不是天定的事情。

2. 旅游角色主要还是一种非正式角色

由于旅游尤其是现代的大众旅游只是在最近一个世纪才发展起来的，因此旅游角色的社会规范性因时因地的变异很大，至今尚不能说社会对旅游角色已经形成明确的角色期望。对于旅游目的地社会而言，对旅游者的角色期待随着旅游地的生命周期的变化会有所变化[①]，这在很大程度上是由于旅游者既往的表现——从而改变着目的地居民对旅游者的看法直至双方的关系——所造成的。也就是说，旅游者的角色扮演实际上也在起到对角色期望的匡正作用。如果从全社会角度来看，旅游发展过程中所经历的多次潮流性的变化（如早期的休疗养旅游、而后的观光旅游、20世纪60年代的“三S”旅游，甚至后来的“四S”旅游以及今天的生态旅游），也在改变着社会对旅游者角色的期望。角色期望的模糊性以及不稳定性，必然使旅游角色在现阶段还主要地停留在非正式的水平上。

3. 旅游角色具有伦理脱离倾向

在舞台上演员们扮演的角色完全处于虚拟的场景当中，演员按照脚本的框架和导演的既定意图演绎着一个动人的故事。在正常的社会生活圈（包括职业圈、家庭圈、亲友圈等等）中，每个人则按照活动圈内特有的规则（法律、伦理、道德、习惯）中规中矩地呈现各自的面孔和人格，而圈中的每个人这时都可以自认为在行使着舞台监督的职责。而在旅游生活中，即使再“神圣的游程”，如果从伦理和习俗的角度来看（也许有时这种看问题的角度并不一定总是积极的），也可能有被“玷污”的内在倾向。这是因为，在旅游这个脱离常规的生活舞台上，还缺乏导演的统驭，还没有建立表演的规则，还少有监督的眼睛。这些可能本是旅游的魅力所在，而且有时角色错位也成了一种挑战或刺激，但就一点而论，确实在促成旅游角色的伦理脱离倾向。

4. 旅游角色的参与程度因人而异

有的演员在演戏时能够与角色同悲欢，有的人在自己的岗位上能够殚精竭虑于本职工作，而另一些人却对自己所从事的事情漫不经心，这实际上就是人们在扮演某种角色时表现出的不同的参与程度。T·萨宾和V·艾伦曾根据角色参与的程度，将角色分为七种类型（见表5-2），[②] 用以说明这种差异。这种情况在旅游过程中也同样存在。因为即使旅游者是以同样的目的共同来到一处旅游景点，面对的是相同的景物、人物，但在扮演旅游角色时却可能表现出大不相同的参与热情、能力和程度。有的人

① 谢彦君：《旅游地生命周期的控制与调整》，《旅游学刊》，1995年第3期。

② 引自周晓虹：《现代社会心理学——多维视野中的社会行为分析》，上海人民出版社，1997年版，第364页。

不管对人对物都是敷衍了事，走马观花，不求甚解。而有的旅游者却全身心投入，体物入微，努力去扮演好作为一个旅游者的角色。这便是参与程度的差异。旅游内容潜在的丰富性，旅游者层次的极大差异性，种种外部因素综合作用的结果，势必要影响旅游者对旅游角色的履行情况并表现为因人而异的特点。例如，到中国旅游的西方旅游者，有的局限于对中国风光的观赏，有的意在了解中国文化却始终扮演的是旁观者的角色，从而如同雾里看花，难得真谛；而有一些旅游者却能深入中国民间，努力在生活中体会中国文化，这样当然更能够把握中国文化的精髓。

表 5-2　角色参与的七种类型

| 参与程度与角色类型 | 角色实例 |
|---|---|
| 1.零度参与 | 街上行人、电影院观众 |
| 2.漫不经心参与 | 浏览商品的顾客 |
| 3.传统仪式性参与 | 婚丧仪式中参与之亲友 |
| 4.生物性参与 | 母亲对子女、专心致志的科学家、虔诚的教徒 |
| 5.神经质型深度参与 | 职业赌徒 |
| 6.情迷意乱的参与 | 深恋的情侣 |
| 7.精神与外物合一的参与 | 神灵附体的道士 |

### （三）旅游角色扮演中的失调现象

角色失调又称角色冲突，是社会人难以回避的一种挑战。正如前面所举的托夫勒的描述一样，人肩负的不是一种角色，而是一个角色丛。角色的多重性和复杂性，导致一个人必须在与不同的人互动时有不同的表现，这样身兼多职，倘若应付起来捉襟见肘，就要招致角色冲突。

一般来说个人对于其所扮演的角色是有所认识的，对角色的变更也会做好心理准备。但一个人履行角色的能力存在着一个可能的阈值，在有限的时空条件下谁也不可能有三头六臂的本事。面临着“新的”“非常规的”“陌生的”角色，旅游者很可能还不自觉地履行着“老的”“习惯性的”“熟悉的”角色。所以，哪怕旅游者为了一次远行已经谋划良久，当他置身异国他乡时，也会有茫然无措的感觉。即使他下榻的饭店挂着“宾至如归”的招牌，可从未出过门的他还不能习惯侍者为他服务的礼遇。还因为他来到了一个他完全陌生的文化当中，所以人们经常遇到的所谓“文化惊厥”（cultural shock）现象也会发生在他身上，致使他已经不能正常地扮演其旅游角色。由此看来，旅游角色的变更由于伴随着环境的变更，增加了扮演难度，从而会经常诱发角色失调。

旅游角色丛当中的各种角色也时常是矛盾的。从旅游者看来，他出行的目的是获得旅游愉悦，而愉悦的获得可借助多种方式，愉悦的内容是多样的，获得愉悦的结果对别人来说也可能具有完全不同的意义——从而引发别人对他的角色履行有不同的期待和看法。获得旅游愉悦的过程所存在的这种内在的差异性，将旅游者推到一种有时是很尴尬的境地。一方面，旅游情境的诱惑力往往使旅游者忘记了身在何处，社会伦理或生态伦理意义上的“善”会偶尔缺失，旅游者已经忘了旅游的骄傲是“做文明的客人”。这是角色迷失。在旅游目的地如何摆正自己的“上帝”身份与自己是东道社会文化的异己力量的关系，也是避免角色迷失要考虑的问题。另一方面，在有限的时空中谋求最大限度的愉悦这种企图，也注定使旅游者会陷入角色错乱，因为这些愉悦的获得要依赖不同性质的实践，也就是说，旅游者恐怕要做种种不同的体验，甚至去模仿做一些事情。

### 五、旅游交往中的模仿行为

在心理学上，模仿是指依照别人的行为样式，自觉或不自觉地进行仿效，做出同样或类似的动作或行为的过程。换言之，模仿是人有意或无意地对某种刺激做出类似反应的行为方式，也是一种即时性的角色变更。模仿的结果在多数情况下会影响甚至改变人的习惯了的行为方式，所以模仿在人类生活中显得非常重要。在一些环境论社会学家看来，人类的很多重要能力都是通过直接或间接途径模仿（或学习）形成的，本能的作用有限。因此，模仿这种现象在很早就引起学者们的注意。法国社会学家塔尔德认为，模仿是社会赖以存在和发展的基本原则，各种团体规范和社会价值就是通过模仿而逐渐形成的，社会发展过程就是模仿过程。在他的著名著作《模仿定律》一书中，塔尔德提出了模仿的三个具体过程：往复、对立和适应。他将整个模仿过程比作一个个同心圆的传播过程，不同的发明处于各个同心圆的中心，每个同心圆波浪式地由中心向外逐渐扩展，当各个同心圆相互碰撞时，就进入了模仿的对立阶段。这种对立是由模仿的种类和程度不同以及由新旧文化之间的差别而产生的。这种对立必然引起矛盾、对立和冲突，但最终将导致一种“适应”：从个别模仿行为来看，是模仿过程的结束；从模仿的社会意义来看，是发明被社会普遍接受。正是从这个意义上，塔尔德令人信服地阐述了模仿的社会价值。

在鲍德里亚（Baudrillard，1981）看来，模仿可以在一个更为宏观的历史框架中加以审视，这样的话，“模仿就是指文化符号的无限回溯系列，借以创造一种暂时的历史真实”。这样来理解模仿，似乎特别适合解读旅游中的模仿现象。按照麦肯奈尔（1984）的界定，他把旅游世界中的模仿看作“将日常物理空间转换为旅游景观或文化元素的过程”。他特别强调“神圣化”（sacralization），认为旅游景观的命名、构型和分类是模仿的关键内容。格拉伯恩（Graburn，1977）在把旅游看作“神圣游程”这一点上，也体现了一种模仿的视野。在他看来，旅游的目的就是寻找一个人的文化之根，旅游者离开熟悉的环境，目的是为了更新或再确认一种社会文化认同。比如，美国人到欧洲旅游，其目的往往就是如此。不过，也有人指出，当游客在寻找“本真的”（authentic）种族体验过程中，面对外国文化的实际情况，如果遭遇到与期望相冲突或令人厌恶的交往，那么，这种理想化的追求就会瓦解（Pierre van Berghe and Charles Keyes，1984）。

由此看来，模仿在旅游过程中的意义尤其不能低估，因为模仿有时就是旅游的目的本身，有时是达到旅游目的的手段，在某种情况下还可以解释旅游发生的根源。旅游者可以借助模仿或追求模仿实现对旅游愉悦的体验，这个事实使模仿得以成为一种特殊的旅游方式。因此，我们可以将旅游模仿定义为旅游者在旅游过程中暂时地放弃其常规角色而主动扮演某些具有愉悦性休闲体验功能的角色过程。

从前文引用的普劳格所建立的旅游者心理类型模式以及他对这个模式所揭示的事实的研究来看，这个模式实际上潜在地包括了对旅游者模仿行为的解释。由这个模式我们看到了开放型旅游者的行为如何对近开放型旅游者行为的影响，以及近开放型旅游者的行为如何对大众旅游者行为的影响，等等。在这里，前者对后者的示范作用，后者对前者的模仿行为，都表达得十分清晰。这就是说，旅游行为在现代社会中即使从总体上看实际上也是一种相互影响、相互模仿的行为。

就个体的旅游者而言，旅游过程中的模仿是经常的现象，旅游模仿成了获取乐趣的手段。这样的事例实在不胜枚举。在一个仿古宫廷的玉阶下面，金发碧眼大鼻头的人穿戴着中国皇帝的龙袍，要以这样的模仿体验一次身居万人之上的滋味。城里人来到乡下，笨手拙脚地学习栽种，也不过是出于对模仿的好奇。与此相反，上海却打出招牌，提供给那些想说一句“阿拉是上海人”的外地人一次难得的机会，这也不过是应了人们模仿的愿望。由此可见，模仿在旅游过程中是几乎不曾间断的行为。旅游作为脱离日常生活内容和方式而在异地发生的暂时性行为，决定了模仿在旅游活动中的地位和意义，值得对它做进一步的深入研究。

## 第四节　旅游消费

### 一、旅游消费、旅游者消费及其特点

如果从比较狭隘的意义上来理解，消费是指人们消耗物质资料以满足其物质和文化生活需要的过程，即通常所指的生活消费。消费在人类生活中占据着重要的地位，它不仅是人类延续和发展的前提条件，也是决定人类众多活动的根本因素。在现代社会中，人们消费的对象通常都要通过交换来获得。因此，我们在这里所探讨的消费，也就自然是指个人对通过交换所获得的物质资料的消耗。

考察旅游者的消费，一直是旅游学研究领域的传统。消费是旅游者暴露在外的最显著的特征之一，旅游者的消费水平也是对旅游接待地最有实际意义的一项指标，因此，对旅游者的消费的研究也就为大多数人所关注。然而，人们在这个问题上实际还存在概念上的混淆。这主要表现在，一方面，人们常常把旅游消费与旅游者消费混为一谈。在我们能读到的有关书籍中，不难发现人们对这两个词汇的使用经常是彼此混同的，甚至在同一作者那里也是前后矛盾的。另一方面，人们也往往把所看到的旅游消费当作了旅游本身，或者认为旅游消费是旅游活动的中心内容，从而判断旅游是一种经济现象。这种看法造成了旅游与旅游消费之间的长期混淆，影响了人们对旅游性

质的认识，也影响了旅游学的学科建设。

要弄清楚旅游消费的意义所在，必须分清旅游者消费和旅游消费这两个概念。这也是本书在建立了“旅游产品”和“旅游业”等一系列概念后必然提出的一个逻辑要求。

在以往的文献中，大多数人在使用“旅游消费”一词时实际上指的是“旅游者消费”。林南枝、陶汉军在他们合著的《旅游经济学》中，对旅游消费的解释是“人们旅行游览过程中，通过购买旅游产品来满足个人发展和享受需要的行为和活动”[①]。这个解释在其后来的修订版《旅游经济学》中没有根本的改变。由于旅游产品在这里指的是综合产品（尤其还可能包括旅游购物品），旅游消费自然也就是指旅游者的全程消费的总和，是一种“综合性的消费”，必然也是指的旅游者消费。

就连世界旅游组织也是从旅游者角度来考察旅游消费，把它看作是“由旅游单位（游客）使用或为他们而生产的商品和服务的价值”，并把旅游消费与国民核算体系中的“最终消费”的概念紧密地联系在一起，把旅游消费视为在总量上与旅游收入相等的指标。[②] 因此，这里所说的旅游消费又是旅游者消费。

实际上，旅游消费与旅游者消费是不同的。如果把旅游者在旅游过程中所购买的物品和服务进行分解，就很容易看出，旅游者的消费在构成上是比较复杂的，包含了旅游消费的内容，而且它们在经济学意义上的差异也很值得注意。这主要有以下几种情况：

首先，旅游者购买的是旅游产品。这种旅游产品就是我们所说的可以供人审美、寻求愉悦的核心旅游产品。

其次，旅游者购买的是与旅游相关的产品和服务。这些产品和服务有助于旅游活动的进行，也可能提高旅游体验的质量，但这些产品和服务给予消费者的利益属于对旅游产品核心利益的追加层次，这部分产品即通常意义上的旅游媒介型产品（没有把它称为媒介型旅游产品）。

再次，旅游者购买的是非日常性的特殊商品。如纪念品、艺术品、特殊的家庭生活用品等，这些商品可以满足旅游者馈赠亲友、经济购物、玩味欣赏等需要，而这些需要一般是发生在旅游过程结束以后（这部分产品与下述产品以往也有被合称为旅游商品的时候，但在本书中由于旅游商品被视为与旅游产品完全等价的概念，所以作者宁愿还使用旅游购物品这个词，但实际上这部分商品中除了旅游纪念品和旅游用品之外，在性质上已经很少有什么值得特殊注意的地方了，人们研究它的原因只不过是出于对旅游者消费量的关注而已）。

最后，旅游者购买的是作为满足旅游过程中的基本生活需要的一般消费品。这部分消费品的使用者可以是任何人，并可以在生活的任何时间和空间里使用，旅游者购买它们的目的也是为了满足其日常性的需要（即使是旅游帐篷，也是因为旅游者需要有一个安身之处）。

上述观点可再以图示的方式直观地予以表达（见图 5-7）。这个图只不过是图 3-3

---

① 林南枝、陶汉军：《旅游经济学》，南开大学出版社，1994 年版，第 176 页。

② 王大悟、魏小安：《新编旅游经济学》，上海人民出版社，1998 年版，第 105 页。

的具体化而已。本图的意义还在于帮助我们重新认识旅游产品与其他概念之间的关系。

经过这种分解以后，我们看到，真正意义上的旅游消费实际上等价于旅游者对核心旅游产品的消费，也就是主要以购买可借以进入景区（点）进行观赏或娱乐的票证（对于不需付费就可以观赏的情况，请回头阅读旅游产品一节中的有关论述）的方式消耗个人积蓄的过程。换言之，旅游消费是旅游者为达到愉悦的目的而购买和享用核心旅游产品的消费过程。这可以定义为狭义的旅游消费。它具有以下特点：

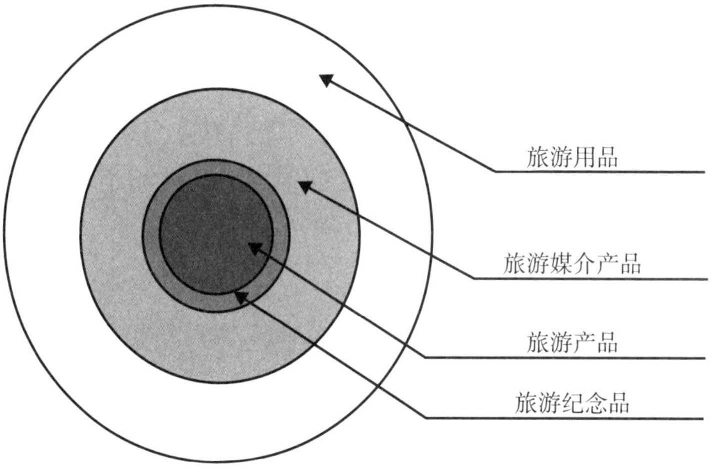


**图 5-7　旅游者所购买的产品的结构类别**

1. 旅游消费主要是一种心理体验过程。在这里，旅游消费成为实现旅游者寻求愉悦性休闲体验的手段。旅游者为了看到美丽的风景，尤其是为了身临其境仔细揣摩，就不得不花钱购买被当作产品开发出来的风光景点。这时，“风光”的拥有者是旅游产品的生产者。

正是由于旅游消费这种感觉消费或精神消费的特征，曾一度使人们产生一些片面的认识，忽略了旅游消费对旅游资源耗竭所应负有的责任。[①] 从理论上说，旅游消费确实不应该引起消费的对象物实体形态的任何改变或消耗，因为在旅游地旅游者“除了脚印什么也不留下，除了影像什么也没带走”。但实际上，伴随旅游者这种消费过程而发生的是旅游者随手丢下的废物，粗暴的足迹对植被的破坏，熙熙攘攘的身影和不绝于耳的嘈杂声对旅游环境的不良影响，等等，这些都是对以环境为根基的旅游对象物的蚕食。所以，旅游消费虽然在本质上是精神消费，但旅游者在完成这种消费时的具体行为却对旅游消费的对象物本身及其存在环境有着实际的物质影响。

2. 旅游消费过程中的交换行为表现为旅游者通过支付货币而获得某种可以对消费对象作暂时观赏或使用的权利。在所有的商品交换过程中，交易的某一方通过失去某种东西而获得的都不外是对另一方所拥有的东西的所有权或使用权，后者意味着交易的一方暂时放弃而另一方暂时拥有对商品的使用权，但商品所有权的归属不做变更。

① 谢彦君：《永续旅游：新观念、新课题、新挑战》，《旅游学刊》，1994 年第 1 期。

旅游消费过程就属于后一种情况。旅游者在交易中失去的是对一定量货币的所有权，换得的是对旅游产品做暂时观赏（一种使用）的权利，而且这种权利被以信用形态体现在某种票券之上。

3. 旅游消费过程具有较强的自主参与性。旅游者在面对作为消费对象的旅游景观时，是借助高级感官对对象（旅游景观）进行观赏，这种观赏带有几乎绝对的个人的性质，观赏的效果也决定于个人情感、意识和其他心理要素在这种特殊情境中的综合作用和交互反应。旅游者在整个消费过程中，需要身心的投入，而这种投入的方式和程度又完全是自决的。

4. 由于旅游消费对象在空间上是固定的，因此旅游消费具有暂时性、异地性以及与生产的共时性的特点。这一点已经为大家所认同，不再赘述。

5. 旅游消费的效果存在极大的个体差异。对于购买一般消费品的人们来说，由于商品的物化形态和实际效用的存在，决定了消费者对商品的评价具有一定的客观性，消费者对消费效果的评价也不会有太大的不同。但旅游消费则大不相同。虽然旅游者都买了同一张门票（旅游消费），进入了同一处景点，但看到的东西会截然不同，旅游者的心情很可能为一时一地一事一景所牵引、左右，直至不顾其余。所以我们常常看到，即使都同到一处旅游的人，回来后再谈起对旅游的感受，也竟然会有天壤之别。这就是由旅游消费的特点决定的。

6. 旅游消费的对象常常是（但不总是）公益性的，而且在一定的限度内（比如在合理的旅游容量之内）不同旅游者对同一消费对象的消费并不完全地相互排斥，而是可以同时进行，这是与一般消费品的消费过程大不相同的。从这一点来说，不同的旅游者的旅游消费也具有共时性特点。

7. 旅游消费的弹性在不同的时间前提下差异很大。在旅游者只是以潜在旅游者的身份存在着的时候，由于旅游消费是一种非基本生活消费，与个人的收入、产品的价格、个人的偏好、汇率的变动方向、国际（尤其是客源国和目的地国之间）政治经济关系等因素有着密切的联系，这些因素的任何微妙的变化都可以改变人们对旅游消费的倾向和态度，从而成为阻止或推动旅游消费发生的巨大力量。因此，从这个角度看，旅游消费是高弹性的。但是，一旦旅游者身在旅途，旅游消费又呈现出明显的刚性。这是因为，旅游消费是旅游者全部消费结构中最基本的项目，是为旅游目的（愉悦）所先在地规定了的。这不仅表现在指向上的明确和不可变更，还表现在量的方面，那就是旅游者每到了一处向往很久的景点的门口（如长城、故宫），望着价目表，哪怕皱着眉头，最后也基本不会折身而返。这便是旅游消费的刚性特点。而且，这种刚性特点还会表现在旅游者消费的内部构成上。也就是说，相对于旅游者的其他消费而言，旅游消费也将是呈刚性的（参阅第四章对旅游需求的有关论述）。

上面对旅游消费的阐述，是为人们通常所忽略的方面，人们也是把它与旅游者消费相混淆的。人们在通常意义上所说的旅游消费实际上指的是一种广义上的旅游消费，即旅游者消费：旅游者在旅游过程中购买和享用组合旅游产品的过程。从量上来看，它意味着旅游者在旅游过程中支出的总水平，从旅游者获得的利益来看它包括了几乎所有的利益层次；从它的对应关系上来看，它是对组合旅游产品的消费，也是形成广义旅游业收入的源头。它所具有的特点与旅游消费的特点并不完全相同，归纳起来可能包括以下几点：

1. 旅游者消费的对象构成极其复杂，综合性与连带性均较强。从上面的定义可以看出，旅游者消费可以说包含着多方面的意义。首先，从时间上看，旅游者消费有旅游前消费、旅游中消费和旅游后消费。再从构成上看，旅游前消费主要是指用于进行旅游咨询等方面的开支；旅游中消费是旅游者消费的主体，包括用于满足吃、住、行、游、娱、购诸方面的开支；旅游后消费一般对接待地已经较少有经济上的意义，因为这种消费主要是指旅游者回到家中之后对旅游过程中购买的具有实物形态的物品的持续消耗或连带发生的一些消费（如冲洗相片）。旅游者消费的这种复杂性，已经使我们企图去笼统地概括其特点有一定的困难。比如，我们似乎不能断然地说旅游者消费是与旅游产品（包括核心旅游产品与组合旅游产品）的生产和交换发生在同一时空框架之下（如旅游购物品的生产、交换和消费），也难说旅游者消费不可重复。① 因为旅游者消费与旅游过程虽然在多数情况下是一致的，但不能绝对排除二者分离的可能性。

2. 旅游者消费中包含一定量的冲动型购买，其水平有攀高的倾向。虽然我们还缺乏系统的实证分析，但从现象来看，旅游者在旅游过程中的消费，即使在开支规模上大体是预算型的，但在支出方向上也不像居家消费时那样理智。这两种情况都是可以理解的。在一个陌生的环境当中旅游，见到的自然多是陌生的、新奇的东西，购买自然也就往往随兴之所至。另外，与居家消费相比，旅游者消费有明显的攀升的倾向。在 1997 年所进行的“海外旅游者在华花费情况抽样调查”中，海外旅游者在华人均每天消费 135.11 美元，虽然这不是一个应有的足够高的水平（如海外旅游者在华期间用于住宿和餐饮的花费分别仅为人均每天 17.7 和 11.7 美元，这种难以接受的低水平与我国已经形成的高度竞争的市场供给状态有关），但即使这样的水平，也已经远远超出其日常消费标准了。

3. 一般而言，旅游者消费呈现较高的弹性。这有两方面的原因：一方面，从总体上看，旅游者消费是人们在满足了基本生活需要之后发生的一种旨在追求发展和享乐的高层次消费。这种消费性质必然决定了它将随着个人收入水平的变动（尤其是达到或超过某一临界点时）以及价格的变动而做更为敏感的变化。另一方面，从消费的项目结构上看，由于多数项目的性质和地位处于对核心旅游消费的追加地位，因此自然也就决定了旅游者在这些消费项目上的支出原则，从而在多数情况下表现出其从属的地位乃至弹性的支出规律。

总而言之，旅游消费与旅游者消费在外延上是不等的，旅游消费可以说是旅游者消费的一部分，而且是最关键最核心的一部分，它在本质上是使旅游者消费成其为旅游者消费的根本所在。但是，从个人消费（个人支付）的角度来看，在有些情况下，旅游消费却可能在量上表现为极为微小的水平，远不及旅游者消费的其他部分。也正因为这个原因，旅游消费实际上较少有经济学上的意义，而在实践中人们完全可以更

① 参考林南枝、陶汉军：《旅游经济学》，南开大学出版社，1994 年版，第 178 页。

为关注旅游者消费，甚至用旅游者消费这一指标取代旅游消费指标也是可行的，只要所探讨的问题侧重于消费的经济量的衡量的话。这种情况在旅游地还未经人们将其作为产品开发出来而仅以资源的原始状态存在时表现得尤为明显。但随着环境经济化、生态经济化时代的到来，这种情况会发生根本的改变。

## 二、旅游者消费的构成

前面曾经提过，旅游者消费具有复杂的构成，这决定了旅游者消费具有综合性的特点。为了进一步认识旅游者消费的结构特征，必须对旅游者消费进行构成上的分析。

### （一）实物消费与劳务消费

从旅游者所消费的对象的物质形态上来看，有的是有形产品，有的是无形服务，还有的是二者的结合。这种结构特点使旅游者消费与一般消费品消费有很大区别。对于旅游产品中实物形态的消费，由于消费对象的确切的物理属性和特点，使消费感受和评价具有客观的基础；而对于劳务消费来说，情况就十分复杂。对于纯粹的劳务（这种情况十分少见）的质量进行衡量，完全依赖于服务者和被服务者对服务效果的主观预期和评价；而对借助于设备和设施才得以提供的劳务（这种情况最为常见），又往往是以上两种情况的综合。

### （二）生存性消费、享受性消费和发展性消费

生存性消费是指用于满足人们基本生理需要而进行的消费，它是作为生物的人所具有的一致的消费需要，因此也是旅游者所离不开的。享受性消费是社会人的欲望的产物，是指人们在物质生活领域、精神生活领域谋求舒适、惬意和满足而做出的支付选择。发展性消费是指为保证人们的体力和智力在现有水准之上不断获得发展而进行的消费，它是人作为社会人为谋求机能和智能的进步而选择的一种积极支付。在旅游者消费的整体结构当中，这三种类型的消费实际上并不是截然对立和孤立的，在大多数情况下，三者浑然一体，难以分隔。一些本属于享受性和发展性的消费也往往依附于生存性消费过程来得以实现，这也是旅游消费的一个特点。

### （三）游、娱、吃、住、行、购的指向性消费

从传统上看，旅游者消费被分解为六大要素。“六要素论”实际上一直是人们理解旅游产品构成并推断其特性的向导或钥匙。根据前面的论述，笔者认为这六大要素在旅游产品概念中所处的地位是很不相同的，其中有些项目是体现旅游产品内涵的项目，如游览和娱乐，它们单独就可以构成旅游产品；而另一些项目的意义仅在于向旅游产品提供追加利益，只有当旅游产品的外延被扩大之后它们才属于旅游产品的范畴，如餐饮、住宿、交通通信、购物，它们在一般情况下是不能单独构成旅游产品的，尽管它们可以单独地作为别的什么产品。

从六要素的角度考察旅游者消费的结构特征，有助于判断旅游地的性质，了解当地旅游发展所带来的经济效益的结构来源，认识旅游业的潜力所在，从而制定适当的旅游发展政策。近几年来我国通过对来华海外旅游者的消费结构进行抽样调查，就连

续获得了这方面的有关资料。表 5-3 是 1994 年、1996 年和 1997 年对海外来华旅游者的抽样调查结果。从中可以看出，旅游者在各要素项目上的支出水平是相对稳定的。为了确定一种规范的结构模式，我们对这三个年份的各要素水平予以平均，得到了表中最后一行的数值。这个数值结构可以作为我国海外来华旅游者消费要素结构的典型，因为这种结构直到今天也没有太大的变化。

表 5-3　1994 年、1996 年和 1997 年海外来华旅游者人均每天消费构成（%）

| | 游览 | 娱乐 | 餐饮 | 住宿 | 交通* | 购物 | 邮电通信 | 其他 | 合计 |
|---|---|---|---|---|---|---|---|---|---|
| 1997 年 | 4.2 | 4.4 | 11.7 | 17.7 | 31.9 | 19.3 | 3.9 | 6.9 | 100.0 |
| 1996 年 | 4.4 | 4.2 | 13.5 | 17.6 | 29.5 | 20.3 | 3.8 | 6.6 | 100.0 |
| 1994 年 | 3.1 | 1.1 | 17.8 | 27.1 | 25.3 | 16.7 | 3.4 | 5.5 | 100.0 |
| 算术平均 | 3.9 | 3.2 | 14.3 | 20.8 | 28.9 | 18.8 | 3.7 | 6.4 | 100.0 |

* 注：不包括国际交通费。

资料来源：《中国旅游统计年鉴》，国家旅游局编。

### 三、旅游者消费的变化趋势及其影响因素

从近代旅游业的开始到现在这一个多世纪当中，旅游者的消费趋向经历了持续的、深刻的变化。这种变化既是旅游发展历史由幼稚向成熟进步的原因和结果，也是人类社会历史发展种种必然性的反映或折射。描述旅游者消费的这种历史性变化，由此也构成了一个不可忽视的课题。

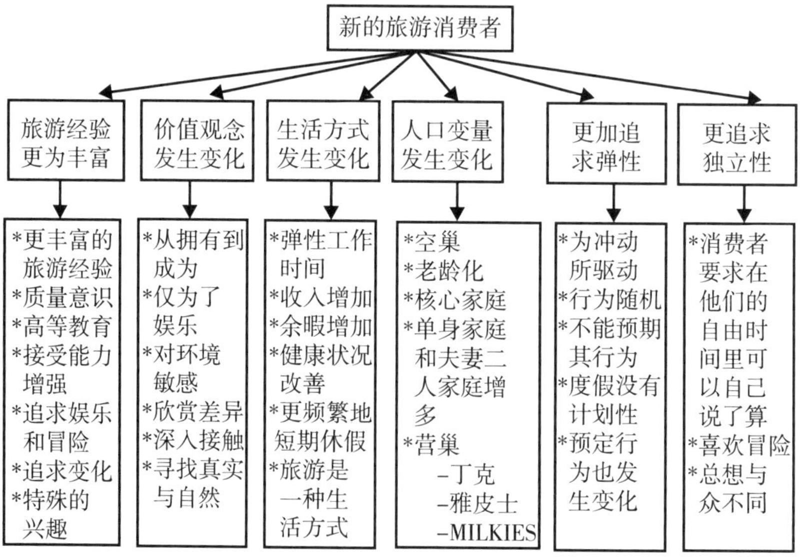


图 5-8　新的旅游消费者的特征

奥丽安娜·普恩（Auliana Poon）在她的《旅游、技术与竞争战略》一书中，

曾十分自信地提出了“旧旅游”（old tourism）和“新旅游”（new tourism）的概念。[①] 借助于这两个概念，她描述了旅游者消费在历史上的变化历程以及引起这种变化的原因。她认为，进入20世纪90年代后的旅游者是一种新型的旅游消费者，他们的特征表现在经验、价值观、生活方式、人口统计特征、适应性和独立性这些方面（见图5-8）。

正是由于这些变化，使一种新型的旅游应运而生。这种新旅游包括以下几个方面内容：[②]

- 对于独立的旅游度假的消费需求正在增长；
- 对于富有弹性和选择性的旅游消费需求比以往什么时候都更加高涨；
- 信息技术在迅速扩散（美国96%的旅行代理商都联网到CRSs）；
- CRSs正成为组合旅游的灵活的备选方案；
- 传统的阳光旅游的增长率正在衰减；
- 在旅游目的地国家对环境的规划和控制正在加强；
- 针对一些特殊群体（丁克，雅皮士，MILKIES[③]）的度假细分市场日益增加；
- 旅游者的旅游行为和动机正在变化。

从普恩的考察可以看出，影响旅游者消费的因素来自很多方面。概括起来说，这些因素包括人口统计、社会文化、经济和心理诸方面。它们对旅游者消费行为的影响常常是交互的、复杂的，是决定旅游者消费发展的历史趋向的因素的集合体。

## 本章重要观点

1. 旅游体验是旅游学研究的重要内容。旅游体验的方式主要是观赏、交往、消费和模仿。
2. 旅游体验的目的在于追求两种愉悦：旅游审美愉悦和旅游世俗愉悦。
3. 旅游体验过程中的满足程度，与旅游期望和旅游感受两方面都有关系。
4. 旅游消费是与旅游者消费不同的范畴，应该加以区别，这在理论和实践上的意义都十分重要。

## 本章内容举要

### 1. 核心概念

- 旅游体验：处于旅游世界中的旅游者在与其当下情境深度融合时所获得的一

---

① Auliana Poon. *Tourism, Technology and Competitive Strategy*. CAB International Press，1993，p. 115.

② 同上书，p. 17.

③ 关于这个词，笔者曾询问很多人，包括一些英美国家的学者，都不知道这个词指的是什么，就差问作者本人了。

种身心一体的畅爽感受。

- 旅游审美体验：旅游者在欣赏美的自然、艺术品和其他人类产品时所产生的一种心理体验，是一种在没有利害感的观照中所得到的享受。
- 旅游世俗体验：旅游者在旅游过程中所获得的审美体验以外的一切体验。
- 旅游期望：旅游者对旅游所能获得的愉悦性休闲体验的心理预期。
- 旅游满意度：旅游者的旅游感受与其旅游期望之间的对应关系。
- 旅游观赏：旅游者在远离其常住地的地方主要通过视听感官对外部世界中所展示的美的形态和意味进行欣赏体验的过程，旨在从中获得愉悦的享受。
- 旅游交往：旅游者与他人之间发生的一种暂时性的个人间的非正式的平行交往形式。
- 旅游角色：旅游者在旅游过程中根据社会期望和他自身的主观能力和愿望，为适应旅游环境、达到旅游目的所表现出的相对稳定的行为模式。
- 旅游模仿：旅游者在旅游过程中暂时地放弃其常规角色而主动扮演某些具有愉悦性休闲体验功能的角色过程。
- 旅游消费：旅游者为达到愉悦的目的而购买和享用核心旅游产品的消费过程。
- 旅游者消费：旅游者在旅游过程中购买和享用组合旅游产品的过程。

2. 主要内容

（1）旅游体验

- 旅游审美体验的特点：这是一种在观看和倾听中获得的极其愉快的体验；这种经验可以使意志中断，不起作用，人似乎觉得自己像是在海妖的美色中陶醉了；这种经验有种种不同的强烈程度，即使它过于强烈或过量，也不会使人感觉厌烦；这种愉快的经验是人独有的；虽然这种经验源自于感官，但不能仅归因于感官的敏锐；这种愉快直接来自于对对象的感觉本身，而不是来自它引起的联想。
- 旅游世俗体验的特点：以追求伦理意义上的“善”和认知意义上的“真”为目标，同样受快乐原则所支配；其愉悦感来自对禁锢的突破和对规制的背离，是在制度性稀缺中寻找到的某种补偿性质的快感，往往在类似的时空框架中重复发生，并停留在基本相同的水平上；世俗体验中出现的愉悦度降低的情况，有的来自社会规制的消弭而导致张力消失，有的来自客体的过度丰裕而对主体形成过量刺激；可以在非人的动物界中大量存在。

（2）旅游体验的质量

- 旅游体验的质量很难测量，主要是一种主观的感受，可以用旅游满意度作为衡量指标，其具体项目可延伸至满足感、淡漠感、失望感等。
- 旅游满意（或称旅游满足）的产生除了受一些先在因子、干涉变量、旅游行为等因素的影响外，还与旅游期望密切相关。

- 旅游期望的特点是：（1）总体上的片面性和模糊性；（2）指向上的可转移性或可替代性；（3）在旅游体验过程中逐步外化并成为度量旅游体验质量的标尺。

> 【即问即答】旅游期望的特点对旅游者在旅游目的地的行为尤其是消费行为影响很大，是不是？
> ——正是。由于旅游的异地性特征，使旅游者在时间、精力、金钱等支出上表现出预支和刚性的特点，这使旅游者必须不断磨合旅游期望与旅游感受之间的关系，并适时对旅游期望做出调整。

- 旅游体验的“挑战—技能模型”也可以描述旅游期望与旅游体验之间的关系。

（3）旅游观赏

- 旅游观赏的特点：（1）目的是获得审美体验；（2）形式是异地性观赏；（3）对象来源具有多样性；（4）感官渠道主要是视听感官。
- 旅游观赏的心理要素：感知、联想、情感和理解。

> 【即问即答】感觉和知觉的区别在什么地方？
> ——感觉是通过感官直接获得简单信息；知觉是通过大脑对对象形成整体映像，二者都属于感性认识，但知觉已经有了整体性、选择性和恒常性等特点。
> 【即问即答】很多旅游景点都挖空心思给景观起一些名，我觉得很牵强，很倒胃，这就是所谓在旅游观赏过程中创造联想吗？
> ——人们的初衷是这样的。但匠气的景观命名有时反倒约束了人们驰骋的想象力。

- 情感与审美体验的关系非常直接。对于旅游审美的愉悦情感是如何产生的这样一个问题，理论界存在着不同的观点。（1）一种是认为这种愉悦情感来自对对象的直接感受，即旅游者观赏到的对象世界所具有的单纯结构或其要素如线条、色彩、形状、质感等都具有情感性质，此即所谓“客观性质说”；（2）一种是认为这种愉悦情感的产生缘自审美主体在审美过程中积极地把自己的人格和情感投射到对象当中并与对象融为一体，使对象有了情感的性质，这就是所谓“移情说”；（3）一种是认为在对象的可感受形式和感受主体的内心世界之间存在着某种形式上的契合，这种契合提供了获得审美情感的机会。这就是著名的“结构同形说”。
- 旅游审美过程中还是需要“理解”这个心理过程的。理解有三个层次：（1）最基本层次的理解是对于不同于“实用”状态的“虚幻”状态的理解；（2）第二层次的理解是对于审美对象的象征意义、题材、典故、技法、技巧和程式等项目的理解；（3）第三层次的理解是对融合在形式中的意味的直观性把握。
- 旅游观赏过程中的审美体验要经历初始阶段、高潮阶段和效果延续阶段。在每个阶段，都有不同的影响因素，有不同的心理过程，形成不同的审美效果。

- 旅游观赏对象中美的存在形态有三种：自然美、社会美和艺术美。
- 影响旅游观赏效果的因素，概括起来主要是观赏时机、观赏位置和观赏态度。

（4）旅游交往

- 交往是有水平差异的，一般可分为六个等级，即隔离、潜交、示意、互动、互助和竞争。
- 旅游交往是一种旅游者与他人之间发生的暂时性的个人间的非正式平行交往。
- 旅游交往的情境模型描述了旅游交往的目的、途径、交往关系的性质以及交往的参与者等内容。
- 旅游交往过程中的心理反应主要表现为理解与误解、喜爱与厌恶、同调与异调，它们分别属于认识过程、情感过程和意志过程。
- 旅游角色的特点是：（1）以自致性角色为主；（2）主要还是一种非正式角色；（3）具有伦理脱离倾向；（4）角色的参与程度因人而异。
- 由于旅游角色的多重性和复杂性，各种角色之间的冲突和矛盾是经常的，需要积极予以协调。

（5）旅游模仿

- 模仿是人有意或无意地对某种刺激做出类似反应的行为方式，也是一种即时性的角色变更。模仿在旅游过程中具有重要意义，因为模仿有时就是旅游的目的本身，有时是达到旅游目的的手段，旅游者可以借助模仿或追求模仿实现对旅游愉悦的体验。

（6）旅游消费

- 区别旅游消费和旅游者消费是非常重要的，这有利于对有关问题进行更透彻和科学的研究。
- 旅游消费的特点是：（1）旅游消费主要是一种心理体验过程；（2）旅游消费过程中的交换行为表现为旅游者通过支付货币而获得某种可以对消费对象作暂时观赏或使用的权利；（3）旅游消费过程具有较强的自主参与性；（4）旅游消费具有暂时性、异地性以及与生产的共时性的特点；（5）旅游消费的效果存在极大的个体差异；（6）旅游消费的对象常常是公益性的，在一定限度内是不排他的；（7）旅游消费的弹性在不同的时间前提下差异很大。
- 旅游者消费的特点是：（1）旅游者消费的对象构成极其复杂，综合性与连带性均较强；（2）旅游者消费中包含一定量的冲动型购买，其水平有攀高的倾向；（3）一般而言，旅游者消费呈现较高的弹性。
- 旅游者消费的构成可以从不同的角度加以分析。通常可以考察其实物消费与劳务消费构成，生存性消费、享受性消费和发展性消费构成以及由游、娱、吃、住、行、购的指向性消费构成。
- 旅游者消费并不具有一种恒定的模式。由于各种环境因素的变化，旅游者消费也呈现一定的新的变化趋势。这些因素包括人口统计、社会文化、经济和心理诸方面，它们对旅游者消费行为的影响常常是交互的、复杂的，是决定旅游者消费发展的历史趋向的因素的集合体。

## 本章答疑

**【疑问1】通常，旅游学研究并不探讨旅游体验问题。本章的设立使本书大大区别于其他通行的教材和著作。这是不是故意在标新立异？**

——以往人们不研究或很少研究旅游者个体的旅游体验问题，原因是多方面的。一个是，人们总是把旅游看作综合现象、群体行为或产业现象，这样，个体的旅游者行为就被忽视了；另一个是，多年来人们对旅游的研究在很大程度上受功利意识的支配；还有一个原因是，这个领域所涉及的学科领域比较复杂，研究难度也比较大。现在，旅游的发展趋势越来越重视个人需要的满足，体验质量就成为应该予以充分关注的领域。实际上，旅游体验的质量，一头影响旅游需求，一头影响旅游供给，是非常重要的。本章内容的充实程度也说明这不是在标新立异。

**【疑问2】旅游体验的几种方式（旅游观赏、旅游交往、旅游消费和旅游模仿）之间是有清晰界限的吗？或者说，它们是并列的几种体验方式吗？**

——这几种体验方式虽然是典型的，但却是按照不同的标准划分出来的，不完全并列。比如，观赏、模仿和交往中都要有消费；有些交往就是模仿，而有些模仿要通过交往来实现。即使是观赏，也不排除旅游者是在模仿文人雅士的行为。所以，在它们之间没有严格的界限。

**【疑问3】在中国目前这个时期，人们对旅游者有明确的行为期望吗？也就是说，现在能说旅游角色相对定型了吗？**

——恐怕还不能。虽然旅游者可以模仿一些其他角色，但“旅游角色”这个整体性概念却还没有形成。比如，“教师”这个角色就相对定型了，因为人们都知道教师的行为模式应该符合哪些最基本的规范。但规范的“旅游角色”还有待培育。什么样的旅游者才是合格的旅游者，这个问题还需要社会达成共识。另外，人们对出自不同目的、选择不同旅游目的地和旅游方式、具有不同个人身份特征的旅游者，也会产生完全不同的角色期待，因此，旅游角色有可能还会被细分为若干种。比如，生态旅游者的旅游角色扮演如果丝毫没有生态意识，则完全有悖于人们的期望；相反，前往泰国的“性旅游者”在其旅游角色扮演过程中如果没有看人妖表演这个情节，似乎也会显得怪怪的。

**【疑问4】引入旅游消费和旅游者消费两个范畴，除了是为达到与旅游、核心旅游产品和组合旅游产品、旅游需求和旅游者需求、狭义旅游业和广义旅游业等范畴的**

逻辑一致性之外，还有什么实际意义吗?

——有。当明确了旅游者购买的产品可能分为三种层次（或类型）时（旅游产品、旅游媒介产品、旅游用品与旅游纪念品），对于把握旅游者的消费行为的变化规律十分有好处。作为旅游供给方的旅游企业也可以根据这种规律性决定其营销策略。

## 本章案例分析

【案例 5-1】

### 洛雷莱

有一首海涅作词的歌曲《洛雷莱》是这样唱的：

也不知道为什么原因，我心中总觉悲伤，这样一个古老的故事，它叫我不能遗忘。晚风凉暮色已苍茫，莱茵河水静静流淌，天空中灿烂的霞光，照耀在高高山上。在山顶上有一位姑娘，没有谁比她漂亮，她梳她那黄金的头发，珍珠也闪耀光芒。她一面在那儿梳妆，一面在那儿歌唱，这歌声是那样美妙，谁听了都会神往。这歌声里有一种力量，打动了船上水手，他忘记了狰狞的岩石，一心只望着山头。谁知道滚滚的波浪，把船儿深深埋葬。洛雷莱用她的歌声，将故事这样收场。

〖案例提示〗

通过歌曲的描绘，你怎样理解旅游审美愉悦的特点？再回想一下，你或你的朋友，在面对从未见过的壮美的旅游景观时，有没有过类似的表现?

【案例 5-2】

### 沃尔夫冈[①]

我还以为我是这趟火车上的唯一外国人呢。我本应该知道得更多一点。以往的经验告诉我，在二等车厢，总会有一个德国人，斜倚在他的旅行包上，不停地往窗外吐着橘子核。在哈马瓦卡，这个人就是沃尔夫冈。他从奥鲁罗冒着阴冷的倾盆大雨登上

① 节译自Robert W. Wyllie. *Tourism and Society: A Guide to Problems and Issues*. Venture Publis-hing, Inc.,1999.

了这节玻利维亚车厢，此后便一直在二等车厢里苦熬。我并没有见过他，但是，他说他曾见过我，见过我在拉奎尔卡从一个印第安妇女那里买过茶。他曾在美洲中部和南部旅行几个月，对所到之处只有非常模糊的印象。他只有一件事是确定不疑的：如果他没有运气在布宜诺斯艾利斯找到份工作，他的余生就会在阿根廷度过。他说，他实际上想回家。

有时，遇到这种人——我已经遇到过多次了——会使我为自己那么快从波士顿离开感到惭愧。两个月前，我在南站登上了湖岸有限公司的游船，在波士顿经历了几个下雪的日子之后，我又匆匆赶到了墨西哥，沐浴在明媚的蓝天下面。我既没有被抢掠，也没有获恙，却看到了很多美景，遇到了很多友好的人们。我记下了几百页的日记，现在，我感到我肯定会去巴塔哥尼亚的易斯奎尔，那是一个我在地图上看到之后随意圈定的目的地。我像风一样地掠过这些国家中的大部分，而当我遇到另一位旅游者说他计划在某地（比如巴兰基利亚或库斯科）要待上一个月时，我又总是会被弄得底气不足。“我不喜欢厄瓜多尔，”一位美国人在秘鲁对我说，“也许是因为我在那儿时间太短了吧。”他在那儿曾逗留两个月，而这在我看来仿佛是永远。

沃尔夫冈的故事也一样——一个月在这儿，一个月在那儿，两个月在别的什么地方。他已经成了这些地方的“居民”，他就像一个寻找新生活的人。我知道我仅仅是在往南掠过，像候鸟一样全凭直觉行事。但由于我没有照相机，由于我勤于笔记，我所见到的景象都很鲜活。瞥一眼我写的对话，我就能够回忆起墨西哥或哥斯达黎加；从桑塔马达到波哥大的奇异的火车旅行，使我感到我可以重新诠释哥伦比亚。旅行，不管怎么说，是对记忆的检验。

眼下，部分是为了打发时光——火车还一动不动地停在哈马瓦卡——部分是为了缓解一下自己的负罪感（有人说我算不上一个旅游者），我问沃尔夫冈对旅行过的地方他都记住什么了。

“这算一个测验，”我说，“我说出地名，你告诉我最令你难忘的是什么。假设我是一个从没有到过任何地方的人——我要知道这些地方到底什么样。好不好？”

“是个不错的游戏。”他说。

“准备好了吗？开始。墨西哥。”

“美国人在那儿到处碰壁。”

“危地马拉。”

“我错过了去圣萨尔瓦多的汽车，但我的行李还在上面，还有护照。我花了三美元打电话。糟透了！”

“尼加拉瓜。”

“我本不该去那儿。”

“哥斯达黎加。”

“没劲。”

“哥伦比亚。”

"市场上食物很多，但我在那儿病倒了。"

"也许是食物的原因，"我说，"厄瓜多尔呢？"

"我在那儿一个月，就挤公共汽车了。"

"秘鲁。"

"又美又便宜。"

"玻利维亚。"

"所有玻利维亚人都是傻瓜。"

"阿根廷。"

"我将到那儿呆几周或几个月，"他说，"怎么样？我通过测验了吧？"

"你不及格，沃尔夫冈。"

他只是在话题转到汇率上时才说得具体一些。在某处，1 美元兑换 670 比索，但在别处一些小镇，你可以兑换 680 比索。其实，其间的差额不足 1 美分，但沃尔夫冈在这一路上几乎就是效益最大化的体现。对汇率最精细的旅游者实际上是最粗糙的旅游者。沃尔夫冈不是在寻找另一种生活，旅游对于他，像对许多人一样，仅仅是省钱的另一种方式。

〖案例提示〗

1. 联系本章所讲授的内容，指出为什么作者说沃尔夫冈在测验中不及格？
2. 根据本文的材料判断，作者的旅游体验侧重哪些方面？沃尔夫冈的旅游体验侧重哪些方面？
3. 他们谁更像大众旅游者？在哪些方面像，哪些方面不像？

【案例 5-3】

## 一次亲身旅行体验①

我支持旅游产业变革的原因来自一次亲身体验。很多年前，我就开始筹划到牙买加度假。我前半生听到很多有关这个岛国的故事，一直渴望到那里去。在还是孩子的时候，我就看到了有关我祖父在牙买加做传教工作的家庭电影。我记忆犹新的是电影里那段有二十几个人在户外大树下跳舞的情节，其中给我印象最深的是人们表现出来的那种精神状态和欢乐情怀。

随着时光的流逝，我对牙买加和牙买加文化的兴趣从未间断。20 世纪 70 年代，当我在俄克拉荷马州东北部的一个小镇里长大的时候，我的一些朋友已经开始组建起

① 节译自 Deborah Mclaren. *Rethinking Tourism and Ecotravel: The Paving of Paradise and What You Can Do to Stop It*. Kumarian Press,1998. 作者为女性。

一个乐队，并唱起了鲍勃·马利的瑞格歌曲。住在一个经济不景气的乡下小镇，终日与自己的社会和文化问题纠缠不休，使我对挣扎的含义有了更多的认识。10多年以后，当我有了些经验，也积攒了足够出去旅行的钱，我便去牙买加了，想寻找机会更好地理解革命精神的意义。可是，我所见到的却完全不是我所想象的。我没有意识到种族偏见和压迫竟如此根深蒂固，没有意识到很多牙买加人每天的生活是如此贫困，也没有意识到这种文化所经历的受压迫和如此艰难的历史。我的想象完全美化了这些东西。我怀着一种梦想，以为跟着一个旅游团去牙买加，就能获得与当地人深入接触的体验。

实际上，我真的有过很深刻的体验，但那不是我要找的那一种。当飞机在蒙蒂哥湾（Montego Bay）着陆时，我甚至连环顾一下周围的时间都没有，马上就被小贩子、皮条客以及一些自称是企业家的人（他们为旅游而生）给围上了。“要女伴吗？”“你需要一个像约翰这样的小伙子给你带路。”

我在一家饭店住下，它是我所购买的“组合产品”的一部分，另外的部分就是一家航空公司。这个度假饭店在广告里宣称自己坐落在“昔日的牙买加种植园”里，它的篱笆和高尔夫球场让人想起殖民地时代的种植园，那是一个时代的象征，对某些人而言，永远值得缅怀。它是一处美丽的海滨度假饭店，各种舒适的设备都从我的家乡进口，而当地人却不得靠近海滨，只能住在路对面简陋的村子里。在饭店所在的海滨尽头靠近篱笆的地方，一个牌子赫然在目：“当地人禁入。”在纪念品商店，里边的T恤衫和比基尼都是从美国进口的，餐馆里的食品是从佛罗里达运来的。

我几乎没有机会在“老种植园”里碰见当地人。大多数人都忙于他们的服务性工作。有一天早晨，我决定要去看看这个岛国的更真实的一面，便穿过马路，想搭上当地开往蒙蒂哥湾的公共汽车。饭店门口的警卫人员满脸狐疑地看着我，而一些年纪稍大正在等公共汽车的妇女却向我投来欣悦的一瞥。一辆破旧的校车在我面前停下，我跟着这些老年妇女和一个手里拎着一只活鸡的汉子一起上了车。在司机座位上用手画的一个符号反映了现代牙买加人的社会问题，“旅途当中请大家保持肃静”。我那天的整个体验就是面对一个皮条客，一个贩毒者和更多的皮条客。不接受一个“导游”，我就别想四处去逛，别想买什么“烟”抽，也别想着到木雕商店里看看。其时正值淡季，旅游经济正是不景气的时候，人们濒于绝望。有的商店甚至在街上安排一些人跟踪游客，想把他们拽回到商店来。

一天晚上，我到蒙蒂哥湾去听某种瑞格舞音乐。找了老半天，终于找到一处为当地人提供的小俱乐部。当我们正听着音乐的时候，一辆满载游客的公共汽车闯了进来，游客们旋即向演奏者抱怨音乐难听。不久，米切尔·杰克逊、麦当娜和惠特尼·休士顿开始在喇叭里低声吟唱，而游客们则翩翩起舞。过了大约一个小时，游客们走了，美国流行乐曲也靠边站了，直到下一拨游客袭击这个小俱乐部。“这些游客，哼。”演奏者解释说：“他们喜欢美国音乐。”鲍伯·马利的革命歌曲在寻求轻松愉悦而又有钱的外国旅游者当中几乎没有市场。

在整个剩下的时间里，我曾想不通过任何中间人而直接接触牙买加的当地人。但我不得不跟着团队迁到岛上别的同样属于我的“组合产品”的另一些度假饭店去，去访问像达恩斯河瀑布这样的“旅游目的地”。在那里，我和其他旅游者一起，爬到瀑布顶端，但却没有见到一个度假的牙买加人。相反，我看到了很多使旅游者与当地人互相疏远的社会差异。我注意到，当地人对待我的方式，就好像我是一个被钱烧着的阔佬；我注意到，旅游所创造的虚幻的文化绝不能代表真正的牙买加文化；我还注意到，海滨那些被饭店不加任何处理便排放出来的污水所销蚀的礁石；高价出卖的黑色珊瑚由于供不应求，一露面便被抢购一空；在那些美丽的、艺术化的饭店后边，是不断延展的成堆的垃圾；土地都被各种旅游住宿设施所占用；还有，那些将当地人与海滨隔离开来的篱笆。

在牙买加的最后一天，我顺路走到一个租马处，在那里我遇见了乔赛夫，他是一个导游。当我们骑马沿着山脚一路穿过许多与我所住的天堂一样的饭店截然不同的村庄时，乔赛夫开始讲起了他的故事。他在牙买加长大，并在一家游船公司和渔船上做了 4 年工。乔赛夫乐于与人交往。他说，这实际上是他以前在渔船上和如今在租马处工作的主要动机。他想周游世界，尤其想看看美国。他说，在那里，“人们有更多的机会……不必过穷苦日子。在美国，人们有好的工作，好的生活方式，比在牙买加强多了”。他告诉我，就在游船计划到美国去之前，他被辞退了，这使他大为沮丧。他已经盼望这个机会好多年了。他的颓丧心情溢于言表。尽管如此，他对美国的兴趣从那以后却有增无减。当我们骑着马穿过一个贫民区时，乔赛夫对他失去的这个机会做了一个总结：“咳。我会再多做一些准备，这样，等我到了那里的时候，我会更好地理解美国。”

我与乔赛夫共度的时光是我这次旅行最好的记忆之一：这是一种人和人之间的接触，尽管由于存在着导游—游客的关系而使真正的友谊难以发展，尽管我们对对方都抱有成见。在我们双方，由于旅游的本质使然，令我们对彼此的文化都被赋予了理想化的形象：我所想象的牙买加是一个欢娱的革命圣地；他所想象的美国是充满了有钱的度假者的国度，人们在家里没有什么责任要负。旅游业创造和扩大了旅游者与当地人之间的距离，而且还使乔赛夫产生了消极的自我形象感。旅游未能提供某种机制来培育旅游者与当地人之间的友谊，或者加深对当地文化的理解。甚至连我自己也未能尝试做到这一点。我想告诉乔赛夫，美国并非像他想的那样美好，但是，我在跟谁谈话？从那以后，我好几次想着乔赛夫那些明智的话。我决定，为了我可能要访问的那些文化，我要做好充分的准备，并寻找能更加真实地反映我自己的表现方式。

〖案例提示〗

1. 通过这个案例，总结旅游期望与旅游感受之间的关系。
2. 在旅游学研究领域，有很多学者提出旅游者的目的是寻求“真实”。这个案例也涉及同样的问题。你同意旅游者的目的是寻求“真实”吗？如果同意，你认为存在哪些不同意义的“真实”？

3. 案例中涉及各种旅游体验方式。请分别总结归类。
4. 本案例是否涉及旅游发展中的权利与公平问题？结合相关理论予以分析。
5. 本案例还给你哪些启发？

## 本章问题讨论

1. 假设你今天以旅游者的身份，登上一辆旅行车，途中经过了你天天上班的时候都会路过的一处旅游景观，回味一下，你的心理会与平时见到该景观时有所不同吗？那是怎样一个心理过程，是怎样一种心理状态？
2. 如果有朝一日各种媒体（因特网、摄影摄像手段、书籍、报纸杂志等）都可以用来为你描绘你所要去的地方，你还有必要走出去吗？为什么？
3. 你怎样理解古人所说的“读万卷书，行万里路”这句话。这两种行为对人的哪些方面起作用？请举例说明。
4. “美食”以及“美食家”这种说法，是否意味着就餐是为了获得审美愉悦？请指出，在就餐的时候，是否确实有审美愉悦体验的时刻？或者，是否有可供审美的元素？如果有，请指出。
5. 如果把人生比作一个波谱，那么，休闲行为就是这个波谱上的一段，而旅游将是休闲当中的一段。如果拿每一次休闲所使用的时间长短和跨越的空间远近来衡量各种休闲行为的话，旅游将是用时最长、离家最远的一种休闲行为。但有人说旅游与其他休闲行为没有多少不同，不值得专门研究，而应该一般性地研究休闲行为（或现象）。你认为这种说法对吗？为什么？
6. 王朝闻这位美学大师曾举了一个例子：他不理解有些年轻游客到了黄山上之后，在那里打扑克。你如何用旅游的审美愉悦和世俗愉悦来解释这种现象？
7. 在西方旅游学术界，一直有一种说法，旅游者出游是为了寻找某种真实（authenticity）。真实的异样文化，真实的异样景观。后来，又有很多作者认为，旅游者——尤其是大众旅游者——根本得不到真实，并由此诅咒大众旅游。你觉得从旅游体验的角度看，旅游者到底寻求的是什么？表演性的东西对旅游者而言是不是一种真实？
8. 结合自己的经历，尝试说明旅游交往过程中存在哪些矛盾？这些矛盾都属于什么性质？
9. 在一次旅游之后，你发生了哪些方面的变化？试加以归纳？
10. 在北京的小吃摊前，你会发现外国人花高出一倍甚至两倍的价钱买一串烤羊肉。他们自己不知道上当了，吃得津津有味。你在旁边看到了，做何感想？这对你的旅游经历有无影响？如果你处处提心吊胆地消费，你的旅游体验又会怎样？
11. 在你曾经有过的旅游体验过程中，哪些体验内容是必需的，哪些是可以调整的，哪些是可以舍弃的？请列举具体的项目并进而加以归类。

12. 旅游过程实际上是在扮演某种角色。在扮演这些角色时是否涉及伦理问题？请举例说明。
13. 在你的记忆当中，最令你难忘的旅游体验内容是什么（请每个同学都说出一两个，然后总结这其中共同的或类似的成分）？如果你作为旅游企业的经营者，你如何针对这些共性的内容进行旅游活动策划？
14. 经济条件在旅游体验中占据什么位置？什么条件在旅游体验中占据最重要位置？各种条件在旅游者的旅游体验过程中如何发挥各自的作用？
15. 经常会遇到这样一种情况：当一个旅游者刚刚旅游归来的时候，一脸疲惫。而那些失望的旅游者、曾被欺骗的旅游者更是产生某种再也不出去旅游了的念头。但是，过了一段时间，他们又打起背包动身了。这当中的心理过程是怎样的？以往的旅游体验的经验对他们还有意义吗？
16. 你怎样理解本章所讨论的四种旅游体验方式之间的关系？它们有无轻重之分？
17. 你在旅游过程中，通常用什么手段强化你的旅游体验？举例说明。
18. 在不同类型的旅游过程中，比如博物馆旅游、海滨浴场旅游、古迹和遗址旅游、城市观光旅游以及乡村风俗旅游等，旅游体验对旅游者的群体规模是否会有什么不同的要求？尝试做出解释。
19. 你是否有过“看景不如听景”的感受？或者，你是否有“身临其境，为之震撼”的感受？请就此解释旅游期望与旅游感受之间的关系。
20. 你认为旅游者与当地居民之间的交往深度如何？你怎样证明你的判断？
21. 如果旅游模仿是旅游体验方式之一种，那么，应该怎样重新评价旅游者追求“真实性”这种命题的真实性？这对旅游学研究有什么影响？
22. 回忆一次同学间的集体旅游活动。大家对该次旅游体验的评价是否相同？如果不同，各自的结论往往与哪些因素有关？

# 第六章　旅游流

**学过本章之后，你应该能够：**

1. 掌握旅游流的定义，懂得旅游流的特征一般表现在哪几个方面。
2. 理解旅游流形成的内在和外在原因，了解一些用于刻画旅游流运动规律的基本模型，掌握影响旅游流运动的各种因素。
3. 分析国际旅游流运动的空间格局、中国入境旅游流和国内旅游流的运动特征。

## 第一节 旅游流的含义及其特征

在旅游研究领域，最能够体现现代大众旅游现象的群体特性的学术范畴当属旅游流。现代社会中旅游流的存在乃至于成为社会生活的重要景观，是休闲社会到来的一个标志。因此，对旅游流的研究乃是旅游学基本理论与现实世界进行衔接的一个关键的节点。

### 一、旅游流的含义

道格拉斯·皮尔斯（D. Pearce）在他的很有影响的著作《现代旅游的地理分析》一书中，曾广泛而深入地对世界范围内旅游者运动的空间模式进行了分析，并在他的分析中始终贯穿着动态的研究方法，其中最突出的表现就是关于旅游流（tourist flows）这一概念的运用。但是，皮尔斯先生并没有对旅游流的定义做明确的交代。①

在我国，对旅游者空间移动现象的研究，最开始习惯上使用“旅游客流”一词。这种情况在旅游地理学研究中比较普遍，并几乎一直持续下来。刘振理、王兵所编著的《新编中国旅游地理》一书，认为旅游客流“是旅游者从始发地至目的地所产生的客流，又称旅游者潮流或旅游人流”②。显然这种定义失之肤浅，未能触及旅游流的本质特点。

学术界对旅游流的定义有不同的说法。其中比较突出的，可能是所谓“旅游流体系”的提法，认为不能用“旅游客流”代替“旅游流”，旅游流是一个包容着“旅游信息流”“旅游客流”“旅游物流”“旅游能流”的综合体系。③不过，这种所谓系统的观点并不是面对事实本身自然生发的，而是出自一些功利性的目的主观构建起来的，是在泛化了旅游的本质内涵的前提下将衍生出来的边缘概念硬性当作旅游范畴。这种对概念理解上的泛化注定会使我们永远也抓不住问题的关键、事物的核心，永远在概念的界定上兜圈子。正如前文在界定旅游的本质时我们主张的一样，在旅游学术研究和学科建设中，对旅游的内涵的泛化理解，是阻碍旅游知识共同体构建的一个突出的学术误区。因此，对旅游流的理解，也不能过于泛化。

笔者认为，旅游流仍宜狭义地指旅游者的流动，它是指在一个或大或小的区域上由于旅游需求的近似性而引起的旅游者集体性空间移位现象。④旅游流现象是现代大众旅游现象最外部化的特征，是现代旅游业发展所依赖的客观前提。与旅游流相伴生的其他复杂现象（如信息的流动、物品和劳务的交换、社会关系的发展演变，等等），构成了旅游世界的丰富多彩的内容。它们也都可以作为旅游学研究的内容。

---

① D. Pearce. *Tourism Today: A Geographical Analysis*. Longman Scientific & Technical Press,1987.

② 刘振理、王兵：《新编中国旅游地理》，南开大学出版社，1996 年版，第 42 页。

③ 唐顺铁、郭来喜：《旅游流体系研究》，《旅游学刊》，1998 年第 3 期。

④ 徐明、谢彦君：《旅游学概论》，国际文化出版公司，1995 年版，第 59 页。

## 二、旅游流的观察维度

观察任何尺度的地理区域上的旅游流，都会发现，可以用三个维度加以刻画。换言之，旅游流的特征通常都会表现在三个维度上：时间、流向和流量。

1. 旅游流的时间维度

从时间上考察旅游流的特点，包括两个方面的含义。首先是从旅游目的地角度看，旅游流发生的时间有着明显的节律性。一般来说，这一方面是因为旅游的对象物可能具有不同的时相（或称季相），另一方面旅游者自身工作、学习、休息的时间也可能呈现某种规律性，这二者的结合自然就形成了旅游者出游时间的一定程度的集中性分布。对于旅游地来说，旅游流的发生时间自然也就大不相同，由此形成了旅游接待上的淡季、旺季和平季的差异。比如，到阿尔卑斯山滑雪的游客形成的旅游流，发生时间会在入冬以后；到我国北方海滨度假胜地北戴河旅游的游客，却不能在这个时间出行。对于旅游目的地从事旅游接待的从业人员和组织来说，把握旅游流发生时间上的规律并善于预测其变化，是做好旅游接待准备工作的前提。

其次，从旅游者游览的时间特性上看，还可以发现，旅游流在时间上的特征表现在旅游流在旅游目的地持续时间的长短，也就是旅游流的流速，由此可以考察当日往返旅游者、过夜旅游者、远程旅游者的不同的游览时间特性。不管是从社会文化意义上还是从经济意义上，旅游流在一地持续时间的长短都会极大地影响当地社会经济情况。旅游者若不能深入到旅游目的地社区的生活当中，就不会很好地了解当地社会，当然也不会在多大程度上对目的地社会施加自己的影响；旅游者在一地走马观花、匆匆而过，他也不会有机会在该地做更多的消费（而这又往往是当地社区所期盼的）。所以，旅游流在一地持续时间的长短，对目的地社区意义重大。

**表 6-1 1997 年和 2007 年旅行社接待的海外旅游者在各地区停留时间的资料**

单位：天

| 地区 | 总平均 | 北京 | 天津 | 河北 | 山西 | 内蒙古 | 辽宁 | 吉林 | 黑龙江 | 上海 | 江苏 | 浙江 | 安徽 | 福建 | 江西 | 山东 |
|---|---|---|---|---|---|---|---|---|---|---|---|---|---|---|---|---|
| 1997 | 3.9 | 5.2 | 4.3 | 5.6 | 3.6 | 2.1 | 3.6 | 5.6 | 1.9 | 4.3 | 6.0 | 6.5 | 8.0 | 6.9 | 4.3 | 5.3 |
| 2007 | 2.9 | 3.5 | 4.6 | 3.9 | 4.1 | 2.6 | 2.4 | 3.5 | 2.9 | 3.0 | 1.8 | 2.1 | 2.6 | 2.7 | 3.9 | 3.9 |
| 地区 | 河南 | 湖北 | 湖南 | 广东 | 广西 | 海南 | 重庆 | 四川 | 贵州 | 云南 | 西藏 | 陕西 | 甘肃 | 青海 | 宁夏 | 新疆 |
| 1997 | 9.0 | 4.7 | 3.3 | 2.3 | 2.9 | 2.8 | 2.5 | 4.9 | 5.1 | 4.0 | 7.7 | 5.1 | 8.1 | 9.6 | 5.4 | 2.5 |
| 2007 | 1.9 | 1.4 | 4.6 | 2.1 | 3.0 | 5.1 | 3.3 | 6.2 | 5.0 | 3.1 | 5.5 | 2.2 | 2.9 | 4.6 | 3.6 | 4.2 |

资料来源：《中国旅游统计年鉴》，国家旅游局编，中国旅游出版社。

在我国每年接待海外旅游者的各省市当中，旅游者的逗留时间长短不同，表明了各地在旅游产品开发深度和广度以及旅游资源（或旅游产品）的结构上存在的差异。

表 6-1 列出了全国 31 个地区在 1997 年和 2007 年由旅行社所接待的海外旅游者在区内逗留的时间的资料，反映了旅游流的流速特征，并可从中看出 10 年当中各地区旅游接待方面的变化。

仔细阅读表 6-1，从中即可看出很多昭示旅游流运动的时间规律的一些事实和因素。例如，在 1997 年，如果以 3 天—5 天作为平均水平（全国总平均逗留天数为 4 天），那么，低于这一水平的有内蒙古、黑龙江、广东、广西、海南、重庆和新疆，而高于这一水平的有北京、河北、吉林、江苏、浙江、安徽、福建、山东、河南、贵州、西藏、陕西、甘肃、青海和宁夏。这种差异的根源是相当复杂的，而客源构成、景点数量及分布肯定是影响旅游者在各地逗留时间长短的非常重要的因素。从目的地距离客源地的特点来看，处于低水平停留时间的地区多为边境口岸地区，距离客源地很近，而且景点的分布比较集中，数量也不是很丰富，因此，这些地区接待的恐怕多为近距离、短时间的旅游者。相反，处于高水平停留时间的地区往往远离旅游客源地，而且又多是旅游资源大省（或地区），它们所拥有的资源或者可以作为中华文化的象征（如北京、河南、河北、陕西和山东等），或者可以作为某一种亚文化的象征（如贵州、西藏、甘肃和青海等），对外国旅游有着很大的吸引力。加上这些地区旅游景点分布区域广泛而且距离遥远，势必造成旅游者在该地逗留时间的延长。

这种情况在 2007 年发生了一些变化，从中可以看出中国社会发展和变迁的重要影响。从整体上看，2007 年全国入境旅游接待的停留天数平均水平几乎整整减少了 1 天，这是交通运输能力快速发展的一个反映①，这一点在原来一些偏远省份的数据上反映得尤为突出，由此也缩小了原有的地区间停留天数的悬殊差距（1997 年最大差距是 7.7 天，而 2007 年则是 4.4 天）。而且，在 2007 年，处于平均水平以上的地区，主要是休闲度假色彩比较浓厚的地区，而原来以资源密度占据优势的观光型地区的停留天数明显下降。

2. 旅游流的流量维度

旅游流的流量是指旅游流在单位时间内和一定空间上所形成的规模。对于旅游目的地而言，持续、均衡、大规模的旅游流有着十分重要的意义。旅游流流量的大小，通常构成了旅游目的地分类上的热点、温点和冷点地区。在世界许多旅游胜地，其最明显的标志就是每年接待着大量的来自世界各地的旅游者。像传统的地中海地区、加勒比海地区、印度尼西亚的巴厘岛以及世界一些著名的旅游城市，每年都吸引着大量的观光客人，旅游流的流量很大，对当地社会经济的影响广泛而深刻。

世界各国各地区在旅游流的流量这一点上所面临的挑战是很不相同的。由于旅游发生和持续时间的节律性，势必要造成旅游流在一定时间上的超量运动，而在另一些

① 在 1995 年前，中国只有沈阳到大连、济南到青岛、合肥到南京以及北京到石家庄、塘沽几条高速公路。而到 2009 年年底，全国高速公路通车里程已经达到 6.5 万公里，仅次于美国位居世界第二位。高速公路网已经遍及全国 34 个省级行政区。

时间里却又只维持在极低的水平上。这自然会给目的地社区的旅游基础设施建设与运行、旅游产品开发、旅游企业经营造成很大的压力。

3. 旅游流的流向维度

旅游流的流向是指旅游流在持续的运动过程中所经过的旅游路线，它反映着旅游目的地与旅游客源地之间关联的方式和途径。由于各种复杂的因素（包括历史的、区位的、社会文化的和经济的因素）的影响，使旅游资源和旅游客源之间的关联状态在各国各地区都有不同的表现。各国各地区在一定时期内所接纳和发送的旅游流会呈现某种比较稳定的模式。例如，在我国 20 多年的旅游业发展过程中，由入境外国旅游者所构成的旅游流在区域上的分布有着相对稳定的结构，形成了比较明晰的入境旅游流的流向特征。图 6-1 是 1997 年来华旅游外国人按地区进行的划分，反映了来华外国旅游者的地区构成，揭示了来华外国旅游者的流向和流量特征。

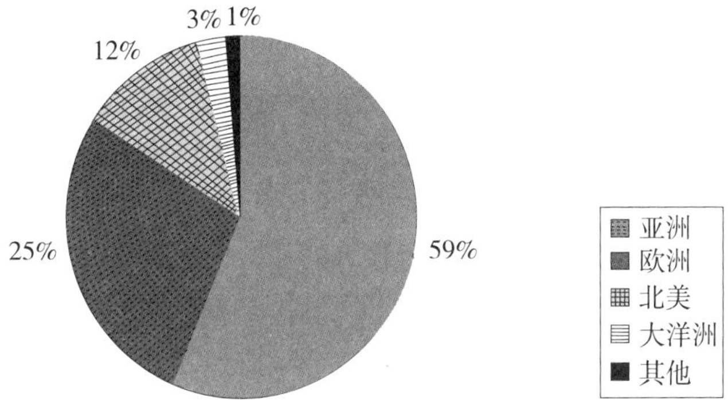


**图 6-1　1997 年来华旅游的外国人地区构成**

从旅游的全过程来看，旅游流的流向是一个闭环的系统，旅游者总是从家中出来，最后再回到家中。在这个过程中，旅游客源地、旅游目的地以及在二者间起到联结作用的旅游通道，是决定旅游流流向的三个主要成分。利珀所提出的一个模式可以借用来对此做出清晰的解释（见图 6-2）。

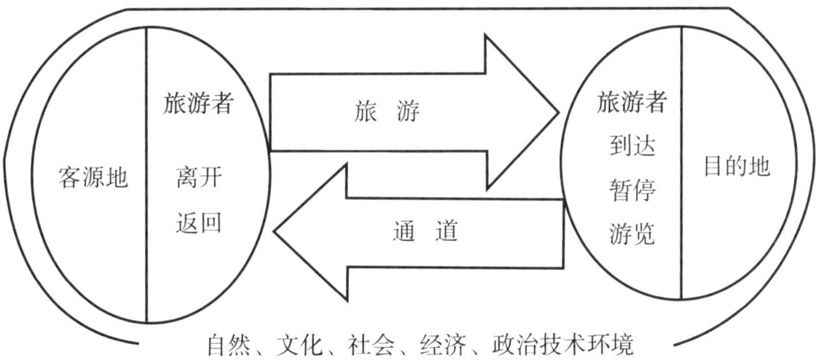


**图 6-2　旅游流的运动过程**

**（转引自保继刚、楚义芳、彭华著《旅游地理学》）**

## 第二节　旅游流的形成和运动模式

### 一、旅游流的形成

虽然个体的旅游行为可以追溯到很早以前，但旅游流的形成却是近代社会的现象，是市场经济的产物①。在近代旅游业形成之前，也可以说会有旅游流发生，但其流量之小、流程之短、流向之单一以及发生之偶然，都使之不能与现代社会的旅游流相提并论。

现代社会之所以形成如此蔚为壮观的旅游流，其原因是多方面的。其中既有社会发展的必然性，也源自旅游者的旅游需要以及满足其需要的可能性之间的矛盾。具体而言，包括以下几个方面：

1. 旅游流是一种历史现象，是在近、现代社会中人类获得全面发展并从生产劳动中解放出来之后发生的一种大众现象，或者可以说，旅游流是市场经济的产物。总之，旅游流的产生有其历史必然性。

Auliana Poon 在她的著作《旅游、技术与竞争战略》中，曾经这样说："大众旅游是第二次世界大战后各种关键的社会、经济、政治和技术影响的必然产物。"② 她认为，大众旅游差不多是与 1958 年喷气式飞机一起起飞的。战后的和平与繁荣的环境、带薪假期的推行、包机（charter flights）以及便宜的油价，这些都成了推动旅游变化的润滑剂。追逐阳光的初次旅游者，连同各种前往阳光明媚的旅游目的地的包价旅游以及信用卡的广泛使用，确保了大众旅游需求的形成。在技术方面，大众旅游服务在全世界范围内都可以达到标准化，进行高品质的管理和分销，这些当然也促进了大众旅游的发展。

到了 20 世纪 70 年代中期，大众旅游成了时尚。与制造业的批量生产相类似，旅游业也遵循着集中生产线的原则发展：度假被标准化了，而且没有弹性；别无二致的度假产品被成批成批地生产出来；规模经济成了生产的第一推动力。类似地，度假产品也被以一种雷同的、像机器人一样的和日常的方式批量地消费掉了，很少有人对所访问的目的地国家的行为规范、文化和环境做细致的咀嚼。

在短短的 20 年中，旅游业成为大众性的、标准化的硬性组合体。这个产业所提供的是较少有弹性的度假旅游选择，服务的是看上去千人一面的缺乏个性的大众旅游者。到 20 世纪 70 年代末 80 年代初，大众旅游几乎成了"最好的旅游"。换言之，大众旅游受到了这个产业中寻求最佳生产效率的组织和管理人员的普遍青睐。在这样一种氛围和环境当中，旅游者的运动表现出数量、方向、时间上的集中就不足为奇了，于是，旅游流作为现代社会的景观之一就如此出现、膨胀进而占据了人类生活的重要位置。

---

① 2002 年笔者刚刚从美国归来的时候，曾与北大吴必虎教授亲往申葆嘉先生家中探访申老师。当时曾对申老师说过这样的观点：如果在申老师的"旅游是市场经济的产物"这命题中的旅游两字后边加上一个"流"字，我就认同该命题了。参阅申葆嘉《旅游学原理》，学林出版社，1999 年版。

② Auliana Poon, *Tourism, Technology and Competitive Strategy*. ABC International Press, 1993.

2. 旅游流作为一种大众性的行为，产生于作为旅游者的人的需要的内在近似性。

由于自然的哺育过程和社会的文化过程总是作为人类自身发展的外在环境约束力量，因此，世界上既没有两个在任何方面都完全相同的人，也没有两个在所有方面都完全不同的人。换言之，社会人的需要先在地有个变化的阈值，既有个体的差异，也有集体的倾向，而这种集体的倾向便是形成旅游流的内在基础。这是旅游流形成过程中发挥“推力”作用的因素，带有根本性。

在 1990 年，笔者在探讨旅游者的需要与旅游景观的对应关系时曾提出了一个模型，用以刻画作为集体现象的旅游者的心理类型与其所需要的景观的状态之间的对应关系。[①] 在这个模型中，我们假定，如果不考虑在旅游客源地和旅游目的地之间存在的社会、经济、文化和自然条件等方面的各种隔障和阻力，单纯从需要和资源（或产品）之间的对应关系来分析的话，旅游者的心理状态与其所需要的旅游景观之间的关系可以用一个坐标图来加以描述，如图 6-3 所示。

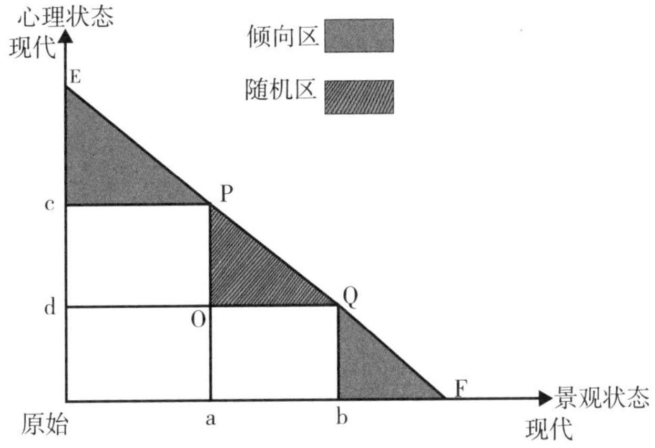


**图 6-3 旅游者心理状态与其需要的景观状态之间的关系**

我们用纵轴表示旅游者的心理发育状态，它可以反映或代表当今地球上处于不同开化程度或文化类型上的各种潜在旅游者的心理类型，因此可以理解为是人类一般的心理状态从原始至现代的渐变过程。纵轴上不同的点表示其程度上的差异。与纵轴相对的横轴表示与旅游者心理状态相对应的旅游景观状态，它也具有从原始到现代的不同存在形态。这里，纯原始的景观是指那些未经后来人为修正、开发或破坏的各种自然和人文景观，而现代的景观是和当代的科学技术、艺术形式和社会意识紧密相联的人文景观。

图 6-3 反映了旅游者心理状态与所需要的景观状态之间的对应关系。从图中可以看到，心理状态与景观状态之间存在着相逆的关系，这便是图中 EPQF 线下形成的两个处于相对位置上的倾向区 EcP 和 QbF。它们表示，在心理状态的两端都有明显的需要倾向性，即心理尚处于原始状态的旅游者，倾向于观览具有现代风格的旅游景观，

① 谢彦君：《论旅游的原始化与现代化》，《旅游学刊》，1990 年第 4 期。

相反，心理达到现代状态的旅游者，往往倾向于寻访具有蛮荒气息的旅游景观。正像戈特利布（A. Gotllieb）在《美国人的假期》一文中所说的那样："富裕的美国人的假期要过上'一天农民的日子'，而那些比较贫穷的旅游者则可能企望过上'一天国王的日子'。"[①] 但是，在我们提供的这个模型中，这种倾向越往 EPQF 线的中间发展越不明显，甚至完全消失，从而形成 OPQ 这样一个需要倾向不明显的随机区。这可能意味着，心理状态处于 cd 线段上的潜在旅游者对景观的需要没有明显的倾向，他的旅游行为的发生主要受其他随机因素的影响，在多数情况下会表现出对景观的两个极端状态感兴趣。

图 6-3 概括了旅游流形成的心理机制，也可以解释旅游流的基本运动形式的内在根源。换言之，只要排除在旅游目的地和旅游客源地之间的基本障碍（包括社会的、经济的、文化的和自然的），旅游流的运动规律基本上由上述模式加以厘定。这种流动的规律性具体表现在以下几个方面：

（1）现代文明与古代文明之间的差异导致现代人对访古溯宗的偏好。人类总是对自己不很熟悉但又与自己有某种联系的事物怀有好奇心，这种情况在远古时代表现为远方崇拜、图腾崇拜甚至死亡崇拜，而在现代也一样，这种好奇心表现为人们对过去的凭吊、对往事的缅怀、对先人的崇拜。在东方文化当中，"落叶归根"的普遍情结更加进一步培育了人们寻觅故旧的心理基础，成了当代访古和寻根旅游的本原所在。

（2）自然景观与人文环境之间的对应关系随历史发展而变化，从而带动人的心理出现逆反现象。回归自然的愿望随着工业污染的加剧和乡村城市化的进程而越来越强烈，所以人们对于具有原始风貌的自然景观就越来越偏爱。随着全球性的气候危机的加剧，在旅游世界中所能体现的对自然的关爱也同样显得越来越重要，越来越迫切。

（3）人类聚居群体在空间上的差异分布造成了文化、经济以及社会诸方面的地理局部封闭性，并由此而产生了区域间的相对神秘性。这种神秘感恰恰就是区域间旅游行为产生的巨大推动力。

在使用上述模式解释旅游流的运动规律时，绝不要忽略了我们对这个模式所做的重要说明：这个模式的价值仅仅在于一般地考察人们旅游心理需要上的某种倾向性，并没有纳入更多的变量。比如，在实践中我们会发现，人们对完全陌生和完全熟悉的东西都同样漠视，同样不感兴趣。此外，还有众多的因素在实践中影响着旅游流运动的方向、节律和规模。

3. 旅游吸引物系统在空间分布上的区域集中性，在一定程度上约束了旅游者旅游的时间和空间结构，从而导致旅游者的流动呈现明显的汇聚现象，这是旅游流形成过程当中"拉力"所起的作用。

在任何一个国家或地区，其旅游资源、旅游产品、旅游接待设施等旅游吸引物的

① A. Gotllieb. American' s Vacations. *Annals of Tourism Research*, Vol. 9, :65–87.

空间布局都不可能足够的（更不用说绝对地）均匀，相反，区域上的集中倾向却非常明显。这种集中倾向从旅游供给的方面构成了使旅游者按照需求进行分化并进而重新组合和再集中的拉动力量，从而造成一定规模的旅游流。这是一个地区发展旅游业的基础。

皮尔斯（D. Pearce）曾利用“集中比率”（concentration ratio）这个指标考察了一些国家在接待和发送旅游者时所形成的集中倾向，借以说明旅游供给的单一性程度以及旅游目的地与旅游客源地之间空间关系的性质对旅游流流量的影响。在表 6-2 所提供的这份资料中反映的事实是，即使是世界一些重要的旅游接待国家，其客源市场也相当集中[①]。应该说，旅游目的地国家的旅游供给结构和数量在这里也是一个很重要的影响因素。

表 6-2 在 1982 年排名前 10 位的旅游目的地国家的接待集中比率（CR）

| 接待国家 | 入境人数百万人 | 客源国（%） | | | | | | 集中比率（%） |
|---|---|---|---|---|---|---|---|---|
| | | 国家 | % | 国家 | % | 国家 | % | |
| 意大利[1] | 48.3 | 西 德 | 21.5 | 瑞 士 | 21.3 | 法 国 | 17.5 | 60.3 |
| 西班牙[1] | 42.0 | 法 国 | 25.9 | 葡萄牙 | 22.0 | 英 国 | 11.6 | 59.5 |
| 法 国[2] | 33.2 | 西 德 | 24.8 | 比利时 | 17.5 | 英 国 | 14.5 | 56.8 |
| 美 国[2] | 22.0 | 加拿大 | 47.6 | 墨西哥 | 11.9 | 日 本 | 6.6 | 66.1 |
| 奥地利[3] | 14.2 | 西 德 | 59.2 | 荷 兰 | 8.9 | 英 国 | 4.6 | 72.7 |
| 加拿大[2] | 12.2 | 美 国 | 85.9 | 英 国 | 3.5 | 西 德 | 1.5 | 90.9 |
| 英 国[1] | 11.6 | 美 国 | 14.8 | 法 国 | 13.0 | 西 德 | 12.4 | 40.2 |
| 西 德[3] | 9.4 | 荷 兰 | 16.3 | 美 国 | 15.3 | 英 国 | 10.1 | 41.7 |
| 瑞 士[3] | 9.2 | 西 德 | 33.3 | 美 国 | 11.8 | 法 国 | 8.4 | 53.5 |
| 罗马尼亚[1] | 5.9 | 匈牙利 | 19.3 | 南斯拉夫 | 19.0 | 捷 克 | 12.8 | 51.1 |

注：1. 入境游客（visitor）人数；

2. 入境旅游者（tourist）人数；

3. 入住在各种住宿设施中的入境旅游者（tourist）人数。

资料来源：D. Pearce. *Tourism Today: A Geographical Analysis*，第 38 页。

## 二、旅游流的运动模型

从 20 世纪 60 年代末开始，出现了一些从空间角度探讨旅游的各种结构特征的模型。由于学科本身还处于草创阶段，研究人员零星地分布在世界各地（如欧洲、北美、澳大利亚和日本），这些模型自然难免相互孤离，缺乏对前人所做出的努力给予恰当的认可，更谈不上做有效的综合了。

在旅游研究的较早阶段，沃尔夫（Wolfe）和德菲尔特（Defert）等一些学者探讨

① 由于这个资料是冷战结束之前的，因此能充分反映世界两大阵营的情况，从而体现出旅游流的影响因素的复杂性，因此，笔者没有试图用新的资料替换这个资料。

了存在于所有形式的旅游当中空间互动的形式和过程的基本方面。[1]后来的研究人员曾试图对这些关系做更为清晰的表述，建立了有关旅游空间的更为复杂的模型。但是，这些模型中的大多数都还是建立在“客源地——媒介——目的地”这样的直观体系的基础上，只是不同的作者对三个要素所给予的重视程度不同，所使用的词汇不同而已。这些模型大体包括以下几种类型，下面略做评介。

早期的有关旅游者运动的模型往往强调沟联（linkage）或旅行这一因素。例如，马里奥特（Mariot）曾提出联结永久居留地（出发地）与旅游中心（目的地）的三种不同的路径——进入路径、返回路径和休闲路径（见图 6-4）。进入路径与返回路径在有些情况下可能是同一个，它们构成了直接连接两地的基本路径。而在另一方面，沿着休闲路径而旅行的人会一路上都在使用各种旅游设施，甚至对于那些本不属于旅游目的地的路过地的设施，旅游者也会使用。也有这种情况，旅游者在从出发地到目的地的旅行过程中只是部分地借助于休闲路径，不定在哪个环节上进入或离开。[2]

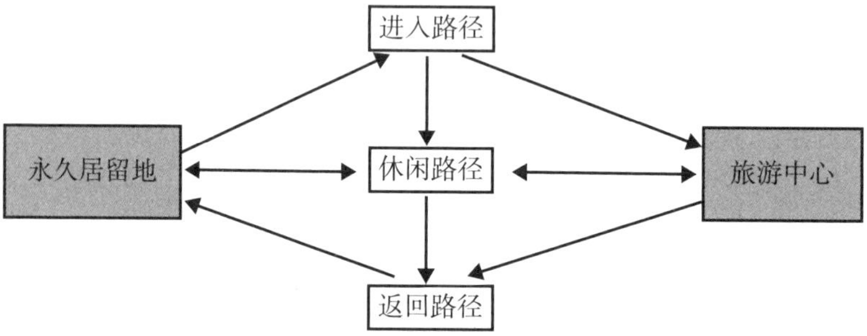


**图 6-4　马里奥特的两地间旅游流模型**

在马里奥特模型中的休闲路径还含有圈游（touring）的思想，也就是说，旅途中所访问的目的地是多处，而不是一处。这种思想在康贝尔（Compbell）的模型中被进一步发展。该模型刻画了从一个城市中心向外辐射的不同的旅游流运动形式（见图 6-5）。康贝尔根据旅行的重要程度和停留期间的活动内容将旅游流的运动方式予以分类。对于“休闲者”（recreationist）来说，休闲活动本身构成最基本和最重要的元素，其旅行以辐射的形式分布在城市周围；而对于“度假者”（vacationist）来说，旅行构成了整个游程中的基本活动（也包括中间的停靠间歇），其旅行一般是线性的，沿高速公路分布；作为一种中间群体，“休闲度假者”（recreational vacationist）则在某种区域上做着环状的旅行，兼有上述两种特点。在康贝尔的模型中，尽管对这些不同类型的旅行所使用的概念和分析方法有一定用处，但显然其中存在着语义学上的问题，比如，如

① R. I. Wolfe. Discussion of Vacation homes, Environmental Preference and Spatial Behaviour. *Journal of Leisure Research*, Vol.2，No.1, 1970.

② D. Pearce. *Tourism Today: A Geographical Analysis*. Longman Scientific & Techn-ical Press,1987. p. 8.

何将“旅游者”或“休闲者”一词用于观光旅行者的问题。

上面所讨论的模型忽略了一些基本的方面，其中之一是大多数旅游目的地同时在一定程度上又是旅游客源地。对于这种双重性及其相互作用，国外一些学者曾做过考察。沙罗特（Thurot）和伦德格伦（Lundgren）的模型对此有所揭示。

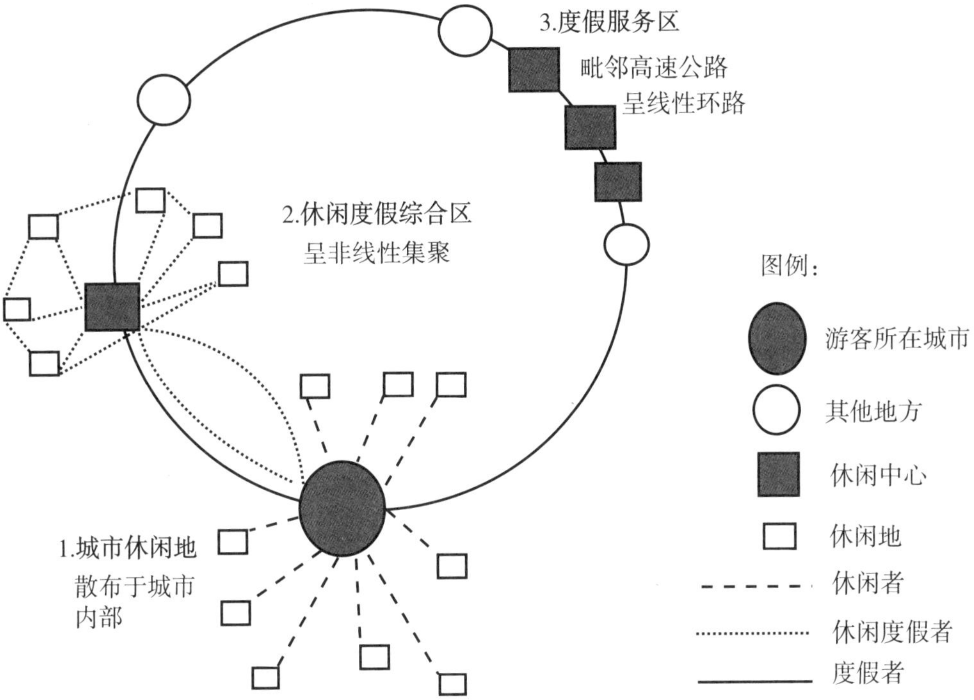


**图 6-5 康贝尔（Compbell）的休闲与度假模型**

沙罗特的模型是在国家和国际的尺度上探讨旅游流的特点的。① 在图 6-6 所列出的A、B 和C 三个国家系统中，沙罗特对供给与需求做了区分，也区别了国内旅游和国际旅游。产生于系统或国家B 的这部分旅游需求（也许是最大的一部分），将由该国的旅游设施予以满足，其余流向国家A 和C。与此同时，国家A 所产生的一部分需求，将流向国家B（也流向国家C），这样，国家B 就兼有国际旅游目的地和客源地的双重身份。相反，国家C 并没有向外输送国际旅游需求，但它却可能产生国内旅游需求，并接待国际旅游者。在这个模式中，国家C 的类型被用以指代某些发展中国家，在那里生活标准还不足以产生国际旅游需求。

沙罗特模型最开始被当作分析环境承载力的工具来使用，但用它来揭示不同水平的旅游流及其空间结构也同样有用。显然，在这个模型中倘若增加国家系统，并对每个系统中的需求和供给要素进行不同形式的分类，这个模型就会变得非常繁复。这将淹没模型的概括力。

① D. Pearce. *Tourism Today: A Geographical Analysis*. Longman Scientific & Technical Press,1987.

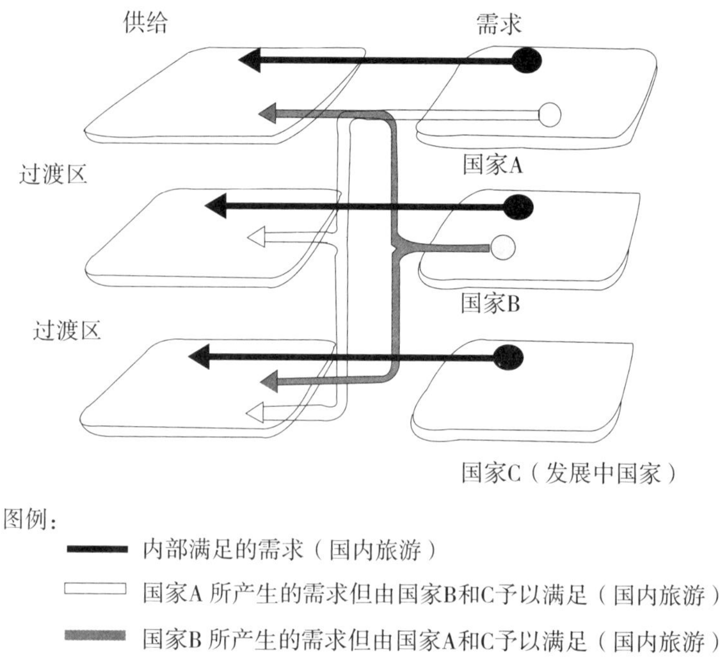


**图 6-6　在一系列国家中产生的旅游供给和旅游需求图示**

伦德格伦（1982）的模型与沙罗特的不同，他关注的是不同地点（而不是国家）的作用。尽管他实际上是用目的地的眼光来看待这些地点，但它们彼此间的“旅游吸引度”却是他用以在其所谓“旅游流动层次”模型中对目的地进行定位的定义变量之一（见图 6-7）。使用的其他变量包括相对地理集中性、区位特性和这些地点在当地或地区经济体内部向旅游者提供所需要的旅游供给的能力。借助这一途径，伦德格伦提出了四种类型的旅游目的地：①

1. 处于中心地位的城市型旅游目的地（centrally-located metro-politan destination）。它兼有客源地和目的地功能，并拥有大流量的往返客流。这种目的地包括那些处于国际和洲际交通网络中的大都市。

2. 周边小城市型旅游目的地（peripheral urban destination）。人口较少，中心地功能不很突出，往往只有旅游者的净流入。

3. 周边乡村型旅游目的地（peripheral rural destination）。其特征是节点较少，借助于地理分布比较集中的各种风景来吸引旅游者。由于人口很少而且居住分散，这种目的地几乎只有旅游流的流入。

4. 自然环境旅游目的地（natural environment destination）。通常远离客源地，人烟稀少，而且国家对这样的地区通常有比较严格的管理政策，比如像国家公园、地区公园和自然保护区等，就是这种情况。另外，由于不存在任何本地经济系统，这些目的地只有靠向来访的旅游者提供各种旅游服务来维持运行，这就使得这种目的地完全依

① D. Pearce. *Tourism Today: A Geographical Analysis*. Longman Scientific & Technical Press,1987.

赖于旅游客源地。

皮尔斯（D. Pearce）认为，伦德格伦的空间层次模型对识别某一特定地点的功能及其相关的旅游流非常有用，但不幸的是他对这四种类型的旅游目的地却只提供了一个例子，而其他的某些特征实际上也需要做进一步的解释。另外，对于产生于一个城市地区的旅游流类型是否通过一个二级城市向下一级目的地再分流以及流向这些目的地的旅游者是否原本属于二级城市这样的问题，该模型也未能做出清晰的解释。所以，皮尔斯在 1981 年提出的"主要城市间旅游流双向运动"模式，特别强调城市尤其是大城市不仅仅作为客源地，而且作为国际和全国性的旅游目的地还发挥着许多不同的或互补的作用。皮尔斯的模型更具描述性，在一定程度上是上述两个模型的很好的补充。

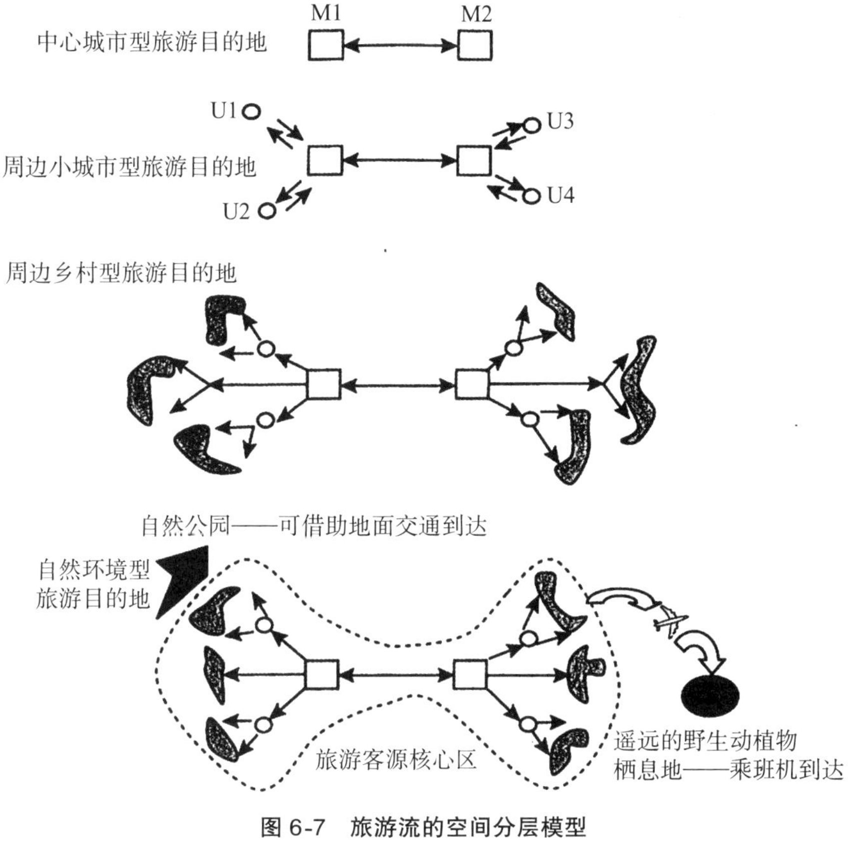


**图 6-7 旅游流的空间分层模型**

（A spatial hierar chy of rourist flows）

**（根据 D.Pearce 所引用的图形绘制）**

除了上面介绍的几种模型之外，研究国际旅游对第三世界国家的影响的人们一直强调在旅游客源地与旅游目的地之间的结构性关系。一些学者（如 Hills、Lundgren 和 Britton）在对加勒比和太平洋地区第三世界国家的旅游效应研究中充分地体现了这一点。他们所提出的模型有许多共性，体现了对旅游流结构的某种共同认识。结构模型的倡导者一般都认为，在每一种情况下，市场都依循“地方—地区—国家”这样的层次向上集中，而国际性的旅游流移动发生在旅游客源地与旅游目的地的国家级城市中心之间。在旅游目的地周边地区的扩散相对有限，旅游者仅从他们的入境地点向某种“旅游飞地”（resort enclave）移动。在这种飞地之间的移动虽然也可能发生，但仅发生在向其他地区所做的有限旅行。他们认为，旅游流的这种运动特征源于中心城市中跨国公司对国际旅游产业所施加的控制。所以，从这里也许有助于我们窥探发展中国家在发展旅游产业时，是否实际上承受着某种结构性的损失。换言之，预期的从发展旅游业所获得的增加外汇收入、创造就业机会、消除地区发展的不平衡、提高国家的国际形象等效益或效果，是否带有某种幻想的成分或者说被过分地夸大了。因为，这些跨国公司不仅控制（或至少占有相当的份额）国际交通业，也提供其他大量的旅游企业所需要的设施设备，甚至在旅游目的地从事很多旅游企业的经营。布里顿（Britton）特别强调，这种结构性缺陷是承继了殖民时代的衣钵，它使跨国公司得以将自己的系统建立在旅游目的地对他们的依赖的基础上。这些公司满足了旅游者的大部分需求，并限制了旅游者与当地社会、环境的进一步接触和互动。从这一点来看，发展中国家的旅游发展所走的路径、所获得的收益、所承受的损失，与发达国家相比可能有很大的差异。①

### 三、影响旅游流运动的因素

上面所概括的旅游流运动的模式，在一定程度上有助于我们对旅游流流向、流量和流速的认识。但是，这些模式没有将影响旅游流运动的各种因素予以考虑并加以刻画。旅游流的运动模型只是一种外在形式，是对旅游流运动空间关系的直观描述，要真正理解旅游流发展变化的规律，还要发掘其内在的根源。在这方面，我们已经从旅游流的形成的角度进行了一些探讨，现在对尚未涉及的因素再做进一步的归纳。

从世界各国旅游发展的历史和现状来看，影响旅游流运动的因素还有以下几个：

1. 空间距离。旅游目的地与旅游客源地之间空间距离的远近，是决定旅游流流向、流量和时间特征的最重要因素之一。这是因为，空间距离不是单一的变量，而是一个综合性的因素，同时也是一个作用方向很难确定的因素，它能以十分微妙的方式和强度影响旅游者对目的地的选择。空间跨度大，意味着地理和文化差异大，这很难说是构成了促发旅游的推动力还是遏制旅游发生的阻力，重要的是这一对矛盾力量斗争的最后结果。同时，空间跨度大，意味着交通费用高，这无疑是旅游发生的阻力。一般来说，不管哪个洲、哪个国家（地区）的居民，都首先以本国（或本地区）附近的景区景点作为主要的旅游目的地，这样所花费的交通费用就相对较少，时间也节省，加之地理、气候甚至文化方面的差异不大，也就比较容易适应。所以，各国各地区均首先把周边地区作为主要的旅游客源地，市场促销的力度由近及远，由此构成了旅游目

---

① S. G. Britton. The Political Economy of Tourism in the Third World. *Annals of Tourism Research*, Vol.9, No.3.

的地客源市场的圈层模式。笔者在 1992 年完成的一项科研课题中，通过对辽宁省锦州市国内旅游流空间移动特征的考察，就曾经得到这样一个表达锦州市作为国内旅游目的地每年所吸引的游客的地区结构的模型（见图 6-8）。[①] 该模型将锦州市国内旅游的吸引能力分成三个圈层和四个扇区。划分圈层的依据是锦州市接待的国内旅游的客源所在地，而扇区的划分则主要考虑到客源市场的社会经济特点、旅游资源禀赋和该地与锦州市的复杂关系。因此这实际上是一个比较综合的模型。

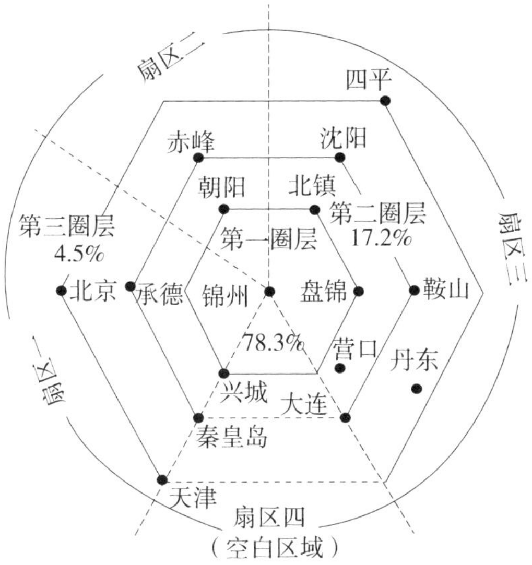


**图 6-8　锦州市国内旅游者的区域分布模式图**

2. 国际（区际）关系。旅游是不同国家、不同地区之间人民的相互交往过程。这种交往不会没有任何基础，相反，两国（地）之间在政治、军事、贸易等方面的联系的密切程度，在社会、历史、文化等方面的渊源关系、依赖状态，在价值观、习俗、社会制度方面的近似或差异程度，都将在很大程度上影响旅游者对旅游目的地的选择。显然，两国间密切的政治、军事和贸易交往会带动旅游规模的扩大，因为这会创造一种安全的氛围，也能提供各种方便的条件。而国家（或民族）之间社会、历史和文化上的渊源关系，常常是激发人们寻根情结的动力。日本与中国，美洲、澳洲与欧洲，在一定程度上就是这样一种关系。建立在这种关系基础上的旅游，容易产生理解，也会有很多的方便（如语言交流）。另外，在冷战时期形成的东西方阵营对垒对旅游目的地选择的定势影响至今还没有完全消除，而几十年前这几乎就如同雷池一般，形成西欧旅游者主要在西欧区域内或越洋到北美旅游，而东欧旅游者以在东欧范围内旅游为主的局面。例如，从前文引用的在 1982 年排名前 9 位的旅游目的地国家的接待集中比率的资料（见表 6-2）中就可以看出，这些国家所接待的游客都十分集中于制度相近或相同的发达资本主义国家。而当年排在第 10 位的罗马尼亚，接待的游客却

① 谢彦君、陈元泰：《锦州市国内旅游的客源分布模式》，《旅游学刊》，1993 年第 4 期。

主要来自同一阵营的匈牙利（占 19.3%）、南斯拉夫（占 19.0%）和捷克斯洛伐克（占 12.8%）。由此可见价值观、社会制度和习俗力量在影响旅游者选择旅游目的地时的巨大力量。

3. 旅游供给与旅游需求的关系。这是影响国际或地区间旅游流运动的最根本的因素。旅游需求与旅游供给之间的关系十分复杂，并且可能表现在极不相同的层面上，也具有很不相同的性质。概括起来，一方面是水平关系，一方面是结构关系。

从水平上来看，旅游供给与旅游需求的关系规定了旅游流的数量和规模特征。在旅游业的发展史上，现代旅游的发生最先是在发达国家，现代的大众旅游也主要始于发达国家，重要的旅游目的地和重要的旅游客源地也都是在发达国家。这表明，由经济状况所决定的旅游需求能力和供给能力，是影响旅游流量的非常重要的因素。

需求与供给不仅在数量上影响旅游流，而且在结构上也发挥影响作用。需求是有指向的，虽然有时这种指向性存在一定弹性；供给也是有对象的，有时这种对象规定性也不是一成不变的。需求与供给在这种结构上的规定性，既影响旅游流量的方向和时间特征，也决定着需求与供给既有的水平关系的现实意义。由此我们可以断定，需求与供给在结构上的协调和对应，是促发旅游流运动的根本所在。表 6-2 也反映了这个事实。

## 第三节　国内外旅游流运动的基本态势

### 一、世界国际旅游流运动的区域空间格局

世界旅游业在二战以后经历了一个迅速发展的过程。1950 年，世界国际旅游接待人数仅仅为 2520 万人，国际旅游收入为 21 亿美元（不包括国际航空交通费用）；到 1996 年，接待人数已经增长到 5.9 亿人，国际旅游收入达 4231 亿美元。在这 46 年间，旅游接待人数增长了 23.4 倍，年均增长速度高达 7.1%；国际旅游收入增长了 201.5 倍，年均增长速度 12.2%。而在 2008 年，世界国际旅游接待人数更增长到 9.2 亿人，国际旅游收入达 9422 亿美元。进入 21 世纪，世界国际旅游的规模进一步扩大，到 2013 年底，国际游客人数突破了 10 亿大关，达到 10.87 亿人。这种在长期内始终保持的高增长态势，不仅从整个国民生产总值的经验数值中无法看到，就是对其他行业而言也是望尘莫及的。

世界旅游业的这种发展态势在地区间的表现是不平衡的。从世界旅游组织所划分的六大旅游区（欧洲、美洲、东亚太、非洲、中东和南亚）来看，国际旅游流运动的区域格局有明显的空间结构特征和时间趋势特征。从空间上看，世界范围内国际旅游流的发生地和接待地呈现出高度集中于欧美地区的态势，这一地区的发达国家争得了从其他发达国家来的国际旅游者的绝大多数。从时间上看，随着世界经济发展格局的变化，尤其是随着亚洲太平洋地区经济的持续发展，世界国际旅游流的上述空间格局也在发生演化，其中最典型的一个特征就是亚太地区国际旅游业的快速发展。用伯卡特与梅特

表 6-3 世界国际旅游流的区域运动格局与变动趋势

| 项目／地区 | 接待人数（百万人次） | | | | | |
|---|---|---|---|---|---|---|
| | 1978 年 | | 1996 年 | | 2008 年 | |
| | 人数 | 比例% | 人数 | 比例（%） | 人数 | 比例（%） |
| 世　界 | 257.3 | 100.0 | 592.1 | 100.0 | 918.7 | 100.0 |
| 欧　洲 | 183.5 | 71.3 | 347.4 | 58.7 | 487.3 | 53.0 |
| 美　洲 | 50.3 | 19.5 | 115.5 | 19.5 | 146.9 | 16.0 |
| 东亚太 | 12.2 | 4.7 | 90.1 | 15.2 | 173.7 | 18.9 |
| 非　洲 | 4.9 | 1.9 | 19.5 | 3.3 | 44.5 | 4.8 |
| 中　东 | 4.2 | 1.6 | 15.1 | 2.6 | 56.0 | 6.1 |
| 南　亚 | 2.2 | 0.9 | 4.5 | 0.8 | 10.3 | 1.1 |

| 项目／地区 | 旅游收入（亿美元） | | | | | |
|---|---|---|---|---|---|---|
| | 1978 年 | | 1996 年 | | 2008 年 | |
| | 总额 | 比例（%） | 总额 | 比例（%） | 总额 | 比例（%） |
| 世　界 | 696.6 | 100.0 | 4231.2 | 100.0 | 9422 | 100.0 |
| 欧　洲 | 449.7 | 64.6 | 2144.7 | 50.7 | 4728 | 50.2 |
| 美　洲 | 150.6 | 21.6 | 1063.8 | 25.1 | 1877 | 20.0 |
| 东亚太 | 47.3 | 6.8 | 824.4 | 19.5 | 1935 | 20.5 |
| 非　洲 | 15.9 | 2.3 | 76.2 | 1.8 | 299 | 3.2 |
| 中　东 | 24.7 | 3.5 | 82.4 | 1.9 | 428 | 4.5 |
| 南　亚 | 8.4 | 1.2 | 39.6 | 1.0 | 155 | 1.6 |

利克的话说，国际旅游流的主要趋势是："第一，从北到北，第二，从北到南。"[①] 这种趋势从表 6-3 中也可得到明显的验证[②]。

进入 20 世纪 90 年代以后，亚洲太平洋地区在世界经济增长出现减速的情况下却呈现高速增长势头，这种态势正在推动世界经济发展新格局的形成。由于亚太地区已经形成的巨大的经济规模、高速的经济增长以及不断加深的依赖关系，使这一地区正在向一个具有强大竞争力的经济圈迈进。[③] 这种宏观背景事实上也在影响世界旅游业发展的趋势与格局。甚至在东南亚经历了一场深刻的金融危机之后，这个区域的国际旅游业也没有因此而受到大的影响。亚太地区国际旅游的这种强劲增长势头一直持续到 21 世纪初，到 2013 年年底，亚洲地区国际旅游的增长速度仍以 6% 的水平超越全

① 伯卡特、梅特利克著，张践等译：《西方旅游业》，同济大学出版社，1990 年版，第 48 页。

② 资料来源：世界旅游组织《世界旅游地区统计》。

③ 日本经济企划厅综合计划局编，钱皓等译：《九十年代的太平洋经济》，中国经济出版社，1991 年版，第 2 页。

球其他地区的增长速度，其贡献率最高的两个国家是中国和俄罗斯。这样，作为旅游目的地在接待区域外的国际旅游流流量方面，就形成了一种欧洲地区相对减少、美洲地区相对稳定、亚太地区持续增长、其他地区在波动中发展的基本格局。

世界范围内的国际旅游流的运动，从区域上看，跨区域的旅游流量并不是特别大，更多的情况是区域内的国际旅游流运动。这种区域内的国际旅游流运动通常要受到区域的尺度和其中所包含的客源国和目的地国的具体情况的影响。表 6-3 表明，在发达地区，如欧洲和美洲，它所形成的国际旅游需求占了世界国际旅游需求的一大部分，这使区域内的国际旅游就相对显得重要了。相反，在较不发达的地区，如非洲和南亚，其旅游发展严重地依赖于跨区域的国际旅游流，自己仅仅能提供约四分之一的区域内国际旅游者。而东亚太和中东地区在区域内和区域间的国际旅游流量上处于比较均衡的水平。[①]形成这些差异的原因当然是多方面的，包括区域内和区域间的旅游接待能力、文化差异、经济阻抗和空间距离。

## 二、中国入境旅游流的运动特征

中国旅游业是从先发展入境旅游的模式上起步的。如今，我国的入境旅游接待能力与 20 世纪 70 年代末相比已经有了根本的改观，每年接待的入境旅游者人数不断增长（见图 6-9）[②]，旅游收入也持续增加，使旅游业切实地成为我国发展经济的一个新的增长点（见图 6-10）。同时，中国入境旅游的国际排名次序也持续提高。据世界旅游组织发布的 2001 年世界旅游统计数字公报表明，中国国际旅游收入 2001 年首次超过德国和英国，从排名世界第 7 位升至第 5 位。到 2012 年，中国的入境旅游接待人数已经达到 1.32 亿人次，出境旅游人数达到 7700 万人次，而国内旅游人数是 29.57 亿人次，中国已经成为名副其实的旅游大国。另据世界旅游组织预测，到 2020 年，中国将成为世界第一大旅游目的地国家和第四大客源输出国。

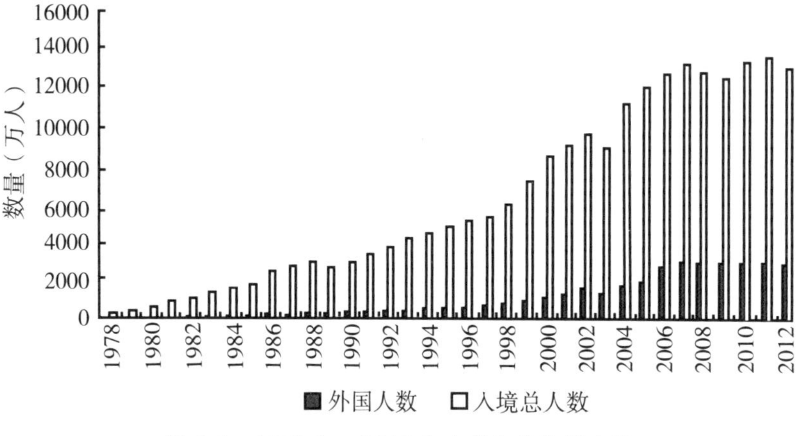


**图 6-9　1978 年—2012 年来华入境旅游人数**

① D. Pearce. *Tourism Today: A Geographical Analysis*. Longman Scientific & Technical, 1987.

② 入境旅游（visitor arrival）人数中含有过夜和不过夜旅游者。外国人中均为过夜旅游者。

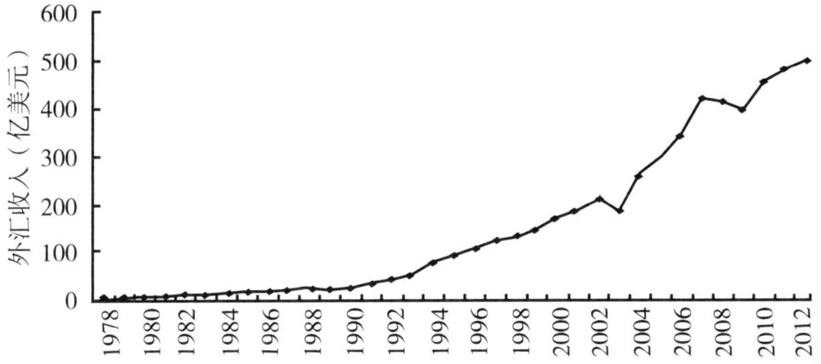


图 6-10 1978 年—2012 年国际旅游外汇收入

根据国家旅游局最近几年所进行的“海外旅游者抽样调查”的结论，我国入境旅游流的运动规律具有以下三个特征：

1. 来华旅游者在流向上明显地受地理位置、经济条件和文化异同等因素影响。

首先，从客源地所在的地理位置和经济条件上看，表现为客源地相对集中，市场级次明显。我国历年所接待的入境旅游者（主要指外国人），一方面主要地集中在几个国家，并依距离我国远近而显示出其重要性；另一方面则受客源国经济发展水平影响而在送客量上有很大的差别。表 6-4 非常明显地反映了这个事实。

表 6-4 16 个主要客源国 2008 年的入境旅游人数和比重

| 序号 | 国家 | 入境旅游人数（万人次） | 比重% |
|---|---|---|---|
| 入境总人次 | | 2432.53 | 100.0 |
| 1 | 韩国 | 396.04 | 16.28 |
| 2 | 日本 | 344.61 | 14.17 |
| 3 | 俄罗斯 | 312.34 | 12.84 |
| 4 | 美国 | 178.64 | 7.34 |
| 5 | 马来西亚 | 104.05 | 4.28 |
| 6 | 新加坡 | 87.58 | 3.60 |
| 7 | 菲律宾 | 79.53 | 3.27 |
| 8 | 蒙古 | 70.53 | 2.90 |
| 9 | 澳大利亚 | 57.15 | 2.35 |
| 10 | 泰国 | 55.43 | 2.28 |
| 11 | 英国 | 55.15 | 2.27 |
| 12 | 加拿大 | 53.47 | 2.20 |
| 13 | 德国 | 52.89 | 2.17 |
| 14 | 印度 | 43.66 | 1.79 |
| 15 | 法国 | 43.00 | 1.77 |
| 16 | 印尼 | 42.63 | 1.75 |
| 16 国总数 | | 1976.70 | 81.26 |

2008 年，中国入境旅游的客源地国家主要在亚洲，占入境外国人总数的 59.9%。在 16 个主要客源地国家中，韩国继续蝉联第一的位置，而这 16 个国家的来华旅游者已经占到全部外国旅游者的 81.26%，集中比率比较高，足见我国入境旅游者客源地的相对集中程度了。而且，处于我国周边地区的亚洲国家，如韩国、日本、俄罗斯、新加坡、马来西亚、泰国和印尼等国，无疑已经构成我国最重要而稳定的入境旅游市场，而欧美发达国家则构成我国的次级入境旅游市场。入境旅游流的这种运动规律是我们制定市场营销方略的基础。在前文所引用的 1997 年来华旅游外国人人数构成（按地区分）资料中（见图 6-1）也反映了同样的事实。时隔十余年，这种大体的格局并没有发生大的变化。

其次，从旅游者的旅游偏好来看，外国旅游者对以华夏文化为背景的景观尤其感兴趣，适当的文化差异成为吸引外国旅游者的重要因素，而文化趋同的民族则相对地更感兴趣于优美的自然风光。这种旅游偏好决定了北京、西安等文化名城成为海外来华旅游流的重要流向地，北京故宫、长城，秦陵兵马俑，曲阜孔庙等景观成为独具魅力的景观。这一点在 1994 年笔者对英国赴华度假旅游市场的调研中有充分的解释。[①] 从 1996 年国家旅游局对海外和港澳台旅游者所做的调查来看，也可以看出这一点（只是因该资料没有国别分组而无法从中判断文化差异作用的确切程度）。图 6-11 是根据该调查进行调整后的结果。考虑到华侨、港澳台旅游者在文化背景上的一致性，所以计算了他们的平均值，并用以作为与外国旅游者比较的参照，由此可见，外国旅游者在“山水风光”“医疗保健”和“阳光海滩”三个项目上相对于华裔旅游者（意味着

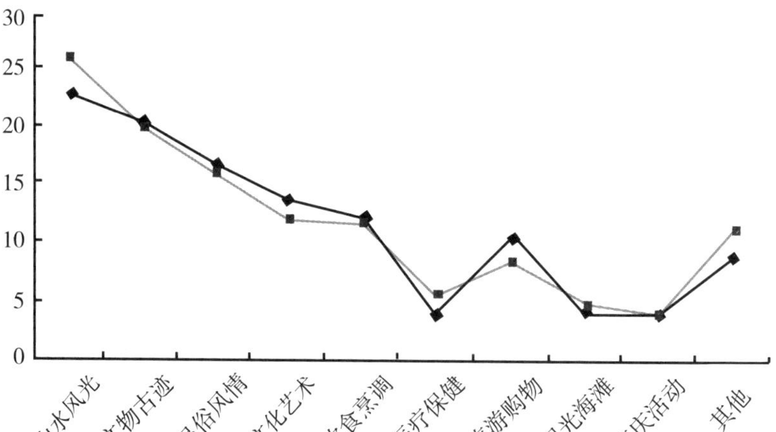


**图 6-11　1996 年外国旅游者和华裔旅游者（港澳台胞与华侨）对各类旅游项目的偏好比较**

① 参见《旅游学刊》，1994 年第 5 期；《旅游调研》，1994 年第 2、5 期。

是相似文化的代表者）而言比较不感兴趣（当然外国旅游者对于“山水风光”的选项也是最高的，这可能是外国旅游者中大部分是来自东南亚的缘故），而对于“文物古迹”“民俗风情”“文化艺术”“饮食烹调”“旅游购物”等富有社会文化内涵的项目都要比华裔旅游者更感兴趣。这足以说明文化差异在影响旅游流的运动方向上所起的重要作用。这一结论所具有的一般性直到今天还依然适用。

2. 从入境旅游流运动的时间特征上看，一方面有明显的季节性，另一方面逗留时间的地区差异很大。

旅游流的季节性波动在各个国家和地区都不同程度地存在着（见表 6-5）。地域越狭小，旅游资源中的自然成分越多，季节性就越是明显。由于我国地域广大，地形、地貌和气候变化复杂，景观丰富多样，所以从整体上看，旅游流的季节性在一定程度上被掩盖了。但是，作为一个大陆季风性气候的典型，我国的旅游资源也往往呈现不同的季相，加上旅游者本身自由时间的限制，因此，哪怕在全国的尺度上，也还是呈现出较明显的季节性波动，这一点在所接待的外国游客方面表现得尤为明显。

**表 6-5　来华外国旅游者各月入境人数**

| 月份 | 1990 年 | 1995 年 | 1996 年 | 1997 年 | 2007 年 |
|---|---|---|---|---|---|
| 1 月 | 95229 | 318748 | 344154 | 499714 | 1798551 |
| 2 月 | 95668 | 295487 | 348779 | 470636 | 1465227 |
| 3 月 | 126591 | 424434 | 453406 | 628258 | 2192916 |
| 4 月 | 138319 | 451493 | 477124 | 642659 | 2232729 |
| 5 月 | 143967 | 457562 | 480918 | 633821 | 2251221 |
| 6 月 | 132930 | 443475 | 484979 | 589043 | 2174629 |
| 7 月 | 156971 | 427831 | 519510 | 608856 | 2293980 |
| 8 月 | 173583 | 458795 | 579808 | 694419 | 2396060 |
| 9 月 | 175476 | 496079 | 545335 | 696108 | 2218320 |
| 10 月 | 203492 | 547786 | 618219 | 756545 | 2610779 |
| 11 月 | 165145 | 479511 | 537913 | 648063 | 2303727 |
| 12 月 | 139944 | 380859 | 496571 | 559884 | 2171529 |
| 总人次 | 1747315 | 5182060 | 5886716 | 7428006 | 26109668 |

图 6-12 是根据各年来华外国旅游者的入境人数资料绘制的季节波动模式图。从图中可以看出，尽管各年发展水平不同，但季节波动的模式十分相近，即每年的二、三季度是外国旅游者来华旅游的旺季，而一、四季度是淡季。另外，从图中还可以看出，在这两个旺季当中，除了 10 月份的高峰期外，还有一个 4、5 月份的亚高峰。深入研究造成这种波动的原因以及不同类型的旅游者的出游时间模式，对于采取结构性措施（包括地区间、产品类型以及营销策略等）调节季节波动将会有很大的启发。

从逗留时间看，入境旅游者在华逗留时间与旅游者的居住地、旅游方式有很大关系。1995年所做的抽样调查结果表明，海外过夜旅游者在华平均停留7.6天，其中外国旅游者平均停留8.5天，华侨平均停留11.7天，港澳同胞平均停留3.5天，台湾同胞平均停留11.8天。从旅游方式上看，零散过夜旅游者在华平均停留7.8天，而团体过夜旅游者为7.0天，零散旅游者的逗留时间稍长于团体旅游者。在本章前列表6-1当中，可以看出，入境旅游者在各省区的逗留时间差异也很大。不过，根据最近几年国家旅游局所统计的历年各地区接待入境旅游者（外国人）平均停留天数的资料来看，上述规律性已经被颠覆，不仅地区间的差距不如上述资料所显示的大，而且差距的逻辑依据颇令人费解。将表6-6的数据与前文表6-1的数据作一番比较，即可看出两组数据所反映的根本规律上的这种不同。显然，表6-6这种通过政府呈报的方式形成的停留天数统计资料，似乎难以与旅行社的接待统计数据的合理性相比。同时，各地区在两年甚至更长时间当中停留天数的几乎无变化也令人感叹数字之巧合！看来，在入境旅游者统计中，只有一个来自公安部的入境人数资料可能还算是一个确切的理性统计资料（暂不论其中包含的人员类型是否符合旅游者的定义）。与表6-1的丰富信息相比，可以说，从表6-6已经很难解读出什么有用的东西了。

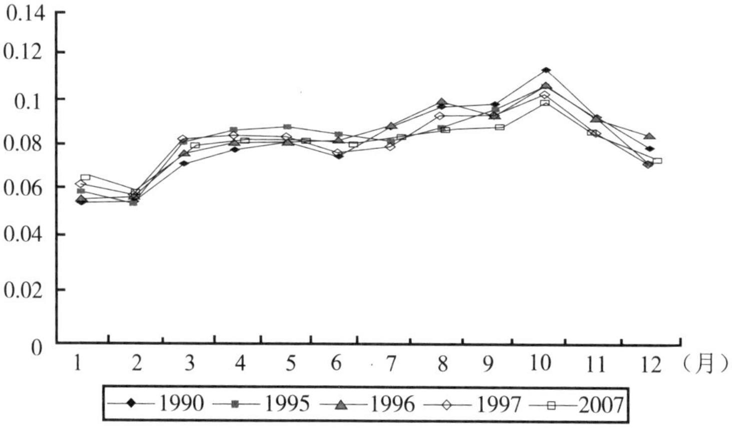


**图6-12　入境外国旅游者的季节分布规律（根据季节指数绘制）**

**表6-6　2007年和2008年各地区接待入境外国旅游者平均停留天数**

| 总平均 | 北京 | 天津 | 河北 | 山西 | 内蒙古 | 辽宁 | 吉林 | 黑龙江 | 上海 | 江苏 | 浙江 | 安徽 | 福建 | 江西 | 山东 |
|---|---|---|---|---|---|---|---|---|---|---|---|---|---|---|---|
| 2.9 | 4.3 | 3.5 | 2.4 | 1.8 | 2.1 | 3.1 | 1.9 | 2.3 | 3.6 | 4.1 | 2.7 | 1.7 | 5.0 | 2.1 | 2.8 |
| 2.9 | 4.7 | 3.5 | 2.3 | 1.9 | 2.1 | 3.1 | 1.9 | 2.1 | 3.7 | 4.1 | 2.7 | 1.9 | 4.9 | 2.1 | 2.8 |

| 河南 | 湖北 | 湖南 | 广东 | 广西 | 海南 | 重庆 | 四川 | 贵州 | 云南 | 西藏 | 陕西 | 甘肃 | 青海 | 宁夏 | 新疆 |
|---|---|---|---|---|---|---|---|---|---|---|---|---|---|---|---|
| 2.1 | 1.8 | 3.2 | 2.4 | 1.7 | 2.7 | 2.9 | 1.8 | 1.9 | 1.8 | 2.3 | 2.6 | 1.6 | 2.3 | 1.9 | 2.5 |
| 2.1 | 1.9 | 3.3 | 2.3 | 1.7 | 2.8 | 2.9 | 2.0 | 1.6 | 1.8 | 2.5 | 2.7 | 1.4 | 2.9 | 1.9 | 2.3 |

资料来源：根据《中国旅游年鉴》资料整理。

3. 从入境旅游者在国内旅游的行程以及在延伸旅游的国家和地区来看，集中比率较高，游览较多个地区或国家的旅游者相对较少。

海外过夜旅游者在中国旅游过程中所游览的城市数一直呈现少量化趋势。在1995年进行的口岸调查中，过夜旅游者中游览1—3座城市的旅游者占74.2%，游览7座及以上城市的旅游者仅占4.4%。与1994年相比，游览1—3座城市的旅游者与1994年持平，游览7座及以上城市的旅游者由1994年的7.8%减少到4.4%，这种减幅的主要根源于港澳同胞在入境旅游者中所占比例很高（1995年港澳同胞占入境旅游者人数的比例为83.8%，1994年为84.7%）。

对于入境旅游者在入境前和出境后的旅游经历，目前很少有完整的统计资料。皮尔斯（D. Pearce）在谈到这个问题时说："有关反映国际旅游者在多大程度上进行一个以上国家的旅游访问的系统资料收集得还很少。大多数国家记录的旅游入境人数都是孤立的，考虑的仅仅是境内的旅游行程。"[①] 在笔者与杰弗里（D. Jeffrey）博士于1994年所进行的《英国赴华度假旅游市场综合研究》课题中，曾对来华英国旅游者的旅游行程进行过分析。在170人的样本中，多数旅游者（53.5%）仅以中国作为旅游目的地，其余则连带访问了不同数量的国家和地区（见表6-7）。从表中还可以看出，英国旅游者所选择的延伸旅游目的地可能出自多方面的考虑，其中是否属于英联邦国家或地区、是否处于方便的旅游路线上、是否可以提供丰富而互补的旅游经历等因素显然在起着重要的作用。这些因素对于其他国家的旅游者的意义可能有所不同。

**表6-7　英国赴华度假旅游者连带访问的国家或地区**

| 除访问中国大陆外<br>将访问的其他国家和/或地区 | 人　数<br>（人） | 比　率<br>（%） |
|---|---|---|
| 无 | 91 | 53.5 |
| 中国香港、中国澳门、中国台湾<br>和/或其他国家、地区 | 31 | 18.2 |
| 印度、尼泊尔、巴基斯坦<br>和/或其他国家、地区 | 29 | 17.1 |
| 泰国、新加坡、马来西亚、印度尼西亚、<br>澳大利亚和/或其他国家、地区 | 14 | 8.2 |
| 俄罗斯、中亚、日本和/<br>或其他国家、地区 | 3 | 1.8 |
| 其他国家、地区 | 2 | 1.2 |
| 总　计 | 170 | 100.0 |

仔细思考表6-7中的数据，不难发现，这组数据对于旅行社组合旅游产品具

① D. Pearce. *Tourism Today: A Geographical Analysis*. Longman Scientific & Technical, 1989, p. 48.

有很大的参考价值。它能够提示旅游企业的经营者，在组合旅游产品的过程中，要充分考虑旅游者的需求，而这种需求又往往产生于某些深刻的社会文化和历史背景当中。

### 三、中国国内旅游流的运动特征

对于国内旅游流运动规律的认识，目前只能依据近年来国家旅游局公布的抽样调查资料。但由于公布的资料限于常规的指标，可用性存在一定的局限（在这方面存在着大量的统计信息资源闲置浪费的情况），当然也就影响了分析的深度。另外，由于抽样调查工作本身还不够规范（如调查指标设计、调查范围确定、调查时间等方面存在差异等），也极大地影响了数据的可比性，甚至有些结论根本无法形成。图 6-13 的资料，虽然是官方公布的数据，但由于一些众所周知而又心照不宣的原因，这些数据的可信度是值得怀疑的。这里之所以还把这些数据列出来，主要在于说明相关的概念和方法，只是将这些数据作为一个粗线条的参考依据。

国内旅游流的运动也同样可以从流量、流向和时间特征方面进行考察。

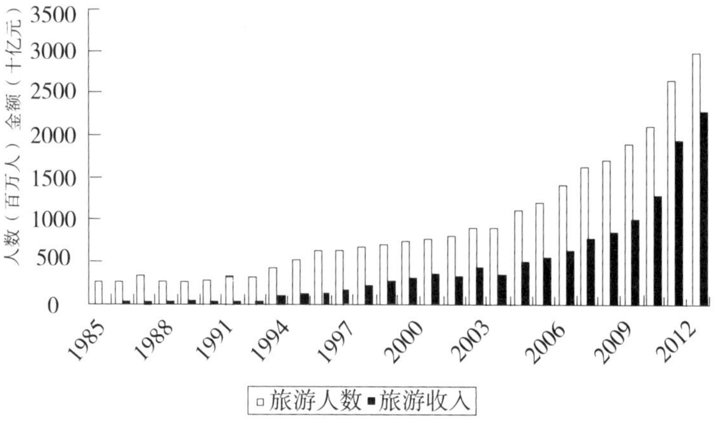


**图 6-13　1985 年—2012 年国内旅游基本情况**

从流量上看，国内旅游经历了从涓涓细流到浩浩荡荡的发展过程。进入 20 世纪 90 年代以后国内旅游进一步有了突飞猛进的发展。据抽样估计资料，1993 年国内旅游出游总人数为 4.1 亿人次，1994 年为 5.2 亿人次，1997 年为 6.4 亿人次，到 2002 年已达 8.8 亿人次。2002 年国内旅游的规模已经是来华入境旅游人数的 10 倍，总花费 3878 亿元，也是当年外汇收入的两倍多，显然是一个不可忽视的影响经济运行的重要因子，是拉动国内需求的一个重要势力。究其原因主要是两个，一是经济的发展为国民旅游创造了物质基础，提供了便利条件；二是自由时间的增加使国民摆脱了羁绊。尤其是 1993 年 5 月我国实行 5 天工作制以后，国内旅游更是受到前所未有的激发，逐渐成了一小部分高收入阶层的国民的基本生活需要，也成了大部分普通工薪阶层国民所追求的高品质生活内容之一。这种发展势头，使我国很多旅游热点地区都成了旅游者大量流入的地区。到 2012 年，中国国内旅游的总体规模已经达到出游人数 29.57 亿人次、旅游收入 22706 亿元的规模。

图 6-13 是根据中国旅游统计年鉴的资料绘制的条形图。由于国内旅游抽样调查开始于 1993 年，所以，1993 年及其后的旅游收入与此前各年份的数据不具可比性。

从流向上看，观光度假旅游者的主要旅游兴趣在于休闲观光。1995 年的国内旅游抽样调查结果表明，4254 名观光度假旅游者（占调查总人数 9377 人的 45.4%）对旅游活动的兴趣排序依次是自然景观（2711 人）、休闲度假（949 人）、人文景观（230 人）、风俗人情（100 人）、节庆活动（65 人）和健身运动（40 人）（另有 194 人未填报）。这些旅游偏好就成了旅游流运动方向的决定性因素之一，导致旅游目的地高度集中。在表 6-8 中充分显示了 58 个城市在观光度假旅游者心目中的地位。从中还可以看出，目前我国国内旅游的运动还主要趋向于一般的大众性旅游目的地，一些知名度高、历史悠久或风光绮丽的旅游城市仍然是国内旅游者的首选目的地。

表 6-8 国内游客中的观光度假旅游者* 游览的主要旅游目的地（城市）

| 按旅游者人数分组（人） | 目的地城市数（座） | 旅游目的地城市 |
|---|---|---|
| 30 以下 | 27 | 呼和浩特、九江、长沙、温州、北海、海口、长春、珠海、三亚、乌鲁木齐、吉林、连云港、厦门、郑州、汕头、延吉、南通、泉州、洛阳、湛江、大同、漳州、南宁、南昌、合肥、拉萨、西宁 |
| 30~60 以下 | 14 | 宁波、沈阳、济南、广州、石家庄、黄山、深圳、兰州、承德、福州、烟台、太原、哈尔滨、银川 |
| 60~90 以下 | 5 | 桂林、南京、无锡、武汉、贵阳 |
| 90~120 以下 | 6 | 上海、昆明、西安、秦皇岛、成都、重庆 |
| 120~150 以下 | 3 | 天津、苏州、杭州 |
| 150~200 以下 | 2 | 大连、青岛 |
| 200 及以上 | 1 | 北京（466 人） |
| 合 计 | 58 | |

* 不包括探亲访友、就医疗养、文体交流、商务、会议和公务等旅行者，所以本表的结论与《1995 年国内旅游抽样调查综合报告》中有关“游客游览的主要目的地城市”的结论略有不同。

资料来源：据国家旅游局：《中国国内旅游抽样调查资料—1995》整理。

从客源地上看，国内旅游流的发源地受经济条件的影响十分明显。北京、上海、天津、广州、重庆、西安等地是国内旅游的最重要产生地。同时，地区的开放程度也影响着居民的旅游倾向。在样本的 9377 人中，有 2421 人来自大连、宁波、福州、厦门、青岛、成都和昆明，平均每个城市产生约350名国内旅游者，几乎分别占到总数的4个百分点。这样，在前13个城市中，出游的国内旅游者人数已经占到了60%的比例，显示了较高的集中程度（见表6-9）。

表6-9 1995年国内36个客源城市旅游抽样调查分组

| 按出游人数分组 | 样本人数 | 城市数 | 所在城市 |
|---|---|---|---|
| 100以下 | 129 | 3 | 海口、拉萨、乌鲁木齐 |
| 100~200以下 | 1946 | 13 | 太原、长春、哈尔滨、南京、杭州、南昌、济南、郑州、长沙、深圳、南宁、西宁、银川 |
| 200~300以下 | 1718 | 7 | 石家庄、呼和浩特、沈阳、合肥、武汉、贵阳、兰州 |
| 300~400以下 | 2421 | 7 | 大连、宁波、福州、厦门、青岛、成都、昆明 |
| 400~500以下 | 1279 | 3 | 广州、重庆、西安 |
| 500~600以下 | 0 | 0 | |
| 600~700以下 | 1884 | 3 | 北京、天津、上海 |
| 合　计 | 9377 | 36 | |

限于资料，国内旅游流的时间特征我们只能仅就城镇居民的情况做一番考察。从1995年的国内旅游抽样资料来看，全国城镇居民旅游总人次数：一季度为0.81亿人次，二季度为0.49亿人次，三季度为0.73亿人次，四季度为0.43亿人次。这种季节分布模式显然难以描述国内旅游（以观光度假为目的）的真正季节规律，因为在第一季度有如此多的人出游很令人怀疑（它与入境旅游流的季节规律如此大相径庭！即使在2000年以后推行黄金周政策，也不能说这种模式是正常的①），唯一的解释就是其中包含有大量的节假日探亲访友的旅行者②。但由于缺乏清晰详细的资料说明，上述结论也仅仅是推测。

从时间特征上看，观光度假旅游者的平均逗留时间比较短。国内游客在外停留天数和游览城市数是说明旅游流持续时间的指标。对于观光度假游客而言，团体和散客两种不同的旅游方式在逗留时间方面的差异很大。表6-10是根据1995年抽样资料整理的，可以反映这方面的情况。从表中还可以看出，由于不过夜游客的比例较大，观光度假游客的平均停留天数显得很短（仅为3.8天）。从游客平均游览的城市数来看，

① 据全国假日办发布的报告，2003年春节"黄金周"期间，全国共接待旅游者5947万人次，比上年春节"黄金周"增长15.3%；实现旅游收入257.6亿元，比上年春节增长13.0%；旅游者人均花费支出433.2元。其中过夜旅游者（仅限于住在宾馆饭店和旅馆招待所）为1393万人次；一日游游客为4554万人次。

② 有关国内旅游者统计的质量一直是个令人头痛的问题。这里既有计算口径缺乏科学性（包括旅游者的定义）的问题，也有地方统计部门人为造成的资料失真。从这个统计资料即可以明显看出问题的严重性。

在3845名观光度假游客中，游览一个城市的占87.3%，游览2—3个城市的人数占10.1%，4—5个的占2.3%，6个及以上的仅为0.4%。这种结构到2001年也没有发生大的变化（见图6-14）。同年的商务、公务旅游者游览的旅游城市数也基本呈现这种结构特征。足见国内旅游流的主体成分仍为不过夜旅游者。

表6-10 观光度假游客在外停留天数

| 旅游方式／停留天数 | 散客 | | 团体 | |
|---|---|---|---|---|
| | 人数 | 比例（%） | 人数 | 比例（%） |
| 1 | 1723 | 44.8 | 34 | 8.3 |
| 2~3 | 1053 | 27.4 | 107 | 26.2 |
| 4~7 | 594 | 15.4 | 156 | 38.1 |
| 8~14 | 323 | 8.4 | 106 | 25.9 |
| 15以上 | 152 | 4.0 | 6 | 1.5 |
| 合 计 | 3845 | 100.0 | 409 | 100.0 |

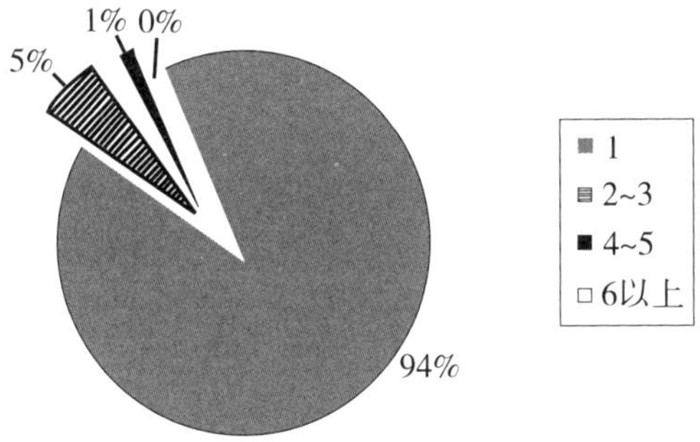


图6-14 2001年城镇居民出自观光/游览/度假/休闲目的的国内旅游者游览的城市数

## 本章重要观点

1. 旅游流是市场经济发展的产物，它构成了旅游学研究的重要内容。
2. 旅游需求的近似性和旅游供给的区域集中性是制约旅游流运动规律的两个最重要的因素。
3. 旅游流单纯指旅游者的流动，不包括与旅游活动相关的资金、信息和物质的流动。没有必要对旅游流的定义做太宽泛的延伸。那些概念直接称为资金流、信息流或物流也未尝不可。所有这些都是旅游学研究的对象。
4. 旅游流表面上是一种空间和时间现象，但本质上却是一种社会经济和文化现象。对它的分析和考察不应该仅仅停留在空间和时间这两个维度上。
5. 旅游流将成为旅游学研究中的重要领域，并同样可能发展出比较系统的理论范式。

## 本章内容举要

### 1. 核心概念

- 旅游流：在一个或大或小的区域上由于旅游需求的近似性而引起的旅游者集体性空间移位现象。
  - 旅游流的流向：旅游流在持续的运动过程中所经过的旅游路线，它反映着旅游目的地与旅游客源地之间关联的方式和途径。
  - 旅游流的流量：旅游流在单位时间内和一定空间上所形成的规模。

### 2. 主要内容

（1）旅游流的特征

- 旅游流的特征表现在三个维度：时间、流向和流量。考察一个景点、一个地区或一个国家的旅游流特征都可以从这几个维度着手。

（2）旅游流的形成

- 旅游流的形成有其内在和外在的原因：旅游流是市场经济的产物；旅游流受旅游需求的近似性所推动；旅游流受旅游供给的区域集中性所拉动。

（3）旅游流的运动模型

- 马里奥特的两地间旅游流模型：该模型提出了联结永久居留地与旅游目的地之间的三种不同的路径——进入路径、返回路径和休闲路径。
- 康贝尔的休闲与度假模型：该模型刻画了从一个城市中心向外辐射的不同的旅游流运动形式。
- 沙罗特的国家模型：该模型是在国家和国际的尺度上探讨旅游流的特点的。模型中对旅游需求和供给、国内旅游和国际旅游做了区分。
- 伦德格伦的空间分层模型：该模型注重考察不同类型的旅游区点的作用，分层次地刻画中心城市型、周边小城市型、周边乡村型和自然环境旅游目的地之间所形成的旅游流的运动规律。
- 影响旅游流运动的因素：空间距离；国际（区际）关系；旅游供给与旅游需求的关系。

（4）世界国际旅游流运动的空间格局

- 世界六大区域的国际旅游流运动的区域格局有明显的空间结构特征和时间趋势特征：从空间上看，世界范围内国际旅游流的发生地和接待地呈现高度集中于欧美地区的态势，这一地区的发达国家争得了从其他发达国家来的国际旅游者的绝大多数；从时间上看，亚太地区国际旅游业呈现快速发展的势头；另外，跨区域的旅游流量并不是特别大，更多的情况是区域内的国际旅游流运动。

（5）中国入境旅游流的运动特征

- 来华旅游者在流向上明显地受地理位置、经济条件和文化异同等因素的影响：

从客源地所在的地理位置和经济条件上看，表现为客源地相对集中，市场级次明显；从旅游者的旅游偏好来看，外国旅游者对以华夏文化为背景的景观尤其感兴趣，适当的文化差异成为吸引外国旅游者的重要因素，而文化趋同的民族则相对地更感兴趣于优美的自然风光；在来华海外旅游者中，一地游的旅游者所占的比重最大。

- 从入境旅游流运动的时间特征上看，一方面有明显的季节性，另一方面逗留时间的地区间差异很大。
- 从入境旅游者在国内旅游的行程以及延伸旅游的国家和地区来看，集中比率较高，游览较多个地区或国家的旅游者相对较少。

（6）中国国内旅游流的运动特征

- 从流量上看，国内旅游经历了从涓涓细流到浩浩荡荡的发展过程。
- 从流向上看，观光度假旅游者的主要旅游兴趣在于休闲观光。
- 从客源地上看，国内旅游流的发源地受经济条件的影响十分明显。
- 从时间特征上看，观光度假旅游者的平均逗留时间比较短。

## 本章答疑

【疑问1】教材中提出一个“旅游者心理状态与其需要的景观状态之间的关系”模型，我觉得并不能揭示引起旅游流运动的一般（普遍）根源。否则，为什么大量的发达国家的旅游者依然到发达国家旅游、大量的西方国家旅游者依然到西方国家旅游呢？

——对于该模型（也包括任何模型）的理解一定要注意其限定条件。该模型不是万能的，甚至也未必抓到了事物的本质（尽管这是任何模型的努力方向）。它在两个前提下要阐述的最根本的事实是：旅游是寻求差异。假定的前提是：除了需要和景观之间的对应关系外，没有其他因素影响旅游者的决策；模型中的差异是相对差异。另外，理解该模型，还要体会相应的文字解释。

【疑问2】对于旅游流的实证分析，显然对各级旅游管理部门和旅游企业都非常有意义。现在进行这种分析的困难有哪些呢？

——微观尺度（如旅游景区景点）的旅游流运动规律的分析应该没有什么困难，关键在于景区景点的经营者有这方面的需求意识（这是一种科学管理的态度）并坚持积累有关的统计资料。但在宏观尺度上却存在着几乎不可逾越的困难，那就是统计指标设置得不科学、统计数字的严重失真。这个问题在国内旅游统计领域是大家心知肚明而又无可奈何的事实。因此，凡是想做真正的科学研究，在使用我国的国内旅游统计资料时，一定要谨慎从事。运用一些简单的逻辑关系，就可以判断出一个地区或全国的旅游统计数字的真实性。例如，用一个地区的饭店客房数、客房出租率、当地接待旅游者人数、旅游者在该地平均逗留时间等几个指标的数值，就可以判断其中的真伪。

**【疑问 3】世界旅游组织（WTO）对于国际旅游的统计似乎有些不够科学。比如，说国际旅游的主要流量都历史地集中在欧洲地区，这是否忽视了欧洲各国间实际距离非常近这个事实？**

——这个问题问得好。我也曾想过这个问题，并日益倾向于换一种角度考虑它。欧洲有些不同国家的城市之间只有几百甚至几十公里，所以，总是强调国际旅游流量及其统计从而得出欧洲是主要的旅游区域的结论，恐怕早晚要成为历史。因为，同样富裕的北美的国内旅游的意义不容忽视，崛起的像中国这样的大国的国内旅游也不容忽视。也许在不久的将来（要看旅游发展的速度，尤其是在发展中国家旅游发展的速度，因为这些国家对外汇的需求将促使他们不会轻易放弃对国际旅游的特殊重视），分别统计国际旅游和国内旅游的意义会变得不重要了。在这种情况下，更具有挑战性的问题将是如何进一步统一和协调各国的旅游统计方法和口径的问题。

米德尔顿（Victor T. C. Middleton）在其第三版的《旅游市场营销》① 当中，曾隐约地意识到这个问题。就是说，对于国际旅游流量的比较，尤其是欧洲和美国之间的比较，有不合理的地方。他说："美国的国内各州之间的旅游，比如在东北部各州与佛罗里达之间，原则上也许应该看作是类似于欧洲各国相同距离之间的旅游。尤其是随着欧共体的发展以及一体化货币的通行。"由此我们也可以想到，随着创汇的功利性目的的削弱，随着国内旅游的快速发展，中国各省之间的旅游的意义，也可能与欧洲各国间旅游的意义没有多大差异了。

## 本章问题讨论

1. 在刚刚兴起假日旅游的前几年，国内旅游流呈现一种明显的现象：旅游流高度集中于假日期间。这种现象引起了国内旅游行业管理部门的一系列政策反应，学者们也对"假日经济"现象加以解释并出谋划策。直到 2000 年夏季，在北京的一次研讨会上，还有学者向国家旅游局提出这样的建议："假日旅游的兴起预示着强大的旅游需求和短线的旅游供给，所以应动员各种力量增加旅游供给（这里的旅游供给包括各种媒介设施）。"有的人肯定了国家的旅游预报系统所发挥的作用。你能否运用你所掌握的经济学和旅游学知识对这些观点予以评价？现在的情况如何？出现现在这种情况的原因是什么？
2. 选择两个典型的旅游区（点），比较深入地考察其旅游流运动的规律性，并分析相应的管理对策的得失与其经营绩效的关系。当明确了这些关系时，你能提出什么建议来调整旅游流运动的特征以便提高经营绩效？

① Victor T. C. Middleton and Jackie Clarke. *Marketing in Travel and Tourism* (3rd edition). Butterworth-Heinemann, 2001.

3. 说“旅游是市场经济的产物”和“旅游流是市场经济的产物”，这两个命题是否是相同的？你认为哪个命题更能为你所接受，为什么？
4. 你作为生活在一个中等城市（如大连）中的一个中国人，如果现在给你一个机会可以免费到新西兰、澳大利亚、新加坡或日本中的一个国家旅游，你将选择哪个国家？你做这种决策出自哪些考虑？总结一下，是知识、偏好还是目的地的名胜质量在影响你做决策（并和其他同学交流）。
5. 选择一个旅游点，进行一番观察，你怎样用旅游流的三个特征来描述该旅游点的旅游流运动特性？尝试一下（比如以报告的形式提交上去），看看你观察的结果对该旅游点的管理人员是否有参考价值？如果没有，问题出在哪里？推而广之，你在进行这项观察时所采用的思路和方法，是否可以用到其他尺度或类型的旅游点的分析上？
6. 你能解释教材中表 6-1 所反映的大量信息吗？请写一篇小短文阐述你的结论，也可以引申你自己的观点。
7. 根据本章所提供的旅游者心理需求与景观状态之间关系的模型，你认为是否可以帮助我们解决一些旅游开发中的矛盾问题？比如：云南建水古城古建筑，无疑对很多人来说是重要的旅游资源；同时，有些企业家又很有钱，想投资于旅游产业，建旅游景观。在这种情况下，根据我们的模型，可否建议这些企业家和政府官员，另外开辟一个地方建新的旅游景观，说不定外地人愿意看，而本地人也愿意看呢（有时这难以做到）！留下这些古老的东西给外地人看，给子孙看，赚外地人的钱，造子孙的福。这是不是一个有说服力的理由？你怎么看？
8. 分析世界国际旅游流的历史发展格局，可以预测亚太地区未来的旅游发展态势。请查阅一些有关这种预测的资料，并进行讨论，提出你的看法。
9. 查阅一下资料，尝试对泰国和夏威夷这两个旅游目的地的旅游流流向进行比较分析，概略地解释一下这些旅游者的人口统计特征，同时归纳旅游流如何受需求与供给关系的影响。
10. 一个旅游目的地的形象定位对于旅游流的运动会产生什么影响？为了增加旅游流量，应该如何定位？为了均衡旅游流量，应该如何定位？为了赚取最多的利润，应该如何定位？这些目标不能兼容时，又应该如何定位？（提示：你可以结合海南岛的“椰风海韵”和黑龙江的“冰封玉裹”以及香港的“动感之都”来思考这个问题。）
11. 你认为中国入境旅游流的主要发生地在过去四分之一世纪中有无规律性和阶段性变化，试做出分析和说明。
12. 中国的出境旅游流是怎样与国家的目的地国开放政策联系在一起的？每当国家公布新的目的地国时，对原有目的地国是否有影响？你能做一些调查然后系统地回答这个问题吗？这也许能反映出中国出境旅游流的阶段性特点。
13. 中国的入境旅游流在过去四分之一世纪当中，主要的流向地有什么特点？比如，是以流向城市为主还是以流向景点为主，还是两者的某种结合？有什么模式吗？为什么会产生这种模式？

14. 中国国内旅游流在最近两年有什么变化？
15. 从表 6-7 的“英国赴华度假旅游者连带访问的国家或地区”的统计结果看，如果你是一个旅行社旅游线路策划人员，能从该表中得到什么启发？
16. 中国目前在国内旅游和入境旅游的人数统计方面存在什么问题？举例说明。

# 第七章　旅游效应

**学过本章之后，你应该能够：**

1. 理解旅游效应的定义及其理论意义，了解旅游效应的类型。
2. 分析旅游经济效应的影响因素，讨论旅游经济效应的种种表现，掌握旅游经济效应评价的方法。
3. 理解环境与旅游之间的关系，了解旅游环境效应的表现，掌握旅游环境效应评价的相关理论和方法。
4. 理解旅游的社会文化效应的意义，了解旅游目的地社区对旅游发展的态度演变过程，分析旅游与文化活动的关系。

## 第一节　旅游效应的定义与类型

### 一、旅游效应的定义及其理论意义

旅游在其发展史上曾表现为从个别的偶然的现象到大众的经常的现象的历史发展过程，这一点在前面数章的讨论中已经渐次做了交代。当旅游还处在低水平的发展阶段时，个别的偶然的旅游活动或行为充其量表现为对个人发展的意义，而对于社会整体来说，并不能产生大的影响。相反，旅游发展进入大众旅游时代时，情况就不那么简单。旅游者的行为与旅游服务企业的行为，开始成为足以影响人类社会的文化发展趋向、改变经济体的内部产业结构并影响其成员的富裕程度、左右社区或地区环境演化方向等种种变革的十分重要的因素。由此便产生了旅游效应的问题。最近几十年来旅游效应问题与人类社会其他生产与生活问题一样，变得日益不可忽视，于是也就成了旅游学研究的重要领域。

旅游效应（tourist impact）又称为旅游影响，是指由旅游活动（包括旅游者活动和旅游产业活动）所引发的种种利害影响。这不仅表现在对旅游活动主体本身的影响，也包括对其他相关的利益集团产生的超越活动主体范围的影响，而后者便是旅游活动的外部效应，它是旅游效应研究尤其需要予以关注的方面。

旅游的外部效应根源于旅游作为一种社会经济活动所具有的外部性（externality）特征。这里我们可以举一个例子来说明这种外部性的存在及其意义。

假设某个投资主体拟在一条河的上游山谷中修建一个水库，形成人工湖，成为当地发展观光旅游的基础，成为经济收入的来源。但是，水坝的建成会带来一系列变化，有些甚至是始料不及的。比如，水坝建成后，有可能造成水的蒸发量提高；水库建成将影响地壳受力的平衡，从而可能诱发地震；水库淹没的谷间土地曾是肥沃良田；河水流速的降低，将造成下游河道泥沙淤积、水草丛生、血吸虫滋生、血吸虫病传播；原来的河流流量虽然不大，但下游地区却仍能源源不断地从河流中获得水源，用以浇灌土地、补给工业用水，也是下游居民生活用水的主要来源;而且，河水的侵蚀和搬运，能给土壤带来有机肥料，水库一建成，土地得不到大自然的“恩赐”，生产能力就会下降。如果水库的投资者与下游的土地所有者、企业经营者等不属于某个共同所有者，那么，水库的修建将直接改变不同的利益集团来自河流的受益水平，从而体现为水库投资者投资行为产生的利害关系外化，这可以说是旅游产业的外部效应。如果上述几方同属于某个共同所有者，水库的修建就会改变投资主体内部的利益结构，而总体利益水平的衡量仍是十分复杂的。由此看来，旅游效应的外化是旅游的极其普通的现象，对它的研究与研究旅游本身的变化与发展具有同等重要的意义。

在经济学领域，经济活动的外部性是一个十分重要的研究课题（当然，旅游的外部性不仅仅表现在经济方面）。按照传统的福利经济学的观点来看，外部性是一种经济力量对于另一种经济力量的“非市场性的”附带影响，是经济力量相互作用的结果。

这种影响有好的作用，也有坏的作用。好的作用称为外部经济性或正外部性，坏的作用称为外部不经济性或负外部性。外部不经济性是外部性的一个方面，在现实经济生活中屡见不鲜。

从资源配置的角度分析，外部性是表示当一个行动的某些效益或费用不在决策者的考虑范围内的时候所产生的一种低效率现象，其表现有两个方面：（1）决策者的效用或生产函数，包含其他决策者所选择确定变量数值的一些实际变量，例如上例中处于河流下游的工业企业的生产函数的用水变量就是上游旅游企业生产函数中的水库水排放变量；（2）决策者主体并不对受影响者进行补偿或收费，某些效益被给予或某些费用被强加给没有参加这一决策的人（如上例中处于河流下游的个人或企业）。

对于外部性的评价，在经济学中历来以帕累托准则和卡尔多等人的补偿原则的理论为基础。帕累托准则定义的是一种完全效率状态，在这种状态中，每一个人的经济状况都好到这种程度，以至于任何人都不能再得到好处，而同时又不使另一个人受到损失。这便是所谓的“帕累托最优”模型。从这里可以看出，“帕累托最优”有两个特点：第一，抛弃基数效用论，而以序数效用论为前提，只要有人认为新状态比旧状态好，而没有人认为旧状态比新状态好，那么新状态就比旧状态好；第二，在最优状态下，排除了分配关系的影响。这一点帕累托自己也很明白。他在说明怎样才能使社会每个成员的满足达到最大化时指出，这要求解决两个问题，一个是分配问题，另一个是生产问题。但是，分配问题涉及许多道德和社会因素，还要求在不同人的满足之间进行比较，所以不属纯经济学的范围。他假定这个问题已经解决，于是最优的条件只能归结为生产和交换均衡的条件了。

“帕累托最优”虽然用了序数效用和一般均衡的思想，但也还有其不完善的地方。这主要是：第一，排除了分配关系的影响；第二，即使不考虑分配因素，帕累托最优状态仍有其不足。因为，按照这个状态，只要有人认为其满足比以前增加了而没有人认为减少了，在这样的状态下就没有任何分析的必要了。因此，帕累托最优是静止的均衡状态，甚至是倒退保守的，而且在实际上也不存在这种状态，因为总有一些变动，会使一部分人的满足增大，而同时使另一部分人的满足减少。上面所举的例子就反映了这一点。而在这时该怎么办呢？按帕累托最优显然是不修建水库，而这个结论在很多场合都会显得不切实际。

一些新福利经济学家们针对帕累托最优状态所存在的不足之处，提出了一些修正或补充观点，其中最有影响的就是卡尔多（Kaldor）和希克斯（Hicks）等人的补偿原则。卡尔多认为，在改变经济政策以后，可能使一方得利，另一方受损，但只要“那些受害的人所遭受的损失能得到充分补偿，而社会上其余的人仍较以前好就很够了。在实行自由贸易政策的情形下，是否应当在事实上给予对方以补偿，那是政治上的问题，经济学家从作为经济学家的角度来看，很难表示什么意见”。卡尔多的这段话用数字例子就可表示为，如果经济情形的改变使有些人得益 120 镑，而另一些人损失 100 镑，则通过假想补偿（即不一定真的实现）的办法，得失相抵，结果全社会福利仍增加了 20 镑。这种经济情形的改变应看作是一种进步。

希克斯十分推崇卡尔多的论点，但他认为卡尔多的说法不够完善。因为按照卡尔多的说法，实际补偿由受益者决定，如果受益者不对受损者做出什么补偿，那么补偿也就无法实现了。因此，希克斯指出，补偿不必由受益者进行，而可以由受害者事先收买（不一定真的实现）受益者，让后者不做出变革。希克斯的论点与卡尔多的论点基本上是一样的，所以通常被合称为卡尔多—希克斯准则。这些补偿原则也被称为潜在的帕累托准则，因为他们所提出的补偿不需要真的实现而只是假想补偿。这种潜在的帕累托准则构成了传统上对经济活动外部性评价的理论基础。

然而，补偿理论的实质就是而且仅仅是要求总收益大于总损失，不关心补偿是否真的进行，不考虑收入的再分配问题，这显然是这种理论的重大缺陷。在现实当中，即使是一些能在效率方面有所改进的政策或项目，也仍然会存在一些问题。这时，也许经济学家提出的另一种所谓次优理论更具有现实的意义。次优理论实质上可以这样来描述：当一个经济系统中的某一部分未能最有效地发挥作用（而且继续存在下去）时，则对于经济系统中的任何其余部分的最优工作方式（或条件）也将不是当所有部分都处于最优状态时那样的方式（或条件）。换句话说，如果一个经济系统中的一部分（如资本）按整个系统最优的条件运行，而另一部分（如劳动力市场）由于某种原因未能按整个系统处于最优时的条件运行，则该经济系统是低效率的。在实践中，虽然出现低效率和次优问题并不是必然联系的，但对于外部性和垄断市场就必然存在次优问题。因此，在旅游效应评价方面，次优理论可能有很大的应用潜力。

## 二、旅游效应的类型

为了认识旅游效应的结构性特征，可以按照不同的标准对旅游效应进行分类。这也是正确、全面认识旅游效应的性质的基础。

1. 按照旅游效应的内容结构划分，旅游效应可以分为经济效应、环境效应和社会文化效应

旅游的经济效应是指旅游活动对国民经济产生的影响，诸如增加外汇收入，促进经济发展，调整产业结构，增加就业机会，改变投资环境等。尽管这些影响的意义可能是不同的，但对于一个旅游较发达的国家或地区来说，影响的强度却可能是很突出的。

旅游的环境效应是指旅游活动对环境产生的种种影响。旅游和环境之间的关系是相当复杂的、相生相克的关系。旅游的发展很可能促成对某个优秀的自然或人文环境的保护，但也可能给一个纯洁原始的旅游地带来嘈杂的人流、遍地的垃圾，从而改变原始环境的风貌。由于现代旅游往往依赖于洁净的环境，因此，环境的破坏，自然就可能意味着旅游前景的黯淡。

旅游的社会文化效应是指旅游活动对旅游目的地社会结构、价值观念、生活方式、习俗民风和文化特征等方面的影响。由于旅游常常意味着是不同地域和不同民族的人

口之间的交流，因此其社会影响是很大的，尤其当游客和当地居民在经济地位上有明显差距时更是如此。尽管社会结构、价值观念和生活方式本身是一种历史范畴，并随着时间的推移而不断变革，但随着旅游的发展和大众化，会明显加快这种变革的步伐，并在方向上有使之趋同的倾向。这就给文化多样性的保持带来了挑战。正因为如此，旅游社会效应的研究目前已成为一个重要的研究领域并得到迅速发展。

2. 从旅游效应的社会价值的性质划分，旅游效应可以分为积极的旅游效应和消极的旅游效应两种

旅游的积极效应，也叫正效应，是指旅游活动对社会所产生的有价值的影响；旅游的消极效应，也叫负效应，是指旅游活动对社会产生的有害的影响。对于旅游地来说，其所能承受的旅游压力往往是有限的，因此就可能在同一旅游地会产生旅游效应在社会价值属性上的交叉现象。例如，旅游活动可能创造就业机会并增加当地居民的收入，但工作时间的增加却可能对家庭生活、社会行为和休闲行为产生负面的影响。旅游开发可能导致环境破坏，但也可能获得可观的收入从而用于治理污染。因此，在各种效应之间，要想对这些复杂而不稳定不规范的效应的联系方式和性质进行测度和评价是十分困难的。有的时候，效应是消极的，而在另一些时候，效应就可能是积极的。但有一点是肯定的，从结构上看，旅游效应总是有消极和积极之分。

3. 从旅游效应的表现形式来划分，旅游效应可以分为隐形效应和显露效应

旅游的隐形效应是指因旅游活动而产生但却无法观察到其直观的物质形态的效应。例如，由于旅游的发展而潜移默化地改变了旅游地居民的价值观念和生活方式，改变了当地的社会结构，这些都属于隐形效应。

旅游的显露效应是指因旅游活动而产生的那些外在化的、具有明显的数量结构或物质形态的效应。例如，直接由于旅游业发展而增加的就业机会，大量出现的旅游服务设施，在旅游区发生的交通流量的持续增长和交通堵塞现象、地皮价格上涨、城市化倾向以及对环境的直接污染和破坏等，都属于这一类现象。

对于显露效应，地方旅游管理部门一般能很快引起重视并迅速制定出对策。但对于隐形效应，由于其演变的相对缓慢性和本身的无形性，旅游管理和研究人员常常会有所忽视。

4. 按照旅游效应产生的时间划分，可分为即时效应和滞后效应

旅游的即时效应是伴随旅游活动的发生而立刻相应发生的效应。例如旅游者对旅游区的污染，尤其是丢弃各种废物或无用的包装物，都会立刻造成旅游区视觉上的污染。旅游设施的运转以及旅游服务过程所伴随的各种副产品或污染物，也都是旅游即时效应的典型例子。当然，随着旅游者的流入而直接向当地经济注入的货币收入也是一种即时效应。

旅游的滞后效应一般是指旅游即时效应从量变到质变过程的结果，也包括一些单纯性的暂时潜伏而不发生、要在以后适当时机暴露出来的某些效应形式。前者如局部环境污染而最终导致旅游地全局性生态系统受到破坏，后者如因旅游而引起的技术转

移或某些示范效应等。

5. 按照旅游效应的作用来源可以分为旅游者活动效应和旅游产业活动效应

旅游者活动效应是指来自旅游者的种种直接影响，它是旅游效应最直观的表现形式。旅游者在旅游地进行消费对当地居民产生的示范效应，旅游者的行为对旅游地环境的影响，甚至旅游者的大量集聚导致的旅游地拥挤现象等等，都是旅游者对目的地产生的直接的影响。旅游产业活动效应是由旅游企业的生产经营活动造成的影响，它是旅游发展大众化的必然结果。一般来说，尽管旅游者活动效应与旅游产业活动效应存在着直接的依存关系，彼此间是一个事物的两个方面，但旅游产业效应相对于旅游者活动效应而言不管在规模上还是强度上都要更为有力，而且它对旅游者活动也有着导向作用。当然，在本书中我们并不需要处处清晰地对旅游活动效应与旅游产业活动效应加以区别，在大多数情况下我们用旅游效应来涵盖这两个不同方面。而在探讨旅游的经济效应时，显然从旅游产业活动效应的角度出发更为现实，也更有意义。

6. 按照旅游效应的作用范围可以分为内部效应和外部效应

旅游活动所产生的影响，既可能表现为对活动主体如旅游者或旅游企业自身的影响，也可能表现为对活动主体以外其他人或机构团体利益的影响。前者构成旅游的内部效应，一般是旅游活动的动力所在。后者被称为旅游的外部效应，常常是旅游活动相关集团利益纠纷的根源，也是社会需要从宏观层面加以控制和引导的对象。一般来说，解决这种外部效应的途径，既可以利用私人协商的方法，也可以通过政府手段对外部效应进行征税（或补贴）、管制以及采用许可证制度，还可以通过改变旅游活动所涉及的权益关系使外部效应内部化。当然，道义上的劝告手段，在一定程度上也会发挥效力。

## 第二节 旅游的经济效应

### 一、影响旅游经济效应的因素

旅游的经济效应是旅游发展对一个国家或地区的经济体所产生的直接和间接影响的总和，它是旅游所依赖的经济手段——支付能力——的外部性表现。

在旅游现象之上所笼罩的经济外壳是最早使旅游现象引起人们关注的主要原因。这种关注以学术姿态出现，就成为影响旅游学发展方向的历史力量。虽然对旅游经济效应的研究是 20 世纪 60 年代至 80 年代旅游学研究的主题，但这种研究的渊源却可以追溯到 19 世纪末。在 100 多年前的 1899 年，意大利政府统计局的鲍德奥发表了题为《在意大利的外国人的移动及其消费的金钱》一文，据说是可见到的最早的研究旅游经济现象的文献[①]。进入 20 世纪之后，意大利的尼切佛罗和贝尼尼分别于 1923 年、1926 年发表论文《在意大利的外国人的移动》《关于游客的移动的计算方法的改良》。

① 戴斌:《论国际旅游经济学的演进与发展》,《旅游论坛》, 1998 年第 3 期。

这一时期的研究主要集中在对旅游过程中的一些经济现象的描述和计量方法的改进，目的在于了解旅游活动的运行规律，以便于政府部门制定相应的财政政策和管理措施。可见，旅游研究一开始就与功利性的经济目的相联系，反映了旅游学研究萌芽期中的一个突出特点。恰恰是这种渊源上的关系，几乎左右了半个多世纪旅游学研究方向的选择。在两次世界大战之后的经济恢复和繁荣时期，旅游在促进国民经济发展中的积极作用更是受到广泛的肯定。于是，旅游的经济外壳成了人们审视旅游性质的一个障眼物，也使人们形成了对旅游现象的认识定式。这种情况不管是在马里奥特的《旅游经济学讲义》当中，还是在后来的许多学者的著作中，都有十分明确的体现。只是到了 20 世纪 60 年代之后，由于大众旅游的发展所带来的其他效应的积累已经不容忽视，才促使一些人将研究的视点转向他处，并进而重新理解旅游的本质规定性。

毫无疑问，旅游，尤其是现代意义上的旅游，总是表现为与经济因素之间的深刻的依存关系。旅游者出行过程中离不开（但不是绝对的，这非常重要）经济上的支出，旅游地通过接待所获得的也主要是经济上的收入。就是因为这种表象，大多数旅游效应研究的著作都特别强调旅游给目的地国家或地区所带来的经济收益。旅游设施的开发以及休闲机会的增加，便常常被看作是对国家收支平衡具有很大的积极贡献的变量，也是一个调整地区收入分配和就业均衡状况的手段。这种视野上的局限，反倒在很大程度上推动了对旅游现象的经济方面的学术研究，尤其是对旅游经济效应的评价。在旅游学术界，对旅游经济效应的考察，一般侧重在产业效应（而非旅游者活动效应）方面，本书论述的角度也自然是如此。

旅游经济效应研究主要涉及的问题有：外汇收支平衡、目的地居民收入及分配、目的地就业模式、旅游收益分配、所有权及其控制、经济发展以及政府收入等。

旅游对经济所产生的这些影响，在各个国家或地区会表现出极大的差异，这主要是由各种复杂的因素综合作用的结果。这些因素包括：

1. 旅游目的地的经济发展水平

旅游目的地所处的经济发展阶段意味着目的地在满足旅游者多重需要方面的能力的大小。处于起步阶段的旅游目的地，各种功能设施较少，为旅游者提供的服务项目有限，这样，旅游者在该目的地的消费支出水平就可能很低，从而在经济方面对当地的影响就相对有限。如果旅游目的地是一个能提供综合服务功能的城市，旅游者在这样的目的地的花费水平当然要高得多。

2. 旅游设施的性质及其吸引力

旅游设施的性质有助于决定旅游者的支付水平。按照瑞安的说法，在一般情况下，支付在农家旅馆中的一英镑比起支付在大饭店中的一英镑来，会有更大一部分滞留于当地。这反映了如下事实，即农民或其配偶很可能在当地购买所需的物品和服务。[①]相反，住在大饭店中的旅游者很可能要为住宿花费更多的钱。尽管旅游者在饭店所支

① Chris Ryan. *Recreation Tourism: A Social Science Perspective*. Routledge, 1991.

付的钱仅有一小部分会流入当地经济，但这毕竟是旅游者在当地所花费的一大笔支出的一小部分。所以，从严格的收益的角度讲，当地经济所能从饭店获得的要远比从农家旅馆多。当然，如果旅游者根本不喜欢住在大饭店而愿意与农舍的主人逗留在一起，那自当别论。

3. 外国人对旅游设施的拥有程度

如果旅游目的地的众多旅游企业或旅游设施中有相当数量为外国人所有，那么，就会发生收益或外汇的漏损。在轰轰烈烈的旅游旺季之后，便是外国企业的老板携带丰厚的利润回到定居国，旅游目的地因此没能从旅游发展中获得应有的收益。

4. 对非本土劳动力的雇佣情况

通过旅游业所赚取的收益，也可能因在旅游企业中大量雇佣外国或外地劳动力尤其是外籍高层管理人员而流出本地经济，这种情况在发展中国家旅游业发展的早期非常普遍而且十分严重。

5. 政府在基础设施方面的投入

在旅游目的地，除了各种企业对饭店、餐馆、酒吧以及娱乐设施的投资之外，政府必须提供一系列基础设施和公共设施建设，以改进旅游目的地的可进入性。像道路、停车场、垃圾处理场、医疗设施等建设，多数需要政府的投入。这种投入的多寡，影响着旅游经济效应的深远程度和数量水平。

6. 旅游者的类型

上述所列的因素全部属于供给方面，它们构成了为旅游者提供服务所产生的经济方面的流动。但旅游者本身又如何呢？他们在数量和质量两个方面都不可忽视。一般来说，旅游者越多，旅游者人均花费水平越高，其经济上的影响就越大。但是，如果旅游者所需要的产品或服务无法从当地获得，就会有一大笔收入损失掉了。

## 二、旅游经济效应的表现

马西森（Alister Mathieson）与沃尔（Geoffrey Wall）在他们颇有影响的著作《旅游的经济、环境和社会效应》一书中，曾系统地考察了旅游的多重影响。[①] 根据他们的总结，人们对旅游经济效应的理解集中在这样几个方面：旅游发展对经济发展的影响，旅游发展对国际收支平衡的影响，旅游发展对劳动就业的影响，旅游发展对政府财政收支的影响以及旅游发展对国家或地区产业结构调整的作用等方面。

### （一）旅游发展与经济发展

旅游发展会给不同的国家或地区带来不同的收益和费用，这一般要看各国家或各地区的经济发展水平、经济结构状态和区位特征。从国家的角度看，发展中国家与发达国家相比，由于经济基础薄弱，国民收入水平低，失业和待业程度高，为了谋求经济腾飞，因此对外汇的需求量很大，但限于生产水平和能力，所需外汇主要地要依赖

① Alister Mathieson and Geoffrey Wall. *Tourism: Economic, Physical and Social Impacts*. Longman Press, 1982.

于原材料或初级产品的出口来获得，用以推动经济的发展，实现国民经济从传统的农业经济向现代的工业经济转化。因此，不少国家把发展旅游业作为推动本国经济发展的重要手段。在中国，自从20世纪70年代末开始发展旅游业以来，就一直把旅游业发展作为带动本国经济发展的重要产业部门来对待，实行适度超前政策。在经济较不景气的1998年，还明确将旅游业确定为国民经济的主要增长点之一，说明了人们对旅游发展与经济发展关系的积极认识。在世界不少国家都能找到类似的发展典型。而在地区尺度上，有更多的国家把旅游业作为地区的支柱产业来发展。当然，一国国民经济对旅游业的依赖程度过高，也会削弱该国经济的基础，并在动荡的世界政局之中难以自持。由此看来，旅游发展会影响本地区的经济发展进程，并改变地区的经济结构。

**（二）旅游发展对平衡国际收支的贡献**

旅游发展对平衡国际收支也有很大贡献，在赚取外汇方面也有明显优势。不论是发达国家还是发展中国家，发展旅游业的一个重要目标就是赚取外汇，平衡国际收支，改善在国际贸易中所处的不利地位。这一点对于发展中国家来说更是如此。在发展中国家，外汇缺乏是制约国民经济发展的一个重要障碍，而发展中国家单纯靠传统的出口初级产品的途径所能赚取的外汇不仅数量有限，而且代价昂贵，还要承受进口国的种种关税和其他壁垒，因此往往不能满足国家发展经济的需要。与此相比，旅游业在赚取外汇方面有明显的优势。这表现在：首先，旅游业提供的是不需要运输到国外的观光和服务产品，这决定了在产品价值构成、资源消耗结构、运输成本以及贸易条件方面的巨大优势。其次，旅游业的产品和服务的价格建立在一定的国家垄断的基础上（现实中广泛存在的削价竞争属于国内宏观管理方面的问题），因此，国际的竞争在一定程度上被弱化，价格的自主权较大。第三，旅游业所赚取的外汇收入多为现汇收入，资金回笼速度快，风险较小。

当然，对通过发展国际旅游业来赚取外汇要有一个全面的衡量观点。不仅直接和间接的漏损问题应该充分考虑到，还要估计到各种成本因素。

一般来说，由于若干种原因，来自入境旅游的总收入不等于目的地国家获得的收益。一个原因是顾客需要的物品和劳务要在生产过程中使用稀有的资源，而这些资源必须获得补偿。国内总产品（gross domestic product）指的是产出的总价值。要获得一个能测定入境旅游净收益的指标，必须从中减去投入的成本，因为这些投入本可以用于其他方面。所以，国内总产品的变化实为测定净收益的失当指标。由此可见，生产增长100美元，倘需使用90美元的追加生产要素，那么对目的地国而言收益仅是10美元。从全国的角度看，问题在于将某些资源分配于生产满足旅游者需求的物品和劳务所产生的净收益是否会大于将这些资源用于他处所产生的净收益。

第二个原因与进口成本有关。入境旅游者的某种支出会诱发进口，而这势必要抵减外汇总收入。向旅游者出售的物品和劳务的进口数量以及生产中投入的资源量，依赖于目的地国家各种产业之间的渗透强度和作为基础的农业和制造业的实力和复杂程度。这便影响到通常所说的漏损的水平。

第三个原因与市场价格和实际效益及成本有关。人们普遍认为，价格并非总能反映消费形成的总收益和生产耗费的总成本。对于许多物品和劳务来说，用售价作为其经济收益的测量指标，用生产它们所投入的资源的价格作为成本的测量指标，这都已经足够。但是，市场价格对于一个社区总体来说，就不足以构成可信赖的测量指标。当存在纳税（不管劳动力成本是税前工资、税后工资还是别的什么）、外部效应（即类似于未曾为之付费的污染）、市场失效（存在垄断，价格高于边际成本）等情况时，即属此类。在这种情况下，就要用“影子价格”代替市场价格，来测定对社区的实际效益和成本。在实践中，这些无法观察到的影子价格要比市场价格更难测定；它们一般通过对存在畸变的市场价格进行调整而加以估算。不过，由于来自入境旅游支出所导致的国内产出品变化反映着未予以调整的市场价格，总收入再一次被视作该国得自此行业的实际净收益的不确切测量指标。

（三）旅游发展与劳动就业

一般认为，旅游业是一项劳动密集型的行业。它所吸纳的就业人口，包括直接从事于旅游企业的劳动人员和间接为旅游者或旅游企业服务的劳动人员。一般直接就业人数比较容易统计，而间接就业人数却需要做专门的调查研究（见后文有关旅游乘数部分）。前者是由于旅游者的直接消费而产生的，即指各种旅游企业中的就业人数，包括各种接待设施、商店、旅馆、酒吧、夜总会、运输及有关管理部门在内的就业。中国在 1997 年，直接从事国际旅游业的从业人员数已达 140 万人（不包括一些专门服务于国内旅游者的企业和单位）。旅游所引发的间接就业一般多发生在建筑业、渔业、制造业、轻工食品和商业服务等行业。一个国家或地区的旅游业越发达，这些相关产业与旅游业的关系越紧密，由此推断，旅游业所产生的间接就业人数就越多。但是，在另一方面，旅游就业的明显的季节性特点也使在这一行业中的就业人员处于很不平衡的就业状态。因此，总的看来，旅游发展会解决大量就业人口，同时也会改变就业结构。

## 三、旅游经济效应的评价

评价旅游经济效应的方法基本上有四种：盘存/预算法（inventory/budget method）、投入产出分析（input-output analysis）、经济基础分析（economic base analysis）、费用效益分析（benefit-cost analysis）。①

盘存/预算法只用于对一个旅游企业、整个旅游产业、一个拟建项目或其他评估单位所创造的价值和所使用的资源总量进行总体评价。它既可以作为独立的方法使用，也可以用在投入产出分析中的第一阶段上。

投入产出分析使用矩阵代数来测算可有多少产出留作消费（需求）和有多少将再用于生产活动以获得最终净产出。因此，可以用一种投入产出模型来估算为满足某一水平的旅游需求所必需的收入、就业和生产的数量。另外，投入产出模型还给出乘数的估计量。所以，对于那些想在其评价过程中纳入对间接效应的考察的研究者来说，

① Marwin Kottke. Estimating Economic Impacts of Tourism. *Annals of Tourism Research*, Vol.15, 1988, pp.122–133.

这种方法就很有吸引力。

经济基础分析用于对经济效应的评估已经有很长的历史了，但这种方法存在着一些缺陷。首先，它是将产业作为整体来加以考察，而不是针对若干企业。其次，要将投入产出的结果译解为实用性的建议并不容易。再次，在地区或大城市的层面上使用这种方法是否可行是值得怀疑的。由于这些原因，经济基础分析这种评价方法在地方或比较小的地区范围上的使用就比较常见。不过，由于这种方法实际上就是两部门投入产出分析的翻版，上述缺陷它多少也有一些。

第四种方法，费用效益分析法被广泛地用于经济效应分析。这种方法最初用于对公共物品和服务开发项目的评价。在大多数情况下，尤其是在旅游与户外娱乐项目开发方面，由政府机构投资和运作的项目所产生的效益不能直接用市场价格衡量，成本却主要与政府的资本支出相联系。由于费用效益分析的焦点在于拟建项目的净收益，这种方法在分析经济效应时也就有一些局限。

在旅游经济效应研究中被经常提到的一种理论就是乘数理论。“乘数（multiplier）是公共支出或私人资本投资增长对收入所产生的放大效应或连锁反应”①。在卡恩（R. F. Kahn）这位最早对乘数问题加以探讨的作者的研究中，就已经比较全面地注意到了政府支出的增加对就业所产生的原初和派生的影响，而凯恩斯（J. M. Keynes）更注意到了支配经济增长的两大流量——渗漏（leakage）和注入（injection）。注入包括投资、出口和政府支出。投资至少在两点上十分重要，首先是投资本身就是创造就业机会和增加收入的一种行为，而且从长远来看投资又是维持就业、培育财源的工具。出口意味着向国外销售物品，从而赚的是外国人的钱。政府支出是投资融资的手段，也是将收入转移到个人手中的工具，个人从而可以购买商品并产生对物品和服务的需求。也就是说，出口和政府支出是凯恩斯所谓的“注入”，有助于经济增长。从旅游的观点来看，旅游吸引物的修建就是这样的投资，这些设施的存在有助于把国外旅游者吸引过来，这也就是一种出口。同时，在一国内部旅游设施的增加及其水平的提高，还会构成对进口的节省性投资，因为国民可以在国内度假，而不必远行国外并把钱花在国外。系统的“渗漏”源自储蓄、纳税和进口。储蓄行为是把钱从经济体中抽出从而降低了对物品以及劳动力的需求。储蓄只有在被金融中介用于为投资融资时才有意义。纳税也是如此。通过提高税负，政府把资金从经济系统中抽出，再一次抑制了需求。只有通过政府支付，这笔资金才重返该经济体。进口作为渗漏是在自国外买进物品和聘用外国职员这个意义上而言的。

凯恩斯认为，当“注入”与“渗漏”处于平衡状态时，经济也就达到平衡。经济增长是在注入大于渗漏时产生的。

还有一种很重要的经济流量，即消费者支出，凯恩斯将其置于等式的两端。消费者支出若刺激了对物品与服务的需求并从而创造了就业和收入时就是一种注入，而倘

① Douglas Greenwald. *Encyclopedia of Economics*. McGraw-Hill Book Company, 1982.

若这笔消费者支出的接受者并不花掉这笔钱，这笔钱就流出了经济系统。所以，消费者支出的时间和次序是十分重要的。而且凯恩斯与金融家认为，这笔钱与其他任何商品一样也有它的成本，那就是利息率。所以，消费者支出不仅会受到纳税的影响，而且，在信用通行的发达的经济体中，还要受到利息率变动的影响。另外，在自有住宅率较高且其房产所有权主要靠抵押贷款方式获得的社会中，利息率的作用就和税收一样。利息率上升就提高了抵押贷款者每月的偿付数额，从而降低了他们在其他商品上的支付能力。不过，如果抵押利率在控制消费者需求方面的作用像税收一样，那么，抵押贷款在家庭预算中一定占有相当大的比例，大量的住房所有者一定是住房的近期购买者，这种购买主要为抵押贷款所支持，而不是动用过去的积蓄，这种情况相当普遍。不过，随着时间的推移，这种情况会逐渐淡化，尤其是在老龄化社会当中，住宅所有权靠的是过去的储蓄的支持，对抵押贷款的依赖性已经减弱。如果住房供给充裕，情况就更是如此，因为迫使房价上涨的压力已经减弱。简单地说，在凯恩斯看来，消费者对财富（如房产权）的所有权也影响着需求。

上述讨论用凯恩斯的词汇就可以表述为，经济增长发生的条件是：

$$I+X+G+C>S+M+T+C$$

其中，$I$ 为投资；$X$ 为出口；$G$ 为政府支出；$C$ 为消费者支出；$S$ 为储蓄；$M$ 为进口；$T$ 为纳税。

同样，国家或地区收入在下列情况下达到均衡：

$$I+X+G+C=S+M+T+C$$

现在来看一个简单的例子。在这个例子中，为了方便起见，我们略去了地区与外界的贸易，也未充分考虑政府行为。在这种情况下，经济增长主要来自于消费者支出、储蓄和投资。起初，消费者收入（$Y$）决定于储蓄和支出，所以：

$$Y=C+S$$

现在来看图 7-1（见后）。消费和储蓄被置于纵轴。由于二者之和等于收入（由横轴表示），所以一条 45 度线可表示 $Y=C+S$ 上的各点。假定获得收入者将其收入增加额的 75% 花掉，而将另外的 25% 储存起来。这样，就可以画一条消费直线，用以表示在任一给定收入水平下相应的消费水平。在消费（$C$）直线与 45 度线交接处，消费等于收入，而储蓄等于零。在此点的左边，支出大于收入，储蓄为负数；在此点的右边，收入大于消费支出，储蓄为正数。储蓄（$S$）直线表达了这种关系。消费直线的斜率是根据支出变动数与收入变动数的比值求得的，它等于边际消费偏好（*MPC*）。*MPC* 是所花费的收入的增加部分，即消费变动数与收入变动数的比率。

在图中，收入的初始均衡水平是 100000 元，这个水平上的消费等于收入而储蓄为零。假定发生了 20000 元的旅游投资。这样，在该经济体中总需求增长了 20000 元，但新的较高的均衡收入水平并非 120000 元，而是 180000 元。总收入已增长 80000 元，这一增长包含两个内容——初始的 20000 元投资和消费支出增加的 60000 元。一句话，出现了一个乘数。在图 7-1 中也能看到，在新的较高的收入水平上，消费加投资直线（*C+I*）与原消费直线（*C*）的差当然是 20000 元，而在 *C+I* 线与 45 度线交叉的点上，储蓄的值也等于 20000 元。新的收入均衡已经自己建立起来了。

怎么会出现这种情况呢？答案就在于获得额外收入的人还会将收入的一部分再支付出去，从而又形成了他人的收入。投资构成了对经济体的初始动力。投资的接受者将 20000 元的 75%（即 15000 元）支付出去，并将余下的 5000 元储存起来。这 15000 元的接受者再把其中的 75%（即 11250 元）支付出去，储蓄余下的 25%。接下来，11250 元的接受者再花掉其 75%，储蓄其 25%，如此等等。表 7-1 概括了这个过程。

表 7-1 乘数过程流量分解（初始注入 =20000 元）

单位：元

| 时期 | 1 | 2 | 3 | 4 | 5 |
|---|---|---|---|---|---|
| 储蓄（25%） | 5,000 | 3,750 | 2,812.5 | 2,109.4 | 1,582.0 |
| 花费（75%） | 15,000 | 11,250 | 8,437.5 | 6,328.5 | 4,746.1 |
| 投入数 | 20,000 | 15,000 | 11,250 | 8,437.5 | 6,328.1 |

在这前五轮中，收入的增加值不止最初的 20000 元投资，还要加上 41050.6 元，即 15000+11250+8437.5+6328.1。图 7-1 就表示 180000 元这一新的较高的收入水平的最后均衡位置。图 7-1 的流量代表达到这一最后均衡位置的过程。我们能够注意到，随着时间的流逝，收入的持续追加变得越来越弱。凯恩斯认为可以通过下式求得其最后位置：

$$乘数值= \frac{1}{mps}$$

其中，*mps* 为边际储蓄偏好，即追加储蓄的比例。

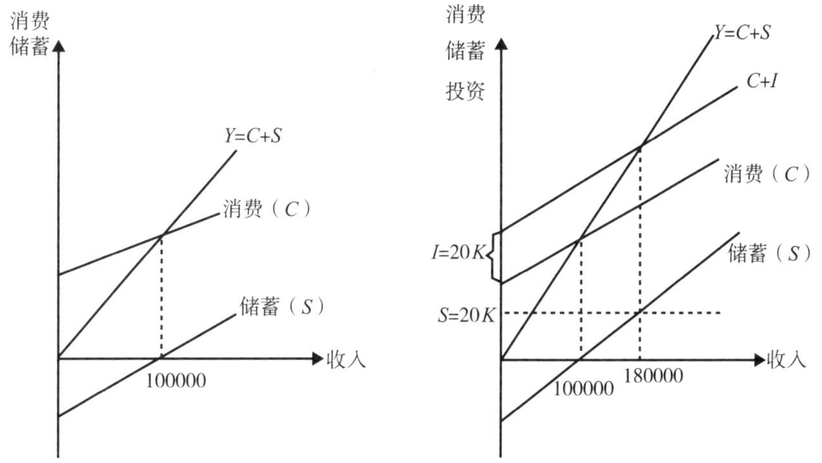


图 7-1 投资对收入的影响

在这个例子中，边际储蓄偏好的值是 1/4（25%）。所以，要找到收入均衡水平，我们可以用这个乘数因子乘以初始注入，即：

产生的新的收入=20000 元 × 1/0.25

=20000 元 × 4

=80000 元

这样，乘数值就由渗漏的值来决定。经济系统中的渗漏越严重，乘数值就越小，收入的追加量也就越小。

从这个例子可以看出，对当地经济的任何注入都会引起这种类型的收入流动。所以，这里的投资可以不限于工业投资项目的建造，也指饭店的建造，或旅游者在目的地的支出。

在 20 世纪 60 年代，西方经济学家就已经开始致力于将凯恩斯的乘数概念从全国的尺度调整到地区或当地的尺度，用以评价旅游对当地经济系统所产生的经济影响。在这种评价中，一般计算三种乘数，即：

（1）产出乘数：此乘数用以测定每单位的追加支出在经济体中产生的总产出（或销售量），用乘数系数表示。

（2）收入乘数：此乘数用以描述追加支出与收入变动之间的关系。

（3）就业乘数：此乘数用以描述追加支出与增加的直接和间接就业机会之间的关系。直接就业包括由旅游者支出或旅游投资所直接产生的实际就业岗位，如餐馆的就业岗位；而间接就业包括由餐馆雇员消费所创造的就业岗位。

在旅游乘数分析中，渗漏的水平取决于旅游者在目的地的花费中有多大的比例留在当地，这些支出中有多大比例为当地人所得，以及当地人又将所得收入的多大比例花在当地。旅游乘数的基本公式是：

$$M=\frac{A}{1-BC}$$

其中，$M$ 为旅游乘数；$A$ 为第一轮渗漏之后仍留在当地的旅游者支出比例；$B$ 为当地人支付于购买当地物品和劳务的收入比例——当地支付倾向；$C$ 为当地人的支出比例（作为当地收入而自然增长）。

这一公式建立的逻辑依据是，由于大多数旅游地（区）都较小，当发生进口时，在第一轮就会出现最高的渗漏因素，结果，在当地的追加收入从第二轮才感觉得到。不过，旅游乘数值的一个重要决定因素依然是“谁是收入的获得者”。在第二轮，如果旅游者最初花费的接受者将钱花在本地之外，旅游乘数的值就受到影响，等式中 $B$ 和 $C$ 值的重要性也受到影响。

在实践中，上述简单的公式是不够的。在最开始讨论乘数概念时就存在一些明显的问题。我们怎么能确定收入的接受者会长期保持其储蓄和消费的稳定倾向？每一轮的时间跨度多长？随着收入在整个系统中的不断渗漏，我们还能够确信追加收入的接受者会保持行为的一致性吗？显然，那些使用大饭店、入住 *B&B* 旅馆或带车露营的人的支付模式会存在明显的区别，同样，旅游者的首轮支出的接受者的支付行为也会不同。

尽管乘数效应研究在20世纪60年代的西方学术界已经有很多人在做，但在比较系统地运用乘数理论于旅游经济效应研究的众多旅游经济学家当中，英国的阿彻（B. H. Archer）和沃恩（R. Vaughan）两人的研究取得了突破性的进展。他们先后分别在格温尼德地区和洛辛安地区对旅游饭店做了细致的调查，对旅游经济乘数效应做了理论和应用两个方面的研究，都得到了十分近似的结果，验证了旅游乘数的实践意义。同时，他们还利用乘数理论调查并研究了这两个地区不同类型的住宿业的就业情况，在直接、间接和诱导就业三种就业乘数效应方面取得了可靠的数据，验证了乘数理论在旅游就业现象研究中的作用。经过他们的探索，旅游经济乘数理论也由此成为旅游经济效应研究的有效的基础性分析工具。当然，在旅游经济效应分析中对应用乘数理论的看法也有分歧。就连阿彻本人，也意识到旅游乘数理论的应用还不够成熟，这从他在1977年所撰写的有关旅游乘数的理论和应用的比较系统的文献《处于艺术阶段的旅游乘数》就可以看得出来，此后他也曾指出过对旅游乘数存在大量的滥用和误用的情况。①但是，不管乘数理论与方法存在多大的不足，人们对它所昭示的基本意义还是肯定的。

阿彻用来估计旅游者支出的乘数效应的旅游支出模型（Tourist Expenditure Model）是这样构造的：

$$1+\frac{\sum_{j=1}^{N}\sum_{i=1}^{n}Q_j K_{ij} V_i}{1-L\sum_{i=1}^{n}X_i Z_i V_i}$$

其中，$j$ 为旅游者的住宿类型，$1\cdots N$；$i$ 为消费品零售店（consumer outlet）的类型，$1\cdots n$；$Q$ 为支付于每一种住宿设施上的比例；$K$ 为支付于每一种消费品零售店的比例；$N$，$n$ 为住宿设施和零售店的类型数；$V$ 为每类支出所产生的收入；$Z$ 为居民在本地花费的收入比例；$L$ 为平均消费倾向。

上面给出的是旅游支出的一个总括模型。在评估与不同的住宿类型和旅游活动有关的乘数值时，重要的却是对资料的分解。阿彻与欧文（Owen）建议采取下列形式，即某一给定类型的住宿的乘数为：

$$1+\frac{\sum_{i=1}^{n}K_i V_i}{1-L\sum_{i=1}^{n}X_i Z_i V_i}$$

其中，$K_i$ 为支付每一种消费品零售店的比例；$V_i$ 为每类住宿所产生的收入；$L$ 为消费倾向；$X_i$ 为消费支出的方式（pattern）；$Z_i$ 为居民在本地花费的收入比例。

在惠勒（Wheeler）所承担的为威尔士旅游局所做的研究中指出，乘数的估计过程包含两个部分，即对旅游者支付的每一项目所产生的收入（直接效应）进行估计和

① B. H. Archer. *Tourism Multiplier: the State of the Art*. University of Wales Press, 1977.

对当地居民将这些收入支付于当地所产生的乘数效应（间接效应）进行估计。为了评估这些收入，每项活动都要分别考察。阿彻与欧文曾分别计算了以下各项数值：

- 旅游者在饭店和宾馆住宿方面的收入；
- 旅游者支付于租用固定露营车的费用所产生的收入；
- 旅游者支付于农舍和B&B旅馆的费用所产生的收入；
- 旅游者的露营费用所产生的收入；
- 旅游者购物支出所产生的收入；
- 旅游者停车费用所产生的收入；
- 流入地方税和建筑业的货币所产生的收入。

墨菲（P. E. Murphy）曾对旅游乘数方面的研究成果做过归纳（见表7-2）[①]。从表中可以看出，旅游乘数值随着研究地区范围的缩小而降低，这反映了一个事实，即在较小的地区，由于经济自给能力较差，渗漏就比较突出。

**表 7-2　不同国家和地区的旅游乘数**

| 范围 | 日期 | 地　点 | 收入乘数 |
|---|---|---|---|
| 国家 | 1966 | 爱尔兰 | 2.7 |
| | 1970 | 加拿大 | 2.43 |
| | 1974 | 英国 | 1.68 |
| | 1964 | 希腊 | 1.2—1.4 |
| | 1977 | 墨西哥 | 0.97 |
| | 1971 | 加勒比（英联邦） | 0.88 |
| | 1974 | 巴哈马 | 0.78 |
| 州省 | 1976 | 新汉普夏 | 1.6—1.7 |
| | 1976 | 夏威夷 | 0.9—1.3 |
| | 1973 | 西南英格兰 | 0.35—0.45 |
| 地区<br>地方 | 1976 | 爱立，蒙大拿 | 1.67 |
| | 1977 | 奥卡那贡，不列颠哥伦比亚 | 0.73 |
| | 1977 | 维多利亚，不列颠哥伦比亚 | 0.65 |
| | 1973 | 格温尼德 | 0.37 |
| | 1975 | 东安格利亚 | 0.35 |
| | 1973 | 大泰赛德（Greater Tayside） | 0.32 |

还需指出的是，计算这些乘数所需的资料是很复杂的。即使进行简单的计算，也需要确定若干参数。首先要考虑的就是地区范围，因为地区的概念不管在空间上还是在时间上都不是一成不变的，地区的不同特点将吸引不同类型的旅游者，而这种吸引力也随时而变。我们可以通过分析一个地区旅游者的旅行特征来定义旅游地的范围，从而可能识别出一个“核心”旅游地。但是，这并不能保证这个地区恰好对应于

① P. E. Murphy. *Tourism: A Community Approach*. Methuen, 1985.

借以收集资料的行政区域。例如，旅游地可能延伸到当地行政区划之外，而行政区划却是有关公共部门支出和就业统计的空间基础。旅游者不同情况也不一样。不过夜旅游者显然不会使用住宿设施，而短期休假旅游者每天的开支水平可能较高，但每次度假的总费用却可能较低。住在大饭店的旅游者较带车露营的旅游者来说，支出往往高些。

## 第三节 旅游的环境效应

### 一、环境的意义及其与旅游的关系

#### （一）环境的含义以及人类环境思想的演进

在环境科学中，一般认为环境（environment）是指围绕着人群的空间，及其中可以直接、间接影响人类生活和发展的各种自然因素的总体。① 但是，越来越多的人意识到，环境因素中除了自然因素之外，还应包括社会因素。笔者同意这种观点。

人类与环境之间是一种不可分割的依赖关系。人类自身要通过新陈代谢和周围环境进行物质交换，通过吸入氧、呼出二氧化碳、摄取水分及各类营养物质来维持人体的发育、成长和遗传，同时人类的活动也可以影响环境发展的方向和水平。这样，人类和其他生物不仅是环境发展到一定阶段的产物，而且它们的物质组成也是和环境的物质组成保持平衡关系，如果这种平衡被破坏了，就将对人体和其他生物体的正常生存与发展造成危害。

在人类不短于二三百万年的发展史上，人类与环境的关系也经历着深刻的演变。可以说，在人类被文明的曙光照耀之前，人类与环境的关系是宇宙中各种和谐的关系的一种，人类与环境融为一体，相生相克，遵循的完全是自然的规律。但是，在最近的一万年中，尤其是近二三百年以来，人类却在更广泛和更深刻的意义上影响着环境演变的进程和方向。在巴巴拉·沃德（B. Ward）和雷内·杜博斯（R. Dubos）的那本广为人知的著作《我们只有一个地球》中，曾概要地描绘了这种演进过程及其社会根源。用他们的话说，在 17 世纪，人类发展的速度又一次开始加快，每项生长指标，包括人口、能量、食品供应、矿产消耗、人口从农村移居城市等等，都开始增加。而到了 20 世纪，每项指标都高入云霄般地直线上升。② 这一点透过施里达斯·拉夫尔所描摹的用 100 年时间建立的地球“花园模型”就看得更为清楚而且惊心动魄。③

对于人类与环境的关系的认识，尽管在最近几十年才具有世界性的意义，但其背景却是西方工业文明的过度发展。从《增长的极限》《寂静的春天》《只有一个地球》到《我们共同的未来》，这些警世之作无一不是对西方近代工业文明发展历程

① 《中国大百科全书·环境科学卷》，中国大百科全书出版社，1983 年版，第 154 页。

② 巴巴拉·沃德、雷内·杜博斯：《我们只有一个地球》，石油化学工业出版社，1976 年版，第 7、8 页。

③ 施里达斯·拉夫尔：《我们的家园——地球》，中国环境科学出版社，1993 年版，第 5、6 页。

及其普遍存在的与环境发生冲突的后果的自我反思。而在东方，从老子、庄子到儒家学派，甚至佛教或禅宗，都能发现其中通贯的“天人合德”“天人合一”“无为自然”等思想。[①] 这似乎恰好验证了日本学者岸根卓郎的说法：西方文明源于“草场文明”，它是在破坏森林的基础上产生的文明，而这又与以如何经济有效地榨取更多的自然资源和作物为目的的破坏自然、榨取自然、与自然对立的现代工业文明如出一辙。与此相反，东方文明发端于“森林文明”，这是一种在同自然共生的基础上发育起来的自然再生、自然循环、与自然共处的文明，在人与自然的关系这一点上它和草场文明正相反。[②] 从这一点看，东方文化系统中先在地具有与自然求得和谐的思想，这种原本被看作带有消极怠惰色彩的人生观和发展观，在今天看来又有了十分积极的意义。

**（二）旅游与环境的关系**

人们对旅游与环境之间的平衡关系的关注可追溯到20世纪70年代，然而，当时在西方国家对这一问题的研究主要还是集中在对休闲活动的环境效应方面。只是到了80年代中后期和90年代，人们才对旅游的环境效应做系统的专门研究。这一期间，一些国际性组织如WTO、OECD和联合国以及其他一些组织都先后举办了不同形式的研讨班，针对旅游与环境的关系问题进行研究，并提出了一些如何为旅游而保护一个健康优美的环境的政策建议，这在一定程度上保证了一些地区的旅游的成功发展。有一些国际性期刊也出专刊讨论旅游与环境的关系问题，如《旅游研究年刊》（*Annals of Tourism Research*）、《国际环境研究学报》（*International Journal of Environmental Studies*）和《土地利用政策》（*Land Use Policy*）等，都分别在1987年、1985年和1988年出过这方面的专刊。1993年在英国诞生的《可持续旅游学报》（*Journal of Sustainable Tourism*）更是以旅游与环境的关系为研究主题。此外，一些国际性会议也开始将这一问题列入大会论题之中。如1990年8月在土耳其伊斯坦布尔召开的欧洲区域科学联合会第30届大会，就安排了三个分组会议专门讨论以下议题：（1）旅游的环境效应；（2）地中海旅游与环境问题；（3）旅游对地区发展的影响。1993年11月在土耳其安塔利亚市召开的“地中海海岸环境国际大会第一次会议”，也专门安排了两个分组会议讨论旅游与环境以及旅游开发的环境效应评估问题。从这些学术研究的趋势可以看出，旅游与环境的关系问题已经成了人们十分关注的领域。这种关注显然是战略性的，尤其在一些发展中国家。在我国，几年前甚至现在依然在鼓吹的“旅游是无烟产业”这种论调，已经受到来自实践领域的挑战。对旅游与环境的关系问题，应该在根本上重新认识。

旅游作为一种复杂的社会经济活动，与环境之间的作用关系是一个双向的交互过程。一方面，环境资源为旅游产品的生产提供一个基本的成分，一个关键性的生产要素，即自然或人为的可供旅游者欣赏并生活和放松于其中的各种条件。另一方面，旅

① 佘正荣：《生态智慧论》，中国社会科学出版社，1996年版。

② 岸根卓郎：《文明论——文明兴衰的法则》，北京大学出版社，1992年版，第134页。

游也生产出许多令人反感的副产品。这些副产品被直接排放到环境中去，从而改变了环境的固有状态，这便是所谓消极的环境外部性问题。另外，凡是经济活动（旅游当然也不例外）都耗用环境资源并改变其结构，因此，旅游活动会进而影响用于满足旅游需求的资源的数量和质量。由此可以看出，旅游与环境的关系是一种相互依赖又相生相克的关系。维持一种高质量的自然环境是旅游开发的首要原则，因为做不到这一点，旅游目的地的魅力就会丧失；而旅游却日益明显地造成环境质量的下降。要在旅游与环境之间做出取舍的话，将是一种两难的选择。①

1. 旅游开发对环境资源的依赖关系

旅游开发取决于当地拥有旅游者所需要并愿为之支付的优秀的自然和人文资源的状况。充满自然情趣的未被污染的风景、海滩和山峦，古代的宏伟建筑、富有传统特色、风光绮丽的城镇和村庄以及其他数不胜数的资源，都构成了旅游产品生产中的基本投入。旅游开发的具体类型更是主要依赖于该地区环境资源的特殊性质和结构。环境资源在空间分布上的质量和数量差异也决定着旅游开发在地区和国家上的差异，从而相应决定着旅游的经济、环境、社会和其他效应在空间上和时间上的分布差异。

然而，旅游对环境资源的依赖的性质和程度并不容易准确辨识和分析，因为旅游不是一种具有很标准的投入产出模式的单纯经济行为。相反，它是由多种相互依存密不可分的活动（如旅行、住宿、购物、饮食、休闲和其他服务）构成的一个综合体，而每一种具体活动都有自己特殊的投入产出模式。对旅游投入和产出的需求正是建立在这些个别需求基础上的一个最后合成体（但不是简单相加）。因此，要分析旅游对环境投入的需求，就包括对各种要素行为所提出的需求的分析以及对这些个别需求之间相互关系的分析。这种分析具有两种重要性：（1）一地的旅游开发必须考虑当地为维持旅游的增长或稳定所必需的资源条件；（2）与旅游相关的各种活动之间以及旅游活动与其他经济活动之间共同竞争当地环境资源，并出现用途上的矛盾。一个旅游地在物质上、空间上和社会经济结构上的变化以及所存在的若干环境问题证明了这些矛盾的存在，也说明需要对矛盾采取控制以便合理地分配环境资源。

2. 环境不断净化过程对旅游产业持续经营的意义

旅游与环境关系的另一方面就是环境的净化能力对旅游产业的生存和发展具有决定性的意义。从这一点看，就需要有对旅游活动的排泄物进行吸收的各种环境净化设施和能力。一个地方一旦成了吸引旅游者的热点，其资源便因被使用而发生变化。一方面，这些资源的使用是为了直接满足旅游产品的生产和消费的需要；另一方面，是由与旅游相关的各种活动引起的。但不管怎样，这些活动的排泄物不可避免地要被注入环境中去，从而改变环境的性质和结构。发生这种改变的程度取决于两组相关的因素：（1）旅游开发的类型和时空特点，包括以下变量：旅游活动的类型，旅游者的

① Robert W. Wyllie. *Tourism and Society: A guide to Problems and Issues*. Venture Publishing, Inc., 2002.

社会经济和行为特征，旅游流的密度和时空分布，各种活动之间关联的紧密程度；(2)开发所在地的特征，包括下列变量：旅游开发所在地的自然环境特征，经济与社会结构，政治组织形式和旅游开发的总体水平。旅游所产生的消极外部效果，必须短期内在其所发生的地点予以控制，否则它们会对旅游业本身产生消极的影响，这一点不同于对其他经济活动所产生的外部效果的处理，其根本原因就是旅游与环境之间的内在依存关系。在这里，人们一般用“承载容量”来表示一个地区对旅游开发产生的负效应的最高容忍水平。要想对增长加以限制，避免对该产业的经济活动产生不堪忍受的负效应，就必须对一个地区的承载容量进行评估。

## 二、旅游的环境效应

旅游发展对环境空间和环境要素的影响，呈现着十分复杂的结构。这里既有显露效应，也有隐形效应；既有即时效应，也有滞后效应；既有积极效应，也同样有消极效应。因此，客观地认识旅游的环境效应，是制定适当的环境政策的基础。

在理解旅游的环境效应方面，对于旅游的环境效应，马西森与沃尔在他们的著作中比较详细地做了描述。① 概括起来说，旅游的环境效应表现在对植物与植被、对动物及其栖息地、对环境空间的质量、对地质地貌以及对人文环境的影响。在他们的著作中，按照这样的框架对旅游的环境效应做了细致的描述。威廉斯(Peter W. Williams)在他的《评价旅游环境效应和物理容量》中则提出，不能使用一般化的方法和词语，而应该把那些特别与旅游相关的因素分解出来，然后评价每一种效应。②在大多数情况下，旅游环境效应的性质和程度与景区开发和使用的密度、生态系统的恢复能力、开发者的短期考虑以及旅游开发所引起的变化等变量密切相关。

1. 生态系统的恢复能力。并非所有的自然环境都能经受得起旅游流的大量注入，城市中心一般要比半自然或纯自然的群落更易于恢复其往日的姿态。旅游所产生的最坏的环境效应往往发生在最脆弱的生态系统当中。这些系统一般包括：

(1)海岸系统。如沙丘和盐碱滩，它们代表着具有不稳定的生态基层的早期脆弱生态系统的连续阶段。

(2)山地群落。在这些地方，气候的影响使群落发育和自净能力受到削弱。

(3)湿地、喀斯特地貌等生态环境。

就是这样一些地方，却往往成为人们进行旅游开发非常热衷的地方，因为它们很难用于其他形式的经济发展。

2. 景区的使用强度。旅游流的流量、持续时间，旅游者的活动类型，以及旅游服务设施的发展水平，都标志着旅游景区的使用强度，这些因素与旅游对旅游地的环境

---

① Alister Mathieson, Geoffrey Wall. *Tourism: Economic, Physical and Social Impacts. Longman Press*. 1982.

② Peter W. Williams. Evaluating Environmental Impact and Physical Carrying Capacity in Tourism. *Travel, Tourism and Hospitality Research-A Handbook For Management and Research*. edited by Ritchie and Goeldner, 1989.

负效应有着正相关关系。一般来说，对旅游设施的需求随着旅游流流量和旅游景区的使用强度的增加而增长。随着时间的推移，这些高度开发了的旅游地的中心区域在形式上会发生根本的改变，而周边一些向访问核心旅游地的旅游者提供食宿供应的地区也会随之而发生变化。

3. 开发动机。旅游开发大部分建立在对自然和人类遗产等资源的经济开发的企图之上。这些资源构成了对旅游企业极具吸引力的因素，也因此似乎这些企业对这些资源的保护负有不可推卸的责任。然而，旅游企业往往持有十分狭隘的眼光，不能洞察其行为对整个环境所能产生的深远影响。企业间对最有吸引力的景点的竞争往往迫使他们站在局部的立场行事，而这从长期来看不仅对环境会产生致命的破坏，也会毁掉他们自己的兴趣。所以，那些真正对企业的长期经营有所考虑的企业，就需要对环境有更为敏感的关注。

4. 景区的变化。一处自然环境能够不发生任何改变而完全被保护下来并仍高强度地用于旅游，这几乎是神话。即使人们小心谨慎地去努力消除旅游对环境的不利影响，环境还是会发生变化。不管是在项目的计划和设计阶段、建造阶段、设施的直接运作阶段，还是考虑到设施的运行所产生的间接效果，都能发现在大多数服务于大众旅游者的旅游开发中存在着一些变化的因素。这些变化呈现为时间的函数，因此对旅游环境效应的评价就不可能脱离时间尺度的影响。

如果从影响的内容和对象上来看，旅游环境效应主要表现在自然环境和人文环境两大客体之上。对此格林（Howard Green）与亨特（Colin Hunter）做了归纳（见表 7-3）。①

**表 7-3 旅游对环境的潜在影响**

| | | |
|---|---|---|
| 自然环境 | 改变动植物的种群结构 | 1. 破坏繁殖习性<br>2. 猎杀动物<br>3. 猎杀动物以供纪念品交易<br>4. 动物的迁移<br>5. 植被因采集柴薪而遭破坏<br>6. 因伐除植物建成旅游设施而改变植被覆盖率<br>7. 野生动物保护区/禁猎区建立 |
| | 污染 | 1. 水质因排放垃圾、泄露油污而遭污染<br>2. 车辆排放物导致空气污染<br>3. 旅游交通运输和旅游活动导致噪声污染 |
| | 侵蚀 | 1. 土壤板结导致地表土进一步流失和受侵蚀<br>2. 改变地面滑移/滑坡的危险性<br>3. 改变雪崩的危险性<br>4. 损害地质特征（如突岩、洞穴等）<br>5. 损害河岸 |

① Howard Green, Colin Hunter. The Environmental Impact Assessment of Tourism Development, in Peter Johnson and Barry Thomas' *Perspectives on Tourism Policy*, 1992.

续表

| | | |
|---|---|---|
| 自然环境 | 自然资源 | 1. 地下地表水的耗竭<br>2. 为旅游活动提供能量的矿物燃料的耗竭<br>3. 改变发生火灾的危险性 |
| | 视觉效果 | 1. 各种设施（如建筑物、索道滑车、停车场）<br>2. 垃圾 |
| 人文环境 | 城市环境 | 1. 土地不再用于最初的生产用途<br>2. 水文特征发生变化 |
| | 视觉效果 | 1. 建筑物密集区的扩张<br>2. 新的建筑风格<br>3. 人及其附属物 |
| | 基础设施 | 1. 基础设施超负荷运行（道路、铁路、停车场、电网、通信系统、废物处理设施、供水设施）<br>2. 新基础设施的建设<br>3. 为适应旅游需要而进行的环境管理（如拦海坝、垦荒） |
| | 城市特征 | 1. 居住、商业和工业用地方面的变化<br>2. 城市化的道路系统（如车行道和人行道）<br>3. 出现分别为旅游者和当地居民开发的不同区域 |
| | 古迹修复 | 1. 废弃建筑物的重新启用<br>2. 古代建筑和遗址的修缮和保护<br>3. 修复废弃建筑物用作别墅 |
| | 竞争 | 某些旅游区点可能因其他区点的开放或旅游者兴趣的变化而贬值 |

## 三、旅游环境效应评估

### （一）旅游环境效应评估的理论框架

制定旅游规划是协调旅游与环境关系的必要途径。只有把旅游开发纳入到地区总体发展规划中，才可能避免出现土地利用等方面的摩擦，避免出现以牺牲其他开发或地区利益为代价的某种过度开发，才能合理地分配环境资源并取得最大的地方福利和区域的可持续发展。在这里，环境效应评估就成为实现这一目标的基本途径。

环境效应评估（Environmental Impact Assessment, EIA）是进行环境预防管理的一种方法，它体现了人们在环境管理方面广为奉行的“防胜于治”的原则。P. 沃顿在他的著作中给EIA下的定义是：EIA是对由于实施某些项目而对地球的生物物理环境和人类的健康及福利产生的各种可能后果进行辨识并在能够实际影响决策的阶段向负责批准该项目的有关人员或机构传递其分析结果的过程。[①] 从这个广为接受的定义中可以看出，EIA所关注的焦点在于开发项目对自然环境的生物和物理要素产生的影响。然而，在EIA方面的最近发展却显示了人们对项目开发所产生的社会经济效应

① P. Wathern. An Introductory Guide to EIA. *Environmental Impact Assessment: Theory and Practice*. Unwin Hyman Press, 1988.

的同等关注，这无疑使EIA具有更广泛的意义：将环境理解成由生物、物理、社会和经济诸因素共同构成的一个复杂的有机系统。不过，本书把这一部分内容留到下一节讨论。

尽管EIA在西方国家的应用已有几十年的历史（美国作为EIA的发源地，在20世纪60年代初期就把环境效应评估作为成本效益分析过程的一个组成部分），但在我国却处在起步阶段。1979年颁布的《环境保护法》第六条和第七条提供了进行环境效应评估的法律依据，此后在工业项目、采矿、水利工程、港口建设等方面，不同程度地对这种方法有所应用，并逐步形成了一套适应我国国情的项目评估体系（EIAS）。然而，在旅游项目开发过程中，对EIA的运用却没有达到相应的水平。究其原因，主要有两个：一是政府决策部门（尤其是地方政府）对旅游开发的环境效应评估的认识不足；二是长期以来我们对旅游与环境之间的关系的性质没有科学的理解。因此，在实践中与旅游开发有关的各个方面对旅游开发进行环境效应评估的必要性的认识就相当缺乏，意识不到环境效应评估实际上是确保旅游投资者达到预期的投资目标、减少投资损失、降低项目运营成本、避免因项目造成对环境的重大损害而流产、实现可持续发展目标的必要途径。

在制定旅游发展规划和方针政策时所进行的这种环境效应评估，其理论基础是物质平衡模型。

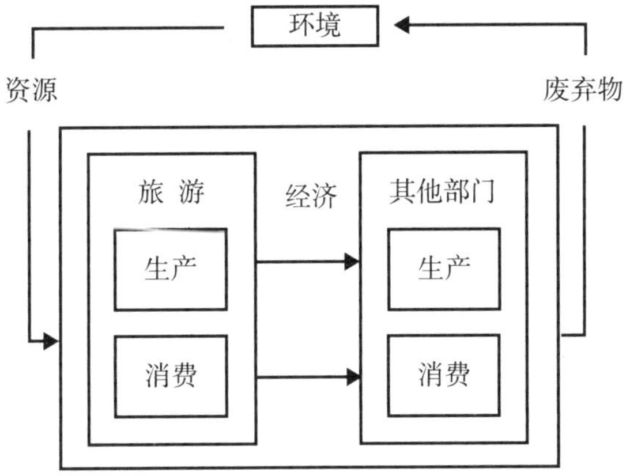


**图7-2 用于解释旅游活动的物质平衡模型**

物质平衡模型（图7-2）很久以来便被用作分析经济与环境问题的有用的概念性工具。这一模型假设经济系统之间以两种基本方式相互作用：经济活动一方面利用环境资源作为经济物品和服务的生产和消费的投入要素，另一方面又向环境中排放废弃物。根据热力学定律可以知道，所有注入经济系统中的物质和能量都必须等于该系统产出的物质和能量。根据这一模型的基本思路，可以建立一个用以分析地区的旅游环境效应的整体模型（图7-3）。这个模型由四个模块组成：经济模块、环境模块、交界模块和地区特征模块。如果需要，各种宏观信息也可以作为外部投入加入本模型。

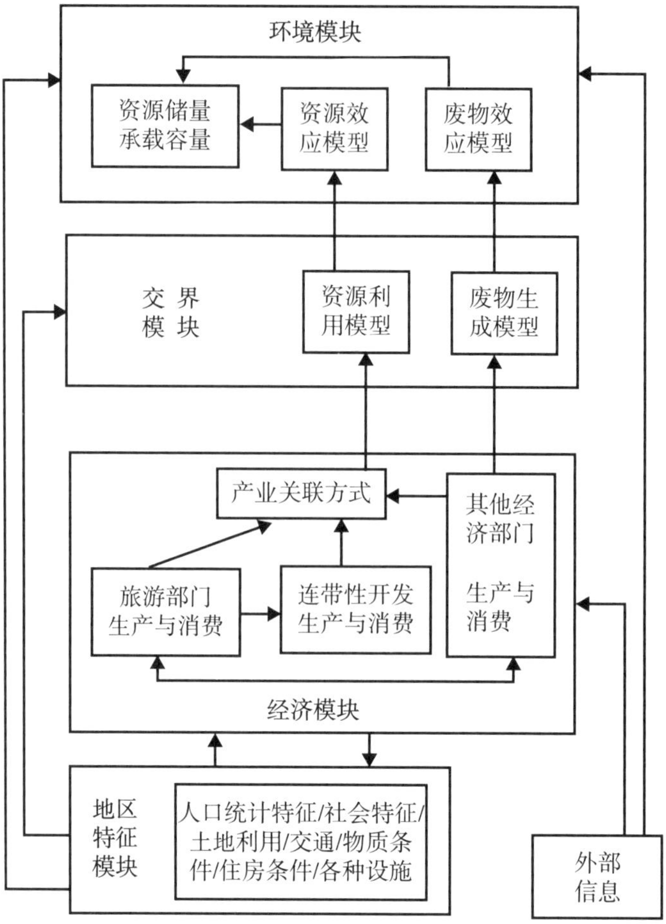


**图 7-3 旅游环境效应的整体分析模型**

经济模块由所研究地区经济部门的生产和消费特点以及彼此之间的结构关系所构成，这方面包括以下变量：部门构成和产出水平、就业规模、进口、出口、最终需求、企业数量、原材料数量、价格和工资水平等。这一模块以两种方式与地区特征模块相关联：首先，其产出被转化为该地区在有关的人口统计、社会和土地利用等方面的各种变化；其次，这些变化又可以用作经济模块的投入。经济模块也与交界模块存在联系，因为该模块将经济系统的产出转化为对资源的需求并形成废弃物。

环境模块包括三个方面的内容：(1) 地区环境资源储量及其承载容量；(2) 资源效应模型；(3) 废弃物效应模型。这些模型解释对资源的需求和旅游活动所产生的废弃物是如何影响地区可用资源的数量和质量的，以及由这些资源的承载容量所规定的对经济的种种限制。在这里，资源的废弃物效应模型还被关联到资源储量上去，以便评估可用资源的质量和数量及是否超越了承载容量的限制。在此模块外部，与之直接关联的是交界模块。从该模块获得对资源的需求量和向环境排放的废物量等信息。当然，它也可以向交界模块提供注入，而这就会被转化成为资源投入的最大量以及经济和环境系统正常运行所允许的废物排放水平。同时，它还接受有关外部条件的信息。

交界模块也可以称为转置模块，其功能是通过资源利用模型将经济的生产和消费特征转化为对各种资源的需求水平，通过废弃物生成模型将生产和消费特征转化为废物排放量，因此，从图中可以看出，本模块的产出全部被转入到环境模块中去。反过来，环境模块也可以向交界模块提供投入使之成为经济系统的约束条件。

地区特征模块用以描述地区的人口统计、社会和物质结构方面的特征，这些是经济模块和转置模块的必要投入要素。本模块与经济模块关联的内容包括各种保证地区经济、人口、社会和物质结构之间相互协调的特性，这些特性由转置模块转化为对资源的需求和产生的废物。

在利用这个整体模型分析旅游的环境效应时，其程序是从经济模块开始的，但要以地区特征模块的特征描述为前提。需要注意的是，在评估过程中，对于各种旅游活动引起的在经济上难以反映和估价的效应要给予充分的估计，如徒步旅行、滑雪和潜水引起的环境退化。

还需要引起注意的是，这里所提出的评估旅游环境效应的模型重在理论上的指导意义，其操作价值实际上要受到很多限制。例如在环境模块中建立生态模型并不容易，又由于地区的开放性特征，使物质平衡的实际关系式很难确定，加之旅游构成的复杂性，都会给模型的实际应用造成阻碍。

**（二）旅游环境效应评价的程序**

EIA 通常是一个连贯的过程。在不同的国家和地区，由于对所要解决的问题有不同的要求，参与EIA 的角色组合各有差异，因此这个过程也不太一样。我们这里引用P. 沃顿所概括的EIA 的实施过程，也许有助于我们对EIA 的理解[①]（见图 7-4）。

人们在从事旅游的环境效应评估时所使用的方法已经越来越多样化。威廉斯（Peter W. Williams）曾做过归纳。[②] 他认为，从功能的角度来认识这些方法，可以把用于旅游环境效应评估的方法分为三大类：辨识的方法、预测的方法和估价的方法。辨识的方法用于对现存环境系统进行描述，确定项目内容构成，根据项目情况对环境进行界定。预测的方法用于对已经辨识出来的环境发生变化的程度和空间尺度进行预测，对某种环境效应发生的概率进行预测。估价的方法用于对项目牵涉的集团和人口的成本及收益进行测算，对各备选方案进行比较选优。这些方法在现实的旅游投资项目评估中都逐渐得到了应用。

① 谢彦君：《永续旅游：新观念、新课题、新挑战》，《旅游学刊》，1994 年第 1 期。

② Peter W. Williams. Evaluating Environmental Impact and Physical Carrying Capacity in Tourism. *Travel, tourism, and hospitality research; A handbook for managers and researchers*, J.R. Brent Ritchie and Charles R. Goeldner Editors, John Wiley & Sons, Inc. 1989.

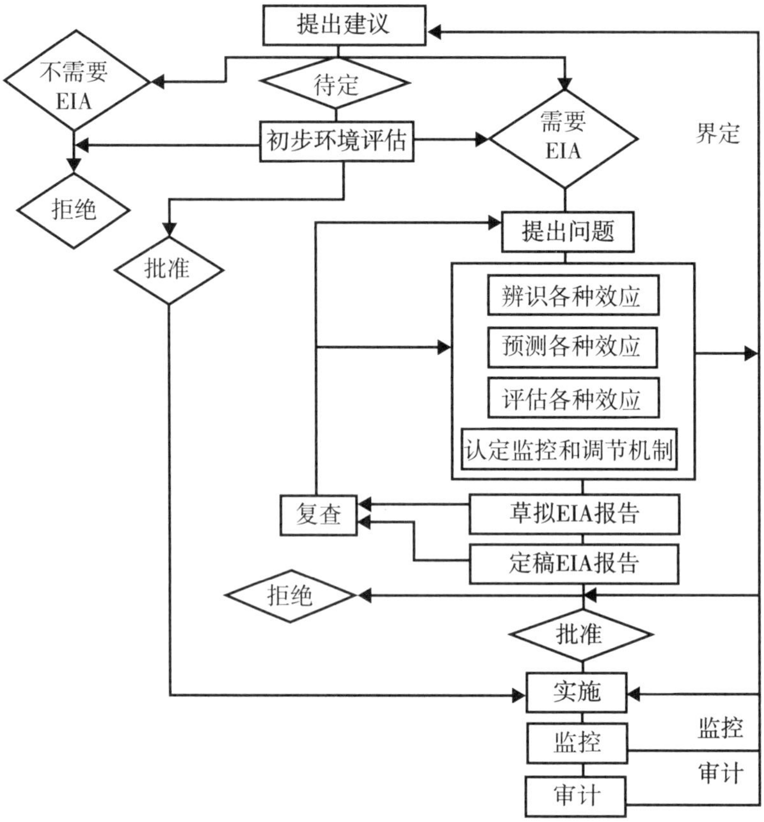


图 7-4　EIA 的实施程序（来源：沃顿）

然而，由于旅游现象的复杂性，在应用EIA 于旅游效应评估时常常会遇到一些困难。沃尔（Geoffrey Wall）提出了八项挑战可供参考（见表 7-4）。①

表 7-4　在旅游效应评估中运用 EIA 所面临的挑战

| |
|---|
| 1. 客观上存在很多类型的旅游，其效应也各不相同，所以，从一种类型的旅游所取得的经验不一定能直接用于另一种类型的旅游效应评估； |
| 2. 整个旅游体验过程要涉及很多项目（景点、住宿、餐饮、交通等），其中的每一项都会要求单独评价； |
| 3. 旅游业本身是一种交叉性的行业，资料的获得及其权威性和及时性差异会很大； |
| 4. EIA 过程常常是为了某些特殊的开发项目进行的，因此会局限于某个具体的地点，而旅游者却是流动的，旅游效应会在没有评价到的地方发生； |
| 5. 累计效应以及变化速度可能是问题的关键。无数小的变化积累到一起可能相当于一个大型开发项目所产生的影响。另一方面，迅速的变化可能会比循序渐进的变化更难做出适应性调整； |
| 6. 在开发的不同阶段，效应也有所不同。同样一个项目，处在遥远的地方，并且缺少旅游开发方面的经验，与一个具有较长旅游发展历史的项目相比，会有不同的影响程度； |
| 7. 作为上一个要点的延伸，类似的旅游开发的效应却可能在不同方面产生不同的效应； |
| 8. 可能很难将旅游所引起的变化与其他因素引起的变化分离出来。 |

① Geoffrey Wall. *Contemporary Perspectives on Tourism, Department of Geography*. University of Waterloo, 2001.

另外，尽管人们在旅游与环境之间的关系方面已经有了比较一致的看法，认识到旅游与环境之间经常处于一种矛盾状态，因此必须将旅游开发过程中原来以旅游为导向的环境规划转变为以旅游环境效应评价为导向的环保行为。但是，韦理（Robert W. Wyllie）对此也提出了几点有意义的忠告：①

● 并不存在科学有效的、放之四海而皆准的旅游环境效应评估方法，以便能够明确地对旅游的正负环境效应做出评价。

● 环境质量下降既可能源于传统的大众旅游，也可能是各种形式的“替代”旅游引起的。

● 在旅游环境效应评估过程中隐含的一些主观性的评价标准往往是难以通过科学手段加以验证的。

● 对于旅游的环境成本的估价，还要同时权衡各种替代产业的环境成本。在这种情况下，旅游环境效应评价的实质就变成：各种备选的经济发展战略的相对环境成本是多少？预期的环境效益是否能补偿环境成本？

## 第四节　旅游的社会文化效应

### 一、旅游社会文化效应问题

旅游的社会文化效应涉及很多方面，但其中大部分属于以下这十个主要的研究领域:社区参与、人际关系的性质、社会组织的基础、社会生活节奏、移民、劳动力分工、社会分层、权力分配、异化、传统与艺术等。从国外的研究状况看，到目前为止，这些领域中都取得了一定的研究成果。在某些问题上，学者们也达成了一些基本的共识。然而，就旅游的社会文化效应的基本性质而言，却难以得出一致的结论。不同类型的旅游目的地、不同的目的地文化形式以及这种文化在旅游发展中的不同地位、不同的旅游者类型以及当地各种社会力量对比的不同性质，都使旅游的社会文化影响可能呈现出完全不同的面貌。

尽管在一般的社会宣传和大众的肤浅的印象中旅游常常被视作文明和文化的使者，但深入地考察并不能完全支持这种结论。旅游在一开始以及在根本目的上所表现出的个人对外部世界美的追求这一根本规定性，催动着旅游者的脚步；而旅游目的地将旅游发展视作经济腾飞的灵丹妙药的这种心理及其所做出的努力，又在另一方面使旅游者不再犹疑。然而，在旅游者与目的地社会接触的过程中，发生的事情就不再是那么简单了。

在20世纪70年代，希腊东正教教堂有了新的祷文：

① Robert W. Wyllie. *Tourism and Society: A guide to Problems and Issues*. Venture Publishing, Inc., 2002.

> 我主基督耶稣，上帝之子，请降慈悲于东正教圣地所属的那些城市、那些岛屿以及那些村庄，还有那些神圣的修道院。世界性的旅游浪潮已经玷污了这些地方。请赐予我们解决这个难题的办法，并保护我们的同胞，他们正经受着现代西方入侵者的现代精神的痛苦考验。[①]

在今天，从社会文化的角度贬责旅游的观点和资料比比皆是。甚至在某些人的眼中，旅游简直“是一种奇怪的现代病。它像中世纪蔓延于欧洲的黑死病一样，如今已经泛漫于全世界，成了谁也不放过的流行病。它不仅攻击赤足者和贫者，也攻击大腹便便者”[②]。为什么会有这样的认识呢？在 1986 年的“第三世界人民与旅游大会”上，一位夏威夷代表声明：“我们不要旅游。我们不要你们。我们不想降格为侍者和舞者。那是一种文化娼妓……没有清白的旅游者。”[③] 这些话显然蕴含深刻的潜台词。也就是说，这种激烈的表达恐怕不能简单地看作是个别人的牢骚，也许这就是人们对旅游发展所产生的社会文化效应的一种认识。当然，它是否具有代表性，还要靠严谨的学术研究来证明。在这方面，经济学家和社会学家、人类学家的观点一般差异较大。多数经济学家倾向于把旅游看作是一种发展的手段，它能推动人民和国家的进步，并预示着一个令人憧憬的黄金时代。而在一些社会学家和人类学家看来，早先纯洁的社会已因为种种令人痛心的颓败而蜕变了，现代社会正是颓败的结果，唯利为重的旅游业只能进一步破坏我们失却的乐土。[④] 当然，这种截然对立的观点并不是为所有的研究者所承认的。

从 20 世纪 60 年代起，西方的社会学家、人类学家和旅游学家（甚至经济学家）一道，对旅游所能产生的社会文化影响进行了广泛的研究，得出的结论也形形色色。在这些研究中，人们注意到了旅游者与目的地社会的相互关系，提出了旅游对目的地社会影响的理论和衡量模式，探讨了旅游主客关系变化的心理和行为因素以及旅游所引发的道德和犯罪问题，此外还涉及旅游与宗教、语言、社会保健等问题。通过这些研究，不仅使人们对旅游问题的认识视野得以拓展，程度得以深化，而且也丰富了旅游研究的方法论体系。克兰德尔（Louise Crandall）曾对这些研究的内容和一般性结论做了概括（他特别地把旅游的社会经济效应也包含在这里），见表 7-5。

尽管在谈到旅游的社会文化效应时人们主要指的是旅游所引起的社会变化（或变革）和文化演变，但这些变化是无法脱离旅游的其他效应而存在的，甚至有时这些变化（尤其是价值观和态度方面的变化）就是由其他效应所催发的。因此，认识旅游社会文化效应的基本框架应该是整体性的。克兰德尔的归纳体现了这种思想。

---

① Malcolm Crick. Representations of International Tourism in the Sosiao Sciences. *The Sociology of Tourism*, edited by Yiorgos Apostolopoulos, etc, Routledge, 1996.

② Chris Ryan. *Recreational Tourism: A Social Science Perspective*. Routledge, 1991.

③ 同上书。

④ 罗伯特·朗卡尔著，蔡若明译：《旅游及旅行社会学》，旅游教育出版社，1989 年版，第 57 页。

表 7-5 旅游社会经济文化效应

| 效应 | | 积极方面 | 消极方面 |
|---|---|---|---|
| 社会经济效应 | 个人经济独立性 | 薪金 | 传统社会冲突 |
| | 劳动力转移 | 为受雇而向旅游区迁移 | 居民的被迫迁移 |
| | 用工变化 | 旅游业用工 | 季节性失业；传统就业方式丧失 |
| | 土地价值变化 | 土地增值 | 地价上涨；土地所有权变化发生的用地冲突 |
| | 生活水准变化 | 服务、设施得以改善 | 通货膨胀 |
| | 政治经济体制变化 | 精英族成长；落后地区发展 | 国家统一体分裂 |
| 社会文化效应 | 消极活动增加 | | 犯罪、娼妓增加 |
| | 社会二元性 | 跨文化交流；拓展视野 | 价值观冲突 |
| | 示范效应 | 对提高生活标准的模仿 | 挫折；挥霍；进口增加 |
| | 文化成为商品 | 文化遗产的保护；自豪感 | 文化丧失本义 |
| | 对旅游者的敌视 | | 怨怒和敌视态度的发展；一部分当地居民的奴性的发展 |

## 二、目的地社区的态度演变过程

在本书第三章所介绍的巴特勒（Butler）的旅游地生命周期模型中，包含着对旅游地社区的态度演变过程的认识。多克塞（Doxey）根据自己在巴巴多斯和尼亚加拉湖区的案例调查，也总结出旅游发展的阶段性在目的地居民对待旅游者的态度上的体现。[①] 按照他的结论，当地居民与旅游者之间的关系是循着某种一般的进程演进的，那就是融洽阶段、冷漠阶段、恼怒阶段、对抗阶段和最后阶段。

可以肯定地说，旅游目的地居民对旅游发展和旅游者的态度变化植根于旅游带给当地的复杂影响，尤其是其中的消极影响的积累，是导致目的地居民一改欢迎旅游发展的初衷而变得憎恶旅游的社会基础。在旅游发展的最初阶段，目的地居民对旅游者的到来热情有加，极尽殷勤，多克塞曾称之为“欣快症”（euphoria）。如果旅游目的地是一个经济落后地区，人们对旅游发展所能带来的美好的经济前景更是满怀憧憬。当旅游地的生命周期进入巴特勒所谓的参与阶段时，多克塞却发现，真正参与到与旅游相关的活动中的却是少数一些人。随着流入的旅游者数量的增加，旅游者不再是一道稀罕的风景，人们开始麻木了。现在来的旅游者可能不必再拘泥于使用当地的语言了，对当地的日常生活也不一定很感兴趣了。在当地居民的情感当中，冷漠开始产生了，由此出现了多克塞所说的第二阶段。到了旅游发展的成熟阶段，旅游者与目的地居民的对比关系几乎发生了变化，甚至当地居民在自己的一亩三分地上也要处处退避三舍。人们在商店购物要排队；商店也变了味，经营的是对当地居民没有多大用处的纪念品；道路拥塞，停车都很不方便。人们甚至感到自己生活在一个停车场当中，因

① Chris Ryan. *Recreational Tourism: A Social Science Perspective*. Routledge, 1991.

为尽管每一个旅游者都来去匆匆，但当地人在整个旅游季节都要住在这里，于是有了这种“铁打的营盘流水的兵”的感受。冷漠就由此而演变成恼怒。接着，在旅游发展的停滞阶段经常面临的超负荷问题又进一步把人们从恼怒推向对抗。在土耳其发生的绑架西欧旅游者的事件，巴厘岛居民曾经有过的对旅游者的不友好，在印度西南沿海的哥尔（Goa）地区所成立的JGF组织的行为，都是这种对抗的实例。

米里根（Milligan）（1989）在她对葡萄牙Guernsey地区的工人所做的研究中使用了类似于Doxey的方法。Milligan认为，正如当地人因为旅游者所造成的拥挤问题而恼火一样，那些直接服务于旅游者的人也会有同样的流露，尤其是当这些人本身也是从外地来的打工仔时更是如此。作为一种修正，米里根研究背景与多克塞的有一些不同，因为Guernsey不是一个处于发展中的地区。尽管旅游业在当地经济中占有重要地位，但当地人已达到充分就业，并不十分依赖于饭店及相关产业部门。多克塞与米里根的研究结论可以概括如下（见表7-6）。

**表7-6　多克塞（Doxey）与米里根（Milligan）的研究结论**

| 多克塞的早期结论 | | 米里根的修正 | |
|---|---|---|---|
| 欣喜 | 旅游者受到欢迎，没有什么计划 | 好奇 | 人们接受那些在当地人看来在地位、薪金收入和职业前景方面都比较低下的工作 |
| ↓ 冷漠 | 旅游者已司空见惯，接触变得更正式 | ↓ 接受 | 对移民到岛上的人的认可，旅游不再为当地人所关注 |
| ↓ 恼怒 | 达到饱和状态，当地人怀有疑虑。规划人员试图借助增加设施而不是控制增长来实现控制 | ↓ 恼怒 | 伴随对旅游者的恼怒，人们还开始厌恶外来打工人员，把他们视作使当地人生活标准下降的祸根 |
| ↓ 对抗 | 公开表露愤怒情绪，规划有所修改，但促销有增无减，目的是消除对目的地不好的名声 | ↓ 对抗 | 双方都互相怨愤，在年轻人中时有暴力。那些不能直接归于旅游者的过错便都一股脑归罪于外来打工人员。 |

目前，人们对旅游目的地社区居民态度的这种多阶段发展模型的认识尚存在争议，甚至有越来越多的人对这个模型的真实性产生怀疑。埃尔南德斯（Hernandez）与科恩等人在1995年对波多黎各的伊莎贝拉（Isabela）镇进行案例分析后明确提出，其研究结果不支持多克塞的发展阶段理论。在中国，尽管很少有人像国外学者那样对旅游的社会文化效应从事深入的个案研究，但刘振礼于1991年对野三坡风景区的调研应是这个领域较早的一份文献。[①] 他通过对三个村的比较，得出结论：“旅游的有利影响或不利影响随旅游业发展进程而互有消长，具有一定的阶段性。”但实际上，由于野三坡正处于发展阶段，有关阶段性的特征的结论还不很确定。就是在6年后刘赵平所

① 刘振礼：《旅游对接待地的社会影响及对策》，《旅游学刊》，1992年第3期。

做的跟踪调查中，也未能得出肯定的结论。①

在上述对目的地社区有关旅游发展的态度的讨论中，主要涉及的是目的地居民的态度，并演化出一些比较悲观的模型。实际上，旅游目的地的旅游发展的主导力量不一定是当地居民，而可能是其他更有力量的利益集团，而他们对旅游发展的态度却可能截然不同。这些利益集团（包括当地居民）看待问题的角度、深度以及他们影响事物发展进程的方式和力度都会有很大差异，因此，用一种观点来概括一般性有时会失之片面。在现实生活中，如今可以找到大量的截然不同的例证，这足以说明旅游发展在当地社会当中的意义以及由此带来的各方面对旅游发展的态度的差异，是难以用一种模式加以概括的。

### 三、旅游与文化活动

#### （一）文化的要素

文化是什么？作为一种日常用语，它几乎有数不清的含义。即使作为社会学、人类学和社会心理学的专门术语，人们也难以对其概念进行规范。但是，用人类学家赫斯科维茨的话来说就比较简单明了了：文化是人类环境的人造部分。按照欧·奥尔特曼和马·切默斯的进一步解释，文化就具有以下的几种意义：

"第一，文化指的是一个群体或社会的信念和知觉，价值观和准则，习俗和行为。文化包括人们认为适用于这个世界、他们的生活和环境的事物，还包括他们的价值观，或者他们认为是好的或坏的，可以接受的或不能接受的事物。因而，认识、判断、价值观以及适当的行为方式构成一组包含在文化概念中的特征。

"第二，文化一词用来表示认识、知觉和行为以意见一致的方式为某一群体的人所共有。也就是说，为使一种文化得以生存，无论是否在言词上表示同意，人民必须赞同有观察世界和行事的共同方式。这并不是说，他们在各方面都一致，而只是说，他们共有一个意见一致的共同核心。

"第三，文化一词意味着把人民共有的信念、价值观和行为样式传授给其他人，尤其是儿童，以及对该文化新成员的教育使之适合社会需要，有助于一代一代地保持意见一致。

"第四,一个社会的价值观、信念和习俗涉及的不仅是'内心的'和'行为的'过程；文化出现在物和物质环境中。住宅设计、社区布局和公共建筑物常常明显反映一种文化的价值观和信念。"②

按照这种详细的界定，文化就包含了人的精神世界以及人化的物质世界中可以传承的带有共性的东西，是由符号、语言、价值观、规范体系、社会关系与社会组织

---

① 刘赵平：《再论旅游对接待地的社会文化影响——野三坡旅游发展跟踪调查》，《旅游学刊》，1998年第1期。

② 欧·奥尔特曼、马·切默斯：《文化与环境》，东方出版社，1991年版，第5—6页。

以及物质产品所体现出的东西。用这样的角度审视旅游与文化的关系就会发现，旅游的发展对这种意义上的文化要素确实具有不可忽视的影响。从西方学者所做的研究来看，旅游发展对这些文化要素的影响主要体现在手工艺品、语言、习俗和传统、烹饪、艺术和音乐、建筑、宗教、服装以及休闲活动等方面。可以说，旅游对任何一种文化要素的影响，都呈现出积极和消极两个方面。拿手工艺品来说，旅游者每到一地，购买纪念品是他们的一件重要事情。从这一点来看，旅游可能成为促使当地艺术形式复兴的一个外力。但是，如果旅游者对该种文化的历史知之甚少，他就难辨良莠，仅能用植根于自己的文化土壤的标准进行判断。而那些艺人，为了使作品销售出去，就有可能将一些与传统不谐调的东西植入作品当中。对此我们很难说这是好事还是坏事。但有一点可以说确定不疑，那就是，由于出卖的功利性目的，工艺品原有的艺术价值和人文气息被大大降低和淡化了。甚至我们还能在不同的目的地看到似曾相识的手工艺纪念品。由此可见，旅游发展对于文化而言，确实是一把双刃剑，要全面认识它，才能正确评价它。有很多学者对旅游所引起的本土文化的所谓“退化”深感忧虑。额班诺维奇（Charles F. Urbanowicz）在研究汤加的案例时总结说：“汤加人还在享用他们传统的‘卡瓦’（kava）饮料，但当每个人都开始消费更多的酒精饮料而不是卡瓦饮料，或者放弃他们的基督教信仰时，就表明他们自己文化与社会的基本脉络已经发生变化了。”①

**（二）旅游与文化变迁：旅游的文化潜移过程**

上面的讨论实际上揭示了这样的事实：文化是一个学习的过程，甚至还可以说包括了被学习的过程。文化的习得性与文化的传承性是一个事物的两个方面，而在旅游世界中，这种双面性得到了最直观的表现。这便是文化的采借过程（cultural borrowing）。

两种文化接触后发生传播，在传播过程中互相采借对方的文化，这是文化发展的普遍现象。但是，采借并不是完全对等的，也不是对所有外来文化的全部采借。文化采借大多是相对落后的社会采借发达社会中的先进文化元素，而相反的情况十分少见。采借是有所选择的，选择的标准主要有：使用价值的大小、与本民族文化模式的接近程度、与本民族心理的一致性等。在文化采借过程中，一般的情形是物质文化的采借先于精神文化的采借，因为物质文化的利用价值比较容易判断，它与本民族的意识形态没有直接的冲突，因而易于被接纳。而精神文化所遇到的情形恰恰相反。一种理论或观念往往打上民族的和阶级的烙印，与其他民族或社会的传统的或占统治地位的意识形态有可能发生冲突，因此它的传播与采借会遇到更多的困难和阻力。但是，伴随着物质文化的被采借，精神文化的传播几乎是不可避免的，只是程度有所差异、时间或早或晚、影响有强有弱而已。

---

① Valene L. Smith. *Hosts and Guests: The Anthropology of Tourism*. Pennsylvania University Press, 1989.

> 假设一位西方旅游者乘船在南海的一个岛子上停留一天。她穿着一身比较暴露的服装走上岸来，在岛上的小镇里招摇过市。小镇里的当地人大部分已经皈依新教，因此，多少都有点保守。这位游客以及其他像她一样的西方人就是构成岛民与游客之间文化接触的一个点。由于这种接触，如果导致城里的某些妇女也开始穿上西式服装，你就可以想象，示范作用奏效了，这最终会导致文化传播。
>
> ——节选自 Nash: *Anthropology of Tourism*

旅游由于是人与人之间（尤其是具有不同的文化背景、文化特征的人之间）的交流和接触，所以它就可以而且确实是文化采借的一个渠道。然而，由于接待地国家往往在经济上十分落后，而它们又主要以经济上最有实力的西方发达国家作为其旅游市场，因此，“主人”与“客人”之间的交往所引起的文化采借就会呈现不均衡的局面。因为，这些目的地要在一年当中的较长时间里遭受外来文化的冲击，而每个旅游者在旅游目的地的活动相对于其日常生活而言仅仅是一个很短暂的阶段，因此他对目的地文化的体会就不啻蜻蜓点水，也很难使当地文化对其日后的生活方式真正产生影响。所以这些接待地国家或地区的文化相对西方文化来说，往往成了弱势文化，在整个旅游文化交往过程中，他们向游客所采借的多，而向游客所传输的少。由此出现了文化的不平等交流。这种不对等交流还会因旅游者的旅游方式、个人动机和文化特性、旅游者与当地居民的交流时间与空间等因素的变化而呈现极不相同的效果。试想，作为东道地社会的居民，他们会长期地面对另一类人：陌生的但都有某种共同特征（这种共同特征如果被目的地居民看作是美德，就可能成为他们模仿的东西）的旅游者；而作为旅游者，他们只是暂时地面对另一类人：陌生的但都有某种共同特征（这种共同的特征曾作为吸引他们前来的因素）的东道地居民，之后，他们会很快回到自己的文化当中，回归到其正常的工作与生活当中。如果在东道地所领略到的文化对这些人有所影响，这种影响将只表现在这个旅游者个体身上，而它很可能逐渐又被淹没在旅游者所在的主流文化当中。

旅游者与当地居民在文化采借中的不对等现象能否意味着一种应该设法避免的消极状态？笔者对此的看法是，不能简单地下结论。在文化交流的过程中，双方对等与否，一方面要取决于文化中积极的受到对方认可的要素的多少，另一方面则要看参与交流双方的力量对比，这在上面基本已经明确。但是，值得注意的不是这些，而是文化采借过程本身可能注定要意味着本土文化的调和，以至于本土文化的丧失。从长期的角度看，则意味着全球文化的单一化倾向。在世界各地，由于发展，由于旅游，由于交往和交流，已经吞噬了那么多的有特色的弱势文化，现在我们似乎唯有东西方文化的差异还可以寻觅。“在亚洲和欧洲——包括苏联，确实有些年轻人期待出现一种美妙的美国化文明。果真如此的话，取代‘殖民地化过程’的将是‘可口可乐化过程’！它不言而喻地意味着我们的文化统一了，但同时又更贫乏了：在亚洲、非洲、欧洲丰富的传统中如此之多的多样性都消失了”[1]。

这段话虽然不是冯·皮尔森的观点，但旅游发展对这种趋势的推波助澜的作用笔者深信不疑。很多案例研究证明，旅游对地方文化变迁的影响是巨大的。瓦雷娜·史密斯在《爱斯基摩旅游：微观模型与边缘人》一文中说：“持续不断的现代化过程已经使爱斯基摩村庄变成了我所说的‘爱斯基摩人也住的白人的城市’。20 世纪 80 年代的旅游者惊奇地发现，大多数爱斯基摩人现在过着靠工资过活的西方生活方式。”[2]

这便是长期以来为旅游学者尤其是旅游人类学者所关注的一个问题：旅游对目的地文化的变迁产生的影响到底有多大？对保护文化多样性的作用是积极的还是消极的？这些问题在西方即使经过大量人类学者的田野调查，也未能得出十分清晰的判断。正像格林伍德（Davydd J. Greenwood）在他的《以英镑计量的文化：对旅游促进文化商品化的一种人类学家的观察》一文中所说的那样：“说所有的地方文化都正在遭受破坏，这话对吗？……全面反对文化变迁，其立足点就耸人听闻；而理所当然地接受所有的文化变迁也是愚蠢和痛苦的。真正的挑战——至今还没有得以应付——是如何将文化社区作为一种动静结合的复杂过程来加以概念化的研究，并进而离析出旅游在这种变化中所起的作用。”[3] 也就是说，我们需要注意的问题是，如何客观地估量旅游对文化变迁影响的真实程度。如果把文化变迁置放于大尺度的历史空间去考察，这种变迁几乎是必然的。这样，旅游也许起到的是加快了变迁的脚步的作用。同时从另一方面看，由于旅游本质上的规定性，又决定了它有阻挡文化向着商业化方向变迁的内在动力，因为旅游者的动机在于追寻特色文化。麦基恩（Philip Frick McKean）在对巴厘岛的案例研究中，主要坚持的就是这样一种观点。[4] 而笔者则进一步认为，文化实际上有动态的部分（语言、价值观念和生活方式等）和物化（建筑物、遗址、服饰、文物等）的部分。动态的部分所经历的演变过程与整个社会经济发展的历史过程结合在一起，企图让它停滞在某个阶段的形态上是不现实的；物化的文化是人类的历史遗产，对其中有价值的部分是能够也应该加以原样保护的。一个社会如果想知道它的来龙去脉，就一定要保护静态的文化，并从中发掘生动的信息；一个社会要想满足其成员不断增长的精神和物质需要，就一定要认可文化的积极变迁，否则，就会产生伦理上的问题，也可能酝酿不安定的社会因素。

**（三）旅游培育的“文化孤岛现象”**

不过，人们引用更多的事实是，正是由于旅游者对奇异文化的癖好或珍爱，由于旅游发展必须建立在满足旅游者需要的基础上，旅游目的地的文化要素才被不断发掘出来，经过孤离、整理、加工，最后呈现在旅游者面前。这样，我们才能在一些岛国土著居民那里看到他们表演的舞蹈，才能在我们深圳的民俗文化村当中看到流行于贵

① 冯·皮尔森：《文化战略》，中国社会科学出版社，1992 年版，中文版序言。

② Valene L. Smith. *Hosts and Guests: The Anthropology of Tourism*. Pennsylvania University Press, 1989.

③ 同上书。

④ 同上书。

州、云南一带的习俗活动，还能重睹各民族的民间艺术、民俗风情和民居建筑……这便是有人所谓的旅游所促成的文化的复兴现象。实际上，这些活动本身已经构成了另一种文化形态：旅游文化。

旅游文化与纯粹意义的供文化旅游者观赏体验的文化有着一定的区别和联系。可以说，旅游文化是由旅游目的地居民、旅游者的旅游活动所营造的一种新型文化形态，而本土原始文化仅仅存在于相对封闭的社会或社区生活当中，常常是文化旅游的对象。换言之，一旦该社会或社区敞开大门面向外部世界，一旦该社会或社区将接待旅游者、兴办旅游业作为发展的途径，其本土原始文化的演变速度就会加快，并有可能最终逐渐演化成为一种旅游文化——这是一种源于本土原始文化而又采借了大量外来文化的新型文化形态。著名旅游人类学家埃里克·科恩在论及文化旅游与旅游文化的关系这个问题时这样写道："当旅游最初渗透进一个偏僻的少数族群中时，由于很少受到外部力量的影响，当地'自然的'生活方式及习俗就成了对游客的主要吸引力。但是随着旅游业在当地的成熟以及这一族群随之通过市场力量及政府行为逐渐与该国社会文化相结合，便出现一个问题：这种结合常常导致这一族群在文化上的逐渐被同化。在多数情况下，他们的文化在该国就受到排斥和弱化。由此，这一族群的民族旅游的吸引力就会下降。""而有些地方形象虽然没有'受损'，但文化独特性却日益减少，于是只好忙于弥补这一对矛盾，把他们的真实性搬上舞台：居民穿上他们的'民族'服装，'展示'给游客看，而在家里时却穿普通城市服装；他们把手工艺品作为纪念品卖给游客，而他们自己已不再使用这些物品；他们表演各种仪式，表演的时间和地点均不符合这一仪式本来的举行地点和时间。由此出现了与他们实际日常生活隔绝的'舞台化'的旅游圈。一些专为旅游'设计建造的'景观代替了'自然的'景观（即少数族群传统居住地），甚至在当地的习俗已逐渐消亡时，情形也是如此。"① 这时，旅游文化作为一种新的文化形态便自然而然地衍生出来。在这种旅游文化当中，商业化的文化活动自然成为文化的重要甚至主体成分。比如某些土著居民出自经济目的而刻意为旅游者提供的舞蹈或仪式性的表演，在很多方面已经不具有其原始的意义。② 因此，这种表演与普通剧团的演出活动已经没有本质的差异，因为仪式本身的某些性质已经与表演相剥离。

严格地说，在拥有独特的民族原始文化的地方，因旅游而发展起来的旅游文化，

---

① 埃里克·科恩：《东南亚的民族旅游》，见杨慧等主编的《旅游、人类学与中国社会》，云南大学出版社，2001 年版。

② Charles F. Urbanowicz 还指出一个有趣的现象：在汤加，一个很著名的旅游观光项目就是看当地人跳汤加舞。可是，期间却可能有十几个舞蹈节目实际上是斐济、塔希提、夏威夷甚或新西兰的，真正的汤加舞只有一两个。Charles F. Urbanowicz 在该文的结语中写道："汤加的首相反复强调，汤加文化经受得住现代旅游发展的影响。我也同样认为，汤加人会继续繁衍下去。可是，他们还是真正的汤加人吗？或者，他们是否会变成另一种不得不放弃传统（或者至少是将传统从那些乜斜的目光中转移到后台）以防止成为种族旅游的另类习俗？见 Valene L. Smith. *Hosts and Guests: The Anthropology of Tourism*. Pennsylvania University Press, 1989。这方面的案例在其他作者那里也大量存在。比如，巴厘岛人跳给旅游者的舞蹈照比真正的仪式要短很多，节奏也大不相同，而且，他们省略了最神圣的过程（他们会在旅游者所看不到的时间和地点完成这种神圣的过程）。

已经不可能重塑本土原始文化的形骸和精神，因为本土原始文化是历史的、社会的，是与环境相依存的。在人类学家的眼中，当真实的文化与这种舞台化的文化在同一个族群聚落同时存在时，那种专门呈现给旅游者的文化表演[①]，很可能已经割断了连接本土原始文化这个婴儿与其所依托的社会、历史和环境这个母体间的脐带。因此，虽然它的形式可以愉悦旅游者，但它的内核则注定是僵死的东西。所以，旅游在这里所能做的，恐怕只是将民族文化变成一种僵化的旧日世界的冷冰冰的图画而已。这些图画孤离于社会，成了一座座孤岛，成了真实文化的虚假的面具，仅仅具有商业的价值，供人们尤其是旅游者在闲暇中把玩娱乐。而与此同时，真正的文化将依然融汇在社会历史的长河中演绎自己的故事。不过，随着旅游的发展，在一些民族旅游极其发达的地方（如巴厘岛），旅游业与当地的社会文化已经紧密地结合在一起，以至于无法区分何为当地“真实的”内部社区生活，何为“舞台化的”外部形象。在这种情况下，具有某种独特的文化特质的旅游文化的塑造，将有可能为若干年之后的该社会或社区带来另一种面孔的“本土原始文化”。比如说，在美国社会专门为旅游而创造的迪士尼文化，也许在百年之后却成为美国通俗文化的一种典型形式，并以这种面貌吸引着旅游者的目光。这使得我们在看待旅游所引起或旅游所推动的文化变迁时多少会采取更为达观一点的态度。

## 本章重要观点

1. 旅游效应不仅有积极的方面，也有消极的方面。
2. 旅游与环境的关系是一种相互依存的关系。
3. 文化旅游会因为引起文化的碰撞而推动地方（本土）文化的变迁，却难以维系地方文化的长久命脉，更不能创造地方文化，却往往能导致地方文化的商业化。也许，它能创造一种新的文化形态：旅游文化。
4. 文化有动态的部分和物化的部分。动态的部分所经历的演变过程与整个社会经济发展的历史过程结合在一起，企图让它停滞在某个阶段的形态上是不现实的；物化的文化是人类的历史遗产，是能够也应该加以原样保护的。

## 本章内容举要

### 1. 核心概念

- 旅游效应：指由旅游活动（包括旅游者活动和旅游产业活动）所引发的种种利害影响。
  - 旅游经济效应：指旅游活动对国民经济产生的影响。
  - 旅游环境效应：指旅游活动对环境产生的种种影响。

① 郭净：《被表演的戏剧——民间艺术与影视传媒的互动》，见杨慧等主编的《旅游、人类学与中国社会》，云南大学出版社，2001 年版。

- 旅游社会文化效应：指旅游活动对旅游目的地社会结构、价值观念、生活方式、习俗民风和文化特征等方面的影响。
- 旅游正效应：也叫积极效应，指旅游活动对社会所产生的有价值的影响。
- 旅游负效应：也叫消极效应，指旅游活动对社会所产生的有害的影响。
- 旅游隐形效应：指因旅游活动而产生但却无法观察到其直观的物质形态的效应。
- 旅游显露效应：指因旅游活动而产生的那些外在化的、具有明显的数量结构或物质形态的效应。
- 旅游即时效应：指伴随旅游活动的发生而立刻相应发生的效应。
- 旅游滞后效应：指旅游即时效应从量变到质变过程的结果，也包括一些单纯性的暂时潜伏而不发生、要在以后适当时机暴露出来的某些效应形式。
- 旅游者效应：指来自旅游者的种种直接影响，它是旅游效应最直观的表现形式。
- 旅游产业效应：指由旅游企业的生产经营活动造成的影响，它是旅游发展大众化的必然结果。

● 乘数：公共支出或私人资本投资增长对收入所产生的放大效应或连锁反应。
- 产出乘数：用以测定每单位的追加支出在经济体中产生的总产出（或销售量），用乘数系数表示。
- 收入乘数：用以描述追加支出与收入变动之间的关系。
- 就业乘数：用以描述追加支出与增加的直接和间接就业机会之间的关系。

● 环境效应评估（EIA）：是对由于实施某些项目而对地球的生物物理环境和人类的健康及福利产生的各种可能后果进行辨识并在能够实际影响决策的阶段向负责批准该项目的有关人员或机构传递其分析结果的过程。

## 2. 主要内容

### （1）旅游效应的类型

● 旅游的外部效应是一个重要的研究领域。这种外部效应根源于旅游作为一种社会经济活动所具有的外部性特征。外部性是一种经济力量对于另一种经济力量的“非市场性的”附带影响，是经济力量相互作用的结果。从资源配置的角度分析，外部性是表示当一个行动的某些效益或费用不在决策者的考虑范围内的时候所产生的一种低效率现象。对于外部性的评价，在经济学中历来以帕累托准则和卡尔多等人的补偿原则的理论为基础。

● 旅游效应可以从不同角度进行分类，这些分类对于认识旅游效应的结构和特征十分有帮助。
- 按照旅游效应的内容结构划分，可以分为经济效应、环境效应和社会文化效应。
- 按照旅游效应的社会价值的性质划分，可以分为积极效应和消极效应。
- 按照旅游效应的表现形式划分，可以分为隐形效应和显露效应。
- 按照旅游效应产生的时间划分，可以分为即时效应和滞后效应。
- 按照旅游效应的作用来源划分，可以分为旅游者效应和旅游产业效应。

（2）旅游经济效应

- 影响旅游经济效应的因素：旅游目的地的经济发展水平；旅游设施的性质及其吸引力；外国人对旅游设施的拥有程度；对非本土劳动力的雇佣情况；政府在基础设施方面的投入；旅游者的类型。

> 【即问即答】一个各方面都很落后的地方想借助发展旅游业推动地方经济发展，最终会达到目标吗？
> ——不会像预想的那样容易。基础设施落后、人才匮乏、资本短缺、接待能力差、社会治安不好、政府运作不规范，这些标志落后的种种状况是发展旅游业的根本障碍。即使勉强使旅游业有所发展，也会因这些不利因素的存在而导致收益的大量漏出。

- 旅游经济效应的表现：旅游发展会影响本地区的经济发展的进程，并改变地区的经济结构；旅游发展对平衡国际收支有很大贡献，在赚取外汇方面也有明显优势；旅游发展会解决大量就业人口，同时也改变就业结构。
- 旅游经济效应的评价：评价旅游经济效应的方法基本上有四种：盘存/预算法、投入产出分析、经济基础分析和费用效益分析。

> 【即问即答】旅游乘数的大小与计算乘数时涉及的地区范围的大小有无关系？
> ——有关系。地区范围越大，乘数就会越大。因为在较大的地区范围内，一定单位的货币支出有机会作更多次的循环注入。另外，地区的发达程度也会影响旅游乘数的大小。

（3）旅游环境效应

- 旅游与环境的关系是一种相互依赖又相生相克的关系，彼此的作用关系是一个双向交互作用的过程：旅游开发要依赖环境资源，而环境不断净化的过程对旅游产业的持续经营是必不可少的。
- 影响旅游环境效应的因素：生态系统的恢复能力；景区的使用强度；开发动机；景区的变化。

> 【即问即答】哪些生态系统属于脆弱生态系统呢？
> ——海岸系统、山地群落和湿地、喀斯特地貌等环境。大量采集珊瑚礁也很容易破坏当地景观。

- 旅游环境效应的表现：对自然环境的影响主要表现在改变动植物的种群结构，污染、侵蚀、消耗自然资源以及改变视觉效果等；对人文环境的影响主要表现在改变城市环境、影响视觉效果、影响基础设施的建设、改变城市的特征、影响古迹的修复并导致各种竞争。
- 旅游环境效应评估（EIA）：
    - 旅游环境效应评估的理论框架：在制定旅游发展规划和方针政策时所进行

的环境效应评估，其理论基础是物质平衡模型。这一模型假设经济系统之间以两种基本方式相互作用：经济活动一方面利用环境资源作为经济物品和服务的生产和消费的投入要素，另一方面又向环境中排放废弃物。该模型包括四个模块：经济模块、环境模块、交接模块和地区特征模块。

■ 旅游环境效应评估的程序：这个过程基本包括了以下几个环节：提出建议、初步环境评估、提出问题（详尽的环境评估）、草拟EIA报告、定稿EIA报告、批准和实施、监控与审计等。

（4）旅游社会文化效应

● 旅游对目的地社会或社区所产生的社会文化影响是巨大的。对于这种影响的性质，各界都有各种不同的看法，有些看法甚至十分激烈并针锋相对。

● 旅游目的地社区的态度演变过程：对于是否应该发展旅游，旅游目的地社区的态度往往呈现一种比较一致的变化模式。很多人对这种模式进行了总结，基本结论是“欣喜—冷漠—恼怒—对抗”。值得注意的是，这些模型多是早期的研究结果。不少最新的研究成果表明，很多旅游目的地并没有最终发展到对抗进而崩溃的地步。

● 旅游与文化活动：旅游会导致文化采借、摩擦、潜移。在旅游发展过程中，常常是强势文化吞没弱势文化。总的来看，旅游可能会导致文化的调和，从而使某些弱势特色文化消亡。当然，旅游者对于特色文化的偏好，又将成为保护弱势文化的力量。

> 【即问即答】能否列举一下常见的具有旅游吸引物功能的文化活动或文化现象？
> ——比如：绘画、建筑艺术、手工艺品、语言、民间舞蹈、古典音乐、芭蕾舞蹈、文学作品、歌剧、雕刻、民间音乐、古代遗迹、爵士音乐、戏剧、宗教、工业建筑等。

## 本章答疑

【疑问1】经常会听到一些旅游区的居民抱怨他们没有从旅游中获得好处。他们的说法可信吗？如果真是这样，国家怎么能还积极主张大力发展旅游业呢？

——事物本身就总是有正反两面，这是辩证法的基本观点。而旅游发展的直接效应更是有积极和消极两个方面，这在本章也讨论过了。现在的问题是，旅游发展到底使多少人受益？哪些人受益？受益有多大？以什么方式或途径受益？……这在不同的旅游区肯定是不同的。比如安徽的宏村，当地居民对旅游发展意见很大，因为他们几乎没有从中受益，而将这个被列为世界文化遗产的村子“承包”下来进行经营的公司却受益了。这就是旅游效应的公平性问题了。在这方面有很多地方需要深入研究。国家鼓励发展旅游业，主要还是从其总体意义和主流方面出发的。

【疑问 2】既然旅游与环境的关系是相互依存的，而且这个道理似乎也很简单，为什么现实当中那些靠环境吃饭的旅游景点的经营者却不仅不珍惜环境，还进行掠夺性的使用呢？

——这是一个严峻的现实问题。其主要原因在于制度和观念两个方面。制度方面除了国家法规约束松弛之外，根本上还是产权的问题。一些景点（这里指资源依托型旅游产品）由于采取承包、租赁、变卖等方式，而导致经营者恶性开发和使用这些产品。观念方面，主要是中国目前普通民众对资源的价值在认识上比较淡漠，社会监督不力，而经营者自己的金钱或利润导向的思想更是直接诱导旅游资源掠夺性使用的原因。在中国这种特殊的社会背景之下，国家必须动用法规的权威来实现对旅游资源的保护。当然还有很多其他因素。

【疑问 3】有人特别主张对一些文化旅游地（比如少数民族地区，像摩梭人社区）要加以保护，要维持其文化传统和特色，这能行得通吗？

——国外学术界有人将这种倾向称为怀旧情结（nostalgia）或怀乡病。很多人类学家在访问了一些很有文化特色的土著居民聚落之后都对这些文化产生浓厚的兴趣和情感。若干年之后，当他们重访这些地方时，却发现物是人非，古风不再，因此倍感惋惜。这就是本章所提到的文化的变迁的问题，也可以看出其中分别有动态的和物化的两个方面。其实，不让土著人发展是不现实的，甚至也可能是不道德的。文化，尤其是动态的文化要素的保护只是相对的，而历史的演变却是绝对的。

## 本章补充阅读材料

【补充阅读材料 1】

### 环境敏感性指标

| 核心指标 | |
|---|---|
| 指　标 | 具体测定标准 |
| 1. 景区保护 | 1. 景区保护的类型 |
| 2. 压力 | 2. 访问该景区的旅游者人数（每年高峰月） |
| 3. 使用强度 | 3. 使用强度——高峰期（人/公顷） |
| 4. 社会效应 | 4. 当地人与旅游者的比例（高峰期） |
| 5. 开发控制 | 5. 拥有环境评估程序，或者对景区开发和使用密度有正式的控制措施 |
| 6. 废物管理 | 6. 对景区所产生的废物的处理比例（另外的指标可能包括对其他基础设施容量的结构上的限制——如供水、垃圾） |
| 7. 规划过程 | 7. 拥有旅游项目地区的正规区域规划（包括旅游在内） |
| 8. 关键生态系统 | 8. 稀缺濒危物种的数量 |
| 9. 消费者满意程度 | 9. 游客的满意水平（根据调查表进行评价） |
| 10. 当地人满意程度 | 10. 当地人的满意水平（根据调查表进行评价） |

续表

| 生态系统专门指标 | |
|---|---|
| 生态系统 | 样本指标 |
| 1. 海岸地带 | ● 退化（海滩退化、侵蚀的百分比）<br>● 使用密度（可用海滩上的每平方米人数）<br>● 岸上/海洋动物群落（关键种属数量）<br>● 水质（排放大肠杆菌和重金属数量） |
| 2. 山地 | ● 侵蚀（表面侵蚀的百分比）<br>● 生物多样性（关键物种数量）<br>● 关键地段可进入性（等候的小时数） |
| 3. 文化景区（传统社区） | ● 潜在社会压力（旅游者与当地居民平均收入比率）<br>● 在季节性景区（年开业天数比例）<br>● 敌对行为（旅游者与当地居民的冲突事件例数） |
| 4. 小型岛屿 | ● 货币漏损（旅游收入漏出百分比）<br>● 所有权（外国人和非本地人拥有旅游设施的百分比）<br>● 供水能力（费用，持续时间）<br>● 使用强度指标（全岛以及被影响的景区） |
| Source: WTO News Service, May-June 1996. | |

## 本章案例分析

【案例 7-1】

### 泰国旅游发展中所产生的消极效应①

泰国旅游局（TAT）1993 年政府备忘录非常坦率地讨论了由于对旅游增长缺乏有效的管理而对自然以及社会文化环境所造成的积重难返的负面效应。这些“棘手的问题”是伴随着 30 多年的经济和社会膨胀而产生的，这期间，旅游业的快速发展是政府实现全国经济增长的关键因素。实际上，备忘录就曾提到，“旅游业已经成为值得重视的经济活动，在连续多年当中，它是创汇能力最高的经济活动”。

该备忘录全面概括了由于旅游发展失当而造成的消极效应。

- 旅游目的地退化和污染。很多旅游点变得十分肮脏，环境质量退化。存在大量的各种形式的污染：水质降低，海滩退化，垃圾和交通工具散发着难闻的气味，所有这些“都对旅游者健康构成伤害，使人感到不快。旅游者常常带着不好的印象离开，很难指望他们再行光顾”。
- 对公共用地的侵蚀。商业性旅游开发都发生在公共的山地、岛屿、海滩和森林地带，这些开发缺乏有效的法律依据和批准程序。另外，有些开发商将现有的

① 节译自 Fred P. Bosselman, Craig A. Peterson, Claire McCarthy. *Managing Tourism Grow-th: Issues and Applications*. Island Press, 1999.

旅游项目不适当地扩大到公共用地上去。

- 建筑物。由于一些非法建筑，景观的整体性和原有质量遭到破坏。这些建筑物有的超出限定高度，有的不符合建筑质量要求，有的没有留出足够的露天场地，这些问题尤其发生在两个海滨地区和北部的一个文化城市。有些建筑物的位置、高度和形体与周边的自然景观轮廓和地形特征很不协调。另外，一些建筑物“如雨后春笋般纷纷涌现，其无序的状态直接导致了一眼望不尽的丑陋景观”。这当中的例子包括在Phuket和Ko Samui先前非常宁静的海滨地带修建的酒馆以及紧靠Chiang Mai庙宇群和古代遗址搭建的购物商业街。
- 基础设施和旅游设施的开发缺乏环境意识。这方面的问题包括排水设施不当，道路修建得离海岸太近或者穿过了红树林地带，以及由于土建工程导致的沉陷和泥沙淤积，这些都对自然生态系统和地理环境构成了损害。
- 商业性的性行为。尽管这个问题“已经是泰国社会的历史问题”，但无疑旅游增长引发了这个行业的迅速膨胀。随着这种行为的扩散，相伴而来的是各种疾病（如性病和艾滋病）、毒品、犯罪和童妓。①
- 犯罪。城市社区针对旅游者的犯罪行为正在增加。
- 地区发展的不平衡。一些基础设施（如道路和供电）的建设，主要集中在旅游地而没有顾及非旅游地。
- 其他消极效应。由于对旅游增长管理不当，还引发了其他一些问题：对旅游者的不公平收费（如敲诈和索取高价）；传统文化的保护（如忽视文化特质当中的“内在意义”，却以“外露的、炫耀的表演”方式展示文化）；艺术品和手工艺品质量的下降；当旅游者的行为冒犯了当地居民时两者间偶尔发生的敌视行为。

这些消极效应表明，当不能对旅游增长施加有效的管理时可能会出现什么问题。越是旅游业发展迅速的地方，这些问题越容易出现。

〖案例提示〗

1. 泰国在旅游发展中暴露出来的问题对我们有什么借鉴意义？请逐项地进行分析。
2. 泰国的“4S”旅游中的“性旅游”，曾是泰国旅游中的重要项目。目前，这个形象定位正给这个国家的旅游业带来损害。请分析一下，受影响最直接的入境旅游市场将是什么市场？
3. 造成旅游开发负面效应持续、严重发生的原因是什么？请从政治、经济、国民意识形态和历史的角度进行分析。

---

① 对泰国的性旅游的影响，以色列学者埃里克·科恩曾做过长期深入的研究。他在这方面的诸多著述堪称权威性的文献。

【案例 7-2】

## 从旅游效应的角度看尼泊尔旅游开发中的问题[①]

半数以上前往尼泊尔的旅游者都出自度假或愉悦的目的，还有四分之一的旅游者是徒步登山旅行者，而这一部分还呈增长趋势。由于这些徒步旅行者逗留时间长，因此更显其重要性。商务、政府官员和会议人员的比例大约为 14%。

尼泊尔的旅游问题在很多方面都可谓发展中国家旅游发展的缩影。在这些国家，存在着经济发展的压力、创汇的压力和就业的压力，同时，政府在刺激和推动旅游产业发展过程中还要面临保护环境和文化的压力，因为这些正是旅游产品的内核所在。

在尼泊尔，早期的旅游主要是私营部门经营的，而政府旅游政策的重点一直是放在如何增加旅游者人数从而获得更多的经济利益。其结果是，旅游发展的消极效应往往被忽略了。最终，旅游支出的漏损，环境和文化效应，资源的过度开发，失当的基础设施建设以及低劣的服务，成了积重难返的问题，其严重程度如今已经达到威胁整个尼泊尔旅游的发展。例如，到 1983 年，尼泊尔 70% 的旅游纯收入用于进口，而旅游产业收入的漏损率高达 45%—75%。

在环境方面，森林砍伐是人们最为关注的问题。在过去的 20 年当中，有很多报道称大片的原始森林被砍伐以满足徒步旅行者的需要。例如，在萨格玛哈国家公园，由于旅游而使当地木材需求量增加了 85%。

文化效应在一定意义上也具有类似的后果。有人认为，旅游毁损了传统文化和价值观，同时，却带来了毒品、娼妓和走私。当然，也有人认为，尼泊尔人经商做买卖已经几代人了，旅游只不过代表着一种新的贸易形式，而文化是能够也确实在适应新的变化的环境。尽管存在这些争论，但旅游的迅速发展所带来的特殊影响已经引起政府部门、宗教团体和整个尼泊尔社会的关注。

〖案例提示〗

1. 在研究旅游效应过程中，是否应该注意到一个国家在不同旅游发展历史阶段会有不同的旅游效应模式？由此，有关尼泊尔的旅游收入漏损问题，会不会有新的结论？你能否查到最近的有关资料来证实或证伪上述假设？
2. 发展中国家旅游发展指导思想上的一致性表现在哪里？
3. 俗语中有“人穷志短，马瘦毛长”的说法。你如何从经济、道德、社会的角度看东南亚国家旅游发展中出现的道德危机？你认为这是阶段性的问题，还是民族劣根性的问题？还是别的什么问题？

---

① 节译自 C. Michael Hall，Stephen Page. *Tourism in south and southeast Asia: Issues and Cases*. Butterworth-Heinemann, 2000.

【案例 7-3】

## 如何看待文化旅游目的地的社会文化变迁①

在《重访主人与客人》一书中，托马斯（Pi-Sunyer Brooke Thomas）和达塔比尤特（Daltabuit）所撰写的“玛雅文化旅游”一文，实际上针对土著玛雅人这一主题的着墨很少，真正的主题似乎是墨西哥尤卡坦半岛的旅游发展及其给当地带来的人口损失。

造成损失的原因是什么呢？是由于20世纪70年代围绕当时还充满野趣的渔村（该村坐落在昆塔纳鲁州）而进行的快速旅游开发以及在90年代后期达到的每年200万人的入境旅游者规模，是也不是，我们先来看不是这一面。该文作者非常清楚，尤卡坦半岛的玛雅人的社会边缘化过程实际上在第一位旅游者涉足这美丽的海滩之前就已经开始了，但就其原因和过程而言，作者并没有告诉我们多少。在对1847年至1855年之间的种姓之战（Caste War）以及之后直到1901年间的历史马马虎虎做了几句评论之后，作者仅仅提到玛雅人遇到了墨西哥人，就好像那是幽灵，在真空中游走，避而不谈当时甚为流行的富国强民的意识形态，也不谈盘踞海岸地带的克利奥尔人与非玛雅混血儿，而他们当时正引进新的生产方式。当时，在政治斗争的顶峰，有一个社会人物便利用这些群体来反对玛雅人。而玛雅人输了，因为他们落后而脆弱的耕作体系不足以应付，也不适合那种为非玛雅人所推崇的更为复杂的经济形态。所以，玛雅人的社会边缘化过程，在该地区旅游开发之前很多年就已经开始了。

另一方面，毫无疑问，该地区的旅游开发已经留下了它自己的烙印。对新的旅游度假地和旅游服务的需求已经吸引了许多来自墨西哥其他地方和来自国外的就业人员，而通常情况下是替代了旧有的劳动力，部分原因是就业政策当中有歧视印第安人的成分，另一部分原因是外来人员拥有新的服务经济所需要的良好训练和技能，而玛雅人缺少这些。于是，那些因各种原因而落后于快速变革的时代的玛雅人便要承受艰难的命运。

作者们对这样的结果哀婉欲绝，从道义上讲是值得赞赏的。可是，道义本身并不能解决问题。作者们似乎有意否认服务经济会持续下去的事实，他们宁愿将自己包裹在怀旧的斗篷当中，即使他们对应付所谓边缘化了的玛雅人的现代化进程所做的阐述很不一致。玛雅人，或更确切点说是他们当中的多数人，对于得失自有自己独特的衡量尺度。对他们而言，要离开合作农场而去做一个拿工资的力工，这一步并不容易。但是，另一方面，他们并不依恋原来的栽培农业生活方式。在该文作者的调查当中，

① 原文载于*Tourism Recreation Research*, Vol. 27, No.2, 2002，是Julio Aramberri教授关于Valene L. Smith所著的*Hosts and Guests Revisited: Tourism Issues of the 21st Cent-ury*一书的书评。这里是该文的后一部分。

78% 的被调查者声称，倘若没有旅游业，情况未必更好。

可是，作者们不依不饶地还在哀悼玛雅社区的旧有结构在解体，慨叹消费主义已经浸透到社会生活当中。他们甚至一丁点也不愿意考虑一下为什么许多玛雅人对此都并不忧虑。托马斯和达塔比尤特惋惜的只是西式的便装已经取代了老式服饰；惋惜现代医学和商业药品顶替了玛雅牧师的权威；惋惜各种印刷媒体，尤其是电视，成了娱乐和消息的新型渠道；惋惜人们消费类似可口可乐、雀巢咖啡和其他著名品牌的商品，而不追随传统饮食——根据作者们的意思，这种饮食更有利于健康。对这些真是不值得一驳。牛仔服和T 恤衫可能比老式套头连衣裙更便宜也更管用；现代医学在与疾病做斗争方面比传统做法有更好的记录（顺便问一句，当作者们要急诊时，你们到哪儿去呢？到邻居那位江湖郎中那儿呢，还是到大学附属医院？我这只是好奇）；做现成的玉米粉圆饼和玉米面豆卷节省了妇女们的大量劳动；品牌食品通常比非品牌食品在质量控制方面更好；或者，那种墨西哥电视系列剧（culebrones）对许多玛雅人来说可能比往昔流传下来的口头文学更有意思。显然，在这种发自内心的保持玛雅文化的借口当中，哪一方面都考虑到了，唯独不给现在的尤卡坦半岛的玛雅人一席之地。如果我们都追随与托马斯和达塔比尤特相同的人类学传统，那么，关于玛雅文化就只有一种怀旧的声音，而真正的玛雅人可能会认为，倘若他们真要是回到各位作者所建议的旧日时光，他们的命运会更糟。

在现代化进程中，尤卡坦半岛的玛雅人似乎采取和世界其他地方数百万人同样的方式进行自我调整，同时也遇到了类似的问题。有人可能不喜欢这个，但很难弄明白为什么这会加剧其边缘化进程。事实上，玛雅人似乎有很好的本体感。他们知道往日不会再来，知道他们必须适应新的环境，也知道他们必须扩张其有限的社会资本。这似乎是超越边缘化而不是否认随着新时代的到来而产生的变化——同时还有机会——的一种比较好的方式。这些作者们可以面无表情地说：在墨西哥，“二战后的发展模式对大多数人的生活水平的改善非常有限”，虽然世界银行的统计数字和联合国人口发展指标所反映的恰好相反，但对于已经边缘化了的玛雅人来说，没必要认这种不实之词的账。但是，虽然玛雅人可能不读那些神秘兮兮的数字资料和统计报告，虽然他们可能对于新的服务经济所给予他们的些许机会颇有怨言，但他们也知道现在所拥有的东西比昨天曾拥有的东西多。你不能责怪他们没持有与你相同的理论假设：现代化和服务经济只是某些不可告人的组织机构创造的神话，意在愚弄和更好地剥削玛雅人而已。

〖案例提示〗

1. 你是如何看待保护文化多样性与旅游发展之间的关系的？文化多样性对于人类的意义是什么？
2. 你设想一下，在对待行将或已经逝去的文化方面，有些人类学者与诗人有无相像之处？

3. 在保护文化多样性方面，应如何对待动态文化（语言、社会结构、习俗、行为方式、价值观和生活习惯等）和静态文化（艺术作品、历史遗迹和遗物等）？对这两种文化的保护，哪一种更容易牵涉伦理问题？
4. 你同意作者的哪些观点，反对哪些观点？你再把这些观点放到中国的现实当中考虑看看其可取与不可取的地方是什么？
5. 举你熟悉的例子说明你的观点。

## 本章问题讨论

1. 比较中国改革开放之初刚刚起步时的旅游业与当前的旅游业，你认为旅游经济效应出现了哪些变化？
2. 一些落后地区为了发展经济，都纷纷将旅游发展作为捷径，这种情况应如何从旅游效应的结构加以分析呢？
3. 我国西部大开发战略中，旅游发展在其中占有重要地位。你认为在西部地区发展旅游业的利弊何在？应采取什么样的策略趋利避害？
4. 举一个典型的旅游地（比如旅游城市），请说明该地区的哪些居民因旅游发展而得到了经济上的好处，哪些居民没有得到相应的好处？
5. 请举一个实际例子用以说明旅游发展给当地带来的经济、社会文化和生态环境的变化？你如何评价这些变化？当地居民和政府如何评价这些变化？
6. 如果假设经济增长主要来自消费者支出、储蓄和投资，消费者收入决定于储蓄和支出（Y=C+S），而获得收入者将其初始收入 20000 元以及后来的收入增加额的 75% 花掉，而将其余的 25% 储存起来，那么，由此产生的新的收入是多少呢？
7. 随着旅游的发展，旅游者都想到一些原始的地方旅游，而一旦他们去了这些地方，这些地方就不再原始了。一点点地，世界上将没有原始的地方了。这是个什么性质的问题呢？这是一种不可调和的矛盾吗？你有什么调和的办法吗？
8. 你能举出一个例子，说明旅游发展破坏了环境吗？你还能举出一个例子，说明旅游发展改善了环境吗？对此你能总结出什么一般性的结论吗？
9. 你注意到一些旅游地区在雇佣劳动力时存在一些非法现象吗？你是否曾想过要对这些问题做一番科学研究？
10. 很多人在谈到旅游对文化的影响时，都举例（如绘画的发扬、失传工艺的恢复以及古老仪式的再现）说明旅游能促进文化的复兴或保护，你对此怎么看？
11. 请一个来自少数民族地区（尤其是贵州或云南地区）的同学讲讲家乡发展旅游以后社会文化方面发生的变化。你怎样看待这些变化？你的长辈怎样看待这些变化？这些变化在多大程度上是由旅游引起的？
12. 如果你曾经旅游过，尤其是如果你曾经出国旅游过，你能否以亲身经历阐述你对目的地居民在态度上的前后变化？由此，你同意“旅游促进人们之间的理解”这个口号的提法吗？

13. 为了发展旅游，或者由于旅游发展，傣家村寨现在开放给旅游者了，当地居民由此也得到了经济上的好处，走向了“现代化”：卡拉OK很流行，年轻人开始出售假的手工艺品，尤其是傣家的舞蹈经过重新编排而在舞台上为游客表演，已经不再是一种自然地流露。对于这种变化，有人惋惜有加，有人视为自然，你怎么看这个问题？你还可以再设想你扮演另外两种角色来思考这个问题：傣族人和倡导文化多样性的人类学家。
14. 色情旅游在泰国和菲律宾等东南亚国家是一种备受人们关注和忧虑的现象。你认为终止旅游活动能否铲除这个毒瘤？为什么在法律明确禁止的国家里有关政府部门却可以对此置若罔闻？
15. 1999年，香港旅游协会积极促销“绿色旅游”，并给香港一个新的市场定位，叫作“一座有悠久历史的城市”。与此相反，我们身边的一些热衷于旅游发展的城市，却可能将城市发展的历史脉络割断，用一些新的“旅游产品”招徕（企图招徕）旅游者。请举几个例子来证明现实当中的这种愚蠢做法。
16. 很多西方人喜欢看中国的京剧。问他们看后的感受，他们会用“令人惊异”“太好了”这样的词汇来形容。对此，你能否解释以下几个问题（如果不能，可以通过讨论、调查寻求真实的答案）：
    a）西方人喜欢京剧的什么成分？
    b）给西方人看的京剧都是什么剧目、选段？是否有删改或压缩？
    c）喜欢京剧的西方人是什么样的人（普通旅游者、学者、居住在中国的西方人、汉学通……）？
    d）他们真的理解京剧吗？你能否从旅游者心理的角度对他们观赏京剧的热情进行剖析？
    e）怎样看待中国青年（也包括很多中老年人）不喜欢京剧而外国人喜欢京剧的事实？京剧保护与发展的意义在什么地方？
    f）旅游发展对于京剧的保护会产生什么影响？
17. 你认为如果我们不能全面地认识旅游效应的结构会有什么不良后果？
18. 西方的旅游理论界在很长时间里就提出旅游是一种帝国主义（imperialism）的翻版，或是一种新殖民地主义（neocolonialism）现象。你能否找出旅游与这两种现象的相似之处（提示：你可以从政治经济体制导向、财富流动以及就业性质等方面考虑）？
19. 从旅游效应的角度看，用旅游这种方式达到使贫困地区脱离贫困是否可行？它将涉及哪些基本前提？在政策上又应该有什么特殊需要考虑的方面？
20. 通过什么方式能使旅游目的地居民与旅游企业经营者真正意识到旅游与环境之间的关系是十分密切的？

21. 当旅游发展发生在环境原本不好的地方时（虽然这往往很难，但通过生产资源脱离型旅游产品，还是可以做到的），它常常能起到改善环境的作用；当旅游发展发生在环境原本非常好，生态系统也往往非常脆弱的地方时（这是通常的情况），它常常起到破坏环境的作用。请举一些实际例子来证明上述命题，并讨论国家相应的旅游发展战略问题。

# 第八章　旅游容量

**学过本章之后，你应该能够：**

1. 理解旅游容量的定义及其对旅游管理的意义。

2. 了解旅游容量的构成体系。

3. 了解突破旅游容量的几种表现形式。

4. 掌握不同类型的旅游容量的测定方法。

5. 理解旅游可持续发展的意义以及实现途径。

## 第一节 旅游容量的定义和类型

### 一、旅游容量的定义

旅游容量（又称为旅游承载力）这一概念是从生态学中的环境容量（environmental carrying capacity）的概念引借过来的。1838 年，比利时数学生物学家 P.E. 弗胡斯特从马尔萨斯的生物总数增长率出发，认为生物种群在环境中可以利用的食物量有一个最大值，相应地动物种群的增长也有一个极限值，种群增长越接近这个极限值，增长速度越慢，直到停止增长。这个极限值在生态学中即被定义为“环境容量”。1920 年，美国的两位学者将这一概念应用到人口研究中，得到了逻辑斯谛方程（logistic curve）。此后，这一概念或者直接被应用到某些与环境相关的领域或学科当中，成为探讨生命和社会发展过程中的行为累积极限的重要概念，或者成为启发人类发展思想、重构发展哲学的钥匙。在 1972 年出版的曾轰动一时的《增长的极限》一书，实际上就体现了这样的基本思想。

在环境科学和生态学中的环境容量，是指在人群健康和自然生态不受危害的前提下，自然环境或其中的某一要素对污染物的最大容纳量。[①] 今天，这个概念已经是环境管理中实施对污染物总量控制的重要概念。在环境科学和环境管理学中展开的对于环境容量的研究，为环境质量分析、评价和环境区划提供了科学的资料，也为制定环境标准和排放标准提供了基本的依据。而且，随着社会的发展，这一概念的内涵和外延也在不断发展和深化。在环境容量概念从出现到现在的 100 多年时间里，人们已经将它从单纯的生态学领域借用到很多相关领域，其中包括环境保护、人口问题、土地利用、资源管理等领域，并且扩展了“环境”的外延，使“环境”不仅包括自然环境，同时也包括社会环境、人工环境与经济环境。

然而，当拉佩奇（Lapage）在 1963 年首次提出旅游容量这个概念时，由于缺乏深入的考察和当时社会背景的局限，这一概念在旅游学术界并未能引起足够的注意。直到 1971 年，赖姆（L. Lime）和斯坦凯（G. H. Stankey）等人才在 20 世纪 60 年代的初步工作的基础上，对旅游容量问题提出了进一步的讨论。[②] 此后，由于世界范围内的人口、环境和资源问题日益突出，人们对发展的副产物日益关注，也由于旅游发展此时已经进入了快速发展的大众化阶段，人们才开始对旅游容量问题逐渐关心起来。在 1977 年出版的《旅游和休闲的发展：旅游资源评价手册》一书中，劳森（F. Lawson）讨论了旅游容量问题；[③]1979 年由马什（J. Marsh）主编的《水域休闲的问题

---

① 《实用环境科学词典》，上海辞书出版社，1991 年版。

② L. Lime and G. H. Stankey. Carrying Capacity: Maintaining Outdoor Recreation Quality. *Northeastern Forest Experiment Station Recreation Symposium Proceedings*，1972.

③ F. Lawson and M. Boyd-Bovy. *Tourism and Recreation Development—A Handbook on Evaluating Tourism Resources*. Architectural Press，1977.

和发展》一书中，收进了贾克森（R. Jaakson）的题为《湖区休闲容量估计的序谱模型》，探讨了湖区环境对休闲活动的承受能力；[①]1986年，道格拉斯·皮尔斯等在联合国环境规划署的出版物《产业与环境》中专文论述了海岸环境的旅游容量问题。[②]到20世纪90年代，旅游容量概念已经比较广泛地被运用到旅游规划、旅游管理领域，并成为旅游学科当中的重要概念。在可持续发展的主题之下，旅游容量概念逐步具有了概念和技术工具这样的双重身份，由此可以看出这一概念的重要性。

在国内关于旅游容量的研究中，经历了概念性介绍、理论探讨和实际应用几个阶段。在为数不多的研究者当中，陈传康、郭来喜、保继刚、楚义芳、崔凤军和陆林等一些地理学者在这方面做了较大的贡献（本章中不少内容——如旅游容量的测量——就直接引用了他们的研究成果）。尽管对旅游容量概念的实际应用已经出现，但这并不意味着理论上的问题已经获得解决或基本解决。实际情况远非如此。通观这些成果，由于规模有限、人员单薄、起步较晚，所以不可避免地遗留着或毋宁说是才开始暴露出大量的有待澄清的问题，一些技术性的方法也值得推敲。崔凤军在总结这种情况时也注意到，尽管"旅游环境容量和承载力对于实现旅游可持续发展具有重要意义，但因其测量模型尚不完善，应用价值不大，人们对各种计算结果抱有怀疑态度"[③]。这种情况在一门学科的草创时期是十分正常的。

关于旅游容量的定义，有种种不同的看法和表述。巴克汉姆（Barkham）对此似乎深有感触："容量一词虽然简洁，但内涵却很复杂，很难定义。在不同的场合对不同的人而言，它具有不同的意义。"按照威廉斯的观点，旅游容量具有规范和描述两方面的特征。从规范的角度考察，旅游容量可以赋予一个旅游地以合理的使用方向和使用量的规定性；而从描述的角度看，旅游容量可用以描述某一旅游地使用数量与质量之间的关系。[④]实际上，正是旅游容量的这种功能上的复合性特点导致了它的多重意义，当然也诱发了一些滥用问题。

应该说，旅游容量是一个概念系统，而不是一系列具体属性的容量值之和。[⑤]从这个角度定义旅游容量，需要给足概念能够和应该包容的内涵和外延的空间。这里，既要体现发展的观念，又要交代概念的清晰剖面，充分体现容量这一范畴所同时具有的时间和空间意义。因此，笔者认为，单纯从人数等量值角度定义旅游容量是不合适的。崔凤军在评价自己于1995年所定义的旅游容量（他特别坚持旅游容量与旅游承载力的区别，笔者不以为然）概念时意识到了这一点（他当时的定义是："在某一旅

① R. Jaakson. A Spectrum Model of Lake Recreation Carrying Capacity Estimation. J. Marsh (ed.). *Water-based Recreation Problems and Progress*. Trent University，1979.

② D. Pearce and R. W. Kirk. Carrying Capacity for Coastal Tourism. *UNEP Industry and Environment*, 1986.

③ 崔凤军：《旅游环境研究的几个前沿问题》，《旅游学刊》，1998年第5期。

④ Peter W. Williams. Evaluating Environmental Impact and Physical Carrying Capacity in Tourism. *Travel, Tourism and Hospitality Research—A Handbook For Management and Research*，edited by Ritchie and Goeldner，1989.

⑤ 保继刚、楚义芳等：《旅游地理学》，高等教育出版社，1993年版，第81页。

游地环境的现存状态和结构组合不发生对当代人及未来人有害变化的前提下，在一定时期内旅游点所能承载的旅游者人数”[①]），从而提出更为综合的尺度，即旅游活动强度，而这一点在保继刚等人的较早著作中已经通过对各种旅游容量分项的定义予以阐明了。

综上所述，我们可以尝试给旅游容量下这样一个定义：旅游容量是指对某一旅游地而言无害于其可持续发展的旅游活动量。

这个定义在表述上比较简约，这可能是它的优点和潜力所在，也可能是暴露其破绽的根源，因此，不进一步对它加以限定会有碍于对它的理解。我们在此备述几点：

1. 旅游容量是一个空间描述范畴。这表现在它总是在对应于某个有限区域上的物理空间时才是有效的，这也就必然涉及资源的空间分配问题；

2. 旅游容量还是一个时间描述范畴。内涵于其中的发展的观念是可持续发展观念，因此实际上涉及资源的代际分配问题；

3. 可持续发展是一种在当代有其普遍意义的发展哲学，其核心是要保证在从事旅游发展的同时不损害后代为满足其旅游需要而进行旅游发展的可能性；[②]

4. 旅游容量主要地仍然是旅游环境容量，但环境的外延在这里是相当开放的，包括了自然、社会、文化和经济等诸方面；

5. 旅游活动量是一个综合量度。既包括旅游者活动，也包括旅游产业活动，还包括旅游者与旅游目的地居民的互动关系，因此，旅游容量就会涉及人的感知和产业的发展诸种问题。

## 二、旅游容量的构成体系

对旅游容量的结构性特征，保继刚、崔凤军等人也都做过探讨。参考他们的研究，我们可以对旅游容量进一步做以下分类：

### （一）按照旅游容量的内容划分，有旅游生态容量、旅游心理容量、旅游社会容量和旅游经济容量

旅游生态容量是指一定时间内在不导致旅游地域的自然生态环境发生退化的前提下，该地域所能容纳的旅游活动量。一般生态环境系统都有一定的纳污自净能力，即通过稀释、扩散、淋洗、挥发、沉降等物理作用，氧化和还原、化合和分解、吸附、凝聚等化学作用，以及吸收和降解等生物作用来消除污染物，使生态环境系统达到自然净化，保持生态系统的平衡和稳定。但是，如果生态环境系统长期或超量接纳外部尤其是人为的强制输入，这种稳定性就会被破坏，平衡关系被打乱，生态系统将陷入自萎状态，自动调节能力下降，最终可能导致整个生态系统的崩溃。所以，生态环境系统的自动调节能力和代偿功能是有一定限度的，当干预因素的影响超过其生态系统的阈值时，就意味着生态系统面临着失衡和崩溃的危机。旅游生态容量这个指标就是

① 崔凤军：《旅游承载力指数及其应用研究》，《旅游学刊》，1998 年第 3 期。

② 谢彦君：《永续发展：新观念、新课题、新挑战》，《旅游学刊》，1994 年第 1 期。

从这个角度来约束旅游活动量（包括旅游者活动和旅游产业活动）的。

旅游心理容量是一个十分综合的阈值，并且包括了旅游者的直接旅游心理容量和旅游目的地居民的相关旅游心理容量。不管是对于旅游者还是对于旅游目的地居民，心理容量都不能简单地用对旅游者人数的容忍量值加以反映，因为这个量值充其量仅仅是一个单纯的外在的指标。对于旅游目的地居民来说，他们对旅游发展的淡漠甚至反感，绝不是仅仅根源于旅游者的数量，还取决于旅游者的类型特征，同时，这种感情还会因他们从旅游所获得的其他经济、文化、社会方面的利益（或损害）的程度而被强化或弱化。同样，对于旅游者来说，他们对旅游过程的心理感受的阈值既取决于旅游的性质、旅游者的经验背景、看待问题的方式、调整心态的能力，也取决于旅游者与当地居民在交往中角色扮演的效果。几乎可以肯定的是，在一般情况下，旅游心理容量可能是一个最不稳定的量数，会因时、因地、因人而呈现出很大的不同。总的来说，旅游心理容量是指不导致旅游者或旅游目的地居民对旅游产生厌恶情感的旅游活动量。这是一个情感范畴的测量指标。

旅游社会容量是一种建立在社会价值观、道德习俗、宗教信仰、文化传统和生活方式等社会规范基础上的量值。由于上述范畴在一定社会形态中的相对稳定性、普适性及其对社会成员的约束性，就使它们构成了该社会形态中成员用以衡量其他人（甚至包括非本社会内部的人们）行为方式适宜性的依据。由于旅游是多种文化背景中的人的接触和交流，于是就会出现彼此间能否相互接纳的问题。旅游社会容量就是衡量作为旅游互动行为主要方面的旅游者与旅游目的地居民彼此在社会价值观诸方面能够达成谅解的极限值。这是一个认识范畴的测量指标。

旅游经济容量是指一定时间内在一定区域上由经济发展的整体水平所决定的旅游活动的极限。旅游作为一个产业——而且仅仅是一个产业，是与国民经济其他部门密切相关的，旅游的接待能力依赖于当地的经济发展水平的制约，从而形成了约束旅游发展和旅游活动规模的阈值。具体说，在这方面包括五个因素：（1）基础设施与旅游专用设施的容纳能力，即设施容量；（2）投资和接受投资用于旅游开发（含基础设施）的能力；（3）当地产业中与旅游相关的产业所能满足旅游需求程度及自区域外调入的可能和可行性；（4）如果发展旅游业不可避免地要使某些产业萎缩甚至完全终止，旅游业与这些产业之间的比较利益如何；（5）区域内所能投入旅游业的人力资源的供给情况。

**（二）按照旅游容量的规范性划分，有旅游期望容量和旅游极限容量**

旅游期望容量是规范程度较高的容量指标，它含有合理容量的意义，是旅游相关个人、旅游相关群体或旅游相关社会对旅游活动质量的个人的或群体的心理预期。在一般情况下，这种预期是先在经验的总结和归纳并最终升华的结果。因此，这里的旅游期望容量近似于旅游最适容量，只是它不仅具有社会合理性，而且也往往被社会个体单独加以使用并因而具有个人合理性（注意，笔者并不认为个人旅游期望容量与社会或群体旅游期望容量总是一致的。而且，当二者出现矛盾时，笔者也不认为个人旅游期望容量总是具有独立的合理性。但笔者同意，这时至少对个人而言他的旅游期望容量是有意义的)。旅游极限容量是一个预警临界容量指标，它指的是对旅游活动量的最大承受能力。如果说旅游期望容量的形成机制主要是效益、美感和愉悦，那么，旅游极限容量的形成机制就主要建立在对潜在的损害、丑陋和烦恼的发生可能性的判断的基础上。

**(三)按照旅游容量的空间尺度划分，有旅游景点容量、旅游景区容量、旅游地容量、旅游区域容量**

这是按照旅游活动的空间尺度从小到大进行的排列。景点容量是指作为游客活动基本空间单元的景点对于旅游活动和旅游发展的容纳能力，如一个海滩、一处景观建筑、一条滑雪道等，它们常常是旅游容量的最基本和最直接的考察单位。景区容量是区内各景点的容量与景点间道路容量之和。旅游地容量是指各景区容量同景区间道路容量之和。而区域容量则是区域内各旅游地容量之和。在实际考察各种尺度的旅游容量时，应该将其结合加以运用。

**(四)按照旅游容量的时间尺度划分，有日旅游容量、季节旅游容量、年旅游容量**

日旅游容量是指一定空间尺度的旅游地在一天当中所能承受的旅游活动量。季节旅游容量既可以按照淡旺季来分别衡量，也可以根据旅游地本身的承载特性分别从不同季节加以衡量。而年旅游容量是指一个自然年度当中旅游地能够承受的旅游活动量。由于旅游活动明显的季节性特征，分别考察这三个建立在时间尺度上的旅游容量指标是非常有意义的，因为这可以揭露某些旅游地利用季节或年度旅游活动量掩饰日旅游容量被大大突破的事实。同时，需要注意的是，按照时间尺度建立起来的旅游容量指标，不仅它们本身彼此之间存在着值得关注的数量关系，而且这种时间尺度又总是与一定的空间范围相照应的。

从上面的阐述可以看出，旅游容量既是一个客观量值，也是一个心理感受指标；既是一个空间量度，也是一个隐含时间意义的范畴；既是一个独立的可以阐释的实用概念，也是一个必须依据某种尺度的背景而建立的相对测量手段。在不同的情况下，旅游容量有着不尽相同的意义。这一点充分反映了旅游容量的丰富内涵和复杂结构，也预示着这一概念的巨大应用潜力。

## 三、突破旅游容量的几种形式：旅游饱和、超载与污染

保继刚等人在其著作《旅游地理学》中，针对旅游容量这一概念同时提出了表达旅游活动量典型水平的另外两个概念：旅游饱和与旅游超载。[①] 他们认为，在旅游发展的历程中，由于发达国家和发展中国家旅游业发展所经历的道路不同，现有经济和社会发展水平也存在很大的差异，发展中国家在旅游开发中遇到的旅游饱和、旅游超载以及旅游污染的问题远比发达国家要多且严重，因此，总的来说，发展中国家在旅游开发中，应比发达国家对旅游容量问题更加关注。

在理论上，旅游地域和场所(可以是旅游景点、旅游景区或旅游区域，我们一般

① 保继刚、楚义芳等:《旅游地理学》，高等教育出版社，1993 年版，第 92 页。

地称之为旅游地，即可供旅游者从事旅游活动的空间单元，一般包括各种旅游基础设施和服务设施）承受的旅游流量或活动量达到其极限容量，称为旅游饱和。而一旦超出极限容量值，即是旅游超载。旅游污染实际上就是指旅游活动（包括旅游者活动和旅游产业活动）的消极外部性表现。就饱和、超载与污染三者之间的关系来看，饱和与超载不绝对但常常会造成消极后果，而旅游污染本身已经是一种定性的结论和指标，它表示旅游活动已经构成了灾害性后果。饱和与超载常常会加快污染的到来，加重污染的程度。换言之，旅游超载的直接和直观的后果就是旅游污染或拥挤。例如，旅游地长期连续地或间歇地饱和与超载，其结果将是旅游资源被破坏、旅游地域的生态系统遭到损伤、旅游者与旅游地居民的和谐关系破裂。换言之，长期的旅游饱和与超载，将对旅游业造成致命的消极影响，因而，西方有人称之为“旅游摧毁旅游”。

在日常的旅游管理工作中，往往把旅游地接待的旅游流量达到其合理容量值时称为饱和，而越过合理容量值即为超载。

根据旅游饱和与超载发生的时间和空间特点，可以将其分为如下几种情况：

第一，周期性饱和与超载和偶发性饱和与超载。周期性饱和与超载是旅游饱和与超载中最常见的现象，其根源在于人类社会活动所具有的周期性规律以及自然气候的周期性变化。例如，在每年的夏季，发达国家大量人口外出度假，此时欧亚非之交的地中海沿岸地带和中美洲的加勒比海地区旅游者人如潮涌，许多旅游地出现饱和与超载的现象。随着滑雪运动的日益普及，冬日的阿尔卑斯山区和落基山区也出现越来越多的滑雪爱好者，有的滑雪胜地人满为患。偶发性饱和与超载一般是由于旅游地或其附近发生了偶然性的事件，这些事件在较短时间内吸引来大量旅游者，如各种竞赛性或贸易性事件的临时发生，自然环境中某种或几种动物的大量聚群，稀有植物大量开花等。在一般情况下，偶发性的饱和与超载造成的环境影响易于消除，而周期性的饱和与超载则是一个危险信号：旅游对于环境的影响（在不立即采取应对措施的情况下）可能是无法挽回的、毁灭性的。尤其是周期性饱和与超载的发生，在时间上往往是旅游地生态环境正处于脆弱的季节，因此其影响就更严重。我国许多著名风景区在最近几年内出现的周期性饱和与超载现象，也已经到了足以引起各界学者、决策者及全社会关注的地步。[①]

第二，长期连续性饱和与超载和短期性饱和与超载。在现实当中，短期性饱和与超载的现象占绝大多数，它又分为周期性与偶发性两种情况。就我国的20多年的情况看，长期连续性旅游饱和与超载的情况多发生在大城市内或城市郊区，并且主要发生在文化古迹景区或其他的人工旅游吸引物场所。这些地方的环境容量相对较大，因此，超载所造成的损害还不明显。随着我国国内旅游的快速发展，大量旅游者将不断涌向一些自然保护区、生态环境脆弱地区以及拥有独特弱势文化的地区，这就可能对这些地方产生严重的环境破坏。为了保护旅游资源和保持旅游的环境质量，通常的做法是，在发生长期连续性旅游饱和与超载的地域，实行严格的旅游分流和管理措施。

① 刘汉洪：《无烟工业冒烟了》，《中国旅游报》，1995—3—23。

这在世界上有不少成功的例子。

第三，空间上的整体性饱和与超载和局部性饱和与超载。这里所指的空间范围，可以是旅游地或包含有若干旅游地的旅游区域。旅游地的局部性饱和与超载，是指景区的某一局部区域所承受的旅游活动量已超出该区域的容量所限，而景区的其他区域并未达到饱和状态。在大多数情况下，整个旅游地承受的旅游活动量都未超出旅游地的容量值。这是旅游饱和与超载中最常见的现象。由于表面上旅游流量并未达到旅游地容量值，因此局部性饱和与超载对于管理人员来说比较难以发现，因为大多数关于旅游地的旅游活动量的统计都是整体性的，这自然要掩盖景区部分区域已经饱和甚至超载的事实，从而影响对旅游饱和与超载所造成的消极环境效应的判断。旅游地的整体性饱和与超载则指旅游地所有区域和设施所承受的旅游活动量皆已超出其容量值，其表现可能是旅游地各个区域上都人满为患，已无剩余的容纳能力。

旅游饱和与超载对于环境和设施的消极影响，主要体现在四个方面：

1. 践踏后果。在旅游饱和与超载之时，由于旅游活动场所和区域所承受的是超出其正常容纳能力的旅游活动量，所以，仅仅由于旅游者踩踏量的急增，对旅游场所就足以产生过量的重力压力和磨损，从而导致严重的后果。对于人文旅游资源来说，虽然它本身会有一个自然损蚀的过程，但旅游饱和与超载会极大地加速这一过程，从而损害资源的价值。例如，北京故宫三大殿内，现已无法重新制作的“金砖”，因长期以来的游人饱和与超载造成快速磨蚀，已经明显下凹；很多建筑物或其附属设施在接待游人时都要承受旅游者的“爱抚”，日积月累的结果自然是使它们面目全非。在以自然为基础的旅游地，因旅游饱和与超载带来的对于旅游活动场所的践踏，轻则损伤旅游资源本身，重至损害旅游场所之土壤、植物，造成生态系统失调。在我国大部分著名自然风景旅游地，重要区域皆因饱和与超载出现了小面积的生态系统的退化现象，重要景点及其附近皆由于游人踩踏对于土壤和植物的不良影响，使裸露地迹日渐扩大。美国的一些生态学家在落基山区的研究表明，同样的旅游活动量所产生的对林地的践踏后果比对草地要严重得多，草地上的植物在经受了1000次践踏之后损坏量约达50%，而同样的践踏量对于林地植物的损害却接近100%。[①] 这种情况在我国的九寨沟景区已经得到验证。因此，近来一些景区开始考虑适当关闭一些区域，使生态系统得到一定的恢复。

2. 对水体的影响。水是人类日常生活中不可或缺的基本供应成分，也是生态系统中最为活跃的组分之一。在以自然为基础的旅游地，旅游饱和与超载的后果，绝大多数情况下会导致对旅游地水体的污染，虽然有时旅游饱和与超载只是导致水体污染的间接原因。我国的著名旅游风景区黄山、桂林等地，旅游旺季因旅游饱和与超载所导致的水体污染现象日趋严重，甚至某些新开发不久的旅游地，也都因旅游饱和与超载导致了一定程度的水体污染。水体污染对于旅游业的存在与发展可以产生的后果是关键性的，甚至是致命的。世界旅游业界引以为鉴的一个著名例子，是法国阿尔卑斯山

① J. M. Edington. *Ecology, Recreation and Tourism*. University of Cambridge Press, 1986.

麓的旅游小城佩里耶（Perrier）及与其同名矿泉水之兴衰史。佩里耶生产的同名矿泉水，曾是世界各大名矿泉水中销量最好、品质最佳的抢手货，佩里耶也因此从一个无名小镇一跃而成为阿尔卑斯著名的旅游地。但由于旅游旺季饱和与超载带来的一次严重污染事件，使佩里耶牌矿泉水声誉一落千丈，小镇的旅游业也从此一蹶不振。到目前为止，尽管污染早已得到治理，矿泉水品质已得到恢复，厂商也做了大量的广告推销工作，但佩里耶矿泉水仍远未回复至它的原有销量，佩里耶小镇已不如原先繁华。

3. 噪声。旅游饱和与超载对于人类感官的直接影响，使旅游者感觉拥挤不堪，到处充斥着游人，不能获得应有的旅游气氛，旅游的体验质量由此大打折扣，造成旅游者心理上的不满足。在自然旅游地，动物会因噪声而受到恐吓，逃离原先的栖息地。动物的这种不得已迁移，有时会造成不良的生态后果。

4. 对设施的影响。旅游饱和与超载会给基础设施和旅游设施造成很大的压力。一般情况下，短期的饱和与超载不会对设施造成严重的损害，而持续时间较长的旅游超载，则可能使设施的运行受到影响，甚至可能因设施受到破坏而产生灾难性后果。

## 第二节 旅游容量的测定

### 一、旅游容量的测量依据

上述对于旅游容量的概念性讨论，为旅游容量的测量提供了基本的背景框架。在这种讨论过程中，我们一再强调，旅游容量是一个非常综合的概念，它是对各种旅游活动量进行时间和空间上的衡量的指标。这种对时间和空间尺度的强调，为旅游容量的测量提供了实际可以操作的途径。也就是说，旅游容量这个带有时空二维测度标尺的概念，需要借助于可以用来衡量旅游活动强度的时空指标来加以刻画。这里的基点就在于要有一个同旅游地承受的旅游活动相对应的适当的基本时空标准，即单位利用者（通常是人或人群，也可以是旅游者使用的载体，如船、车等）在一定时间内所占用的空间规模或设施量，来具体地描述旅游地的容量特征。以海浴为例，基本空间标准多以平均每位海浴者所需占用的海滩面积来表示。显然，基本空间标准的倒数即是单位旅游空间或设施容纳旅游活动的能力，称单位空间（旅游场所或旅游环境）容量或单位设施容量。

表征基本空间标准的指标，在量测旅游资源容量时通常用人均占用面积数（平方米/人），在量测设施容量时多用设施比率（设施量/旅游者数），在量测生态容量时则用一定空间规模上的生态环境能吸收和净化的旅游污物量（污物量/环境规模），量测旅游心理容量时的基本空间标准亦用人均占用面积数的指标。此外，根据旅游场所或设施的空间特性，还常常用到长度等其他指标。

基本空间标准的获得大都是长期经验积累或专项研究的结果。在旅游规划中，基本空间标准是规划时直接应用的一项重要指标。量测旅游资源容量、旅游心理容量和旅游设施容量时用到的基本空间标准的取得，需要对旅游者进行直接的调查，经过对旅游者对于同一利用场所的拥挤与否的判断和满意程度的多次调查，才能得出这一场所的基本空间标准，然后将这个标准用到同类型旅游场所的规划与管理之中。具体如何调查，也有各种不同的方法。例如，爱尔兰对布列塔斯湾（Brittas Bay）的调查，就选择一个盛夏的星期日，以航空摄影得到当天海滩上的游客的实际密度和分布状况资料，同时以问卷的形式调查海滩上旅游者的看法。在此基础上，比较、分析所得的结果，结论是：大多数海浴者接受 10 平方米/人的密度，而不认为海滩拥挤。①

一个旅游地所要接纳的旅游活动的性质和类型是决定其基本空间标准的关键因素。滑雪胜地的滑雪场所使用的基本空间标准，同室内溜冰场的基本空间标准比较，两者决不会一致；文化古迹旅游地内游览活动的基本空间标准，同自然风景区内游览观光的基本空间标准也不会一样。1974 年，日本观光协会曾组织力量对“观光、游憩地区及其观光设施标准”进行调查，获得某些旅游活动所用的基本空间标准（表 8-1）。从表中可以看出，不同旅游活动对应的旅游场所的基本空间标准差异很大，这一点在欧美国家也有类似的表现。由于各国各地区的旅游资源条件、旅游环境、旅游客源结构不同，以及历史上形成的生活方式的差异，同一细类的旅游地在规划和管理中使用的基本空间标准也未必一致。以美国和日本对于海滩利用者的典型调查为例，在日本，平均利用密度处于 5 平方米/人以上时，海滩上游客的满足程度已超出 60%；而在美国，平均利用密度在 15 平方米/人以下时，游人的满足程度一直小于 60%。当平均利用密度达到 10 平方米/人时，日本海滩游人的满足程度已接近 100%，而此时美国海滩游人只有不到 50% 的人感觉满意。② 我国在旅游开发中使用的基本空间标准主要借用西方的同类指标（主要是设施的基本空间标准），但经过多年来的实践，已经产生了少量的经验数据。我国古典园林游览的基本空间标准，以 20 平方米/人左右为宜（北京市园林局）；山岳型旅游胜地中的观景点，游人的人均占用面积应达 8 平方米（湖南省南岳管理局）；风景旅游城市的自然风景公园，游人人均游览面积应达 60 平方米。尽管这些经验数据的合理性还有待进一步通过长期和大量的观察加以认定③，但它们在测量和评价某种类型的旅游活动空间的容量状况时还是有一定的启发意义的。

在量测旅游容量的实际工作中，对不同的旅游容量有不同的量测方式，有的是量取极限（最大）容纳能力，有的则以量取合理容量为佳。各个旅游基本容量的原有含义，都是指的对旅游活动的最大承受能力，在实际的旅游规划和管理工作中，寻求的则主要是旅游合理容量。对于经济发展容量，一般只关心其主要部分——设施容量。就设施和自然生态来说，合理容量的提法难于把握，因此它们用于实际规划、管理时的容量标准，最好还是取其极限容量值。至于旅游资源的合理容量值，则应是与感知容量值一起考虑。容量计算中所取的时间单元，可以是某一时点的可容纳能力（时点

① D. Pearce. *Tourist Development*. Longman, 1989.

② 李贻鸿：《观光事业：发展·容量·饱和》，淑馨出版社，1986 年版，第 570 页。

③ 比如，这里的几个指标之间，似乎就有值得进一步考察的必要：城市自然风景公园 > 古典园林 > 山岳型旅游胜地，而且是每人分别为 $60m^2$、$20m^2$、$8m^2$，这个结论你信吗？

容量），或其他时间长度，如日容量、周容量、月容量、季容量、年容量等，显然，最基本的乃是时点容量和日容量，其余皆可从这二者推算获得（当然做这种推算时要考虑到季节差异和年度均衡等因素。比如，不能贸然地认为，只要年度旅游容量没有被超越，就等于季度或日旅游容量也必然是合理的）。

**表 8-1　旅游场所旅游容量的基本空间标准（日本）**

| 场　所 | | 基本空间标准 | 备　考 |
| --- | --- | --- | --- |
| 动物园 | | 25 平方米 / 人 | 上野动物园 |
| 植物园 | | 300 平方米 / 人 | 神代植物公园 |
| 高尔夫球场 | | 0.2—0.3 公顷 / 只 | 9—18 洞，日利用者 228 人（18 洞） |
| 滑雪场 | | 200 平方米 / 人 | 滑降斜面的最大日高峰率为 75%—80% |
| 溜冰场 | | 5 平方米 / 人 | 都市型的室内溜冰场 |
| 码头 | 小型游艇 | 2.5—3.0 公顷 / 只 | 25 平方米 / 艘 |
| | 汽艇 | 8 公顷 / 只 | 系留水域 100 平方米 / 艘 |
| 海水浴场 | | 20 平方米 / 人 | 沙滩 |
| 划船池 | | 250 平方米 / 只 | 上野公园划船场 2 公顷，80 艘 |
| 野外比赛场 | | 25 平方米 / 人 | |
| 射箭场 | | 230 平方米 / 人 | 富士自然修养林 |
| 骑自行车场地 | | 30 平方米 / 人 | |
| 钓鱼场 | | 80 平方米 / 人 | |
| 狩猎场 | | 3.2 公顷 / 人 | |
| 旅游牧场、果园 | | 100 平方米 / 人 | 以葡萄园为例 |
| 徒步旅行 | | 400 平方米 / 团 | |
| 郊游乐园 | | 40—50 平方米 / 人 | |
| 游园地 | | 10 平方米 / 人 | |
| 露营场所 | 一般露营 | 150 平方米 / 人 | 容纳 250—500 人 |
| | 汽车露营 | 650 平方米 / 辆 | 容纳 250—500 人 |

引自保继刚等：《旅游地理学》。

## 二、旅游资源容量和旅游感知容量的测定

仅就资源本身的容纳能力而言，极限值的取得较为简单，以资源的空间规模除以每人最低空间标准，即可得到资源的极限时点容量，再根据人均每次利用时间和资源每日的开放时间，就可得出资源的极限日容量：

$$C=\frac{T}{T_0}+\frac{A}{A_0}$$

其中，$C$ 为极限容量；$T$ 为每日开放时间；$T_0$ 为人均每次利用时间；$A$ 为资源的空间规模；$A_0$ 为每人最低空间标准。

举例来说，据刘汉洪等人的研究（1991），南岳衡山绝顶的祝融峰景点，总面积477平方米，一天开放12小时，每人游览时间取15分钟，人均最低空间标准取5平方米，则祝融峰的极限时点容量为95人次，极限日容量为4580人次。事实上，在每年7月至10月的旅游旺季，这里的日均游人已达4600人次。而已记录到的高峰日游人达到3.1万人次，游览时人均占用空间只有0.73平方米。景点的严重超载，往往导致严重的环境负面效应。

旅游心理容量一般要比旅游资源极限容量低得多，这有深刻的环境心理原因。根据环境心理学原理，个人在从事某种活动时，对环绕在身体周围的空间有一定的要求，任何外人的不适当进入，都会使个人感受到侵犯、压抑、拥挤，导致情绪不快、不安，这种空间称为个人空间。个人空间的大小受三个方面的因素影响：活动性质和活动场所的特性；年龄、性别、种族、社会经济地位与文化背景等个人因素；人与人之间的熟悉和喜欢程度、团体的组成与地位等人际因素。活动的性质对个人空间值影响最大，对参与不同活动的旅游者对环境的基本要求予以比较，即可看出这种影响（表8-2）。个人空间值即是规划和管理中所称的基本空间标准。旅游心理容量是指旅游者在某一地域从事旅游活动时，在不降低活动质量的条件下，地域所能容纳的旅游活动最大量。换言之，即地域在旅游者满足程度最大时的旅游活动承受量。

在我国的某些旅游规划实践当中，旅游资源合理容量的观念也主要是考虑旅游者感知的满足程度，即把旅游者平均满足程度最大时旅游场所容纳旅游活动的能力视为旅游资源的合理容量值。从这里可以看到，旅游资源合理容量事实上等同于旅游心理容量（旅游感知容量），几乎被当作同一个数值加以使用。应该说，这种做法是一种投机取巧的做法。一方面，一旦旅游心理容量被滥用时，就成了谁也说不清的东西，或者是万金油，谁也驳不倒，从而成了既简单又保险的规划工具，而这实际上等于将旅游心理容量的作用低估了。另一方面，人们不需要考察不同的旅游资源本身的特点以及相应的容量要求，省却了从实证到规范的求索过程，而这，将给旅游规划质量留下先天性的硬伤。因此，旅游资源容量（以及所有其他各种容量指标）的基本空间标准的确定，还是应该单独加以研究。

**表8-2 不同类型的旅游者对环境空间的基本要求**

| 旅游者类型 | 基本要求 |
|---|---|
| 荒野爱好者 | 不希望有商业性设施；寻求自然随意的环境；看到的人要少；期望宁静、清新、与世隔绝的气氛 |
| 运动爱好者 | 希望有起码的设施；追求自然气氛，与他人的冲突较大；期望有好的运动条件和较宁静的环境 |
| 野营者 | 一般以家庭或亲朋为活动团体；寻求自然的气氛，要求较大的活动空间，愿意看到周围有一些同类型的旅游者；希望有起码的设施 |
| 海浴者 | 一般呈小集群活动；希望看到较多的同类旅游者；追求略为热闹的气氛；要求设施完备 |
| 自然风景观赏者 | 希望充分体验自然美景，不愿意赏景人很多而破坏宁静气氛，此类旅游需求量大 |

由于影响旅游者个人空间的因素复杂多样，大多数情况下难以有一个使所有旅游者都能满意的个人空间值（基本空间标准）。因此，旅游者平均满足程度达到最大时的个人空间值，就被作为旅游资源合理容量或旅游感知容量计算时的基本空间标准。相应的量测公式为：

$$C_p = \frac{A}{Q} = kA$$

$$C_r = \frac{T}{T_0} \times C_p = \frac{T}{T_0} kA$$

其中，$C_p$ 为时点容量；$C_r$ 为日容量；$A$ 为资源的空间规模；$Q$ 为基本空间标准；$k$ 为单位空间合理容量；$T$ 为每日开放时间；$T_0$ 为人均每次利用时间。

仍以衡山祝融峰为例，游览占用时间和每日开放时间分别为 15 分钟和 12 小时，而基本空间标准取 8 平方米/人，则祝融峰的资源合理容量或旅游感知容量为：时点容量 60 人次，日容量 2862 人次。

### 三、生态容量的测定

并非所有类型的旅游地皆存在生态容量，人造的大规模旅游吸引物或文物古迹，本身并无自然生态组分，因此没有生态容量的问题，只有那些以自然为基础的旅游地才存在一个容纳旅游活动量的生态限度，在这个限度内旅游地的自然生态环境不至于退化，或在很短时间内自然生态环境能从已退化的状态恢复原状。

生态容量的确定立足于维持当地原有的自然生态质量。维持旅游地的自然生态质量，包含两个基本的方面：第一，自然环境对于因旅游活动造成的对生态的直接消极影响（例如，游人对植物的践踏）能够承受，即自然环境本身的再生能力能很快消除这些消极影响。例如，在旅游旺季时，自然风景区的植被遭受旅游者的直接践踏，但最迟这些植被能在下一个旅游旺季到来时恢复到原有的生长状况。第二，自然环境对于旅游者所产出的污染物能够完全吸收与净化。例如，旅游者的大量集中导致对水的污染可在较短时间内为当地自然生态系统所净化。当然，严格来说，旅游开发后的旅游地生态质量不可能同开发前一模一样，但将旅游地的生态系统维护在一个稳定的良性的状态，是旅游规划和管理必须遵循的重要原则之一。

旅游者所产生的污染物中，有的必须借助人工的方法才能处理掉。例如，固体垃圾。旅游地生态容量的大小，决定了人工方法处理污染物的规模要有多大。一般情况下，旅游者在一个旅游地所产生的污染物，应当在这一旅游地及其附近予以净化、吸收，不宜向外区域扩散。所以，生态容量的测定，应以旅游地为基本的空间单元。因旅游活动直接导致的对自然环境的消极影响（践踏等），通常可以在采取严格管理措施（如设置警告牌或隔离装置）后被自然环境的再生能力所消除，所以生态容量的量测通常不考虑这一方面，而只考虑对污染物的吸收、净化。因而，某旅游地生态容量的大小

(以可容纳的旅游活动量为指标),取决于自然生态环境净化与吸收旅游污染物的能力,以及一定时间内每个游客所产出的污染物的数量和类型。下面提供的测量方法只是基于数量基础上的一种简单方法,仅仅可以作为实际测量过程中的一种参考。

对于无须由人工处理方法处理旅游污染物的旅游地,其旅游的生态容量测定公式为:

$$F_0=\frac{\sum_{i=1}^{n}S_iT_i}{\sum_{i=1}^{n}P_i}$$

其中,$F_0$ 为生态容量(日容量),即每日接待游客的最大允许量;$P_i$ 为每位旅游者一天内产生的第 $i$ 种污染物量;$S_i$ 为自然生态环境净化吸收第 $i$ 种污染物的数量(量/日);$T_i$ 为各种污染物的自然净化时间,一般取一天,对于非景区内污染物,可略大于一天,但累积的污染物至迟应在一年内完全净化;$n$ 为旅游污染物种类数。

显然,生态容量的测定,最重要的是确定每位游客一天所产生的各种污染物量和自然环境净化与吸收各种污染物的数量两个参数。而这两个参数会随旅游活动的性质、旅游地所处的区域自然环境而有很大的差别。在一般的观赏型旅游地,旅游者每人每天产生的主要污染物是BOD、氨氮、悬浮固体和不居住游人垃圾等。至于旅游地的自然环境对于污染物的净化能力,目前国内尚未见到对旅游地进行的专门研究。

在绝大多数旅游地,旅游污染物的产出量都超出旅游地生态系统的净化与吸收能力,因而一般都需要对污染物进行人工处理。在用人工方法处理旅游污染物的情况下,旅游地可以接待旅游量的能力会明显扩大,这种扩大了的旅游接待能力同原有生态环境限制下的旅游接待能力(生态容量)已不一样,可以称为扩展性旅游生态容量,其计算方法如下:

$$F=\frac{\sum_{i=1}^{n}S_iT_i+\sum_{i=1}^{n}Q_i}{\sum_{i=1}^{n}P_i}$$

其中,$F$ 为扩展性生态容量(日容量);$Q_i$ 为每天人工处理掉的第 $i$ 种污染物量;其他符号意义同生态容量计算公式。

人工处理污染物的速度要比自然的净化和吸收速度快得多。据国外的经验,占地1公顷的污水处理场,日可处理约3330人产生的生活污水。在旅游需求日益增长,旅游旺季高峰流量增大的情况下,为保护旅游地的生态环境,大的旅游风景区都应配备旅游污染物的人工处理系统。

### 四、经济发展容量的测定

决定经济发展容量的因素很多,可分为两个方面:旅游内部经济因素,即旅游设施；旅游外部经济因素，即基础设施、支持性产业等等。一般来说，只要旅游资源丰富并具有吸引力，旅游需求充足，则发展旅游业获益较大，旅游设施、相关基础设施及支持性产业皆能较快地满足旅游者的要求。就满足旅游者的基本要求而论，当地经济发展容量的大小可以食宿与娱乐设施的供给能力为指标，其中又以食宿为最基本的方面，二者所决定的旅游容量的计算方法如下：

$$C_e=\frac{\sum_{i=1}^{m}D_i}{\sum_{i=1}^{m}E_i}$$

$$C_b=\sum_{j=1}^{n}B_j$$

其中，$C_e$ 为主副食供应能力所决定的旅游容量（$B$ 容量）；$C_b$ 为住宿床位决定的旅游容量（日容量）；$D_i$ 为第 $i$ 种食物的日供应能力；$E_i$ 为每人每日对第 $i$ 种食物的需求量；$B_j$ 为第 $j$ 类住宿设施床位数；$m$ 为游人所耗食物的种类数；$n$ 为住宿设施的种类数。

## 五、旅游地容量的测定

一个旅游地是一个综合的旅游接待系统，它的接待能力有多大，受制于旅游资源、生态环境，即有旅游设施和基础设施状况以及旅游区域内居民心理承受能力这些综合因素。也就是说，旅游地在某一时间内的容量，是由旅游地内的旅游资源容量、生态容量、设施容量、地域社会容量各个限制指标中任一个构成瓶颈因子的要素容量所决定的。[①] 从这一点看，旅游地这个综合系统的功能的发挥，必然以系统中的各个功能因子的协调运行为前提。

旅游地内各种旅游活动区容量计算的起点是景点的容量和景区内道路的容量。景点是指旅游者从事旅游活动的具体场所，以及围绕这一场所的短暂休息和即时服务所占用的空间单元。在自然风景旅游地中，一个观景点就是一个景点，景点可容纳游人活动的能力即是景点容量。景区是比景点空间范围更广一些的地域单元，它包括有若干个景点，连接景点间的道路，以及那些构成旅游活动的环境但又不为旅游活动直接占用的空间。景区的划分以景点之间的邻近性为依据。景点和景区是旅游地规划中经常采用的空间单位，旅游地的旅游活动容纳能力是从各个景区的容量和景区间的连接道路的容量求和得来的。旅游景点容量、旅游景区容量、旅游地容量都可分为极限容量和合理容量。旅游地容量的测定公式如下：

$$T=\sum_{i=1}^{m}D_i+\sum_{i=1}^{p}R_i+C$$

$$D_i=\sum_{i=1}^{n}S_i$$

① 这可以用“水桶效应”来理解。旧式的、用木板拼制成的水桶能盛装多少水，取决于最短的那块木板的高度。

其中，$T$ 为旅游地容量，$D_i$ 为第 $i$ 旅游景区容量；$S_i$ 为第 $i$ 旅游景点容量；$R_i$ 为第 $i$ 景区内道路容量；$m$、$n$、$p$ 分别为景区数、景点数、景区内道路条数；$C$ 为非活动区接纳游人量。其中，旅游景点容量、景区内道路容量的量测方法，与前述旅游资源容量的量测相同。这里计算的可以是时点容量或日容量。

## 第三节　可持续旅游发展

### 一、可持续旅游发展的含义及其宏观意义

第二次世界大战以后，世界旅游业经过几十年的迅速发展，如今已进入其空前繁荣的阶段。然而，伴随着这种繁荣，各种因过度开发而导致的消极效应也开始出现并显示出其潜在的威胁，而这种状况在发展中国家表现得尤为突出。人们越来越强烈地意识到，在发展中国家，由于经济的驱动力而把旅游业列为优先发展项目所产生的直接后果往往是：对旅游资源的过度开发甚至掠夺性开发；对旅游区点的粗放式管理；旅游设施建设的病态膨胀；迅速损害旅游业赖以存在的环境质量，威胁旅游业的持续发展。这种关注促成了宏观旅游管理领域中的一种新观念的产生：可持续旅游发展（sustainable tourism development），这一思潮在世界范围内的广泛兴起①，显示了人们在旅游开发领域中对可持续发展（sustainable development）这一主题的积极响应和深刻理解。如果对可持续旅游发展这一思想作一简单回顾，就会发现，可持续旅游发展实际上是可持续发展思潮孕育出来的，是 20 世纪 70 年代初期人们对经济发展与其环境效应的关系进行思索的产物。

“可持续发展”一词将有关协调和管理人类活动的两种基本思路——追求发展和控制人类活动对环境造成的有害影响——结合在一起。尽管人们对发展和环境这两个主题的关注可追溯到 20 世纪 70 年代，然而，自从世界环境与发展委员会（WCED，又称 Brudtland 委员会）在 1987 年发表的研究报告《我们共同的未来》之后，才使这种关注更明朗化，也进一步推动了“可持续发展”一词的广泛应用。这一报告具有世界性的影响，它标志着人们在理解环境承载力和优先发展之间的关系方面已经发生了观念上的有益转变。

如果从历史的角度来追溯可持续发展的思想，实际上会发现，它具有悠久的历史渊源。斯蒂芬·W. 博伊德（Stephen W. Boyd）在其《旅游、国家公园与可持续性》一文中，对这个过程进行了回顾，比较清晰地描述了可持续发展思想所经历的演变过程（见表 8-3）。② 从中可以看出，这种思想在西方国家实际上经历了自然发生、与经济

① 1993 年，一本名为 *Journal of Sustainable Tourism* 的刊物在英国诞生，标志着这一思潮已经在学术界形成规模。

② Stephen W. Boyd. Tourism, national parks and sustainability. *Tourism and National Parks–Issues and Implications*, Richard W. Butler & Stephen W. Boyd, editors, Wiley, 2000.

发展的矛盾、回归到可持续发展这样一个过程。而作为发展中国家，可以从这个过程中吸取教训，避免付出过多的代价。

表 8-3 可持续性思想在历史上的演化过程

| 阶段 | 描述 |
|---|---|
| 第一阶段<br>时间<br>原因<br><br><br>结果 | 可持续状态<br>● 前工业化社会时期<br>● 人们很自然地生存在可持续状态，因为过度使用要导致迁徙和饥荒，或者，由于人口稀少而影响甚微，或者，由于技术水平的限制而遏制了发展的水平（生存是第一动力）<br>● 发展与自然之间是一种共生关系 |
| 第二阶段<br>时间<br>原因<br>结果 | 有限的可持续状态<br>● 工业化时期<br>● 认为不必对人类对自然的作用加以限制（经济是第一动力）<br>● 尚未过分强调经济增长，发展的同时强调保护 |
| 第三阶段<br>时间<br>原因<br>结果 | 非可持续状态<br>● 后工业化时期<br>● 过度强调经济增长，不计环境成本<br>● 经济是明确以增长为导向的。进一步损害后代赖以生存的自然资源基础 |
| 第四阶段<br>时间<br>原因<br><br>结果 | 回归到可持续状态<br>● 目前及不远的将来<br>● 需要向后代承担经济与道德责任，而且环境问题也已经严重到不可忽视的程度<br>● 在生态限制范围之内实现经济增长与发展：环境保护与经济发展互惠 |

在可持续发展概念的演变过程中，有四条基本原则是贯穿始终的。一是总体规划和决策思想；二是强调保护生态过程的重要性；三是强调保护人类遗产和生物多样性的必要性；第四点，也是永续发展的核心和立足点，是发展的同时要保证目前的生产率能持续到将来很长一段时间，几代或几十代。

从这四条基本原则中，我们不难发现，旅游业是最需要贯彻也最能体现这些原则的领域之一。旅游业的发展对人类和自然遗产的依赖，对生态系统的稳定性和持续性的影响，旅游需要对现代人类尤其是对未来人类基本需要的重要性，旅游开发过程本身所涉及的界面之广泛和复杂，以及目前世界旅游业迅速膨胀的事实以至业已形成的生态与环境效应，所有这些都说明旅游业是应该倡导永续发展的产业。“可持续旅游发展”的概念就产生在这个大背景下，在某种意义上也是脱胎于“可持续发展”一词。

尽管目前对可持续旅游发展的概念还没有统一的表述，但 1990 年在加拿大召开的 Globe’90 国际大会对可持续旅游发展的目标所给的表述却能较全面地反映可持续旅游发展的内容：①

1. 增进人们对旅游所产生的环境效应与经济效应的理解，强化其生态意识；
2. 促进旅游的公平发展；
3. 改善旅游接待地区的生活质量；

① Turgut Var. Sustainable Tourism Development, *Annals of Tourism Research*, Vol.18, No. 2, 1991.

4. 向旅游者提供高质量的旅游经历；

5. 保护未来旅游开发赖以存在的环境质量。

从这些目标可以看出，可持续旅游发展的含义是多层面的，但最核心的一点，是要保证在从事旅游开发的同时不损害后代为满足其旅游需求而进行旅游开发的可能性。这个战略性主题的提出，在建立人类与地球的新型关系以及确立当前人类对子孙后代的生态责任观方面，无疑具有十分重要的意义。概括起来，可持续旅游发展的提出具有以下几方面的宏观意义：

首先，作为一种新观念，可持续旅游发展的提出有助于改变人们长期以来对旅游资源可再生性的片面理解，重构旅游开发的理论和政策导向。

其次，可持续旅游发展的提出对于发展中国家加强旅游开发的宏观管理从而保护全球旅游生态系统的完整性和永续性尤其有深远意义。这是因为，一方面发展中国家是目前世界上大多数自然文化遗产的拥有国，相对于西方发达国家在旅游开发方面已接近过度开发这一总体事实，发展中国家的旅游资源因其更接近原始或自然状态而对全球旅游资源的保护更具有重要性。另一方面，正如前文所述，发展中国家迫于经济压力而将旅游业作为优先发展项目这一事实，也暗示着对全球旅游资源的潜在威胁。

还有一点值得指出的是，可持续旅游发展的提出，无疑要在技术领域、组织结构方面以及人们的观念上引发一场变革。尽管目前我们还无法预见或勾勒这种变革的具体模式，但不管人们目前（甚至将来）在技术领域做出何种努力以改善生活质量，都不可避免要面临着可持续性的挑战，因此，在整个旅游业乃至世界各行各业，变革将是不可避免的。《超越极限》[①] 的作者们就预言，在人类发展史上，继农业革命和工业革命两大浪潮之后，下一次革命的焦点将集中在“可持续性”上。

从上面的分析可以看到，可持续旅游发展在当今世界旅游发展中具有重要意义。然而我们还要强调的两点是：第一，可持续旅游发展绝不意味着某种旅游资源、某个旅游项目或某种旅游形式具有永远的生命力。这里，可持续不意味着永久，而更意味着“长久”，因此在理解可持续旅游发展的概念时应持有动态的观点。第二，可持续旅游发展是一种发展目标或发展哲学，它的实现要依赖于某些具体的方法、途径和措施。而这些，不管在世界其他国家，还是在中国，都应该说仍是一个新的课题。[②]

在我国，旅游开发的历史尽管短暂，但却取得了令人欣喜的巨大经济成就。这个事实，从两个不同的角度说明了我国旅游发展所同样具有的典型的发展中国家旅游发展模式。尽管目前还未能在旅游开发的各种效应方面积累足够多的研究成果以推演出某种悲观的结论，但多年来作为指导我国旅游开发实践的一些理论与政策，正经受着旅游开发实际效应的检验，面临着可持续旅游发展观念的挑战。这集中表现在以下几个方面：

首先，在我国旅游理论界和政府某些决策人中，一直流行着“旅游业是无烟工业，不像其他产业那样能对环境造成污染”的观念，并且这种观念至今在一定程度上

① 该书是罗马俱乐部继 1972 年推出《增长的极限》之后，于 1992 年发表的另一部著作。书中对原来的某些观点做了一定的调整。

② 谢彦君：《永续旅游：新观念、新课题、新挑战》，《旅游学刊》，1994 年第 1 期。

仍主导着由全国性旅游开发热潮所波及的一些地区及潜在旅游开发区领导阶层的意识形态，而另一方面，有关旅游污染的学术呼吁相对开发实践而言却几乎微弱得不能形成什么现实的影响（参阅本章案例 8-4）。其实，只要我们将由热情所启动的思维用理性加以冷却，采取科学求实的态度和方法去认识旅游开发的效应结构和性质，我们就会发现，旅游业作为一种产业，它也在生产各种废物，也在污染环境。不同的只是旅游业所排放的废物在形式上有别于传统工业的废物。它们不像传统工业废物（如含毒素的化学废物）那样在影响人的健康方面令人恐惧，但它们对一个旅游景点的生命周期的影响却是不容忽视的。旅游者对旅游景点环境质量的心理预期，旅游景点（尤其是以自然旅游资源为主体的景点）的特殊地理条件和设施状况甚至废物形式本身，这些都向已往那种乐观的"无烟工业"的思想提出了挑战：旅游业不仅排放废物污染环境，而且这些废物的处理技术在难度上并不亚于对传统工业废物的处理。更为严重的是，在旅游开发过程中发生的"建设性污染"，更是常常被掩盖在经济效益的面罩下面而不能得到有效的控制。

其次，"旅游业是低投入、高产出的劳动密集型产业"这一提法，在我国旅游理论界和政府决策部门也曾一度十分盛行，是促成我国旅游业的基本供给（尤其是旅游饭店）迅速增长的一个重要因素。之所以人们会把旅游业看成是低投入高产出的产业，重要的一条是我们一直没有把旅游资源尤其是环境资源的消耗纳入到旅游产品成本之中，从而歪曲了旅游产品的成本构成，低估了旅游产品的成本水平，虚增了产品的新创造价值部分（在这方面马克思的地租理论对我们一直有很深远的影响。近几年虽然在旅游产品定价实践上有一定突破——考虑到了旅游资源的稀缺性和供需关系问题，但在价格理论方面尚有许多学术问题有待澄清，旅游资源的有价性即是其中的重要课题之一）。如果把环境资源消耗纳入旅游产品成本之中，我们就不难接受目前西方多数学者把旅游业看成是资源密集型或环境密集型产业的观点。这种观点反映了人们对旅游与环境之间关系的清醒认识，因此，无疑是对我们的传统观念的又一个挑战。

再次，"旅游资源主要是由可再生性资源组成的，而旅游消费又基本上是'感觉消费'（或'精神消费'）的过程，因此，旅游资源不存在耗竭的问题"。这又是一种在我国理论界和实践领域有一定影响的观念。这种观念的产生来自于人们对旅游资源的可再生性的肤浅理解，或者说，在理解旅游资源的特性时，套用一般资源可再生性的衡量标准，没有考虑到当一些自在的普通资源一旦作为旅游资源时，其原始性或自然状态才是其根本属性这一事实。至于依托于旅游资源而进行的旅游产品开发，或各种人为重建的古迹以及表演化了的旧俗民风，虽然它们构成了旅游产品，但已经不是响应原来旅游需要的那种资源，因此其价值必然大打折扣。就是说，从纯粹的旅游价值观来考虑的话，旅游资源是不可再生性资源。这是一种应重新确立起来的观念。另外，认为旅游活动"动眼不动手"，不对旅游地资源造成大的影响的说法也很片面。作为一种产业，旅游业的发展不仅消费一般的人、财、物力资源，而且有过度消费的能力。在旅游区交通流量持续增长、交通堵塞频繁发生（尤其在发达国家）、地皮价格上涨、城市化倾向甚至社会结构的巨大变化，都是旅游消费的连带效应。至于旅游者消费过程中产生的对旅游资源的各种影响，实际上也构成了一种消耗力量。

另外，“旅游业是单一性产业”。这虽然不是一种普遍提法，但我国旅游开发实践的历史却在一定程度上证明了至少在旅游决策层中，人们是在下意识地按这种思路来确定旅游发展的宏观决策的。某些旅游供给的倾向性发展和“超前发展旅游业”这种政策导向，都多少反映了这种认识。在这里，一定要清晰界定“旅游业”的概念。“小旅游（业）”（从构成上而不是从时空特征上讲的）是不可能也不应该超前发展的，而“大旅游（业）”的超前发展绝非易事，尤其对我们这样一个发展中国家就更是如此。我国近几年一方面饭店供给过度膨胀，而另一方面交通“瓶颈”问题未得到缓解等问题便反映了这一事实。旅游业作为一种复合型产业，如果不在宏观决策与控制方面谋求中央与地方的协调配合，其任何一个组成部分都可能获得不合理的倾向性发展，最终导致旅游业的整体不经济，影响其持续发展。因此，对旅游业这样一个复杂产业如何进行宏观控制也是我国实施永续旅游面临的一个挑战。

可持续旅游发展作为一种发展哲学，是不可能一下子就走向成熟的。没有对旅游开发效应的系统研究成果的长期积累，可持续旅游发展的提法就只能停留在观念阶段。但这里笔者要呼吁的是，当我们还把握着选择旅游发展方向的机会时，越早地用可持续旅游发展的观念武装自己，越会使我们的旅游业在未来世界中具有竞争力。我们没有理由等到当旅游开发的消极效应已积重难返时才去推行可持续旅游发展战略。所以，在目前阶段，我们就应该审视我们的旅游开发实践，是不是“掠夺式、粗放式、病态膨胀的”？是否破坏了旅游发展赖以存在的环境基础？是否超越了旅游容量的常规限度？回答了这些问题，我们才能使旅游发展运行于旅游容量的规范框架之内，才能实现旅游的可持续发展。在前文所展开的对旅游容量的探讨，就是为了建立能够用于实施可持续的旅游发展战略的概念和技术性工具。

## 二、可持续旅游发展的实现途径

可持续旅游发展作为人类在新的历史时期的发展观，已经得到世界各国政府、学术机构、民间团体和公众的重视。1995 年 4 月 27 日至 28 日，联合国教科文组织、环境规划署和世界旅游组织等联合在西班牙召开了“可持续旅游发展世界会议”，通过了《可持续旅游发展宪章》和《可持续旅游发展行动计划》两个纲领性文件，作为全世界都应该共同遵守的准则，对指导 21 世纪全球的旅游发展具有十分重要的意义。作为对联合国 1992 年的《里约环境与发展宣言》（即《21 世纪议程》）的一个反应，世界旅游组织、世界旅游理事会（WTTC）与地球理事会（Earth Council）联合制定了《关于旅游业的 21 世纪议程》（AGEBDA 21 FOR THE TRAVEL & TOURISM INDUSTRY: Towards Environmentally Susta-inable Development），并于 1996 年 9 月 5 日在伦敦记者招待会上首次披露，正式文本在 1997 年 6 月联合国大会第九次特别会议上散发。[①] 这份纲领性文件将《21 世纪议程》（以下简称《议程》）转化为一个关于旅游业的行动纲领，要求各国政府和旅游业的各个部门采取一致的行动，实现旅游的可

① 《旅游学刊》从 1998 年第 2 期开始，连续刊登了张广瑞的摘要译文。

持续发展。在这份文件中，针对负责旅游业的政府部门、国家旅游管理机构、有代表性的行业组织和旅游企业，分别提出了行动指南，其中包括在每一章中提出一个重要的目标和几个优先考虑采取行动的领域，并对每一个优先领域都确定了具体目标，还对实现该目标可以采取的步骤做了简要说明。该《议程》之详细和完备，使之能在真正意义上成为指导旅游发展实践的行动纲领。

可持续旅游发展的实现，在目前阶段还是一项十分艰巨的任务。从宏观的角度来看，必须根据旅游发展的容量约束来制定全面实施可持续旅游发展的战略框架。同时应该明确，可持续旅游发展必然地与整个国家的社会、经济发展战略联系在一起。因此，在这个整体当中，加强国际合作、消除贫困、改变消费模式、控制人口增长、保护和促进人类健康、改善居住环境、加强资源的保护和管理等宏观目标和战略的实现状况，就成为制约可持续旅游发展的背景因素。只有在一种积极的、富有建设性的宏观背景之下，下面所提出的实现可持续旅游发展的一般途径才能有效地发挥作用。

1. 为可持续旅游发展筹集资金。对于任何一个国家来说，发展从社会意义上看都是不可阻挡的潮流，旅游发展也因此在各国成为发展经济、改善人们生活质量的重要手段。毫无疑问，发展的同时就伴随着资源的耗竭、环境的污染，这种伴生现象也几乎是不可逆的。所以，现实的态度和策略，就是在发展的同时力求最大限度地减少不可再生资源的消耗，减轻对环境的污染，减少废物的排放。为达到这个目的，有三种选择：不发展，改变发展的途径，或对发展的副产品进行技术处理。对于集贫穷和原始的、宝贵的自然资源于一身的大多数发展中国家来说，上面任何一种途径（当然不发展是不现实的）都必须有资金的支持才能得以落实。有了足够的资金，就可以通过开发毗邻地区的旅游资源以缓解对原有景区的压力，就可以开发对旅游垃圾的处理技术，就可以实施对旅游资源的保护策略，就可以有效地实施可持续的优先发展目标。

在《21世纪议程》当中，强调了世界上的发达国家对低收入的发展中国家在处理外债方面应做的工作。有了发达国家的帮助，发展中国家就可以将有限的资金用于可持续发展领域。当然，依赖外援仅仅是实施可持续旅游发展的一个工具。对于很多发展中国家来说，吸引外资、合资合作经营、进入自由贸易的世界市场，也都是不可忽视的手段。中国的旅游产业势必在这些方面都要做充分的准备。同时，筹集社会资金，并将它们优先、集中地使用于一切致力于可持续的旅游发展领域，也应该成为中国旅游产业发展的战略性选择之一。

2. 重视科学技术在实施可持续旅游发展战略中的作用。从全球来看，环境的变化在最近几个世纪要比以往任何时候都更为快速而激烈。在21世纪，这种变化会更为明显，甚至会出现意想不到的突变。同时，人类对能源、洁净的淡水和不可再生资源的消费正在增加，即使环境维持不变，也可能在世界的许多地区都出现这些资源的短缺。所以，要想在环境和资源管理方面做到富有成效和远见，要想保证人类的日常生存和未来发展，科学知识就变得十分重要。科学家对诸如气候变化、资源消费的增长、人口趋势和环境退化等问题的理解已经日益深刻，这些信息应该有助于长期目标的可持续发展战略的形成。为此，对于政府部门而言，就需要积极支持有关环境问题的科学研究，期待这种研究对地球的承载力的判断，以便在制定产业发展政策时有所依循。在制定不同的发展方针时，政府需要运用能够刻画生态系统状况与人类健康之间关系的信息来权衡这些方针的利弊得失。为了达到这样的目的，各国都需要建立相应的政策机制。其中包括，完善用以衡量人类生活质量的指标体系，这些指标应涵盖健康、教育、社会福利、环境和经济状态等方面；建立旨在鼓励改进资源管理的经济刺激机制；鼓励可以减少环境污染和资源消耗的技术的开发和应用。

建立在环境导向基础上的技术不仅仅是指硬件方面，还包括有关的诀窍（know-how）、服务、设备、组织和管理技能。这些技术问题对各个国家尤其是发展中国家而言都是十分重要的。政府和国际性组织对环境技术的国际和区际转移应该加以鼓励，以便推动可持续发展的步伐。

3. 加强法规建设。在我国的旅游发展历程当中，对旅游活动（包括旅游者活动和旅游产业活动）还缺乏从可持续发展的高度进行法律规范，这是影响我国可持续旅游发展目标实现的最重要和最紧迫的问题之一。没有法律约束，旅游活动在满足当前需求和考虑长远利益之间，在寻求旅游发展与保护环境资源之间，就缺乏行为规范，就会导致对环境和资源的掠夺性使用，就会毫无顾忌地向我们的子孙后代借债。目前颁布实行的一些规章、条例，虽然在一定程度上起到了这方面的作用，但由于不够系统，没有达到法律的高度，其作用还是有限的。

4. 发挥教育、培训的功能，提高公众的环境意识。旅游和旅游业主要还是一种大众参与的活动，因此，公众的自觉环境意识在实施可持续旅游发展时就显得尤为重要。然而，许多人包括旅游者在内，由于缺乏有关的信息，都并不十分清楚环境与旅游发展之间的关系。这就需要通过一定途径提高人们对环境的敏感意识和积极参与解决环境问题的主动性。教育和培训所担负的使命就在这里。通过教育和培训，使人们在环境意识、环境道德、环境价值观、环境态度、环境行为和处理环境问题的技能方面有所发展。为了达到这个目标，环境教育与培训就不能限于解释环境的物理和生物方面，还要包括环境的社会经济方面，尤其是解释旅游发展与环境之间相互依赖的关系。在推动这种教育战略时，应做到这样几点：

- 使环境与发展教育能为各种年龄的人所获得。
- 将环境和发展的概念纳入所有教育项目当中。
- 在当地和地区的环境健康研究（包括饮用水、卫生、食物安全和资源利用的环境与经济影响等）中吸收在校儿童参加。
- 为高等院校学生建立培训项目，帮助他们建立环境意识和技能。
- 鼓励社会各界（包括产业部门、大学、政府、非政府组织和社区组织）对人们进行环境管理方面的培训。
- 与媒体合作，推动全社会对环境问题的大讨论。
- 将当地人在保护环境方面的经验以及当地人对可持续旅游发展的理解吸收到教育与培训计划当中。

可以说，只有经过面向全社会的环境教育与培训的充分发展，旅游的可持续发展目标才能切实地实现。

5. 从旅游本身来看，可持续的旅游发展目标还要借助于各种符合可持续旅游发展哲学思想的旅游方式来加以实现。这些旅游方式包括：生态旅游、替代旅游、负责任旅游、绿色旅游和软旅游等。限于篇幅，这里仅简要讨论一下生态旅游与替代旅游两种方式。

生态旅游（ecotourism）是一种以保护环境生态为导向的旅游方式。丁沃尔（Dingwall）与切斯福（Cessford）以及依格尔斯（Eagles）等人都对生态旅游管理的基本原则进行了探讨。概括起来有以下几点：①

- 生态旅游应该最终导致对自然的保护并对地方经济有利。
- 不管是公共的还是私人的生态旅游经营者，都应该坚持一种环境战略，并配备相应的环境官员。必须保证员工受到良好的相关培训。
- 旅游经营商和旅游者应该向其合作者、饭店、交通部门和旅游目的地提出高标准的环境质量要求。
- 必须坚持一种对社区的文化和经济予以关注的发展态度。
- 生态旅游的目标要能够使当地社区在经济上、社会上和环境上有益。
- 高质量的信息和服务是必不可少的，还要有训练有素的导游人员。
- 要想获得长期的成功，还必须有规划和管理能力。
- 环境保护是建立在公共和私人部门管理的财力的基础之上的。
- 生态旅游与环境保护要求管理结构的发展，以便能处理脆弱生态环境的使用问题。

相对于主流旅游形式的替代旅游（alternative tourism）在第二次世界大战之后大众旅游兴起的浪潮中就已经为少数旅游者所推崇，但替代旅游作为一个专有词汇用于表示那种能比有组织的大众旅游更有道德感和更有可持续性的特殊旅游形式，还是20世纪70和80年代的事情。尽管至今还没有一个关于替代旅游的普遍认可的定义，但倡导这种旅游形式的人都强调几个共同的主题，比如可持续性和环境保护；小规模的、朴素的住宿设施；质朴而醇厚的主客关系；当地人对旅游产业的控制地位。在1984年于泰国召开的“第三世界旅游大联合”（ECTWT）的会议上，替代旅游被定义为“一种可以在所有参与者之间达成谅解、团结以及平等的恰当的旅游形式和过程”。

替代旅游的主要目标是：

- 提供可以取代大众旅游的剥削和破坏成分的变通旅游方式。
- 保证旅游的经济效益得以在目的地国家的所有人民当中公平分配。
- 构筑旅游者与目的地居民之间以及他们在人的尊严和权利方面的互惠关系。
- 确保对所访问的宗教、文化、社会和自然环境的尊重。
- 支持人们在旅游政策方面为寻求自决所做出的努力。
- 激发旅游者和目的地居民之间在旅游之后做出行动上的反应。
- 探索和开发新的替代旅游方式。
- 鼓励国内旅游的发展。

① P. Dingwall, G. Cessford. Pole position, *Ecodecision*, 20,1996, 65–69. P. F. J. Eagles. The travel motivation of Canadian ecotourists, *Journal of Travel Research*, 11（2）, 1992, 3–7.

从上述目标和前面的定义可以看出，不能简单地把替代旅游理解成专为某个特殊细分市场提供的旅游类型，而是一种与流行的大众旅游趋势相反的、能够为未来提供多种可能性的旅游形式。

6. 在旅游发展过程中重视各种利益的平衡，鼓励旅游目的地社区在旅游发展中的积极参与。尽管旅游发展在当今被很多发展中国家视为推动经济发展、改善人们生活的重要途径，但在世界各国，大量的例子说明，如果不能在旅游发展过程中充分考虑到各方的利益并努力求得这种利益的平衡，旅游的可持续发展就会受到威胁。笔者在安徽宏村所做的调查就反映出这个世界文化遗产正由于在旅游发展中未能充分重视当地居民的利益而面临着严峻的问题。[①]

乃珀尔（Sanjay K. Nepal）在分析旅游、国家公园与当地社区的关系时，曾提出一个相互作用模型[②]（见图 8-1）。他认为，在各国旅游发展过程中，上述三者之间的关系可以总结为三种图景，即："赢—赢—赢"模式，"赢—赢—输"模式和"输—输—输"模式。对他的这个交互作用模型稍加调整就可以用于多数类型的旅游发展（主要是资源依托型旅游产品的开发）过程中。

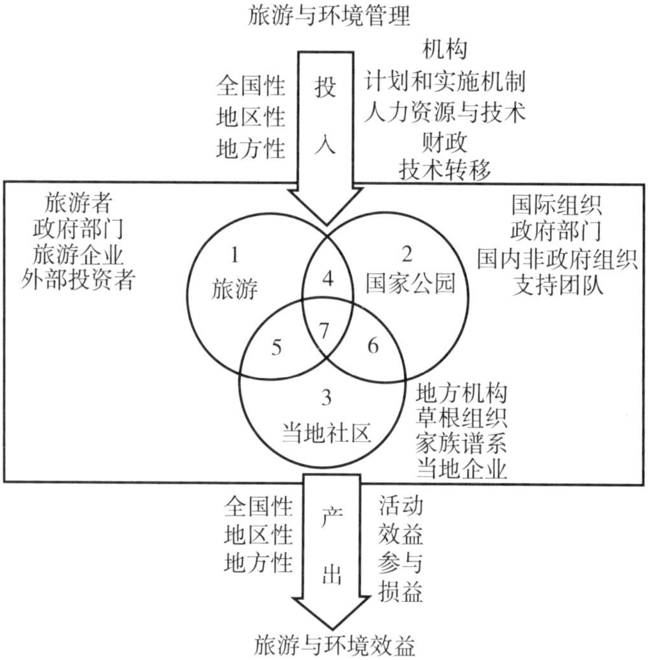


**图 8-1 旅游、国家公园与当地社区三者之间的交互作用**

① Yanjun Xie. Different ways of development leading to different resident attitudes toward tourism: A case study on two typical tourist villages in China. *Proceedings of the Eighth Annual Conference of the Asia Pacific Tourism Association*. Changchong Lu, eds, 2002.

② Sanjay K. Nepal. Tourism, national parks and local communities. *Tourism and National Parks*. Richard W. Butler & Stephen W. Boyd eds, John Wiley & Sons Ltd, 2000.

在乃珀尔的第一种模式中，三方都是赢家。在这种情况下，旅游提高了国家公园的管理能力，从而为旅游与休闲活动创造了更多更好的条件和机会。当地社区也从国家公园中获得了效益，这样便进一步鼓励了他们的各种保护性活动，当地居民对旅游以及旅游者的态度也是积极的。这样的发展模式才具有可持续的基础。

在第二种模式中，有一方或两方以牺牲他方利益为代价而获益。这里可能存在几种情况。比如，旅游使当地居民受益，但国家公园却因旅游的负面效应而遭受损失；国家公园支持了旅游发展，但旅游发展却未能成为保护国家公园的手段；或者，旅游也可能使国家公园得到保护（比如增加了用于公园保护的资金来源），但给当地居民除了带来文化的负面影响之外别无好处，也就是说，旅游者享受到了国家公园所提供的利益，但当地居民却没有；也可能存在这种情况：只有旅游企业经营者、旅游者从旅游中获得了利益，而国家公园与当地居民都没有从中受益。显然，这种情况潜伏着某种危机，如果不能加以消除，旅游就会受到严重的威胁，甚至彻底走向萧条。

最后一种模式是没有赢家只有输家的模式。任何一方都没有从旅游发展中获得好处。环境条件退化，旅游者对该旅游地丧失了兴趣，当地居民也没有获得任何经济和社会效益。当地居民开始憎恨旅游和旅游者，从而引发各种严重的社会问题。在这种情况下，已经远远谈不上旅游的可持续发展了。

用这个模型去考察我国的很多旅游景区的三方关系，便可以发现，这三种景象都有存在。值得管理部门警惕的是，各种非“赢—赢—赢”的模式，都面临着可持续旅游发展的挑战。反过来，只有当旅游步入可持续发展的轨道时，相关各方才可能实现各自的目标，而对于社会而言，这便形成了一个喜人的“赢—赢—赢”景象。

## 本章重要观点

1. 旅游容量是旅游学研究中的重要范畴，它体现了所有对旅游效应进行管理的基本指导思想。
2. 旅游容量既可以是一个规范性概念，也可以是一个实证性概念。这使旅游容量的含义变得丰富而复杂。
3. 旅游容量的应用价值在于尝试对旅游容量的实际测量与控制。这种测量还有许多科学研究工作要做。
4. 旅游发展的终极指导思想是可持续旅游发展。

## 本章内容举要

### 1. 核心概念

- 旅游容量是指对某一旅游地而言无害于其可持续发展的旅游活动量。

- 旅游生态容量是指一定时间内在不导致旅游地域的自然生态环境发生退化的前提下，该地域所能容纳的旅游活动量。
- 旅游心理容量是一个十分综合的阈值，并且包括了旅游者的直接旅游心理容量和旅游目的地居民的相关旅游心理容量。
- 旅游社会容量是一种建立在社会价值观、道德习俗、宗教信仰、文化传统和生活方式等社会规范基础上的量值。
- 旅游经济容量是指一定时间内在一定区域上由经济发展的整体水平所决定的旅游活动的极限。
- 旅游期望容量是规范程度较高的容量指标，它含有合理容量的意义，是旅游相关个人、旅游相关群体或旅游相关社会对旅游活动质量的个人的或群体的心理预期。
- 旅游极限容量是一个预警临界容量指标，它指的是对旅游活动量的最大承受能力。
- 景点容量是指作为游客活动基本空间单元的景点对于旅游活动和旅游发展的容纳能力，它们常常是旅游容量的最基本和最直接的考察单位。
- 景区容量是区内各景点的容量与景点间道路容量之和。
- 旅游地容量是指各景区容量同景区间道路容量之和。
- 区域容量是区域内各旅游地容量之和。

- 可持续旅游发展是要保证在从事旅游开发的同时不损害后代为满足其旅游需求而进行旅游开发的可能性。
- 生态旅游是一种以保护环境生态为导向的旅游方式。
- 替代旅游：用于表示那种能比有组织的大众旅游更有道德感和更有可持续性的特殊旅游形式，即“一种可以在所有参与者之间达成谅解、团结以及平等的恰当的旅游形式和过程”。

**2.主要内容**

（1）旅游容量的定义（理解旅游容量的定义，要把握这样几点）：

- 旅游容量是一个空间描述范畴；
- 旅游容量还是一个时间描述范畴；
- 可持续发展的核心是要保证在从事旅游发展的同时不损害后代为满足其旅游需要而进行旅游发展的可能性；
- 旅游容量主要地仍然是旅游环境容量，但环境的外延在这里是相当开放的，包括了自然、社会、文化和经济等诸方面；
- 旅游活动量是一个综合量度。

（2）旅游容量的构成体系

- 按照旅游容量的内容划分，有旅游生态容量、旅游心理容量、旅游社会容量和旅游经济容量。
- 按照旅游容量的规范性划分，有旅游期望容量和旅游极限容量。
- 按照旅游容量的空间尺度划分，有旅游景点容量、旅游景区容量、旅游地容量、旅游区域容量。
- 按照旅游容量的时间尺度划分，有日旅游容量、季节旅游容量、年旅游容量。

【即问即答】旅游容量是否涉及很多学科？
——是的！有时可能涉及物理与化学指标，有时涉及环境科学和生态学，有时涉及社会、文化和心理指标，而且在具体运用上还是一个地理指标。应该说，旅游是一个很复杂的领域。

（3）突破旅游容量的几种形式：旅游饱和、超载与污染。根据旅游饱和与超载发生的时间和空间特点，可以将其分为如下几种情况：

- 周期性饱和与超载和偶发性饱和与超载；
- 长期连续性饱和与超载和短期性饱和与超载；
- 空间上的整体性饱和与超载和局部性饱和与超载。

（4）旅游饱和与超载对于环境和设施的消极影响，主要体现在四个方面：践踏后果、对水体的影响、噪声及对设施的影响。

（5）旅游容量的测定：测定旅游容量的基点在于要有一个同旅游地承受的旅游活动相对应的适当的基本时空标准，即单位利用者在一定时间内所占用的空间规模或设施量，来具体地描述旅游地的容量特征。

（6）主要的旅游容量测量方法：旅游资源容量的测定、旅游感知容量的测定、旅游生态容量的测定、旅游经济发展容量的测定和旅游地容量的测定。

【即问即答】对其他旅游容量没有测量的必要吗？
——不是。这里仅仅介绍几种主要旅游的容量测量方法。对其他方法，目前还缺少系统的研究。

（7）可持续旅游发展的宏观意义主要体现在三个方面：首先，作为一种新观念，可持续旅游发展的提出有助于改变人们长期以来对旅游资源可再生性的片面理解，重构旅游开发的理论和政策导向；其次，可持续旅游发展的提出对于发展中国家加强旅游开发的宏观管理从而保护全球旅游生态系统的完整性和永续性尤其有深远意义；再次，可持续旅游发展的提出，无疑要在技术领域、组织结构方面以及人们的观念上引发一场变革。

（8）在我国，可持续旅游发展所面临的挑战表现在：首先，在我国旅游理论界和政府某些决策人中，一直流行着“旅游业是无烟工业，不像其他产业那样能对环境造成污染”的观念；其次，“旅游业是低投入、高产出的劳动密集型产业”；再次，“旅游资源主要是由可再生性资源组成的，而旅游消费又基本上是‘感觉消费’（或‘精神消费’）的过程，因此，旅游资源不存在耗竭的问题”；另外，在旅游发展实践中不同程度地存在着将“旅游业看作是单一性产业”的情况。

（9）可持续旅游发展的实现途径包括宏观上采取的一些策略性措施和微观上鼓励一些符合可持续旅游发展哲学思想的旅游方式。即：

- 为可持续旅游发展筹集资金。
- 重视科学技术在实施可持续旅游发展战略中的作用。
- 加强法规建设。
- 发挥教育、培训的功能，提高公众的环境意识。
- 借助于各种符合可持续旅游发展哲学思想的旅游方式来实现可持续的旅游发展目标。
- 在旅游发展过程中重视各种利益的平衡，鼓励旅游目的地社区在旅游发展中的积极参与。

（10）生态旅游管理的基本原则概括起来有以下几点：

- 生态旅游应该最终导致对自然的保护并对地方经济有利。
- 不管是公共的还是私人的生态旅游经营者，都应该坚持一种环境战略，并配备相应的环境官员。必须保证员工受到良好的相关培训。
- 旅游经营商和旅游者应该向其合作者、饭店、交通部门和旅游目的地提出高标准的环境质量要求。
- 必须坚持一种对社区的文化和经济予以关注的发展态度。
- 生态旅游的目标要能够使当地社区在经济上、社会上和环境上受益。
- 高质量的信息和服务是必不可少的，还要有训练有素的导游人员。
- 要想获得长期的成功，还必须有规划和管理能力。
- 环境保护是建立在公共和私人部门管理的财力的基础之上的。
- 生态旅游与环境保护要求管理结构的发展，以便能处理脆弱生态环境的使用问题。

（11）替代旅游的主要目标是：

- 提供可以取代大众旅游的剥削和破坏成分的变通旅游方式。
- 保证旅游的经济效益得以在目的地国家的所有人民当中公平分配。
- 构筑旅游者与目的地居民之间以及他们在人的尊严和权利方面的互惠关系。
- 确保对所访问的宗教、文化、社会和自然环境的尊重。
- 支持人们在旅游政策方面为寻求自决所做出的努力。
- 激发旅游者和目的地居民之间在旅游之后做出行动上的反应。
- 探索和开发新的替代旅游方式。
- 鼓励国内旅游的发展。

（12）乃珀尔的旅游发展模式：

乃珀尔在分析旅游、国家公园与当地社区的关系时，曾提出一个相互作用模型。他认为，在各国旅游发展过程中，上述三者之间的关系可以总结为三种图景，即："赢—赢—赢"模式，"赢—赢—输"模式和"输—输—输"模式。

## 本章答疑

【疑问 1】本章是本书的最后一章。应该如何回头理解本书的整体结构呢？

——理解本书的结构要抓住这样几个基本线索：（1）本书将旅游定义为个人的行为，以追求愉悦为目的。但是，旅游学不仅仅研究个体旅游者的行为，它还研究由旅游者行为所引起的各种现象；（2）研究复杂的旅游现象，要从最单纯、最基本的元素开始，所以，旅游学主要还是要研究旅游者行为（第四、五章），然后扩展到对集体性旅游行为及其效应的研究（第六、七章）；（3）这四章（第四、五、六、七章）内容注重探索旅游现象的内在结构、运动的规律性，并努力对其外在形式进行一般性的概括；（4）旅游学是一门能够对实践有指导意义的科学，它应该致力于提出解决旅游现象所带来的各种问题的方法、战略和途径，于是自然有了第八章；（5）旅游现象作为一门新兴学科的研究对象，对它的基本属性、特征和结构的认识是构筑这门学科的基础，这就是第二章和第三章的内容；（6）作为一门学科，它本身的历史、研究对象、内容、学科性质、学科体系以及研究方法，都需要作为基本问题进行探讨，这便是本书的第一章；（7）本书设法用旅游学当中的最基本的和重要的范畴来组织各章的内容，这从各章的名称就可以看出来，笔者认为这对于一门学科的建立是至关重要的。

【疑问 2】绿色旅游是不是主要指以绿色自然景观（如森林、草场等）为旅游对象的旅游？生态旅游是不是指到生态环境好的地方进行旅游？

——对这两个概念做如此理解就彻底错了，很多人都可能犯这样的错误。在2001年的生态旅游年当中，很多旅游企业、旅游者没有弄清楚生态旅游、绿色旅游是怎么一回事。实际上，二者都是统一在可持续旅游发展概念框架当中的新型旅游方式，核心是对环境、生态、健康等的特殊关注，是以保护环境、保护生态为目的的旅游方式。

【疑问 3】关于旅游容量问题，本书介绍了很多测量方法和公式。它们是一些被普遍认可的、比较科学的测量标准吗？

——千万不要把它们看作是很成熟的结论。这些方法和公式，往往是一些初步探讨所形成的结果。事实上，不同的容量类型在不同的国家和地区都具有不同的实际意义，因此不能生搬硬套。在我国，由于缺乏足够的实证研究成果的积累，很多规划实践都简单套用这些指标，结果使规划的结论缺乏科学性，也没有实际价值。所以，在这方面还需要做一些细致的、扎实的基础性实证研究工作。

【疑问4】能否用一个图形将本书的主要概念和内容串联起来，给人一个清晰的逻辑线索？

——我们可以尝试给出一个，但它不可能涵盖所有内容。这里所提炼的主要是能反映本书主干框架、重要观点、核心概念的内容。从这个图上也可以看出，旅游学的研究对象是一个内容丰富的旅游现象谱。

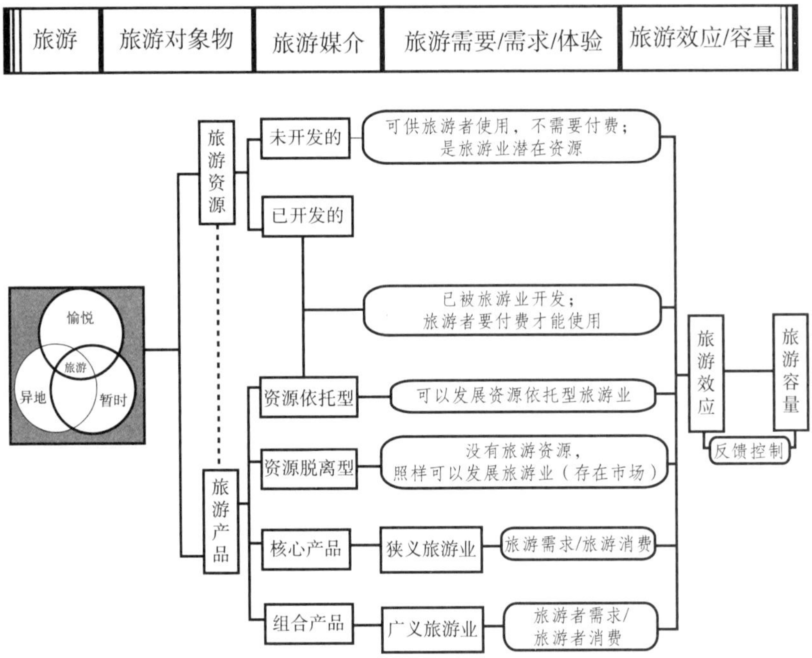


**图8-2　旅游学基本框架图**

## 本章案例分析

【案例8-1】

### 遗产使用与管理①

有关遗产的使用与管理的问题，其中最明显、被人们议论最多的便是旅游与历史遗产景观由于共同处于一个空间当中而引发的一系列矛盾。有很多详细报道的案例，描述了由于旅游者大规模的光顾而造成的这些遗产的物质损坏。英国南部索尔兹伯里

① 节译自Gregory J. Ashworth. Heritage, Tourism and Cities: A Review of Where We Are, *The Contemporary Perspectives of Tourism*, edited by Geoff Wall. Department of Geography Publication Series, University of Waterloo, 2001.

附近的巨石阵难以承受游客双脚的践踏；法国比勒高省的拉斯科岩洞难以容纳游客呼出的气体；土坦卡蒙的陵墓也忍受不了那些汗津津的游客。正是由于这个“金色游牧部落”的到来，反而破坏了这些遗产景观所固有的氛围。在一处大教堂的周围竟用红绿灯控制的单行线来疏导人流……中世纪的那种虔诚的感受在这里根本无从体验。在雅典的卫城，你无法体验到审美的愉悦，因为在卫城周围到处是像鳄鱼一样蠕动的旅游者的人流，他们沿着用绳子圈起来的圆圈，听从保安人员的口哨，一点点地向前挪动。所以，一点也不奇怪的是，像威尼斯、牛津或坎特伯雷这样的城市，都把旅游看作是否应该取缔的难题，而不是把它看作应该欢迎的机会。这些也许属于极端的例子，但当欧洲的遗产被那些旅游者所光顾的时候，这确是个不可避免的问题。当然，也有一种比较乐观的观点——也许有人会认为太天真，那就是旅游者以及相应的旅游产业已经逐渐意识到旅游者能给他们所访问的目的地的环境质量带来威胁。

〖案例提示〗

1. 在这篇小短文里，涉及哪些旅游容量概念?
2. 你认为解决这种遗产的使用和保护的矛盾的指导思想是什么？具体办法有哪些?
3. 像这些情况，在中国的哪些遗产旅游当中也存在?

【案例 8-2】

## 哥斯达黎加的生态旅游①

人口不足 300 万的哥斯达黎加是拉丁美洲最小的国家之一。它因有稳定的政治环境和安全的社会环境而享誉遐迩，当然，毫无疑问，还有它对国际旅游者的巨大吸引力。哥斯达黎加的经济传统上主要依赖热带农作物出口，主要是咖啡、糖和香蕉，而国内需要的消费品有三分之一依赖进口。由于世界市场上的农产品价格下跌，加上 20 世纪 70 和 80 年代的外债危机，为这个国家旅游产业的发展提供了巨大动力。从 1970 年到 1995 年，国际旅游者入境人数从 15 万人增加到 79 万人，同期旅游收入从 2100 万美元增加到了 6.6 亿美元。现在，旅游成了该国主要的创汇来源。

哥斯达黎加的旅游资源并不丰富：尽管它拥有各种海滩、火山和植物景观，但缺乏该地区其他国家所拥有的历史遗迹，不像墨西哥和危地马拉那样，拥有很多土著民族，可以开展文化旅游。不过，哥斯达黎加的旅游业还是很多样化的，可以满足海滩旅游、游船旅游、商务和会议旅游以及生态旅游等各种市场的需要。虽然哥斯达黎加的主要形象是重要的生态旅游目的地，但这种形式的旅游在该国整个旅游当中只是很小的一部分，而且主要是在一些公共和私人保留地上开展的。游览这些保留地的绝大部分游客是那些逗留在海滨度假饭店当中的过夜旅游者。

① 节译自 Robert W. Wyllie. *Tourism and Society: A Guide to Problems and Issues*. Venture Publishing, Inc. 2000.

哥斯达黎加拥有25个国家公园，从热带雨林景观到高山景观都有。这些公园的管理非常有序，进入公园要受到严格的控制，其结果是，生态旅游对于整个环境的影响是积极的。国家还采取一些措施，防止开发未经规划的海滨旅游项目，以便保护全国长达646公里的海岸美丽自然景观。1977年的一项法律促成了一条200米宽的海岸带，并细分为“公共地带”和“限制地带”，前者通常不允许开发，而后者要征得政府管制部门的同意才能开发。

一个重要的旅游吸引物是坐落在哥斯达黎加的西北部的蒙特威尔地云林保护区（Monteverde Cloud Forest Reserve）。除了拥有的奇异景观之外，它还拥有六个重要的生态区和一个非常丰富的动植物群落：2500种植物，400种鸟类和120种爬行和两栖类动物，100种哺乳动物，还有数千种昆虫。这个保护区由美国快克（American Quakers）公司投资，该公司至今还控制这一地区旅游住宿设施的所有权，而当地人一直被鼓励生产传统工艺品并在这些饭店向旅游者出售。在1974年到1992年间，访问这个保护区的旅游者从每年471人增长到了近5万人，而该保护区的旅游收入占哥斯达黎加全部旅游收入的18%。

尽管哥斯达黎加的生态旅游似乎已经相当成功，但也不是没有问题。它依然在很大程度上要依靠不过夜旅游者，而这些人主要还是传统海滨度假旅游者。在该国的东北部，陶突瓜拉国家公园（Tortuguero National Park）的建立旨在保护绿色海龟的栖息地，海龟在这里筑巢产卵。当地村民不得在这一地区采集海龟蛋和堆积杂物。随着旅游的发展，他们开始从事被雇佣的工作，赖以生存的农业由此萧条。由于他们自己缺乏投资于旅游业的资金，大多数村民从事的是不固定的工作——为那些为数很少的从事旅游业的人或研究人员照看小孩、烹调食物、修缮房屋等等。在蒙特威尔地云林保护区和其他一些生态旅游区，土地价格已经急剧攀升，食物价格也大幅提高。在一些小的乡村社区，旅游开发已经变得非常随意，几乎没有政府的支持或控制。在一些国家公园当中，生态旅游也受到一些非法行为（如淘金）的威胁。政府对此虽持反对态度，但却无所作为。

看样子，随着旅游者对环境问题的日益关切，随着这种旅游形式被西方社会的旅游经营商积极地予以促销，哥斯达黎加作为生态旅游目的地的声誉还会被看好。如果情况果真如此，管理当局就必须更加警醒和更加坚决地保护其珍贵的自然环境免遭人类的破坏。不幸的是，直到现在，他们的作为还不能令人赞赏。其表现就是：对生态旅游缺乏适当的规划和资金上的保证，而且在观念上往往把旅游者人数的增加看作是旅游政策的成功。

〖案例提示〗

1. 归纳哥斯达黎加生态旅游发展的经验和教训，尤其注意其旅游发展的时间背景。
2. 就每一种经验和教训讨论它们对中国生态旅游发展的意义。
3. 中国生态旅游发展的困难是什么？

【案例 8-3】

## 塞内伯尔岛的旅游容量控制①

塞内伯尔岛（Sanibel Island）位于佛罗里达的西南海域，12 英里长，呈新月形。全岛 12000 英亩的面积，有一半儿被划定为保护区。这当中的大部分土地由联邦所有并管理，而其余的则由塞内伯尔凯泊迪瓦基金会管理。塞内伯尔是很多涉禽和候鸟的天堂。其内陆的淡水湿地是美洲鳄的家园，而海滨则覆盖着五彩斑斓的贝壳。

该岛处于台风频发区域，原来人口很少，1944 年仅有 100 人左右。继 1963 年修建了通往佛罗里达的堤坝大桥之后，门户洞开，机动车进出变得容易，旅游日盛，随之而来的便是无序的开发。面向墨西哥湾的绵长海岸线上很快被成片的公寓和饭店所覆盖，而内陆湿地则成了高尔夫球场和人工湖。常住人口猛增到 3000 人，外加 12000 多季节性居住的人口。

**最初的 1976 年塞内伯尔规划**

25 年当中，塞内伯尔的居民一直关注对人口增长的敏感性管理以及土地利用方面的变化。在 1974 年塞内伯尔合并成为自治市并拥有法定的管理其土地使用权利之前，官方的开发标准是由当时的郡政府制定的。郡政府的标准十分宽松，竟允许在岛上建造大约 3 万间住宿设施，而且几乎不要求采取任何避免环境退化的措施。按照该标准，全岛人口将膨胀到 7 万人。

面对堤坝大桥建成后的迅速开发势头，新组建的自治市聘请了各个学科的咨询专家，协助政府制定一个具有法律效力的、综合性的全面土地利用规划以及相应的开发标准。在该规划的准备阶段，突出显示了对多学科方法的运用，以此来提供各种有用信息，并在此基础上制定土地使用规章。针对旅游的快速发展，在规划中最为关注的是三个方面：该岛在经受台风时对生命、海滩和建筑物的保护能力，该岛的自然资源能忍受快速增长的人类活动的能力，以及基础设施为进一步的开发提供足够的淡水和解决排污问题的能力。气象学家给出了最新的大风暴预测信息，明确了从最初预报到台风来临这当中的时间宽容度；道路工程师研究了在多长时间有多少辆轿车可以离岛，并提出了改进交通流量的办法；建筑工程师推荐使用一些经过调整的建筑标准，以便增强新建筑物抵御台风袭击的能力；环境科学家研究了日益严重的对脆弱生态系统的影响；其他专家则分析了塞内伯尔提供饮用水和污水处理能力以及扩大公共服务的能力。在该规划中，全面探讨了有关紧急撤离、环境保护、基础设施建设、住宅和商业分区等问题，所使用的方法便是容量分析。

以这些研究为基础，1976 年的塞内伯尔规划以及此后在 20 世纪 80 年代被采用

---

① 根据 Fred P. Bosselman, Craig A. Peterson and Claire McCarthy 所编写的 *Managing To-urism Growth: Issues and Applications* 一书中的案例改写。原书由 Island Press 于 1999 年出版。

的规划指南充分体现了用容量控制策略指导未来旅游发展的思想。这项规划最核心的部分就在于限制定居人口数在 7800 人之内，这个数字仅仅是郡政府原来公布的管理条例中的数字的 26%。不难想象，许多土地所有者和开发商都对该规划持有异议，并援引各种法律依据指控市政府，企图阻碍新管制条款的实行。几经较量磨合，最终在 1976 年和 1989 年间，规划的控制人数被调整为 9000 人。但由于该规划最初在指导思想和规划方法上的科学性，使它在以后的规划修订过程中（比如 1989 年和 1997 年的规划修订）都没有根本性变动。后来的修订主要是在管制技术上做出一些调整，以便使规划适合当前的实际情况。即使后来的修订版本，也同样都强调，要想对发展施加各种限制，其关键是要采用容量分析技术。“如何利用塞内伯尔市的土地和建筑物，要取决于自然和人文环境容量的大小，要保证这种利用不会对市民和旅游者构成健康、安全和福利上的损害。塞内伯尔规划告诉我们的是，未来能够允许的土地利用方式和利用程度将取决于城市能否以适当的方式和最小的负面效应从事进一步的开发活动”。

**结　论**

塞内伯尔一直是较早地利用容量分析进行旅游增长控制的成功范例。1976 年的规划动用了气象学、环境分析、水质研究、统计模型以及其他复杂的信息搜集技术，后来有关的土地控制开发条款就是以这个规划为依据制定的。20 多年以后，情况已经发生了变化，但塞内伯尔市还是十分认可 1976 年的规划。这个规划带给它旅游的经济效益，同时也保护了它脆弱的生态环境，使它那种为人们所珍爱的惬意氛围得以保持。它严格地限定其发展的程度，并始终一贯地认为，塞内伯尔作为“世外桃源”所具有的品质比旅游本身更重要。此外，塞内伯尔还有很大面积的地方严禁任何形式的开发，只允许最轻微程度的人类介入。……这些措施，使塞内伯尔岛有了可以持续发展旅游的能力。

〖案例提示〗

1. 塞内伯尔岛的旅游规划有什么特点？
2. 对于资源依托型旅游产品，资源的开发与保护是什么关系？
3. 联系国内旅游开发实践，举例说明违背可持续旅游发展哲学的旅游开发所带来的问题。

【案例 8-4】

## 拆与建：泰山索道引发争议

在风景区的“人工化”方面，修索道现象比较明显，有关专家将这种索道斥为“视觉的污染物和刺眼物”，称这种做法为纯粹的破坏性开发。这方面最典型的例子莫过于泰山了。

2002 年春天，泰山风景名胜区和当地政府置国家风景名胜区管理条例和众多专家的反对于不顾，在未向建设部报批，也未向省建设厅报批的情况下，自行上马了泰山索道的扩建工程（第三条索道），并力争在当年“十一”前建成。

根据国务院的有关规定，泰山原有的索道到（20世纪）90年代末是要拆除、恢复原貌的，现在不但不拆，反而还进行扩建，扩建后，运量由原来的每小时300人增加到1650人，为了扩建索道还炸掉了15000平方米的山体，严重违反了风景名胜区管理条例和世界遗产保护公约，也违反工程程序。要知道，泰山不仅仅属于泰安市，也不是某个索道公司，泰山属于全人类！

而有关部门在泰山修索道的公开理由是什么呢？——防火、治虫、救援伤病号。北京大学世界遗产研究中心主任、风景与城市环境系主任谢凝高说：泰山并非是真正的林区，而是风景区。天下那么多林区，比如大兴安岭着了火，能到处修索道？目前世界上据说有28000多条索道，索道绝大多数修在滑雪场等游乐场所，也没听说哪条是用来防火、治虫的。谢凝高无奈地指出，我们许多专家都在呼吁，居然挡不住以这样的理由修索道，真让人寒心！

在2002年五一期间，泰山岱顶区0.6平方公里的地方在同一时间段内达到了6万人，激增的游人踩得草都没法长了。而据谢凝高的研究，岱顶的生态非常脆弱，同时最多只能容纳1万人。若后果严重的话，岱顶的生态将无法恢复，而有关部门居然还扩建索道，使运量陡然增加了4倍多。最近，泰安市一位领导说，他们对岱顶进行了改造，把能修路的地方都修成了路，能站人的地方都铺装起来了，测算的结果是可同时容纳3万人。这种做法违反了泰山风景名胜区的总体规划。

那么，大修索道究竟对当地的旅游经济有多大益处呢？原来游泰山需要一天，如今半天就游完了，有些旅客吃住都不在泰安，而是到附近的曲阜去。泰安市的星级宾馆有时甚至低至60元/人，因为快速的游览使游客无须住在当地了。难怪泰安的老百姓说，“富了一家，穷了大家”！古人云，“登山如读史”，快速的游览，对游人也造成了误导：泰山2/3以上的景点如摩崖石刻等都在岱顶以下，乘缆车到了岱顶以后，只剩下不到1/3的景点，而且还都被大批量的宾馆、饭店所掩盖了。

泰山自古以来就是登的，连皇帝也不例外，圣旨中有所谓“树当道者不伐，石当道者不搬”之语。周总理也曾说过，泰山是登的，不登不行。在动荡的“文革”岁月，周总理曾先后四次批示不准在泰山修公路、搬巨石等破坏性行为，可见泰山在总理心目中的分量，以及总理有多深的文化素养。

〖案例提示〗

以这个案例为背景，展开更广泛的有社会意义的讨论：

1. 风景区的容量控制，应该靠企业自觉还是政府管制？

2. 讨论旅游急剧发展中的政府职能问题。

3. 讨论国民的旅游资源保护意识和普及教育问题。

4. 讨论旅游相关的立法和执法关系问题。
5. 讨论旅游开发过程中不同利益集团的利益分配问题。

## 本章问题讨论

1.不同的旅游景点，其旅游容量是不同的。试讨论城市博物馆、小岛屿海滨浴场、野生动植物观赏地和主题公园（如迪士尼乐园）的旅游容量差异。
2. 你是否真正理解了旅游容量既是一个可以作为规范性工具，又可以用做描述性指标的真正含义？请举例说明。
3. 旅游容量的测定方法有哪些值得商榷或修正的地方？请逐个加以讨论。
4. 由曾登过泰山的同学介绍岱顶的情况，并描述当时的感受。设想当你登泰山看日出的时候，你希望拥有多大的个人空间？
5. 查阅有关历史名人和当今旅游者登泰山的资料（游记、诗词或消息），比较不同时期人们的感受有什么不同，评价当今旅游者的登泰山旅游的价值表现。
6. 你能否举出实际的例子，说明由于过度使用而使环境彻底退化、无法恢复的恶果？
7. 设想你将来是一个旅游业的从业人员，甚至是一个管理者，你将如何处理旅游开发当中的经济效益、环境生态效益和社会文化效益之间的关系，以及旅游企业经营者、旅游资源拥有者和旅游地居民之间的利益分配关系？换言之，对于你这样一个已经掌握了专业知识（这与当今很多旅游经营或管理者的情况不同）的人而言，支配管理决策的将主要是责任心还是利益感？
8. 你认为在原址上重修的古建筑与保存下来的真实的古建筑两者之间的差异是什么？你倾向于哪一种？为什么？
9. 如果你访问现存的圆明园遗址，你希望那里的游人规模以多少为宜（即使没有去过，你也可以想象）？你希望在什么时间去访问？为什么？如果那里修建起了新的圆明园，你认为会得到什么，损失什么，二者的价值孰轻孰重，有无替代的办法将两种价值都发扬光大？
10. 登长城，你喜欢八达岭长城、山海关长城、司马台长城还是其他残长城？为什么？试从旅游容量的角度解释对长城这样的景观进行游人量控制的必要性。
11. 有哪些组织或机构可以对旅游地的容量进行监督、控制或管理？请举例说明？
12. 对于由资源依托型旅游产品和资源脱离型旅游产品所构成的旅游地，对它们进行容量管理的意义有什么不同？国家（政府部门）在这两种不同类型的旅游地当中进行容量控制的能力和必要性有什么差异？请深入讨论这个问题。
13. 请按照旅游容量的分类结果，分别讨论各种容量测量的方法。
14. 可持续旅游发展的宏观意义是什么？请举例说明。
15. 你认为这样的观点对不对：为子孙后代保留一些老古董是没有意义的，社会总在发展，历史总在延伸，过一些年，我们现在所建造的东西就是古董了，这些留给子孙就够了。你赞成与反对的理由是什么（也许你可以想到“人本质”这样复杂的问题）？

16. 美国是个没有历史的国家，所以美国人珍视所有一点一滴的历史（当你访问美国的博物馆时，会突出地感受到这一点）；中国是一个历史丰富的国家，所以我们砸碎很多有价值的东西。可结果，我们国土上的历史遗存还是比美国的多（这也许是“砸”的理由？）。但是，在这种“砸”的背后，你是否发现，在活着的中国人的心中，却没有了历史和文化！美国的经济和文化的强大，是否与他们所培养起的民族的历史和文化意识有关？这样一个大问题，与可持续旅游发展有什么关系？
17. 可持续旅游发展的基本原则涉及伦理、平等、自我授权（比如鼓励社区参与）、社会公正、社会自决、权利、民主和权力共享等范畴。请就以上范畴联系实际进行讨论，在哪些方面中国的旅游发展面临可持续性的挑战？
18. 你是否曾经参加过旅行社组织的生态旅游？如果参加过，请向同学们描述整个旅游过程，并请同学们根据相关的文献评价这种生态旅游是否达到了它的目的。
19. 你认为可持续旅游发展在宏观上所要采取的策略，对于中国来说，实现起来将会有哪些困难？
20. 你是否同意中国的可持续旅游发展面临着若干种挑战的说法？这些挑战随着时间的推移，发生了哪些变化？
21. 你能否把本章以及以前各章所涉及的内容和知识贯穿起来，形成你的旅游知识结构？设想一下，将来用这些基本知识去判断所遭遇的旅游现象的对与错，是否可以信赖？

# 附录1　本书引用的文献

## 一、中文原文


1. 保继刚、楚义芳等:《旅游地理学》，高等教育出版社，1993 年版。
2. 北京大学哲学系美学教研室编:《西方美学家论美和美感》，商务印书馆，1982 年版。
3. 陈安泽、卢云亭:《旅游地学概论》，北京大学出版社，1991 年版。
4. 陈仲庚、张雨新:《人格心理学》，辽宁人民出版社，1986 年版。
5. 郭来喜:《人文地理学概论》，科学出版社，1985 年版。
6. 范能船:《体因有革，山水方滋——山水诗、山水文、山水画与旅游》，收于沈祖祥所编《旅游与中国文化》，旅游教育出版社，1996 年版。
7. 冯乃康:《中国旅游文学论稿》，旅游教育出版社，1995 年版。
8. 金吾伦:《跨学科研究引论》，中央编译出版社，1997 年版。
9. 刘振礼、王兵:《新编中国旅游地理》，南开大学出版社，1996 年版。
10. 李光、任定成:《交叉科学导论》，湖北人民出版社，1989 年版。
11. 李贻鸿:《观光事业：发展・容量・饱和》，淑馨出版社，1986 年版。
12. 李泽厚:《中国美学及其它》，《美学述林》（第一辑），武汉大学出版社，1983 年版。
13. 李泽厚:《美学四讲》，生活・读书・新知三联书店，1989 年版。
14. 林南枝、陶汉军:《旅游经济学》，南开大学出版社，1994 年版。
15. 林方:《人的潜能和价值》，华夏出版社，1987 年版。
16. 马勇主编:《旅游学概论》，高等教育出版社，1998 年版。
17. 马耀峰、李天顺等著:《中国入境旅游研究》，科学出版社，1999 年版。
18. 佘正荣:《生态智慧论》，中国社会科学出版社，1996 年版。
19. 申葆嘉:《旅游学原理》，学林出版社，1999 年版。
20. 沈祖祥:《旅游与中国文化》，旅游教育出版社，1996 年版，
21. 孙文昌、陈元泰:《应用旅游地理学》，东北师范大学出版社，1990 年版。
22. 苏文才、孙文昌主编:《旅游资源学》，高等教育出版社，1998 年版。
23. 王柯平:《旅游美学纲要》，旅游教育出版社，1997 年版。
24. 王朝闻:《美学概论》，人民出版社，1981 年版。
25. 王大悟、魏小安:《新编旅游经济学》，上海人民出版社，1998 年版。
26. 王柯平:《旅游审美活动论》，旅游教育出版社，1990 年版。
27. 吴铎:《社会学》，高等教育出版社，1992 年版。
28. 滕守尧:《审美心理描述》，中国社会科学出版社，1985 年版。
29. 徐明、谢彦君:《旅游学概论》，国际文化出版公司，1995 年版。

30. 杨振之:《旅游资源开发》，四川人民出版社，1996 年版。
31. 章必功:《中国旅游史》，云南人民出版社，1992 年版。
32. 邹统钎:《旅游开发与规划》，旅游教育出版社，1993 年版。
33. 周晓虹:《现代社会心理学——多维视野中的社会行为研究》，上海人民出版社，1997 年版。
34. 陈玉英、明庆忠:《关于旅游学理论研究的若干思考》,《桂林旅游高等专科学校学报》，1999 年第 1 期。
35. 崔凤军:《旅游承载力指数及其应用研究》,《旅游学刊》，1998 年第 3 期。
36. 崔凤军:《旅游环境研究的几个前沿问题》,《旅游学刊》，1998 年第 5 期。
37. 道格拉斯·杰弗里、谢彦君:《按需求特征细分英国赴华度假旅游市场》,《旅游学刊》，1994 年第 5 期。
38. 刘振礼:《旅游对接待地的社会影响及对策》,《旅游学刊》，1990 年第 3 期。
39. 刘振礼:《创造性，旅游开发的灵魂》,《旅游学刊》，1995 年第 4 期。
40. 刘赵平:《再论旅游对接待地的社会文化影响——野三坡旅游发展跟踪调查》,《旅游学刊》，1998 年第 1 期。
41. 李永文:《中国旅游资源地域分异规律及其开发研究》,《旅游学刊》，1995 年第 2 期。
42. 李涛:《论旅游者与旅游资源的双向吸引模式》,《旅游学刊》，1993 年第 1 期。
43. 李泽厚:《审美与形式感》,《文艺报》，1981 年第 6 期。
44. 梁明珠:《客源型旅游地旅游资源开发刍议》,《旅游学刊》，1995 年第 4 期。
45. 林红、王湘:《旅游吸引物的系统论再分析》,《旅游学刊》，1998 年第 2 期。
46. 明庆忠:《试论旅游学学科体系的构建》,《旅游学刊·旅游教育增刊》，1997 年。
47. 申葆嘉:《论旅游学科建设与高旅游教育》,《旅游学刊·旅游教育增刊》，1993 年。
48. 申葆嘉:《国外旅游研究进展》,《旅游学刊》，1996 年第 1—5 期。
49. 申葆嘉:《〈国外旅游研究进展〉撰后记》,《旅游学刊》，1996 年第 5 期。
50. 王德刚:《试论旅游学的学科性质》,《旅游学刊》，1998 年第 2 期。
51. 王德刚:《略论旅游学的理论体系》,《旅游学刊》，1999 年第 1 期。
52. 吴昭谦:《旅游资源的时代变异和开发趋势》,《徽州社会科学》，1991 年第 4 期。
53. 唐顺铁、郭来喜:《旅游流体系研究》,《旅游学刊》，1998 年第 3 期。
54. 谢彦君:《论旅游的原始化与现代化》,《旅游学刊》，1990 年第 4 期。
55. 谢彦君:《永续发展：新观念、新课题、新挑战》,《旅游学刊》，1994 年第 1 期。
56. 谢彦君:《观光旅游产品的价值构成及其补偿问题初探》,《旅游经济》，1995 年第 4 期。
57. 谢彦君:《旅游地生命周期的控制与调整》,《旅游学刊》，1995 年第 2 期。
58. 徐菊凤:《1998、1999 年中国旅游研究述评》,《旅游学刊》，2000 年第 3 期。
59. 杨振之:《旅游资源的系统论分析》,《旅游学刊》，1997 年第 3 期。
60. 喻学才、毛桃青:《论旅游学学科体系亟待建立》,《江汉论坛》，1995 年第 12 期。
61. 俞孔坚:《观光旅游资源美学评价信息方法探讨》,《地理学与国土研究》，1989 年第 4 期。
62. 刘汉洪:《无烟工业冒烟了》,《中国旅游报》，1995—3—23。

## 二、中文译文

63. 日本经济企划厅综合计划局编，钱皓等译:《九十年代的太平洋经济》，中国经济出版社，1991 年版。

64. [日]岸根卓郎:《文明论——文明兴衰的法则》，北京大学出版社，1992 年版。
65. [日]古畑和孝:《人际关系社会心理学》，南开大学出版社，1986 年版。
66. [日]今道友信:《美的相位与艺术》，中国文联出版公司，1988 年版。
67. [美]E·阿伦森:《社会心理学入门》，群众出版社，1985 年版。
68. [美]巴巴拉·沃德、雷内·杜博斯:《我们只有一个地球》，石油化学工业出版社，1976 年版。
69. [美]戴维·波普诺:《社会学》(上册)，辽宁人民出版社，1988 年版。
70. [美]代尔·卡耐基:《人性的弱点》，中国民间文艺出版社，1986 年版。
71. [美]克利福德·格尔兹著，纳日碧力戈等译:《文化的解释》，上海人民出版社，1999 年版。
72. [美]欧文·戈夫曼:《日常生活中的自我表演》，云南人民出版社，1988 年版。
73. [美]乔治·桑塔耶纳:《美感》，中国社会科学出版社，1983 年版。
74. [美]苏珊·郎格:《情感与形式》，中国社会科学出版社，1986 年版。
75. [英]伯卡特、梅特利克著，张践等译:《西方旅游业》，同济大学出版社，1990 年版。
76. [英]李斯托威尔:《近代美学史述评》，上海译文出版社，1980 年版。
77. [英]欧·奥尔特曼、马·切默斯:《文化与环境》，东方出版社，1991 年版。
78. [法]弗朗索瓦·韦拉著，罗结珍等译:《国际旅游经济与政策》，旅游教育出版社，1989 年版。
79. [法]罗伯特·朗卡尔:《旅游及旅行社会学》，旅游教育出版社，1989 年版。
80. [法]罗歇·苏:《休闲》，商务印书馆，1996 年版。
81. [德]恩格斯:《自然辩证法》、《家庭、私有制与国家的起源》，《马克思恩格斯选集》(第四卷)，人民出版社，1995 年版。
82. [德]格罗塞:《艺术的起源》，商务印书馆，1984 年版。
83. [德]黑格尔:《小逻辑》，商务印书馆，1980 年版。
84. [德]黑格尔:《美学》(第一卷)，商务印书馆，1979 年版。
85. [古希腊]赫西俄德:《工作与时日·神谱》，商务印书馆，1996 年版。
86. [俄]克鲁泡特金:《互助论》，商务印书馆，1963 年版。
87. [荷]冯·皮尔森:《文化战略》，中国社会科学出版社，1992 年版，中文版序言。
88. [瑞]若泽·塞依杜:《旅游接待的今天与明天》，旅游教育出版社，1990 年版。
89. [加]斯蒂芬·L. J. 史密斯:《旅游决策与分析方法》，中国旅游出版社，1991 年版。
90. [圭亚那]施里达斯·拉夫尔:《我们的家园——地球》，中国环境科学出版社，1993 年版。

## 三、英文

91. Auliana Poon. Tourism, *Technology and Competitive Strategy*. ABC International Press, 1993.
92. Alan Lew. A Framework of Tourist Attractions Research, *Annals of Tourism Research*, Vol.14, 1987.
93. Alister Mathieson and Geoffrey Wall. *Tourism: Economic, Physical and Social Impacts*. Longman Press, 1982.
94. B. Goodall. *Understanding Holiday Choice, Tourism, Recreation and Hospitality Management*, L. P. Cooper, editor, Vol. 13, 1991.
95. B. H. Archer. *Tourism Multiplier: the State of the Art*. University of Wales Press, 1977.
96. C. Kaspar. *Leisure-Recreation Tourism–An Introduction to the General Topic of the 31st*. AIEST Congress, AIEST editions, 1981.

97. Chris Rojec and John Urry. *Learning Culture: Transformations of Travel and Theory*. Routledge, 1997.

98. Chris Ryan. *Recreation Tourism: A Social Science Perspective*. Routledge, 1991.

99. Clare A. Gunn. *A perspective on the purpose and nature of tourism research methods, Travel, tourism, and hospitality research: A handbook for managers and researchers*. J.R. Brent Ritchie and Charles R. Goeldner, Eds, 2nd edition, John Wiley & Sons, Inc. 1994.

100. C. L. Jeckens. Tourism in Developing Countries: The Privatization Issues, *Tourism: The State of Art*（A. V. Seaton et al ed.）, Wiley, 1994.

101. C. Michael and Stephen Page. *Tourism in south and south east Asia: Issues and cases*. Butterworth-Heinemann, 2000.

102. Deborah Mclaren. *Rethinking Tourism and Ecotravel: The Paving of Paradise and What You Can Do to Stop It*. Kumarian Press, 1998.

103. Dennison Nash. *Anthropology of Tourism*. Pergamon, 1996.

104. D. Pearce and R. W. Kirk. *Carrying Capacity for Coastal Tourism*. UNEP Industry and Environment, 1986.

105. D. Pearce. *Tourism Today: A Geographical Analysis*. Longman Scientific & Technical Press, 1987.

106. Douglas Greenwald. *Encyclopedia of Economics*. McGraw-Hill Book Company, 1982.

107. David Leffman, Simon Lewis & Jeremy Atiyah. *China: The Rough Guide*. Rough Guide Ltd, 2000.

108. Douglas Jeffrey, Yanjun Xie. The UK Market for Tourism in China, *Annals of Tourism Research*, Vol. 22, No.4,1995.

109. Erik Cohen. *A phenomenology of Tourist Experiences, Sociology, B.S.A.* Publication Ltd, 1979.

110. Eric Cohen. *The Sociology of Tourism: Approaches, Issues, and Findings, The Sociology of Tourism*, edited by Yiorgos Apostolopoulos, etc, Routledge, 1996.

111. Fred P. Bosselman, Craig A. Peterson, and Claire McCarthy, *Managing Tourism Growth: Issues and Applications*. Island Press, 1999.

112. F. Lawson and M. Boyd-Bovy. *Tourism and Recreation Development–A Handbook on Evaluating Tourism Resources*. Architectural Press, 1977.

113. Gregory J. Ashworth. Heritage, *Tourism and Cities: A Review of Where We Are, The Contemporary Perspectives of Tourism*, edited by Geoff Wall. Department of Geography Publication Series, University of Waterloo, 2001.

114. Gotllieb. American's Vacations, *Annals of Tourism Research*, 9:65-87.

115. Geoff Wall. *Contemporary Perspectives on Tourism, Department of Geography*. University of Waterloo, 2001.

116. H. Schmidhauser. *Tourist Needs and Motivations, Tourism Marketing and Management Handbook*, edited by S. F. Witt and L. Moutinho, Hempstead, Prentice Hall, 1995.

117. Howard Green, Colin Hunter. *The Environmental Impact Assessment of Tourism Development, Peter Johnson and Barry Thomas' Perspectives on Tourism Policy*, Mansell,1992.

118. H. P. Gray. *International Travel-International Trade*. Health Lexington, 1970.

119. Harold L. Vogel. *Travel Industry Economics*. Cambridge University Press, 2001.

120. John Urry. *The Tourist Gaze: Leisure and Travel in Contemporary Societies*. Newbury Park, CA: Sage, 1991.

121. J. Krippendorf. *The Holiday Makers*. Heinemann, 1987.

122. Julio Aramberri. The Shaky Theoretical Foundations of Tourism Research, *Tourism Recreation Research*, Vol. 27, No. 2, 2002.
123. J. L. Crompton. Motivations for Pleasure Vocation, *Annals of Tourism Research*, Vol.6, No.4,1979.
124. J. M. Edington. *Ecology, Recreation and Tourism*. University of Cambridge Press， 1986.
125. Kazuo Nishiyama. *Welcoming the Japanese Visitor*. University of Hawai' I Press, 1996.
126. L. Lime and G. H. Stankey. *Carrying Capacity: Maintaining Outdoor Recreation Quality.* Northeastern Forest Experiment Station Recreation Symposium Proceedings, 1972.
127. Les Lumsdon. *Tourism Marketing*. International Thomson Press, 1997.
128. M. Csikszentmihalyi, I. S. Csikszentmihalyi. *Optimal Experiences: Psychological Studies of Flows of Consciousness*. Cambridge University Press, 1988.
129.Marwin Kottke. Estimating Economic Impacts of Tourism, *Annals of Tourism Research*, Vol.15, 1988.
130. M. Feifer. *Going Places*. London, MacMillan, 1985.
131. Malcolm Crick. Representations of International Tourism in the Social Sciences, *The Sociology of Tourism*. edited by Yiorgos Apostolopoulos, etc, Routledge, 1996.
132. Ning Wang. *Tourism and Modernity: A Sociological Analysis*. Pergamon, 2000.
133.N. Leiper. The Framework of Tourism: Towards a Definition of Tourism and the Tourist Industry, *Annals of Tourism Research,* Vol. 6, No. 4, 1979.
134. Neil Leiper. Tourist Attraction Systems, *Annals of Tourism Research*, Vol.17, 1990.
135. P. Hodgson. *Research into the Nature of Holiday Choice Process, Proceedings of the Seminar on the Importance of Research in the Tourist Industry*. Helsingki, 1983.
136. Peter W. Williams. *Evaluating Environmental Impact and Physical Carrying Capacity in Tourism, Travel, Tourism and Hospitality Research—A Handbook For Management and Research*, edited by Ritchie and Goeldner， J. Walter: Social Limits to Tourism, Leisure Studies, 1982.
137. P. Wathern. *An Introductory Guide to EIA, Environmental Impact Assessment: Theory and Practice.* Unwin Hyman, 1989.
138. P. E. Murphy. *Tourism: A Community Approach*. Methuen, 1985.
139.P. Dingwall and G. Cessford. The travel motivation of Canadian ecotourists, *Journal of Travel Research*, 11（2）, 1996.
140. R. W. Butler. *The Concept of the Tourist Area Cycle of Evolution: Implication for Management of Resources*. Canadian Geographer, 1980.
141. Robert W. Wyllie. *Tourism and Society: A Guide to Problems and Issues*. Venture Publishing, Inc. 2000.
142. R. I. Wolfe. Discussion of Vacation homes, Environmental Preference and Spatial Behaviour, *Journal of Leisure Research*, Vol.2， No.1, 1970.
143. R. Jaakson. *A Spectrum Model of Lake Recreation Carrying Capacity Estimation, Water-based Recreation Problems and Progress*, J. Marsh（ed.）, Trent University,1979.
144. S. Asch. *Social Psychology*. Prentice-Hall， 1952 .
145. Sanjay K. Nepal. *Tourism, national parks and local communities, Tourism and National Parks*, Richard W. Butler & Stephen W. Boyd eds, John Wiley & Sons Ltd, 2000.
146. Stephen W. Boyd. *Tourism, national parks and sustainability, Tourism and National Parks—Issues and Implications*. Richard W. Butler & Stephen W. Boyd, editors, Wiley, 2000.

147.S. Plog. *Why destination areas rise and fall in popularity*. Cornell Hotel Restaurant and Administration Quarterly, 1974.

148. S.G. Britton. The Political Economy of Tourism in the Third World, *Annals of Tourism Research*, Vol.9, No.3,1982.

149. S. E. ISO-Ahola. Toward a Social Psychological Theory of Tourism Motivation: A Rejoinder, *Annals of Tourism Research*, Vol.9, No.2, 1982

150. Tan Chee-Beng, Sidney C. H. Cheung, Yang Hui. *Tourism, Anthropology and China*. White Lotus Press, 2001.

151. Turgut Var. Sustainable Tourism Development, *Annals of Tourism Research*, Vol.18, No.2,1991

152. Valene L. Smith. *Hosts and Guests: The Anthropology of Tourism*. Pennsylvania University Press, 1989.

153. Victor T.C. Middleton and Jackie Clarke. *Marketing in Travel and Tourism*（3rd edition）. Butterworth-Heinemann, 2001.

154. Wahab. An Introduction to Tourism Theory, *Travel Research Journal*, No.1, 1977.

155. Yuksel Ekinci. Validating Quality Dimensions, *Annals of Tourism Research*, Vol.28, No.1,2001.

156. Yanjun Xie. *Different ways of development leading to different resident attitudes toward tourism: A case study on two typical tourist villages in China*, Proceedings of the Eighth Annual Conference of the Asia Pacific Tourism Association, Changchong Lu, eds, 2002.

# 附录 2　国内外旅游学研究领域可供参考的主要文献

## 一、中文


1. 李天元编著:《旅游学概论》，南开大学出版社，2009 年版。
2. 张华蓉主编:《现代旅游学》，旅游教育出版社，2002 年版。
3. 王德刚主编:《旅游学概论》，清华大学出版社，2012 年版。
4. 王洪滨、高苏编著:《旅游学概论》(第二版)，中国旅游出版社，2010 年版。
5. 杨时进、沈受君主编:《旅游学》，中国旅游出版社，1996 年版。
6. 田里主编:《现代旅游导论》，云南大学出版社，1994 年版。
7. 董玉明、王雷亭主编:《旅游学概论》，上海交通大学出版社，2000 年版。
8. 曹文彬主编:《旅游概论》，中国商业出版社，1997 年版。
9. 楼嘉军著:《娱乐旅游概论》，福建人民出版社，2000 年版。
10. 方相林主编:《旅游学概论》，郑州大学出版社，2002 年版。
11. 吴必虎等编著:《旅游学概论》(第二版)，中国人民大学出版社，2013 年版。
12. 申葆嘉著:《旅游学原理：旅游运行规律研究之系统陈述》，中国旅游出版社，2010 年版。
13. 鲁勇主编:《广义旅游学》，社会科学文献出版社，2013 年版。
14.[英]克里斯 · 库珀著:《旅游学：原理与实践》，东北财经大学出版社，2010 年版。


## 二、英文


15. Apostolopoulos, Y. Leivadi, S. and Yiannakis A. (1996): *The Sociological of Tourism: Theoretical and Empirical Investigations*, Routledge.
16. Ashworth, G. J. and Dietvorst, A. G. J. (eds.) (1995): *Tourism and Spatial Transformations: Implications for Policy and Planning*, CAB International.
17. Ashworth, G. J. and Goodall, B. (1990): *Marketing Tourism Places*, Routledge, London.
18. Ashworth, G. J. and Voogd, H. (1990): *Selling the city: Marketing Approaches in Public Sector Urban Planning*, Belhaven Press, London.
19. Baldacchino, G. (1997): *Global Tourism and Informal Labor Relations: The Small-scale Syndrome at Work*, Mansell.
20. Boissevain, J. (ed.) (1996): *Coping with Tourists: European Reactions to Mass Tourism*, Berghahn Books.
21. Boniface, B. G. and Cooper, C. (1994): *Geography of Travel and Tourism*, Butterworth Heinemann.

22. Boniface, P.（1995）: *Managing Quality Cultural Tourism*, Routledge.
23. Borocz, J.（1996）: *Leisure migration: A Sociological Study on Tourism*, Pergamon Press.
24. Bramham, P., Henry, I., Mommaas, H. and Van der Poel, H.（eds.)（1993）: *Leisure Policies in Europe*, CAB International.
25. Brent-Ritchie, J.R. and Goeldner, C. R.（1994）: *Travel, tourism, and hospitality research: A handbook for managers and researchers*, John Wiley & Sons, New York.
26. Briggs, S.（1997）: *Successful Tourism Marketing*, Kogan Page.
27. Brotherton, B.（ed.）（1999）: *The Handbook of Contemporary Hospitality management Research*, John Wiley & Sons, Inc.
28. Brown, F.（1998）: *Tourism: Blight or Blessing*? Butterworth Heinemann.
29. Brunt, P.（1997）: *Market Research in Travel & Tourism*, Butterworth Heinemann.
30. Bull, A.（1995）: *The Economics of Travel and Tourism*, Longman.
31. Burns, P. And Holden, A.（1995）: *Tourism: a new perspective*, Prentice Hall.
32. Burton, J. and Burton, L.（1994）: *Interpersonal Skills for Travel and Tourism*, Longman.
33. Burton, R.（1995）: *Travel Geography*, Longman.
34. Butler, R. and Hinch, T.（eds.)（1996）: *Tourism and Indigenous Peoples*, ITBP.
35. Butler, R., Hall, R. and Jenkins, M.（eds.)（1998）: *Tourism and Recreation in Rural Areas*, Wiley.
36. Cater, E. and Lowman, G.（1994）: *Ecotourism: A Sustainable Option*, Wiley.
37. Clark, M.（1995）: *Interpersonal Skills for Hospitality Management*, ITBP.
38. Clark, M., Riley, M., Wilkie, E. and Wood, R. C.（1998）: *Researching and Writing Dissertations in Hospitality and Tourism*, ITBP.
39. Coccossis, H. and Nijkamp, P.（eds.)（1995）: *Sustainable Tourism Development*, Ash gate.
40. Collins, M. F. and Cooper, I. S.（eds.)（1997）: *Leisure Management: Issues and Applications*, CAB International.
41. Conlin, M. and Baum, T.（eds.)（1995）: *Island Tourism: Management Principles and Practice*, Wiley.
42. Cooper, C. and Wanhill, S.（eds.)（1997）: *Tourism Development: Environmental and Community Issues*, Wiley.
43. Cooper, C., Fletcher, J., Gilbert, D., Wanhill, S. and Shepherd, R.（1998）: *Tourism: Principles and Practice*, Longman.
44. Cooper, C., Fletcher, J., Gilbert, D. and Wanhill, S.（1993）: *Tourism: Principles and Practice*, Pitman, London.
45. Cooper, C. P.（1989）: *Progress in Tourism, Recreation and Hospitality Management* Vol. 1, Belhaven Press.
46. Cooper, C. P.（1990）: *Progress in Tourism, Recreation and Hospitality Management* Vol. 2, Belhaven Press.
47. Cooper, C. P. and Lockwood, A.（1992）: *Progress in Tourism, Recreation and Hospitality Management* Vol. 4, Belhaven Press.
48. Cooper, C. P. and Lockwood, A.（1994）: *Progress in Tourism, Recreation and Hospitality Management* Vol. 5, Belhaven Press.
49. Cooper, C. P. and Lockwood, A.（1994）: *Progress in Tourism, Recreation and Hospitality Management*

Vol. 6, Belhaven Press.
50. Corke, J. ( 1993 ) : *Tourism Law*, Elm.
51. Croall, J. ( 1995 ) : *Preserve or Destroy: Tourism and the Environment*, Caloust Gulbenkian Foundation.
52. Cushman, G., Veal, A. J. and Zuzanek, J. ( eds. )( 1996 ) : *World Leisure Participation: Free Time in the Global Village*, CAB International.
53. Dann, G. M. S. ( 1996 ) : *Language of Tourism: A Sociolinguistic Perspective*, CAB International.
54. Davidson, R. ( 1993 ) : *Tourism*, Longman.
55. Dibb, S., Simkin, L., Pride, W. M. and Ferrell, O. C. ( 1994 ) : *Marketing: Concepts and Strategies*, 2nd ed., Houghton-Miffin, London.
56. Doswell, R. ( 1997 ) : *Tourism: How Effective Management Makes the Difference*, Butterworth Heinemann.
57. Elliot, J. ( 1997 ) : *Tourism: Politics and Public Sector Management*, Routledge.
58. Evans, M. J., Moutinho, L. and Van Raaij, W. F. ( 1996 ) : *Applied Consumer Behaviour*, Addison Wesley Longman.
59. Foley, M., Lennon, J. and Maxwell, G. ( eds. )( 1997 ) : *Hospitality, Tourism and Leisure Management: Issues in Strategy and Culture*, Cassell.
60. Foster, D. L. ( 1995 ) : *An Introduction to Travel and Tourism: First Class*, McGraw Hill.
61. France, L. ( ed. )( 1997 ) : *Earthscan Reader in Sustainable Tourism*, Earthscan.
62. Frechtling, D. C. ( 1996 ) : *Practical Tourism Forecasting*, Butterworth Heinemann.
63. Gee, C. Y. ( ed. )( 1997 ) : *International Tourism: A global perspective*, World Tourism Organisation.
64. Getz, D. ( 1991 ) : *Festivals, Special Events, and Tourism*, Van Nostand Reinhold, New York.
65. Getz, D. ( 1997 ) : *Event Management and Event Tourism*, Cognizant Communications.
66. Glasson, J. Godfrey, K. Goodey, B. ( 1995 ) : *Towards Visitor Impact Management*, Avebury.
67. Gold, J. R. and Ward, S. V. ( eds. )( 1994 ) : *Place Promotion: The use of Publicity and Marketing to Sell Towns and Regions*, John Wiley & Sons, Chichester.
68. Goodall, B. and Ashworth, G. ( eds. )( 1988 ) : *Marketing in the Tourism Industry: The Promotion of Destination Regions*, ITBP.
69. Grainger-Jones, B. ( 1998 ) : *Managing Leisure*, Butterworth Heinemann.
70. Gunn, C. A. ( 1994 ) : *Tourism Planning: Basics*, Concepts and Cases, Taylor and Francis.
71. Gunn, C. A. ( 1997 ) : *Vacation scape: Developing Tourist Areas*, Taylor and Francis.
72. Hall, C. M. ( 1992 ) : *Hallmark Tourist Events: Impacts*, Management and Planning, Wiley.
73. Hall, C. M. ( 1994 ) : *Tourism and Politics: Policy*, Power and Place, Wiley.
74. Hall, C. M. and Jenkins, J. M. ( 1995 ) : *Tourism and Public Policy*, ITBP.
75. Hall, C. M. and Macarthur, S. ( eds. )( 1998 ) : *Integrated Heritage Management*, Stationery Office.
76. Hall, C. M. and Lew, A. ( eds. )( 1998 ) : *Sustainable Tourism: A Geographical Perspective*, Addison Wesley Longman.
77. Hall, C. M. ( 1997 ) : *Tourism in the Pacific Rim: Development Impacts and Markets*, 2nd ed., Longman.
78. Hall, C. M. and Page, S. J. ( 1996 ) : *Tourism in the Pacific: Issues and Cases*, ITBP.
79. Hall, M. ( ed. )( 1998 ) : *Sustainable Tourism: A Geographical Perspective*, Longman.
80. Harris, R. and Leiper, N. ( eds. )( 1995 ) : *Sustainable Tourism: An Australian Perspective*, Butterworth

Heinemann.

81. Harris, R., Heath, E., Toepper, L. and Williams, P. ( 1998 ) : *Sustainable Tourism: A Global Perspective*, Butterworth Heinemann.

82. Harrison, D. ( 1995 ) : *Tourism and the Less Developed Countries*, John Wiley & Sons, Chichester.

83. Harrison, L. C. and Husbands, W. ( eds. )( 1996 ) : *Practising Responsible Tourism*, Wiley.

84. Hausler, N., Kamp, C., etc, ( 1995 ) : *Retracting the Track of Tourism-Studies on Travel*, Tourist and Development, ASA, Berlin.

85. Haywood, L. and Butcher ( 1994 ) : *Community Leisure and Recreation: Theory and Practice*, Focal Press.

86. Heath, E. and Wall, G. ( 1992 ) : *Marketing Tourism Destinations*, Wiley.

87. Herbert, D. T. ( ed. )( 1995 ) : *Heritage, Tourism and Society*, Pinter: UK.

88. Holloway, C. J. ( 1998 ) : *The Business of Tourism*, Longman.

89. Holloway, C. J. and Robinson, C. ( 1995 ) : *Marketing for Tourism*, 3rd ed., Longman.

90. Horner, S. and Swarbrooke, J. ( 1996 ) : *Marketing Tourism, Hospitality and Leisure in Europe*, Thomson, London.

91. Inkpen, G. ( 1998 ) : *Information Technology for Travel and Tourism*, 2nd ed., Longman.

92. Inskeep, E. ( 1997 ) : *Tourism Planning*, Van Nostrand Reinhold.

93. Inskeep, E. ( 1994 ) : *National and Regional Tourism Planning: Methodologies and Case Studies*, ITBP.

94. Ioannides, D. and Debbage, K. G. ( eds. )( 1998 ) : *The Economic Geography of the Tourist Industry: A Supply-Side Analysis*, Routledge.

95. Johnson, P. and Thomas, B. ( eds. )( 1992 ) : *Perspectives on Tourism Policy*, Mansell.

96. Jafar, J. ( ed. )( 1998 ) : *Encyclopedia of Tourism*, Routledge.

97. Jefferson, A. and Lickorish, L. ( 1988 ) : *Marketing*, Longman, Harlow.

98. Johnson, P. and Thomas, B. ( eds. )( 1992 ) : *Choice and Demand in Tourism*, Mansell.

99. Krippendorf, J. ( 1989 ) : *The Holiday Makers: Understanding the Impact of Leisure and Travel*, Butterworth Heinemann.

100. Kemp, K. and Pearson, S. ( 1997 ) : *Leisure and Tourism: GNVQ Intermediate*, Addison Wesley Longman.

101. Kemp, K. and Pearson, S. ( 1996 ) : Intermediate GNVQ Leisure and Tourism—Optional Units, Addison Wesley Longman.

102. Kinnaird, V. ( ed. )( 1994 ) : *Tourism: A Gender Analysis*, Wiley.

103. Kotler, P., Bowen and Makens ( 1998 ) : *Marketing for Hospitality and Tourism*, Prentice Hall.

104. Lumsdon, L. ( 1997 ) : *Tourism Marketing*, International Thomson Business Press.

105. Lavery, P. ( 1996 ) : *Travel and Tourism*, Elm.

106. Lavery, P. and Van Doren, C. ( 1990 ) : *Travel and Tourism: A North-American-European Perspective*, Elm.

107. Laws, E. ( 1991 ) : *Tourism Marketing: Service and Quality Management Perspectives*, Stanley Thornes.

108. Law, E. ( 1993 ) : *Urban Tourism: Attracting Visitors to Large Cities*, Mansell, London.

109. Laws, E. ( 1995 ) : *Tourist Destination Management: Issues, Analysis and Policies*, ITBP.

110. Laws, E. ( ed. )( 1997 ) : *The ATTT Tourism Education Handbook*, Tourism Society.

111. Laws, E. ( 1997 ) : Managing Packaged Tourism: Relationships, Responsibilities and Service Quality in the *Inclusive Holiday Industry*, ITBP.

112. Laws, E., Moscardo, G. and Faulkner, B. ( eds. )( 1998 ) : Embracing and Managing Change in Tourism, Routledge.

113. Lawson, F. ( 1998 ) : *Tourism and Recreation Development*, Focal Press.

114. Lea, J. ( 1998 ) : *Tourism and Development in the Third World*, Routledge.

115. Leiper, N. ( 1995 ) : *Tourism Management*, RMIT Press

116. Lickorish, L. J., with Jefferson, A., Bodlender, J. and Jenkins, C.L. ( 1991 ) : Developing Tourism *Destinations: Policies and Perspectives*, FT Management.

117. Lumsdon, L. ( 1997 ) : *Tourism Marketing*, ITBP.

118. Lundberg, D. Stavenga, M. Krishnamoorthy, M. ( 1995 ) : *Tourism Economics*, Wiley.

119. Mathieson, A. and Wall, G. ( 1992 ) : *Tourism: Economic, Physical and Social Impacts*, Longman.

120. McCormack, F. ( 1994 ) : *Water Based Recreation: Managing Water Resources for Leisure*, Elm.

121. McIntosh, R. W., Goeldner, C. R. and Ritchie, J. R. B. ( 1995 ) : *Tourism: Principles, Practices And Philosophies*, Wiley.

122. McNeill, L. ( 1997 ) : *Travel in the digital age*, Bowerdean Publishing.

123. Medlik, S. ( 1995 ) : *Managing Tourism*, Butterworth Heinemann

124. Medlik, S. ( 1996 ) : *Dictionary of Travel, Tourism and Hospitality*, Butterworth Heinemann.

125. Middleton, V. T. C. ( 1994 ) : *Marketing in Travel and Tourism*, Butterworth Heinemann.

126. Middleton, V. T. C. with Hawkins, R. ( 1998 ) : Sustainable Tourism: A Marketing Perspective, Butterworth Heinemann.

127. Mill, R. C. and Morrison, A. M., ( 1998 ) : *The Tourism System*, 3rd ed., Kendall/Hunt Publishing.

128. Morgan, M. ( 1996 ) : *Marketing for Leisure and Tourism*, Prentice Hall, Hemel Hempstead.

129. Mommaas, H., Van der Poel, H., Bramham, P. and Henry, I. P. ( eds. )( 1996 ) : *Leisure Research in Europe: Methods and Traditions*, CAB International.

130. Montanari, A. and Williams, A. M. ( eds. )( 1995 ) : *European Tourism: Regions, Spaces and Restructuring*, Wiley.

131. Morrison, A. M. ( 1996 ) : *Hospitality and Travel Marketing*, Delmar.

132. Moutinho, L. ( ed. )( 2000 ) : *Strategic Management in Tourism*, CAB International.

133. Mowforth, M. and Munt, I. ( 1998 ) : *Tourism and Sustainability: New Tourism in the Third World*, Routledge.

134. Murphy, P. E. ( 1985 ) : *Tourism: A Community Approach*, ITBP.

135. Murphy, P. E. ( ed )( 1997 ) : *Quality Management in Urban Tourism*, Wiley.

136. Nash, D. ( 1996 ) : *Anthropology of Tourism*, Pergamon Press.

137. Nykiel, R. A. ( 1997 ) : *Marketing in the Hospitality Industry*, 3rd ed., Educational Institute, American Hotel & Motel Association.

138. Oppermann, M. ( ed. )( 1997 ) : *Pacific Rim Tourism*, CAB International.

139. Oppermann, M. and Chon, K-S. ( 1997 ) : *Tourism in Developing Countries*, ITBP.

140. Page, S. and Hall, C. ( 1998 ) : *The Geography of Recreation and Tourism*, Routledge.

141. Page, S. ( 1994 ) : *Transport for Tourism*, ITBP.

142. Page, S. ( 1995 ) : *Urban Tourism*, Routledge.

143. Page, S. J. and Getz, D. ( eds. )( 1997 ) : *The Business of Rural Tourism: International Perspectives*, ITBP.

144. Pearce, P. ( 1982 ) : *The Social Psychology of Tourist Behavior*, Pergamon, New York.
145. Pearce, P., Morrison, A. and Rutledge, J. ( 1998 ) : Tourism: *Bridges Across Continents*, Irwin McGraw-Hill Australia.
146. Pearce, D. ( 1989 ) : *Tourist Development*, Longman.
147. Pearce, D. ( 1992 ) : *Tourist Organizations*, Longman.
148. Pearce, D. ( 1995 ) : *Tourism Today: A Geographical Analysis*, Longman.
149. Pearce, P. L., Moscardo, Ross, G. ( 1997 ) : *Tourism Community Relationships*, Pergamon Press.
150. Pearce, W. and Butler, R. G. ( 1993 ) : *Tourism Research - Critiques and Challenges*, Routlege.
151. Pizam, A. and Mansfield ( eds. )( 1995 ) : *Tourism, Crime and International Security Issues*, Wiley.
152. Plog, S. ( 1991 ) : *Leisure Travel: Making it a Growth Market Again*, John Wiley & Sons.
153. Poynter, J. ( 1993 ) : *How to research and write a thesis in Hospitality and Tourism: A step by step guide for College Students*, Wiley.
154. Pompl, W. and Lavery, P. ( eds. )( 1995 ) : *Tourism in Europe: Structures and Developments*, CAB International.
155. Poon, A. ( 1993 ) : *Tourism, Technology and Competitive Strategies*, CAB.
156. Price, M. F. ( ed. )( 1996 ) : *People and Tourism in Fragile Environments*, Wiley.
157. Priestley, G. K., Edwards, J. A. and Coccossis, H. ( eds. )( 1996 ) : *Sustainable Tourism: European Experiences*, CAB International.
158. Ravenscroft, N. ( 1992 ) : *Recreation Planning and Development*, Macmillan.
159. Reid, R. D. and Bojanic, C. ( 2001 ) : *Hospitality Marketing Management*, 3rd ed., John Wiley & Sons, Inc.
160. Richards, G. ( ed. )( 1996 ) : *Cultural Tourism in Europe*, CAB International.
161. Ringer, G. ( ed. )( 1998 ) : *Destinations: Cultural Landscapes of Tourism*, Routledge.
162. Ritchie, J. R. B. and Goeldner, C. R. ( eds. )( 1994 ) : *Travel, Tourism and Hospitality Research: A Handbook for Managers and Researchers*, Wiley.
163. Rogers, T. ( 1998 ) : *Conferences: A Twenty-First Century Industry*, Longman.
164. Rojek, C. and Urry, J. ( eds. )( 1997 ) : *Touring Cultures: Transformations of Travel and Theory*, Routledge.
165. Ryan, C. ( 1991 ) : *Recreational Tourism: A Social Science Perspective*, ITBP.
166. Ryan, C. ( 1995 ) : *Researching Tourist Satisfaction: Issues, Concepts, Problems*, Routledge.
167. Ryan, C. ( ed. )( 1997 ) : *The Tourist Experience: A New Introduction*, Cassell.
168. Samuel, N. ( ed. )( 1996 ) : *Women, Leisure and the Family in Contemporary Society: A Multinational Perspective*, CAB International.
169. Saulness, C. with Lynch, R. L. ( consulting ed. )( 1993 ) : *Hospitality Marketing: Travel and Tourism*, Glencoe/Macmillan/McGraw Hill.
170. Seaton, A. V. ( ed. ) ( 1994 ) : *Tourism: The State of the Art,* John Wiley & Sons, new York.
171. Selwyn, T. ( 1996 ) : *The Tourism Image: Myths and Myth Making in Tourism*, Wiley.
172. Shackley, M. ( 1996 ) : *Wildlife Tourism*, ITBP.
173. Sharpley, R. ( 1994 ) : *Tourism, Tourists and Society*, Elm.
174. Sharpley, R. ( 1996 ) : *Tourism and Leisure in the Countryside*, Elm.

175. Sharpley, R. and Sharpley, J. ( 1997 ) : *Rural Tourism: An Introduction*, ITBP.

176. Shaw, G. and Williams, A. M. ( 1994 ) : *Critical Issues in Tourism: A Geographical Perspective*, Blackwell.

177. Sheldon, P. J. ( 1997 ) : *Tourism Information Technology*, CAB International.

178. Shone, A. ( 1998 ) : *The Business of Conferences in the Hospitality and Leisure Industries*, Butterworth Heinemann.

179. Sinclair, M. T. ( ed. )( 1997 ) : *Gender, Work and Tourism*, Routledge.

180. Sinclair, M. T. and Stabler, M. ( 1997 ) : *The Economics of Tourism*, Routledge.

181. Sinclair, M. T. and Stabler, M. J. ( eds. )( 1991 ) : *The Tourism Industry: An International Analysis*, CAB International.

182. Smith, S. L. J. ( 1995 ) : *Tourism Analysis: A Handbook*, Longman.

183. Smith, V. L. ( 1989 ) : *Hosts and Guests: The Anthropology of Tourism*, 2nd ed., University of Pennsylvania Press, Philadelphia.

184. Smith, V. L. and Eadington, W.R. ( eds. )( 1992 ) : *Tourism Alternatives: Potentials and Problems in the Department of Tourism*, Wiley.

185. Spink, J. ( 1994 ) : *Leisure and the Environment*, Focal Press.

186. Stabler, M. J. ( ed. )( 1997 ) : *Tourism and Sustainability: Principles to Practice*, CAB International.

187. Stopher, P. and Lee-Gosselin, M. ( eds. )( 1997 ) : *Understanding travel behavior in an era of change*, Pergamon Press.

188. Swarbrooke, J. ( 1995 ) : *The Development and Management of Visitor Attractions*, Butterworth Heinemann.

189. Swarbrooke, J. and Horner, S. ( 1998 ) : *Consumer Behaviour in Tourism: An International Perspective*, Butterworth Heinemann.

190. Syratt, G. ( 1995 ) : *Manual of Travel Agency Practice*, Butterworth Heinemann.

191. Teare, R., Canziani, B.F. and Brown, G. ( eds. )( 1997 ) : *Global Directions: New Strategies for Hospitality and Tourism*, Cassell.

192. Teare R., Mazanec, J.A., Crawford-Welch, S., and Calver, S. ( 1994 ) : *Marketing in Hospitality and Tourism: A Consumer Focus*, Cassell.

193. Theobald, W. ( ed. )( 1998 ) : *Global Tourism: The Next Decade*, 2nd ed., Butterworth Heinemann.

194. Thomas, R. ( ed. )( 1996 ) : *The hospitality industry, tourism and Europe*, Cassell.

195. Torkildsen, G. ( 1992 ) : *Leisure and Recreation Management*, Spon.

196. Tribe, J. ( 1995 ) : *The Economics of Leisure and Tourism: Environments, Markets and Impacts*, Butterworth Heinemann.

197. Tribe, J. ( 1997 ) : *Corporate Strategy for Tourism*, ITBP.

198. Urry, J. ( 1995 ) : *Consuming Places*, Routledge.

199. Urry, J. ( 1990 ) : *The Tourist Gaze: Leisure and Travel in Contemporary Societies*, Sage.

200. Van den Berg, L. Van der Borg, J. Van der Meer, J. ( 1995 ) : *Urban Tourism: Performance and strategies in eight European cities*, Avebury.

201. Veal, A. J. ( 1997 ) : *Research Methods for Leisure and Tourism: A Practical Guide*, FT Management. Longman.

202. Vellas, F. and Becherel, L.（1995）: *International Tourism*, Macmillan.

203. Vogel, H.（2001）: *Travel Industry Economics: A Guide for Financial Analysis*, Cambridge University Press.

204. Vukonic, B.（1996）: *Tourism and Religion*, Pergamon Press.

205. Wahab, S. and Pigram, J. J.（eds.）（1997）: *Tourism, Development and Growth: The Challenge of Sustainability*, Routledge.

206. Wang, N,（2000）: *Tourism and Modernity: A Sociological Analysis*, Pergamon.

207. Watt, D.（1998）: *Event Management in Leisure and Tourism*, Longman.

208. Weaver, D.（1998）: *Ecotourism in the Less Developed World*, CAB International.

209. Williams, A. M. and Shaw, G.（eds.）（1991）: *Tourism and Economic Development: Western European Experiences*, Wiley.

210. Wilkinson, P.（1997）: *Tourism Policy and Planning: Case studies form the commonwealth Caribbean*, Cognizant Communications.

211. Witt, S. F. and Moutinho, L.（eds.）（1995）: *Tourism Marketing and Management Handbook: Student Edition*, Prentice Hall.

212. Witt, S. F. and Witt, C. A.（1992）: *Modelling and Forecasting Demand in Tourism*, Academic Press.

213. Witt, S. F. and Witt, C.（1991）: *Marketing and Forecasting Demand in Tourism*, Academic Press, London.

214. Witt, S. F., Brooke, M. Z. and Buckley, P. J.（1995）: *The Management of International Tourism*, ITBP.

215. Wood, R. C.（1994）: *Organizational Behaviour for Hospitality Management*, Butterworth Heinemann.

216. Wyllie, R. W.（2000）: *Tourism and Society: A guide to Problems and Issues*, Venture Publishing, Inc. Pennsylvania.

217. Youell, R.（1995）: *Leisure and Tourism: Advanced GNVQ*, Longman.

218. Youell, R.（1996）: *The Complete A-Z Leisure, Travel and Tourism Handbook*, Hodder and Stoughton.

219. Youell, R.（1996）: *Travel and Tourism Optional Units: Advanced GNVQ*, Longman.

220. Youell, R.（1998）: *Tourism: An Introduction*, Longman.